15至18世紀的物質文明、經濟和資本主義 卷一

日常生活的結構

FERNAND BRAUDEL

Le Temps du Monde

ivilisation matérielle, Economie et Capitalisme

XVe - XVIIIe Siècle

費爾南·布勞岱爾 著 施康強 顧良 譯

AGORA

廣場

目次

第五章：技術的傳播：能源和冶金

第八章：城市 527

圖表目次

圖片目次

推薦導讀

架構與內容

賴建誠

結構

這套三部曲的第一卷，是作者在一九五二年依他老師費夫賀之囑而寫的，一九六七年由巴黎的 Armand Colin 書局出版，收錄在「世界的命運」叢書之內。他之所以會寫那一卷，主要是當時他已投入許多心血在研究工業革命前的歐洲經濟，他老師囑他先摘要出版。出版之後作者有兩項不滿意的地方：（一）一本沒有注解的經濟史著作，說服力必然大減；（二）他對這個領域的接觸愈廣、領會愈深，就愈發地疑惑，因為他所觀察到的現象，似乎與他所熟知的理論相抵觸，例如 Werner Sombart 和 Josef Kulischer 兩位對資本主義的理解，布勞岱爾認為他們雖舉證豐富，但在觀點上則有一種傾向，就是把經濟活動當成一種「均質的實體」來看待，同時認為唯有透過統計數字才能理解經濟史。此外，一般歷史著作也傾向於把重點放在歐洲本身，好像其他的世界並不存在。他們常把歐洲描述成一個逐漸邁向理性化的市場，終於累積出工業革命的果實；而且把工業革命看作一個分水嶺，把歷史切成一個工業化之後的現代社會，和一個工業化之前的傳統社會。作者對上述的看法相當不滿意，在長達二十五年的閱讀、整理、擴充之後，終於在一九七九年出版了這套三部曲。他把第一卷擴充改寫，換了書名《日常生活的結構：可能與不可能》，同時也把初版未附上的注解儘可能復原。

肉眼所能輕易觀察到的經濟活動（例如店鋪的交易、工廠的生產），是了解經濟現象的起始點。作者提醒我們，在觀察長期的經濟活動變化時，不能只把眼光放在顯而易見的活動上，應該要體察影響這些表面現象的深層因素；而這些面向卻常被忽視，或雖被理解，但未賦予公平的歷史分量。

他提出一個「三層經濟活動」的概念，來彰顯十五至十八世紀歐洲經濟的特質，同時也涵括亞非美等幾大洲。作者認為，經濟活動中的最底層是日常生活性的生產與交易活動，並無正式的組織，這類活動的地理半徑很短，通常只限於城鄉或稍大的區域之內。第一卷就是以這種「日常生活的結構」為主要的探討對象。第二卷《形形色色的交換》探討再上一層的經濟活動：較具規模的區域性（各省或鄰近諸國之間）商業體系是如何茁長發達的。第三卷把範圍再往上推到國際與洲際的層面上，以「經濟世界」為探討的單位：在經濟階序（hierachy）頂端的那群人，如何藉著控制與操縱交易的活動來追求自己的利益。例如十八世紀阿姆斯特丹或十六世紀義大利熱內亞的富商們，由於他們掌握了金融體系網路的核心，可以在千里之外控制生產、貿易，或甚至攪翻各地區經濟活動的秩序。這種網路的完成，給近代資本主義的運作與成長提供了一塊肥沃的土地。

這三層的經濟活動之間並非相互排斥，而是並存共生的。最底下的一層當然是各民族都早已有之，第二層是十五世紀左右才在西歐有較具體的雛型，第三層更晚到十七、十八世紀才稍微完整。各大洲內各國的經濟發展情況不一，這三層經濟活動出現的時代不同，佔國民生產額的比例也不同。但從書中的脈絡語氣看來，這個分析架構似乎不是一開始就擬好，而是隨著對題材的了解才逐漸意識出來。他認為這種三分法不但適用在十五至十八世紀的西歐，甚至在今日仍然具有解釋能力。

在寫作方法上，作者有意避開理論性的探討，而專注於「具體的觀察與歷史的比較」。因為他很明瞭，對「資本主義」這個名詞有太多不同的觀點與理解（宋巴特、韋伯、Tawney 等等較人之間就有很大的認知差距），一旦加入理論面向，就必然會陷入沼澤，倒不如以實例的舉證來說明自己對資本主義這個概念的理解。同時，透過史實的陳述，更能彰顯出十五至十八世紀之間資本主義發軔過程中，真實生活的豐富性、複雜性與異質性。他並不是要向讀者證明某項理論、假說、觀點，而是想要描述在十五至十八世紀之間，人類的經濟活動出現了一種新型態，被十九世紀末以後的人稱為資本主義。作者所要呈現的，是這段時期緩慢醞釀與發展的動態過程，以及與其相互影響的因素，而不是去分析「資本主義」這個概念本身。

內容

第一卷：物質生活

第一卷內的題材差異性最高，所需要掌握的原始資料、他人的研究成果、統計數據也最龐雜，而且資料的可信度也較低。此外，本卷的內容大都是食衣住行、技術、貨幣、市鎮等複雜的事項，很難用一個或數個架構把這些資料串成具有邏輯性的結構，這是題材上的先天性弱點。而作者為什麼花那麼大的心血，去寫這一卷他認為最困難，而且預期不容易從中提出有意義命題與理論的書呢？因為他認為要掌握工業革命之前經濟活動的範疇，要體會出它的深度與厚度，這個環節是不能逃避的。

布勞岱爾認為每個時代在經濟生活方面，都有它的底與頂，也就是本卷的副題：可能的與不可能的。在日常生活中，電視與飛機在二次大戰之後是可能的，而在本世紀初是不可能的；今日不可能到太空和海底觀光，下個世紀則有可能成真。透過可能與不可能這個上下限度，可以掌握住不同時代人們的努力與成就。他並不是以最尖端或最劣等的情況來衡量，而是透過前述日常生活的各種要素（衣食住行等），來彰顯各時期的進步與停滯。這是一個有意義的觀察點。他的研究顯示，在十五至十八世紀之間，人類並未能有效地突破大自然的約制條件，達到原本是可能的限度。以陸地運輸為例，雖然在一八三〇年代西歐已有相當完整的交通網路，但仍未達到當時可能的最高限度。火車的發明與普及，使得交通網路大幅增加，所需的費用也平民化了，這才達到十九世紀中葉的可能限度。人類的經濟活動就是一直在把這條可能的界限往外、往上推展。

在這個概念之下，作者要回溯地界定出十五至十八世紀之間這些可能曲線的變動情形。試想，如果能透過時光隧道，去伽利略、休謨、盧梭、笛卡爾等人的家裡住幾天，最讓人印象深刻的或許不是這些名人的智慧，而是他們的生活環境與方式：照明、取暖、食物、醫療等等。在經歷過工業革命、兩次世界大戰、技術與糧食突破等等激烈動盪過程的人類，如果能逆著時光去了解在十五至十八世紀之間（即封建制度之後與工業革命之前），就長期的眼光來看，為什麼曾經有過停滯性的局面？經過了哪些醞釀與醱酵，才能導致工業革命的突破？從其中可以找出哪些律則嗎？

這種對日常生活結構的研究另有一層意義。日常生活的習俗與細節雖然沒有大理論可談，但它反映了大多數人在長時期之間反複在做的行為。這種細微但重要的動態變化過程，是建構某個時代社會經濟史的絕佳材料，但卻因其細微反而被歷史學者忽視。雖然它是經濟活動的底層，但也是影響上面兩層的根基；反過來說，它也是此兩層活動影響的接受者。忽略了這層的研究，對經濟活動的理解就缺了一個重要的環節。

第二卷：經濟生活

「物質生活」與「經濟生活」這兩個面向的交會形式，有上百種不同的面貌：市場、攤販、店舖……等等。本卷分析這些不同的交易形式，從最基本的物物交換，到成熟的交易行為。作者試圖從描述的史實中，捕捉此時期經濟生活的律則與機能，看看是否能建構出一套經濟「通」史，或者是建構出一套「文法」、一種「模式」、一種「類型」。在宣稱這項目的之後，作者在「前言」表明這麼做的話必然要涵蓋社會面、政治面和經濟面在內。

布勞岱爾提出一項有啟發性的結論。他認為在十五至十八世紀之間，公平自由競爭的經濟活動在最低層的日常交易中較常見到（如菜市場）；但在較高層次的交易活動中（如批發、遠程貿易、金融兌換業），反而是以投機、市場獨佔、價格控制等行為為主，因而累積了財富與權勢，不可避免地造就了社會的寄生階級。也就是說，十五至十八世紀之間的經濟活動造就了一個新的社會階級：商人。而商人之間也有差序性的高低：從國際性的大資本家到地方性的中小型富商，而這整個商人階級（經濟活動性的），是附著在一個深厚的平民百姓階級（日常生活性的）之上。

本卷前兩章用相當大的篇幅，詳細描述市場交易、攤販、店鋪、市集、證券交易等等的基本經濟活動與機能。第三、四兩章說明資本主義的基本意義，以及它在生產、流通等方面在本國與在國際之間的行為。最後一章是從社會的面向來看經濟活動的意義，作者認為一個多元化的社會必然有多面向的「秩序」，經濟活動的結構性變化只是其中的一項「秩序」而已，它會受到國家角色、文化型態等等因素的影響。

第三卷：經濟世界

布勞岱爾在第三卷的前言裡，說明他在第二卷中並未遵守「連續的歷史時間」，而只依觀察問題的方便性，把事情依題材而非依史實的時間順序來處理，在第三卷中說他要轉回來遵守「世界時間」。他為什麼要用「世界時間」的概念？那是因為第三卷所要探討的主題是「經濟世界」這個大單位，如果能有一套理論性的「世界時間」來配合，就會讓整本書有更完整的體系。換個方式來說，他在《地》內提出了三種歷史時間的概念；在以經濟世界為主題的第三卷裡，他似乎「被迫」要提出另一個新的「世界時間」的理論架構，來和以「經濟世界」為單位的探討相呼應，所以他在本卷的序言裡，就說歷史的研究需要提出一種和從前不同的時間單位：世界時間。而這個世界時間「並非人類歷史時間的總和。這個特殊的時間單位，在不同的時期與不同的地點，主宰了世界的某些地區與某些的事實。」

作者在序言內只有一段解說世界時間的意義，之後全書中就無類似的說明與應用。他以印度為例，若把印度與國外有交往的地區劃出一個大略的四邊形，就可以看出只有在此四邊形上的地區，是和外在的世界生活在同一個時間步調上。各地區的發展程度多少會有一些時間上的落差，但和那些與世界主流脈動毫不相干的地區相對比，仍可分辨出與世界時間相起伏完全獨立的地區。以中國晚清沿海的通商口岸為例，它和「華洋隔絕」的西北、西南地區，很明顯地是屬於截然不同的世界時間。以世界時間來劃分的話，在地球儀上就可再劃分出與世界同步的區域，以及自我封閉的不同「社會經濟時區」。能用世界時間歸類出來的地區，作者認為可以視為「世界史的一種上層結構」，它代表著一種成就上的集結地區，是由在其下層所努力與創造出來的。

綜合評論

就研究方法而言，他認為應該從最基本活動的史料，來建構出這段時期的特質，從日常生活環境、使用的物品，來追蹤人類生活史的變動。例如從食衣住行的細節、市場交易活動的細部史實、原始的貿易文件、支付記載等基本史料著手；這是從底層往上建構，而不是像過去一樣，從高階層經濟決策、大型經濟組織模式等上層建構的觀點，來研究社會經濟史。從這種角度所觀察到的資本主義發達過程，和馬克思及其跟隨者的視野完全不同，這不是歷史進步階段的觀點，也不是階級之間對抗鬥爭的學說，布勞岱爾不預設理論，甚至有意避開任何理論的爭執，要讓史料來說話。

就史料的運用來說，他在第一卷有四十頁的注解與書目，第二卷有四十七頁，第三卷有四十六頁；在二十五年的廣泛閱讀相關文獻之後，他對資本主義發展過程的細部理解相當完備，絕非僅提出漂亮的學說架構而材料不夠充實的研究所能相匹敵。

在寫作方法上，他並不是「因果關係」式的論證，也不是「功能關係」的詮釋，而是一用以史料為基礎的歷史表達。以基本糧食為例，他從麵粉的產量、價格、生產特性等各方面鉅細無遺地舖陳，而不是提出一個經濟性的命題來籠罩這些材料，例如：糧食產量和價格，與人口增減之間的相關程度，在不同的歷史時期呈現過哪些不同的關聯？需要從哪些不同的角度來釐清這些複雜面貌的主要特質？

總結

對生處於任何一世紀的傑出史學家而言，要寫一部十五至十八世紀間的資本主義發達史，都不是一件輕易的事。如果要達到布勞岱爾的「總體史」（全面史）的目標，那恐怕更困難，因為除了經濟面之外，還考慮到社會、政治，以及所謂的「文明」等諸層面。布勞岱爾很令人敬佩地投入了四分之一世紀的寶貴光陰，完成了所設定的目標。

資本主義史必然會一而再地改寫，布勞岱爾的三卷鉅著也必然會一而再地被引述，因為：（一）在二十世紀寫作資本主義史的歷史學者當中，他是很具代表性的一位，也提出了他獨特的資本主義發展史觀。（二）他把與這項題材相關的新舊文獻都摘述引用到了，日後的研究者必然能從書後附註的書目裡得到相當的啟發。（三）書內所附的諸多地圖、圖表、統計數字、相片、圖畫等等，也都是很有用的視覺輔助，有時甚至比正文還更具吸引力。布勞岱爾的這部著作，在下一世紀必然仍會有人參閱，不只是因為它那種百科全書式的內容，同時也是因為它在架構、概念、理論與論證方面的可爭辯性。

一九九九年七月
於國立清華大學經濟系

緒論

當呂西安·費弗爾於一九五二年委託我為他剛創辦的《世界之命運》叢書撰寫本書時，我根本沒有想到竟會去從事一項遙遙無期的冒險事業。我的任務本來只是把有關前工業化時期歐洲經濟史的論著做一歸納。但是，除了我常覺得有追根究源的必要外，我承認在研究過程中對十五至十八世紀之間的所謂經濟現實進行的直接觀察使我頗感不安。理由十分簡單，因為這些經濟現實同傳統的通用模式——無論是旁徵博引的威爾納·桑巴特（一九〇二）的模式或是約瑟夫·庫里謝（一九二八）的模式——很難協調，甚至格格不入。即使同經濟學家的模式也不相符合：在經濟學家看來，經濟是整齊劃一的、儘可以從其周圍環境中單獨抽出的實體，是人們能夠並且應該準確無誤地測定的實體，因為脫離數量一切都是不可理解的。在他們看來，前工業化時期歐洲的發展（把世界其他地區排斥在外，只當它們不存在）意謂著歐洲逐步進入市場、企業、資本主義投資的合理境界，直到工業革命發生，把人類歷史切成兩段。從所能觀察到的情形看，十九世紀前的現實其實要複雜得多。當然，人們可以看到一種演變，或者更正確地說，幾種互相對抗、支撐和矛盾的演變。這就等於承認，經濟不是以一種形式，而是以多種形式存在。同其他形式相比，人們更喜歡描述的那種形式被稱作市場經濟，即同鄉村活動、作坊、工場、店舖、交易所、銀行、交易會——當然還有市場——相聯繫的生產機制和交換機制。經濟科學的基本論述無不以這些「透明的」現實及其容易把握的活動過程為出發點。因此，經濟科學從一開始就只看一面，排斥其他方面。可是，在市場的下面，還橫亙著一個不透明的、由於缺少歷史資料很難觀察的層次；這是每個人到處都能遇到的，最起碼、最基本的活動。緊貼地面的這個層次。其厚度簡直令人難以想像；由於沒有更好的說法，我姑且稱之為物質生活或物質文明。這種表達方法顯然有點含糊。但是，假如我對歷史的觀察方法能被大家所接受——某些經濟學家似乎贊成用這種方法來觀察現代，我想人們總有一天會找到一個恰當的說法，以確指這一底層經濟。它代表尚未成形的那種半經濟活動，即自給自足經濟以及近距離的物物交換和勞務交換。此外，在市場的遼闊層次之上——不是之下，還矗立著活躍的一些社會階梯；各社會等級都要使交換變得對自己有利，不惜打亂既定的秩序。它們有意無意在搞些不規矩的「勾當」，通過十分特殊的途徑處理自己的事務。在這最高的梯級上，十八世紀阿姆斯特丹或十六世紀熱那亞的少數大商人可以遙控歐洲經濟乃至世界經濟的若干領域。某些享有特權的集團已在探索一些為普通百姓一無所知的門路。例如，同遠距離貿易和複雜的信貸活動相聯繫的匯兌業是一門極其複雜、至多僅對少數特權者開放的行業。這第二個不透明層次建立在透明的市場經濟之上，它在某種意義上也是市場經濟的上層界限；人家將會看到，我認為它是資本主義的典型活動場所，沒有它，資本主義是不可想像的；資本主義不但置身其中，而且在其中繁榮昌盛。這個三層分立的模式是在觀察到的材料幾乎自動分門別類的過程中逐漸顯現的。可能讀者會認為本書中最有爭議的地方就在這個模式。這樣豈不是把市場經濟和資本主義在術語上分得過分清楚，甚至對立起來嗎？我自己也並非毫不猶豫、一下子就接受這種看法的。我後來終於承認，在十五至十八世紀期間，甚至更早，市場經濟是一種帶有強制性的秩序。如同所有帶強制性的秩序（社會、政治或文化秩序）一樣，它曾分別朝上和朝下排擠自己的對立面和對抗力。真正使我對自己的觀點感到言之成理的，是因為通過這個格式，可以一眼看清現有各種社會的層次和結構。市場經濟始終制約著我們掌握其統計數字的大量交換活動。但是，誰能否認，作為市場經濟獨特標誌的競爭卻遠不能主宰整個現有經濟。無論今昔，都有一個單獨的天地容納一種例外的資本主義；這種資本主義在我看來是真正的資本主義；它始終是跨國家的，它與過去存在的各家印度公司和其他在法律上和事實上存在的大小壟斷組織具有親緣關係，與現有的壟斷資本主義也一脈相承。既然富格爾商行和威爾塞商行關注著整個歐洲，並在印度和西屬美洲派駐代表，難道人們就沒有權利像今天那樣，把它們稱作跨國公司？再推前一個世紀，賈克・科爾的買賣難道沒有達到與尼德蘭在地中海東部地區經營的商務相類似的規模嗎？巧合的事例還可列舉更多，因為在緊隨著一九七三至一九七四年危機的經濟蕭條過程中，曾冒出一種市場外經濟的近代形式：略加改頭換面的物物交換，勞務的直接交換，所謂「黑市勞動」以及形形色色的家務勞動和「修配不求人」。在市場外私下從事的這類活動相當廣泛，因而引起一些經濟學家的注意：這些活動即使在工業化國家中也無從統計，它們不是至少要占國民產值的百分之三十至百分之四十嗎？因此，三層分立模式已變成本書的參數表；在本書的構思過程中，我故意把理論——各種理論——撇開，而專一地注意具體觀察和從事歷史比較。我立足於長時段，根據過去和現在的辯證關係，從時間上進行比較：這種方法從未使我失望。我還從地域上進行盡可能廣泛的比較，因為在力所能及的條件之下我把自己的研究擴展到全世界，使之「世界化」。具體的觀察總是占據首位。我的目的自始至終是要通過觀察和揭示，暴露被考察對象的廣闊性、複雜性和非同質性，而這些特徵正是生活本身的標誌。假如人們真能把三個層次（作為分類，我認為它們是有用的）截然分開和分別孤立起來，那麼史學將會成為一門客觀的科學，而它顯然並不是。組成本書的三卷分別題為《日常生活的結構：可能和不可能》、《形形色色的交換》和《世界的時代》。最後一卷按時間順序研究了國際經濟的先後更替的形式和主導力量。總之，這是一部歷史。前面兩卷比後一卷複雜得多，在類型學上下了很大工夫。正如彼埃爾・謝努所說，第一卷（一九六七年初版）好比「為世界過一次磅」，即確認前工業化時期世界的潛力限度。其中的一個限度正是「物質生活」所占的地位，這個地位在當時是巨大的。《形形色色的交換》就市場經濟和高級資本主義活動作了比較。必須區分這兩個高層結構，並通過它們的混合和對立使雙方互為解釋。我能否使所有人信服呢？肯定不能。但是運用這一辯證關係至少使我占到一大便宜：通過一條比較穩妥的新路，安然通過或者避開由資本主義這個始終有爆炸力的名詞引起的過於激烈的爭吵。何況第三卷書又受益於前面兩卷的說明和探討，因而不會惹起任何人的反對。因此，我本來只想寫一本書，結果竟寫了三本。

由於我打定主意要使本書包羅全世界，作為一個西方歷史學家，我對這個任務至少是準備不足的。我曾在伊斯蘭和美洲長期居住和學習（在阿爾及爾待過十年，巴西四年），這對我大有裨益。通過塞爾日．葉理綏的解釋和個別輔導，我看到了日本；全靠艾蒂安．巴拉世、賈克．哲耐、德尼．隆巴爾德等人的幫助，我認識了中國。達尼埃爾．托爾內有本事教會任何虛心好學的人粗通印度學，他以不可抗拒的熱情和慷慨給我指導。有時，他帶著充當早餐的麵包棍和羊角麵包及要求我讀的書，大清早就來到我家裡。我把他的名字列在鳴謝名單的首位，這個名單如果列全的話將是太長了。旁聽生、學員、同事和朋友全都幫過我的忙。我不能忘記阿爾培托和布拉尼斯拉瓦．特南蒂赤膽忠心的幫助，不能忘記米卡埃爾．科爾和尚—賈克．赫馬坦凱的合作。瑪麗—德蕾莎．拉比涅特協助我查找檔案和參考書。安妮．杜歇負責冗長的注釋工作。若西安．奧莎耐心地在打字機上把我陸續撰寫的書稿打了十遍以上。阿爾芒．葛蘭出版社助理編輯羅薩琳．德．艾雅拉及時有效地主持了編排出版事務。這裡要向這些直接的合作者表達我的感激和友情。最後，如果沒有寶拉．布勞岱爾朝朝暮暮的共同研究，我或許已沒有勇氣去重寫本書的第一卷，完成後面的兩大卷，檢查我的解釋和結論是否合乎邏輯和足夠清楚。我們再一次長時間地並肩工作。

一九七九年三月十六日

前言

我現在就跨進本書第一卷的門檻，這是三卷中最複雜的一卷。並非這一卷的每個章節本身會使讀者覺得難懂，複雜的潛在原因在於：要求達到的目的眾多，而且探索那些不被注意的課題困難重重，還要把所有這些課題納入一部連貫的歷史中去，總之，要把一些通常彼此孤立的、在傳統記述之外展開的準歷史論述——人口、食品、衣著、住房、技術、貨幣、城市等——生硬地拼湊在一起。但是，為什麼要把它們聯繫起來呢？主要是為了勾畫出前工業化時期經濟的活動領域，並掌握它的全部廣度和深度。究竟有沒有一個限度，一個頂點，像一條難以達到、更難超越、並有一定寬度的邊界那樣，把人們的全部生活限制在內呢？每個時代，包括我們的時代在內；都在可能和不可能之間，在需要費點力氣才能達到的和人們無法得到的之間劃定界限；人們之所以無法得到某些東西，過去是因為他們食物不足，人口過少或過多（同他們的資源相對而言），勞動生產率不夠高，馴化自然起步不久。從十五世紀到十八世紀末，這些界限很少發生變化。人們甚至沒有完全達到自己可能達到的限度。我們要強調這種緩慢和停滯。例如。陸上運輸很早就具備臻於完善的條件。而且人們看到，由於建造了近代的道路，改善了客運和貨運的車輛，設置了驛站，運輸速度在某些地方有所加快。然而。這些進步只是在一八三〇年左右，即在鐵路革命的前夕，方才普及。僅僅在那時候，公路運輸才變得頻繁、經常、迅速和平民化，可能達到的極限也終於達到。這還不是落後得到驗證的唯一領域。只是到了十九世紀，世界發生翻天覆地的變化，在隔離可能和不可能的寬廣界限上才最終出現斷裂、更新和革命。由此可見，本書具有一定的整體性：這是從我們習以為常的各種便利條件的此岸出發進行的一次漫長旅行。實際上，它把我們引向另一個星球，人的另一個天地。我們當然可以到菲爾內去拜訪伏爾泰，與他長談，而且對他的談吐不會感到驚奇——做一次想像的旅行不需要付出任何代價。十八世紀的人在觀念方面同我們當代人不相上下；他們的思想和愛好同我們十分接近，因而我們不會感到身處異地。但是，只要菲爾內的主人留我們在他家待上幾天，日常生活的各種細節，甚至他的養生之道，都會使我們大為吃驚。他和我們之間將出現可怕的距離：照明、取暖、交通、食物、疾病、醫藥等等。因此，必須完全拋開我們周圍的現實，才能妥善地從事這次回到幾世紀前去的旅行，才能重新找到長期使世界禁錮在某種穩定狀態的那些規則。與隨後發生的神奇變化相比，這種穩定狀態委實很難解釋。在列舉種種可能性的同時，我們經常遇到我在緒論中所說的「物質文明」。因為可能性不僅在上方有限度，而且在下方也受到「另外一半」生產的限制。這另一半生產活動拒絕完全進入交換運動。這種無處不在、無孔不入、多次重複的物質生活表現為一整套慣例：播種小麥、種植玉米、平整稻田、在紅海航行，如此等等，都是照老辦法進行。過去在現時中頑強地表現自己，貪婪地、不動聲色地吞噬著人們轉瞬即逝的時間。而這一潭死水般的歷史層又如此龐大：鄉村生活，即全球人口的百分之八十至百分之九十，絕大多數歸它統轄。要確切地劃定它的終點和靈活機動的市場經濟的起點，這當然十分困難。它和經濟不像水和油那樣容易分開。何況，有時很難判斷某個經營者、某個行為主體、某項觀察到的行動究竟處在界石的一方或另一方。而我將採用的方法，是在描述物質文明的同時，也描述經濟文明（姑且這麼稱呼）。後者與前者相輔而行，既干擾它，又在對立中說明它。不過，界石確實存在著，並且具有深遠的意義，這是無庸置疑的。經濟和物質這兩本帳其實是千百年演變的結果。十五至十八世紀之間的物質生活是以往社會和以往經濟的延伸：經過緩慢而細微的演變，這一社會和這一經濟在自身基礎上，帶著人們猜得到的成果和缺陷，創造出一個更高級的社會，而原有社會和原有經濟勢必承受高級社會的重負。自古以來上下兩層就同處共存，它們各自的體積無休無止地變化。十七世紀歐洲的物質生活不是隨著經濟的萎縮而有所擴展嗎？一九七三至一九七四年間開始的經濟蕭條來臨之後，物質生活肯定有所擴展，這是我們有目共睹的。可見共存的底層和一樓之間並沒有明確的界限，這一界限的性質規定它不可能是明確的，一方前進了，另一方就回溯。有一個我十分熟悉的村莊，它在一九二九年幾乎還停留在十七或十八世紀。這類落後狀況，有的是有意造成的，有的是無意中形成的。十八世紀前，市場經濟還無力控制和任意變革下層經濟活動，後者往往受距離和閉塞狀態的保護。相反，今天之所以存在一個處於市場之外、「經濟」之外的廣闊領域，這主要是由於向基礎的倒退，而並非因為國家或社會組織的交換體系有所忽略或尚不健全。情況雖有不同，其結果在很多方面卻仍是相同的。總之，上下兩個層次的共存要求歷史學家用辯證法作出說明。沒有鄉村，如何懂得城市？沒有物物交換，又哪來貨幣？沒有五花八門的奢侈，怎有形形色色的貧困？沒有窮人的黑麵包，怎有富人的白麵包？如此等等。還有最後一個選擇需要論證，就是把日常生活不折不扣地納入歷史的範圍。這樣做有什麼用處？是否必要？日常生活無非是些瑣事，在時空範圍內微不足道。你愈是縮小觀察範圍，就愈有機會置身物質生活的環境之中：大的觀察範圍通常與重大史實相適應，例如遠程貿易、民族經濟或城市經濟網絡。當你縮短觀察的時間跨度，你看到的就只是個別事件或者種種雜事；歷史事件是一次性的，或自以為是獨一無二的；雜事則反覆發生，經多次反覆而取得一般性，甚至變成結構。它侵入社會的每個層次，在世代相傳的生存方式和行為方式上刻下印記。有時候，幾樁傳聞軼事足以使某盞信號燈點亮，為我們展示某些生活方式。有一張畫著奧地利的馬克西米連一五一三年左右就餐情景的畫，他的手直接伸進菜盤。約二百年後，據帕拉丁娜公主說，路易十四首次破例與他的孩子們同桌就餐時，禁止他們以不同於自己的方式吃飯，即不讓他們遵循過於熱心的家庭教師的教導，使用叉子。歐洲究竟什麼時候發明了就餐的禮儀？我見過日本十五世紀的一件衣服，覺得它同十八世紀的很相像；一名西班牙人說起他和一位日本貴族的交談，後者對歐洲人的服裝式樣每隔幾年就要改變表示驚訝，甚至反感。追求時髦純粹是歐洲的風尚。這難道是無聊行徑嗎？我們發掘瑣聞軼事和遊記，便能顯露社會的面目。社會各層次的衣、食、住方式決不是無關緊要的。這些鏡頭同時顯示不同社會的差別和對立。而這些差別和對立並非無關宏旨。整理、重現這些場景是饒有興味的事情，我不認為它淺薄無聊。因此，我朝著幾個方向同時並進：可能和不可能；底層和一樓；日常生活的場景。這樣就使本書的設計先天就複雜化了。總之要說的事情太多。那麼應該怎麼說呢？

第一章　數字的份量

所謂物質生活，無非就是人和物，物和人。研究物——包括食物、住房、衣服、奢侈品、工具、貨幣、城鄉設施，總之就是人使用的一切——並不是衡量人的日常生活的唯一方法。分享地球豐富資源的人的數量也有其意義。使人一眼看出今天與一千八百年前的人類世界有何不同的外在標誌，正是近年來人口的異乎尋常的增長：一九七九年的增長速度尤其驚人。在本書涉及的四個世紀裡，世界人口大約翻了一番；而在我們生活的時代，人口每隔三十、四十年就增加一倍。這顯然是物質進步的緣故。但是，人口增長既是物質進步的結果，又是它的原因。

總之，人口數量猶如一個靈敏的「指示器」，我們可用它為成功和失敗作出總結；它也是一張全球人口的分佈圖：這裡的大陸人煙稀少，那裡的人口已過分稠密；這裡已有文明，那裡還是原始的文化；它顯示出人類各群體之間的決定性關係。奇怪的是，從古到今，這種地理差異也許最少發生變化。

可是，人口增長的速度卻發生了根本的變化。目前，根據不同的社會和不同的經濟，增長速度會出現快慢的分別，但總是在繼續增長。以往的趨勢則如同潮汐一般有起有落。人口起落這一交替運動是往昔生活的象徵，一系列的停滯和高漲循環反覆，前者竭力抵消後者，但始終不能完全做到。同這些基本現實相比，其他一切或差不多一切都顯得次要了。我們的出發點肯定必須是人，然後才是談論物的時候。

世界的人口數字還有待推測

如果我們對當今世界人口的了解還有百分之十的誤差，我們對過去世界的認識就更不完善了。可是，無論在短時段或在長時段，無論在地區的局部範圍內或就世界的整體規模而言，一切都同人口數字及其波動相聯繫。

張潮和落潮：潮汐體系

從十五到十八世紀，一切都隨人口的增加或減少而變化。如果人口增長了，生產和交換同時也會相對增加；在荒地、樹林、沼澤或高山的邊緣地帶的種植業就會發展；手工工廠就會興旺；村莊和城市——特別是城市——的規模就會變大；流動人口會增多。人口增長的壓力越大，人們作出的建設性反應也越多，這是無聲的命令。當然，戰爭和爭吵、海上和陸上的搶劫也跟著氾濫；軍隊和武裝團伙日益膨脹；社會比平時創造出更多的新富人或特權者；國家的繁榮既為人造福又留下創傷；人們比平時更容易達到可能性的邊界。以上都是常見的徵兆。然而，我們不宜無條件地讚譽人口的激增。它有時是好事，有時是壞事。隨著人口的上昇，人們與占有的地域、擁有的資源的關係也發生變化；人口在增長過程中要跨過幾個「臨界域」[1]，每跨過一次，它的全部結構都勢必改組。總之，情況絕對不是那麼簡單劃一：過重的人口負荷往往會——在過去則始終會——超過社會的食物供應能力；這個在十八世紀以前純屬老生常談的道理，今天在某些落後國家還有其意義。生活福利看來有一條不可逾越的界線。因為，每當人口激增，生活水平就會下降，食不果腹、窮愁潦倒、離鄉背井的人就會變得越來越多。疫病和饑荒（饑荒帶來疫病，疫病伴隨饑荒）在需要養活的人口和困難的食物供應之間，也在勞動力和就業機會之間恢復平衡，而這些極其粗暴的調整正是綿延幾百年的舊制度的重要特徵。

如果要在西方的時鐘上提供幾個確切的時刻，我想指出：人口在一一〇〇至一三五〇年之間曾有過一段長時間的增長，另一次是從一四五〇到一六五〇年，新的一次從一七五〇年開始，此後不再有倒退。因此，關於人口增長，我們就有三個可相互比較的大階段，本書著重研究的前兩個階段都緊接著發生退潮，一三五〇至一四五〇年的倒退極其急促，一六五〇至一七五〇年的那次較和緩（與其說退潮，不如說減速）。今天，落後國家中的人口增長雖然導致生活水平的下降，但幸而不再造成大批人死於非命（至少從一九四五年以來是如此）。

每次退潮都解決一定數量的問題，消除一些緊張狀態，使倖存者享有較好的生活條件；所謂惡病惡治，但畢竟行之有效。十六世紀中葉黑死病流行，接著瘟疫蔓延，帶來了嚴重的打擊。但等這場浩劫剛剛過去，倖存的遺產便集中在少數人的手裡。只有良田才繼續耕種（費力少而收成高），倖存者的生活水平和實際工資全都提高了。一個新時

1795 年的華沙。在國王西吉斯蒙三世塑像的圓柱旁，窮人正在接受施粥。

代因此在朗格多克起：從一三五〇到一四五〇年，那裡的農民及其宗法家族有大片空地可供支配；樹木和野獸侵入過去欣欣向榮的鄉村[2]。但是，人很快又大量繁衍，奪回被野獸、荒草侵占的家園，清除耕地中的石塊，剷除大小樹木。人口增長又成負擔，再次造成貧困。從一五六〇年或一五八〇年起，在法國、西班牙、義大利乃至整個西歐，人口過剩的情況再次出現[3]。單調的歷史重新開始，計時器的漏斗倒轉了過來。人只是在片刻間得到幸福，等他剛剛醒悟過來，已為時太晚了。

可是，這些漫長的波動現象在歐洲以外也可見到，而且幾乎發生在相同的時刻。中國和印度人口增減的節奏與西方大致相同，似乎整個人類都服從同一宇宙命運。與這個首要因素相比，人類歷史的其餘因素統統只能退居次等地位。經濟學家暨人口學家厄內斯特．瓦格曼歷來持這樣的主張。共時性在十八世紀顯而易見，在十六世紀也有很大可能；至於十三世紀，人們可以推測，從法蘭西的聖路易王朝直到遙遠中國的蒙古王朝，存在著共時性。於是，問題的提法就改變了，問題本身也一下變得簡單。瓦格曼得出結論說，人口發展的原因與經濟進步、技術進步和醫療進步這類原因是大不相同的[4]。

總之，從陸地一端至另一端的這些程度不同的共時性波動有助於我們去想像和理解千百年來人類各群體間存在的相對固定的數量關係：此群體等於彼群體，或比另一群體大一倍。知道一個，就能測算另一個，並依此推斷出人口總數，雖然這種計算必含誤差。這個總數顯然有重大意義：儘管它很不精確，勢必有誤差，它卻有助於記錄世界的人口演變，即把人類當作一個總量，或借用統計學家的術語，當作一種庫存加以研究。

很少幾個數字

任何人都不知道十五至十八世紀期間的世界人口總數。統計學家們從歷史學家提供的少數禁不起推敲和有歧見的數字出發，未能達成一致意見。乍看這些可疑的數字似乎不能作為依據。不過，還是值得作一番嘗試。

數字既少，又很不可靠：材料僅涉及歐洲；自從一些優秀的研究成果問世後，也涉及中國。關於這個國家，我們掌握一些人口普查資料，一些大體可靠的估計。雖然這樣的基礎並非十分結實，但在這上面走幾步還不至於有什麼真正的危險。

但是，世界其他地區又如何呢？沒有或幾乎沒有印度的材料，這個國家一般說對本國歷史很少關心，對能解釋歷史的數字就更少留意。除了中國和日本以外，我們對亞洲實際上一無所知。對大洋洲當然也不了解，歐洲的旅行家在十七和十八世紀剛剛接觸這個地區：塔斯曼於一六四二年五月抵達紐西蘭；於同年十二月登上塔斯馬尼亞，並用自己的姓氏為該島命名；詹姆斯·科克到澳大利亞要晚一個世紀，即在一七六九年和一七

尼古拉·普桑的畫作：腓力斯人蒙受鼠疫之禍。
直到近代，瘟疫和饑荒的蔓延經常抑制人口的增長，甚至使人口有所下降。

八三年。布干維爾於一七六八年四月到達號稱「新西泰爾」的大溪地，雖然最早發現該島的並不是他。此外，有無必要把這些零星的人口數字考慮進去呢？在統計學的石板上，整個大洋洲的人數，不論什麼時候，從未超過二百萬。至於撒哈拉以南的黑非洲，除了關於十六世紀後黑奴買賣的幾個不盡一致的數字，也沒有任何可靠的材料。何況，即使有關販賣黑奴的數字十分紮實，那也不能由此推斷整個人口數字。最後，對美洲也無可肯定，在這方面至少有兩種矛盾的計算法。

表(1)　在墨西哥：人的位置被畜群所代替。
彼埃爾・謝努：《拉丁美洲》，見《七星百科全書》卷三：【世界史】

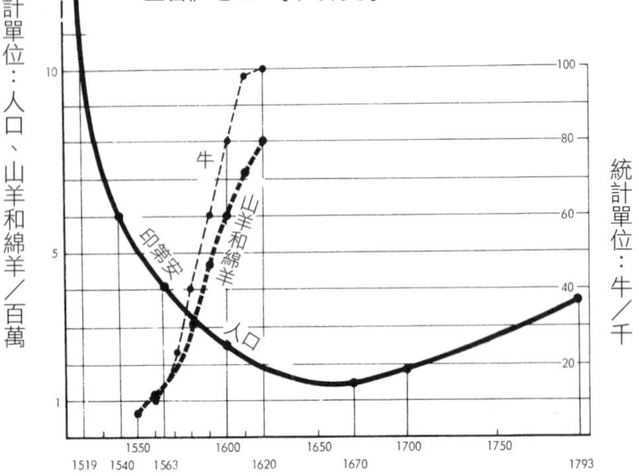

安吉爾・羅森布拉托主張採用逆推法[5]：從現在的數字出發。倒溯上去進行計算。這種方法得出的結果是：美洲剛被征服時，總的人口數目很低，約為一千至一千五百萬，而且這一微薄的數字在十七世紀又縮減至八百萬。從十八世紀開始，美洲人口逐漸增長起來。然而，柏克萊大學一些美國歷史學家（科克、辛普森、博拉）[6]——有人濫用簡稱，說他們是「柏克萊學派」——根據歐洲征服後不久從墨西哥個別地區了解到的零星數字作了一系列計算和補充。結果得出的數字很大：一五一九年的人口為一千一百萬（這是一九四八年作的估計），但在一九六〇年把各種材料補齊或者更細緻地重算後，竟把原已高得出奇的數字——僅僅墨西哥一個地區的居民數——又提高到二千五百萬。隨後，人口將不斷急劇下降：一五三二年為一千六百八十萬；一五四八年為六百三十萬；

一五六八年為二百六十五萬；一五八〇年為一百九十萬；一五九五年為一百三十七萬五千；一六〇五年為一百萬；從一六五〇年起，開始慢慢回升，到一七〇〇年，回升趨勢更加明朗。

這些離奇的數字慫恿我們把一五〇〇年左右整個拉丁美洲人口算作八千萬至一億。儘管有考古學家以及包括巴托洛美·德·拉斯卡薩斯神父在內的許多征服時期的記敘家充當見證，任何人都不會盲目相信這些數字。可以絕對肯定的是，美洲被歐洲征服後，人口大幅度下降，或許不到十室九空的地步，但肯定損失很大，遠遠超過十四世紀黑死病以及隨之而來的災難帶給歐洲的悲慘後果。一場無情的戰爭應負部份責任，還有無比沉重的殖民勞動也難逃其咎。但是，在十五世紀末，印第安族的人口本已顯得岌岌可危，特別因為沒有任何代用的動物奶，母親不得不餵養孩子到三、四歲。在這漫長的哺乳期間，婦女喪失了「懷胎」的機會，人口迅速回升的希望也就很小了[7]。美洲印第安人已經處在不平衡狀態，真是禍不單行，又突然遭到病菌的一系列可怕打擊，正如白人後來於十八、十九世紀來到太平洋地區時也導致了疫病猖獗一樣。

疾病——來自歐洲或非洲的病毒、細菌和寄生蟲——比來自大西洋彼岸的動植物和人繁衍得更快。美洲人僅適應本地的致病因素，對這些新的危險竟無力抗拒。歐洲人到達新大陸不久，天花於一四九三年就在聖多曼流行，於一五一九年不等費南多·科爾特斯攻下城市，就進入了被圍困的墨西哥城，又於一五三〇年趕在西班牙士兵到達之前傳到祕魯。接著，天花於一五六〇年蔓延至巴西，於一六三五年傳到加拿大[8]。歐洲對這種疾病已有一半免疫力，但土著居民遭受的打擊就十分沉重。同樣，麻疹、流行性感冒、痢疾、痲瘋病、鼠疫（老鼠最早約在一五四四至一五四六年間來到美洲）、性病（關於這個大問題，我們後面再談）、傷寒、象皮病這些由白人或黑人帶來的疾病全都瘋狂肆虐。雖然有些疫病的起因在當時還很難斷定。但病菌的入侵是沒有疑問的：在疫病的沉重打擊下，墨西哥的居民於一五二一年大批死於天花，於一五四六年遇到一場病因不明的「瘟疫」（傷寒或流行性感冒），可怕的疫病於一五七六至一五七七年間再次出現。導致二百萬人死亡[9]。安地列斯群島某些島嶼的居民幾乎死絕。人們很明顯的不會輕易放棄關於黃熱病是赤道美洲當地疾病的看法，但黃熱病很可能源自於非洲。無論如何，它很晚才被注意到：它於一六四八年前後出現在古巴，於一六八五年轉到巴西，並從那兒再傳染到新大陸的整個赤道地區。在十九世紀，它又從布宜諾斯艾利斯蔓延到北美的東海岸，甚至地中海歐洲的各個港口[10]。談到當時的里約熱內盧，就不能不聯想起這致人於死的疾病。有個細節值得一提：大瘟疫曾使土著居民大批死亡，隨後卻由傳染病變成了地方病。新來的白人首當其衝：一七八〇年左右，到達貝約港的遠航帆船的船員紛紛病倒，大船被迫在港內過冬[11]。新大陸經歷的災難委實可怕。太平洋諸島嶼同樣地自成生物體系，當歐洲人在那裡定居時，人們將再次看到災難隨之降臨的情況。例如，瘧疾很晚傳到印度尼西亞和大洋洲，在它的襲擊下，巴達維亞於一七三二年竟淪為廢墟[12]。

征服者的理想形象：佛羅里達的居民於 1564 年歡迎法國探險家德・龍都尼埃爾。泰奧都爾・德・勃利根據勒姆瓦・德・莫爾格的油畫創作的木刻。

因此，羅森布拉托過分保守的計算和柏克萊大學的歷史學家們偏於想像的計算可以得到調和：兩種計算得出的數字都是可信的或真實的，關鍵在於計算的立足點是放在征服前或征服後。我們且把伏伊丁斯基和昂勃里的意見擱在一邊。後者曾斷言：「在哥倫布發現新大陸以前的任何時期。阿拉斯加和合恩角之間的人口從未超過一千萬。」[13]我們今天可以對此表示懷疑。

如何計算？

美洲的例子表明，人們可以從某些相對紮實的數字出發，進而推算出和想像出其他數字：這是何等簡單的方法（甚至過份簡單了）。這條不夠穩妥的道路引起了歷史學家合理的擔憂。他們按照習慣，只承認被無可爭辯的文獻證實的東西。統計學家沒有這種擔心，也不那麼膽怯。一位名叫保羅・拉達姆的社會學統計學家心平氣和地寫道：「有人可能會責備我們不算細帳，我們的回答是，細節並不重要，關鍵在於抓住數量級。」[14]數量級也就是大概的最高水平或最低水平。

在這場誰都有理而又誰都無理的辯論中，我們且站在主張推算的那些人的一邊。根據他們歷來的推算，在不同地區的人口之間，有著一些即使不十分固定的、但至少變化很慢的比例關係。這正是莫里斯・哈伯瓦克斯的觀點[15]。換句話說，整個世界的人口結構往往很少變動：不同人類群體之間的數量關係大體上維持原狀。柏克萊學派從墨西哥的局部數字中推導出整個美洲的數字。同樣，卡爾・朗普萊希和後來的卡爾・尤利烏斯・貝洛克大致知道公元八百年前後特里爾地區的人口，便能推算出整個日耳曼的有效數字[16]。我們的問題也是如此：根據大概的比例，從一些已知數出發，算出更高一層的近似數，以便確定數量級。數量級並非毫無價值，只要恰如其份地對待它。能有確實的數字當然更好，但我們偏偏又沒有。

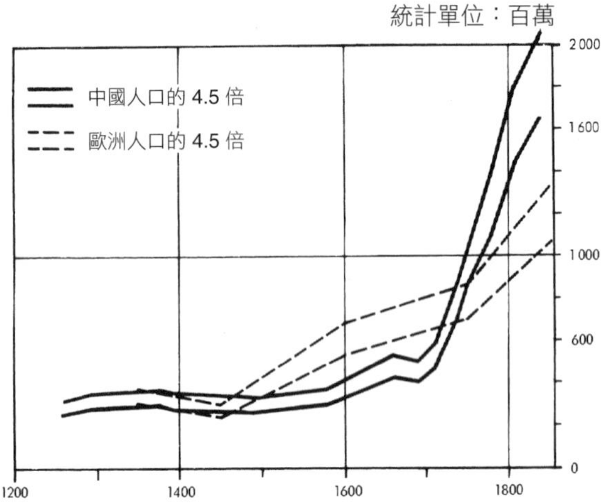

表(2)　世界人口（13 至 20 世紀）

中國與歐洲人口相等

在歐洲方面，這裡涉及到偉大的歷史人口學家貝洛克（一八五四—一九二九）、保羅．蒙倍爾、羅素以及馬賽爾．萊因哈特在其著作最新版中提供的推想、計算和數字[17]。這些數字大致沒有出入，每個作者都一絲不苟地借鑒了旁人。至於我，我擇定並且設想最高的水平，以便把歐洲擴展到烏拉山區，從而把「荒涼的」東歐包括在內。為巴爾幹半島、波蘭、莫斯科公國和斯堪地那維亞國家提供的數字可能有相當出入，只是比統計學家為大洋洲和非洲假設的數字略為接近事實而已。我以為這樣擴充還是必要的：它賦予被選作計量單位的歐洲等量的空間，不論考察的是哪個時期；它還使天平兩側的托盤趨於平衡：一側是擴大了的歐洲，另一側是中國；一旦我們有了不太可靠、但至少可以接受的數字後，這種對應關係在十九世紀就得到驗證。

在中國，以官方普查為依據的數字，其價值也並非無可爭議。這僅是些稅收的數字，稅收難免有偷漏，甚至弄虛作假，或二者兼有。烏歇[18]說得好，這些數字總的說來太低了，他把它們提高了一點，當然這樣做也不完全可靠。最近某一位歷史學家[19]也在這些不完善的統計資料中進行冒險的探索……何況，假如從頭到尾依據原始數字，得出的結論有時難以置信；即使就中國整體而言，顯然不可能在人口規模上出現不正常的大起大落。毫無疑問，這些數字往往既表明人口水平，也反映「國內秩序和皇帝權威」。例如，一六七四年正值吳三桂等藩王叛亂，人口總數比前一年下降七百萬。減少的人並沒有死掉，只是不受中央政權的控制。叛亂剛平定，統計數字立即上升，其速度同人口的最大自然增長也不相符。

還有，普查的基礎並不始終一致。一七三五年前的數字是所謂人丁數，即納稅人，指十六至六十歲的男子；因此，必須假定他們占總人口的百分之二十八，然後再乘以相應的倍數。另一方面，從一七四一年起，普查的對象是實際人數，確定總人口為一億四千三百萬，而按照人丁數推測，一七三四年的總人口應為九千七百萬。兩個數字還是能夠銜接起來，因為計算難免會出現錯漏；但這又能使誰滿意呢[20]？這些數字在長時段上是有價值的，專家們對此持一致意見；最古老的數字，即明代（一三六八－一六四四）的數字，反而不是最不可信的。

由此可見我們必須使用什麼素材進行計算。如果把這些數字畫成圖表，只有把歐洲擴展到烏拉山區，而把中國限制在各行省的範圍內，二者才差不多得以平衡。今天，天平越來越倒向中國一邊，因為中國的出生率較高。但差不多也罷，差得多也罷，這種大致的平衡很可能正是世界歷史最明顯的結構之一；正是從這個結構出發，我們得以估計世界的人口。

世界總人口

從十九世紀起，我們就掌握了接近真實的統計數字（第一次真正的人口普查於一八〇一年在英國進行），中國和歐洲大致上各占全人類的四分之一。如果根據這個比例推算過去的人口，顯然不能事先保證它始終有效。歐洲和中國過去和現在都集中著地球最大部份的居民。假定這兩大洲的人口增長速度比其他地區快，那麼在十八世紀前的歷史時期，它們各自的人口總數同世界其他地區相比與其說是一比四，或許應該說是一比五。這個謹慎的說法歸根到柢無非表明我們缺乏把握。

我們暫且把中國和歐洲兩條曲線定在四至五這個係數上，以便得出世界人口的四條可能的曲線，分別等於四至五個歐洲或四至五個中國。於是，圖表便呈現一條複合曲線，它從最低數字到最高數字勾畫出一塊寬廣的可能性（和誤差）區域。在這些界線之間及其附近，我們將能想像出十五至十八世紀世界人口演變的路線。

總的說來，從一三〇〇到一八〇〇年，通過這種計算得出的總人口數在長時段上具有上升的趨勢，我們已談到過的那些猛烈而短暫的倒退顯然不考慮在內。如果以一三〇〇至一三五〇年時期為起點，並採納其最低估計數字（二億五千萬），同時又取終點的最高估計數字（一七八〇年的十三億八千萬），那麼。上升係數將在百分之四百以上。任何人都沒有義務相信它。如果確定起點的最高數字為三億五千萬，終點的最低數字為八億三千六百萬（韋爾科克斯的推測）[21]，人口增長率還保持百分之一百三十八。這就等於說，在五百年裡，正常增長率（這種正常顯然純屬想像）平均每年只是千分之一點七三。假如這是一種恆速運動，每年發生的變化真是微乎其微了。儘管如此，在這個漫長的時段裡，世界人口畢竟翻了一番。似乎經濟停頓、自然災害和人口的大批死亡都未能有效阻止這一前進運動。毫無疑問，這是十五至十八世紀世界歷史的基本事實，不僅關係到生活水平：世界的一切無不要同人口壓力相適應。

西方的歷史學家對此並不感到驚奇：他們看到的種種間接徵兆（占領新的土地、移民、開荒、改良土壤、居民向城市集中……），完全可以證實以上數據。相反，他們作出的解釋和得出的結論卻仍有爭議，因為他們以為這個現象僅限於歐洲，而事實上——這是本書所要記錄的最重要和最有影響的事實——人類在他所占領的整個土地上戰勝了各種阻止人口發展的障礙。如果人口增長不僅是歐洲的現象，而且是世界的現象，那就必須修改許多看法和解釋。

但在作出這些結論前，還應該回過頭來再看某些計算。

有爭議的數字

我們向統計學家借鑒了他們的方法，並且使用了有關歐洲和中國的、最為大家熟悉的數字，以便估算出世界的人口數字。統計學家對此將不會提出任何異議……但是，統計學家在同一個問題上卻用了另一種計算方法。他們把算式分開來做，把世界中五大「部份」的人口逐個計算出來。這種學生般的按部就班的解題方法實在奇怪！但他們得出什麼結果呢？

記得，他們把大洋洲的人口一勞永逸地算作二百萬，這還關係不大，因為這筆小數目預先就能混進誤差的範圍；他們把非洲也從頭至尾算作一億，這就值得爭論一番了。在我們看來，非洲人口始終停留在一億是不大可能的，這種勉強的推測顯然會影響對整個人口數的估算。

我們在一張圖表裡把專家們的估計作了概括。我們將注意到，他們的所有計算都是從一六五四年這個較晚的起點開始的，一般也很樂觀，其中包括聯合國機構最近進行的調查。我覺得這些估計大體上似乎偏高，至少有關非洲和亞洲的部份是如此。

在作為起點的一六五〇年，把生機勃勃的歐洲以及當時落後的非洲（地中海沿岸地區除外）都定為同一個數字（一億），似乎過於大膽。至於亞洲在一六五〇年的人口，無論同意圖表中的最低數字（二億五千萬或二億五千七百萬），或像卡爾．桑德斯那樣斷然接受三億三千萬的過高數字，都不盡合理。

在十七世紀中葉，非洲人口的自然增長十分旺盛。從十六世紀中葉起，黑奴買賣把越來越多的非洲人運往美洲，此外還加上原已存在的向伊斯蘭的移民，這種移民將一直維持到二十世紀。如果沒有旺盛的生命繁衍，非洲將禁不起這種消耗。另一個證據是非洲居民竟抗拒了歐洲的入侵：十六世紀，黑色大陸沒有像巴西那樣毫無抵抗地向葡萄牙人開門，儘管後者曾作過幾次嘗試。我們也多少了解到，黑人當時過著相當嚴格的農民生活，擁有美麗而和諧的村莊，十九世紀歐洲的進一步侵占才破壞了這一切[22]。

1650 至 1950 年間的世界人口（統計單位：百萬）

		1650	1750	1800	1850	1900	1950
大洋洲		2	2	2	2	6	13*
非洲		100	100	100	100	100	199**
亞洲		257*	437*	-	656*	857*	1272*
		330**	479**	602**	749**	937**	-
		250***	406***	522***	671***	859***	-
美洲		8*	11*	-	59	144	338*
		13*	12.4*	24.6**	59	144	-
		13***	12.4*	24.6***	59	144	-
歐洲（包括歐洲的俄羅斯）		103*	14*	-	274*	423*	594*
		100**	140**	187**	266**	401**	-
		100***	140***	187***	266**	401**	-
總計	1	470	694	-	1091	1550	2416
	2	545	733.4	915.6	1176	1608	-
	3	465	660.4	835.6	1098	1530	

材料來源：*聯合國 1951 年 12 月公佈的數字；**桑德斯的推算；***庫金斯基的推算。不加星號的數字在三個材料中是一致的。桑德斯關於非洲的數字取的是整數。

然而，歐洲人之所以沒有堅持奪取黑非洲國家，這是因為他們在海岸邊就受到「惡性」疾病的阻止：間歇性的或持續性的發燒，「痢疾、肺癆以及水腫」，還有許多寄生蟲，所有這些疾病使他們付出了十分沈重的代價[23]；好戰部族的勇敢抗擊對他們同樣是個障礙。由於航行被激流和淺灘所阻，有誰還會沿著桀驁不馴的剛果河逆流而上？此外，美洲的探險和遠東的貿易已動員了歐洲擁有的全部能力，歐洲的利益在別處。黑色大陸自動提供廉價的金砂、象牙以及勞動力。人們從那裡究竟還要得到什麼？至於黑奴買賣，規模並沒有人們想像的那麼大。僅僅由於運輸能力不足，運往美洲的黑人就受到限制。作為比較，一七六九至一七七四年間的愛爾蘭全部移民不過四萬四千人，即每年不到八千人[24]。同樣，在十六世紀，每年從塞維爾前往美洲的西班牙人平均僅一、二千人[25]。即使把黑奴買賣算作每年五萬——

這個數字在當時是完全不能想像的（直至十九世紀方才達到，那時販運黑奴已近尾聲）——相應的非洲人口總數也不過二千五百萬。總之，關於非洲有一億人口的假設是沒有任何可靠依據的。最早的估計（九千五百萬）大概是格雷戈里·金於一六九六年提出的，這個估計在很大程度上是一種想當然。人們滿足於重複這個數字。但它本身又從何而來呢？

我們也有幾個估計。例如，羅素[26]認為北非人口在十六世紀為三百五十萬（我個人估計是二百萬，但沒有可靠的根據）。關於十六世紀的埃及，始終還缺少數據。既然一七九六年最早的可靠數字估計埃及人口為二百四十萬，而北非和埃及目前的人口大致相等，能否認為埃及當時約有二百、三百萬人呢？這兩個地區的人口今天分別占非洲人口的十分之一。如果我們用這個比例推算十六世紀，非洲的人口可能是二千四百萬至三千五百萬。這要看我們採納前面三個數字中的哪個數字：前兩個關係到十六世紀，最後一個涉及十八世紀。這些數字距一億都太遠了。人們顯然無法作進一步的論證，始終難於確定一個數字，但幾乎可以斷然排除一億這個估計。

對亞洲的估計數字也過大了，但問題的嚴重性不如非洲。桑德斯[27]認為韋爾科克斯把一六五〇年——滿族奪取北京後六年——前後的中國人口確定為七千萬人是錯誤的，他大膽地把數字增加了一倍（一億五千萬）。關於中國歷史的這個轉折時期，對各種推斷都可提出異議或作進一步的探討（例如，人丁是不是簡單的稅收單位，相當於我們所說的戶？）。韋爾科克斯的依據是《東華錄》（盛恆成譯）。我們且假定他的數字偏低，但畢竟應該考慮到滿族入侵時的殘酷屠殺。其次，據烏歇的推算[28]，一五七五年的數字為七千五百萬，一六六一年為一億一百萬；一六八〇年，官方的數字為六千一百萬，一位作者推測為九千八百萬，另一位作者認為是一億二千萬，但那是在一六八〇年，即滿族政權終於確立的時候；一位旅行家曾說起一六三九年約有六千萬人口，他是按每戶十人計算的，即使對中國來說，這樣的係數也不正常。

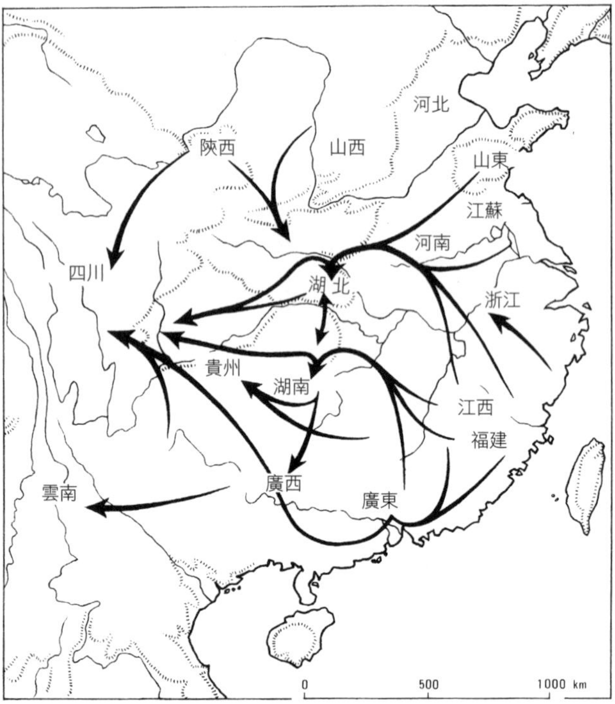

表(3)　18 世紀中國人口的內遷
18 世紀人口的急劇上昇使內地移民成倍增加，這張地圖提供了移民的概貌（摘自路易・戴米尼：《18 世紀廣東的貿易》）。

中國人口如漲潮般地猛增並不早於一六八〇年，更不早於奪回台灣的一六八三年。人口猛增是在中國全面的大陸擴張政策下實現的，這次擴張的範圍把中國人帶領到西伯利亞、蒙古、土耳其斯坦和西藏。在其本土的範圍內，中國當時正埋頭從事極其緊綳的墾殖事業。所有的低窪地和可灌溉的丘陵都被利用起來，山區燒荒墾地的情形也日見增多。由葡萄牙人於十六世紀引進的新作物有了顯著的發展，如花生、白薯等，特別是玉米；來自歐洲的馬鈴薯要到十九世紀才變得重要起來。這項墾殖事業順利地延續到一七四〇年；後來，留給每人的土地逐漸減少，這大概因為人口增長比可耕地面積的增加要迅速得多[29]。

這些深刻的演變促使中國在經歷一場有力的人口革命的同時，出現一場「農業革命」。人口的大概數字如下：一六八〇年為一億二千萬；一七〇〇年為一億三千萬；一七二〇年為一億四千四百萬；一七四〇年為一億六千五百萬；一七五〇年為一億八千六百萬；一七六〇年為二億一千四百萬；一七七〇年為二億四千六百萬；一七九〇年為三億；一八五〇年為四億三千萬[30]……英國使團祕書喬治．斯湯頓於一七九三年曾向中國人詢問帝國的人口總數，他們驕傲而坦率地回答說：「三億五千三百萬……。」[31]

我們且回過頭來研究亞洲的人口。它通常相當於中國的二至三倍。二倍的可能大於三倍，因為印度人並不如中國人那麼多。據一些不盡可靠的文件作出的估計，一五二二年德干的人口約三千萬，這就使整個印度的數字可能達到一億[32]，高於同時期中國「官方」數字的水平；對此，且不必信以為真。何況，印度北方諸省在隨後的一百年裡將遭受嚴重饑荒的蹂躪[33]。但印度歷史學家最近的研究表明，印度在十七世紀經歷了繁榮和大幅度的人口增長[34]。儘管如此，法國一部未公開發表的著作[35]估計印度在一七九七年僅一億五千五百萬人，而官方統計中國人口在一七八〇年已達二億七千五百萬。金斯利．戴維斯[36]肯定會認為，我們把印度人口估計得低於中國是毫無道理的，但我們也不能盲目接受他提供的過高統計數字。

總之，假定亞洲人口等於中國的二倍或三倍，具體數字在一六八〇年應為二億四千萬或三億六千萬，在一七九〇年為六億或九億。讓我們再說一遍，我們傾向於最低的數字，特別在十七世紀中葉。在一六八〇年前後，世界人口可以從以下數字中加出：非洲為三千五百萬或五千萬，亞洲為二億四千萬或三億六千萬，歐洲為一億，美洲為一千萬，大洋洲為二百萬。在同等的不確切範圍內，我們將再次找到進行第一項計算的數量級。

各個世紀間的相互關係

從地域上逐一檢查各大洲的情形之後，還應從時間上逐一檢查各個世紀，後一種檢查比前一種更加困難。蒙倍爾[37]就一六五〇至一八五〇年期間的歐洲提供了第一個範例。他的研究具有兩個指導思想：首先，極限的數字是爭議最少的數字；其次，如果從最近向最遠逐步推算，就必須假定數字之間存在著一些合乎情理的增長斜坡。這就等於接受歐洲的人口在一八五〇年為二億六千六百萬，從而進一步推斷出——其坡度顯然地要比韋爾科克斯所同意的要平緩一些——一八〇〇年為二億一千一百萬，一七五〇年為一億七千三百萬，一六五〇年和一六〇〇年分別為一億三千六百萬和一億。同通常的估計相比，以上計算似乎把十八世紀的數字擴大了，一般算在十九世紀的增長數字被算在十八世紀的帳上。（這些數據顯然有各種保留。）

現在，我們有了被某些推測證實了的、合情合理的年增長率：一六〇〇至一六五〇年為千分之六點二；一六五〇至一七五〇年為千分之二點四；一七五〇至一八〇〇年為千分之四，一八〇〇至一八五〇年為千分之四點六。關於一六〇〇年，我們又回到貝洛克的數字（整個歐洲有一億左右人口）。但是，我們沒有任何可靠的線索可以從一六〇〇到一三〇〇年繼續往後推；我們知道，在這個動亂時期，曾有過一三五〇至一四五〇年間的一次退潮和一四五〇至一六五〇年的一次漲潮。

當然，我們也可以冒險接受蒙倍爾的簡便推斷。一六〇〇年最穩妥的數字，即假定歐洲為一億人，是人口長期上昇達到的頂峰；關於上昇的坡度，人們可能在三個比率之間猶豫：第一個比率為千分之六點二，正如一六〇〇至一六五〇年的增長所指出的；另一個是一六五〇至一七五〇年間的千分之二點四的增長率；最後一個是一七五〇至一八〇〇年間的千分之四的增長率。考慮到一四五〇至一六〇〇年間人日增長相當迅速——這是猜測，尚未確證，人們至少應傾向最後一個比率才合乎邏輯。結果是歐洲在一四五〇年約有五千五百萬人口。假如同意所有歷史學家的看法，認為大陸的人口因黑死病起碼減少五分之一，那麼一三〇〇至一三五〇年的數字似乎應定為六千九百萬。我以為這個數字並非不可能。東歐早期的破壞和貧困，整個歐洲在一三五〇至一四五〇年危機期間大批村莊的消失，這一切都使我們相信，當時的人口水平略高於貝洛克的合理估計（六千六百萬）完全是可能的。

某些歷史學家認為十六世紀的人口回升（一四五一至一六五〇年這個長階段）是在前個時期下降[38]後的

一次「復甦」。如果這些數字被接受下來，缺額便得到了補足，甚至有所超過。這一切顯然有待進一步探討。

原有解釋的缺點

本書一開始提出的關於世界人口增長總趨勢的問題仍未解決。無論如何，中國的人口增長同歐洲一樣是明顯的和毋庸爭議的，這就必須修正以往的解釋。歷史學家頑固地用城市死亡率的下降（其實還是很高）[39]、醫療衛生的發達、天花的減少、飲水設施的興建、嬰兒死亡率的急劇降低，加上死亡率的普遍下降和結婚平均年齡的提前，作為解釋西方人口增長的理由：儘管這些論據說起來似乎頭頭是道，歷史學家恐怕還是放棄為好。

畢竟應該在西方之外找到另一個地方，那裡也適用類似的或同樣說明問題的解釋。在歷來盛行「早婚和多產」的中國，平均婚齡的提前和出生率的猛增都不成其為理由。至於城市衛生，據一位英國旅行家說，一七九三年龐大的北京約有居民三百萬人[40]，北京的面積小於倫敦，而倫敦的人口遠達不到這個驚人的數字。那裡住房低矮，全家人住在一起，擁擠不堪。衛生條件不可能有任何改善。

即使不離開歐洲，俄國的情形也同樣如此：那裡缺少內科以及外科醫生[41]，城市根本談不上衛生，又該怎樣去解釋人口的迅速增長（自一七二二至一七九五年翻了一番，即由一千四百萬增加到二千九百萬）呢？

如果走出歐洲，又怎樣解釋十八世紀盎格魯—撒克遜人和西班牙—葡萄牙人在美洲的繁衍呢？那裡既沒有醫生，又沒有良好的衛生設施，在一七六三年被定為巴西首都的里約熱內盧肯定沒有這些，而黃熱病和梅毒卻如同在整個西屬和葡屬美洲那樣定期光顧該地，流行成災，「病入膏肓者」竟全身潰爛[42]。總之，每個地區都有自己的人口增長方式。但為什麼所有的增長在同時或幾乎同時產生呢？

在各地，特別是隨著十八世紀經濟的普遍恢復——更早的時期也已經如此，人所開發的地域無疑大大增加了。世界各國當時都進行了國土開發，向空閒的或一半空閒的地帶移民。歐洲從海外和東歐——用馬布利教士的話來說，東歐當時正脫離「野蠻」的時期——取得了一份額外的生存空間和食物；南俄羅斯，甚至樹木叢生、沼澤遍地和杳無人煙的匈牙利同樣得到開發。土耳其帝國的戰爭行動長期以匈牙利為界，這條界線如今卻向南方大大推移。同樣的道理適用於美洲，這是自不待言的。印度也是如此，孟買附近的黑土帶已被開墾[43]。中國更是如此，它於十七世紀已在國內和鄰近地區開發許多荒蕪的無人區。勒內·格魯賽寫道：「令人驚異的是，如果需要拿中國的歷史同人類的某個其他群體相比，人們必定會想到加拿大或美國。在兩種情況下，除開政治的曲折發展外，關鍵都在於從事耕作的農民要面對人口不多的半遊牧部落，征服廣闊的未開墾地區。」[44]這種擴張在繼續進行，說得確切一點，在十八世紀又重新開始。

然而，這種擴張之所以在世界範圍反復地、全面地展開，這是因為人口在不斷增加。這既是原因，而且在重大程度上是結果。實際上，只要人們希望或者需要，空間始終都是唾手可得的。即使在今天，在這個「有限的」——保羅·瓦勒里向數學家借用的術語——世界裡，正如一位經濟學家恰如其份地指出的，「人類雖然不再有第二個密士失必河谷或第二個阿根廷可供自己支配」[45]，空地仍然不少；還有赤道森林、大草原，甚至極地和沙漠可供開發，現代技術還保留著許多驚人之舉。[46]

其實，問題並不在這裡。真正的問題是：既然有地可佔是個持續現象，為什麼「地理環境」會同時起作用？問題在於共時性。國際經濟誠然是個有效的因素，但它在當時還很脆弱，不能認為它會單獨造成如此普遍和如此強大的運動。國際經濟既是原因，也是結果。

和人。

氣候的節奏

為了尋求這種相當一致的統一行動的原因，人們只能想像一個普遍的解釋：氣候的變化。今天，這個答案不會再惹學者們的訕笑。歷史學家和氣象學家最近的細緻研究表明，世界的溫度、氣壓和降雨量都不停地在發生波動。這些波動影響到樹木、河流、冰川、海平面，影響到稻、麥、橄欖和葡萄的生長，影響到動物和人。

在十五至十八世紀期間，世界只不過是農民的廣闊天地，百分之八十至百分之九十的人口依靠土地為生，而且僅僅依靠土地。收成的豐歉決定著物質生活的優劣。由此可見，氣候突變對樹木和人的打擊簡直傷筋動骨。在某些情況下，各地的氣候會同時出現突變，儘管人們曾用種種假設來解釋，但這些假設終究又陸續被拋棄，例如關於水的蒸發速度發生變化的說法。在十四世紀，北半球的氣候普遍寒冷，冰川和極地浮冰向前移動，冬季更加嚴酷。維京人進發美洲的通路被危險的冰塊切斷。十四世紀中葉的某一名挪威神父曾寫道：「冰期已經來到……任何人不能沿舊航線航行而不冒生命危險。」氣候劇變使諾曼第人中止在格陵蘭的移民生活；在凍土中找回的最後幾名倖存者的軀體正是悲愴動人的見證[47]。

同樣的，路易十四時代恰巧正值斯柯佛所說的「小冰川期」[48]，氣候像一位樂隊指揮，發號施令的權威勝過了太陽王，無論歐洲的穀物區或亞洲的稻田和草原。普羅旺斯的橄欖園或斯堪地那維亞國家，都被打上它的意志的標記；在十六世紀可怕的九〇年代，斯堪地那維亞各國經歷了七個世紀以來空前的寒冷氣候[49]，冰雪化凍極晚，秋季又來得過早，以致小麥來不及成熟。在十七世紀中葉，中國內地各省也像路易十三時代的法國那樣，因多次氣候反常導致旱災和蝗災，農民起義接連發生。這一切的衝擊賦予物質生活的波動更深一層含義，並可能解釋波動的共時性；如果世界可能具有某種物理的整體性，如果生物史可能普及到人類的範圍，這種可能性也就意謂著，早在地理大發現、工業革命和經濟的相互滲透以前，世界已取得了最初的整體性。

雖然我認為這種氣候解釋包含著部份真理，但我們也必須防止過份的簡單化。任何氣候都算是個複雜的體系，它對植物、動物和人的影響只能根據不同的地點、作物和季節並通過不同的曲折途徑而實現。在溫和的西歐國家，「六月十日和七月二十日的降雨量『與小麥產量』成反比」，「三月二十日至五月十日期間的『日照』率和小麥株穗的結籽粒成正比」[50]。如果把某些嚴重後果歸諸氣候惡劣，那就必須證明在這個人口最多、氣候溫和，以前是「西歐主要糧倉」[51]的地區，氣候確實變得惡劣了。這是顯而易見的事。可是，歷史學家提供的關於氣候直接影響收成的例子卻往往涉及邊緣地區的作物，例如瑞典的小麥。在研究工作還很零碎的今天，不可能得出普遍性結論。我們對未來的答覆且不抱成見，不妨承認人類天生脆弱，不足以抵禦自然的威力。不論好壞，「年景」總是主宰著人。研究舊制度下

江河湖泊的冰凍是氣候變化的寶櫃標誌。在 1814 年（同 1683 年一樣，見本書第二卷），封凍的泰晤士河（從倫敦橋到苦修士橋）變成了巨大的集市場所。

的經濟的歷史學家根據邏輯推斷，認為好年景、差年景和壞年景是有節奏地先後來到的。這些週而復始的打擊造成了物價的巨大波動，而千百件事情又受到物價的制約。有誰敢於否認，這種反覆演奏的音樂旋律部份地反映著氣候的可變歷史？人們今天仍然看到季風的特殊重要性：每當季風推遲，就會給印度帶來無法彌補的損失。只要這類現象連續重複二、三年，那就是一場饑荒。這裡，人們還擺脫不了大自然可怕的限制。但是我們不應忘記一九七六年法國和西歐遭受的乾旱襲擊，還有一九六四年和一九六五年氣流系統的不正常變化在美國洛磯山以東造成的一場大旱災[52]。

人們或許覺得這種氣候解釋殊屬可笑，認為把天氣牽扯進來無非為了迎合古人的心意。古人往往喜歡用星象來解釋世上一切事物的進程、個人或集體的命運、疾病等等。一位名叫奧隆斯·菲內的數學家，間時兼行占卜，曾於一五五一年推斷：「如果太陽、金星和月亮在雙子宮會合，作家在那年將收入不多，奴僕將反叛主人和領主。但小麥將會豐收，大批盜賊將攔路搶劫。」[53]

參考座標

世界目前的人口（百分之十的誤差）在一九七九年約四十億。參照我業已提供的很不確切的數字，相比之下，一九七九年的人口分別等於一三〇〇年和一八〇〇年的十二倍和五倍[54]。這兩個比例係數及其中間值並非可用來說明一切的黃金數字。尤其是，它們涉及的現實從不具有同質性：今天的人口其實不是一三〇〇年或一三五〇年那時的十二倍，即使僅僅從生物學觀點看也不是如此，因為年齡金字塔遠非一致。然而，僅就毛數作個比較，已足以打開新的視野。

城市、軍隊和船隊

因此，按照我們歷史學家的標準，在回顧十九世紀前的歷史過程時，我們將遇到的只是一些小城市以及小軍隊：二者都不過巴掌那麼大小。

十五世紀德意志最大的城市科隆[55]位於萊因河上下水航行的交接點和陸上通衢之地，人口僅二萬左右。當時，德意志城鄉人口為一與十之比；儘管這個比例在我們看來似乎很低，但在當時已明顯地造成了城市的壓力。應該承認二萬人的城市在當時是人口、才能和力量的一個重要中心，比較起來，其重要性遠遠超過今天十萬至二十萬的居民區。請想想，在十五世紀，科隆獨特而活躍的文化具有何等重要的意義。同樣，在談到十六世紀至少有四十萬人口、甚至很可能有七十萬人口的伊斯坦堡時[56]，我們有權認為，這是一個在各方面堪與今天最大規模的居民區相比的大城市。為了維持這座城市的生活，必須向它提供巴爾幹的羊群，埃及的稻米、蠶豆和小麥，黑海地區的小麥和木樹，小亞細亞的牛、馬、駱駝，為了保證居民的來源，它必須吸收整個鄂圖曼帝國的移民，接受韃靼人從俄羅斯擄掠的奴隸以及土耳其船隊從地中海沿岸帶回的奴隸，這一切都在首都市中心龐大的貝西斯唐（Besistan）市場出售。

我們當然還應該說，在十六世紀初爭奪義大利的各支傭佣軍規模都很小，僅一、二萬人和一、二十門砲。在我們的教科書裡，這些效忠帝國的士兵及其享有盛名的將領——佩斯凱爾侯爵、德．波旁元帥、夏爾．德．拉諾依、菲力貝．德．夏隆——盡情痛擊由法蘭索瓦一世（Francois I）、博尼凡（Guillaume Gouffier de Bonnivet）以及洛特雷（Lautrec）指揮的其他傭佣軍。投入的兵力主要是介於德意志步兵和西班牙火槍兵之間的一萬名舊軍隊，但這一萬名精兵像後來在布倫兵營和西班牙戰爭期間（一八〇三—一八〇八）的拿破崙大軍一樣，很快就消耗殆盡。從布科爾之戰（一五二二）到洛特雷克在那不勒斯慘敗（一五二八），這支軍隊曾風雲一時；帕維亞戰役（一五二五）[57]更是他們輝煌生涯的頂峰。這一萬名靈活凶殘的士兵（他們是劫掠羅馬城的元凶），其作用遠比今天的五萬或十萬大軍更加重要。在這以往的時代，士兵過多便會調動不靈或補給跟不上，除非戰區的出產十分豐富。因此，帕維亞戰役是火銃兵（arquebusiers）的勝利，或在更大程度上是挨餓的士兵的勝利。法蘭索瓦一世的軍隊夾在它所包圍的帕維亞城牆和公爵狩獵區的圍牆之間，有著保護它免受敵人砲火的掩體，安享著過於充足的食物供應，沒有想到戰役於一五二五年二月二十四日突然發生。

一六四四年七月二日的馬斯頓草原（Marston Moor）決戰，國王軍隊在英國內戰中遭到第一次慘敗也同樣如此，交戰雙方的兵力都十分有限：國王方面約為一萬五千人，國會方面約為二萬七千人。彼得・拉斯萊脫指出，國會方面的軍隊只用「瑪麗女王號」和「伊麗莎白女王號」兩條郵船就能全部裝下；他因此得出一個結論：「業已成為過去的世界的一個特點……是人類共同體的容量很小。」[58]

話說回來，雖然我們今天看來舊時的軍隊在數量上不足觀，它們的某些壯舉卻值得重視。例如，西班牙的後勤部門以塞維爾、加地斯（後來是里斯本）、馬拉加、巴塞隆納等「轉運站」為出發點，竟能調動整個歐洲海上的帆槳船和船隊以及陸上的團隊；伊斯蘭教徒和基督徒在雷龐多會戰，敵對雙方的船隊——包括細長形的帆槳船和粗圓形的護航大船[59]——總共至少能裝十萬人。十萬人！請想想今天可以運載五十萬至一百萬人的艦隊！五十年後，即在一六三〇年，華倫斯坦（Wallenstein）一人就統轄十萬之眾[60]，這一更大的壯舉意謂著要組織高超的後勤機構。在德南打了勝仗（一七一二）的維拉爾（Villar）大軍共有七萬人[61]，但這是一支破釜沉舟作背水之戰的軍隊。後來，在一七四四年，根據軍事大臣杜普瑞・杜爾內（Dupre d’Aulnay）的說法，十萬士兵的數字至少在理論上是正常的。他指出，為了養活這麼多人，後勤部門每天必須有十二萬份食物可供分配（因為有的領雙份），因而每隔四天就要準備四十八萬份。按每輛車運送八百份計算，他接著說，「就必須有六百輛車和二千四百匹馬，每四匹馬套一輛車」[62]。軍需供應後來變得簡單了，甚至還有鐵輪烤爐烘製軍用麵包。但在十七世紀初，一部有關砲術的論著在闡述一支配有砲兵的部隊的各項需要時指出，人數以二萬為宜[63]。

這些事例所說明的道理也可反覆應用於無數其他情形。驅逐摩里斯科人（一六〇九—一六一四）給西班牙造成的損失，根據相當可靠的計算，總數至少達三十萬人[64]；取消南特敕令給法國帶來的損失[65]；朝新大陸方向販賣奴隸給黑非洲造成的損失[66]；白人向新大陸移民再一次給西班牙造成的損失（在十六世紀，每年約有一千人，總共為十萬人），所有這些損失雖然為數甚微，但加在一起就成了問題。由於政治割據和經濟缺乏活力，歐洲當時沒有更多的人可遷出。沒有非洲的幫助，歐洲不可能開發新大陸。原因很多，首先是氣候不適，此外還因為歐洲抽不出太多的勞動力。當時的人雖然喜歡誇大其詞，但塞維爾的生活如果沒有受到對外移民的影響，安德列奧・納瓦吉羅於一五二六年就不會說：「許多人動身去了印度，城裡『塞維爾』居民大大減少，幾乎由婦女掌權。」[67]

貝洛克（K.J.Beloch）試圖衡量十七世紀的真正份量時曾有過類似想法，當時的歐洲聽命於互相爭雄的三大強國：鄂圖曼帝國、西班牙帝國以及路易十三和李希留的法國。就人口而言，每個強國在舊大陸各自擁有約一千七百萬人。由此得出的結論是，如果要扮演強國的角色，就必須高於這個水平[68]。今天的情況就遠不是如此了……

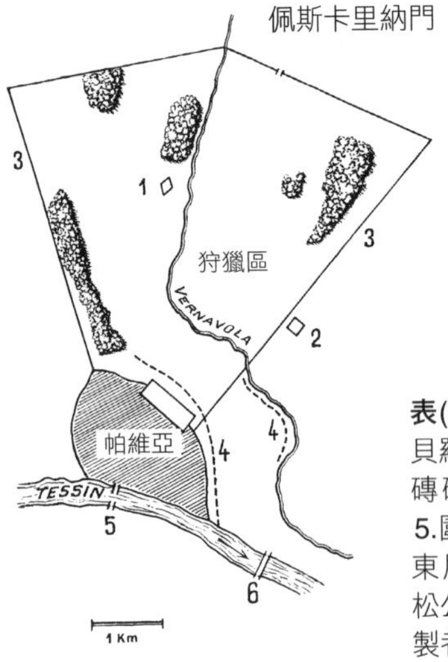

表(4)　**帕維亞戰役**：1.米拉貝羅；2.獵狗廄；3.狩獵場的磚砌圍牆；4.法軍的戰壕；5.圍城初期已被切斷的聖安東尼橋；6.會戰期間被達朗松公爵切斷的木橋。（地圖繪製者：托姆。）

法國早期的人口過剩

與此同時，還有許多比較也能為我們提供同樣重要的解釋。假定一六〇〇年前後的世界人口為今天的八分之一，而法國人口（按今天的政治區劃計算）為二千萬，這個假設即使並不完全可靠，卻至少是可能的。英國當時至多有五百萬人[69]。如果這兩個國家的人口按世界平均速度增長，英國今天應該有四千萬人，法國則有一億六千萬；這就等於說，法國（或義大利，或十六世紀的德意志）這類國家的人口大概已有過剩，法國當時因人口膨脹而出現吃閒飯的和不受歡迎的無賴。布朗托姆說過，法國「已有人滿之患」[70]。由於缺少自上而下的組織，移民處於自流狀態，例如：十六和十七世紀向西班牙的移民規模相當大，後來又有向美洲各「島嶼」的移民，有因宗教衝突引起的人口外流，「法國這次為時很久的人口損失以一五四

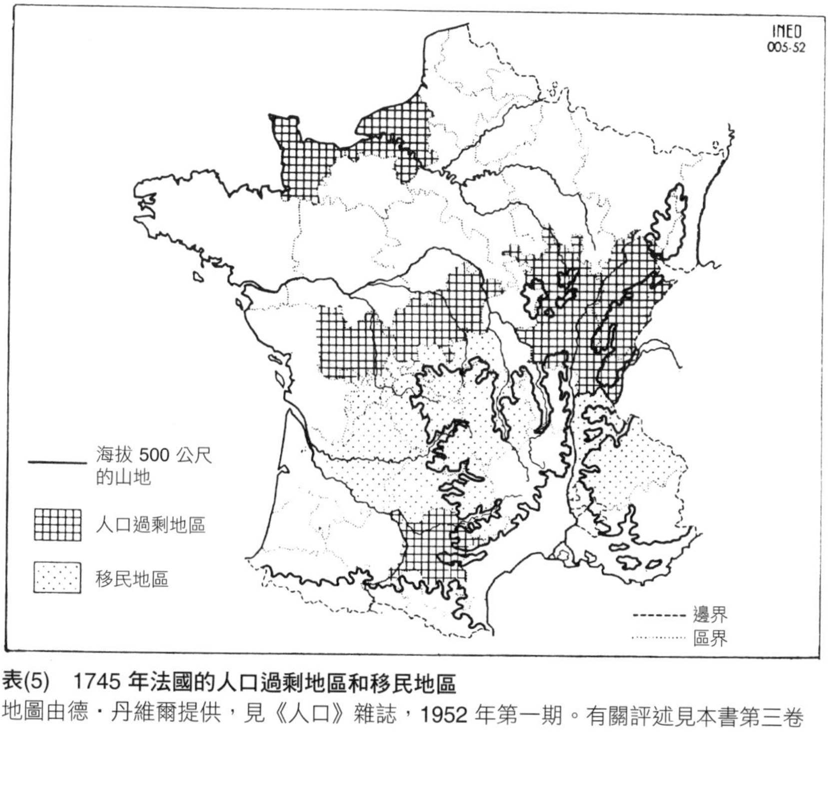

表(5)　1745 年法國的人口過剩地區和移民地區

地圖由德・丹維爾提供，見《人口》雜誌，1952 年第一期。有關評述見本書第三卷

○年的迫害新教徒事件為開始，到一七五二至一七五三年期間以朗格多克的流血鎮壓引起的大規模人口外流告終」[71]。

歷史研究揭示了法國向伊比利半島移民的規模[72]，這是我們以往還不了解的。統計資料和大批遊記都證明了這一點[73]。在薩拉戈薩（Saragossa），法國手工業者多得不可勝數，雷斯主教聽到那裡所有的人都講法語，不禁十分驚訝[74]。十年後，安東．德．布律內爾也為馬德里竟有如此眾多的「骯髒傢伙」（這是對法國人的鄙稱）而吃驚，他估計有四萬人「裝扮成西班牙人和自稱是瓦隆人、法蘭西康提人或洛林人，隱瞞自己的籍貫，以免被當作法國人而挨揍」[75]。

他們被可望得到的高工資和高利潤所吸引，在西班牙首都充當工匠、苦力和小販，尤其是泥瓦匠和建築工人。但也有大批人擁入農村：沒有來自法國的農民，西班牙的土地往往會淪於荒蕪。這些細節表明，移民不但數量多，持續時間長，而且涉及許多社會階層。這是法國人口過剩的一個明顯標誌。戈勒維爾的貴族尚．埃羅在其《回憶錄》[76]中說，西班牙（一六六九）約有二十萬法國人；數字雖大，卻不是不可能的。

正是在這個幾百年來陷於人口膨脹困境的國家裡，十八世紀才出現了自願的生育節制。塞巴斯蒂安．邁爾西埃（一七七一）寫道：「丈夫在性衝動時要當心少生孩子。」[77]在一七八九年革命後的艱難年月，出生率的急劇下降表明避孕已經推廣[78]。這個現象在法國比在其他各地更早出現，難道不應該歸諸長時期的人口過剩嗎？

人口密度和文明水準

既然陸地面積為一億五千萬平方公里，而人口為四十億，目前世界人口的平均密度是每平方公里二十六點七人。在一三○○至一八○○年間，如按同樣的方法計算，每平方公里至少為二點三人，至多為六點六人。假如我們計算今天——一九七九年——人口密度最高的地區（每平方公里二百人以上）的面積，我們將能得出今天密集文明的基本面積。經過反覆的計算，其數字是一千一百萬平方公里。在這一狹長地帶集中著人口的百分之七十（將近三十億人）。照聖埃克蘇佩里的說法，市井阡陌在地球表面猶如一條狹長的絲帶；第一次失誤，他的飛機墜落在巴拉圭的叢林中；第二次失誤，又在撒哈拉沙漠上著陸……[79]。我們應重視這些現象，認識世界的荒唐和不均衡。人讓地球的十分之九空著，這往往是迫不得已，也是出於疏忽，還因為歷史不顧人們世世代代的努力，已作出了另外的抉擇。維達爾·德·拉布拉什寫道：「人們不像水面上的油滴那樣在地球表面擴散，而像珊瑚一般聚集」，也就是說「在居民群體寄居的礁石的某些點上」一層一層地積少成多[80]。過去的人口密度是那麼低，人們往往輕易得出結論，以為在一四〇〇至一八〇〇年期間，任何地區都沒有真正密集的人群在創造文明。實際上，同樣的隔絕和不均衡狀態把世界分割成人口密集的狹小地區和人口稀少的廣闊地區。這裡，數字需用標尺重新衡量。

我們已經知道在歐洲開始征服美洲的前夕（即在一五〇〇年左右）各文明地區、文化發達地區和文化落後地區在全世界的大致分佈狀況。當時的文獻、後來的記述和人類學家的考察為我們提供了一幅頗有價值的地圖；我們還知道，文化的地理區劃在千百年中很少變化。人由於祖祖輩輩侷限於以往的成果，更願意在自身經驗的框架內生活。人是個集群：單個的人在集群中有進有出，但集群卻始終同一定的地域，同熟悉的鄉土相結合，並在其中紮根生長。

一位名叫戈登·休斯的人類學家[81]為一五〇〇年前後的世界繪製的一幅地圖十分說明問題，我們特意把它複製出來。它區分七十六種文明和文化，即把一億五千萬平方公里的陸地分成七十六個大小不等、形狀不同的條塊。由於這張地圖十分重要，必須經常參考，我們一開始就不能掉以輕心。這七十六塊七巧板是按一號（塔斯馬尼亞）到七十六號（日本）的順序排列的。自下而上的分類使我們毫不困難地看到：以採集、捕

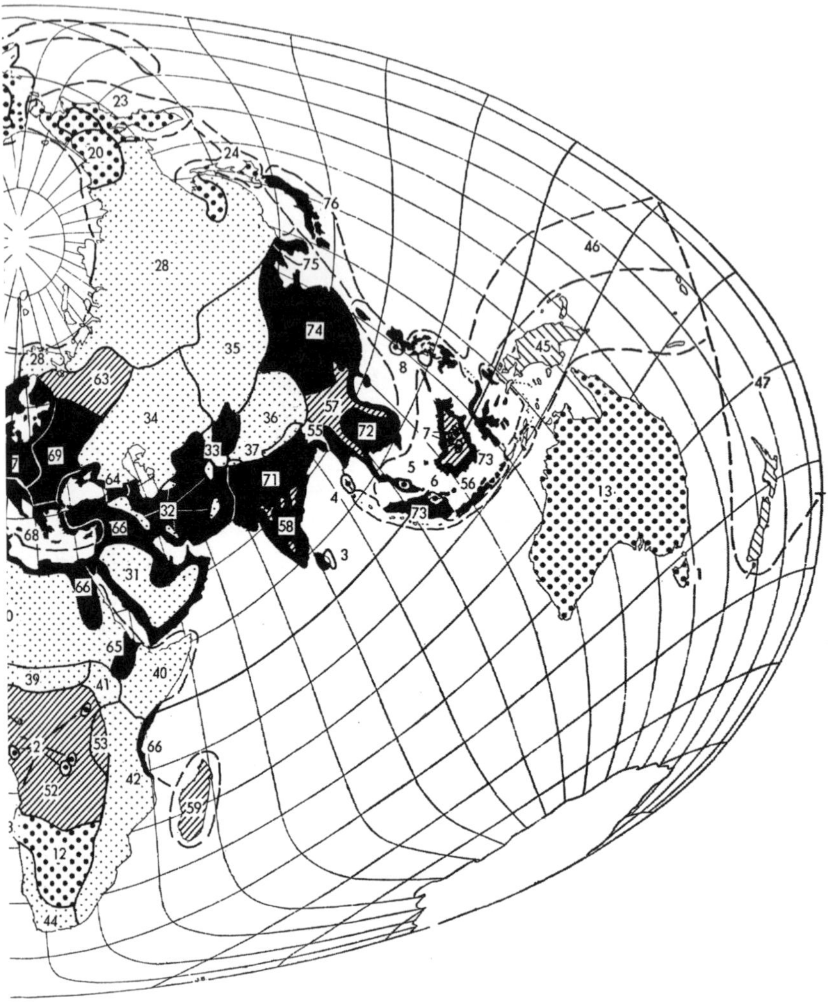

人，39.東部蘇丹人，40.索馬利亞和東北非，41.尼洛特人，42.東非牧民，43.西部班圖語諸族，44.霍屯督人，45.美拉尼西亞和巴布亞人，46.密克羅尼西亞人，47.玻里尼西亞人，48.美洲的印地安人（美國東部），49.美洲的印地安人（美國南部），50.巴西的印地安人，51.智利的印地安人，52.剛果部落，53.東非大湖地區各族，54.幾內亞海岸，55.阿薩姆高地和緬甸的印度人，56.印度尼西亞高地各部位，57.中南半島和中國西南高地各族，58.印度中部高山森林地區各部落，59.馬爾加什人，60.加勒比人，61.墨西哥人、馬雅人，62.秘魯人和安地斯人，63.芬蘭人，64.高加索人，65.阿比西尼亞人，66.定居的穆斯林，67.歐洲西南部，68.東地中海地區，69.東歐，70.歐洲西北部，71.印度（地圖不區分穆斯林地區和印度教地區），72.東南亞低窪地區，73.印度尼西亞低窪地區，74.中國人，75.朝鮮人，76.日本人。（地圖繪製：休斯）

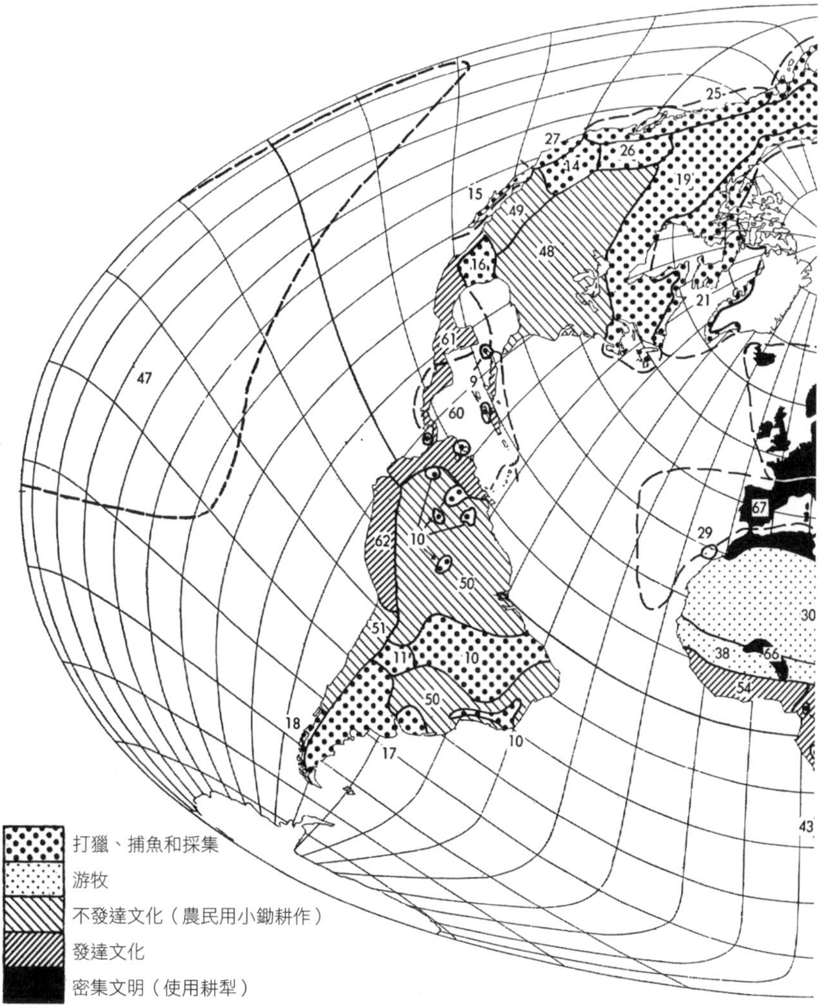

表(6)　1500 年左右的文明地區、文化地區和未開化民族

1.塔斯馬尼亞人，2.剛果的俾格米人，3.維達人（錫蘭），4.安達曼人，5.薩卡伊人和塞芒人，6.庫布人，7.普南人（婆羅洲），8.菲律賓的尼格羅人，9.西博內人（安地列斯群島），10.博托庫多人，11.大查科的印地安人，12.布須曼人，13.澳大利亞人，14.大盆地（美國），15.下加利福尼亞，16.德克薩斯和墨西哥東北部，17.巴塔哥尼亞，18.智利南海岸的印地安人，19.阿塔帕斯克人和阿爾崗昆人，20.尤卡吉爾人，21.中部和東部的愛斯基摩人，22.西部的曼斯基摩人，23.堪察加人、科里亞克人、楚克特人，24.蝦夷人、吉利亞克人、戈爾特人，25.西北海岸的印地安人（美國和加拿大），26.哥倫比亞高原，27.中加利福尼亞，28.馴鹿部落，29.加那利群島，30.撒哈拉遊牧部落，31.阿拉伯遊牧部落，32.近東山區牧民，33.帕米爾和印度高原牧民，34.哈薩克和吉爾吉斯，35.蒙古人，36.西藏牧民，37.西藏定居牧民，38.西部蘇丹魚為生的原始部落被歸入第一類，即從一號至二十七號；游牧部落被列為第二類，即從二十八號至四十四號；從事不足餬口的農業的居民屬於第三類，即從四十五號至六十三號，這些以手持小鋤的農民為主的地區幾乎連接成一條奇怪的腰帶，分佈在世界四周；最後一類是文明地區，即從六十四號至七十六號，那裡不但人口比較稠密，而且具有許多有利手段和條件：家畜、單鏵犁、雙鏵犁、車輛，以及城市……不用多說，這最後十三塊七巧板正是「發達」國家和住滿了人的世界。

關於最高一類的分佈，個別地方尚可商榷。六十一號和六十二號，即墨西哥的阿茲特克文明和祕魯的印加文明，是否應該列入這一類？如果考慮到它們光輝燦爛的藝術和獨具一格的精神面貌，考慮到古代瑪雅人高超的算術，考慮到兩種文明在白人征服的可怕打擊下久盛不衰，這當然是應該的。但是，如果人們注意到它們專一地使用長柄鋤，不懂得役使任何大家畜（各種羊駝除外），不會製造輪子、拱頂和車輛，甚至不會煉鐵——後者在文化落後的黑非洲已有千百年的歷史，那就不應該列入。總之，根據我們的標準，從物質生活的角度看，它們還算不上最高一類。關於六十三號，即剛剛接觸鄰近地區文明光芒的芬蘭，也存在同樣的疑惑。

但是，過了這道關口以後，剩下的十三個文明地區在世界範圍內形成一條穿越整個舊大陸的狹長地帶，即被人盡可能牢固地掌握住的、市井阡陌密佈的狹小地域。此外，既然我們把美洲的特殊情形擱在一邊，讓我們承認，凡於一五〇〇年已有文明人存在的地方，他們於一四〇〇年也業已存在，並且到十八世紀和今天必將始終存在著。總帳很快就算出了：日本、朝鮮、中國、中南半島、南洋群島、印度、細長的伊斯蘭地區以及歐洲的四個不同地區（最富裕的地中海沿岸的拉丁國家，不幸淪於土耳其征服之下的希臘，生機勃勃的北方國家，最粗擴的俄羅斯—拉普地區）；此外再加上兩個奇異的文明：即被列為六十四號的驃悍的高加索文明和被列為六十五號的阿比西尼亞根深柢固的農業文明……

以上地區的總面積也許有一千萬平方公里，幾乎等於法國現有國土的二十倍。這塊面積小、密度高的紡錘狀地域不但具有明顯的個性特徵，而且在當今的世界地理上大致仍可辨認（讓我們重複一遍，在一千一百萬平方公里的土地上，生活著百分之七十的人口）。如果我們接受文明地區人口在總人口中的這個比例（總數的百分之七十），那麼倘若按照我們的極端推算，這些優越地區每平方公里的密度將從一三〇〇年的二十四點五人（最低數字）過渡到一八〇〇年的六十三點六人（最高數字）。[82] 在一六〇〇年，根據貝洛克的推測，我們的平均數應界於二十八至三十五之間：如果當時一個歐洲強國至少要擁有一千七百萬人，那麼在世界的其他地區，用以標誌文明昌盛、生命繁衍的起碼水平應是每平方公里有三十名左右的居民。

如果我們仍停留在一六〇〇年，人口稠密的義大利每平方公里約有四十四人，荷蘭有四十人，法國有三十四人，德意志有二十八人，伊比利半島有十七人，波蘭和普魯士有十四人，瑞典、挪威和芬蘭為一點五人左右（它們還處於原始的中世紀階段，屬於歐洲的邊緣地帶，其中僅僅少數地區參與歐洲的生活）。[83] 至於中國，它包含的十七個行省（第十八個行省為甘肅，當時屬於中國的土耳其斯坦）的人口密度僅略高於二十人（一五七八）。[84]

在我們看來，這些水平簡直太低了；但在當時，它們已是人口過剩的明顯標誌。十六世紀初德意志人口最多的符騰堡地區（每平方公里四十四人）[85] 是招募僱佣兵的理想地點；法國廣大地區在達到每平方公里三十四人的水平時出現了人口外流，西班牙的水平僅為十七人。然而，富裕的和業已「工業化」的義大利和尼德蘭卻承受更重的人口負擔，剩餘人口大部份留在國內。因為人口過剩同時取決於人數的多少和擁有資源的多少。

歷史人口學家烏歇（Jean Fourastié）把人口水平分為三等。最低的一等是剛剛開拓的地區（他想到的是美國的「邊疆」），即處於開墾荒地的初期水平。第二等的人口水平（十八世紀前的中國和印度，十二或十

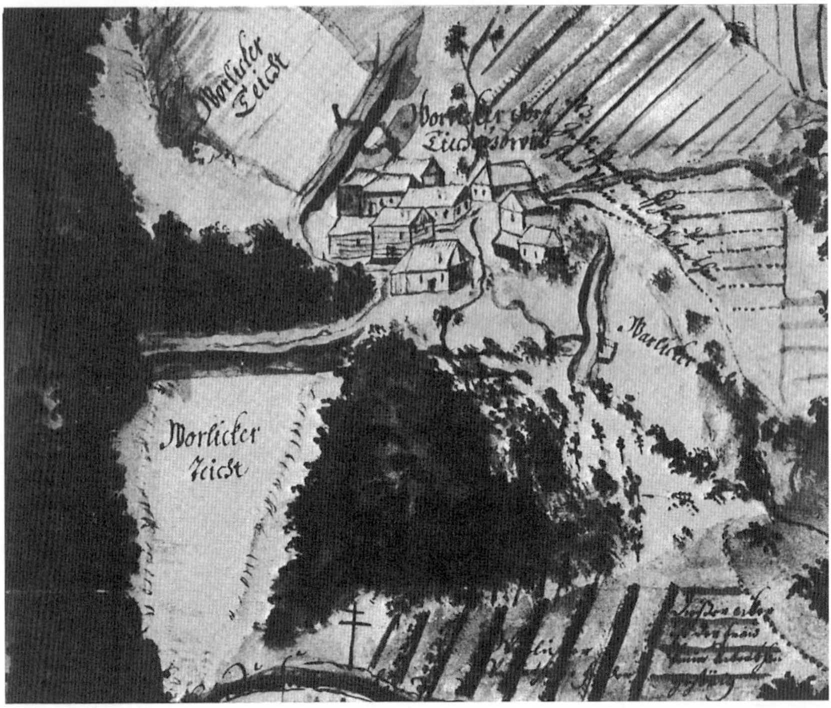

位於布拉格大道沿線的一個波希米亞村莊，周圍有耕地、樹林和三個魚塘，它在 1675 年左右僅有十來戶人家。同一類型的其他村莊的規模也不相上下。地圖現存奧爾利克中央地圖檔案館。

三世紀前的歐洲）界於每平方公里十五至二十人。最後才是人口密度在二十人以上的水平。二十人這個數字也許過分低了點。但按照傳統的規範，我們已指出的一六〇〇年間義大利、尼德蘭和法國的人口密度（分別為四十四、四十和三十四）顯然已反映著過高的人口壓力。順便指出，根據尚．符拉斯蒂埃就舊制度下的法國所作的計算，由於耕地實行輪作，必須有一點五公頃土地才能保證一人的食物供應[86]。丹尼爾．笛福於一七〇九年也作了類似的斷言：三英畝的好地，或四英畝的中等土地（即一點二至一點六公頃）[87]。我們將看到，人口壓力勢必導致食品結構的變化（在肉食和麵包之間作出抉擇）、農業的改造和人口的外流。

這裡，我們才剛到達人口史的基

本問題的門口。我們還必須知道城市人口同鄉村人口的關係（這一關係是以往的人口增長歷史的基本指針），並按人文地理學的標準進一步了解各鄉村集團的形式。十八世紀末，聖彼得堡附近芬蘭農民的破陋農莊極為分散；德意志墾殖者的住房比較集中；俄羅斯村莊的集中程度尤高[88]。在阿爾卑斯山北側的中歐，村莊相當小。我在波希米亞——還在華沙中央檔案館——曾見到過有關羅森堡家族和史瓦申堡家族原有領地的許多地圖（這些領地位於奧地利邊境地區，那裡有許多餵養鯉魚、小白魚和鱸魚的人工池塘），我驚奇地發現，中歐的眾多村莊在十二和十三世紀竟是如此之小，往往只有十來戶人家……這同義大利的城市式村莊或同位於萊因河、謬斯河和巴黎盆地之間的市鎮相差簡直太大了。在中歐和東歐的許多國家，村莊的規模小難道不正是決定農民命運的基本因素之一嗎？由於缺少巨大共同體的同心協力，農民更無力量抗拒貴族的壓迫[89]。

休斯的地圖還說明了什麼

至少說明三個問題：

（一）「文化」（第一批成果）和「文明」（第二批成果）的地理位置在很大程度上固定不變，因為這些位置是以現狀為出發點，通過簡單的回溯方法加以復原的。它們原來就有固定的界線，因而它們的銜接如同阿爾卑斯山、墨西哥暖流和萊因河河道那樣，是個強有力的地理特徵。

（二）地圖還表明，早在歐洲獲勝前的幾百年或幾千年，整個世界已經為人們所確認和占有。只是面對汪洋大海、深山老林（亞馬遜地區、北美和西伯利亞的大森林）和一望無際的沙漠等巨大障礙，人們才止步不前。但是，細看之下，沒有哪一塊海域不是很早就吸引人們去冒險並交出自己的祕密（印度洋季風在古希臘時代就已被認識）；沒有哪一塊山地、森林和沙漠不讓人進入和穿越。這對「可居住和可通航地區」[90]來

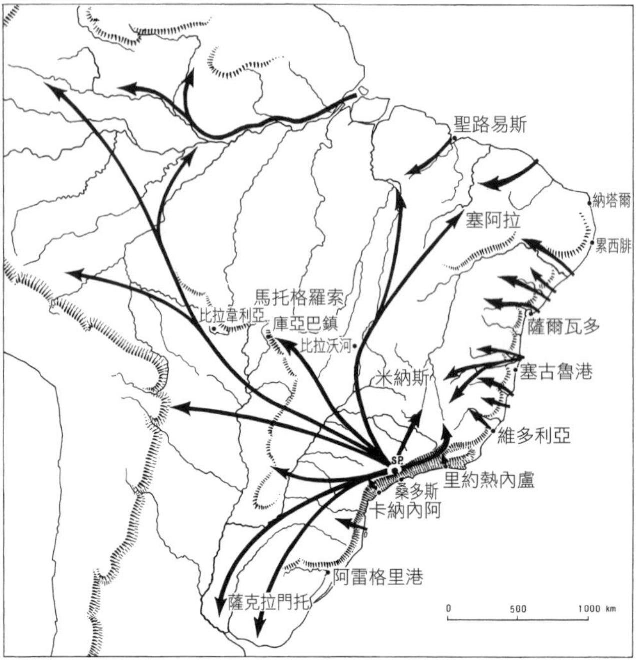

表(7)　巴西的探險活動（16 至 18 世紀）　探險隊主要從聖保羅出發，他們走遍了巴西的內地。地圖繪製者：埃斯克拉諾爾–都奈。

說是毫無疑義的：早在一五〇〇年前（甚至早在一四〇〇或一三〇〇年前），即使最小的，地塊都已被人占用。舊大陸上三十至三十六號這幾塊荒漠庇護著尚武好鬥的遊牧部落，我們在這一章裡還將談到他們。總之，世界，「我們的老家」[91]，遠在「地理大發現」以前就早已「被發現」了。「從有文字記載的歷史開始以來」，植物資源的單子已包羅無遺，「凡有普遍食用價值的植物，無一不被列入這個單子；原始民族對植物世界的探索十分全面和細緻」[92]。

可見，發現美洲和非洲並首先侵占神祕大陸的，其實不是歐洲人。那些大吹大擂地自稱於十九世紀發現了中非的人，是靠黑人挑夫背著他們去旅行的。他們的大錯——當時的歐洲都犯了這個錯誤——正是自以為發現了某個新大陸……同樣，南美洲大陸的發現者，甚至那些從聖保羅（該城市建立於一五五一）出發，在十六、十七和十八世紀創造了驚天動地奇跡的聖保羅探險隊，也不過是重新發現了印第安人早已走過的老路或他們的獨木船航行過的河道，而且通常還有葡萄牙人和印第安人的混血兒（即所謂「Mamelucos」）為他們領路[93]。同樣，法國人於十七和十八世紀從大湖區到密士失必河的探險也全靠被稱作「黑炭」（biobrules）的加拿大混血兒的幫助。歐洲人往往用他人的眼睛、雙腿和智慧，重新發現了世界。

歐洲獨立完成的業跡僅是發現了大西洋，征服了艱難海域和狂風激浪。這一勝利為歐洲打開了世界七大海的大門和通道。從此，世界的整個海洋都為白人效勞。歐洲的光榮在於它的船隻和艦隊橫行海洋，在於它擁有習慣過海上生活的人民，以及港口和造船廠。彼得大帝首次到西歐旅行期間已看準了這一點：他決定去荷蘭阿姆斯特丹附近的薩爾丹造船廠工作。

（三）最後一個問題：人口密集的狹長地帶並不始終一成不變。除開被人牢牢控制的地區（西歐、日本、朝鮮、中國）外，南洋群島和印度支那僅個別地區居民較多；印度本身尚未充分發展其混合文明；伊斯蘭文明控制著緊貼黑非洲的一系列河岸和山丘，分佈於沙漠、河流和大海的邊緣以及無人區的四周，靠近奴隸海岸（桑吉巴）和尼日河灣，並在那裡建立起一個又一個尚武好戰的王朝。即使對歐洲說來，到了東歐以後，也是一片空曠無人的荒漠。

人獸共生的局面

人們往往只注意文明國家，因為這是人類的主要居住區。此外，這些地區作了巨大的努力，試圖找回自己以往的面貌、工具、衣著、住房、習俗乃至傳統歌曲。我們在他們的博物館裡看到這一切。每塊地域都具有人們熟悉的色彩。那裡的一切往往極富特色：中國的風磨是橫向轉動的；伊斯坦堡，剪刀的刀刃下刻有一道凹溝，講究的湯匙用胡椒木製成；日本和中國的鐵砧同我們的不一樣；紅海和波斯灣中的船舶沒有一枚釘子……每塊地域都有自己的植物和家畜，至少有獨特的種植方法和飼養方法，還有其偏愛的房屋和食品……廚房的氣味足以使人想起一種文明的整個面貌。

捕獵海豹：1618 年的一幅教堂感恩畫講述了瑞典獵人竟與獵物一起被浮冰沖走，他們過了兩星期後才回到陸地。畫作存斯德哥爾摩國立博物館。

然而，文明還不能體現世界的全部風土人情。原始生活包圍著文明地區，有時甚至滲透其中，另有廣闊的地區竟空無一人。因此，必須設想人獸共生的歷史，或者手持小鋤從事古老農業的農民的黃金時代；文明人把這些當作人間天堂，因為他們有時很想擺脫自己所受的束縛。

未開化的野人形像多見於遠東，例如在南洋群島、中國的山區、日本的北海道、中國台灣（福爾摩沙）或印度中部。歐洲沒有這類定居山林、刀耕火作、從事陸稻種植的「野蠻」部族[94]。歐洲很早已把山區居民馴化，並且不把他們當作賤民對待。相反，在遠東，這些聯繫和合作都不存在，殘酷無情的衝突經常發生。中國人不斷同餵養牲畜、屋室奇臭的野蠻山民作鬥爭。同樣的衝突也在印度發生。一五六五年，印度教的維加雅納加王國（Vijayanagar）在德干半島塔利科塔戰場上受到了北方穆斯林蘇丹的騎兵和砲兵的致命打擊。王國的首都並未立即被戰勝者占領，處於不設防狀態，車輛馬匹都已隨軍出發。於是，附近布林加里斯（Brindsharis）、朗巴迪斯（Lambadis）、庫魯巴斯（Kurumbas）叢林中的野蠻部族蜂擁而來，把城市洗劫一空[95]。

但是，在文明地區的警戒下，這些野人只是困守一隅之地，處在團團包圍之中。真正的野人是無拘無束的，雖然他們的生活地點條件惡劣，幾近洪荒。這是弗雷德利希·拉采爾所說的「邊緣民族」，即為德意志地理學家和歷史學家認為與歷史無關的（難道真是如此？）次等民族。過去，在遼闊的西伯利亞北部，「一萬二千名楚科奇人生活在八十萬平方公里的土地上；一千名薩莫耶人居住在雅馬爾半島十五萬平方公里的凍土帶」[96]。因為，「最貧窮的集群往往要求最廣闊的空間」[97]，除非必須推翻以下的論斷：在這些無邊無際的荒野上，只有挖取植物根莖和獵取野獸才能勉強維持生活。

人煙稀少的貧瘠荒野也是野獸出沒之地。見不到人，就會遇到野獸。翻開以往的遊記，世界上的各種野獸便迎面向你撲來。據十七世紀的旅行家說，亞洲虎在恆河三角洲竟過河襲擊在船上睡覺的漁民；直到今天，遠東的山民還把村莊四周的草木清理乾淨，防止吃人猛獸的襲擊[98]。當夜幕降臨，人們即使待在家裡也不感到安全。耶穌會教士拉斯戈特斯及其難友（一六二六）被囚禁在廣州附近的一個小城市，

巴伐利亞捕獵野豬：長矛和火槍（1531）。畫作存慕尼黑國立博物館。

其中一人走出茅屋，竟被老虎叼走[99]。十四世紀有一幅中國畫，畫的是果樹叢中的一隻斑紋巨虎，這種猛獸在當地常來常往[100]。類似的事在整個遠東實在太多了。

暹羅地處湄南河谷；一排排店鋪雜亂無章地建在水面，全家老小往往擠住一條船上，除包括首都在內的二、三座城市外，河流兩岸是一片稻田；還有遼闊的森林，穿越其間的河流浸潤著大片地面。據康普費爾說，森林中常年不積水的有限幾塊空地正是虎、野象和麂的藏身之地[101]。至於其他猛獸，獅子在衣索比亞、北非以及波斯的巴斯拉附近，或在印度西北部鄰近阿富汗的大路上橫行無阻。鱷魚在菲律賓的江河中大量滋生[102]，野豬在蘇門答臘的沿海平原、印度以及波斯高原逍遙自在；野馬在北京以北地區經常是套索捕獵的對象[103]。野狗在特拉布宗山區的吠叫聲竟致使熱梅利．卡勒里不能入睡[104]。在幾內亞，獵人向著矮小的野牛撲去，但對成群的大象和河馬則躲避猶恐不及，聽任它們毀壞種有「稻米、小米和蔬菜」的田地……「有時竟見到三百、四百頭成群結隊而來」[105]。除了好望角附近地區外，龐大的南非是荒無人煙的真空地帶，那裡偶然能遇到的少數人，「其生活與其說像人，不如說像野獸」，此外就是「猛獸」，大批以肥大聞名的獅和象。[106]這裡，我們不妨回溯若干個世紀，回到大陸的另一端，想想迦太基和漢尼拔時代北非的大象。也可以想想略往北去的黑非洲中部的情形，那裡的捕象活動在十六世紀曾為歐洲人提供了大批象牙[107]。

從烏拉山脈到直布羅陀的整個歐洲是狼的領地，熊則據山為王。狼的四處出沒及人們對狼害的重視使得獵狼活動成為鄉村（乃至城市）盛衰和年成好壞的標誌。每當冬季氣候惡劣，經濟出現衰退，或人們稍一疏忽時，狼便大量繁殖。在一四二〇年，狼群竟利用城牆的洞隙或城門的把守不嚴鑽進了巴黎市內；一四三八年九月，狼群在蒙馬特爾和聖安東尼門之間的市郊襲擊行人[108]。一六四〇年，狼在柏桑松市的風磨附近渡過都河，進入市內，「當街吞食小孩」[109]。由法蘭索瓦一世於一五二〇年左右創辦的捕狼隊從事大規模的捕殺，貴族和村民全都被動員起來；直到一七六五年，在熱伏唐地區（Gevandan），「狼禍之烈令人觸目驚心」[110]。

一名法國人於一七七九年寫道：「看來，人們想如同六百年前的英格蘭那樣在法國消滅狼害，但在我們這個地域廣大和四面開放的國家裡，要想把狼包圍起來殊非易事，儘管這在大不列顛的島上是可行的。」[111]一七八三年，法國商會代表們討論了幾年前提出的一項建議，要求「把足夠數量的狼運往英格蘭，讓狼去消滅那裡的大部份居民」[112]！狼在歐洲大陸生根，在德意志和波蘭的遙遠森林中群居，法國四通八達的地理位置為它提供了理想的活動場所。維爾科地區（Vercors）於一八五一年仍以狼害為患[113]。

更加有趣的是，紐倫堡的醫生托馬斯・閔策爾[114]於一四九一年同朋友一起去瓦倫西亞山區旅行，在途經阿爾卑斯山附近時，他們的馬驚起了成群的阿爾卑斯松雞、錦雞、野兔、白山鶉和紅山鶉。還有，十六世紀初，野獸在符騰堡的「荒嶺」地區橫行無阻，但農民仍被禁止使用狼犬，唯獨護林人才有這種權利[115]。野豬、鹿、麂、羚羊、獅、虎、熊、兔在波斯大量繁殖，此外還有許多野鴿、野鴨、雁、斑鳩、烏鴉、鷺鷥以及兩種山鶉……[116]。

空白越大，動物的繁殖自然就越容易。當時耶穌會教士南懷仁同中國皇帝的大批隨從在滿洲旅行期間（一六八二），因旅途勞累而不無怨言；他參加了幾次令人難以置信的狩獵：一天之內即打死一千隻鹿和六十隻老虎[117]。模里西斯島在一六三九年還無人居住，那裡的斑鳩和野兔既多又不怕人，幾乎伸手就可抓到[118]。在一六九〇年的佛羅里達，野鴿、鸚鵡和其他鳥類的數量眾多，「鳥和鳥蛋往往車載船裝」[119]。

新大陸的情況當然更加突出：那裡的荒野地區極多，偶然間還能見到幾個相隔甚遠的小城市。智利聖地牙哥的主教里扎哈加於一六〇〇年用三十對牛拖十二輛四輪大車，竟花二十多天時間才從哥多華到達門多薩，即穿過今天的阿根廷的國土[120]。除了南半部的鴕鳥、羊駝、海豹外，當地的畜類很少[121]。空白很快被歐洲運來的牲畜（馬、牛）所占據，它們自動繁殖起來。野牛群在平原上定期往返覓食，直到十九世紀仍逍遙自在地生活著。遠遠望去，野馬群以排山倒海之勢向人們湧來。在這「不長樹木」的南美草原，嚮導遠遠望

17 世紀波斯的一次狩獵：鷹、矛、刀、火器和大批的獵物。畫作存吉梅博物館，這裡僅是該畫的一部份。

見一座小山丘，他高興地說：「我們趕快去砍些木柴吧。」[122]里扎哈加竟對嚮導的誤會信以為真，豈不有趣？這些嚮導在美洲本是初來乍到，難怪他們備受別人的譏笑。

這件趣聞且不談。還有更有趣的畫面可看：當美洲向西歐人開放時，俄羅斯人進入了西伯利亞。一七七六年春，幾名俄國軍官大清早離開鄂木斯克，繼續前往托木斯克。他們發現河流已開始解凍，只得找幾根樹幹，臨時捆成木排，沿鄂畢河順流而下。據執筆的軍醫（原籍瑞士）說，航行雖十分艱險，卻也不無樂趣……「在經過的至少五十個島上，狐狸、野兔和海狸極多，它們隨意來到水邊……我們高興地看到一隻母熊帶領四隻小熊在沿岸散步……」還有「多得驚人的天鵝、鸛、鶴、鵜、大雁……和各種野鴨（特別是紅色的）……沼澤中遍佈蒲雞和山鷸，樹林裡四處有松雞和各種飛鳥……太陽下山後，鳥群齊鳴，叫聲震耳」。[123]位於西伯利亞一端的堪察加半島原來空曠無人，十八世紀初逐漸變得熱鬧[124]。皮毛動物吸引著獵人和商人，他們把皮革帶回伊爾庫次克，然後通過附近的恰克圖集市運往中國，或者轉道莫斯科運往西方。海狸皮的風行正是從那時開始的。在這以前，它只是獵人和當地人的衣著。隨著皮裘價格陡然上漲，狩獵的規模也一下變大。約在一七七〇年，更有了龐大的組織。在鄂霍次克建造和裝備的船隻載有眾多的船員，因為往往遭受虐待的當地人對他們持敵視態度，有時殺害船員、燒燬船隻。此外，船隊必須攜帶四年的食品，備有從遠方進口的餅乾和燕麥片。由於後勤開支很大，狩獵隊受制於遠在伊爾庫次克的商人，以股份形式與後者平分支出和收益。旅行甚至深入到阿留申群島，為時可達四、五年之久。狩獵者或者利用海狸出水呼吸之機，駕小船緊跟追逐，或者等著江面凍結浮冰，當海狸路過時，就用棍棒擊打。出了水的海狸十分笨拙，很容易被獵人或獵狗逮個正著。有時候，浮冰會自動碎裂，帶著獵人、獵狗和死海狸一起漂到海上。船隻有時被困在冰凍的北方海洋，沒有燒柴和食物，船員不得不吞食生魚為生。這種種困難都沒有阻止獵人的大批湧入[125]。在一七八六年左右，北太平洋海面上開始出現英國和美國的船隻。堪察加的這些美麗的動物因此很快就大量減少；獵人不得不前往更遠的地方，來到美洲海岸，直至舊金山沿線；在那裡，俄國人和西班牙人於十九世紀初迎面相逢，而這一事件竟在歷史上沒有被大書特書。

即使在十八世紀末，原始的動物世界仍比比皆是；人在這些天堂的出現釀成了一次悲劇。一七九三年二月一日，馬戛爾尼專使乘坐「雄獅號」帆船前往中國途中，在南緯四十度印度洋上的法屬阿姆斯特丹島發現五名骯髒不堪的居民（三名法國人和二名英國人），他們住在這個地方只能用瘋狂追求皮貨來解釋。幾艘波士頓商船以在廣州出售美洲的海狸皮或法屬阿姆斯特丹島的海豹皮為業，上次航程中路過該島，這五個人便捨舟登陸。他們（這五個人）組織宰殺了大批海豹（一個夏季殺掉二萬五千頭）。島上的野物不僅有海豹，也有企鵝、鯨魚、鯊魚、海狗以及無數的魚。「幾副魚鉤釣到的魚足夠『雄獅號』船員吃整整一星期。」在河流的入海口，鱸魚、鯽魚、小蝦生長繁茂：「水手們以鯊魚肉為餌，把籃子垂入水中，幾分鐘過後，可獲半籃小蝦……」其他的奇觀是鳥，如黃嘴的信天翁、黑色的大海燕、白銀鳥、夜出晝伏和被猛禽逐殺的藍色海燕等，獵海豹者點燃火把，引來群鳥，「大量捕殺……他們甚至把鳥肉當作主食，據說味道十分鮮美。藍色海燕的大小同鴿子不相上下」[126]。

其實，在十八世紀以前，弱肉強食的自然法則幾乎到處通行，類似的例子也不勝枚舉，我們這裡就不再嚕囌。但以上事例足以證明，人類對世界的占領還是何等的虛弱！

舊的生態體系隨同十八世紀一起結束

無論在中國或歐洲，與十八世紀一起被突破的是一種舊的生態體系，即在這以前曾起過規範作用的一系列限制、障礙、結構、關係和數量變化。

平衡始終保持

新的平衡不斷在出生和死亡這兩種運動之間確立。總的說來，舊制度下的生卒係數大體上趨於平衡。出生率和死亡率十分接近，約在千分之四十左右。新生兒數量恰好被死亡數量所抵消。在今天已被劃歸雷思市郊的拉夏佩爾－符日雷市鎮[127]，據教區戶籍記載，一六○九年有五十名嬰兒接受洗禮，如果按每千人生四十名嬰兒計算，該市鎮的居民約有一二五○人。英國經濟學家威廉．配第在其《政治算術》（一六九○）一書中，以死亡數乘以三十算出人口數（這種算法略為低估了死亡率）。[128]

從短時段看，積極因素和消極因素在齊頭並進；如果對立的一方占上風，另一方即有反應。據說鼠疫於一四五一年奪走了科隆二萬一千人的生命；隨後幾年裡，約有四千對男女舉行婚禮[129]；即使如人們所想，這些數字過於誇大，但補償是顯而易見的。在布蘭登堡舊區的一個小市鎮薩爾茲韋德爾，一五八一年有七百九十人死亡，超過平時的十倍。結婚的數量從三十對降低到十對，但在第二年，儘管人口減少，卻仍有三十對男女結婚，隨之出生的許多嬰兒補足了缺額。[130]一六三七年，維羅納剛經歷過一場鼠疫，據說這場災難使一半居民喪生。該城駐軍幾乎都是法國人，大多倖免於難；他們娶寡婦為妻，使生活得以恢復正常[131]。整個德意志經過三十年戰爭的洗劫，創巨痛深，但在動亂結束後，就出現了人口回升。這種補償現象幫助被戰爭慘劇破壞了四分之一或二分之一的國家恢復元氣。一六四八年後不久，正當歐洲人口停滯不前或下降的時候，一位訪問德意志的義大利旅行家卻注意到「這裡能從軍的男子不多，而孩子的數字卻高得出奇」[132]。

假如平衡恢復得不夠快，當局便進行干預：威尼斯歷來對外封閉甚嚴，但在經歷了一場可怕的黑死病後，於一三四八年十月三十日發佈了開明的法令，同意給予願在法令生效後一年之內攜帶家眷財產前來定居的人以全部公民權（即出入自由）。何況，城市的繁榮一般要靠外來人口的遷入。但在平時，人口遷入是自發進行的。

從短時段看，人口的昇降互相交替和互為補充，出生和死亡單調地呈現兩條鋸齒狀曲線（直到十八世紀）。西歐是如此，威尼斯和波威（Beauvais）也是如此。嬰兒總有三災六難要過，貧苦者的處境十分困難，一旦發生瘟疫，他們輕易就會送命。窮人總是首當其衝。在這幾個世紀裡，發生了無數次「社會性屠殺」。一四八三年，在桑利附近的克雷匹，「三分之一的居民以乞討為生，老人更朝不保夕，坐以待斃」[133]。

只是到了十八世紀，生命才戰勝死亡，出生率從此穩定地超過死亡率。但是，死亡仍有反撲的可能，如一七七二至一七七三年間的法國，或一七七九至一七八三年間突然爆發的這一場危機（圖表四）。這些嚴重的警告表明，姍姍來遲的生活改善還很不牢靠，食物需求和生產能力之間的平衡始終險象叢生，而一旦平衡被打破，生活改善也就成了問題。

饑荒

在幾個世紀裡，饑荒的出現是那麼頻繁，幾乎成為人類生態體系的組成部份和人們日常生活的一種結構。事實上，物品的匱乏和昂貴即使對歐洲這樣的富裕地區也是經常不斷的現象。少數富人的飲食誠然過分講究，但這絲毫改變不了總的規律。情況怎麼可能不是如此呢？糧食產量很低。接連兩年歉收便導致災難。在西方世界，全靠氣候的恩賜，災難不算太嚴重。中國也是同樣情況，那裡的農業技術發達得早，又建造了可供灌溉和運輸之用的堤壩和運河網，加上南方稻田的精耕細作和兩季收穫，即使在十八世紀人口急劇增加的情況下，還長期保持著某種平衡狀態。莫斯科公國就不同了，那裡的氣候嚴酷而多變；印度也不行，每當發生水旱災害，立即出現一場浩劫。

然而，高產作物（玉米和馬鈴薯，我們下面還會談到）直到很晚才在歐洲種植，現代農業的集約經營方式也發展很慢。由於以上原因以及其他原因，饑荒不斷光顧歐洲大陸，大肆淫威，塗炭生靈。一三〇九至一三一八年間饑荒頻仍，造成空前的慘劇，並預示十四世紀中葉的災難（黑死病）；饑荒最初從德意志北部、中部和東部開始，逐漸擴展到整個歐洲——英格蘭、尼德蘭、法蘭西、德意志南部和萊因地區，一直蔓延到利伏尼亞（Livonia）附近[134]。

各國的損失極大，即使在得天獨厚的法國，十世紀也曾發生十次大災荒；十一世紀為二十六次，十二世紀為二次，十四世紀為四次，十五世紀為七次，十六世紀為十三次，十七世紀為十一次，十八世紀為十六次[135]。這張在十八世紀列出的清單顯然還有值得商榷的空間，但它的缺點僅是過於樂觀，因它忽略了幾百次的局部

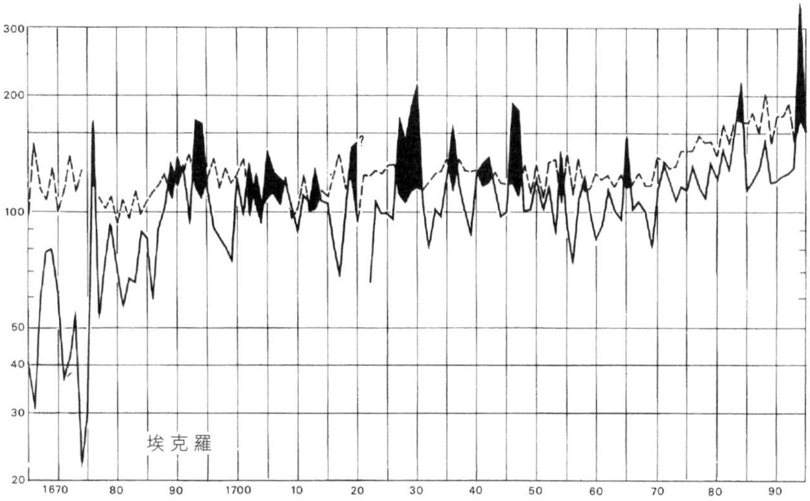

甲

性饑荒，後者並不始終同大災荒湊巧碰在一起的：例如，曼恩地區於一七三九、一七五二、一七七〇和一七八五年受災[136]；西南地區於一六二八、一六三一、一六四三、一六六二、一六九四、一六九八、一七〇九和一七一三年受災[137]。

同樣的情形適用於歐洲任何一個國家。饑荒經常襲擊德意志的城市和鄉村。十八世紀和十九世紀雖說風調雨順，饑荒仍接連不斷：一七三〇年在西利西亞；一七七一至一七七二年間在薩克森和南德意志[138]；一八一六至一八一七年在巴伐利亞及其毗鄰地區。烏姆城於一八一七年八月五日為天賜豐年和恢復正常生活舉行慶典。

其他的統計數字：佛羅倫斯一帶並不特別貧困，但該城市在一三七一至一七九一年期間遇到了一百一十一個荒年，豐收年僅有十六個[139]。托斯卡尼是適宜種植葡萄和橄欖樹的丘陵地區，早在十三世紀前，就依靠商人的幫助，取得西西里的糧食供應，否則當地居民將無法生活。

市民慣於怨天尤人，我們不能因此以為唯獨城市才受命運的打擊。城市有積穀的糧倉，有向國外洽購的「小麥局」，有一整套儲糧備荒的政策。說來似乎奇怪，有時鄉

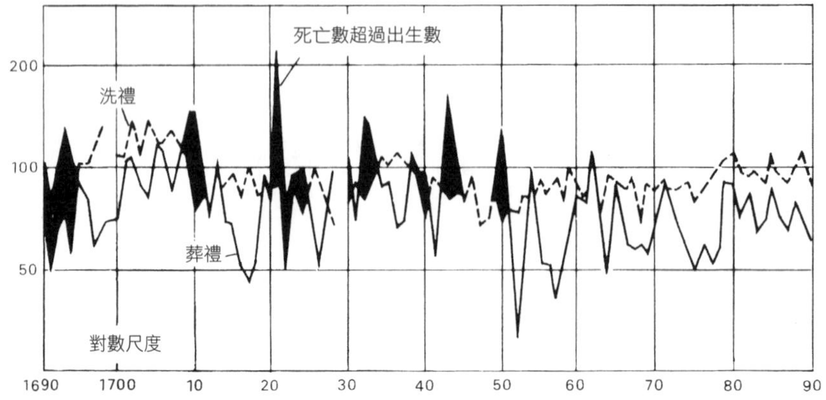

乙

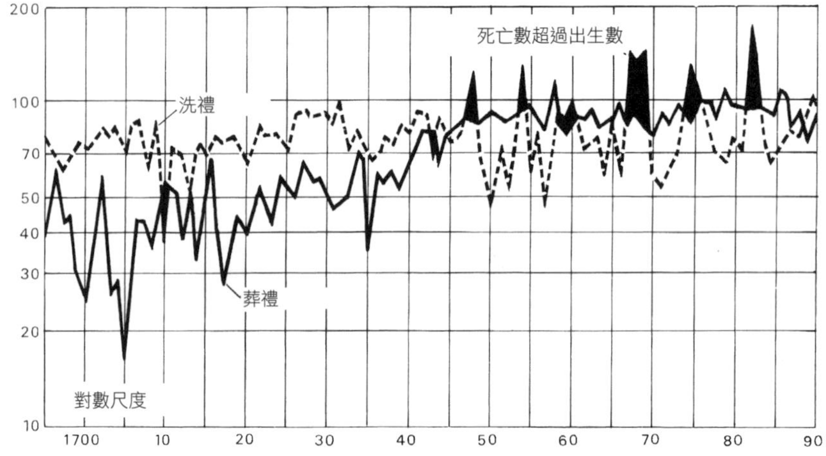

丙

表(8)　舊時代的人口：洗禮和葬禮。

舉三個例子：〈甲〉弗拉芒地區的一個城市。〈乙〉下普羅旺斯的一個城市。〈丙〉波威的一個城市。類似的例子可舉出數百個，足以表明死亡率和出生率之間的關係。黑色的尖角代表死亡率超過出生率的時期。除埃拉格等少數例外，在 18 世紀後，這類現象普遍減少（圖乙）。並參見本書圖表 9，法國於 1779 年和 1783 年死亡人數的增加〔據米歇爾·莫里諾和德伏斯（圖甲）、勒內·巴雷爾（圖乙）和彼埃爾·戈貝爾（圖丙）。〕

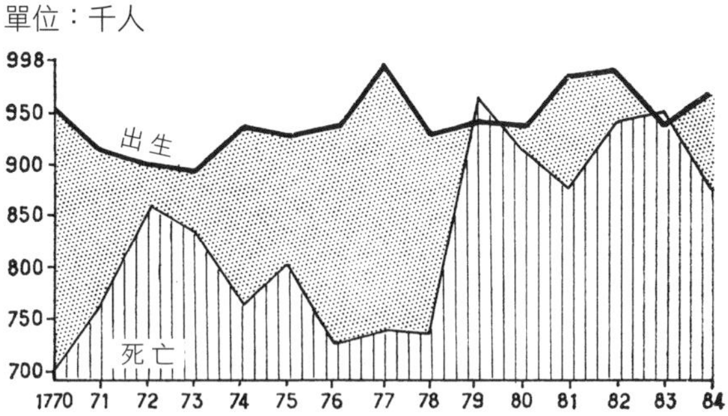

表(9)　大革命前的法國人口變遷（摘自萊因哈特和阿爾曼戈：《世界人口通史》）

村比城市更缺乏糧食。依賴商人、領主和城市為生的農民很少有糧食儲備。一旦發生饑荒，除了流落城市、沿街行乞、淪為餓殍之外，他們別無良策；例如，在十六世紀，威尼斯和亞眠的廣場上竟有路斃者[140]。

城市很快採取了防衛措施，阻止這些不僅來自附近鄉村，而且有時成群結隊地來自遠方的窮人進入市內。一五七三年，特魯瓦城的街頭和鄉村突然出現一些面有飢色、衣著襤褸、長滿虱子和跳蚤的外國乞丐。他們僅被允許逗留二十四小時。不久，市民們擔心市內的和附近鄉村的貧民「滋事作亂」，為此，特魯瓦市的富人和當局召開市民會議，尋求解決的辦法……會議決定，必須將貧民逐出城外……具體辦法是：烤製好足夠的麵包，通知貧民去城門口集合，每人領取一份麵包和一塊錢，但不讓他們知道祕密；等他們全出了城門後，立即關上城門，然後再從城牆上曉諭貧民，願上帝保祐他們去別處謀生，在下季收穫的新糧上市前，不得重返特魯瓦來。事情果然照此辦理。領到施捨後被逐出城的貧民頓時驚恐萬狀……[141]。

市民的這種殘忍在十六世紀末和十七世紀變得更加肆無忌憚。問題在於如何使窮人不能危害城市。在巴黎，病弱殘廢均交養濟院收容，身強力壯者被成雙成對地加上鐐銬，讓他們從事清理污水溝之類的繁重勞動。英國在伊麗莎白女王統治末期頒佈的《濟貧法》實為鎮壓貧民的法律。整個西歐陸續出現了許多「苦力所」、「囚禁所」或「勞役所」，被收容的貧民和不受歡迎的人在那裡從事強迫勞動；巴黎於一六五六年成立了養濟院，統一管理這類

「佈施饑民」：羅比奧的喬凡尼的一幅彩釉陶土壁檐反應 16 世紀的各種慈善事業。
皮斯托亞的賽博醫院。

半監獄式的機構。把貧民、瘋子、罪犯以及家長無力管束的青少年統統關在一起，這是十七世紀社會既嚴酷無情又通情達理的一種心理現象。這或許也是在艱難歲月面對貧窮難免產生的本能反應。值得注意的是，第戎市政當局於一六五六年竟禁止公民為行善而收留貧民。「在十六世紀，人們給外來的乞丐一點施捨或吃食，然後打發走。到十七世紀初，乞丐被一概驅逐。後來，甚至加以鞭撻；而在十七世紀末，最後的鎮壓辦法是讓乞丐充當苦力」。[142]

以上是歐洲的情形。亞洲更糟；特別在中國和印度，饑荒規模之大猶如世界末日來臨。中國全靠南方諸省的稻米；印度依賴天賜的孟加拉稻米以及北方諸省的小麥和小米，但相隔的距離實在太遠了。每一次打擊都激起很大的反響。一四七二年德干地區的嚴重饑荒促使大批難民朝古吉拉特和摩臘婆（Malwa）方向遷移[143]。據當時的歷史記載，一五五五年和一五九六年的大饑荒在印度的整個西北部蔓延，導致了人吃人的慘劇[144]。

同樣。在一六三〇至一六三一年間，印度幾乎全國遭到饑荒的可怕打擊。一名荷蘭商人作了悲慘的記述。他寫道：「許多人離鄉背井，四出流浪。『他們的景況一眼即可看出：雙目深陷，嘴唇泛白，嘴角流涎，皮膚乾枯，瘦骨嶙峋，肚子像空皮袋一般下垂；他們或者哀號乞食，或者躺在地上等死。』其他的慘象也見多不怪：丈夫賣妻子，父母賣兒女，也有自己賣身圖命，甚至於集體自殺……飢民切開死者或垂死者的肚子「剖心挖肝為食」。這位商人還說：「數十萬人死於饑荒，橫屍遍佈了整個城市無從埋葬，散發的惡臭毒化了空氣……在某個村莊，人肉竟臨街叫賣。」[145]

雖然歷史文獻沒有類似的精確記載，一項細節卻足以令人想到饑荒的可怕。一位前來蒙兀兒帝國參拜奧朗則布的波斯使臣回國時有「無數奴隸」隨行。「由於饑荒，他買下時幾乎沒有花錢」，行至邊境又把他們轉手賣掉[146]。

如果回到條件優越的歐洲，人們就像熬過了漫長黑夜那樣感到苦盡甘來的寬慰。在西方，類似的慘劇只是在中世紀最初的黑暗年代才真正遇到；或者在東部邊緣，那裡的落後是顯而易見的。一位歷史學家寫道：「如果按死亡人數來衡量歷史上的各次災難，一六九六至一六九七年間的芬蘭饑荒應被認為是歐洲歷史上最恐怖的事件」：死亡總數達居民的四分之一到三分之一[147]。東歐的情形最糟。十八世紀後，那裡的饑荒仍連綿不絕，人們在絕望中以野草野果充飢；田間、菜園、草地和樹林邊緣雜草叢生，致使原有的作物顆粒不收。

然而，這種狀況有時也在西歐出現，特別在

彼埃爾·斯納耶作畫的細部（1641）：利斯河畔的艾爾城被圍期間，衣衫襤褸、面有飢色的士兵。畫的遠景是該城的防禦工事。

十七世紀的「小冰川期」。在一六六二年的布萊佐瓦，「出現了一百五十年來未有的貧困」。一位見證人說，那裡的窮人以「鱈魚滷摻白菜根和麩皮」果腹[148]。就在同一年，勃艮第的三級會議代表在致國王的陳情書中說：「今年的饑荒使本省有一萬多個家庭死了人，甚至於有全家死絕的情形，三分之一的城市居民被迫以食草為生」[149]。一位編年史家補充說：「當地有少數人竟以人肉為食」[150]。往前十年，即在一六五二年，另一位編年史家馬什萊本堂神父指出，「洛林和四鄰地區的居民被生計所迫，竟像牲畜一般在草場食草為生，特別在巴西尼地區的普依和帕爾諾兩村莊，居民皮膚黯黑，骨瘦如柴」[151]。一名勃艮第人於一六九三年寫道：「糧價飛漲致使國內有人餓死」；一六九四年，默朗附近的農民等不及小麥成熟即行收割，「許多人如牲畜一般食草度日」；一七〇九年的嚴冬「使法國無數流浪者在路旁凍死」[152]。

所有這些明暗的畫面顯然不是接連出現的。但我們也不能過分樂觀！食物匱乏帶來種種疾病，如壞血病（隨著遠洋航行的開展，該疾病將猖獗一時）、糙皮病（在十八世紀，由於單一地食用玉米，得病的人特別多）、亞洲型腳氣病等，這些都是可靠的徵兆。同樣可靠的徵兆還有平民堅持吃粥喝湯，或相隔很長時間——一至二月——才烤製摻有雜糧的麵包。這些麵包總是很硬，且含霉味，在某些地區需用斧子劈開。蒂羅爾地區用糙麥麵粉做的麵包保存時間很長，每年僅烤製二至三次[153]。《特萊伏辭典》（一七七一）直截了當地斷言：「一般農民都相當愚蠢，因為他們只吃粗食。」

流行病

一次歉收還能勉強度過。如若接連二次，就會物價飛漲，饑荒蔓延，並且遲早為流行病打開大門[154]，而流行病當然也有自身的節奏。當時人把鼠疫這條「多頭妖蛇」和「變色龍」同其他疾病相混淆，把它當作一切禍害的根源。在那個災難叢生的時代，鼠疫是死神的頭飾，又是人類生活的一種經常性結構。

牟利羅作畫（1645）：聖迭戈向貧民（一群孩子和老人）施捨。一名乞丐伸出他的盤子。

其實，鼠疫不過是許多疾病中的一種；由於當時人與人交往密邇，傳染機會較多，鼠疫往往先同其他疾病一起傳播，經過一段潛伏期後，突然冒了出來。關於流行病和瘟疫在人口密集的文明地區的蔓延，關於這些致命疾病反覆流行的節奏，可以寫整整一部著作。單就天花而言，一七七五年的一本醫學書——當時開始談到接種牛痘——認為它是流行最廣的傳染病：每一百人中有九十五人得病，七人中有一人死亡[155]。

從過去的疾病名稱以及對症狀的離奇描述中，今天的醫生很難一眼辨明究竟是些什麼病。何況，我們沒有絲毫把握能把這些疾病同我們今天所知道的疾病作比較，因為疾病也有其獨特的演變過程和歷史，並取決於細菌和病毒及其寄生的人體的演變[156]。

在一位寄生蟲病學家朋友的幫助下，加斯東・羅普內爾於一九二二年偶然發現，斑疹傷寒（由虱子傳播）在十七世紀第戎等地被稱作「猩紅熱」。正是這種「猩紅熱」[157]在一七八〇年左右「使巴黎聖馬塞爾郊區的大批窮人得病死亡……使掘墓人累得抬不起胳膊」[158]。但是，「猩紅熱」的疑問並未得到徹底解決。

居依・德・夏里亞克（Guy de Chauliac）——他的《外科大全》在一四七八至一八九五年間曾再版六九次——描繪了一三四八年「鼠疫」及其特有的兩個階段：第一個階段相當長（兩個月），患者發燒和吐血；第二個階段出現肺膿腫和肺組織壞死。對於這種「鼠疫」，今天的醫生作何感想？還有一四二七年的那次流行病，巴黎給這種從未見過的怪病取了個不可思議的名稱，叫它「登杜病」：「患者最初像是得了嚴重的腎結石，接著全身發抖，連續七、八天時間眠食俱廢。」然後，「咳嗽不止，遇到佈道場合，由於聽眾大聲咳嗽，佈道者的聲音竟為之淹沒[159]。這大概是由特殊的病毒引起的流行

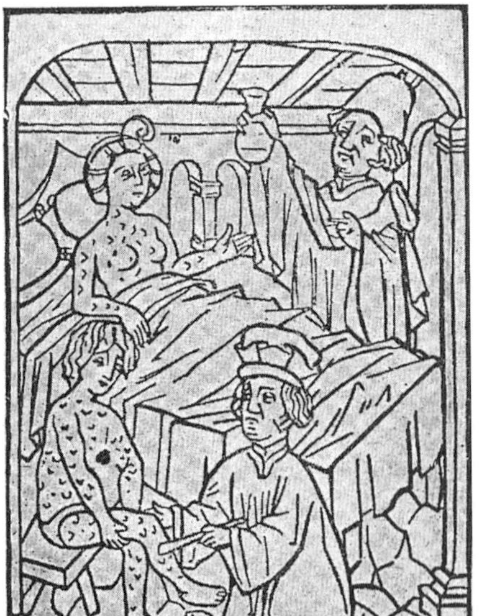

15 世紀末的一張木刻：用燒灼法治療梅毒。

不出汗即能治療那不勒斯病的秘方

藥方

取用
- 白蜜或納爾榜蜜，二盎司。
- 紅玫瑰末，二盎司。
- 氧化汞，半盎司。

製作

先把以上藥物混合均勻，然後捏成普通小豆狀的藥丸，用法如下：

凡病情嚴重者每天早晨服用 4 至 5 丸，連續三天。如患者發汗不多，可增加劑量，在排膿停止前，患者宜臥床休息。

1676 年的汞治療法：「不出汗即能治癒那不勒斯病的秘方」。

性感冒，如第一次世界大戰後不久的所謂「西班牙流行性感冒」或在一九五六至一九五八年間侵入歐洲的「亞洲型流行性感冒」……也可能是萊斯托瓦為我們所描繪的那種疾病：〔一五九五年〕「四月初，國王〔亨利四世〕因傷風而御體不適，面部神色黯然。由於季節反常，天氣奇冷，傷風在巴黎流行。加上『鼠疫』（著重號為作者所加）在該城市多處蔓延，突然病死者已有多人：此類疫病皆來自上帝之懲罰，對貴人小民一視同仁。」[160]相反的，一四八六至一五五一年間在英格蘭流行的英格蘭汗症今天已絕跡。患者同時有心臟病、肺病和風濕病的症狀，渾身發抖，大汗淋漓，往往在幾小時內死去。一四八六、一五〇七、一五一八、一五二九和一五五一年的五次時疫，喪命者不計其數。奇怪的是，疫病最初幾乎總在倫敦發生，在大不列顛諸島中從不波及威爾斯和蘇格蘭。唯有一五二九年的時疫特別猛烈，竟登上大陸，放過法國，而在尼德蘭、荷蘭、德意志乃至瑞士各州肆虐[161]。

一五九七年四月，馬德里出現一種據說「非傳染性的」疫病，患者的腹股溝、喉部和腋下腫大。這又是一種什麼病呢？病人發燒過後，或者立即死亡，或者等五、六天再慢慢恢復健康。得病者往往是些在潮濕房屋中席地而睡的窮人[162]。

另一個困難：疾病總是結伴而行，「除有炎症以外，相互很少共同之處，如白喉、腹瀉、傷寒、『痘疹』、天花、斑疹傷寒、小兒痲痺、『登杜』、疥癬、百日咳、猩紅熱、流行性感冒等等」[163]。這是一張就法國情形列出的單子，別處的情形大同小異。英國的流行病有間歇熱、英格蘭汗症、萎黃病、黃疸病、肺癆、癲癇、頭暈病、風濕病、腎結石等[164]。

面對這些密集的打擊，飲食和居住環境很差的居民勢必無力抗拒，這是可想而知的事。我經常引證一句托斯卡尼的諺語：「對付瘧疾最好的藥方是裝滿菜餚的鍋子」，但我承認對此只是相信一半。根據一位觀察家提供的無可懷疑的見證，一九二二至一九二三年俄國饑荒期間[165]，瘧疾四處流行。一直蔓延到北極圈附近，而且症狀與赤道地區完全相同。吃不飽飯顯然使疾病成倍增加。

另一個沒有例外的規律：流行病總是從一群人向另一群人作跳躍式傳播。托斯卡尼大公派阿朗索・蒙特庫庫里前往英格蘭，他取道布倫而不經過加來，他於一六〇三年九月二日寫道，英國瘟疫剛通過貿易渠道「進入」該地[166]。另一強大的傳播途徑從中國和印度出發，經過君士坦丁堡和埃及這兩個始終十分活躍的中繼站，把鼠疫帶到西方；與之相比，上述例子真正是小巫見大巫。結核病也是歐洲由來已久的常見病：法蘭索瓦二世（結核性腦膜炎）、查理九世（肺結核）和路易十三（腸道結核）分別於一五六〇、一五七四和一六四三年去世，足以為證。但到了十八世紀，大概從印度傳來的一種結核病在歐洲立足，比原有的結核病更加凶險。總之，它將成為浪漫主義時期和整個十九世紀歐洲的基本疾病。霍亂在印度原已氾濫成災（由霍亂弧菌引起），於一八一七年在印度半島普遍蔓延，隨後越出半島範圍，變成一場可怕而兇惡的大流行病，迅速傳到歐洲。

在本書考察的幾個世紀內，另一種流行病是梅毒。該病其實在史前時代業已存在，原始人的骸骨上保留著梅毒的印記。早在一四九二年前對此病已有臨床認識。但在哥倫布發現美洲以後不久，梅毒病例又再直線上升。人們說，這是對失敗者的禮物和報復。在醫生們今天主張的四、五種理論中，下列說法最有可能成

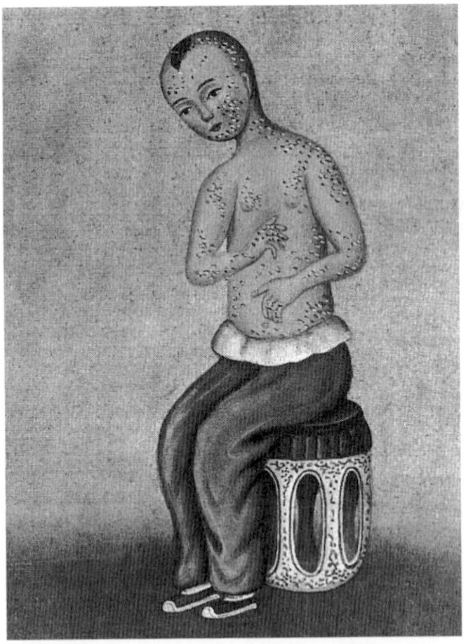

18 世紀的絹本畫：摘自《諸類痘診圖象》，染上梅毒的中國人。國立圖書館畫部。

立：疾病的出現或再現來自兩個人種的性關係（梅毒螺旋體對雅司螺旋體的影響）[167]。總之，從慶祝哥倫布歸來（一四九三）那時起。梅毒就使巴塞隆納居民驚恐萬狀，後來更飛快地蔓延開來；這是一種傳播迅速、能致人死命的流行病。在四、五年內，該病已周遊歐洲，並以種種假想名稱從一國傳到另一國，如那不勒斯病、法蘭西病等。法國由於它的地理位置，和梅毒的名稱結合得最緊。從一五〇三年起，主宮醫院的外科醫生自稱能用燒紅的烙鐵治療梅毒。急性梅毒在一五〇六至一五〇七年間傳入中國[168]。後來，在汞的作用下，梅毒在歐洲又恢復其緩和的形式，發展較慢。患者在專門醫院（如倫敦的「斯皮特爾」醫院）[169]中接受專門藥物治療，但在十六世紀末，從男女遊民到王公貴族的全體居民大概都已受到梅毒的打擊。被稱作「風流神父」的馬雷伯「自誇曾三次發過大瘡」[170]。著名的歷史學家和醫生格雷古里奧・馬拉農補充了以往的醫生對腓力二世的診斷，指出國王患有先天性梅毒[171]。我們有把握斷言，古代的王公都患此惡疾。托馬斯・德克（一五七二—一六三二）戲劇中的這位人物在倫敦說了句實話：「正如人多混雜必有小偷一樣，妓女在聖米歇爾假日期間必能找到顧客，染上花柳」[172]。

鼠疫

隨著鼠疫危害的不斷擴大，有關解釋也日漸增多。首先，病害至少有兩種：一種是肺鼠疫，這種新的疾病隨同一三四八年大瘟疫在歐洲歷史上出現；另一種是腺鼠疫，存在歷史更久。淋巴結在腹股溝下形成，轉為壞疽，其形狀同商人付諸流通的金幣或皮革籌碼相似，英語稱之為「上帝的標記」。「有時只要一個淋巴結出現腫大即足以致命……」黑死病（肺鼠疫）的病毒由黑鼠身上的跳蚤作媒介。據過去的人說，黑鼠大約在十字軍東征後不久侵入了歐洲及其穀倉。它為東方報仇，正如雅司螺旋體於一四九二年為剛被發現的美洲雪恨一樣。

顯然必須拋棄這種過分簡單的道德說教。黑鼠早在加洛林王朝期間，即在八世紀，已在歐洲被發現。既然褐鼠本身不帶疫病的媒介，褐鼠驅盡黑鼠，也就排除了黑鼠應對疫病負責的可能。最後，黑死病並非如過去所說的那樣在十三世紀傳入中歐，它最遲於十一世紀已經出現。何況，褐鼠通常在房屋的地下室建窩，家鼠則更喜歡在穀倉居住，以便就近找到食物。兩種鼠類在占滿地盤前並不互相排斥。

這一切不等於說，老鼠以及跳蚤沒有起作用；關於下薩克森地區的於爾岑在一五六〇至一七一〇年間鼠疫蔓延的詳細調查（共列舉文獻三萬件）證實，情況恰恰相反[173]。如果必須用外在條件（經濟學家所說的外因）說明鼠疫在十八世紀的衰退，我們不妨說，在十六、十七和十八世紀歷次城市大火災後，原有的木屋已被石屋所代替，室內衛生和個人衛生有所改善，小家畜遠離住宅，從而使跳蚤失去了繁殖的條件。但是，即使雅爾森於一八九四年發現了鼠疫桿菌後，這方面的醫學研究仍在繼續

教皇帶隊遊行，驅趕鼠疫。遊行過程中，一名教士暈厥倒地。《德．貝里公爵的祈禱書》，原畫存尚蒂依的孔代博物館。

中，新的突破很有可能改變我們的解釋。據說鼠疫桿菌在伊朗某些地區的泥土中保存著，而嚙齒動物因此被感染。那麼，這些危險地區連接歐洲的通道在十八世紀是否被切斷了呢？我不敢提出這個問題，也不敢斷言，備受歷史學家指責的印度和中國在這方面應負較輕的責任。

不論原因是單一的或是多樣的，當十八世紀到來時，禍害在歐洲逐漸減輕。最後一場災難是著名的一七二〇年馬賽鼠疫。但在東歐地區，談到鼠疫仍然令人聞風喪膽：莫斯科於一七七〇年慘遭浩劫。馬布利教士寫道（約在一七七五年前後）：「死於戰爭、鼠疫或者是普加喬夫叛亂的人抵得上因瓜分波蘭所得的人。」[174]赫爾松和敖德薩先後於一七八三年和一八一四年遇到可怕疾病的光顧。據我們所知，就整個歐洲而言，最後的重大打擊並不降臨在俄羅斯，巴爾幹國家在一八二八至一八二九年間以及在一八四一年曾遭到黑死病的襲擊，木屋再次起推波助瀾的作用。

至於腺鼠疫，該病仍在溫和潮濕的地區流行，如中國南部、印度和貼近歐洲的北非。奧蘭的鼠疫〔阿爾貝．卡繆描繪的那一次〕發生於一九四二年。

以上的概述很不全面。文獻數量太多，一名歷史學家若單槍匹馬，無論如何也應付不了。也許需事先作一番考證，列出鼠疫歷年分佈的圖表，標明其縱深面積和猛烈程度：一四三九至一六四〇年間。柏桑松（Besançon）曾發生四十次鼠疫災害；杜耳（Dole）於一五六五、一五八六、一六二九、一六三二和一六三七年受災；薩伏依於一五三〇、一五四五、一五五一、一五六四至一五六五、一五七〇、一五八〇和一五八七年受災；十六世紀，整個利穆贊（Limonsin）地區曾十次出現鼠疫，奧爾良則有二十二次之多；塞維爾當時是世界的心臟，遭受的打擊自然也更多更大，如一五〇七至一五〇八年、一五七一年、一五八二年、一五九五至一五九九年、一六四六至一六四八乃至一六四九年……[175]。每次災害都造成了沈重的損失，雖然總的說來還達不到編年史的虛構數字，雖然有的災難規模較小或只是虛驚一場。

我們擁有巴伐利亞從一六二一年到一六三五年精確的死亡統計數字：假定正常情況下平均每年死亡一百人，在不正常情況下，慕尼黑每年死亡一百五十五人；奧格斯堡一百九十五人；拜律特（Bayruth）四百八十七人；蘭茲柏格（Landsburg）五百五十六人；斯特勞賓（Strauling）七百零二人。這些數字高得嚇人，不足一歲的嬰兒總首先受害，女性患者通常超過男子。

所有這些數字都需要收集和比較，正如必須比較各種記述和圖片一樣，因為它們往往能展現同一種畫面，舉出各種形式相同而有效程度不同的措施（隔離、看管、監護、噴灑香水、消毒、設置路障、禁閉、健康證書、德意志的健康通行證、西班牙的健康憑證），反映出相同的近乎瘋狂的猜疑，描繪出相同的社會草圖。

富人們一聽說有疫病傳染，就趕緊逃往他們的鄉村別墅；人人都只顧自己。薩繆爾．佩皮斯於一六六五年九月寫道：「這種疾病使我們的相互關係變得比狗還更加殘忍。」[176]據蒙田的描述，由於家鄉有疫病傳播，他「歷盡艱苦」，帶著全家四處奔波，尋找一個安身之地，「親友害怕，自己也害怕，全家老小真是走投無路，無論想在何處留下，都會遭人厭惡」[177]。至於窮人，他們坐困被傳染的城市，國家養活他們，同時也監視、封鎖和隔離他們。薄伽丘的《十日談》內容正是黑死病流行期間，一群青年男女躲在佛羅倫斯附近一所鄉間別墅中閒聊時講述的故事。一五二三年八月，巴黎高等法院律師尼古拉．維索里先生攜同妻子，前往其被監護人的鄉間別墅所在地「船廠」（Grange Bateliére）——當時是巴黎城外的一個區，他的妻子到了鄉下後卻在三天內死於疫病；此事純屬例外，並不減少通常採用的防範措施的價值。在一五二三年的夏季，鼠疫又一次打擊巴黎的窮人。正如維索里在其《理性書》中所寫的：「死亡者主要是窮人，因而原來在巴黎以行竊為生的大批小偷剩下不多了……從普蒂香街區來看，原在這裡居住的許多窮人竟被清掃乾淨。」[178]圖盧茲的一名市民於一五六一年心安理得寫道：「傳染病只在窮人中流行……全仰賴上帝保祐，讓疫病適可而止……富人之間也互相提防。」[179]尚－保羅．沙特說得相當正確：「鼠疫猖獗無非使階級關係更加激化：窮人受難，富人倖免。」在薩瓦地區，每當疫病過去，富人重返他們經過認真消毒的房舍之前，先讓一個窮女人在那裡住上幾星期。後者用生命作試驗，負責證明一切危險均已排除[180]。

鼠疫導致了所謂怠忽職守的現象大量增生。法官、軍官和主教把他們的責任付諸腦後；在法國，有時高等法院竟出走一空（一四六七、一五八九和一五九六年的格勒諾布爾；一四七一和一五八五年的波爾多；一五一九年的柏桑松；一五六三和一五六四年的雷恩）。一五八〇年，亞威農鼠疫流行，阿馬涅克主教當然離開了城市，前往貝達里特（Bedarrides），接著又移居索爾格；兩個月過後：等到危險已經消除，他才回來。亞威農的一名市民曾經在日記裡這麼寫著：「他滿可以說一句與《福音書》相反的話：『我是牧羊人，但我不顧我的羊群』。」[181]我們對古人且不必過分責備：身為波爾多市長的蒙田在一五八五年疫病流行期間不肯返任就職；原籍義大利的亞威農富人法蘭索瓦．德拉戈內．德．福加斯在租約中規定，當他不得不離開城市時（一五八八年鼠疫期間，他果真這樣做了），將住在其佃戶家裡：「萬一上帝要讓疫病傳染，佃戶將借一間屋子給我居住……我將把來回使用的座騎寄養馬廄，並將借用一張臥床。」[182]一六六四年倫敦發生鼠疫，宮廷離開城市去牛津暫住，市內的富人也攜帶家室、僕役和行李匆忙出逃。首都不再有官司可打，「法律界人士全都移居鄉間」，一萬所房屋被遺棄，有的用松木板把門窗釘死，病人的住房都用紅粉筆打上十字記號[183]。笛福對倫敦這最後一次鼠疫在事後（一七二〇）所作的敘述究竟在多大程度上符合千篇一律的慣例，那將是永遠說不清楚的事了；而所謂的「慣例」，也就是相同的行動（屍體「大多像垃圾一樣被扔上手推車」）[184]，相同的防範，相同的絕望，相同的社會歧視[185]。

目前，任何疾病，無論其實際危害多大，都不會造成類似的瘋狂和集體悲劇。

我們不妨跟隨一位在一六三七年鼠疫期間死裡逃生的人去佛羅倫斯旅行。他用簡潔的文筆回顧了自己的親身經歷。我們又重新看到：到處關門閉戶，街頭禁止通行，偶爾有食物供應車或神父匆匆經過，無情的崗哨分佈四處，唯有某個乘坐四輪馬車的貴人才獲准短暫打開已封死的住所大門。佛羅倫斯已一命嗚呼：不再有商業活動，也不舉行宗教典禮。唯一的例外是神父間或在街角做彌撒，困守在家的信徒偷偷從窗戶口望彌撒[186]。

莫里斯．德．托隆就一六五六年熱那亞鼠疫所寫的《行善的嘉布遣會修士》[187]列舉當時採取的預防措施：當風向對自己時，不跟市內的可疑份子說話；燃點香料消毒；可疑分子的衣物一定要洗淨，最好銷燬；多作祈禱，加強治安。透過這些要求，我們能想像，在極富有的熱那亞城，明搶暗盜之事極其盛行，因為最富麗堂皇的建築物已被其主人拋棄。然而，死屍在街上堆積如山；除了把它們裝上船隻，運到海上焚燒，沒有別的清理方法。作為十六世紀史的專家，我很久以來一直對十七世紀鼠疫在城市的危害感到驚訝；無可否認，下一世紀的情況比前一世紀更加嚴重。從一六二二年到一六二八年，阿姆斯特丹每年都有鼠疫發生（共有三萬五千人死亡）。巴黎曾於一六一二、一六一九、一六三一、一六三八、一六六二和一六六

荷蘭埃爾森的木刻：1745 年的一場牛瘟。

八年（最後一次）[188]出現鼠疫；值得注意的是，巴黎自一六一二年起。「用強制手段把病人從家裡搬出，送往聖路易醫院和聖馬塞爾郊區的桑臺收容所[189]。倫敦於一五九三至一六六五年間曾五次發生鼠疫，據說死亡總數達十五萬六千四百六十三人。

隨著十八世紀的到來，情況有了全面好轉。但一七二〇年土倫和馬賽的鼠疫極其凶猛。據歷史學家說，馬賽人死了一半以上[190]。街上躺滿了「腐爛過半、被狗啃過的屍體」[191]。

疾病的週期性歷史

疾病在出現後，輪番地由弱變強或由強變弱，有時也銷聲匿跡。痲瘋病的情形就是如此，嚴峻的隔離措施也許從十四和十五世紀開始就在我們的大陸上把它制伏了（但令人奇怪的是，一些自由的痲瘋病人今天從不傳染）；同樣的情形還有霍亂和痲疹，前者十九世紀已在歐洲消滅，後者近年來似乎已在世界絕跡。我們親眼目睹抗生素奇跡般地控制了結核病和梅毒的蔓延，雖然現在還不能對未來下斷言，因為梅毒的傳播據說今天又顯得相當猛烈。鼠疫在經過十三和十四世紀的長期間歇後，以黑死病的形式突然爆發，開始了新的傳染週期，直到十八世紀才終於消失[192]。

其實，疾病的這些反覆起伏的原因在於，分散在各大洲生存的人們長期隔絕，因而每個大洲對病原體各有其特殊的適應性、抵抗力以及弱點，相互感染就會帶來意外的災難。威廉．麥克尼爾的近著[193]已極其清楚地證明了這一點。自從人類脫離了原始的動物狀態，自從人類確立了對其他生物的統治，人在宏觀上變成其他生物的捕食者。與此同時，人也受到細菌、病毒等微生物的糾纏和襲擊，他在微觀上是各種寄生體的捕食對象。這場巨大的鬥爭歸根到柢不正是人的基本歷史嗎？鬥爭通過生物鏈進行：在某些情況下能夠單獨存在的病原體通常從一個有機體轉移到另一個。人是它們不斷襲擊的對象之一，但不是唯一的對象，人經過適應而產生抗體，並同寄生的異體達成一種可被接受的平衡。如果病原體離開原來的「生態寄體」，傳染給至今尚未受傷害的、因而毫無抵抗力的另一族群，就會爆發大規模的流行病和災難。麥克奈爾認為，一三四六年的大瘟疫和幾乎把整個歐洲壓垮的黑死病是蒙古擴張的後果。他的看法也許是對的，因為隨著絲綢之路的重新開放，病原體在整個亞洲大陸暢行無阻。同樣，當歐洲人在十五世紀末建立了統一的世界貿易網後，美洲也隨即遭到來自歐洲的新疾病的殺傷；反過來，梅毒又以新的形式打擊了歐洲。它在十六世紀初以空前的速度傳染到中國，而美洲的玉米和白薯卻要等到該世紀末年才引進中國[194]。再往後，一八三二年，源自印度的霍亂來到歐洲，造成了同樣的生態性災害。

但是，人對疾病的抵抗力與免疫力的大小並不是疾病昇降起伏的唯一原因。一些醫學史專家毫不猶豫地主張，每種病原體各有其獨特的、與病害史相平行的歷史，疾病的演變在很大程度上取決於病原體本身的變化。我認為他們說得完全正確。由於細菌和病毒的演變，疾病便出現複雜的反覆起落，在突然爆發後，有時廣泛流行，有時長期處在休眠狀態，甚至永遠消失。我們可以舉出流行性感冒這個今天已人所共知的例子。

流行性感冒這個名詞可能於一七四三年春天剛出現[195]。但是在歐洲，從十二世紀起，人們已覺察到或以為覺察到它的存在。美洲以往沒有這種病，因而它成為導致印第安人大批死亡的許多疾病中的一種。一五八八年，它使威尼斯全體居民臥床不起（不一定因此死亡），以致大議院竟無人開會，這種情況即使在鼠疫流行期間也從未出現過；不僅如此，流行性感冒浪潮接著席捲米蘭、法國和加泰隆尼亞，又轉面向美洲猛撲[196]。當時，流行性感冒已像今天那樣飛快傳播，很容易就在世界流行。伏爾泰於一七六八年一月十日寫道：「流行性感冒在周遊世界的途中來到了我們的小西伯利亞（指他在日內瓦附近的住地菲爾內），以我的老弱之軀，自難逃脫一場小災。」但是，同為流行性感冒。病情卻可以各不相同。就拿幾次大流行性感冒來說，比第一次世界大戰殺傷力更大的一九一八年西班牙流行性感冒與一九五七年的亞洲型流行性感冒不同。其實，病毒有許多種不同的變異；預防疫苗今天之所以不一定可靠，原因是不穩定的流行性感冒病毒不斷在迅速變化。疫苗幾乎總是落後於疾病的傳染。因此，為了走在疾病前面，某些實驗室曾試圖把正在流行的病毒作多次人工變異，以便把將來可能出現的各種流行性感冒變型集合成一種疫苗！流行性感冒病毒無疑是特別不穩定的，但人們能否認為，許多病原體也隨著時間而演變？這也許可以說明結核病的變遷史，為什麼它有時溫和，有時凶猛；為什麼源自孟加拉的霍亂日趨緩和，並隨時可能被源自蘇拉威西島的霍亂所代替；為什麼有的疾病，如十六世紀的汗熱病（sweating-sickness，又稱英格蘭汗症），出現後不久很快消失。

一四〇〇至一八〇〇年：長時段的舊生態體系

綜上所述，人為維持生命，至少要在兩條戰線上進行不斷的鬥爭。一方面是食物的欠缺和不足，因為人在宏觀上以捕食其他生物為生，另方面許多潛伏的疾病又以人類為捕獵的對象。在這兩條戰線上，舊生態體系下的人的處境很不穩定。在十九世紀前的世界各地，人的壽命普遍很短，富人也不過多活幾年而已。一名英國旅行家在談到一七九三年歐洲的情形時說：「吃食挑剔、活動太少以及不良嗜好使富人容易得病；儘管如此，他們的壽命卻比下層階級的人長十年，因為下層階級勞累過度，未老先衰，家境貧苦，難以維持起碼的生活」[197]。

富人的壽命本就高得有限，如若放在總人口中平均，那就完全被淹沒了。在十七世紀的波威，新生兒在一年內死亡者占百分之二十五至百分之三十三；僅百分之五十能活到二十歲[198]。數以千計的事例足以清楚說明，生命在這些遙遠的年代裡是何等脆弱和短暫。「年輕的王太子查理（未來的查理五世）於一三五六年在法國當政，年僅十七歲，他於一三八〇年去世，享年四十二歲，並獲得了明智老人的美名，任何人對此都不感到驚訝。」[199]在聖德尼門戰役中死於馬上的昂納·德·蒙莫朗西元帥（一五六七）享年七十四歲，這在當時相當罕見。德意志皇帝查理五世在根特城退位時年僅五十五歲（一五五五），但他畢竟已是一位老人了。他的兒子腓力二世於七十一歲去世（一五九八），最後二十年健康很差，每有不豫都給同代人帶來巨大的希望和強烈的驚慌。總之，當時的人普遍早夭，王族也難逃死神的可怕襲擊。奧地利的安娜建立的天恩谷教堂從一六六二年起就是王室成員的墓地，其中大多數屬於只活了幾天、幾個月或幾歲的孩子。一七二二年的一本巴黎指南[200]列舉了這些王子、公主的名字。

我們可以想像，窮人的命運更加悲慘。一位英格蘭作家於一七五四年指出：「法國農民的日子遠不是那麼好過，他們甚至沒有必要的生活保障；由於勞累得不到相應的休息，他們不到四十歲就開始衰老。同其他人相比，特別同我們的英格蘭農民相比，他們真是讓人痛心。僅從他們的外貌就可看出身體的衰弱。」[201]

至於生活在大陸之外的歐洲人，他們的景況又如何？西班牙人科雷爾在談到貝約港時指出，他們「固執地堅守自己的生活方式，不肯入鄉隨俗，因而往往葬身客地」[202]。法國人夏爾丹和德意志人尼布爾也把英國人在印度死亡率很高的原因首歸罪於他們吃肉太多，在白天最熱時飲用「葡萄牙烈酒」，穿適於歐洲的緊身服裝，而不穿土著居民的「寬大」衣著[203]。但是，孟買之成為「英國人的墳墓」，那裡的氣候也有一定的關係。一句諺語足以說明氣候惡劣的程度：「人生一世，僅見孟買兩次季候風」[204]。果亞是葡萄牙人享受榮華富貴的樂園，巴達維亞是歐洲人的另一處樂園，而這些紙醉金迷的生活卻伴隨著高得驚人的死亡率[205]。生活艱苦的美洲殖民地也救不了歐洲人的命。喬治・華盛頓的父親奧古斯丁於四十九歲那年去世，一位歷史學家說：「他死得太早了。要在維吉尼亞有所成就，他應該比他的敵手、鄰居和妻子活得更長。」[206]

同樣的規律同樣也適用於非歐洲人：十七世紀末，一名旅行家寫道：「儘管暹羅人生活淡泊……但看來他們的壽命不比歐洲人更長。」[207]一名法國人於一七六六年寫道：「土耳其的內科和外科醫生雖然不掌握我們的醫學院自稱在近百年來已取得的知識，土耳其人如能逃脫每年侵襲該帝國的鼠疫災難，他們的壽命將同我們一樣長……」[208]一位名叫奧斯曼・阿加的土耳其翻譯（他在一六八八至一六九九年漫長的囚禁期間學會了德語）生動地、間或俏皮地講述了他在基督徒國家的生活。他結婚兩次：第一次婚後生下五子二女，僅二人活下來；第二次婚姻生下的三個孩子，也只有兩個活著[209]。

綜上所述，死亡和活著的機會大致相等，嬰兒和婦女死亡率很高。經常吃不飽飯，有時出現饑荒和凶猛的流行病：這就是我們所說的舊的生態體系。

當人類在十八世紀迅猛前進時，舊生態體系的束縛只是略為放鬆，而其放鬆的方式自然也因地而異。唯有歐洲的某些地區，但不是整個西歐，開始擺脫這種束縛。

進步實在很慢。作為歷史學家，我們在這方面容易犯冒進的錯誤。整個十八世紀還不時出現死亡率猛漲的現象。這在法國是如此（我們已經談到過），在不萊梅也同樣如

16 世紀末果亞街頭的景象。國立圖書館版畫部。

此（從一七〇九到一七五九年，那裡每十年的死亡率不斷增加）；在普魯士的科尼斯堡，一七八二至一八〇二年的平均死亡率為千分之三十二點八，但在一七七二、一七七五和一七七六年則分別達到千分之四十六點五、四十五和四十六。」[210]我們不妨想想約翰・塞巴斯提安・巴哈家中的喪事是何等之頻繁……社會統計學奠基人休斯米爾克於一七六五年反覆說：「在德意志……農民和窮人只是等死，從不服藥。任何人都沒想到請醫生，其原因部份在於醫生離得太遠……也還因為費用過昂……」[211]在當時的勃艮第，還可以聽到同樣的感嘆：「外科醫生住在城裡，不肯免費出診；」在卡賽萊維托，醫生的診費和藥費達四十多里佛，「可憐的居民現在寧可等死也不願請醫生」[212]。

此外，婦女生育頻繁，蒙受可怕的危險。根據我們掌握的全部數字，儘管出生時男孩多於女孩（今天仍是一百零二比一百），但是看來在十六世紀的城市和鄉村，女子卻多於男子（也有個別例外，如威尼斯和後來的聖彼得堡一度曾出現相反的情形）。於一五七五和一五七六年在卡斯提爾進行的調查表明，各村莊中都有一批待嫁的寡婦[213]。

如果就舊生態體系的特徵作個小結，關鍵也許在於得出這樣的推斷，即舊生態體系在短時段上恢復平衡的能力足以同樣有力地、或至少同樣迅速地抗拒對活人的突然打擊。在長時段上，補償是不知不覺地進行的，但這些補償卻能最後解決問題。退潮從不完全奪走上次漲潮帶來的增長。這種困難而奇妙的長時段的上升意謂著數量的勝利，而許多問題也恰恰取決於這一勝利。

多數與少數的鬥爭

數量決定世界的結構和畫分，賦予每個人口集群不同的重要地位，並大體上確定各集群的文化水平、效能水平、人口增長速度（甚至經濟發展速度），以致命定的發病因素：人口密集的中國、印度和歐洲為疾病提供了寬廣的容身之地，活躍的或休眠中的疾病在那裡隨時可能廣為傳播。

但是，數量也影響著各人口集群的相互關係，這些關係所表現的不僅是人類和平相處——交流、物物交換和貿易——的歷史，而且是紛爭不息的歷史。一部研究物質文明的專著能否把這些情形置之度外呢？即使在歷史座標的零位上，戰爭始終是一種現實的、多形式的活動。數量事先就畫出它的輪廓、力線、反覆和顯而易見的類型。機遇在生存鬥爭中並非對所有人一律平等。根據當時的可能性和正常機遇，數量幾乎總是把人畫分成主子和下屬、有產者和無產者這兩個集團。

當然，在這方面或者在其他方面，數量不是唯一起作用的因素。無論戰時或平時，技術也起重大的作用。密集型群體並非全都擁有相同的技術優勢，但技術優勢畢竟是數量的產物。對二十世紀的人說來，這些論斷似乎是顯而易見的。在他們看來，人口眾多意謂著文明、強大和有前途。但這在過去是否同樣如此呢？浮現在腦海中的許多事例，立即使人想到有所矛盾。甫斯特·德·庫朗歇[214]在研究蠻族入侵前羅馬和日耳曼雙方的命運時注意到一個奇怪的現象，弱小一方有時竟戰勝強敵或似乎取得勝利；漢斯·德爾布呂克[215]後來也用計算證實，戰勝了羅馬的蠻族在人數上簡直微不足道。

蒙古騎士在狩獵（15 世紀）。伊斯坦堡托普卡皮博物館。

與蠻族的鬥爭

每當文明遭到失敗或挫折，勝利者必定是某個「蠻族」，這是一種說法。希臘人把異己民族都當作蠻族；中國人也是如此。把「文明」帶給蠻族和原始人種，過去曾是歐洲人從事殖民征服的重要理由。蠻族的名聲當然是文明人製造的，其中至少有一半名不副實。我們不必因此而走向另一個極端，完全相信歷史學家萊希特．薩菲．阿塔比南為阿提拉所作的辯護[216]。但是，關於蠻族武力的神話肯定必須加以修正。蠻族之所以取勝，每次都因為它一半已文明化了。在進入鄰居的內室以前，它已在前廳等了很久，並敲過十次大門。它對鄰居的文明即使尚未操練得盡善盡美，但在耳濡目染之下，至少已受到很深的影響。

日耳曼人在五世紀戰勝羅馬帝國的典型事例證明了這一點，阿拉伯人、土耳其人、蒙古人、滿族人和韃靼人的歷史是同一事例的簡單翻版。土耳其人和土庫曼人主要在中亞細亞到海和伊朗的陸路上從事商業運輸活動。他們經常前往鄰近的文明地區，在那裡往往被完全同化。成吉思汗和忽必烈領導的蒙古人剛擺脫薩滿教時，已不像粗魯的蠻族，他們很快被東邊的中國文明和西邊的伊斯蘭幻景所吸引，在左右牽引下不能主宰自己的命運。滿族於一六四四年攻占北京，進而統治整個中國。這是一個混雜的民族，蒙古人在其中為數甚眾，漢族農民也很早就越過長城前來滿洲了。硬說是蠻族當然也未嘗不可，但他們早已被漢化了。正是遼闊中國的經濟混亂和社會動盪推動他們進行遠征。

尤其是蠻族的勝利為時短暫。他們很快就為被征服者的文明同化。日耳曼蠻族入侵羅馬帝國後隨即沉溺酒鄉[217]；土耳其人從十二世紀起成了伊斯蘭的旗手；蒙古人和滿族人先後融合在漢族群眾之中。放蠻族進來之後，文明之鄉的大門又重新關上。

主要的遊牧部落在十七世紀前業已消失

這裡還必須指出，真正對文明地區構成威脅的蠻族幾乎屬於同一種人，即在舊大陸中心的沙漠和草原上生活的遊牧部落，而這些異乎尋常的部落僅在舊大陸出現。從大西洋到太平洋沿岸，這些自然條件惡劣的荒漠地帶是一條綿延不絕的火藥線。一顆細小的火星足以點燃整條藥線。這些以畜養馬匹和駱駝為業的牧民耐苦而又凶殘，當他們因衝突、乾旱或人口增長而被逐出自己的草地時，便侵入鄰近的草地。經過多年的積累，人口流動能在幾千公里沿線引起連鎖反應。

在一切都很緩慢的那個時代裡，蠻族卻行動迅速，甚至出其不意。直到十七世紀，每當韃靼騎兵壓境，邊界告急，波蘭立即大舉征兵。必須在要塞設防，儲存糧草，如果時間允

商隊在前往沙漠途中。哈里里《談話錄》中的插圖。

許，籌集大砲的火藥，動員騎兵，並在要塞之間樹起柵欄。但是，韃靼人仍能通過外西凡尼亞的山地和許多缺口侵入波蘭；在這種情況下，他們像洪水猛獸一般撲向城市和鄉村。他們的凶殘比土耳其人有過之而無不及，因為土耳其人至少習慣於在聖喬治節之後，趕在冬天到來前退兵，而韃靼人卻帶著全家留在當地過冬，直到把那裡的食物吃空為止」[218]。

這些恐怖情景由當時的西方報刊記載下來，得以流傳至今。但是同遊牧部落向中國和印度的勝利遠征相比，還真是不值一提。儘管一些短期入侵（匈奴人、阿烏爾人、匈牙利人、蒙古人）仍令人記憶猶新，歐洲畢竟躲過了災難。東歐各民族組成的堤壩保護著歐洲，他們用自己的不幸換得了歐洲的安寧。

遊牧部落的強盛還由於守衛文明大門的人比較軟弱和疏於防範。在十八世紀前，中國塞外人口稀少，幾乎是任何人都可進入的真空地帶。印度的旁遮普早在十世紀已是穆斯林的天下，來自伊朗和開伯爾山口的遊牧部落從此可以長驅直入。至於東歐和東南歐的堤壩，其牢固程度隨著不同的世紀而異。遊牧部落正是在這些疏忽、軟弱和防範不力之間找到活動的空隙：根據歐洲、伊斯蘭、印度或中國便於他們生存擴張的程度來看，他們按照物理法則作出選擇，在東西兩個方向飄忽不定。愛德華・富耶特的經典名著[219]指出，在王公和城邦共和國割據自立的義大利，一四九四年曾出現一個強大的低氣壓旋風區：整個歐洲被這個製造風暴的低氣壓所吸引。同樣，草原的遊牧部落隨著狂風蜂擁而來，它們始終根據防線的強弱而向東或向西發展。

中國於一三六八年驅逐了蒙古人，明朝皇帝焚燬了蒙古人在戈壁沙漠中的喀喇崑崙大本營[220]。但在這次勝利後，長期的駐足不前又促使遊牧部落向東反撲，以往歷次騷擾造成的真空容易引起新的騷擾，每次騷擾的間隔由一、二年至十、二十年不等，而其運動的範圍卻越來越推向西方。諾蓋人於一四〇〇年從西向東渡過了伏爾加河，沙漏在歐洲開始慢慢地倒轉過來：二百多年來向西方和脆弱的歐洲湧來的部落從此被遙遠而衰弱的中國所吸引，在今後的二百、三百年內朝東方發展。我們的地圖概括地反映了這一倒轉，其決定性事

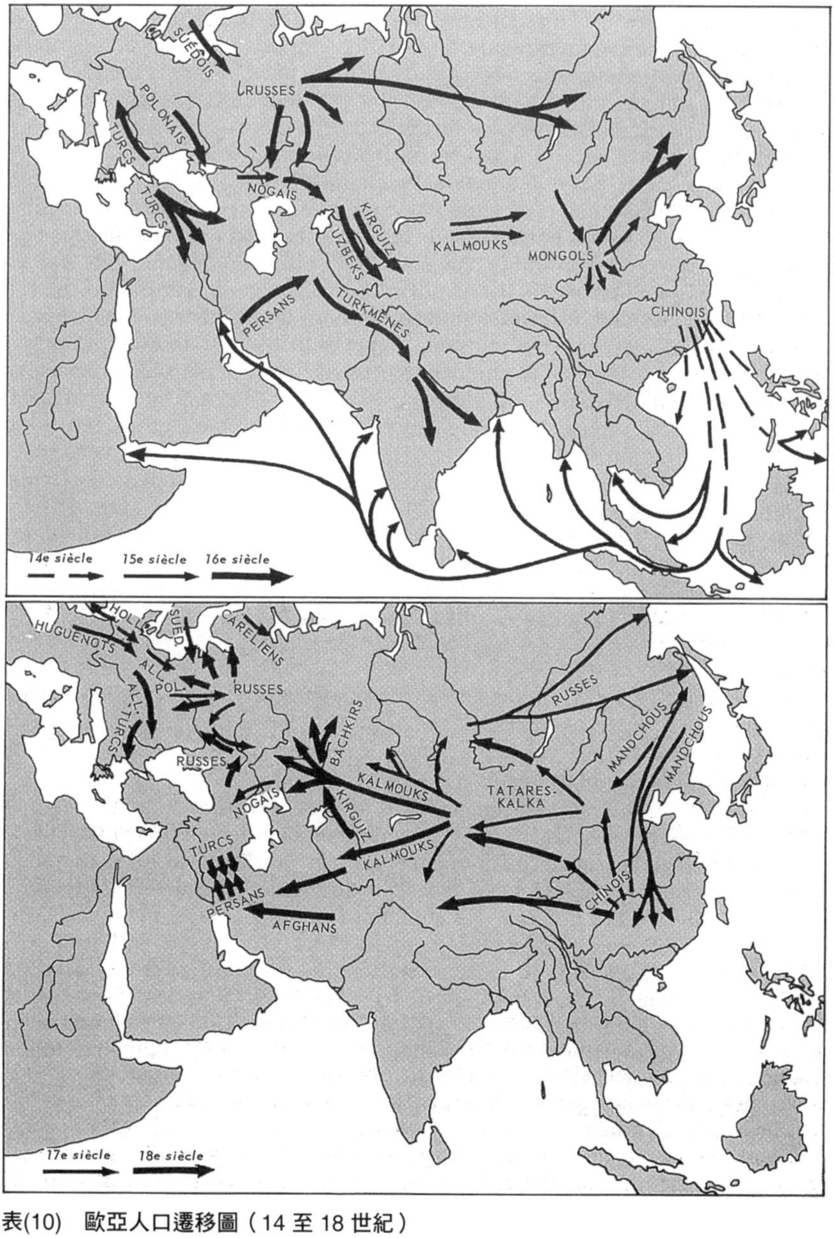

表(10)　歐亞人口遷移圖（14 至 18 世紀）

兩張地圖顯然有矛盾：在第一張上，陸路移民由西向東進行，第二張則是由東向西。我們在第一張地圖還可以看到，15 世紀初期中國強有力的海土擴張，以及朝印度和中國方向的陸路移民的會合。從第二張地圖可以看出，17 世紀滿族統治的建立（於 1644 年佔領北京）造成了中國的大陸擴張，阻止了俄羅斯的擴張活動。遊牧部落被迫向西部後退，退回俄羅斯的歐洲地區。（據亞歷山大和歐仁・庫里謝）

件是巴布爾征服印度北方（一五二六）和滿族人於一六四四年攻占北京。風暴再一次襲擊了印度和中國。

因此，地處西方的歐洲緩了口氣。俄羅斯人於一五五一和一五五六年之所以能先後奪取喀山和阿斯特拉汗，原因並不僅僅在於他們使用火藥和火槍。遊牧部落對俄羅斯南部的壓力有所減輕，便於俄羅斯人向伏爾加河、頓河和涅斯特河流域的黑土帶擴展。因此，部份農民為擺脫貴族的嚴酷統治，逃離了莫斯科公園，而波羅的海地區和波蘭的農民則來到這些被遺棄的土地上，留下的空白恰好又由來自布蘭登堡和蘇格蘭的農民去填補。總之，這是一次接力賽跑：亞歷山大（Alexandre Farnoux）和歐仁·庫里謝（Eugene Kulischer）兩位值得敬佩的歷史學家看到了這一默默無聲的歷史，人口像被歷史掩蓋著的地下水流從德意志朝中國方向遷移。

前哨陣地的保護下，重又變成人煙稠密的地區。俄國在毫無阻攔地搶占西伯利亞後，在黑龍江流域遇到了中國的抵抗，被迫簽訂了尼布楚條約（一六八九年九月七日）。中國人於是又從長城一直擴展到海附近。早在這些成功之前，許多遊牧部落已半途折回，重新穿過位於蒙古和土耳其斯坦之間的狹小瓶口（即人口大遷移的必經之地準噶爾）向西而去。不過，他們這一次大逃亡卻處處碰壁。在西方，他們遇到了彼得大帝的新興俄國在西伯利亞和伏爾加河下游設置的重重要塞和城堡。下個世紀的俄羅斯文學充滿了對這些頻繁戰鬥的敘述。

滿族接著於一六八〇年左右征服了中國，並建立起新的秩序。中國北方在滿洲（勝利者的發祥地）、蒙古、土耳其斯坦和西藏等遊牧部落的橫行無阻至此告一段落。砲火制伏了他們的神速行動。在十八世紀結束前，無論在北京或莫斯科，在德里或德黑蘭地區（阿富汗的入侵警報已經解除），文明終於取得了勝利。遊牧部落將恢復自己的本來面目和地位，從此認輸，並注定留在家鄉的土地上。他們的寄生生活畢竟不能長期保持下去。儘管他們一時聲勢浩大，但在人類歷史長河終歸只是邊陲的插曲。

征服地域

何況，按照一般規律，總是文明起著主導作用和取得勝利。文明戰勝「文化」，壓倒原始民族，並向真空地帶發展。對文明說來，最好還是向真空地帶發展，雖說一切都得從頭做起。幸而，美洲的四分之三是空地，可供歐洲人發展：俄國人有西伯利亞，英國人有澳大利亞和紐西蘭。如果波耳人和英國人在南非沒有遇到黑人的抗拒，這對白人將是何等的幸運！

葡萄牙人在巴西一出現，原始印第安人就躲了起來。聖保羅探險隊幾乎在寥無人煙的空地上繁忙奔波。在不到一個世紀的時間內，這些追逐奴隸、寶石和黃金的冒險家橫穿南美洲大陸的一半，從拉布拉他河（Rio de la Plata，西班牙語意指白銀之河）來到亞馬遜河和安地斯，始終沒有抓住印第安人，也沒有遇到抵抗。只是在耶穌會教士建立了印第安人聚居區後，聖保羅探險隊才得以進行無恥的劫掠。

法國人或英國人在北美也面臨同樣的境遇：西班牙人在墨西哥北部荒野上很少見到驃悍的印第安族的切奇梅卡人（Chichimec Indians）。直到十七世紀，對印第安族有計畫捕殺還在進行中。每年從十一月份起圍獵一次，「就像對待野獸那樣」。在阿根廷，特別在智利，困難將多一些，因為印第安人至少向征服者學會了騎馬，阿勞坎人（Araucanjans）在二十世紀初仍是不易對付的敵手[221]。問題其實不在於征服人（人將被消滅），而在於征服土地。因此，必須克服距離的困難。十六世紀阿根廷南美草原上緩慢行進的牛車，西屬和葡屬美洲的騾馬隊或者十九世紀美國向西部進發的車隊——「西部片」促使這種車隊聲名大噪——曾經是拓荒者靜悄悄地征服新地域的工具，先驅者在新地域從事的墾殖活動為未來的飛躍發展作了準備。在這些遙遠的新邊疆，墾殖者的生活完全從零開始；由於人數太少，他們幾乎沒有所謂的社交生活，人人都是自己的主人。這種誘人的無政府狀態持續一段時間後，秩序便建立了起來。然而，新邊疆不斷向內陸伸展，並把種種臨時性的無政府狀態也搬了過去。喜歡浪漫情調的特納（一九二一）曾認為這種變動的邊界是美國成長過程中最顯著的特點[222]。

俄國在十六世紀也開始大規模的擴張，開始從事荒漠野嶺的開發，鹽商、獵人和騎馬疾馳的哥薩克成功地占領了西伯利亞。雖然也曾遇到強烈的抵抗，但都不堪一擊地被挫敗了。隨著城市的建立，（托波斯克建於一五八七年，鄂霍次克建於一六四八年，貝加爾湖附近的伊爾庫次克建於一六五二），堡壘、車站、橋樑以及備有車輛、馬匹和雪橇的驛站也逐漸發展起來。據一名原籍瑞士的俄國軍醫[223]說，在一七七六年的西伯利亞，必須騎馬兼程前進，而在一天疲憊的旅行後，還必須趕到每個城鎮或要塞宿夜。冬天乘坐雪橇的商人如果誤了宿地，就有同隨從、牲口和商品一起葬身雪地的危險。道路系統和城市系統正在緩慢地形成。俄國的勢力於一六四三年到達黑龍江流域，又於一六九六年進入遼闊的堪察加半島。俄國探險家將在下個世紀來到阿拉斯加，墾殖者於一七九九年在那裡定居。這些領地被迅速征服，但很不穩固，因而特別令人神往。就在一七二六年，為探險旅行而在鄂霍次克逗留的貝林，僅在城堡內找到幾家俄國人。約翰·貝爾於一七一九年沿大道在西伯利亞旅行，「六天中未見人煙」[224]。

文化抗拒文明

當文明不再在空白地區發展時，一切就變得複雜多了。儘管專家們硬是把日耳曼族向東部地區的移民同美國西部邊疆的開發相提並論，二者不可能有任何共同之處。從十二到十三世紀，甚至在十四世紀，廣義上的日耳曼墾殖者（往往來自洛林或尼德蘭）通過政治的或社會的途徑，有時也依靠暴力，移居易北河東岸。他們每到一地，便在森林中開荒建村，沿路建造房舍，推廣使用鏵犁，開闢新城市，並在這些城市和斯拉夫城市執行德意志的法律，即馬德堡（Magdeburg）的大陸法和呂貝克（Lübeck）的海洋法。這是一次規模巨大的移民，而移居地點已由斯拉夫族占據，留下的空白並不太多。斯拉夫族對新擠進來的移民勢必進行抗拒，必要時甚至推出門外。日耳曼族的不幸正是它形成太晚，當它開始向東發展時，斯拉夫族早已安頓在那裡，並以城市為依托（考古發掘足以為證），紮根在那塊土地上，其牢固程度甚至勝過人們以往的斷言[225]。

俄國的擴張也遇到同樣困難：這裡指的不再是向西伯利亞的空白地帶擴張，而是向南部的伏爾加河、頓河和涅斯特河發展[226]，其特點也表現為自由農民的移民。伏爾加河和黑海之間的草原地廣人稀，是克里米亞的諾蓋和韃靼等部落的遊牧區域。韃靼族的勇敢騎士是伊斯蘭教和土耳其帝國的前鋒，土耳其帝國不但支持和推動他們前進，甚至向他們提供火器，而喀山汗國和阿斯特拉汗汗國正因缺乏火器才抵擋不住俄軍的進攻[227]。這是一些不容輕視的敵手。韃靼族經常騷擾外西凡尼亞、匈牙利、波蘭和莫斯科公園的邊境地區，濫施劫掠。他們於一五七二年進行的一次偷襲竟攻下了莫斯科城。一些斯拉夫族俘虜（俄羅斯人和波蘭人）源源不斷地被韃靼人當作奴隸送往伊斯坦堡的市場出售。我們知道，彼得大帝於一六九六年試圖在黑海打開一個「窗口」，但他的計畫失敗，在百年後才由凱薩琳二世去完成。韃靼人並未因此被消滅，他們直到第二次世界大戰還留在原地。

如果沒有軍事要塞和武裝「進軍」，如果得不到哥薩克亡命之徒的幫助，俄羅斯農民的遷移也是不能想像的。哥薩克擅長騎馬，能沿江逆流而上或順流而下。一六九〇年，八百名來自塔內（Tanais）的哥薩克乘坐小船，沿伏爾加河追擊「韃靼族的卡莫克人」。他們不愧是熟練的水手，早在十六世紀末，他們的帆船已在黑海從事海盜活動[228]。由此可見，近代俄羅斯的南部疆域並非在一塊空地上建設起來的，它於十九世紀向高加索或土耳其斯坦的擴張也不是不費力氣或一帆風順的，而是再次遇到伊斯蘭的抵抗。

其他事例也可為我們的解釋提供論據：歐洲列強於十九世紀對黑色非洲的殖民征服（雖然是後來的事，而且為期較短），西班牙征服墨西哥和祕魯。這些被征服地區的文明尚不鞏固，其實只能算是文化；它們禁不起少數外族的衝擊，便自動垮臺了。但在今天，它們又重新成為印第安國家或非洲國家。

所謂文化，這是指尚未完全成熟和未能確保其成長的文明。在它成長和成熟前——時間可能拖得很長，鄰近的文明以各種方式剝削它，這是自然而然的，如果不能說是理所應當的。讀者不妨想一想我們所熟悉的十六世紀後幾內亞海灣沿岸的貿易。這類經濟剝削的典型例子在歷史上多不勝舉。在印度洋沿岸，莫三比克的卡菲爾人說得好，猴子「之所以不說話，是因為它們怕受人使役」[229]。但他們自己，卻不該開口說話、購買棉布和出售金砂……事情很簡單，強者歷來都要同一套花招。腓尼基人和希臘人在他們的商業口岸或占領地搞的是這一套，十一世紀阿拉伯商人在桑吉巴海岸以及十三世紀威尼斯和熱那亞商人在卡法或塔納（Tana）搞的也是這一套。中國人在南洋群島何嘗不是如此，早在十三世紀前，這裡已是他們購買金砂、香料、胡椒、奴隸、貴重木材和燕窩的市場。在本書論述的歷史時段裡，大批中國商販和高利貸者來到這些「海外」市場謀利；我認為，正因為這種剝削範圍很廣和過份容易，中國才在發展資本主義方面長期落後和缺少獨創，儘管中國人頭腦聰明，並有發明創造（例如紙幣）。中國的取勝之道實在太容易了……

從市場變為殖民地，僅差一步的距離；只要被剝削者不那麼馴服，武力征伐便隨之而來。但事實可以證明，有文化的半文明民族（該詞甚至對克里米亞的韃靼族也適用）絕不是好對付的。即使在被排斥後，它們還會捲土重來，並頑強地生存下去。它們的前途不可能就此永遠喪失。

文明之間的對抗

文明之間發生對抗往往會產生悲劇，當今的世界還沒有向這類悲劇告別。一種文明可能壓倒另一種文明：英軍帕拉賽之戰的勝利（一七五七）對英國和全世界是一個新時代的開始，對印度卻是個悲劇。這並非因為在今天加爾各答附近進行的帕拉賽之戰是個異乎尋常的勝利。我們毫不誇張地說，約瑟夫－法蘭索瓦·杜普雷（Joseph François Dupleix）或布西（Charles Joseph Patissier de Bussy）也曾經打過同樣漂亮的仗。但是，帕拉賽之戰的特點在於它具有深遠的後果，如同任何重大歷史事件一樣。荒唐的鴉片戰爭（一八四〇至一八四二）也標誌著一個「不平等」時代的開始，中國從此淪為半殖民地。伊斯蘭在十九世紀橫遭沒頂之災，鄂圖曼帝國勉強算是例外。可是，在一九四五年後，隨著非殖民化的連鎖反應出現，中國、印度和伊斯蘭（分佈於世界各地）又恢復了自己的獨立。

所以，歷史上某些併吞的例子，不管持續多久，在我們後世人看來，都不過是些插曲。併吞的實現有快有慢，但總有一天要像舞臺布景那樣坍塌下來。

站在這個高度看問題，我們就不能完全從數量的觀念去觀察世界的命運，這裡起作用的不單是力量對比、電壓差異或重力大小。但是，數量在幾百年的長時段上畢竟有它的發言權。我們不能忘記它。數量是說明物質生活的正常理由之一，或更確切地說，是物質生活的應力和常數之一。如果忘記了戰爭所產生的作用，社會、政治、文化（宗教）等領域的整整一個表現方面便會立即消失。交往本身也喪失其意義，因為這常常是些不平等的交往。如果不談奴隸，不談附庸性經濟，歐洲是不可理解的。同樣，如果不談其國內的未開化民族和國外的藩屬，中國也是不可理解的。所有這一切都是物質文明天平上的砝碼。

總而言之，我們使用了數量的概念，對十五至十八世紀世界的不同命運作了初步的介紹。人類被分成幾個大集群。如同在一定社會內部生活的不同集團一樣，每個集群對日常生活的適應條件並不是平等的。因此，在全球範圍內，人類便出現了幾種集群；關於這些集群，本書在後面還將談到。特別在專門論述經濟生活和資本主義的第二卷中，我們將進一步論證。經濟生活和資本主義顯然比物質生活更加粗暴地把世界劃分為發達地區和落後地區，而目前世界的可悲現實已使我們十分熟悉這一分類標準。

第二章　一日三餐的麵包

在十五到十八世紀之間，人的食物主要靠植物提供。哥倫布發現新大陸以前的美洲以及黑色非洲顯然是如此。無論今昔都以稻米為主食的亞洲文明地區顯然也是如此。遠東之所以很早擁有大量居民，那裡的人口後來之所以有驚人的增長，唯一原因就是肉食極少。道理十分簡單：如果按單位面積計算，農業提供的熱量遠遠勝過畜牧業。撇開食物質量的好壞不談，農業能養活的人數要比畜牧業多至十至二十倍。孟德斯鳩在談到稻米地區時說過：「別處用以養育牲畜的土地，在這裡直接為人的生存服務……。」[1]

無論何時何地，不限於十五至十八世紀那個時期，每當人口增長超過一定水平，人們就勢必更依賴植物。吃糧食或者吃肉，問題主要取決於人口的多少。這是物質生活的重要準則之一：「知道你吃什麼，就能說出你的身份是什麼。」一句德國諺語說得巧妙：「什麼人吃什麼東西。」[2]食物是每個人社會地位的標誌，也是他周圍的文明或文化的標誌。

當旅行家從文明地區來到半文明地區，或從人口稠密地區來到稀疏地區時（相反的情況也同樣），這意謂著他們的食物將有所變化。莫斯科公國的商人詹金森從遙遠的阿干折斯克出發，於一五五八年首次到達莫斯科後，又沿伏爾加河順流而下。在到達阿斯特拉汗前，他看到岸上有一個「韃靼族的諾蓋人部落」。他們以遊牧為生，「既無城市，又無住房」；他們不事耕作，一味攻城掠地，殺人越貨，不把他們的作戰對手俄羅斯人放在眼裡：這些吃喝離不開小麥的基督徒（啤酒和伏特加由糧食釀製）能算真正的人嗎？諾蓋人的情形完全不同，他們吃的是肉，喝的是奶。詹金森繼續旅行，穿過土耳其斯坦的沙漠，在那裡差一點因飢渴而死；他到達阿母河谷時，找到淡水、馬奶和野馬肉，但沒有麵包[3]。牧民和農民之間的這些差別和相互譏笑

小布魯蓋爾：《收割者的便餐》。布魯塞爾私人藏畫。

在西方也同樣存在：布累的山民鄙視波威的糧食種植者[4]，卡斯提爾人瞧不起貝亞恩的牧民，南方人喜歡恥笑這些「牛倌」，後者自然也反唇相稽。特別突出和更加引人注目的是，蒙古族以及後來的滿族與漢族雖然都在北京生活，食物習慣卻截然不同，前者喜歡像歐洲人那樣大塊吃肉，後者講究烹飪藝術，飯（糧食）必須就著來吃，而菜則必定由蔬菜、醬醋、調料加上切得很細的肉丁或魚片調配而成[5]。

至於歐洲，整體說來以吃肉為主：「歐洲的屠宰業已有千年以上的歷史。」[6]在中世紀的幾百年間，歐洲家家戶戶的案上堆滿了肉，人人都能敞開肚皮吃飽，其盛況可與十九世紀的阿根廷相比。因為地中海以北的歐洲有大片土地空著，其中的一半可用於放養牲畜，那裡的農業後來還為畜牧業留有很大的發展餘地。但在十七世紀後就每下愈況，似乎隨著歐洲的人口

16 世紀印度馬拉巴沿海地區的收割情景。

增長，植物為主的普遍規律開始抬頭[7]。直到十九世紀中葉，由於畜牧業推廣了科學方法，以及美洲的醃肉和凍肉大批運到，歐洲才終於擺脫了肉食不足的困境。

何況，歐洲人並未改變他們的肉食習慣，在同海外的接觸中，他們一開始就要求經常有肉吃：身為主人，理當吃肉。自從新大陸引進了舊大陸的畜群後，他們更是放開肚皮大吃特吃。他們食肉之多使遠東的居民瞠目結舌。十七世紀的一名旅行家曾說道：「在蘇門答臘，只有大官才吃燉雞或烤雞，一天也只吃一隻。他們因而說，二千名基督徒〔即西方人〕就能把島上的牛和禽類吃光。」[8]

這些飲食習慣的形成及由此興起的討論是一個漫長過程的產物。毛利齊奧曾寫道：「在食物史上，一千年時間也不一定出現什麼變化。」[9]人的食物大體上曾發生過兩次革命。在舊石器時代末，隨著捕獵活動的發展，人由「雜食動物」轉變為「食肉動物」，這一習性將不再消失，人始終有「茹毛飲血從而取得營養豐富的動物蛋白質的這類需求」[10]。

第二次革命發生在公元前六千到七千年，即新石器時代的農業革命，人們從那時起種植穀物。耕地的擴大使狩獵場和牧場不斷減少。隨著時間成百年地過去，越來越多的人轉向植物型食物；不論生熟或發酵與否，不論做成麵餅或煮成麵糊，這些食物往往單調乏味。從此，人類歷史上便形成兩個對立集團：少數人吃肉，絕大多數人吃麵餅、麵糊和煮熟的塊莖。公元前二千年到一千年的中國，「州牧被稱為……肉食者」[11]。據說，在古希臘，「吃大麥麵糊的人不肯出力打仗。」[12]多少個世紀轉眼又過去了，一名英國人於一七七六年說：「嗜食肉類的人比吃食清淡的人更勇敢。」[13]

這些表過不談，我們首先把注意力集中在十五至十八世紀期間多數人的食物，即先來考察最古老的農業所提供的食物。從一開始起，農業總是寄希望於某種主要作物，並在優先種植主要作物的條件下，然後發展其他附屬作物。小麥、水稻和玉米這三種作物取得了輝煌的成果；它們今天仍繼續在爭奪著世界的耕地。這些「文明作物」[14]構成了人的物質生活乃至精神生活的內涵，因而起著幾乎不可改變的結構的作用。本章論述的主題正是它們的歷史，作為「文明的決定因素」[15]，它們左右著農民和人的日常生活。逐個研究這些作物意謂著周遊世界。

小麥

小麥主要產在西方，但不侷限於西方。早在十五世紀前，華北平原已同時種植小麥、小米和高粱。那裡實行「點播」，收割不用鐮刀，而用小鋤「連根刨出」。收成通過「運糧河」送往北京。日本和華南間或也種小麥，據拉斯戈特斯神父（一六二六）說，那裡的農民有時在兩季稻米之間收一季小麥[16]。這純粹是一項額外的收穫，因為中國人正如同他們不會烤肉一樣，不會做麵包，而且「小麥〔在中國〕價格始終低廉」。有時候，中國人在蒸籠上做饅頭，裡面加上蔥花。據一位西方旅行家說，「這種麵塊相當充飢，像石頭那樣留在胃裡」[17]。廣州在十六世紀開始製造餅乾，遠銷澳門和菲律賓；中國還把小麥做成麵條、麵糊以及點心食用，但沒有麵包[18]。

印度河和恆河上游的乾旱平原也生產小麥，大批流動客商在印度全國用牛車販賣稻穀和小麥。在伊朗，常有一種死麵餅出售，價格很低，而農民卻為此付出極大勞動。例如，在伊斯法罕附近，「麥地極其板結，必須利用四至六頭牛才能犁動。一個牧童坐在前面的軛架上，用棍子驅趕耕牛前進」[19]。此外，正如大家都知道的，小麥還出現在地中海四周，甚至在撒哈拉的沙漠綠洲，特別在埃及。由於尼羅河夏季漲水，小麥勢必在冬季種植；那時候，土地不再積水，氣候不利於熱帶作物，卻對小麥十分適宜。衣索比亞也有小麥種植。

小麥從歐洲出發，來到許多遙遠的地方。俄羅斯移民把小麥帶往東方的西伯利亞，直至托木斯克和伊爾庫次克以遠。俄國農民於十六世紀已在烏克蘭黑土帶發財致富，儘管這個地區直到一七九三年才被凱薩琳二世完全征服。遠在一七九三年前，即令不是風調雨順，該地的小麥也必定豐收。據一七七一年的一份報告顯示：「在波多利亞和沃倫之間，至今還有高如房舍的麥堆在霉變腐爛，其數量足夠整個歐洲食用。」[20]一七八四年出現了小麥過剩的災難。一名法國經紀人[21]說，小麥「在烏克蘭的價格是如此便宜，以致許多地主不再種植。然而，高產的小麥不但已能滿足土耳其大部分食用需要，而且還向西班牙和葡萄牙出口」。烏克蘭小麥還由黑海的船隻裝載，從愛琴海諸島或克里米亞——例如在葉夫帕托利亞（原名戈茲列夫）——出發，經馬賽轉運法國各地。船隻居然得以混過土耳其海峽；其中的奧妙，人們恐怕不難猜到。

其實，「俄羅斯」小麥的鼎盛時期還在後面。在一八〇三年的義大利，地主們把烏克蘭運麥船的到達看作禍從天降。後來，法國眾議院於一八一八年也曾揭發過這類禍害[22]。

早在這些事件發生前，小麥已從歐洲橫渡大西洋。小麥在西屬和葡屬美洲不得不同各種不利環境作鬥爭，如氣候炎熱、蟲害嚴重以及其他作物的競爭（玉米、木薯）。後來在十七世紀，特別在十八世紀，小麥終於在聖羅蘭河沿岸、墨西哥和英屬殖民地種植成功。波士頓船隊把小麥和麵粉運往盛產食糖的安地列斯群島，後來甚至運到歐洲和地中海。自一七三九年開始，來自美洲的小麥和麵粉船在馬賽卸貨[23]。到了十九世紀，小麥在阿根廷、南部非洲、澳大利亞、加拿大和美國中西部的「草原」廣泛種植，這也意謂著歐洲的擴張在各地已經鞏固。

小麥和雜糧

我們且回過頭來再談歐洲。一眼便可看出，小麥在歐洲的情形比較複雜。應該說麥子品種繁多，西班牙語中的麥子用複數表示。首先，從質量看，就有好壞之分：最好的麥子在法國往往被稱作「頭麥」；此外還有中麥或雜麥，是小麥和另一種穀物（通常是黑麥）的混合物。其次，產麥地區從不單種小麥，還有更古老的作物在同時種植。就「單穗麥」而言，義大利於十四世紀仍有種植；亞爾薩斯、普法爾茨、士瓦本和瑞士高原於一七〇〇年仍用這種糧食做麵包；十八世紀末，單穗麥在蓋爾德斯地區和那末爾伯爵領地與大麥一樣用於養豬和釀製啤酒；隆河谷直到十九世紀初還有這種作物[24]。小米的種植地區更加廣闊[25]。全靠城內存有小米，威尼斯於一三七一年被熱那亞軍隊圍困時得以安然無恙。直到十六世紀，威尼斯市政會議仍喜歡在義大利半島各要塞儲存小米（有時能儲存二十年之久）；每當達爾馬提亞和地中海東部諸島糧食不足時，運去的小米比小麥還多[26]。在十八世紀，加斯科尼、義大利和中歐仍種植小米。但是，小米製成的食品十分粗劣；十八世紀末的一名耶穌會教士看到中國人食用小米的辦法後深為感嘆：「科學的發達雖然滿足了我們的好奇，卻對我們徒勞無益；加斯科尼和蘭德荒原的農民製作小米食品的辦法還停留在三百年以前的水平，還是那麼粗劣和不合衛生。」[27]

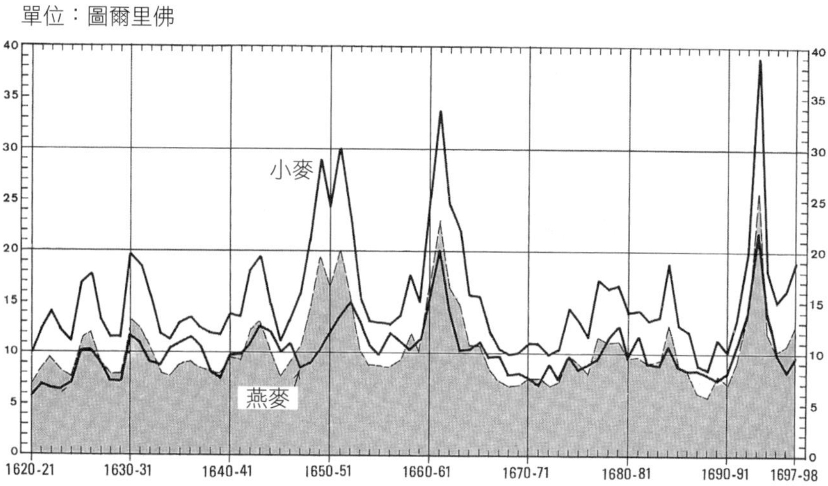

表(11)　巴黎食品市場提供的小麥和燕麥的價格

虛線代表杜普雷・德・聖莫爾認為「合乎自然」的燕麥價格（即小麥價格的三分之二）。

和小麥一起種植的還有其他更重要的雜糧，例如南歐地區用於餵馬的大麥。幾乎可以說，在十六世紀和隨後一段時間裡，每逢大麥歉收，匈牙利漫長的邊界上就沒有戰爭，因為沒有騎兵，土耳其人和基督徒之間的作戰就不能進行[28]。在靠近北歐的地區，硬粒小麥被軟粒小麥所代替，大麥被燕麥和黑麥所代替；特別是黑麥，雖然在北歐種植較晚——大概不早於五世紀的蠻族入侵，但它後來卻隨著三區輪作制的實行，廣泛地發展起來[29]。波羅的海船隊為援救歐洲的饑荒而裝載的黑麥，其數量不少於小麥，其運送地點也越來越遙遠：最初到北海和英吉利海峽，接著到伊比利半島諸港，最後在一五九〇年大饑荒期間大批運到地中海[30]。直到十八世紀，凡在小麥不足的地方，所有這些糧食都用於製作麵包。一位名叫路易・勒姆里的醫生於一七〇二年寫道：「黑麥的營養低於小麥，而且對腸胃不好」；他接著說：「大麥麵包性溫涼，營養不如小麥和黑麥」；唯有北歐人製作燕麥麵包，「很配他們的胃口」[31]。事實證明，在整個十八世紀，法國的耕地一半種「麥」（即小麥和黑麥等可做麵包的糧食），一半種「雜糧」（大麥、燕麥、蕎麥和小米）；黑麥種植於一七一五年同小麥幾乎相等，但在一七九二年則超過後者一倍[32]。

此外，歐洲從古代開始就從印度洋方面進口大米；在中世紀時期，地中海東岸地區的稻米貿易十分興旺；阿拉伯人很早在西班牙種植稻米。到了十四世紀，馬約卡島生產的稻米在香檳區交易會出售；瓦倫西亞的稻米向尼德蘭出口[33]。從十五世紀起，義大利開始種植稻米，並在弗拉拉市場上廉價出售。為了恥笑他人，人們往往說：「他貪便宜吃白粥」，因為「吃白粥」和「遭恥笑」在義大利正是一語雙關的文字遊戲。

14 世紀採集栗子的情景。《醫學健身秘方》插圖。

稻米種植在義大利半島逐漸擴大，後來在倫巴第、皮德蒙，甚至威尼西亞、羅馬尼阿、托斯卡尼、那不勒斯和西西里，都占有廣闊的土地。隨著稻田經營的資本主義化，農民勞動力日趨無產階級化。所謂「苦米」（il riso amaro）正是指耕作之苦。稻米在土耳其占領的巴爾幹國家也占重要地位[34]。美洲的稻米產地為卡羅萊納地區；十七世紀末，該地區通過英國轉口出售的稻米數量甚大[35]。

然而，稻米在西歐只是一種救災食品，富人雖然吃一點牛奶拌飯，但並不喜歡吃。一六九四和一七〇九年自埃及亞力山卓港啟航的米船在法國用於「緩解窮人的糧食困難」[36]。在十六世紀的威尼斯，每逢饑荒，米粉就摻進其他麵粉，製作平民麵包[37]。法國養濟院的窮人，還有士兵和水手，都食用稻米。巴黎各教堂也往往用米粉加上蘿蔔、南瓜和胡蘿蔔煮成「經濟粥湯」賑濟平民；粥鍋從不洗刷，以便把剩粥和「鍋巴」保留下來[38]。由稻米和小米混合製成的麵包價格低廉，專供窮人食用，據說特別「充飢耐餓」。這同中國給「無力買茶」的窮人吃「青菜蠶豆湯」和豆麵餅幾乎完全一樣，而豆瓣醬又總是「做菜的調料」……這裡所說的豆麵和豆瓣可能不是黃豆，而是給窮人解餓的一種低級食品，正如西方的大米和小米一樣[39]。

小麥和雜糧之間顯然存在一種「相輔相成」的關係。根據十三世紀英格蘭的市價[40]畫出的曲線表明：糧價下跌總是同步，上升卻並不齊頭並進。窮人食用的黑麥有時價格猛漲，甚至超過小麥，而燕麥的價格卻相反落後。杜普雷·德·聖莫爾於一七四六年說過：「小麥價格上漲的速度總是比燕麥快，因為我們（至少是富人——作者加註）習慣吃小麥麵包，而當燕麥價格上漲時，人們可以讓馬在鄉村草地放牧」[41]。小麥和燕麥分別代表人和馬的食物。杜普雷·德·聖莫爾認為，二者的正常比例為三比二（用他的話說是「自然比例」，正如過去的經濟學家堅持認為，黃金和白銀的自然比例為一比十二）。「在特定的地域和時間內，每當一瑟提耶燕麥的售價大致等於三分之二瑟提耶的小麥時，比例關係便合乎自然。」自然的比例關係被打破意謂著饑荒，差距愈大，饑荒也愈嚴重。「每瑟提耶燕麥（法石）的價格在一三五一年是小麥的四分之一，一七〇九年是五分之一，一七四〇年是三分之一。由此可見，一七〇九年的糧價高於一三五一年，而一三五一年又高於一七四〇年……」

這種推想基本上符合作者目睹的現實。至於把它當作一四〇〇到一八〇〇年間的規律，那又是另一碼事了。例如一五九六至一六三五年間以及十六世紀的大部份時間，法國燕麥售價大約在小麥的二分之一左右[42]。只是一六三七年才形成三比二的「自然」比例關係。如果按照杜普雷·德·聖莫爾的推理，認為十六世紀潛伏著糧價上漲的趨勢，並把原因歸結為當時的動亂——隨著國內局勢於一六三五年恢復相對平靜之下，自然比例又再重新產生——這種推理也未免太輕率了。因為人們同樣可以想到，在一六三五年，李希留統治下的法國開始進行我們的教科書所說的三十年戰爭；那時候，沒有燕麥就沒有馬，也就沒有騎兵和大砲的馱載工具，燕麥的價格理所當然會上漲。

這些可做麵包的雜糧加在一起仍不能保證食物的充足；西方人仍不免經常挨餓。彌補的辦法首先是習慣吃瓜菜或栗子粉和蕎麥麵；從十六世紀起，諾曼第以及布列塔尼地區在小麥收割後播種蕎麥，冬季到來前即可成熟[43]。順便指出，蕎麥並不是禾本科植物，而是一種蓼科植物。但這並不重要，人們把它當作「黑色的麥」。栗子可以磨粉做餅，塞文山脈和科西嘉給它取了個漂亮的名稱，叫做「麵包果」。栗樹在亞奎丹等地區所起的作用相當於十九世紀的馬鈴薯[44]。這些輔助食物在南部各地遠比普通所說的更加重要。查理五世皇帝的管家於一五五六年指出，在卡斯提爾的艾斯垂馬杜拉地區鄰近尤斯特修道院的哈蘭迪亞，「這裡的好東西是栗子，而不是小麥，即使有小麥，也貴得驚人。」[45]

在一六七四至一六七五年的冬季，多菲內地區竟以「橡實和塊莖」為食，這種反常現象表明出現了嚴重的饑荒。勒姆里於一七〇二年不無懷疑地引用他人的話說：「還有些地方仍食用橡實」。[46]

扁豆、蠶豆、黑豆、豌豆、褐豆以及雜豆等也是蛋白質的一種廉價來源。這些名副其實的代食品在威尼斯的歷史文獻上皆被統稱為小雜糧。義大利半島夏季經常遭到龍捲風的襲擊，每當一個村莊不幸受災，失去小雜糧的收成，當局獲悉後立即給予救濟。因為小雜糧也被認為是「糧食」，成千上萬份文獻證明它們同小麥處於平等的地位。由埃及的亞力山卓港開往威尼斯或拉古薩的船隻或者裝小麥，或者裝蠶豆。格瑞那達總督寫道：很難湊足艦隊需要的小豆和蠶豆；至於雜糧的價格，竟與小麥「相等」（一五三九年十二月二日）[47]。西班牙一支非洲駐防部隊在一五七〇年的一封信中指出，士兵們與其吃小麥和餅乾，寧願吃鷹嘴豆[48]。威尼斯小麥公署在估產時始終把瓜菜雜糧一起統計進去。例如，它於一七三九年承認，小麥收成很好，但包括雜豆以及小米在內的小雜糧收成則較差[49]。考古發掘表明，在中世紀初期的波希米亞農村，豆類食物在主食中的地位大大超過小麥。在一七五八年的不萊梅，食品價目表同時公佈糧食和瓜菜的價格。同樣，在十七和十八世紀，那末爾和盧森堡的價目表也表明，除小麥外，市場還出售黑麥、蕎麥、大麥、燕麥、單穗麥和豆類[50]。

小麥和輪作

小麥不能在同一塊土地上連續種植兩年，否則土壤的肥力會受很大損失。必須更換地塊和實行輪作。因此，西方人看見稻米在中國竟能連續生長，感到十分驚訝；拉斯戈特斯於一六二六年寫道：稻米「每年都在同一塊田裡生長，從不像在我們西班牙那樣讓土地休息。」[51]這是可能和可信的嗎？歐洲種植小麥的耕地都逐年更換。根據更換的週期分別為二年或三年，種植者擁有的可耕地面積就勢必等於現有麥地面積的二至三倍。這就是二年或三年輪作制。

總的說來，除少數先進地區基本上不實

農耕圖。《聖母瑪利亞祈禱書》細部，14 世紀。

行休耕外，歐洲採用兩種輪作制。在南部，小麥和其他可製麵包的穀物約占耕地的一半，另一半則留作休耕，用西班牙的說法，叫做「撂荒地」。在北部，土地實行三季輪作：冬季作物、春季作物以及休耕。在以往的洛林地區，村莊位於耕地的中心，四周呈圓形的「田地」被分成三個扇面逐漸伸展到鄰近的樹林：小麥地、燕麥地和休耕地。小麥先種在休耕地上，接著燕麥取代小麥，最後實行休耕，反覆輪換：三區輪作制的第三年恢復最初的狀況。由此可見，在這兩種輪作制中，一種能使麥地更好休息，另一種則每年盡量擴大麥地的面積，直到能種小麥的土地全種上為止，雖然實際上從未做到。南部地區的穀物蛋白質含量比較豐富；北部地區則產量較高，土質和氣候在這裡也起作用。

但以上只是一個大致正確的概貌：南部有些地區實行「三年一耕」（休耕占兩年），北部一些地區堅持二年輪作制（例如自史特拉斯堡至威森的北亞爾薩斯地區）[52]。後起的三年輪作制代替了二年輪作制，但後者仍在相當廣闊的土地上保留著，正如原來的字跡在羊皮書稿上留有影子一樣。

歐洲除了有以上兩種輪作制外，混雜的情形自然也在所難免。一份調查材料表明，在十六世紀的利馬涅[53]，根據不同的土地、勞力和耕作水平，二年輪作和三年輪作有著不同程度的交叉……即使在實行二年輪作的歐洲南端，例如在塞維爾四周，一七五五年還推行類似北歐的三年輪作制。

我們且把這些差異放過不談。不論輪作週期是二年或三年，糧食種植原則上始終保持一段空隙或休息時間。這一空隙使休耕地恢復其有機鹽養料。施肥和翻耕有助於土地休養生息：多次翻耕的好處在於它能疏鬆土地，清除雜草，為今後豐收作好準備。英國農業革命創導者之一傑特羅·塔爾（一六七四—一七四一）提倡像施肥和輪作一樣重視翻耕[54]。據文獻記載，翻耕甚至多達七次，播種前的犁耕包括在內。早在十四世紀，英格蘭和諾曼第已實行過三次犁耕（春耕、秋耕和冬耕）。阿特瓦的麥地（一三二八）「共翻耕四次，冬季一次和夏季三次」[55]。在波希米亞的採爾南莊園，根據種植的作物是小麥或黑麥，土地照例要犁四次或

播種圖。大英博物館，Ms 90089，13 世紀。

三次（一六四八）。請聽薩瓦的一名自耕農的抱怨（一七七一）：「為了種植一季小麥，我們不斷翻耕土地，有時達四、五次之多，累得筋疲力盡，而收成卻往往很差。」[56]

種植小麥還要求精心施肥，而種植燕麥和其他「春季作物」卻從不施肥，因而儘管燕麥播種比小麥更密，而收成卻一般不到小麥的一半。這同今天的狀況恰好相反。麥地施肥十分重要，地主往往親臨監督。在一三二五年，皮卡第地區查爾特勒修會的一項租契規定，如在施肥問題上出現爭執，由司法當局秉公裁決；在波希米亞，貴族的領地相當的大（顯然太大了），因而設有施肥登記冊；甚至在聖彼得堡周圍，「所施的肥料是糞便，再加一點秸桿；種植一般穀物的土地須耕二次，種植冬黑麥者須耕三次」[57]；在十七和十八世紀的下普羅旺斯地區，必須完成的施肥任務，包括已施的肥料和畜廄尚未提供的肥料，都經過反覆計算。有的租契甚至規定，肥料在撒施前須經當事人檢查，或者製造肥料時必須有人監督[58]。

肥料包括綠肥、草木灰、農家肥以及由樹葉漚成的土肥等等，但主要來源仍是牲畜的糞便；同遠東的情形相反，鄉村和城市的人糞尿卻不被利用（在西方某些城市的四郊，例如在法蘭德斯地區、西班牙的瓦倫西亞附近或者是巴黎周圍，城市垃圾仍被利用）[59]。

總之，小麥和家畜互為聯繫，互相促進，特別是牽引車輛農具必須使用大牲畜：一個人整年鋤地，至多能鋤一公頃[60]（作為生產工具，鋤頭大大落後於牛馬），很難設想人單靠自己能承擔大片麥地的備耕工作。必須有牲畜作為牽引，北方用馬，南方用牛和騾（用騾的越來越多）。

因此，儘管存在人們可以想到的地區差異，歐洲從小麥和其他糧食出發，形成了一個「複雜的關係體系和習慣體系」，費迪南．盧指出「這個體系是如此緊密，因而沒有而且也不可能有任何裂縫」[61]。作物、牲畜和人，一切全都各就其位。假如沒有農民，沒有輓具，或收割脫粒時沒有零工，整個體系就不可能形成，因為收割和脫粒要靠手工進行。土地肥沃的平原地區歡迎來自貧瘠山區的勞動力，無數事例可以表明，這種結合（南侏羅山區和洞布地區，中央山地和朗格多克地區……）幾乎是一條強有力的生活規律。我們有許多機會看到農民從一個地區擁到另一地區的情景。每年夏季，成群的收割者為求得高額工資（在一七九六年，每天工資高達五保里）來到托斯卡尼的馬萊姆，在這瘧疾盛行的地區，每年總有大批人得病而死。病人躺在窩棚裡與牲畜為伍，得不到照料，身邊僅有一點草秸，少許臭水、黑麵包，外加一個蔥頭或蒜頭。「許多人臨死時沒有醫生和神父在場。」[62]

麥田不設籬笆，整理得井井有條，定期實行輪作；輪作週期十分短促，農民不願讓大面積土地閒置不種。麥田處在惡性循環之中：為了增產，必須多施肥料，因而必須餵養牛馬等大牲畜，而擴大草地面積又勢必減少小麥生產。法蘭索瓦．魁奈的第十四句格言主張「促進牲畜繁殖，因為牲畜向土地提供肥料，而肥料又保證豐收」。三年輪作制讓播種小麥的土地先休息一年，但在休耕地上不能插空種植太多的其他作物；因此，優先種植糧食作物往往導致單位面積產量的低下。種植小麥的地區與擁有水田、推行鎖國政策的地區完全不同。前者必須餵養牲畜，樹林、荒地、草場、路邊的雜草雖然能夠提供飼料，但單靠這些仍嫌不夠。有一個辦法早已被發現和被應用，但僅限少數地區，如十四世紀的阿特瓦、義大利北部和法蘭德斯，十六世紀的某些德意志地區，以及荷蘭和後來的英國。那就是實行穀物和牧草的長時間輪作，從而取消或大大減少休耕，其好處一方面是保證大牲畜的食料和提高糧食產量，另一方面又便於恢復土地的肥力[63]。儘管越來越多的農學家提倡這個方法，於一七五〇年開始有所進展的「農業革命」仍花了整整一百年時間才在法國完成。大家知道，法國的穀物種植主要分佈在羅亞爾河以北地區，那裡歷來以糧食生產為主。這一傳統結構已變成桎梏，難以擺脫，並使農民對新事物感到恐懼。在糧食生產成就最突出的博塞地區，土地租契長期保留「三季輪作、一季休閒」的規定。「現代」農業在這裡沒有立即被人們所接受。

因此，十八世紀的農學家作出了悲觀的判斷，在他們看來，取消休耕和開闢人工牧場是發展農業的首要條件或唯一條件。他們也正是根據這個標準來判斷農村的現代化水平。《曼恩地區地形學辭典》的作者於一七七七年指出，「馬耶納方面的黑土很難犁耕；拉瓦勒方面的黑土更難犁耕……那裡最好的犁手用六頭牛和四匹馬每年也只能耕十五至十六平方公丈土地，因而人們往往讓土地連續休息八年、十年或十二年之久」[64]。在布列塔尼地區的菲尼斯泰爾，情形同樣糟糕，那裡的壞地能休耕二十五年，好地也要休耕三至六年」。阿瑟·楊在布列塔尼遊歷時簡直以為自己生活在休倫人之中[65]。

然而，這是一個荒唐的判斷錯誤，賈克·繆利茨不久前的一篇文章用大量事例和證據說明這種看法的錯誤所在。無論在法國或在歐洲其他各國，的確有許多地區草場多於麥田，牲畜成為當地人賴以為生的主要財富和「剩餘」商品。山丘、低地、沼澤、灌木林和海岸（法國從敦克爾克到巴約訥的漫長岩岸）都屬於這種情況。十八世紀和十九世紀初的農學家一心想著提高穀物的單位面積產量，以滿足人口增長的需要，因而沒有看到，這些分佈各處的草地正好反映了西方農村的另一面目。歷史學家自然附和他們的錯誤看法。然而在這些地區，所謂休耕顯然具有積極意義，並非平白浪費時間[66]。休耕地生長的草可餵養牲畜，而牲畜，不論是馬、驢、騾或公牛、母牛和小牛，都可以提供肉食、奶製品或供人使役。如果法國沒有這些地區，巴黎哪有食物可吃？索鎮（Sceaux）和普瓦西的牲畜市場又哪來的貨源？軍隊和運輸所需的大量役畜又從何而來？

梵谷的《收割者》（1885 年，上圖）和亨尼西的《聖母祈禱書》（16 世紀，下圖）中的收割者相隔兩個多世紀，但收割使用的工具相同，動作也相同。

同上。

楊的錯誤在於他混淆了產糧地區的休耕和畜牧地區的休耕。除實行定期輪作的麥田外，使用休耕一詞是不恰當的。無論在馬耶納或拉瓦勒爾附近，或在其他地方（甚至在羅馬四周），斷斷續續地犁耕草地和花一、兩年時間播種糧食只是恢復地力的一種方法，這種方法今天依然在使用。在這種情況之下，所謂「休耕」便不像三年輪作制那樣讓土地「自自閒著」。休耕地不但是間或需要翻耕的天然草場，而且是需要耕作的人工草場。例如在菲尼斯泰爾，人們總是在休耕地上播種紫荊，這種植物儘管形狀像小灌木，卻的確是牧草。楊不了解這個情況，他把播種紫荊的人工草場當成是故意撂荒的閒地。在旺代和帕脫內的沼澤地，金雀枝起著同等的作用[67]。這種利用當地野生植物的辦法大概由來已久。玉米同時可作飼料和人的食物，它在這些「落後」地區的推廣不會令人驚訝，蘿蔔、甜菜、高麗菜的廣泛種植也相當早，約在十八世紀中葉；總而言之，所有這些作物都是「農業革命」提倡的現代飼料[68]。

由此可見，法國以畜牧為主的地區同以種植小麥為主的地區恰成鮮明對照，歐洲恐怕也是如此。兩者事實上保持著相反相成的關係，因為種植糧食需要役畜和肥料，而牧畜地區則糧食不足。西方文明在植物方面的「決定性因素」不單是小麥，而同時是小麥和草料。牲畜作為肉食和動力的源泉闖進了人的生活，而人又不得不飼養牲畜，並取得成功，這就是西方與眾不同的鮮明特點。生產稻米的中國則不然，它不懂並拒絕餵養牲畜，因而放棄開發山區。總之，我們應改變對歐洲的傳統看法。以往的農學家把牧區看作是落後的農業地區，而賈克．繆利茨的文章卻表明，牧區比起土地肥沃的產糧區能使農民生活得更好[69]，當然養活的人數要少得多。如果我們退回到那個時代去，如果要在布雷地區和波威地區之間選擇居住地點，我們大概會喜歡前者，而不是後者；我們會更喜歡草木茂密的阿登北部，而捨棄美麗的南方平原；甚至甘冒嚴寒住在里加或雷瓦爾（塔林）附近，不去巴黎盆地的農村。

產量低下、彌補辦法和災荒襲擊

小麥不可原諒的缺點是產量低下，讓人吃不飽肚皮。近期的研究成果用大量細節和數字確認了這一點。在我們研究的十五至十八世紀這段時間裡，小麥產量之低令人失望。較多的情形是播一收五，有時還達不到這個數目。由於必須留出一份種子，可供消費的只剩四份。按我們計算產量的慣例，這意謂著每公頃生產多少公石呢？讀者在作這些簡單的計算以前，且莫以為問題就是那麼簡單。這裡不能滿足於差不多，何況一切都隨著土地肥瘠、耕作方法、歷年的氣候變化而變化。生產率，即生產的物品同為此花費的力量總和（不僅僅是勞力）之間的關係，是個難以估算的變值。

此外，假定小麥播種量像今天一樣是在每公頃一百至二百公升之間（過去的種子顆粒較小，因而每公升的數量較多，這且撇開不談），我們不妨取其平均數，按每公頃播一百五十公升計算。既然播一獲五，收成將是每公頃七百五十公升或六公石左右。產量確實很低。可是，奧里維埃·德·賽爾曾經說過：「豐歉相抵，如果平均年收穫量等於種子的五至六倍，農莊主就該滿足了。」[70]魁奈（一七五七）也曾就當時在法國占絕大多數的「小耕作」體系說過：「每平方弓丈土地的收成有好有壞，產量約為播一獲四，種子除外，什一稅也不包括在內……」[71]。據今天的一名歷史學家說，在十八世紀的勃艮第，「扣除種子後，中等土地的正常產量一般是每公頃五至六公石」[72]。這些係數大致符合實際。法國在一七七五年約有二千五百萬人口，基本上以小麥為生，豐年的出口額等於歉年的進口額。如果按每人每年消費四百公升穀物計算，法國應生產一百億公升或八千萬公石。實際上，由於還要提供種子和牲畜食料，穀物的產量就必須大大超過這個數字。據儒爾·杜坦的偏高估計，產量約在一億公石左右[73]。假定穀物種植面積為一千五百萬公頃，單位面積產量也還是每公頃六公石。因而，我們仍停留在第一個估算的範圍內，即五至六公石左右（這個悲觀的數字是無可懷疑的）。

但是，儘管以上的答案看來能夠站得住腳，它卻遠遠沒有反映問題的全部實際。我們有時能找到十分可靠的數據，表明產量大大高於或低於每公頃五至六公石這個粗略的平均數。

漢斯—赫爾穆特．瓦赫特爾曾就最初屬於條頓騎士團、後歸普魯士公爵所有的領地作了令人欽佩的計算，並提供了將近三千個數據（一五五〇至一六九五）；他得出了以下的平均產量：小麥每公頃為八點七公石（但這裡涉及的是小耕作）；黑麥為七點六公石（黑麥種植日趨擴大，開始占領先地位）；大麥為七公石；燕麥低三點七公石。據布倫瑞克地區的不完整調查，糧食產量（這裡指十七和十八世紀）略為高些，儘管仍然很低：小麥為八點五公石；黑麥為八點二公石；大麥為七點五公石；燕麥則為五公石[74]。人們或許認為，這是後來創造的紀錄。但早在十四世紀初，阿特瓦一位名叫提耶里．迪爾松[75]的經營有方的農莊主，在其位於羅凱斯托的一塊土地上。每公頃竟收穫十二至十七公石穀物，也就是說，收穫的糧食分別等於（按一三一九—一三二七這已知的七年計算）種子的七點五、九點七、十一點六、八、八點七、七和八點一倍。魁奈也同樣指出，如果實行他所主張的大耕作，糧食產量每公頃可達十六公石，甚至更多；關於這個應歸功於現代的、資本主義的農業的紀錄，我們以後再談[76]。

但是，在高紀錄的對面，還有許多低於平均數的情形。列奧尼德．齊特科維奇[77]的論文指出了波蘭糧食生產水平的低下。在一五五〇至一六五〇年，百分之六十的黑麥產量平均為播種量的二至四倍（百分之十的產量不到播種量的二倍）；在隨後的一百年裡，這些數字還在下降，直到十八世紀末，情況才有明顯的好轉；占總數百分之五十的收成等於種子的四至七倍。小麥和大麥的產量略為高些，但演變過程與黑麥大致相同。相反，波希米亞的糧食產量自十七世紀下半期就有了明顯的增加。但匈牙利和斯洛伐克的情況同波蘭一樣糟[78]。確實，匈牙利直到十九世紀才成為重要的小麥生產國。我們不要以為種植歷史悠久的西歐地區情況一定好些。在十六至十八世紀的朗格多克[79]，播種者「出手很重」，撒出的種子每公頃往往達二百至三百公升。燕麥、大麥、黑麥或小麥生長過密，通風不良。亞歷山大・洪堡[80]注意到，歐洲各地普遍處於這個狀態。下種過多使朗格多克的產量在十六世紀陷於很低的水平；一五八〇至一五八五年間、收成不到種子的三倍，十七世紀曾於一六六〇至一六七〇年間達到平均四至五倍的最高一六六水平；產量接著又下跌，自一七三〇年後慢慢回升，直到一七五〇年後，才達到六倍的平均數。[81]

歐洲的穀物產量（1200-1820）

甲	1200-1249 年前產量為播種量的 3 至 3.7 倍	
	Ⅰ.英格蘭（1200-1249）	3.7
	Ⅱ.法國（1200 年前）	3
乙	1250-1820 年產量為 4.1 至 4.7 倍	
	Ⅰ.英格蘭（1250-1499）	4.7
	Ⅱ.法國（1300-1499）	4.3
	Ⅲ.德意志和斯堪地那維亞國家（1500-1699）	4.2
	Ⅳ.東歐（1550-1820）	4.1
丙	1500-1820 年產量為 6.3 至 7 倍	
	Ⅰ.英格蘭和尼德蘭（1500-1700）	7
	Ⅱ.法國、西班牙和義大利（1500-1820）	6.3
	Ⅲ.德意志和斯堪地那維亞國家（1700-1820）	6.4
丁	1750-1820 年產量高於 10 倍	
	Ⅰ.英格蘭、愛爾蘭和尼德蘭（1750-1820）	10.6

資料來源：斯利歇・凡・巴特

糧食種植面積和產量的增長

正如斯利歇・凡・巴特（一九六三年）[82]的廣泛調查所證明的，這些低下的平均產量並不排斥緩慢的進步。斯利歇・凡・巴特的功績在於他把所有的糧食產量彙集在一起。孤立起來看，這些數字幾乎毫無意義，但經過集中比較，就能顯現長時段的發展趨勢。在這個緩慢的發展過程中，應該區分幾個發展速度不同的地區類型：占首位的是英格蘭、愛爾蘭、尼德蘭；其次是法國、西班牙、義大利；第三是德意志、瑞士各州、丹麥、挪威、瑞典；第四是廣義上的波希米亞、波蘭、波

糧食產量的下降

		產量為播種量的倍數	下降比例（%）
英格蘭	1250-1299	4.7	16
	1300-1349	4.1	
	1350-1399	5.2	14
	1400-1499	4.6	
英格蘭	1550-1599	7.3	13
尼德蘭	1600-1649	6.5	
德意志	1500-1599	4.4	18
斯堪地那維亞	1700-1749	3.8	
東歐	1550-1599	4.5	17
	1650-1699	3.9	

資料來源：斯利歇・凡・巴特

羅的海地區和俄羅斯。

如果根據小麥、黑麥、大麥和燕麥這四種主要穀物所達到的單產，混合計算穀物產量相當於播種量的倍數，四個不同類型的地區還可分為甲、乙、丙、丁四個階段。

從甲到乙，從乙到丙，再從丙到丁，這是一系列緩慢的、微弱的發展過程。在這些過程中，也有可能出現相當長時間的後退，例如，一三〇〇至一三五〇年、一四〇〇至一五〇〇年以及一六〇〇至一七〇〇年的情形便大致如此。但從長時段看，發展速度基本上保持百分之六十至百分之六十五。人們還注意到，英格蘭、愛爾蘭、尼德蘭等人口眾多的地區在最後一個階段（一七五〇—一八二〇）發展特別突出。產量的提高同人口增長顯然有著相輔相成的關係。最後，前期的發展相對說來最為迅速，從甲向乙的發展比從乙向丙的發展更快。收穫量從種子量的三倍過渡到四倍，意謂著跨出了決定性的一步：歐洲出現了第一批新興城市，或者在中世紀前期沒有消失的舊城市又重新發展。因為城市的出現和發展顯然取決於糧食生產的豐裕。

種植面積往往在擴大，人口增長時更是如此，這毫不奇怪。在十六世紀的義大利，熱那亞、佛羅倫斯和威尼斯的資本家使用巨額投資，大力推進土壤改良工作。向江湖、沼澤、樹林以及荒原奪地始終是歐洲孜孜以求但進展緩慢的事業，歐洲為此經受了無窮的艱辛，作出了超人的努力。農民的生活尤其困苦。他們既是領主的奴隸，也是小麥的奴隸。

人們往往說農業是歐洲工業化以前的最大產業。但這一產業始終處於困境。即使在北歐的產糧大國，開墾新地也是一種迫不得已的「下策」，是一種沒有長期效益的「經濟起飛」。擴大小麥種植面積（前面順便談到的波蘭的情形是這樣，瓦赫特爾的一張圖表明確指出的普魯士情形是這樣[83]，西西里也是這樣）勢必導致單位面積產量的下降。十八世紀的英格蘭則相反，它依靠發展牧草種植和畜牧業，使糧食產量有了革命性的增長。

小麥的地方貿易和國際貿易

農村糧食自給自足，多餘部份供給城市，城市一般「在其轄區範圍之內」就近購糧，波隆納於一三〇五年就有人提出過這個聰明的建議[84]。位在方圓二十、三十公里的小範圍內籌集糧食可節省昂貴的運輸開支和避免向外國求助。何況，向外國求助並不可靠，而城市對附近鄉村卻幾乎完全可以控制。法國直到杜爾哥上臺執政和展開「麵粉戰」的時候，甚至直到大革命發生時，農民始終被迫在鄰近城鎮的市場出售小麥。在一七八九年夏季的饑荒和騷動期間，暴亂者一下就能抓住囤積居奇的糧食商人，因為人人都認識他們。整個歐洲顯然也是如此。在十八世紀的德意志，幾乎到處都有針對從事糧食投機的「高利貸者」的懲治措施。

這種地方性貿易活動並非毫無困難。每當糧食歉收，城市就不得不向豐收地區求援。大概從十四世紀起，北方的小麥或者黑麥就開始運往地中海[85]。在這以前，義大利已先後從拜占庭和土耳其取得小麥。早在加拿大、阿根廷、烏克蘭之前，西西里歷來就有大批小麥運出。

這些穀倉是大城市的救星，它們必須位於沿海或通航河流的兩岸，因為水運對壓艙商品比較便利。直到十五世紀末，皮卡第或韋芒杜瓦地區（Vermandois）在豐收年景分別經由斯海爾德河和瓦茲河向法蘭德斯和巴黎運送糧食。在十五世紀，香檳區和巴胡瓦地區（Barrois）的小麥從維特里－勒－弗朗索瓦啟運，經水流湍急的馬恩河供應巴黎[86]。同時，勃艮第的小麥用木桶裝載，沿索恩河和隆河順流而下，阿爾勒是這些來自上游的小麥的集散地。每當馬賽面臨饑荒威脅，人們向阿爾勒的商務官員請求幫助[87]。後來，特別在十八世紀，馬賽也成了「海上小麥」的主要港口。普羅旺斯地區糧食緊張時，總是找馬賽求援。但是，馬賽人更喜歡吃當地的優質小麥[88]，不願接受在海運途中多少變質的進口小麥。同樣，熱那亞人寧肯吃來自羅馬尼阿的高價小麥，而把從地中海東部地區進口的廉價小麥轉手出口[89]。

自十六世紀起，北方的小麥在國際糧食貿易中的地位日趨重要，有時甚至損害了出口國本身的利

在義大利，小麥由騾馱運。錫耶那油畫博物館。

益。一本商業辭典（一七九七）這麼解釋[90]，鑒於波蘭每年都出口大批糧食，人們或許以為它是歐洲最肥沃的地區之一，但凡了解這個地區及其居民的人卻得出另一個判斷，因為就肥沃程度和耕作水平而言，還有其他地區勝過波蘭，但這些地區並不出口糧食。「事實在於，占有土地的波蘭貴族剝奪了農奴用汗水生產的小麥，至少占人口八分之七的農奴只得食用大麥和燕麥。波蘭人把大部份小麥和黑麥供歐洲其他民族消費，自己留下的部份是如此之少，簡直可以認為他們僅僅為了外國才收割糧食。吝嗇的貴族和資產者也食用黑麥麵包，小麥麵包只上大貴族的餐桌。歐洲其他國家一個城市消費的小麥比整個波蘭王國還多，這樣說並不誇張。」

在歐洲，凡人口稀少、發達較晚和能提供糧食來源的國家幾乎都處於邊緣地區，無論是北部、東部（土耳其帝國）或南部（柏柏爾人地區、撒丁尼亞、西西里）。這種邊緣現象經常有變化。一個穀倉關閉了，另一個穀倉接著開放：

小麥國際貿易：裝運波蘭糧食的船隻經維斯杜拉河來到格但斯克。原畫見本書第三卷。

十七世紀上半時期的瑞典（利伏尼亞、愛沙尼亞以及斯卡尼亞）[91]；一六九七至一七六〇年間的英格蘭（出口獎勵推動了圈地運動的發展）；十八世紀英國在美洲的殖民地[92]。

誘餌每次都是現金。在小麥貿易中，富國總是用現金購買，窮國被現金所誘惑，獲利的自然主要是中間商；他們以高利貸形式在那不勒斯王國和其他國家購買「青苗」。威尼斯於一二二七年已用金條在普利亞地區購買小麥[93]。同樣，在十六和十七世紀，布列塔尼的小船一般載運塞維爾和里斯本缺少的小麥，在回程時則帶走葡萄牙的白銀或「赤金」，這對任何其他貿易是禁止的[94]。阿姆斯特丹十七世紀向法國和西班牙的出口也以「鑄幣」結算。一名冒牌英國人於一七五四年寫道：「近年來，我國小麥豐收，小麥出口保證了匯兌堅挺」[95]。一七九五年，法國瀕臨饑荒的邊緣。派往義大利的使者為取得小麥，只得把幾箱銀器從馬賽運往利佛諾，「論斤賣出，毫不顧及銀器的工藝抵得上材料的價值」[96]。

然而，這項主要貿易的成交額並不像人們早先想像的那麼大。十六世紀的地中海地區約有六千萬人口。按每人消費三百公升計算，總數將達一百八十億公升，即一億四千五百萬公石。如果作個粗略計算，海上貿易額不過一、二百萬公石，約等於總消費額的百分之一。假定每人的消費量為四百公升，比例還要縮小。

十七世紀的情形大概也是如此。主要的運糧港但澤於一六四八和一六四九年分別運出一百三十八萬二千公石和一百二十萬公石（取其整數）[97]。假定整個北歐的出口量等於但澤的三至四倍，那就是三百萬至五百萬公石。如果再加上地中海地區提供的一百萬公石，歐洲的小麥貿易碰頂也只在六百萬公石左右。這個大數同歐洲人消費的二億四千萬公石（一億人每人消費三百公升）相比顯得微不足道。何況，這些出口紀錄不能長久保持：在一七五三至一七五四年間，但澤僅出口五萬二千拉斯特（六十二萬四千公石）[98]。根據杜爾哥的估計，當時的國際糧食貿易為四百、五百萬公石，威爾納・桑巴特還認為這個數字過高[99]。最後，我們不要忘記，這些額外的糧食補充幾乎完全由水路運輸，因而只供海洋大國藉以預防本國間或出現的饑荒[100]。

鑒於時代的條件，這些長距離貿易仍令人嘆為觀止。人們驚奇地看到，為教皇本篤十二世服務的佛羅倫斯巴迪家族於一三三六年竟能把普利亞的小麥運往亞美尼亞[101]，佛羅倫斯商人在十四世紀竟能每年調運五千至一萬噸西西里小麥[102]；托斯卡尼公國、威尼斯和熱那亞竟能利用國際商人以及紐倫堡和安特衛普的匯票，從波羅的海和北海調運幾萬噸糧食，彌補地中海十六世紀九十年代連年災荒帶來的缺口[103]；富裕但仍粗野的摩達維亞於十六世紀平均每年向伊斯坦堡運送三千五百萬公升糧食；一艘波士頓航船於十八世紀末滿載美洲的麵粉和糧食來到伊斯坦堡……[104]

人們同樣有權對碼頭和倉庫等設施讚嘆不已：起點有西西里的「海濱貨場」[105]、但澤、安特衛普（一五四四年後開始變得重要）、呂貝克或阿姆斯特丹；終點有熱那亞或威尼斯（一六〇二年該市有四十四所倉庫）。隨著信用券的流通和西西里「海濱貨場」的糧食定購單[106]的出現，小麥貿易變得更加方便了。

總的說來，這種貿易還很不常規，不夠經常性，「限制既多，風險更大」。必須等到十八世紀才建立起幾個購買、存放和分銷的大型體系；沒有這些體系，笨重且容易變質的商品就不能正常地遠距離流通。在十六世紀，威尼斯、熱那亞和佛羅倫斯都還沒有專門從事糧食貿易的大商人（巴迪．科爾西這類大商人或許是個例外）。他們在糧荒嚴重時才做這種買賣。據專家說，希門內斯等葡萄牙大商人於一五九〇年糧荒期間出資購運北歐的大批小麥到地中海地區，獲利高達百分之三百至百分之四百左右[107]……但這種機遇並不常有。大商人一般認為搞這種限制多、風險大的貿易並不划算。糧食的大宗貿易直到十八世紀才逐漸得到關注。一七七三年的饑荒期間，馬賽糧食貿易幾乎完全被少數商人所壟斷[108]。

在我們所知道的大筆糧食交易中——古斯塔夫．阿道夫向俄國購買大批小麥；路易十四於一六七二年入侵荷蘭前在阿姆斯特丹市場收購糧食；腓特烈二世在獲悉查理六世皇帝去世後的第二天（一七四〇年十月二十七日）立即下令向波蘭、梅克倫堡、西利西亞、但澤和外國的其他地方購買十五至二十萬蒲式耳黑麥（這使他和俄國的關係變得更加緊張）——多數情況與國家的軍事行動有聯繫。腓特烈的命令表明，如果情形緊迫，必須向各個糧倉同時提出要求，因為市場的貨源十分有限。自由貿易的障礙層出不窮，給糧食流通帶來更大的困難。舊制度末年的法國就是一個明顯的例子。很想把國家管好的大臣們排斥過份自由的私人交易，建立小麥貿易的壟斷，企圖獨占其利（更確切地說，讓那些為當局服務的商人和經紀人得利），結果背上了包袱，反而倒了大楣。由於舊制度不能保證日趨擴大的城市的糧食供應，行賄納賄的醜事便應運而生，從而出現了「飢餓同盟」的傳說[109]。我們這裡不妨說，無風不會起浪。

問題的確十分嚴重。小麥是法國乃至整個西歐的命根子。大家知道杜爾哥限制糧食自由流通的不合時宜的措施曾導致了一場「麵粉戰」[110]。當時有人曾說：「在洗劫了我們的市場和麵包房以後，他們將會搶掠我們的房舍，並把我們扼死。」也還有人曾說：「他們已開始劫掠農民的莊園，為什麼就不會再劫掠貴族的宅第」[111]？

小麥和卡路里

今天，富國和富裕階級每人每天約需三千五百至四千卡路里。這個水平在十八世紀前並非沒有達到，不過並不像今天那樣成為普遍的準則。既然在計算中必須有個基數，我們就暫定三千五百卡路里是基數。厄爾·漢彌爾頓[112]計算一五六〇年間西班牙的印度艦隊船員伙食的營養價值，也得出這樣高的水平；如果不顧庫爾特林的審慎和權威，盲目相信後勤部門的數字，這個水平當然是相當高了，因為在後勤部門看來，他們提供的食品總是優質的……。

順便指出，據我們所知，王公貴族和特權階級的飲食標準更要高些（例如，十七世紀初帕維亞的博羅米學院）。我們當然不會因這些個別現象而造成錯覺。就城市大眾而言，平均水平往往在二千卡路里左右。革

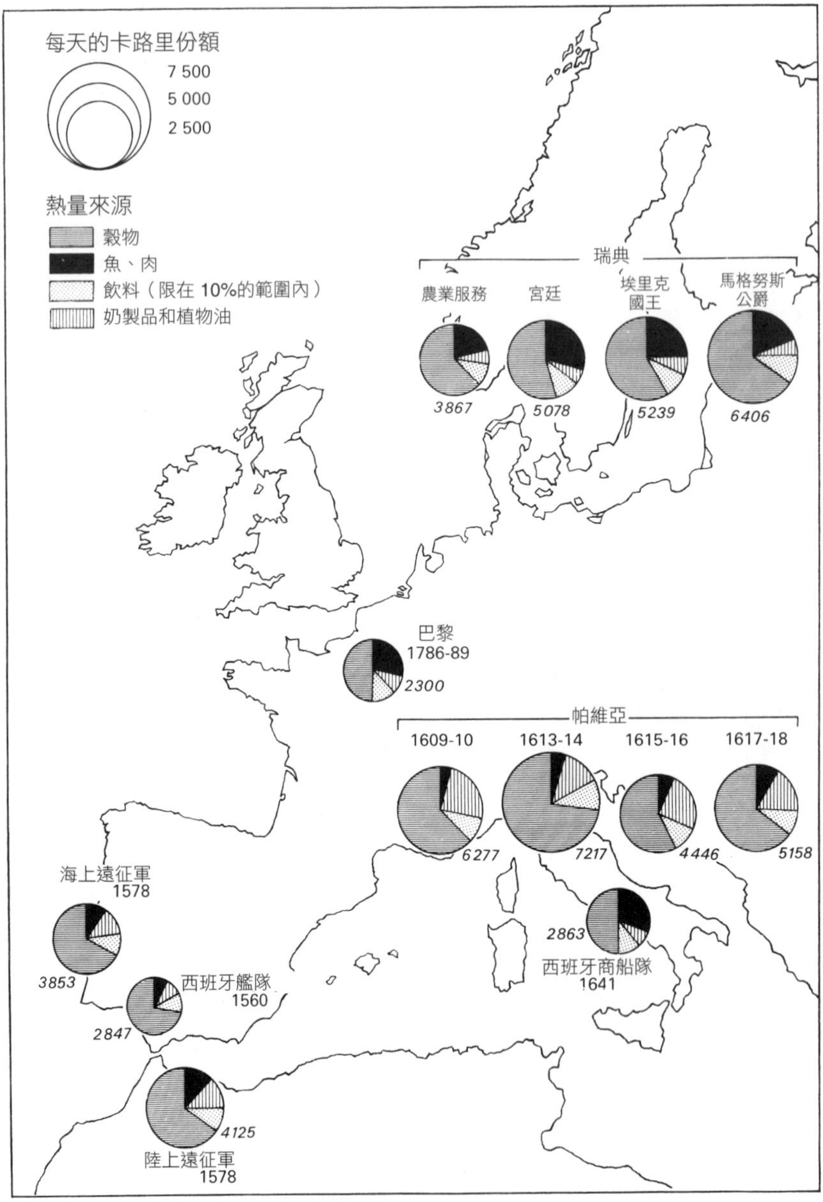

表(12)　以往的食物結構（以卡路里為計算單位）

這張圖表是根據不完整調查畫出的，只能反映小康之家的菜單。如要畫一張真正反映歐洲情況的圖表，還必須找出成千上萬各代表不同社會等級和不同時代的具體例子。（摘自法蘭克・斯普納：《以往的食物結構》。）

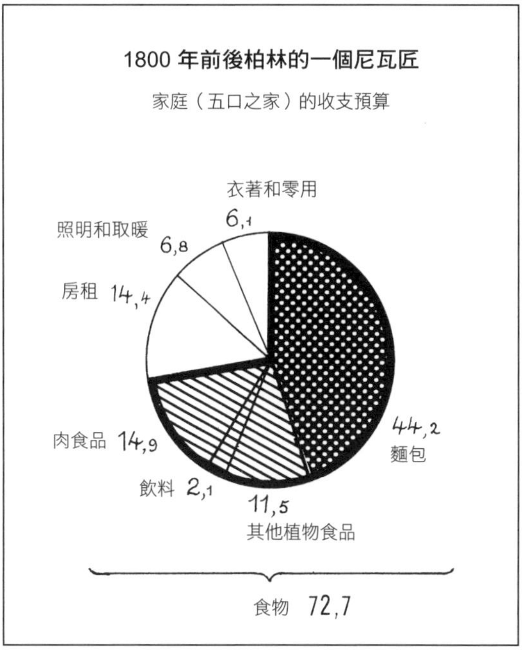

表(13)　1800 年前後柏林一個泥瓦匠家庭的收支預算
這些數字應同 1788 年和 1854 年巴黎人的食物開支比較。這裡，麵包在家庭食物開支中的比例大大超過 50%，考慮到當時的穀物價格，比例確實是很高的。這個例子可確切地說明泥瓦匠家庭生活的艱難以及食物結構的單調。（根據威廉・阿貝爾的資料。）

命前夕的巴黎正是這種狀況。在這方面，我們掌握的數字還不多，不能確切解決我們關心的問題。何況，即使用卡路里充當判斷食物好壞的標準，也還必須保持糖類、蛋白質和脂肪之間的平衡。另外，酒是否應算入卡路里的份額之內？按照習慣，酒類的比例從不超過百分之十：高於這個比例的飲酒量不再算入卡路里的份額，但這不等於說，剩餘部分對酒徒的健康和支出不發揮作用。

我們可以猜到一些規律性東西。例如，從不同食物的分類當中，可以看出飯菜的多樣性，而當時的飯菜往往皆過分單調。當酸類（簡單地說是碳水化合物或穀物）的比重大大超過卡路里分額的百分之六十時，飯菜必定很單調。當肉、魚和奶製品所占的比重很小時，飯菜也不能算豐盛。一年到頭吃的東西除了麵包還是麵包，要不就是麵糊。

這些標準定出以後，看來北歐的特點是肉食消費較大，南歐則是碳水化合物的比重較大，軍艦上的伙食顯然屬於例外，那裡有成桶的鹹肉和金槍魚可改善伙食。

毫不奇怪，富人的飯菜比窮人的更加多樣化，同數量相比，質量更是高貴的標誌[113]。一六一四至一六一五年間，在熱那亞的史賓諾拉家族的豐盛餐桌上，穀物提供的熱量僅占百分之五十三，至於因患絕症留在養濟院中的窮人，他們消費的穀物竟達熱量的百分之八十一（順便指出，一公斤的小麥約等於三千卡路里，一公斤麵包為二千五百卡路里）。如果拿其他食品來作個比較，史賓諾拉家族吃的肉和魚並不多，但奶製品和油脂的消費比養濟院多一倍以上，食譜也更加多樣化，其中包括許多水果、蔬菜和糖（占支出的百分之三）。同樣，博羅米學院（一六〇九－一六一八）的學生儘管吃得很多，營養過量（每天約在五千一百－七千卡路里之間），但飯菜並不十分多樣：穀物約占熱量總數的百分之七十三。他們的伙食不是也不可能是講究的。

根據已有的不完整調查，在這一時期前後，各地城市居民的食物變得更加多樣化，至少比鄉村更加多樣。我們已經談到，一七八〇年左右巴黎的消費水平約是二千卡路里，其中穀物約占百分之五十八，即平均每天消費一磅的麵包[114]。這個數字同巴黎在前後幾年的麵包平均消費量大致相等：一六三七年為五百四十克；一七二八至一七三〇年間為五百五十六克；一七七〇年為四百六十二克；一七八八年為五百八十七克，一八一〇年為四百六十三克；一八二〇年為五百克；一八五四年為四百九十三克[115]。這些數字當然並不十分可靠。據有人統計，十七世紀初威尼斯每人每年的消費量似乎達到一百八十公斤[116]；這個數字固然大可商榷，但是其他跡象表明，威尼斯當時的工人收入很高，對食物也很講究，那裡的富人又保持著城裡人固有的揮霍習慣。

總的說來，農村的麵包消費量無疑很大，甚至超過城市下層工人的消費水平。勒格朗杜西說，一七八二年法國的一名普通工人或農民每天可消費二至三磅麵包，「但有別的東西可吃的人就吃不了那麼多」。直到今天，還可以看到義大利南部的工人午飯時在工地上啃大塊麵包，就著幾個蕃茄、幾頭洋蔥「下飯」

（companatico）。「下飯」這個詞很能說明問題，因為西紅柿和洋蔥幾乎只起「佐料」的作用。

麵包之成為主食，原因自然在於：按照提供同等熱量的標準，小麥是相對最便宜的食物（一名波蘭歷史學家[117]認為應加上糧食燒酒，從而為波蘭農民不僅吃糧食，而且喜歡喝酒辯護）。一七八〇年前後，糧價比肉低十一倍，比新鮮海魚低六十五倍，比河魚低九倍，比鹹魚低三倍，比蛋低六倍，比黃油和食物油低三倍……根據一七八八年和一八五四的計算，對中等生活水平的巴黎人說來，提供熱量最多的小麥在家庭開支中只占第三位，落後於肉和酒（這兩項分別占總支出的百分之十七）[118]。

我們不得不說了小麥的許多壞話，這裡卻要為它恢復名譽。小麥是窮人的廉價食物，「從麥價貴賤……可測知其他食物的價格」。邁爾西埃寫道：「一七七〇年將是麵包價格連續上漲的第三個冬天。自去年起，一半農民已需要社會救濟，今冬的生活更難上加難，因為那些靠出賣家產活下來的人現在已沒有任何東西可賣了。」[119]小麥匱乏，這時農民意謂一切匱乏。可悲的是，小麥把生產者、中間商、運輸商、消費者統統淪為奴隸。我們不能忘記這一點。社會各階層無不受小麥的支配，為小麥而忙碌奔波。邁爾西埃反覆說過：「小麥既是救人活命的食物，又是殺人的屠刀。」

小麥價格和生活水平

邁爾西埃的話並未誇大。在歐洲，小麥占人們日常生活開支的一半。隨著儲存、運輸、天氣和收成——天氣預示著和決定著收成——的變化，也根據不同季節，小麥價格像地震波一樣不斷上下起落。這些波動對窮人生活影響特別大，因為窮人不能在有利時機大量囤積，躲過季節性的價格上漲。能否認為這些波動在短期和長期都是群眾生活水平的晴雨表呢？

為說明問題而提出的有限幾個方案都並不理想：我們可把小麥價格和工資作個比較，但許多工資用實物

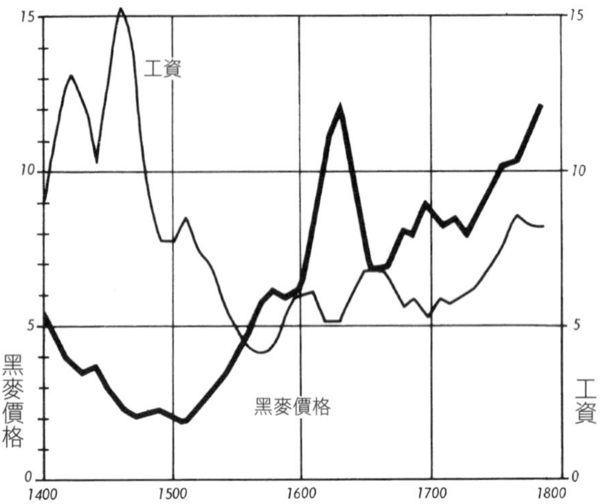

表(14)　哥丁根的工資和黑麥價格（15 世紀至 19 世紀）
黑麥價格按銀馬克計算，工資（砍柴工的工資）永黑麥的公斤數表示。黑麥價格上漲和實際工資的下降顯然互有聯繫，反之亦然。（據阿貝爾的資料。）

支付，部份工資同時用實物和現金支付；可以用小麥或黑麥計算工資（我們引用的阿貝爾的圖表就是如此）；可以用「一籃食物」的平均價格作計算標準（菲爾普斯・布朗和歐拉・霍普金斯的方案）[120]；最後，也可以用最低的小時工資作單位（泥瓦匠幫工或紗漿攪拌工的工資一般最低）。

由符拉斯蒂埃及其學生勒內・格朗達米等人提出的最後一個方案比較可取。這些「真實的」價格究竟意謂著什麼？可以肯定，每公石小麥（還是把各種舊的計量單位折算過來為好）的價格在一五四三年前始終低於一百個工時，直到一八八三年前後才略高於這條臨界線。我們這裡可以大致看出法國以及類似法國的其他西歐地區的情形。每個工人每年約工作三千小時；四口之家每年約消費十二公石小麥……每公石的價格超過一百工時的臨界線，形勢開始變得嚴重；二百工時是形勢緊急的信號；三百工時意謂著饑荒來臨。格朗達米認為，一百工時的臨界線總是在垂直方向被突破，或者表現為直線上昇（例如，在十六世紀中葉），或者表現為急劇下降（例如，在一八八三），因為每當臨界線在一個方向或另一個方向被突破時，價格運動的速度總是很高。

在本書論述的幾個世紀裡，真實的價格一般朝壞的方向偏移。唯獨在緊接黑死病後的那個時期裡，曾出

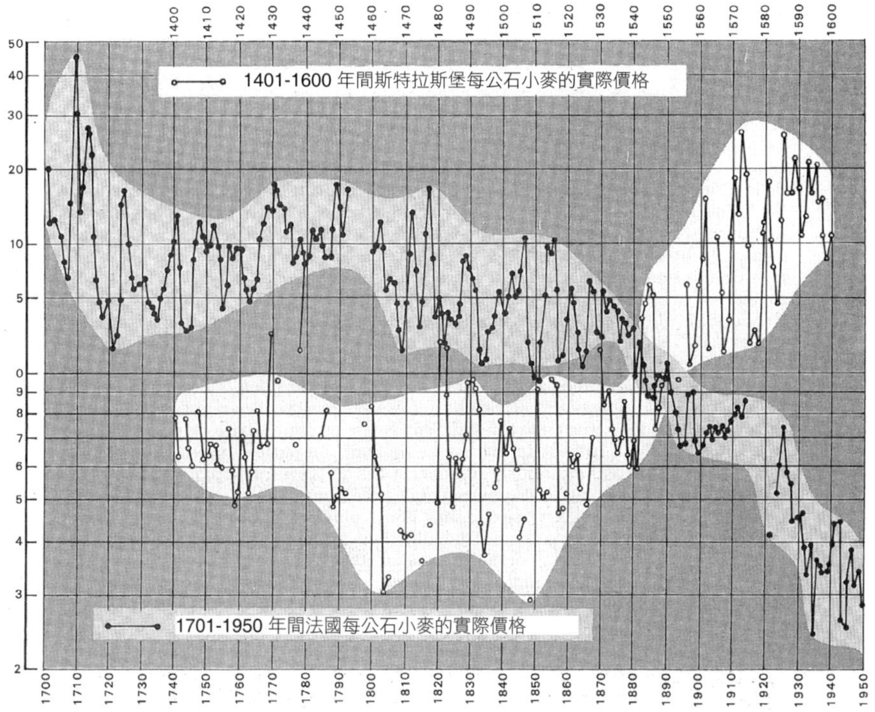

表(15)　小麥實際價格的兩個例子

這張圖表試圖說明實際工資（以小麥代表）的波動意謂著什麼。舊的計量單位都折算成公石，小麥價格都按普通勞力的 10 工時計算。標線 10（100 工時）代表臨界線，超過這條線，勞動者的生活開始變得困難；如果達到 200 工時，他們的生活變難以為繼，一旦達到 300 工時，則饑荒已經來臨（1709 年達到的最高紀錄竟是 500 多工時）。值得注意的是兩條曲線在 1540 年至 1550 年間出現交叉，500 工時的臨界線被超過了，高昂的生活維持了很長一段時間，直到 1880 至 1890 年間才恢復這個低水平。無論價格在向上或向下運動，臨界線的突破總是十分迅速，並且每次突破都造成整個經濟喪失平衡。這張圖表再次証明，在 15 世紀，平民的生活比較優裕，儘管也曾出現過幾次形勢緊急的信號，其原因顯然是收成不好。（摘自幅拉斯蒂埃主編的《售價和成本》第 14 期，格朗達米的文章。）

現好的趨勢，這就迫使我們全盤修正我們以往的觀點。

總之，城市勞動者的工資低，鄉村勞動者的工資也低，鄉村的實物工資大致隨相同的節奏運動。很明顯，按照這個規律，窮人們不得不降格以求，滿足於「價格比較便宜、但能提供足夠熱量的食物，放棄蛋白質含量豐富的食品，改吃澱粉質食物」。在大革命前夕的勃艮第，「除大農莊主外，農民很少食用小麥。這種細糧只供出售、餵養嬰兒或難得在過節時吃。細糧主要用於換錢，而不是端上飯桌……粗糧才是農民的基本食物：一般說來，富裕人家吃黑麥，最窮的人家吃大麥和燕麥，布勒斯地區和索恩河谷吃玉米，莫凡地區吃黑麥和蕎麥」[121]。一七五〇年前後，皮德蒙平均消費量如下：小麥九四公升，黑麥九十一公升，其他糧食四十一公升，栗子四十五公升，總計每年為二百七十一公升[122]。糧食定量本已不足，其中小麥的比重又低。

富人的麵包、窮人的麵包和麵糊

麥子既然有不同品種，麵包也就品種繁多。一三六二年十二月，在普瓦捷，「當一法石（瑟提耶，setier）小麥價值二十四蘇時，就有四種麵包：無鹽的司鐸麵包、有鹽的司鐸麵包、全麥麵包和麥麩麵包。」不論有鹽與否，所謂司鐸麵包是用經過細篩的麵粉烤製的。全麥麵包（這個名稱至今還在使用）保留不經細篩的全部麥麵。至於麥麩麵包，小麥的出麵率高達百分之九十，麵粉中含有一種麥麩，「用普瓦圖的土語來說，叫作麩皮」。四種麵包的存在反映著當時小麥價格相對平穩。當價格下跌或比較便宜時，一般只允許烤三種麵包，但當價格上漲時，製造的麵包可分為七種，增加的當然屬於次等品種[123]。這個例子（類似的例子不勝枚舉）充分表明不平等是個普遍規律。麵包有時徒具其名，甚至出現匱乏。

直到十八世紀，保持古老傳統的歐洲仍然食用粗陋的麵糊，麵糊的歷史比歐洲更加古老。伊特魯立亞人以及古羅馬人吃的「普爾」（puls），其實是一種小米粥，「阿里加」（alica）是澱粉或麵包煮成的一種麵糊；

布匿人的「阿里加」比較講究，裡面加有奶酪、蜂蜜和雞蛋[124]。「波朗塔」（polenta）是一種大麥炒麵（後來改用玉米）麵糊，裡面往往混有小米。在十四世紀，也可能更早些，但肯定在十四世紀後，阿特瓦地區用燕麥「做成麵疙瘩，農村居民吃得很多」[125]。在十六至十八世紀的索倫、香檳區，加斯科尼等地區，小米粥是家常便飯。布列塔尼地區還常吃一種較稠的、偶而加牛奶煮的蕎麥粥，稱作「格魯」（grou）[126]。在十八世紀初的法國，醫生還推崇燕麥粥，但前提是「用籽粒飽滿的燕麥來煮」。

這些古老的習俗今天並未完全消失。愛爾蘭和英格蘭的麥片粥用的是燕麥。波蘭和俄國的「卡沙」（kacha）是經過焙烘的黑麥渣稀粥。一八〇九年西班牙會戰期間，一名英國士兵迫於當時的簡陋條件，無意中遵循了一種古老的傳統，他說：「我們像煮稻米一樣把小麥煮熟，或者用更方便的辦法，把麥粒放在兩塊平整的石片中壓碎，然後煮一種麥渣稠粥。」[127]一個名叫阿加的土耳其青年士兵於一六八八年在特梅斯瓦附近被德軍俘虜，他那應付困境的巧妙辦法使看守們大感驚奇。由於正規的長方麵包已經吃完，後勤部門只向士兵分發麵粉（士兵們已有二天未得任何供應）。唯獨阿加懂得加水揉麵和利用熱灰烤餅，他說，因為他

荷蘭農民就餐的情景（1653）。只有一盆麵糊放在小凳上。人物後方的右邊是爐灶，左邊是當樓梯用的活動梯子。凡奧斯塔特的木刻。國立圖書館版畫部。

有過類似的經歷[128]。這種不用酵母、埋在熱灰裡烤熟的麵餅同麵包相差無幾，在土耳其和波斯一帶也是常吃的食物。

白麵包在當時是一種稀少的上等食品。杜普雷・德・聖莫爾寫道：「在法國、西班牙以及英格蘭的全部居民中，吃精麥麵包的人不超過二百萬。」[129]這句隨口說來的話如果當真，歐洲吃白麵包的人數就只占總人口的百分之四。在十八世紀初，農村還有一大半人吃不能烤製麵包的穀物和黑麥，窮人磨的麵粉保留著許多麩皮。被稱作司鐸麵包（大概因神父和教士食用而得名）的精麥麵包和白麵包長期是上等食品。古代的諺語這麼說「司鐸麵包不宜先吃掉。」[130]無論這種白麵包用什麼名稱，它很早就已出現，只是僅歸富人享用而已。一五八一年，幾名威尼斯青年在前往西班牙的康波斯特拉（Compostela）途中，到斗羅河（Duero）附近一所孤立房舍中找東西吃，但那裡「既沒有酒又沒有真正的麵包，只有五個雞蛋和一塊用黑麥和其他雜糧做成的麵包，幾個人只好勉強吃了一、二口這種不堪下嚥的食物」。[131]

巴黎很早就有比白麵包更高一等的「軟麵包」，這種麵包是用精白麵粉加啤酒酵母（代替普通的發麵）發酵烤製的。如果再加點牛奶，就能烤成瑪麗・德・麥第奇特別愛吃的皇后麵包[132]……醫學院於一六六八年反對用「酵母」製作麵包，但毫無結果，因為「小麵包」仍用酵母發麵；每天早晨，婦女們「像送牛奶一樣用頭頂著」小麵包筐，到麵包鋪送貨上門。軟麵包當然仍是上等食品，一名巴黎人於一七八八年說：「顏色金黃；鬆脆可口的軟麵包對利茅辛的圓麵包似乎不屑一顧……就像貴族對待平民一樣」[133]。為了吃得講究；當然需要糧食豐收。每當糧價上漲，例如在一七四〇年九月時的巴黎，高等法院立即發佈兩道命令，禁止「製作黑麵包以外的各類麵包」。軟麵包以及小麵包因此均遭到排斥，當時廣泛用於裝飾假髮、由麵粉製成的「發粉」也同遭禁止[134]。

直到一七五〇至一八五〇年間才發生真正的食物革命，小麥取代了其他穀物的地位（例如在英國），製

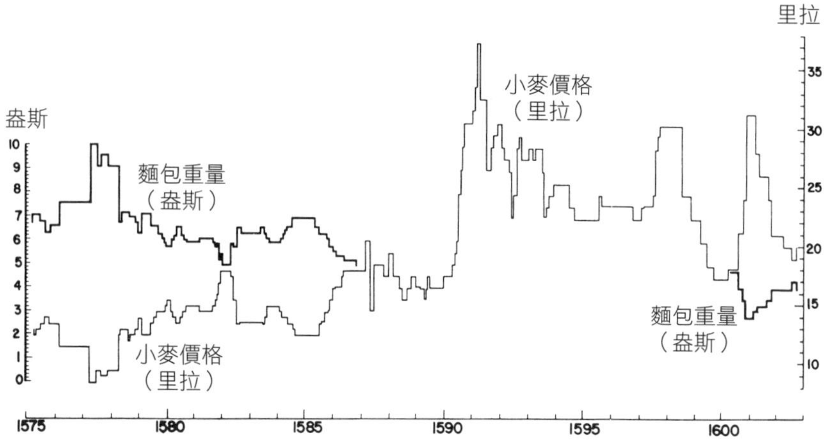

表(16)　威尼斯的麵包重量和小麥價格（16 世紀末）

費爾南・布勞岱爾：《16 世紀期間威尼斯的經濟生活》，見《文藝復興時代的威尼斯文明》。

作麵包的麵粉篩除了大部份麥麩。同時，人們開始普遍認為只有發麵麵包才有利消費者的健康。狄德羅認為麵糊不易消化，「因為沒有經過發酵」[135]。食物革命在法國開始較早，一所國立麵包學校於一七八〇年成立[136]。後來，拿破崙的士兵將在整個歐洲推廣「寶貴的白麵包」。奇怪的是，這場革命在整個大陸卻發展緩慢；我們再次重申，食物革命在一八五〇年尚未完成。由於富人早就食用白麵包，窮人也開始有這個要求，因而食物革命在取得完全成功前，已經對作物分佈產生了強制性影響。十七世紀初，小麥在巴黎四郊、米爾蒂安和韋克森等地已占主要地位，但瓦盧瓦、布利、波威等地區則要等到十七世紀末。法國西部仍食用黑麥。

法國人首先推廣白麵包，這是我們不應該忘記的事。邁爾西埃說，不在巴黎，哪有上等麵包可吃？「我愛吃上等麵包，我很內行，一眼就能辨認出」[137]。

買麵包還是家裡做麵包？

麵包出售時價格不變，但重量要變。這條規律對整個西歐大體適用。在威尼斯聖馬克廣場或里亞托橋頭的麵包

15 世紀克拉科夫的麵包爐。巴塔札．比雷姆藥典，克拉柯夫的維吉隆斯卡圖書館。

鋪裡，麵包平均重量同小麥價格成反比，下面的圖表說明十六世紀最後二十五年的情形就是如此。克拉科夫於一五六一、一五八九和一五九二年公佈的條例也表明，仍然實行價格不變重量可變的原則。該條例僅確定麵包按質論重，例如在一五九二年，一個格羅茨可買六磅重的黑麥麵包或二磅重的小麥麵包[138]。

事情總有例外。在一三七二年的巴黎，麵包的定價共分三類：純白麵包、螺形麵包和長條麵包（長條麵包為黑麵包）。他們的售價相同，重量分別為一、二和四盎司。因此，在當時，一般的規矩仍然是：價格不變重量變。但從一四三九年起[139]，三種不同麵包的重量分別被確定為半磅、一磅和二磅。「從此，麵包價格隨小麥價格的變化而變化。」究其原因，這大概因為巴黎很早就已經允許外地的麵包商——哥內斯、蓬圖瓦茲、阿讓特伊（Argenteuil）、沙藍東、科貝等等——前來首都論斤出售麵包。如同在倫敦一樣，巴黎人很少光顧麵包舖，而往往去市場購買麵包，市場在城內有十至十五處之多[140]。

麵包舖主在當時是重要人物，他們的地位比歐洲各地的磨坊主更加重要，因為他們直接購買小麥，起著商人的作用；雖然如此，他們的產品卻只供部份人消費。必須考慮到家庭烤爐的作用，即使在城市中，也有一些家庭製作和公開出售麵包。在十五世紀的科隆和十六世紀的卡斯提爾，農民一大清早從附近鄉村趕到城裡出售麵包，這種情況甚至今天還有。在威尼斯，外國使節有在附近鄉村購買麵包的特權，據說這些麵包比威尼斯麵包舖出售的質量更好。威尼斯、熱那亞等地的許多富人家裡都有麥倉和麵包爐。普通百姓也經常自己烤麵包；從一幅表現十六世紀奧格斯堡市場情景的畫作看來，糧食用很小的量器在市場出售（這些量器也在市立博物館中保存著）。

據一項完全可信的官方統計，在一六〇六年的威尼斯，麵包舖加工的小麥不超過十八萬二千斯塔拉（stara），消費總量卻高達四十八萬三千六百斯塔拉；市場銷量為十萬九千五百斯塔拉，「自烤麵包的家庭」[141]消費十四萬四千斯塔拉，剩下部分用於製造航海所需要的餅乾。可見，麵包舖製作的麵包數量僅略高於家庭烤爐的產量[142]。而這還是在威尼斯這樣的大城市！

一六七三年八月，熱那亞曾考慮禁止家庭自製麵包，引起了很大的震動。法國領事指出：「平民怨言甚多……看來〔官府〕想強迫所有人購買現成的麵包，據說有些士紳〔當地的大商人〕願每年提供十八萬埃居，換取這一方案得以通過……按照習慣，家家戶戶都自己烤麵包，方案一旦被通過，就不能再這樣做，這對居民是一筆很大的開支，因為當地出售的麵包每個售價達四十里拉（Lires），其實只值十八里拉左右。這且不說，當天做出的麵包當天出售還算新鮮，到了第二天就發酸，難以下嚥。這件事情引起眾多議論。昨天早晨，在舊貴族聚會的聖西爾廣場，發現一張猛烈攻擊政府的揭帖，威脅要推翻政府的專制統治。」[143]

據安東．奧古斯丹．帕爾曼蒂耶說，家庭製作麵包的習俗自一七七〇至一七八〇年間才在法國「多數大

16 世紀奧格斯堡皮爾拉什廣場的集市。每月的情景各不相同。
右頁的畫面：一對身穿裘皮的市民列隊從市政廳走出。遠景為遼闊的鄉村…（奧格斯堡市立藝術博物館）

左頁的畫面：10 月出售野物；11 月為柴草和當場宰殺的豬肉；12 月則零售小麥。

城市」消失[144]。尚・梅耶指出南特於一七七一年才完全拋棄單獨烤麵包的舊習，他認為這與普遍食用精麥白麵包有關[145]。

人們或許會問，既然家家戶戶有烤爐，糧食買來後在什麼地方可磨成麵粉。其實，當時所有的城市附近都有磨坊，因為小麥雖然容易保存（小麥往往帶穗入倉，存麥每年分幾批脫粒），麵粉卻不能保留很久。因此，一年到頭幾乎每天都要磨麵，磨坊就在村口或市郊，有時甚至在村內或市內任意一條河邊。磨坊臨時停工——例如巴黎塞納河氾濫或冰凍——立即會帶來供應困難。風磨設在巴黎的要塞頂上，手磨不但存在，而且有人力主保存，這一切難道值得驚奇嗎？

小麥是食糧之王

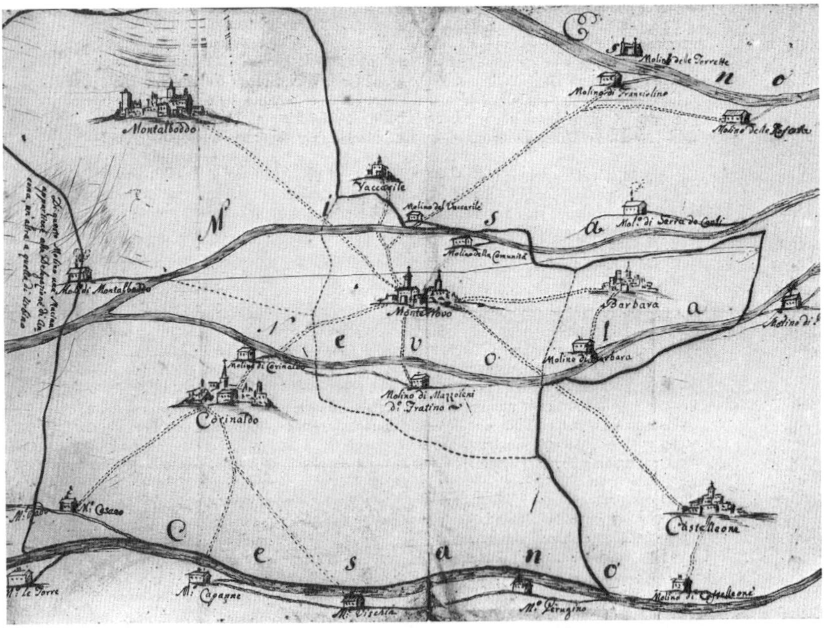

這張 1782 年的地圖（方向被顛倒了：北在下方，南在上方，亞得里亞海在左方，亞平寧山脈在右方）顯示了 5 個大村莊（其中蒙塔爾博圖和瓦卡利爾兩村合一），它們位於 4 條河流之間，在馬爾凱地區的安科納的下方。總共 1 萬 5971 名居民分布在 450 平方公里左右的土地上，擁有 18 做磨坊，平均 880 名居民有一做磨坊，而法國的平均數為 400 名居民有一座磨坊。但是，一切還取決於每個磨坊的功率大小以及磨盤的數量；這方面的情況我們還不清楚。

小麥、麵粉和麵包三位一體，貫穿整個歐洲歷史。對當時的人來說，活著，「那就是啃麵包」；國家、城市和商人最關心的也正是麵包。憑它那無空不入的本領，麵包在當時的信件文書中始終扮演主角。麵包價格「上漲」會牽動一切，掀起軒然大波。倫敦、巴黎或那不勒斯，莫不如此。因此，內克說得好：「平民聽說麵包漲價就要冒火。」[146]

每當警報傳來，吃虧的總是平民百姓，因而他們不惜訴諸暴力。一五八五年，那不勒斯因向西班牙大批出口糧食，爆發了饑荒。不久，當地只有用栗子和豆子製作的麵包可吃。一群不願吃這種麵包的人圍著投機商人維贊佐．斯圖拉奇大喊大叫，後者傲慢地回答說：「那就吃石塊去罷。」那不勒斯的平民蜂擁而上，把他當場打死，拖著他那傷痕纍纍的屍體在全市示眾，最後又碎屍萬段。總督將三十七人處以絞刑和四馬分屍，將一百人遣送苦役[147]。一六九二年十二月，巴黎摩貝爾廣場的麵包舖遭到哄搶。殘暴的鎮壓隨之而來：兩名騷亂者被絞死，其餘被判處苦役、帶枷示眾或遭鞭撻[148]，局勢平靜了下來，或至少表面如此。但在十五至十八世紀期間，類似的騷亂當數以千計。何況，法國大革命也正是這樣開始的。

另一方面，糧食豐收被當作天主賜福而受到歡迎。一六四九年八月十四日，羅馬隆重舉行彌撒，感謝上帝帶來豐年，使倉廩充足無缺。糧食總辦巴拉維契尼當即成了英雄：「他讓麵包加大了一半！」[149]讀者不難懂得這句毫不隱晦的話：羅馬的麵包價格不變，只是重量在變，這在各地幾乎是普遍適用的規律。巴拉維契尼一下使窮人的購買力增加了百分之五十，儘管這是十分暫時的現象，除了麵包外，窮人很少吃別的東西。

稻米

作為主要作物之一，稻米比小麥更加專橫。許多人在讀過去某個著名歷史學家[150]撰寫的中國歷史時，對作者常作的比較往往忍俊不禁：某個皇帝是雨格．卡佩，另一個皇帝是路易十一或路易十四，或中國的拿破崙。為了弄清遠東地區的事，任何西方人都不得不使用自己的價值標準。因此，在談到稻米時，我們勢必會談到小麥。兩種作物何況都是源自乾旱地區的禾本科植物。稻米後來變成了水田作物，這是它高產和成功的保證。但它還保留一個原有的特點：如同小麥一樣，它那「濃密」的鬚根需要吸取大量氧氣。積水會使禾苗喪失這一可能：因此，在任何稻田中，表面上靜止的水必定經常流動，以便鬚根能獲得氧氣。灌溉技術應該讓水有靜有動。

稻米既比小麥重要，又不如小麥重要。說它重要，這是因為稻米在產米地區占主食的百分之八十至百分之九十，甚至更多，不像小麥在產麥地區只占百分之五十至百分之七十。未經脫殼的稻穀也比小麥容易保存。另方面，在世界範圍內，小麥的地位更加重要。一九七七年，小麥種植面積為二億三千二百萬公頃，稻米為一億四千二百萬。小麥每公頃產量則大大低於水稻（平均數分別為十六點六公石和二十六公石），二種作物的總產量旗鼓相當：稻穀為三億六千六百萬噸，小麥為三億八千六百萬噸（玉米為三億四千九百萬噸）[151]。有關稻穀的數字尚有爭議，因為這裡指的是原糧，脫殼後淨重將減少百分之二十至百分之二十五，總產量也將降低到二億九千萬噸以下，這就遠遠落後於外皮較薄的小麥和玉米。稻米的另一缺點是種植時需要付出極大的人力勞動。

今天，水稻種植雖然已向歐洲、非洲和美洲延伸，但其主要產地仍在遠東，那裡的產量至今占百分之九十五左右。最後，稻米往往在當地消費，因而稻米市場不能和小麥市場相比。十八世紀前，江南的大批漕船沿大運河開往北方，將大米解送至北京的宮廷；同時，也有船隊從東京（越南北部）、交趾支那和暹羅出發，運送大米至後來糧食不足的印度。印度次大陸唯一重要的出口市場在孟加拉。

陸稻和水稻

如同許多其他作物一樣，稻和麥都起源於中亞的乾旱山谷。但麥的推廣比稻要早得多，後者約在公元前二千年，前者約在公元前五千年。小麥的歷史因而領先幾十個世紀。在旱地作物中，稻長期處於沒沒無聞的地位，中國最早的文明建立在北方，那裡不種稻米；在這遼闊無垠、樹木稀少的鄉村，今天仍以三種傳統的禾本科作物為主：稈高達四、五米的高粱以及小麥和小米。一名英國旅行家於一七九三年說，黍就是「巴巴多斯的小米，中國人稱之為『高粱』，也就是說，秸稈較高的麥。在華北各省，這種糧食比稻米價格便宜，它大概也是最早種植的作物，因為在中國的古書中可以看到，度量單位是由容器裝有這種糧食的數量確定的。例如，百粒小米為一撮」[152]。一些在華北旅行的歐洲人於一七九四年來到北京附近，疲勞不堪，他們在旅店裡只找到「劣質的糖和一盤半生不熟的小米。」[153]直到今天，那裡的食物除大豆和白薯外，一般就是小麥、小米以及高粱煮的麵糊[154]。

19 世紀中國的秧田。

和發展較早的中國北方相比，氣候炎熱、林木茂盛和沼澤眾多的南方地區生產水平長期低下，那裡的食物有山藥（一種藤本植物，其塊莖可製食用澱粉，太平洋諸島今天仍以此為食物）和芋頭（一種與甜菜相近的植物，今天中國境內田埂上仍多見該植物的葉片，從而證明芋類過去曾起過很大作用）。除山藥和芋頭外，白薯、木薯、馬鈴薯、玉米等原產美洲的作物尚未出現，直到歐洲發現新大陸才渡海進入中國。那時候，稻米的文明業已確立，阻撓新作物的引進：木薯僅在德干的特拉凡科（Travancore）立足；白薯於十八世紀在中國、錫蘭以及孤懸太平洋中的桑威奇群島開始種植。塊莖植物當前在遠東地區不起重要作用。穀物占主要地位，尤其是稻米：一九六六年，在受季候風影響的亞洲地區，稻穀總產為二億二千萬噸，小麥、小米、玉米、大麥等其他穀物為一億四千萬噸[155]。

水稻最初在印度種植，後來，約在公元前二千至二千一百五十年間，經海道和陸路被介紹到中國南部。它以我們熟悉的傳統形式慢慢在那裡普及。隨著水稻的推廣，中國生活的重點完全顛倒了過來：新興的南方代替了歷史悠久的北方，尤其因為北方與中亞的沙漠有道路可通，面臨著各種入侵和騷擾。因此，稻米種植又從中國（和印度）向西藏、印度尼西亞和日本推廣。對這些地區說來，接受稻米種植「是獲得文明證書的一個方式」[156]。稻米於公元一世紀開始在日本種植，但其推廣卻特別緩慢，因為在十七世紀前，它在日本食物中始終不占主要地位[157]。

直到今天，稻田在遠東仍占地不多（雖然占世界水稻種植面積的百分之九十五，但據一九六六年的統計，總面積僅一億公頃）[158]。除這些條件特別優越的地區外，還有廣大的地域分散種植陸稻，收成好壞不一。陸稻是一些落後民族的基本食糧。我們可以聯想到蘇門答臘、錫蘭或越南山區的刀耕火作。林間的小塊空地不經翻耕（樹根留在原地，草木灰充當肥料），就直接撒播種子。作物只需五個半月即可成熟。收完糧食後，還可種點其他作物，如塊莖植物和各種瓜果。在這種情況下，本來肥力不足的土地便完全枯竭。到下一年，就必須「砍掉」另一片樹林。實行十年輪作制，理論上意謂著每平方公里的山地可養活五十人，但實際上只能養活二十五人，因為大部分山地不適於種植。如果輪作同期不是十年，而是二十年（不這樣通常不能保證森林的覆蓋）人口密度就將是每平方公里十人。

「休閒的林地」土層較薄，耕作方便，使用原始工具即可完成。生態平衡的保持顯然取決於人口不能增長過多，被刀耕火作輪流破壞的森林能自己恢復覆蓋。這種種植制度，各地有著不同的命名，馬來西亞和印度尼西亞稱之為「拉當」（ladang），越南山區稱作「雷」（ray 或 rai），印度叫「准」（djoung），馬達加斯加（阿拉伯的海船在十世紀帶來了稻米）叫「塔維」（tavy）；為維持簡單的生活，當地部落還用「西谷椰子莖髓做成的澱粉」或麵包樹的果實作補充食物。在這裡，稻米生產遠沒有達到「有條不紊」；稻田耕作也談不上「窮竭地力」。

稻田的奇蹟

關於稻田的情形，有如此眾多的圖畫、見證和說明可供我們參考，再說不懂未免有點難為情了。一二一〇年的《耕織圖》已展現出稻田阡陌縱橫的景象：面積不過幾公畝的四方田塊、腳踏的水車、插秧、收割以及由一頭水牛牽引的犁耙[159]。無論在什麼時代，總是重複著這些相同的景象，今天依然如此。一切似乎都沒有變化。

首先令人驚異的是土地的利用率極高。耶穌會神父尚－巴蒂斯特．杜哈德[160]於一七三五年寫道：「所有的平地都被耕種，見不到任何溝渠和籬笆，幾乎沒有一棵樹，他們十分珍措每一寸土地。」另一位傑出的耶穌會神父拉斯戈特斯在一個世紀之前曾說過同樣的話：「沒有一寸土地……沒有一個角落不被耕種」[161]。稻田四周圍以低矮的田埂，每塊田長寬各五十公尺左右。混濁的水在田裡有進有出，這有一個好處，因為濁水能恢復土地的肥力，並且不利於帶有瘧原蟲的蚊子的繁殖。山崗的清水反而便於蚊子滋生；「拉當」和「雷」這類地區瘴癘盛行，阻止了人口的增長。吳哥窟在十五世紀成為欣欣向榮的首都同它四郊稻田的濁水不無關係；暹羅的入侵本身並未破壞這個城市，但打亂了它的生活秩序和農業活動；隨著溝渠的水變清，瘧疾便猖獗起來，土地也就逐漸被樹木所侵占[162]。類似的悲劇在十七世紀的孟加拉也可見到。一旦稻田變得狹小或被鄰近的清水淹沒，瘧疾便肆無忌憚。界於喜馬拉雅山和夕瓦利丘陵（Siwalik）之間的低窪地區有許多清水泉，那裡的瘧疾更加普遍[163]。

毫無疑義，水是個大問題。水能淹沒禾苗：暹羅和柬埔寨不得不採用深水稻，其靈活程度簡直聞所未聞，它能隨著水面的提高而把稻莖伸到九至十公尺長。人們坐船收割，僅割下稻穗，讓瘋長的稻草留在水裡[164]。另一個困難是水的排灌。例如，用竹管從高處水源引水，或者像在恆河平原和在中國那樣，從井裡汲水，或者像在錫蘭那樣，從大蓄水坑引水。但水坑的位置幾乎總是很低，有時挖在很深的地下。因此，無論這裡或那裡，往往需要用簡陋的提水工具或腳踏水車把水提到高於水面的稻田，這種景象今天還可見到。如果用蒸汽泵或電泵代替，廉價的勞動力就會閒置。拉斯戈特斯神父曾見過這些操作，他說：「他們有時使用一種簡便的機器抽水，一種不用馬拉的水車。一名中國人能夠輕鬆愉快地〔這是他的說法〕用雙腳踩動機器一整天。」[165]水從一塊田流向鄰近的另一塊田，還必須通過閘門。當然，選用的體系隨當地條件而轉移。當任何灌溉方式都行不通時，田埂可用於積儲雨水，在受季候風影響的亞洲，雨水足夠維持平原大部份作物的生長。

總之，種植水稻意謂人和勞力的大量集中，意謂專心致志地適應環境。而且，如果這個灌溉體系的基本結構不夠牢固或沒有嚴密的監督，一切也就不能穩定。也就是說，必須有一個穩定的社會，要有國家的權威，還要不斷興建大規模的工程。連接長江和北京的大運河也是一個龐大的灌溉體系[166]。稻田灌溉設施的龐大決定了國家機構的龐大，也決定了村落的陸續歸併，這與灌溉的集體制約以及中國農村秩序的不安定也有關係。

因此，稻田的發展帶來了水稻產地的人口高度集中和嚴格的社會紀律。中國的重心於一一〇〇年移向南方，水稻起了很大的作用。一三八〇年前後，據官方統計，南方有三千八百萬居民，北方有一千五百萬居民，相當於二點五與一之比[167]。稻田的真正壯舉，還不在於能夠不斷使用同一塊耕地和依靠適量灌溉保證較高的產量，而是每年能夠獲得二季至三季收成。

請看下東京地區（Tonkin）的現行曆法：每年的農活從正月插秧開始，五個月後，在六月進行收割，這就是所謂「五月熟」。再過五個月後，又收一季，即「十月熟」。因此農活必須幹得很快。上季收成才剛入倉，稻田又要重新犁翻、耙平、施肥和灌水。隨手撒種的辦法根本行不通，種子發芽出苗需要的時間太長。秧苗先在施足底肥的秧田裡密集生長，然後從那裡拔出，按十至十二厘米的行距和間距進行移栽。用大量人糞和城市垃圾施肥的秧田起著決定性作用；它能節省時間，並使秧苗長得更壯。「十月熟」是兩季收成中最重要的一季，收割在十一月進入高潮。隨後又立即翻耕土地，以備來年正月插秧[168]。

農曆對各地這些接連不斷的忙碌農活作出嚴格的規定。在柬埔寨[169]，當春雨過後，地面佈滿水窪時，第一遍犁耕便「喚醒稻田」；犁耕從邊角到中央、再從中央到邊角反覆一次；農民同水牛並肩前進，以便身後不留可能積水的腳印，最後還犁出一道或幾道對角的小溝，以便排去多餘的水……此外，還必須除草施肥，捕捉在淺水中滋生的螃蟹。小心翼翼地用右手拔秧；再在左腳上拍打，「抖掉鬚根上的泥土，再在水裡漂洗乾淨……」。

一些成語形象地說明這些農活。在柬埔寨，往秧田灌水被稱作「水淹麻雀和斑鳩」，作物抽穗是「植物懷孕了」；稻田像「鸚鵡翅膀」那樣色澤金黃。再過幾個星期之後，「已經灌漿的穀粒變得沉重」，等待人們收割；把稻捆堆成種種形狀幾乎像是一場遊戲：「鋪床墊」、「排房椽」、「鵜鶘展翅」、「狗尾形」、「象腳形」等等。脫粒結束後進行揚場，這是為了讓「空殼隨風飄走」，換句話說，不准稻穀「空口許願」。

夏爾丹騎士曾在波斯見過稻米種植，作為一名西方人，他認為關鍵在於稻的生長十分迅速；他說：「儘管是用秧苗移栽，這種作物只需三個月時間就結糧食，因為人們把秧苗分株栽入用水浸泡的泥地……放水後八天，稻穀一乾，也就成熟了。」[170]生長迅速是收穫雙季稻的祕密，如果地理位置偏北，就收一季水稻，另一季是小麥、黑麥或小米。甚至有收三季的可能。兩季稻米，中間種一季小麥、黑麥、蕎麥或菜蔬（小蘿蔔、胡蘿蔔、蠶豆或油菜）。稻田簡直就是一所工廠。在拉瓦謝時代（大約十八世紀），法國一公頃土地平均產麥五公石；同等面積的稻田往往可產三十公石未脫殼的稻穀。脫殼後，仍有二十一公石米可供食用，如按每公斤米的熱量為三千五百卡計算，每公頃產量就達到七百三十五萬卡；如果換種小麥，總數不過一百五十萬卡；如果從事畜牧，每公頃土地產肉一百五十公斤，相當於三十四萬卡的熱量[171]。這些數字說明稻田和植物型食物的巨大優越性。遠東的文明地區偏愛植物型食物，原因顯然不在精神方面。

稻米加水一煮，就像西方人的麵包一樣，成為天天都吃的食物。今天（一九三八）東京三角洲的農民除米飯足夠吃飽外，只有一點「小菜」：「肥肉五克，魚醬十克，鹽二十克，還有幾片沒有熱量價值的菜葉」，而吃的白米飯卻有一千克（在總數三千五百六十五卡中佔三千五百卡[172]，這種情景不禁使人想起義大利的「下飯」。一九四〇年，以米飯為主食的印度人每天的食物比較多樣些，但仍以植物為主：「稻米五百六十克，豆類三十克，新鮮蔬菜一百五十克，植物油脂九克，魚、肉、蛋十四克，以及少量的牛奶」[173]。一九二八年北京工人的飯菜顯然也很少有肉，他們的食品開支有百分之八十用於買糧食，百分之十五點八買蔬菜和調料，百分之三點二買肉[174]。

這些當前的現實也是以往的現實。十七世紀的錫蘭，一名旅行家驚奇地看到，「鹽水泡米飯，再加上點青菜和檸檬汁，竟被認為是一頓美餐」。即使大戶人家也很少吃肉和魚[175]。杜哈德神父指出，中國人整天不停地勞動，「甚至在沒膝的水裡幹活，晚上收工後，只要有飯有菜，再加點菜，就心滿意足了。值得注意的

兩人打穀。英一蝶（1652-1724）畫。

是米飯在中國總是用白水煮，中國人吃米飯就像歐洲人吃麵包一樣，從不生厭」[176]。據拉斯戈特斯神父說，中國人每天吃的都是「一碗不加鹽的米飯，這就是當地一日三餐的麵包」，也就是四、五碗飯，「左手端碗送到嘴邊，右手拿雙筷急匆匆地送進肚裡，簡直就像朝口袋裡裝一樣，吃一口還先朝碗上吹一口氣」。完全不必對這些中國人介紹麵包或餅乾。他們有小麥時，就加上豬油做餅或蒸饅頭[177]。

吉涅及其夥伴於一七九四年在華旅行時很喜歡吃這些中國式的「小麵包」。他說經過他們的改進，加了「一點黃油」，「我們居然能把中國官吏讓我們挨餓的局面應付過來」[178]。這裡可以說，對某種文明的擇定，對某一特定食物的喜愛甚至癖好，起源於一種自覺的偏愛或優越感。脫離開水稻種植，一切都將無從解釋。彼埃爾．古魯說：「在受季候風影響的亞洲，人們更愛吃米飯，不喜歡塊莖、麵糊」或麵包。日本農民今天雖然種植大麥、小麥、燕麥和小米，但只是在兩季稻米之間或出於無奈。他們認為這些穀物「苦口難嚥」，非不得已不吃。所以，稻米種植目前在亞洲盡可能向北伸展，直到北緯四十九度，而這些地區本來更適宜種植其他作物。[179]

整個遠東都以稻米和米製品為食物，即使在果阿定居的歐洲人也是如此。曼德爾斯羅於一六三九年指出，「自從習慣以後」[180]，該市的葡萄牙婦女喜愛米飯甚於麵包。中國還用稻米釀酒，這種「呈琥珀色」的酒「像西班牙美酒一樣令人陶醉」。在十八世紀，「歐洲的某些地方留用稻米釀製一種很兇的燒酒」，這也許出於模仿，巴黎雅內特·奧斯蒂埃畫廊。也可能因為西方米價較低，「但這種酒以及用其他糧食和糖碴製成的燒酒在法國是禁止的」[181]。

可見，人們主要吃米飯，很少吃肉，或根本不吃肉。在此情況下，稻米的特殊地位也就不難理解；米價變動在中國能影響一切，士兵

日本用槤枷脫粒。雅內特·奧斯蒂埃畫廊。

的餉銀也以米價為升降指數[182]。日本更是如此：在十七世紀的決定性變革前，稻米起著貨幣的作用。隨著貨幣的貶值，日本市場的米價從一六四二和四十三年間到一七一三以及十五年間將猛增十倍[183]。

稻米的興旺發達在於它有兩季收穫。種植雙季稻究竟從何時開始？肯定比一六二六年要早幾個世紀，拉斯戈特斯神父曾在那年讚美了廣州地區在同一塊土地上能收幾季糧食。他說：「他們一年能連續收三季，兩季稻米和一季小麥，由於氣候溫和，土地肥沃，條件比西班牙或墨西哥的任何地方更好，播下一粒種子可收穫四十至五十粒之多」[184]。關於收穫高達播種的四十至五十倍，甚至關於在兩季稻米之外能多收一季小麥，我們可以表示懷疑，但總的印象應該是糧食充足有餘，這是不容抹煞的。這場決定性革命發生的確切日期是在十一世紀初，幾種早稻（能在冬季成熟，因而每年可收兩季）開始從占婆（安南的中部和南部）引進中國，陸續在南方諸省普及[185]。到了十三世紀，一切都已就緒。那時候，那裡的人口開始急劇上升。

水稻種植圖。水牛耙田，以便「浸潤泥土」。

稻米的責任

稻米種植成功和被選為主食隨即帶來了一系列問題，這同在歐洲占統治地位的小麥種植相類似。用米和水煮成的粥飯如同歐洲烤製的麵包一樣是「主食」，換句話說，廣大居民每天就靠吃這種單調的食物為生。所謂烹飪，那就是把主食調配得更加可口的藝術。可見情況基本相同，不同的只是我們在亞洲往往缺少可供說明的歷史依據。

稻米的成功顯然具有廣泛的影響和深遠的後果。稻田占地不多，這是第一個要點。其次，高產的稻米能養活眾多的人口和保證人口的高密度。兩位也許過分樂觀的歷史學家認為，近六、七個世紀以來，每個中國人每年擁有三百公斤稻米或其他糧食，約等於每天有二千卡熱量的食物[186]。即使這些數字也許過高，即使農民的貧困以及農民起義足以反證安定的生活不可能持續如此之久[187]，中國人的飯食還是有一定的保證的。否則，那麼多人怎能活了下來？

稻田的灌溉。據《耕織圖》刻板複製，國立圖書館版畫部。

然而，正如古魯所說，稻田和勞動力在南方地區的集中勢必帶來某些「偏差」。中國不同於爪哇或菲律賓，山上很少種植稻米，至少在十八世紀前是如此；一位旅行家於一七三四年從寧波前往北京，途中所見的山地幾乎一片荒涼[188]。歐洲的山區不但人丁興旺，而且畜牧發達，天時地理都得到充分的利用；而在遠東，人們對此不屑一顧，甚至乾脆拒絕。白白放棄本該開發的巨額財富，委實太可惜了！但中國人對經營林業和畜牧業毫無知識，他們不吃牛奶或奶酪，肉也吃得很少，他們怎麼會去開發利用山區？即使山區已有人住著，他們也決不願同山民合作。套用古魯的說法，我們可以設想，如果倮羅或薩瓦地區沒有畜群，樹林又遭亂砍亂伐，人口也會向河流或湖泊沿岸的平原地區集中。中國產生這種局面同水稻的高產、水稻種植的普及和中國人的飲食習慣有部份關係。

最後的解釋還要在尚未弄清的長時段歷史中去尋找。雖然灌溉在中國並不如人們歷來所說的那麼古老，但在公元前四至三世紀，隨著政府推行積極的墾荒政策和農藝的發展，引水灌溉也廣泛進行[189]。由於興修水利和集約生產，中國在漢代塑造了自己的傳統形象。這個形象最早可追溯到西方編年史所說的伯里克利斯時代，而其完全形成卻要等到早稻在南方種植成功，即在十一至十二世紀之間，相當於我們的十字軍東征時代。總之，文明的前進步伐極其緩慢，傳統的中國早已開始塑造自己的物質形象，它是漫長的農業革命的產物；這場革命不但打破了和革新了傳統中國的結構，而且對遠東的歷史無疑起著決定的作用。

歐洲的情形完全不同，早在荷馬史詩前，歐洲已奠定了地中海各國的文明：土地分別種植小麥、橄欖樹和葡萄或用於畜牧；山坡上下，牛羊成群，甚至山腳下的平原地區也牲畜遍佈。忒勒馬庫斯（Telemachus）回憶他曾在伯羅奔尼撒山區同以橡栗為食的骯兮兮山民一起生活[190]。歐洲的鄉村生活始終同時依靠「農業和畜牧業」，依靠「耕作和放牧」，後者不但提供小麥必需的肥料，而且提供很大一部份食品和大量使用的畜力能源。另方面，歐洲每公頃耕地所養活的人口遠比中國少，何況還實行輪作。

在種植水稻的南方，中國人並非不曾成功地征服山地，只是不去征服而已。他們幾乎不養家畜，拒不與種植低產陸稻的窮苦山民來往，他們只顧自己，雖然日子過得興旺，卻不得不完成種種苦役，有時拉犁，有時牽船，或者把船從一條水渠抬到另一條水渠，還要運輸木材，或充當信差，奔走路途。水牛得到的飼料十分有限，經常閒著；只是北方才有馬、騾和駱駝，但北方不種水稻。結果，閉關自守的農業經濟在中國占了上風。水稻種植不要求向外部或向新的土地發展，而是首先向早已存在的城市求助。城市的垃圾和人糞尿以及街頭髒土可以肥田。因此，農民不斷去城市收集寶貴的肥料，甚至還利用「青苗、米醋或現金購買」[191]。因此，城市和鄉村總是散發著難聞的臭味。鄉村同城市的這種相互依存關係比在西方更加緊密，其影響決非無足輕重的。這裡的緣由並不在於稻米本身，而在於稻米的成功。

直到十八世紀人口增長的高峰到來，中國人才開始在丘陵和山崗廣泛種植玉米和白薯，這兩種作物在兩個世紀前已從美洲引進。不論稻米何等重要，它並不排斥其他作物。這在中國是如此，在日本和印度也同樣如此。

德川時代的日本（一六〇〇—一八六八）幾乎完全關閉了對外貿易（自一六三八年起），其經濟和人口在十七世紀曾取得驚人的進步：一七〇〇年前後，日本人口已達三千萬，江戶（東京）一地就已集中了一百萬人。這一進步之所以可能發生，全靠農業生產的不斷增長，使國土彈丸之地竟能養活三千萬人，「如果在歐洲，僅僅不過養活五百萬至一千萬」[192]。在這裡，稻米生產起了首要作用。生產的發展不僅由於種籽、排灌設施和手工農具的改良（「千齒」的發明，這是一種狀似大木梳的脫粒工具）[193]，而且在更大程度上由於肥料的商品化；這類肥料，如曬乾的沙丁魚、菜籽餅、豆餅或棉籽餅，比起人和動物的糞便肥力更強，其開支往往占生產費用的百分之三十至百分之五十[194]。此外，隨著農產品日益成為商品，一個廣大的稻米市場開始建立，商人們大肆囤積居奇，棉花、油菜、黃麻、煙草、豆類、桑樹、甘蔗、芝麻、小麥等輔助作物也發展起來。棉花和油菜是兩種最重要的輔助作物，前者配合小麥，後者配合稻米。這些作物儘管增加了農業的總收入，但也要求比稻田多施一至二倍的肥料和多使用一倍以上的勞力。在稻田以外的「旱地」上，三季種植往往把黑麥、蕎麥和蘿蔔結合在一起。稻米用於繳納沉重的實物貢賦（收成的百分之五十至百分之六十交給地主），而種植新作物卻要求繳納現金貢賦，這就建立了鄉村世界同現代經濟的聯繫，從而出現一些擁有小塊土地的富裕農民[195]。這一切無疑證明，稻米本身也具有複雜的品格，而作為西方的歷史學家，我們僅僅剛開始摸清它的特徵。

正如中國有南北之分，印度也分兩個部份：稻米集中在印度半島，包括印度河下游以及恆河下游河谷和遼闊的三角洲，但仍有大片土地種植小麥，或更多地種植適宜貧瘠土地的小米。據印度歷史學家的研究成果，德里帝國時代已經大舉開荒以及興辦灌溉事業，開展多種經營，鼓勵種植靛青、甘蔗、棉花、桑樹等經濟作物，農業取得飛躍的進步[196]。在十七世紀，城市人口有了大幅度的增加。如同日本一樣，生產正在擴大，糧食買賣，特別是小麥和大米，正通過陸路、海洋和河流向遠距離發展。不同於日本的是，印度似乎在農業技術方面沒有進步。作為馱載和牽引工具，黃牛和水牛發揮重大的作用，但牲畜的糞便曬乾後用作燃料，而不作肥料。由於宗教上的原因，人糞也不被利用，這同中國的情形恰恰相反。尤其，正如大家知道的，畜群不供食用；牛奶和奶酪的產量極少，因為這裡一般既無畜棚，又不實行餵養，畜群生長狀況很差。結果，稻米和其他穀物不能完全保證過於遼闊的次大陸的生活需要。如同日本那樣[197]，印度在十八世紀人口負擔過重，導致了饑荒的悲劇。這一切顯然不能僅僅由稻米負責，無論在印度和其他地區，稻米不是造成以往和當前的人口過剩的唯一因素。它只是使人口過剩成為可能而已。

玉米

關於主要作物的研究，我們將以玉米這個動人的題材告一段落。經過考慮，我們不想把木薯包括進來。

木薯僅是美洲一些原始、粗鄙的文化充當物質基礎。相反，玉米卻無愧於印加人、瑪雅人和阿茲特克人的燦爛文明（或者半文明）和偉大的創造。玉米接著在整個世界取得了異乎尋常的成功。

起源終於弄清

說起玉米，一切都很簡單，包括其起源問題在內。十八世紀的考證家們根據一些並不確實的記載和解釋，認為玉米同時來自遠東和美洲，而歐洲人發現玉米則是在哥倫布首次旅行期間[198]。絕對可以肯定第一種解釋是錯的：玉米也從拉丁美洲來到亞洲和非洲；那裡的某些古蹟，甚至約魯巴人的某些彫刻，可能造成我們的錯覺，但在這方面，考古學應該作出並且已經作出最後的斷定。玉米花穗在古地層中雖然不能保存，但其花粉卻不同，它可形成化石。因此，在墨西哥城四郊進行的發掘中，已找到了花粉化石。該城臨近一個現已乾枯的瀉湖，由此形成了巨大的泥沙淤積和地層陷落。經過在古代沼澤土層中多次的鑽探，已在五十至六十公尺深處，找到若干距今已有幾千年歷史的玉米花粉。這種花粉至少可分兩類，有的屬於今天仍在種植的玉米，有的是野玉米。

但是，最近在墨西哥城以南二百公里的提瓦坎（Tehuacan）河谷進行的發掘已把問題澄清。這個乾旱地區每年冬天都變成一片荒原，正因為乾旱，它保存著古玉米的一些種子和花序（僅留棒軸）以及嚼碎的葉子。植物和人的殘骸就在地下水的泉眼附近。考古人員在一些洞窟中還發現大量物品，玉米早先的歷史一下就全都清楚了。

「人們看到，現代的玉米隨著地層的古老而消失……在最古老的地層中，距今約七、八千年，只保留一種原始的玉米，各種跡象表明，它尚未由人們種植。這種野玉米形體矮小，成熟的棒子僅二至三公分長，約有五十顆籽粒，生於葉腋間。棒軸很脆，四周的苞葉包裹不緊，因而籽粒容易撒落。」[199]

正因為這樣，野玉米才能生存下去，而人工種植的玉米則不同，籽粒被苞葉緊緊裹住，在成熟時也不鬆開，必須有人的幫助才能脫落。

當然，祕密至此還沒有完全搞清。為什麼這野玉米後來消失了呢？人們可以歸罪於歐洲人帶來的畜群。特別是山羊。再者，野玉米的發源地在哪裡？在美洲，這已被大家所接受，但要斷定新大陸的某一確切地點，那就還要探討和研究。過去，有人認為這種被人完美地改造了的植物原生自烏拉圭、祕魯和瓜地馬拉。現在看來，墨西哥作為玉米起源地的可能性更大。但是，考古學既有懸而未決的難題，也有出人意外的答案。由於這些爭論不休的問題似乎得不出最後的結論，一些專家異想天開地認為，在亞洲高原（世界各種穀物的搖籃）或緬甸，玉米還有另一個原始的傳播中心。

玉米和美洲文明

總之，早在十五世紀，當阿茲特克文明和印加文明最終建立時，玉米在美洲的種植已歷時很久：或者與木薯相配合（如在南美

正在磨玉米麵的婦女。
墨西哥藝術。瓜達拉哈拉人類學博物館。

的東部）；或者單獨種於旱地；或者單獨種於祕魯高原的水澆梯田和墨西哥各湖泊的沿岸。關於旱地種植，我們在前面講到陸稻時已介紹過「拉當」和「雷」，這裡就說得簡單些。在墨西哥的阿納瓦克（Anahuac）高原，凡見過叢林大火的人都能想像，玉米在旱地的輪作意謂著每年燒燬一片森林；林火昇起的高大煙柱能使飛機在熱氣流的衝擊下危險地筆直下落（飛機在這些高地上空的飛行高度為六百至一千米）。這種種植制度被稱作「米帕」（milpa）。熱梅利．卡勒里於一六九七年在離墨西哥城不遠的奎納瓦卡（Cuernavacac）舉目眺望山地的景色，他說：「那裡只有一片枯草，農民燒荒肥地……」[200]。

在墨西哥各湖泊的沿岸，尤其在祕魯高原的梯田，玉米往往實行集約耕作。隨著人口不斷增長，印加人不得不從的的喀喀湖高原朝安地斯山谷方向尋找土地。山坡被切割成逐級連接的階梯，通過一系列溝渠進行灌溉。單憑現有的圖片資料，已足以說明這種耕作制度：我們看到手持掘地棍的農民和正在下種的農婦；糧食即將成熟，必須防止鳥害（飛鳥之多簡直只有天知道）和獸害（正在偷吃玉米的羊駝）。翻過一頁畫面，收割季節已經來到……玉米棒子連同秸稈一起被拔下（含糖豐富的秸稈是一種寶貴的食物）。如果把波瑪．德．阿雅拉的這些樸素畫作同一五九五年在祕魯高原拍攝的照片作個比較，就充份說明問題。人們會注意到，農夫仍然用掘地棍使勁翻起土塊，農婦也像以往一樣，跟在後面播種。科雷爾在十七世紀曾見到，佛羅里達的土著每年在三月和七月燒荒兩次，用「尖頭木棍」把種子埋入土下[201]。

玉米確實屬於一種神奇的作物；它生長迅速，玉米粒在成熟前已可食用[202]。在墨西哥乾旱地區，一粒種子可收穫七十至八十粒；在密喬康地區（Michoacan），收穫一百五十粒竟被認為是低產。克雷塔羅附近的良田最高能達到八百這個令人難以置信的紀錄。地處熱帶和溫帶的墨西哥甚至可種兩季，一季靠灌溉，另一季靠雨水[203]。在殖民地時代，那裡已有小塊土地的產量同今天的產量不相上下，即每公頃五至六公石。取得高產並不困難，因為玉米種植從來就費工不多。曾有一位名叫費南多．馬奎斯．米蘭達的考古學家對這些問題作過仔細的研究，他比別的考古學家更全面地列舉了種植玉米的優點：農民每年只花五十個工作日，平均每七、八天工作一天[204]。他們的空閒時間簡直太多了。安地斯山的水澆梯田和墨西哥高原的湖邊地由於種植玉米（也可能由於需要灌溉，或由於人口眾多、居住稠密而使社會關係具有強制性）導致了極度暴虐的神權國家的建立，農民的空閒時間全被用於埃及式的龐大建築工程。假如沒有玉米，瑪雅人或阿茲特克人的巨大金字塔、庫斯科的巨牆或馬丘比丘的壯觀奇蹟都不可能存在。總之，從事這些建築必須有個先決條件：玉米種下去以後，幾乎不需照料，便能坐享其成。

問題還在於：大型建築一方面是奇蹟，另方面卻又造成人間悲劇；我們必定會想：這應歸罪於誰？當然，應歸罪於人，還有玉米。

所有這些辛苦又換來什麼報償呢？在土壤上用文火烤熟的玉米餅，或者火爆的玉米花，二者都不能提供足夠的營養。必須有點肉食，而肉食卻偏偏缺少。在今天的印第安人地區，尤其在安地斯山區，種植玉米的農民往往仍過著貧困的生活。他們的食糧，除了玉米，還是玉米，加上曬乾了的馬鈴薯（大家知道，我們的馬鈴薯最早來自祕魯）。他們在露天的石頭爐灶上做飯；一間低矮的木棚裡人畜合住；千篇一律的衣服由羊駝毛在原始織機上織成。唯有咀嚼古柯葉能使他們精神倍增：飢渴、寒冷和勞累頓時全都解除。為了消愁解悶，他們喝一種用玉米芽（或玉米碴）釀製的啤酒（奇恰酒），西班牙人在安地列斯群島見到這種啤酒後，至少把它的名聲傳遍整個印第安美洲；喝得更多的是祕魯的索拉酒，一種酒精度數很高的啤酒。明智的當局禁止飲用這些危險的飲料，但也無濟於事。借酒澆愁的居民往往喝得酩酊大醉，這種場面在哥雅的畫作中可以看到[205]。

玉米並非總是唾手可得，這是一個嚴重缺陷。在安地斯山，由於氣候寒冷，玉米種植只到半山坡為止。其他地區能種玉米的田地也很有限。因此，必須保證糧食運輸的暢通。直到今天，波托西南部印第安族的尤拉人（Yura）還從海拔四千米的崇山峻嶺向玉米地區遷移就食。他們幸而有岩鹽可供開發，所得貨幣用於換取玉米。每年三月，男女老幼徒步下山，尋求玉米、古柯葉和燒酒，往返旅程至少三個月，鹽袋在他們宿營地四周堆成牆一樣。這個小小的例子表明，玉米（或玉米麵）在當地仍需流通[206]。

十九世紀正在新西班牙和巴西的洪堡[207]和奧古斯特·德·聖希雷爾[208]記述了這類騾幫的歇息地、宿營地、轉運站和必經之路。一切都取決於騾幫的運輸，甚至開挖礦藏。何況，開銀礦、淘金與糧食買賣相比，究竟哪種更能賺錢？如果運輸中斷，整個歷史進程立即就會受到影響。十七世紀初曾任巴拿馬港總監的羅德里戈·維韋羅說，他親眼見到波托西礦的白銀從阿利卡出發，經喀勞運到巴拿馬港。接著，貴金屬又穿過地峽運抵安的列斯海的貝約港，也就是說必須先經騾幫馱運，再裝船從查格拉斯河到達目的地。騾幫和船工都要吃東西，吃不飽也就談不上運輸。而巴拿馬的唯一食糧是從尼加拉瓜或巨火口（智利）進口玉米。一六二六年，由於玉米減產，全靠祕魯開出一艘裝有二千至三千法納加（約一百至一百五十噸）玉米的船隻才挽救局勢，並使白銀能翻越地峽的高地[209]。

十八世紀的食物革命

作物不斷在遷移，人類生活也隨之發生重大變化。但是，這些似乎自發完成的變遷卻橫跨幾百年，乃至幾千年。在美洲被發現後，遷移運動不但數量增多，而且速度加快。舊大陸的作物傳播到了新大陸，新大陸的作物也來到舊大陸：前者有稻米、小麥、甘蔗、咖啡，後者有玉米、馬鈴薯、菜豆、番茄[210]、木薯、煙草。

新作物的引進到處遇到原有作物的抵抗：馬鈴薯在歐洲被認為是一種不易消化的粘性食物；玉米在習慣

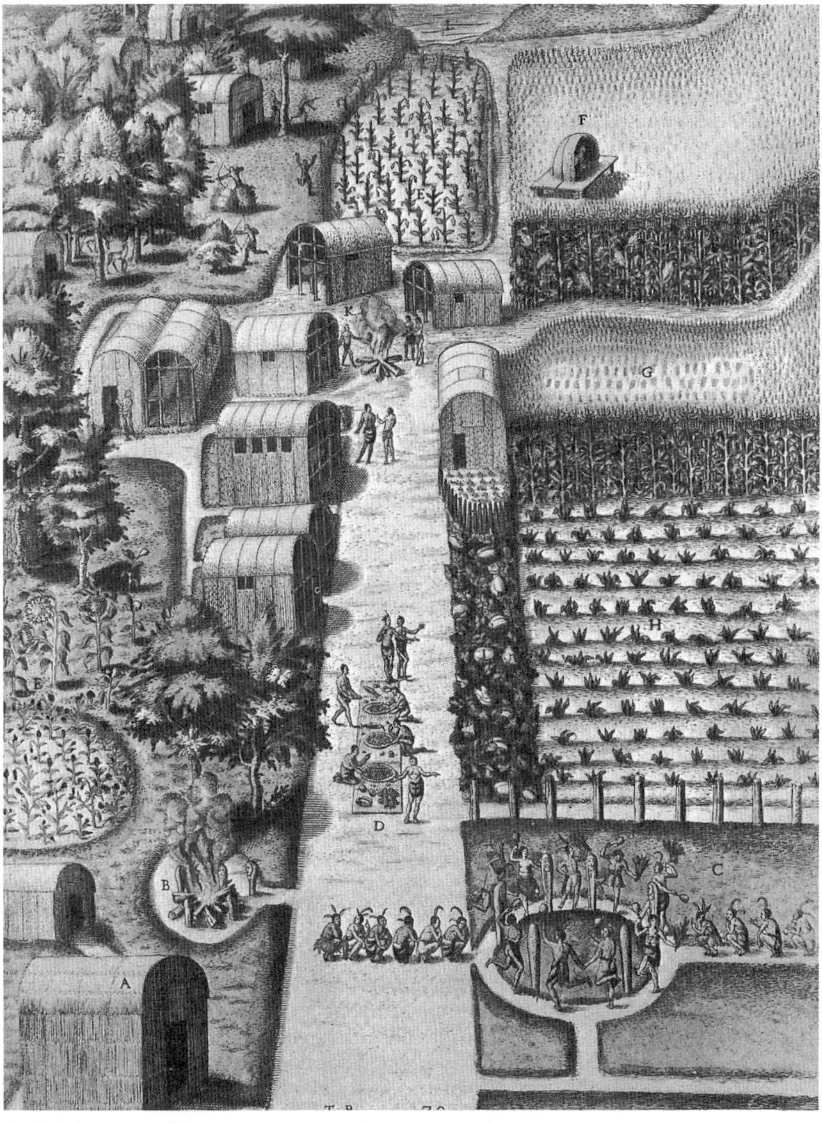

印地安人的玉米種植園：維吉尼亞印地安人的賽科塔營地。
在樹林邊緣，可看到茅屋、獵人、節日慶祝活動、煙草地（E）和玉米地（H 和 G）；德．勃利指出，玉米種得很稀，因為「其葉寬大如蘆葦」。德．勃利：《奇異故事》。

吃稻米的中國東南地區至今仍受鄙視。人們不願改變習慣，對新的食物需要慢慢適應；儘管如此，新作物最終得以四處繁殖生根。無論在歐洲或其他各地，窮人作為第一批主顧為新作物打開大門；隨著人口的增長，引進新作物更成為勢在必然。何況，世界人口之所以增加和可能增加，其部分原因難道不正是新作物能夠促使糧食增產嗎？

玉米走出美洲

哥倫布於一四九三年第一次從美洲旅行回來時曾帶了些玉米種子；不論提出什麼理由，說玉米在這以前已脫離美洲的牢籠，這種可能似乎不大。關於玉米原生非洲的說法，可能性也不大。把世界各地給玉米的眾多名稱作為討論起源問題的依據並沒有說服力，因為當時玉米在不同的地區和時代被冠以種種可能的和可以想像的名稱：洛林叫「羅得麥」；庇里牛斯叫「西班牙麥」；巴約訥叫「印度麥」；托斯卡尼叫「敘利亞杜拉」；義大利往往叫「土耳其糧」；德意志和荷蘭叫「土耳其麥」；俄國直接用玉米的土耳其名稱，叫「庫古羅」；在土耳其，玉米被稱作「羅姆麥」（「基督徒的麥子」）；玉米在法蘭西康提叫「土耳其黍」，在加倫河谷和勞拉蓋，名稱更是五花八門。在一六三七年的諾達里堡和一六三九年的圖盧茲，玉米在市場上以「西班牙粟」的名稱出現，當地普遍種植的小米則在價目表上被稱作「法蘭西粟」；這兩種穀物後來又分別以「巨粟」和「細粟」命名；再往後，玉米排擠了小米，奪走了它的名稱，於一六五五年前後乾脆叫「粟」。又過了一百多年，當大革命發生時，玉米（Mais）一詞才終於列入市場的價目表[211]。

關於玉米在歐洲以及在歐洲以外的發展，我們對美洲被發現後的情形還大致了解。這是一個緩慢的發展過程，到了十八世紀才取得明顯的成功。

偉大的植物學家尚・魯埃爾於一五三六年編製的植物圖錄已列入玉米，雷翁哈特・富克斯則於一五四二

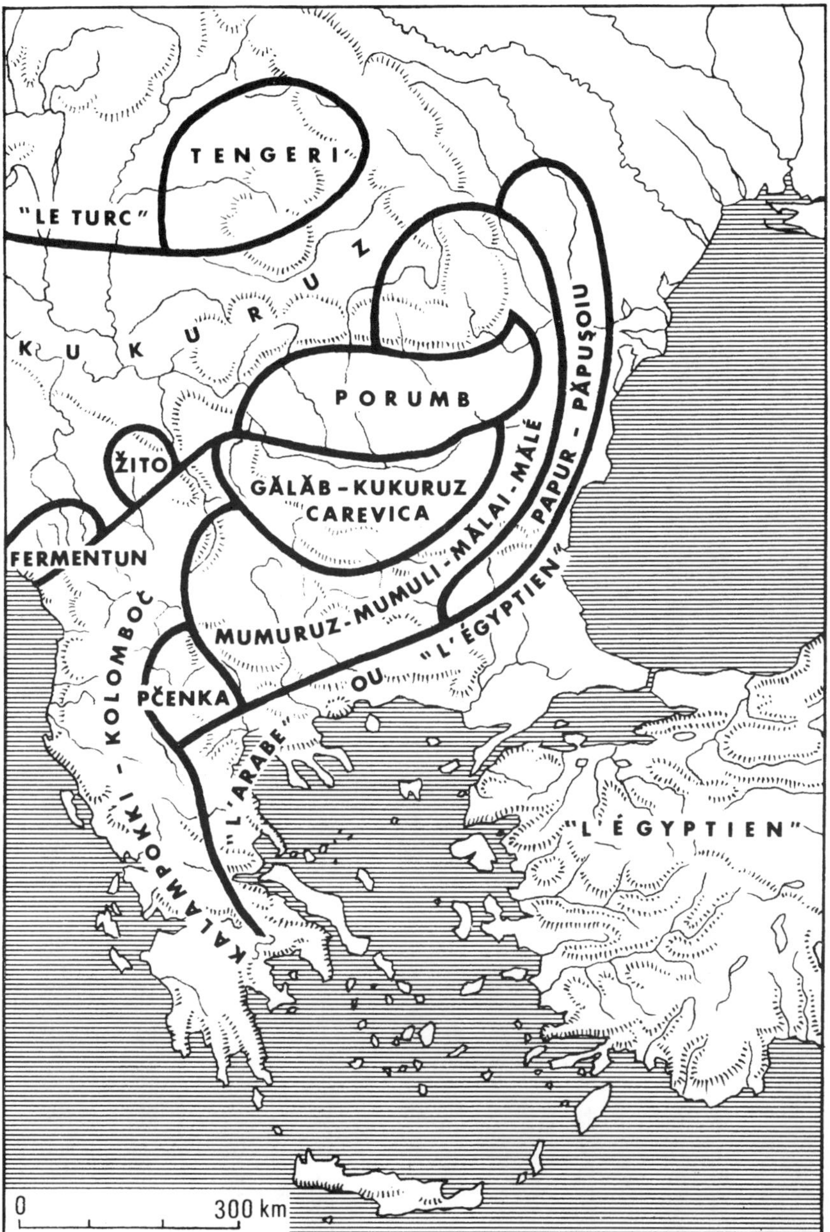

表(17)　玉米在巴爾幹各國的名稱：摘自特雷揚斯托雅諾維奇：《經濟、社會和文明年鑑》1966 年第 1031 頁。

年畫出了精確的玉米圖樣，並說明當時各菜園裡均有種植[212]。但我們關心的問題是玉米究竟何時離開了試驗園地，並在耕地和市場上奪得自己的地位。必須等待農民習慣新作物，學會利用玉米，進而以玉米充當食物。玉米的擴張往往同菜豆相結合。菜豆也來自美洲，它能恢復地力：菜豆和「土耳其糧」並肩進入了義大利。賽爾認定，兩種作物於一五九〇年前後同時來到了維瓦雷地區[213]。但這一切都需要時間，而且需要很長的時間。直到一七〇〇年，一位農學家對玉米在法國種植如此之少感到驚奇[214]。同樣，在巴爾幹各國，玉米至少有十幾種不同的名稱，但為逃避稅收和領主貢賦，農民只在菜園或在遠離通衢大道的地塊種植玉米。大片玉米地到十八世紀方才出現，即在發現美洲後兩個世紀[215]。總的說來，玉米只是在十八世紀才風行歐洲。

總的趨勢是發展十分緩慢，但也有例外：一些地區發展較早，成果也較顯著。玉米從安達魯西亞（一五〇〇）、加泰隆尼亞、葡萄牙（一五二〇年左右）和加利西亞分別進入義大利半島和法國西南部。

玉米在威尼西亞取得了驚人的成就。據說，於一五三九年左右開始引進，而在十六世紀末和十七世紀初，玉米種植已普及整個義大利半島。位於威尼斯附近的、狹小的波列津地區發展更早；那裡在十六世紀已投入巨額資本，在大片土地上試種新作物：「土耳其糧」在一五五四年後的迅速傳播應是正常現象[216]。

在法國西南部，貝亞恩最早種植玉米，巴約訥地區和納瓦朗斯農村分別於一五二三年和一五六三年前後把玉米用作青飼料[217]；玉米供居民食用尚需等待一段時間。在圖盧茲地區，放棄菘藍種植無疑有利於玉米的發展[218]。

無論在加倫河谷、威尼西亞或更普遍地在所有種植玉米的地區，總是窮苦農民或城市貧民放棄麵包，改吃他們所不喜歡的玉米餅。這從一六九八年有關貝亞恩的一句話中可以明顯看出：「玉米是平民食用的來自印度的一種麥。」[219]俄國駐里斯本領事認為它「是葡萄牙下等人的主食」[220]。在勃艮第，「用玉米麵烤製的『古特』餅是農民的食品，但是在第戎也有出售」[221]。玉米在各地均未進入富裕階層，他們大概會像那個在二十世紀的蒙特內哥羅旅行的人一樣，作出以下的反應：「玉米麵團幾乎到處可見……金黃色的外皮悅目誘人，但吃進肚裡讓人倒足胃口」[222]。

玉米一個無需爭辯的優點在於它的高產。儘管食用過多有糙皮病的危險，玉米畢竟促使威尼西亞的週期性饑荒從此結束。法國南部的「米雅斯」（millasse）、義大利的「波朗塔」（polenta）和羅馬尼亞的「瑪瑪利加」（mamaliga）都因此成為大眾食品；我們記得這些地區在饑荒期間曾吃過更難下嚥的食品。面對飢餓，任何食物禁忌全都瞬間拋諸腦後。尤其，玉米不但是人的食糧，也是牲畜的飼料；在休耕地種植玉米導致了一場革命，其成功足以同牧草媲美。最後，隨著這種高產作物的種植比重日益提高，作為商品作物的小麥生產也有所增加。農民食用玉米，出售小麥，因小麥價格約等於玉米的兩倍。全靠種植了玉米，威尼西亞十八世紀的糧食出口占總產的百分之十五至百分之二十，同一七四五至一七五五年間英國的情形相似[223]。法國當時生產的糧食幾乎全供本國消費，剩餘或差額僅百分之一、百分之二左右。勞拉蓋的情形也是如此，「在十七世紀，尤其在十八世紀，由於玉米充當農民的主食，小麥就能提供大宗的商品糧」[224]。

玉米於十六世紀初由葡萄牙人自美洲引入剛果，稱作「馬扎馬普塔」（Masa Ma Mputa）或「葡萄牙黍」，最初在當地不受歡迎。皮加費塔於一五九七年指出，玉米的地位大大低於其他作物，不供人食用，專門餵豬[225]。這是最初的反應。它慢慢在剛果北部、貝南和約魯巴地區奪得糧食作物的首位。這一無可爭辯的勝利今天已如神話傳說般為人稱頌。它還證明，吃飯問題不僅僅是物質生活的現實[226]。

玉米進入歐洲和非洲相對比較容易。而成功地打入印度、緬甸、日本和中國，其意義就非同尋常。早在十六世紀上半期，玉米經水陸兩路傳到了中國，陸路經緬甸邊界來到雲南，水道則在與南洋保持經常聯繫的福建各港口登陸。正是從這些港口（或者由葡萄牙人，或者由一些與摩鹿加群島發生貿易關係的中國商人為媒介），於十六世紀初引進了花生，後來還有白薯。但是，直到一七六二年，玉米種植僅限於雲南一省以及四川和福建的幾個縣，地位並不重要。玉米於十八世紀才真正得到推廣，那時候由於人口的急劇增長，不得不在專門種植水稻的平原地區之外開墾荒山野嶺。即使如此，部份中國居民也只是迫於無奈，而並非出於喜愛，才放棄他們偏愛的食物。玉米開始在華北廣泛種植，甚至向朝鮮方面發展。玉米從此躋於華北傳統作物小米和高粱的同列，全靠玉米種植面積的擴大，中國南北兩部份的人口相對地重趨平衡（南方的人口比北方多得多）[227]。日本也將接受玉米以及一系列新的作物，其中部份經中國的介紹。

馬鈴薯的地位更加重要

早在公元前二千年，美洲安地斯山區已有馬鈴薯存在，特別是在玉米不宜生長的高海拔地帶。它通常被曬乾作救荒的代食品，以便能保存更久[228]。

馬鈴薯在舊大陸的普及過程與玉米不盡相同。它的推廣十分緩慢，甚至比玉米更慢，而且範圍也不大：中國、日本、印度和穆斯林國家幾乎把它拒之門外。它的成功表現在美洲——在新大陸的確得到了推廣——尤其在歐洲。這一新作物征服了歐洲的每一個角落，並且產生了革命性的影響。一位名叫威廉·羅雪爾（一八一七—一八九四）[229]的經濟學家竟斷言，馬鈴薯是促使歐洲人口增長的唯一因素。這種說法也許過於武斷，我們可以說得婉轉一些，至少承認它是因素之一。在新作物生效前，歐洲的人口增長已是既成事實。波蘭國王的一名顧問於一七六四年說：「我想把鮮為人知的馬鈴薯引進我國種植」[230]：一七九〇年，聖彼得堡四郊僅有德意志墾殖者種植馬鈴薯[231]。可是，在這以前，俄羅斯、波蘭等國的居民早已在增加。

推廣新作物十分緩慢，這幾乎是個普遍規律。西班牙人於一五三九年曾在祕魯有過這方面的經驗；一些西班牙商人曾用乾馬鈴薯供波托西礦的印第安工人食用，但新作物進入伊比利半島卻沒有直接生效。義大利也許比西班牙更加重視，因為人口更為稠密，馬鈴薯經試種後，迅速激起人們的興趣，它最早取得的教名有幾十個之多：其中之一被稱作「塔士夫立」（tartuffoli），此外在西班牙的名稱有「turma de tiersa」、「papa」和「patata」，在葡萄牙有「batata」和「batateira」，在義大利有「patata」、「tartuffo」和「tartuffola」，在法國有「cartoufle」、「truffe」、「patate」和「pomme de terre」，在英國有「potato of America」，在美國有「irish potato」，在德國有「kartoffel」，在維也納附近有 Erdtapfel 等等，斯拉夫各國、匈牙利、中國、日本的馬鈴薯名稱且不一一列舉[232]。賽爾於一六〇〇年曾提及這一作物，並作了確切的描繪。卡洛勒斯·克羅修斯於一六〇一年提供了最早的植物學描述，據他說，馬鈴薯當時已在德意志地區大部份菜園裡種植。按照傳統的說法，馬鈴薯是由華特·瑞利帶到英國的，時間略為早些，約在一五八八年，即在阿爾瑪達無敵艦隊抵達英國的那年。可以肯定引進馬鈴薯這一平凡事件，從後果看，比敵對雙方的艦隊在英吉利海峽和北海海面的較量，意義更加深遠！

在歐洲，馬鈴薯的完全取勝一般要等到十八世紀末乃至十九世紀。但是，如同玉米一樣，馬鈴薯也取得零星的早期成果。總體而言，法國在這方面特別落後，一開始只在多菲內試種；在亞爾薩斯，馬鈴薯於一六六〇年轉入大田種植[233]，隨後，一六八〇年前後，馬鈴薯在洛林開始立足，但於一七六〇年仍遭物議，直到一七八七年才成為鄉村居民的「正常主食」[234]。愛爾蘭略為早些，即在十七世紀上半期，農民開始食用馬鈴薯，佐以奶製品；到十八世紀，它已幾乎成為農民的唯一的食品，這一成功也孕育著眾所周知的後來的災難[235]。馬鈴薯種植在英國也有進展，主要用於出口[236]，很少供國內消費。亞當斯密曾抱怨英國人對這種在愛爾蘭已顯然證明其營養價值的食品竟不屑一顧[237]。

新作物在瑞士、瑞典和德意志更取得了不折不扣的成功。安托曼·帕門蒂埃（一七三七—一八一三）正是在七年戰爭被俘期間在普魯士「發現」了馬鈴薯[238]。然而，在一七八一年的易北河地區，任何僕役寧願另擇新主[239]，也不肯食用馬鈴薯。

實際上，各地在推廣種植這種與麵包競爭的塊莖時，曾普遍遭到阻力。有人說，吃馬鈴薯會造成痲瘋病蔓延。另有人說，吃馬鈴薯容易讓人脹氣，《百科全書》在一七六五年也記載了這一點，並說：「對農民和勞動者結實的機體來說，放幾個屁又算得了什麼！」可見，馬鈴薯在各國的迅速推廣毫不值得奇怪，它是在困難和痛苦的幫助下才被人們接受的……例如，在愛爾蘭，這是由於饑荒的威脅，因為種植小麥僅能養活一人的地塊，如果改種馬鈴薯，就能養活兩人還綽綽有餘[240]。更大的威脅來自戰爭，戰爭使田地荒蕪，作物毀壞。一項有關亞爾薩斯的文獻指出：農民喜歡種植馬鈴薯，「因為它從不遭到戰爭的破壞」；即使一支部隊整個夏季在馬鈴薯地上宿營，也損害不了秋季的收穫[241]。確實，每次戰爭似乎都刺激了馬鈴薯種植：十七世紀下半期的亞爾薩斯；奧格斯堡同盟戰爭（一六八八－一六九七）、西班牙王位繼承戰爭和奧地利王位繼承戰爭期間的法蘭德斯，而最後一場戰爭與一七四〇年的糧食危機恰好同一時間發生；七年戰爭

印加人種植和收穫馬鈴薯，他們使用的工具是掘地棍和小鋤。《16 世紀的祕魯藥典》。

期間。尤其巴伐利亞王位戰爭（一七七八—一七七九）期間的德意志，人們將後一場戰爭命名為「馬鈴薯之戰」[242]。最後一項好處：在某些地區，農民收穫馬鈴薯後能逃避什一稅；地主因此與農民打官司，正是全靠這些訴訟，人們才確切地知道馬鈴薯在一六八〇年後的尼德蘭以及在一七三〇年後的聯合省已得到初步的推廣。

在法蘭德斯地區，凡登布洛克計算了馬鈴薯消費量的急劇上升，這和穀物消費量的下降有間接的因果關係。穀物消費量由一六九三年的每人每天八百一十六克下降到一七一〇年的七百五十八克，一七四〇年的六百八十克，一七八一年的四百七十六克，直到一七九一年的四百七十五克。這一下降意謂著，馬鈴薯消費量在法蘭德斯已取代了穀物的百分之四十。事實還證明，就整體而言，法國對馬鈴薯仍不懷好感，小麥消費量在十八世紀不但沒有減少，反而略有增加[243]。如同歐洲許多其他地區一樣，馬鈴薯革命於十九世紀方在法國開始。

馬鈴薯革命其實是範圍更廣的另一場革命的組成部份，這後一場革命把許多瓜菜和豆類從菜園驅趕到大田，它最早發生在英國，並且沒有逃過亞當斯密的注意。亞當斯密曾於一七七六年寫道：「馬鈴薯……蘿蔔、胡蘿蔔、白菜等過去用小鋤種植的蔬菜，如今都用犁來種了。菜園的各種產品也變得比以往更加便宜。」[244]過三十年後，一名法國人發現倫敦的鮮菜供應十分充裕，「現摘現賣的菜蔬猶如餵馬的青飼料一樣的新鮮，到處任您隨意挑選……」[245]。

適應其他飯食的困難

歐洲於十八世紀完成了一場真正的食物革命（雖然它為此付出了二百年時間）。為了確信真是一場革命，我們只需注意：每當人們離家外出，寄居異鄉客地，吃不到習慣的飯菜時，兩種對立的食物之間往往發

馬鈴薯是平民的糧食。
塞維爾於 1646 年發放的賑濟是一鍋馬鈴薯。該畫全幅見本書第 97 頁。

生猛烈的衝突。克服這些隔膜是十分困難的，歐洲在這方面為我們提供了最典型、最執著，也是最明顯的範例。我們可以想像，異國誠然能滿足他們的好奇和可供他們開發，他們卻不打算放棄自己的飲食習慣，不能不喝酒吃肉：從歐洲運來的火腿，即使已經生蛆，在印度仍以高價出售……至於麵包，就設法在當地烤製。真是秉性難改呵！熱梅利．卡勒里在中國搞到小麥後，讓人烤製餅乾和麵餅，「因為當地人吃的不加任何調料的米飯不合我的胃口……」[246]。在不宜小麥生長的巴拿馬地峽，麵粉來自歐洲，「價格不可能便宜」，麵包因而是一種奢侈品。「只有在市內定居的少數歐洲人和富裕的克里奧爾人才食用麵包，那也只是在用茶點時配上巧克力和糖果一起吃。」至於其餘各餐，他們吃的是「加蜂蜜」的玉米麵餅或木薯粉糕[247]。

自然，當這位不知疲倦的旅行家（熱梅利．卡勒里）於一六九七年從菲律賓來到阿卡普爾科時，他找不

西班牙人把小麥帶到了美洲。
印第安人使用歐洲農民同樣的工具，位西班牙人種植小麥。

到小麥麵包。後來在前往墨西哥途中的馬沙特朗油坊，才驚奇地「找到了可口的麵包，這在居民只吃玉米餅的山區，殊非易事……」[248]。我們順便想到，新西班牙有很多地塊地——不論是水澆地或旱地——種植小麥，收穫的糧食均運往城市。作為歷史學家，我們在這裡真是如願以償了：一六九七年三月十二日，熱梅利．卡勒里在墨西哥親眼見到一場平民騷亂。「那天發生了一場暴亂；亂黨來到總督府前要求麵包……」當即採取了措施，阻止平民「如同一六九二年加洛埃伯爵治理期間那樣」[249]焚燒總督宮邸。這些「亂黨」是否如我們所想的由白人組成？假定是如此，我們便可得出並不完全可靠的以下推斷：白人吃白麵包。這在美洲是理所當然的事。相反，如果「亂黨」是市內的一些混血兒、印第安人和黑人奴隸，我們就不妨斷言，麵包這個名詞的含義既然模稜兩可，他們要求的或許僅是玉米而已……

世界的其他地區？

任何主要作物，不論它的地位何等重要，總的說來也只占世界的一個角落，確切地說，即人口稠密、文明業已完成或正在完成的狹小地域。更何況，我們不能因主要作物一詞而產生誤解：被眾人接受的主要作物雖然進入生活方式的領域，推動生活方式的形成，並對生活方式起著不可變更的影響，但生活方式何嘗不反過來對主要作物施加影響：正是主要的文明確定著主要作物的地位，並使它能夠興旺發達。小麥、稻米、玉米、馬鈴薯的種植隨著食用者的需要在改變。在哥倫布發現新大陸前的美洲，馬鈴薯有五、六個品種；農業科學如今已培育出上千個品種。原始時期種植的玉米與今天美國西部農場的玉米已無任何共同之處。

總之，我們所說的植物的機遇，在很大程度上也是一種文化的機遇。每當一種植物因這類機遇在社會上取得成功時，該社會的「骨幹技術」必定曾參與其事。人們不把木薯看作是主要作物，這並非因為木薯粉

（由塊莖切片、洗淨、曬乾、擦絲而成）是一種低級食品。相反，它今天已是許多非洲國家抗拒饑荒的堡壘。但它自從被原始的文化接納後，始終未能跳出這個範圍；它在美洲和非洲始終是土著的食糧，而不像玉米或馬鈴薯那樣取得更高一等的社會地位。即使在其故鄉，它也遇到從歐洲進口的種種穀物的競爭。和人一樣，作物的成功有賴於環境的幫助。在這特殊的場合，正是歷史沒有從中出力。木薯、赤道國家的其他塊莖作物、玉米（指它的某一種種植方法）以及天賜的果樹（香蕉樹、麵包樹、椰子樹、油棕樹）雖然始終占有遼闊的地域，但它們為之效力的人類集團卻不如種植稻米或小麥的地區那麼得天獨厚。簡單地說，因為這些人類集團使用的工具是小鋤。

手持小鋤的人們

用掘地棍（一種原始的鋤頭）或小鋤作為主要勞動工具的地區極其廣闊，這種狀況在今天仍十分突出。這些地區像一個圓環，或如德國地理學家所說，像一根腰帶那樣圍繞地球一周，包括澳大利亞、哥倫布發現新大陸前的美洲、黑非洲、南亞和東南亞的大部（主要在犁耕地區的邊緣，有時楔入犁耕地區呈插花狀）。兩種農業形式的並存在東南亞（廣義上的印度支那）特別突出。

這裡需要說明：（一）世界的這個特徵由來已久，並貫且穿於本書涉及的整個歷史時段；（二）除了一些難免會有的地區差異以外，與此有關的人類集團特別整齊劃一；（三）隨著時代的變遷，這些人類集團自然會越來越受外界的影響。

（一）由來已久的特徵：史前史學家和人類學家在這個問題上繼續爭論不休，在他們看來，使用小鋤是一次古老的農業革命的產物，這一次革命在時間上比公元前四千年左右帶來犁耕農業的那次革命更加早些。它也許可追溯到公元前五千年那個漆黑一團的史前期，其情況則如同另一場革命，大概就在古代的美索不達

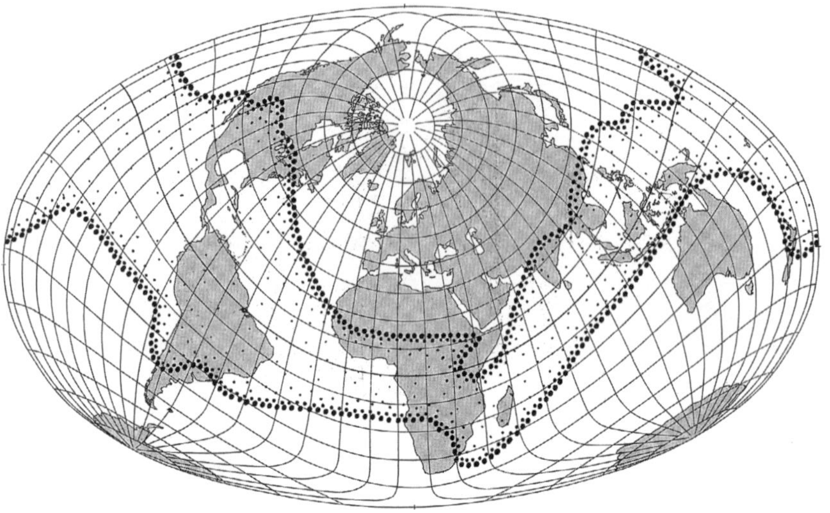

表(18)　「腰帶狀」的鋤耕地區
值得注意的是，鋤耕地區在穿越美洲大陸和太平洋諸島時，腰帶變得特別粗（根據韋爾特）。胡貝爾·德尚認為（1970 年 1 月 7 日信），韋爾特錯把馬達加斯加納入鋤耕地區。島上使用的長柄鏟大概源自印度尼西亞。

米亞。總之，它是經驗的產物，而這種經驗不但源遠流長，而且依靠單調、反覆的訓練得以保持至今。

在我們看來，在鋤耕和犁耕的分期問題上存有分歧，這並不重要，因為關鍵無非是工具決定一切！埃斯丹·博什魯帕在一部很有特色的著作（一九六六年）[250]裡指出，在我們曾介紹過的「拉當」耕作制中，每當人口增多，而土地有限，勢必造成用於恢復森林的休耕時間相應縮短。這個節奏變化又勢必導致一種工具向另一種工具的過渡。在這一含義上，工具不再是原因，而是後果。如果只是在草木灰（重複一遍，不用刨挖樹根）裡撒種或埋種，或栽插幼苗，掘地棍已足以應付，甚至不一定需要。但是，林地如在短期內反覆耕種而不恢復覆蓋，就會雜草叢生；僅靠燒荒是不夠的，因為火不能除掉草根。於是就必須用小鋤除草：人們在黑非洲看到，林區和草原全都實行刀耕火種。最後，隨著遼闊的土地被清除了樹叢後，備耕和收穫的節奏便日益加

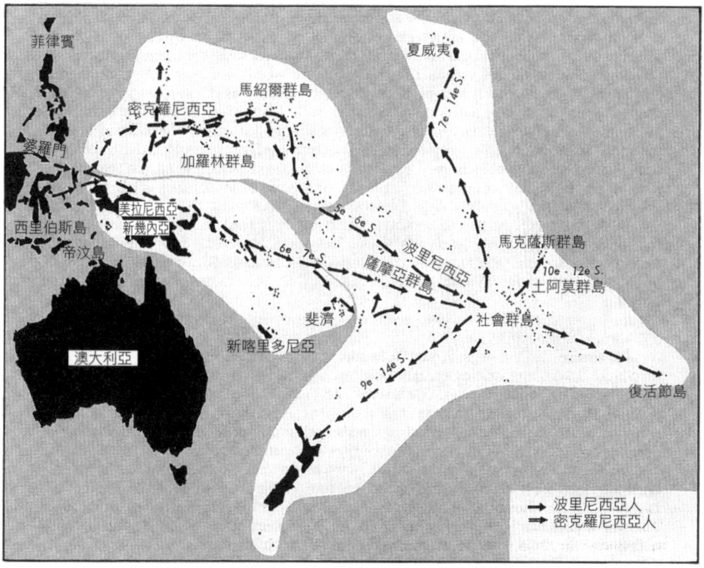

表(19)　美拉尼西亞人和玻里尼西亞人 14 世紀前的歷次遷移
玻里尼西亞人在夏威夷群島、復活節島和紐西蘭之間的三角地區航行，海域範圍之廣值得重視。

快，鏟或犁也就應運而生。

這也等於說，手持小鋤的農民是些落伍者，由於人口壓力較輕，他們不需要飽嘗挽軛牽犁的辛苦。尚・法蘭索瓦・德洛姆神父（一六四八）曾見過剛果農民雨季時的勞動情景，他以下的一段話寫得好：「由於土地十分肥沃〔顯然，我們不能接受這個理由〕，他們的種植方法只費很少的勞力；他們不用犁鏟翻地，僅用小鋤刨鬆表土蓋住種子。只要雨水充足，他們輕而易舉就獲得好收成。」[251]由此可以得出結論，持鋤農民的勞動生產率高於歐洲的犁地農民或亞洲的水稻種植者（考慮到勞動時間和辛苦程度），但這種原始勞動在人口稠密的社會卻行不通。它的得天獨厚並非在於土地或者氣候條件，而是因為擁有廣闊的休耕地（也因為人口稀少），以及由於古魯所說的「骨幹技術」，即由一系列難以割捨的習慣構成的社會形態。

（二）整齊劃一的整體：這裡，給人印象最深的細節是：手持小鋤的人類集群在財產、作物、牲畜、工具、習慣等方面構成一個相當統一的整體，以致幾乎可以正確無誤地斷言：無論在什麼地方，持鋤農民的房屋是長方形的平房，他們會製造粗俗的陶器，使用簡單的手工織機，釀造和消費發酵的飲料（燒酒除外），飼養山羊、綿羊、豬、狗、雞等小家畜，間或也養蜂（但不養大牲畜）。他們的食物來自住房四周的植物：香蕉樹、麵包樹、油棕樹、葫蘆、芋頭、山藥。一名為沙皇效力的水手於一八二四年在大溪地島發現，那裡有的是麵包樹、椰子樹、香蕉園和「種著山藥和白薯的小塊園地」[252]。

當然，各個鋤耕地帶之間有著明顯的差異。例如，非洲草原上的水牛和黃牛等大牲畜也許是由阿比西尼亞的農民從古代輾轉流傳下來的。鋤耕地帶歷來種植的和特有的香蕉樹（香蕉樹不用種子而用插枝繁殖，這個事實是它種植歷史悠久的證據）在一些邊緣地區很少見到，例如在蘇丹的尼日河以北地區和紐西蘭。紐西蘭的惡劣氣候不宜香蕉的生長；在公元九至十四世紀期間，玻里尼西亞人（毛利人）駕著獨木船冒險航行，當他們被風暴捲上紐西蘭海岸時，曾對這裡的惡劣氣候深感驚奇。

但是，主要的例外還是哥倫布發現新大陸前的美洲。那裡的鋤耕農民體現著安地斯山和墨西哥高原的脆弱而姍姍來遲的文明，他們原屬亞洲人，很早分批穿越白令海峽來到美洲。現已找到的最古老的人類蹤跡約在公元前四萬八千至四萬六千年之間……但考古發掘仍在進行中，這條標線遲早會被推翻。以下事實似乎無可爭議：美洲人的歷史相當悠久，明顯地具有蒙古人的特性，美洲印第安人在取得成功前曾有過一段聞所未聞的漫長歷史。狩獵和捕魚促使他們分批從事在我們看來幾近流浪的遷移。他們從北到南穿過整個大陸，約在公元前六千年左右來到了火地島。在這「天涯海角」，當時居然還有馬匹存在，而在新大陸的其他地區，馬已消失了幾個世紀，此事豈不令人詫異[253]？

來自北方的人們（也許再加上一些來自中國和日本海岸或玻里尼西亞群島、被風暴推過太平洋的船民）在美洲大陸的空曠土地上分散成較小的集團，各居一方，日趨獨立，並因互不往來而形成自己的文化和語言。奇怪的是，其中有些語言竟擠進其他語言的範圍，在地理分佈上呈現了插花狀態[254]。來自亞洲的人數不多，這便於理解當地的一切都從無到有（與遠方親戚有關的個別文化特徵除外）。新來的人經過長期努力，利用了和開發了當地資源。後來才建立起農業，種植木薯、白薯、馬鈴薯和玉米；特別是玉米，它無疑產自墨西哥，它異乎尋常地導致了鋤耕向北美和南美溫帶地區的擴展，遠遠超出了生長木薯的熱帶地區。

（三）近期的混雜：隨著航海事業把世界連成一體，人種的混雜帶來了文化的混雜，相互影響也變得越來越多，原始的鋤耕地區也不例外。我曾指出，木薯、白薯、花生和玉米被傳到剛果，這是葡萄牙航行家和商人的功勞。新作物只要適宜生長便與舊作物同時並存：玉米和木薯加上紅白各色的小米後，摻入攪和，用於製造一種名叫波倫塔（polenta）的麵餅。這種麵餅烤乾後約可保存二至三天。「它充當麵包，絲毫不傷身體。」[255]同樣也由葡萄牙人引進的蔬菜——白菜、西葫蘆、萵苣、香芹、菊苣、蒜頭——同當地作物豌豆和蠶豆相比通常不算成功，但並未消失。最具特色的要算來自非洲的木本糧食作物：可樂果樹、香蕉樹以及棕櫚樹，後者尤其品種繁多，可提供油、酒、醋和紡織纖維，甚至樹葉也有其用處。「棕櫚樹的恩賜到處可見：住房的籬笆和屋頂、捕獵的陷阱、漁夫的網簍、通用的錢幣（剛果用布片充當貨幣），衣著、化妝品、藥品和食物。」「用形象的語言來說，棕櫚樹屬於雄性，在一定意義上代表高貴。」[256]

總之，我們切莫小看了這些建立在簡單而又充滿活力的農業基礎上的社會和居民。我們不妨想到玻里尼西亞人的擴張，他們早在十三世紀就占有從夏威夷群島到復活節島再到紐西蘭的大三角形海域，這是一個不小的壯舉。但是，文明人把他們擠到了遠遠落後的次等地位，抹煞和貶低了他們的成就。

還有原始人

鋤耕的人在我們的階梯上並非屬於最後一級。他們的作物、工具、種植、房屋、航行、畜養和其他成就

一名英國水手再紐西蘭用一塊手帕換取一隻龍蝦。該畫摘自 1769 年隨科克旅行的一名船員的日記。

顯示了不容忽視的文化水平。最後的一級留給那些尚無農業、依靠採集捕獵為生的人。他們所占的地域相當廣闊，在休斯的地圖上編號為第一至第二十七。森林、沼澤、洪水、猛獸、成千上萬的鳥、冰凍、惡劣的氣候在同他們爭奪對無邊無際的土地的利用。他們征服不了周圍的自然界，最多只能在自然界的種種障礙間設法求生而已。在歷史的座標上，他們的位置等於零；有人甚至說，原始人沒有歷史，這種說法是不準確的。

然而，從「共時」的觀點看，還應該在十五至十八世紀的世界上給他們一席之地。否則，我們提供的解釋性分類圖表就不能完整展開，甚至會喪失它的意義。但我們又很難像觀察法國農民和西伯利亞的俄羅斯墾殖者那樣，用歷史學家的眼光去觀察原始人！除了目擊者——過去的人種學家——試圖了解他們的生活結構曾留下一些記載之外，各種材料均付之闕如。但是這些旅行家和探險家全都來自歐洲，醉心於獵奇，往往把自己的經驗和認識強加給他人。他們的判斷是用類比和對比得出的。更何況，就連這些尚有爭議的形象也過於稀少，很不完整。讀他們的材料，有時不易分辨他們所談的究竟是些生活在石器時代的真正原始人，或是些我們以上說到的從事鋤耕的人，後者同「原始人」的距離不亞於他們同居民密集的文明社會的差別。墨西哥北部印第安族的切奇梅卡人曾使西班牙人傷透腦筋，他們在科爾特斯登上大陸前，早已同定居的阿茲特克人為敵[257]。

閱讀麥哲倫、塔斯曼、布干維爾和庫克周遊世界的著名遊記，那只會在空曠無邊的大海上迷失方向，尤其是占了地球表面一半的南海。那主要是聽水手們訴苦，聽他們講述緯度、船上的食物和淡水、船帆和船舵的狀況以及船員的疾病和心血來潮……碰巧望見的陸地有時剛被發現或被認清便立即消失掉。對它們的描述也很不準確。

大溪地島的情形不同：這個位於太平洋中心的天堂於一六〇五年被葡萄牙人發現後，於一七六七年被英國人賽米爾·沃利斯再次發現。第二年，即一七六八年四月六日，布干維爾登（Louis Antoine de Bougainville）上了該島；幾乎正好再過一年，即一七六九年四月，庫克來到這裡，該島從此名聲四傳，成為「神祕太平洋」上的第一個基地。但他們描述的野人就是原始人嗎？根本不是。「一百多條大小不等的獨木船〔在布干維爾的兩艘大船下錨停靠該島前一天〕，圍著大船駛來。獨木船滿載椰子、香蕉和當地的其他水果。我們誠心實意地用各種小玩意兒換取這些鮮美的水果」。[258]當庫克乘坐「奮進號」到達時，也見到同樣的場面。航行日記說：「我們才剛下錨，成群土人就駕著滿載椰子和其他水果的小船向我們的船駛來。」[259]他們像猴子一樣機靈，爭先恐後地爬上大船，順手扒竊，但也接受和平的交換。這種善意的接待，這種以物易物以及毫不猶豫的討價還價，足以證明他們已經開化，並具有一定的社會紀律。確實，大溪地人不是「原始人」：儘管水果和野生植物相當充裕，他們還種植西葫蘆、白薯（大概由葡萄牙人傳入該島）、山藥和甘薯，全都生吃；他們還大批飼養豬和家禽[260]。

真正的原始人，「奮進號」後來才遇到，那是在它穿越麥哲倫海峽或前往合恩角的途中，也可能在紐西蘭島南部海岸停留期間；「奮進號」曾在澳大利亞海岸停靠，以便儲存淡水和木柴或修整船身，那次它肯定有過同樣經歷。總之，它每次遭遇原始人，必定都脫離了世界地圖上標出的鋤耕文明的腰帶範圍。

庫克及其隨從在美洲南端勒梅爾海峽（Le Maire Strait）遠遠望見一小群野人，後者窮得幾乎一無所有，因而不可能同他們真正打交道。他們身穿海豹皮，除漁叉、弓箭外沒有其他工具，住在不能禦寒的棚屋中：「一句話，這也許是今天世界上最貧苦的人」。[261]兩年前，即在一七六七年，沃利斯也曾遇到過這些一無所有的野人。「我們的一名水手正在釣魚，他把剛釣到的一條比普通鮭魚略大一點的活魚送給了一個美洲人，這美洲人像狗得到一塊骨頭那樣把魚貪婪地要了過去；他在魚腮附近猛咬一口，先把魚咬死，接著連頭帶尾地吃了起來，魚刺、魚鰭、魚鱗以及腑臟全不吐掉。」[262]

庫克及其夥伴從容觀察的澳大利亞原始人也是些野人。野人們一無所有，四處飄泊，間或從事狩獵，更多地在退潮時去水坑邊捕魚為生。「在他們的土地上，我們從未見到過一寸耕地。」

顯然，在北半球的內陸地帶，我們可以發現更多的、同樣有代表性的例子。直到今天，西伯利亞仍是一個無與倫比的人種學博物館，關於這方面的情形，我們下面會再次談到。

最便於觀察的地點畢竟應該是寬廣的北美大陸，歐洲的殖民者向這塊大陸的猛撲既造成了破壞，又帶來了光明。在這方面，我以為最沒有比普列伏教士的《美洲面面觀》[263]給人更多的啟示了。因為，在概括夏勒瓦神父的著作和廣採尚普蘭、萊斯卡博、拉翁當男爵波托里各家之言的基礎上，普列伏描繪了印第安人如何在從路易斯安那到哈得遜灣的遼闊土地上逐漸分化成幾個互不相干的聚落。這些「野蠻民族」之間存在著

「絕對的差異」，表現為各不相同的節日、信仰和習俗。對我們說來，首要的差異也許不在於他們是否吃人肉，而在於他們是否種地。凡在印第安人種植玉米或其他作物的地方（這類工作由婦女擔任），只要能見到有人使用小鋤、木棍或本地長鏟，或用各種土辦法煮食玉米，或者見到有人在路易斯安那種植馬鈴薯，在西部地區種植「野燕麥」，我們就可以說這些印第安人已是定居或半定居的農民，儘管他們還是那麼粗野。在我們看來，這些農民同以狩獵捕魚為業的印第安人已有天淵之別。何況，他們越來越少捕魚，歐洲人的入侵無意中把他們從盛產魚類的大西洋海岸和東部河網地區趕走，後來又在他們的獵區搗亂。巴斯克人放棄他們原來的捕鯨生活後，不就很快改營皮毛貿易了嗎？這種商業活動「不費很大開支和力氣，卻能獲得更多的利益」264。而在那個時代，鯨魚還沿聖羅蘭河逆流而上。「有時數量很多」！於是，印第安獵人就在皮毛收購商的追逐下，或在哈德遜灣或聖羅蘭灣諸要塞的遙控下，過著貧困的遊牧生活，在雪地上設伏誘捕各種動物：麂、猞猁、石貂、白鼬、麝鼠、狸、野兔。歐洲的資本家正是用這個辦法獲得美洲的大批皮貨，很快就有實力同遙遠的西伯利亞森林裡的獵人相競爭。

我們還可以舉出大量類似事例證明，無論回到幾千年以前的時代或沿著它那似乎止步不前的曲折發展過程，人類歷史總是不可分割的整體，是貫時性和共時性相會合的整體。「農業革命」不單在幾個得天獨厚的地點實現，例如在公元前七千或八千年時的近東。它必定要向外擴張，它的發展也遠非一次完成的。沿著同一條道路前進的還有其他的經歷，不過相距幾個世紀而已。今天的世界還沒有消滅所有鋤耕的人。還有些原始人散落在自然條件惡劣的地區，自然條件的惡劣反而保護了他們的生存。

第三章　奢侈和普通：飲食

麥子、稻子和玉米是多數人的主食，它們提出的問題相對說比較簡單。可是只要涉及不經見的食物（肉類已經包括在內），多樣化的需要以及服裝和住房，問題就變複雜了，因為在這些領域內必需和多餘之間的交錯和對抗永無休止。

如果多數人的解決方式——大眾的食物，大眾的住房，大眾的服裝——和以奢侈為標誌、由少數享有特權的人採用的解決方式一開始就截然劃開，問題可能會清楚一點。只要涉及平均水平和例外情況，我們勢必運用一種顯然有點棘手的辯證法。我們不得不在二者之間來回奔忙，從黑到白，又從白到黑，再從黑回到白……因為從來沒有一勞永逸的分類辦法：奢侈的本性就是變動，它難以捉摸，種類繁多，自相矛盾，不可能一經認定就永遠不變。

糖在十六世紀以前是奢侈品；十七世紀末以前，胡椒也是奢侈品；燒酒和最早的「開胃酒」在凱薩琳·麥第奇時代，「天鵝羽絨」軟床或者俄國貴族的銀酒杯在彼得大帝以前，都是奢侈品；法蘭索瓦一世於一五三八年向安特衛普一個金銀餐具商訂購的第一批平底盤子在十六世紀是奢侈品；最早的所謂義大利式的凹形盤子，一六五三年在馬薩林樞機主教的財產清單上曾經登錄，同樣也是奢侈品；叉子（我說的確實是叉子）或者普通的窗戶玻璃，二者都來自威尼斯，在十六和十七世紀仍是奢侈品。但是從十五世紀起玻璃生產過程中不再使用碳酸鉀，改用碳酸鈉，結果得到的材料透明性更佳，容易碾平。到下一個世紀由於使用泥炭加熱，窗戶玻璃的生產在英國大為推廣，以致今天一位歷史學家竟想當然地以為，威尼斯的叉子穿過法國領土與英國的玻璃相遇[1]。另一個出乎意外的實例：椅子甚至於在今天，在伊斯蘭國家以及印度仍是稀罕的、引人注目的奢侈品。第二次世界大戰期間駐守義大利南部的印度士兵對當地的富裕心醉神迷；你瞧：家家戶戶都有椅子！手帕也是奢侈品；伊拉斯謨斯在《禮貌篇》中解釋說：「鄉下人用帽子或袖子擦鼻涕；糕餅師傅用胳膊或肘彎；至於用手擤鼻子，如果擤完了又不經意地把手伸到袍子上去擦，都不是文明行為。用手帕接受鼻子的排泄物，同時對正派人略為背轉身子，這才是規矩的做法。」[2]橙子在斯圖加特王朝時代的英國還是奢侈品：這種水果到聖誕節前後才上市；人們視為珍品，並要保存到明年四、五月份。到此為止我們還隻字未提服裝，這可是說不完的話題。

可見，奢侈的表現因時代、國家或文明而異。反之，幾乎不變的是既無開場也無結局的社會喜劇，而奢侈則是這部喜劇的關鍵和主題，它為社會學家、精神分析學家、經濟學家和歷史學家提供了出色的場面。當然特權享有者和觀眾，即觀賞他們的群眾之間必須有某種默契。奢侈不僅是稀奇物品和虛榮心，它也是社會上令人艷羨的成功標誌，是窮人有一天也能夠實現的夢想。可是夢想一旦實現，奢侈也就黯然失色。不久前一位兼做醫生的歷史學家寫道：「某種稀有的、長期可望而不可即的食品一旦為大眾力所能及，消費便會驟增，好比長期受到壓抑的食慾突然爆炸。這種食品一經普及（取這個詞的雙重含義：「失去威望」以及「推廣」），很快就喪失魅力……形成某種飽和局面」[3]。富人就是這樣注定為窮人的未來生活作準備。這也正是富人自我辯解的理由：他們先去試驗各種樂趣，大眾遲早會有享受的機會。

在這類享樂遊戲中充斥著無聊的心思、過分的要求和古怪的癖好。「十八世紀的英國作者對龜肉湯頗多不近情理的讚美。這種食品鮮美無比，對治療消瘦和體弱有奇效，並能使人大開胃口。沒有龜肉湯，就不成其為筵席（類似倫敦市長的盛宴）。」[4]還拿倫敦做例子，我們不妨想像烤羊肉嵌牡蠣這道菜是什麼滋味。西班牙用銀幣向野蠻的北歐國家購買假髮，這在經濟的觀點上是近乎荒唐的行為。烏斯達里茨在一七一七年

威尼斯的盛宴：魏洛奈茲作《加拿的婚禮》細部，1563 年。

指出：「可是我們又有什麼辦法呢？」[5]西班牙人同時用巴西的黑煙草換取北非幾個酋長的輸誠。如果亨利四世的顧問拉夫馬的話可信，許多法國人「用珍寶交換種種小擺設和古怪的商品」[6]；在這方面，他們同野人沒有區別。

同樣，中南半島和南洋群島用金沙、香料、珍貴的檀香木或桃花心木、奴隸或大米，換取中國的小雜貨：梳子、漆盒、攙鉛的銅錢……不過我們不必驚慌：中國也有相似的瘋狂行徑，它需要東京、交趾支那和爪哇的燕窩，或者「來自暹羅、柬埔寨或韃靼的醃製熊掌或其他多種野獸的腳掌」[7]。最後我們再回到歐洲。梅西耶（Sébastian Mercier）在一七七一年驚呼：「崇尚瓷器之風委實可悲！貓爪闖下的禍竟超過二十頃土地受災的損失。」[8]然而，從那個時候起，中國瓷器的價格開始下跌，不久以後它被駛回歐洲的船舶當作不值錢的壓艙物。我們從中得出平平常常的教訓：任何奢侈品都會衰老、過時。可是奢侈還會死灰復燃，從失敗中再生。它其實是社會鴻溝的反映，任何東西都不能填平這條鴻溝，任何運動只會使它重新產生。這是一場永恆的「階級鬥爭」。

這場階級鬥爭同時也是文明之間的鬥爭，不同的文明互送秋波，為對方表演奢侈的喜劇，正如富人向窮人展示奢侈一樣。由於這場戲雙方互為演員和觀眾，便出現了一些奢侈風尚，加劇了近距離或遠距離的交換。總而言之，馬瑟・牟斯寫道：「推動社會迅速發展的力量並非來自生產：奢侈風尚才是偉大的動力。」加斯東・巴歇拉爾（Gaston Bachelard）認為，「獲得多餘物品較之獲得必需物品的慾望給人們更強烈的刺激。人是慾望的產物，不是需要的產物。」經濟學家賈克・呂埃夫（Jacques Rueff）走得更遠，他說：「生產是慾望的女兒。」當今社會甚至大眾都染上奢靡之風，想必沒有人會否認這種衝動，這些已成為必需的要求。事實上，沒有不同的消費水準就不成其為社會。然而今天和昨天一樣，社會地位最細微的差異莫不以奢侈為顯著標誌。

桑巴特曾強烈主張，西方宮廷（亞威農教皇的宮廷為其典型）開創的奢侈風尚造就了最早的現代資本主義[9]。我們不能附和他的說法，還是應該認為：在十九世紀的眾多發明問世以前，千姿萬態的奢侈風尚與其說是一種增長因素，不如說表明發動機經常空轉，因為當時的經濟不能有效地使用積累起來的資金。有人因此認為，奢侈曾經是並且只能是舊制度的一種病症，是一個社會在其成長過程中——這在工業革命前是如此，至今有時依然是如此——對其「過剩」產品不正當的、不健康的、華而不實的、違背經濟規律的使用方式。美國生物學家多布然斯基（Theodosius Dobzhansky）這樣回答無條件為奢侈風尚及其創造能力做辯護的人：「有些社會組織曾把大多數人當作上足肥料的土地來使用，以便讓一種細巧、精緻的文化綻開稀有的、優雅的花朵。對我來說，這樣一種社會組織的消亡並非憾事。」[10]

飯桌：奢侈菜餚與大眾消費

說到飯桌，一眼就能看出對峙的兩岸：奢侈與貧困，過剩與匱乏。交代了這一點，我們先去看奢侈這一頭。對於今天坐在安樂椅裡的觀察家，這是最顯眼，最有條理，也是最吸引人的景象。另一頭卻令人神傷，不論人們對米什萊式（Michelet-type）的浪漫主義怎樣反感，這種浪漫主義在這裡其實倒是非常自然的。

遲到的奢侈

雖然一切都隨估價標準而改變，我們還是可以說十五或十六世紀以前歐洲談不上真正奢侈的菜餚，或者，如果有人喜歡另一種說法，沒有講究的菜餚。西方在這一方面曾經落後於舊大陸的其他文明地區。

中國烹飪今天已經征服西方許多餐館。這是一項非常古老的傳統，一千多年以來幾乎沒有改變，遵循相同的規則、禮儀和巧妙的食譜，十分注重味道的配伍，並給人感官和文學的享受。恐怕只有法國人（以截然不同的風格）對吃的藝術的崇敬可與中國人並駕齊驅。最近出版的一本好書強調指出中國的飲食花式繁多，能夠保持各種營養成份的均衡，可惜這文化資產還沒有引起重視[11]。這部集體著作引用了許多實例。不過我認為，其中由莫特（F. W. Mote）撰寫部份洋溢的熱情是需要由．．張和斯賓塞執筆的篇章加以緩和。中國菜餚誠然衛生、鮮美、花式繁多、富於創新，尤善就地取材，協調不同養分的比例：新鮮蔬菜和大豆蛋白補償肉類的不足，各種保存食品的訣竅提供了附加手段。可是我們同樣可以讚揚法國外省的烹飪傳統。四、五個世紀以來，法國外省在烹調藝術上富有獨創，講究口味，巧妙地應用豐富多樣的土產：肉類、家禽和野味，糧食、酒、奶酪、菜園和果園的產品，外加黃油、豬油、鵝油、橄欖油和核桃油的不同香味，以及久經考驗的家庭保存食品的方法。不過，問題的癥結不在這裡。要問的是：這些食品是否屬於大眾食品？在法國肯定不是。農民出售的食物往往超過他的「剩餘產品」，特別是他自己不吃最好的產品：他吃小米或玉米，出售小麥；他每週吃一次醃豬肉，把家禽、蛋品、羊羔、牛犢送到市場上銷售……和中國一樣，只有過節時的大吃大喝才打破日常飲食的單調和不足。當然民間烹調藝術全賴節日宴慶才得以流傳。可是農民，即大多數居民的食物與供特權人士使用的烹調書中提到的食物毫不相干，與一位美食家一七八八年開列的法國名菜表也沒有瓜葛。這張表上有：佩里戈爾的塊菰火雞，圖盧茲的肥鵝肝醬，內拉克的缽製紅山鶉，土倫的鮮金槍魚醬，佩吉納的肥嫩雲雀，特魯瓦的燒豬頭肉，洞布的山鷸，戈的閹雞，巴約訥的火腿，維桑的燒口條，還有史特拉斯堡的醃酸菜配肉等豐富名菜中國無疑存在同樣情況[12]。享用精緻而又多樣化的菜餚，甚至簡單的饜足，只限於有錢人。從一些民間俗語我們可以推斷，有酒有肉便是富家翁，面對於窮人來說，謀生有方只是「有嚼穀」而已。約翰．巴羅一八五〇年宣稱，就飲食領域的貧富差距而言，世界上沒有別的國家比中國更大；張和斯賓塞一致認為他這個判斷沒有錯。斯賓塞引用著名的十八世紀中國小說《紅樓夢》的一段情節為證：年輕、富有的男主人公偶爾光臨他的一個侍女家的陋舍。待到那位侍女端出一個托盤，上面很美觀地擺著她家裡最好的食物：糕點、乾果、核桃，她竟傷心地覺得「總無可吃之物」[13]。

我們講到昔日世界的高級烹調的時候，總是站在奢侈這一邊。還需要指出，凡在成熟的文明地區，如五世紀時的中國文明，十一到十二世紀左右的穆斯林文明，直到十五世紀才在富庶的義大利城市出現的西方文明，這種講究的飲食變成一門昂貴的藝術，配有成套的格言和排場。威尼斯元老院很早就公開指責青年貴族一擲千金的盛宴；它在一四六〇年明文禁止每人破費超過半個杜卡特（ducat）的宴會。不用說，這種宴會照常舉行。馬林・薩努鐸曾在他的日記中記下狂歡節期間幾次豪華宴慶的費用。好像事有巧合，人們照例可以從中找到市政會議禁止食用的菜餚：山鶉、野雞、孔雀……此後不久，奧當西歐・蘭第在一五五〇年威尼斯初版，一五九〇年再版的《義大利奇聞異事錄》中，竟難以羅列當時義大利各城市的老饕備加賞識的珍饈佳餚：波隆納的香腸，摩德納的夾心肘子，費拉拉的圓餡餅，雷焦的榟醬，皮琴札的奶酪和蒜味烙麵，錫耶納的小杏仁餅，佛羅倫斯的三月奶酪，蒙扎的細香腸和肉糜，嘉凡納（Chiavenna）的野雞和栗子，威尼斯的魚和牡蠣，甚至帕多瓦的精製麵包本身就是一種奢侈品，且不說名聲日隆的各種美酒[14]。

到這個時代，法國已成為最講究烹調的國家，發明的新的菜式，並且收集來自歐洲各地的寶貴食譜；美食家的盛宴同時注重食物精美和格調高雅，菜餚的外觀和上菜的方式趨於盡善盡美。法國烹飪的豐富多彩足以能讓一個威尼斯人也驚奇不已。基洛拉摩・利包瑪諾一五五七年出使巴黎，那裡普遍的富足使他傾倒。「有些飯館能拿出各種價格的菜單供您挑選。一人一個退斯通、二個退斯通、一個埃居、四個、十個、甚至二十個都有，只要你願意。出到二十五埃居，他們可以用嗎哪做湯或者端出烤鳳凰。」[15]不過高級法國烹飪也許要晚些時候，直到攝政時期攝政王倡導的活潑高雅趣味取代了不辨精粗一味狼吞虎嚥的風氣以後，才算正式確立。甚至還要往後推到一七四六年莫農的《布爾喬亞廚娘》問世。有理也罷，無理也罷，這本寶書的再版次數肯定超過帕斯卡的《外省書簡》[16]。法國，或者更確切地說是巴黎，從此將以烹飪時尚自詡。一個巴黎人一七八二年聲稱：「人們知道怎樣吃得講究，不過是最近半個世紀的事情。」[17]另一位在一八二七年提出：「烹調藝術近三十年來的進步勝過以前的一個世紀。」[18]因為，巴黎幾家大「飯店」的豪華場面（不久以前巴黎的「traitants」改稱「restaurateurs」）就擺在他的面前。時尚確實像支配服裝一樣支配烹調。原先富有名氣的調味汁某一天會聲價大跌，當人們提到它們的時候，從此帶股勉強遷就的勁兒。《警世詞典》（一七六八）的作者是位愛繃著臉說話的人，他寫道：「新法烹調絕對保留全部濃湯原汁。」從前的大湯誰也瞧不上眼了。他又說：「湯，或曰大湯。從前人人都吃，今天被視作市民習氣太重、太老式的菜點，因而無人理睬，理由是稀湯會使胃的纖維肌鬆弛。」「菜湯」也被人嗤之以鼻。「本世紀的精緻口味視之為平民食品，嚴加擯斥……但白菜並不因此降低養份、喪失滋味」，而且所有的農民一輩子都吃這種菜[19]。

另一些細微的變化幾乎是自動產生的。比如火雞在十六世紀從美洲傳入，荷蘭畫家若阿欽・布耶德卡萊爾（一五三〇—一五七三）想必是最早把火雞當作靜物畫題材的畫家之一，他這幅畫今天保存在阿姆斯特丹的理日克博物館（Rijksmuseum）。有人說，亨利四世恢復了國內和平，火雞便在法國大量繁殖。對這位偉大君王愛吃的燉雞，我不知道應該作出什麼新的解釋。不過有一點是確定無疑的：一個法國人一七七九年寫道：「鵝從前在我們的餐桌上最受重視，現在可以說火雞取代了鵝的位置。」[20]拉伯雷時代（一四九三年—一五五三年）的肥鵝莫非已成為歐洲饕餮史上的陳跡？

有些名詞一直沿用下來，但意義變了多次，如頭道菜、中間菜、燉肉等等。通過這些名詞富有啟發性的詞義變遷史，我們也可以窺見風氣的轉移。自然還可以評論「好」的和「壞」的烤肉方法。不過，朝這個方向討論下去，我們就永無止境了。

肉食者的歐洲

我們說過，歐洲在十五世紀末以前還沒有講究的烹飪。讀者不要受歷史上某些有名的宴會，如勃艮第的瓦盧瓦家族豪華的宮廷筵席的迷惑：美酒像泉水一樣流淌，房間裡陳設豪華，化裝成天使的兒童接在繩子上從天而降……那個年代炫耀的是數量，不是質量。最令人艷羨的也不過是酒池肉林而已。這種宴會的主要特點是盡情吃肉，富人的餐桌上持續很久地擺滿肉食。

肉以各種形式：白煮、燒烤、配菜、配魚，堆成「金字塔」，裝在巨大的盤子裡，一古腦兒端到餐桌上。它在法國被命名為大菜（mets）。「層層疊疊的各種烤肉組成一道大菜，每種烤肉有專用的調味汁，另外放置。有時人們乾脆把全部菜餚裝在同一個大容器裡。這道無所不包的大雜燴，也叫大菜。」[21]流傳至今的一三六一年和一三九一年出版的法文烹飪書裡，大菜也叫大盤：一頓飯有六道大菜或者大盤就得換六次餐具。每道菜的份量之大，我們往往意想不到。試舉《巴黎居家大全》（一三九三）推薦的四道大菜中的一道為例，光是這一道就包括：牛肉糜、油炸酥合、七鰓鰻、兩種肉羹、白魚汁，外加用黃油、奶油、糖以及水果汁配成的名叫阿布拉斯特（arboulastre）的調料……每一道菜都附有做法，不過今天的廚師最好不要如法炮製[22]。在這方面做過的試驗都沒有成功。

像這樣糜費肉食在十五、十六世紀並非有錢人獨享的奢侈。早在一五八〇年，蒙田注意到上德意志的客店裡使用分格的托盤，侍者每次至少可以同時上兩道肉菜，換菜也十分方便；他記下某一天一共上了七道菜[23]。鮮肉和烤肉極其豐富：牛、羊、豬、雞、鴿子、羊羔……至於野味，一本可能寫於一三六〇年的烹飪書為法國的野味開了好長一個單子；野豬肉在十五世紀很普遍，在西西里的售價比屠宰場出來的鮮肉還便宜；拉伯雷列舉野禽簡直沒個完：蒼鷺、白鷺、野天鵝、麻、鶴、小山鶉、岩鴿、鵪鶉、野鴿、斑鳩、野雞、烏、肥雲雀、紅鸛、黑水雞、鷺……[24]「據奧爾良食品市場（一三九一－一五六〇）冗長的價目表顯示，除了大動

阿爾瓦公爵為慶賀阿斯杜里亞公主誕生，於 1707 年在巴黎舉行的宴會。大斯各丹根據臺馬雷茨（Nicolas Desmartez, 1682-1721）原作製作的版畫。

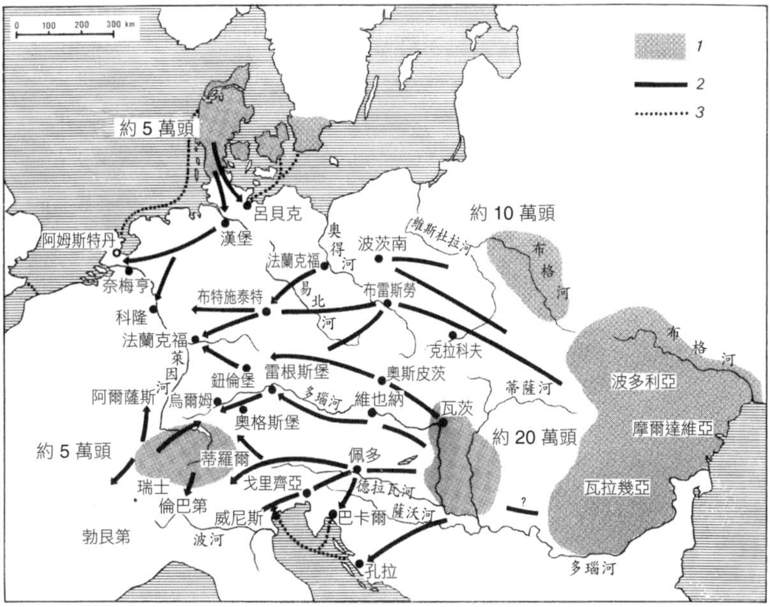

表(20)　北歐和東歐 1600 年間的大牲畜貿易

1.畜牧區。2.陸路。3.海路。巴卡爾即從前的布卡里。1600 年左右，通過陸路及海路供應中歐和西歐屠宰場的大牲畜數量可觀（40 萬頭）。但是 1707 年巴黎市場上（見本書第二卷第 XX 頁）每年銷售的牛近7萬頭，這就證明除遠程貿易外，還有本地及地區性貿易保證歐洲的肉食供應。（沃夫岡・馮・斯托邁：《歐洲中西部》，見《文化與技術》，1979 年第 2 期，第 42 頁；轉引渥斯馬爾・皮克爾。）

物（野豬、鹿、子），其他野味常年供應：野兔、鷺、山鶉、山鷸、雲雀、野鴨……[25]十六世紀的威尼斯市場同樣琳琅滿目。由於當時的西方有一半土地無人居住，這種現象難道不在情理之中？在一七六三年的《法蘭西新聞報》上可以讀到一條柏林消息：「由於此間缺少家畜」，國王命令「每週運進城一百頭鹿、二十頭野豬，以供居民消費用」[26]。

關於貧苦農民缺少食物，富人「搶走他們的酒、小麥、燕麥、牛、羊、牛犢，只留下黑麥麵包」這類怨言往往只是文學描寫，我們不能當真相信。我們擁有相反的證據。

十五世紀的荷蘭，「人們普遍食用肉類，一場饑荒之後對肉類的需求也減少甚微」，而到十六世紀後半期開始，消費卻有增無減（例如設在里埃爾的女修道院的醫務所）[27]。在德意志，薩克森公爵一四八二年發佈救令：「曉諭眾人，工匠應於午餐及晚餐時共計食用四道菜。不逢齋日，應得一湯、兩肉、一素菜；如逢星期五齋日，應得一湯、一鮮魚或鹹魚、兩素菜。如需延長齋期，應得五道菜：一湯、兩種魚類及兩份配菜。早晚外加麵包。」另外還得加上清啤酒。有人或許會說，這是工匠的食譜，是城裡人的食譜。可是，一四二九年在亞爾薩斯的奧伯赫格海姆，如果服勞役的農民不願與大家一起在總管的農莊裡進餐，總管必須把「兩塊牛肉、兩塊烤肉、一份酒及價值兩芬尼的麵包送達該農民家中」[28]。我們在這方面還有別的見證。一個外國觀察家寫道，一五五七年在巴黎，「豬肉是窮人，實實在在的窮人常吃的食物。至於工匠以及商人，即使家境再差，只要不逢齋日，總想與富人一樣吃野羊和山鶉」[29]。當然這些富人都是有偏好的，每當窮人稍有奢侈的表現時，便遭他們的責難。好像奢侈已經成風，杜瓦諾．阿爾博（一五八八）寫道：「現在沒有一個小工不想在舉行婚禮時有

17 世紀荷蘭肉攤。顧客全屬市民階層嗎？版畫。

17 世紀下半期，農家每餐只有一盤素菜。還有更糟的：仍舊在荷蘭，農民喝粥度日。埃格貝特・梵・希姆斯刻克的油畫。

雙簧管和大喇叭演奏助興。」[30]

為使餐桌上堆滿肉類，必定要從附近的農村或山區（瑞士各邦）取得經常供應。更有甚者，德意志和北義大利的供應來自東歐地區：波蘭、匈牙利和巴爾幹國家到十六世紀還向西方運送牲畜，其中一半還是野生的。威瑪附近的比茨特有德意志最大的牲畜市場，「一萬六千頭至二萬頭的龐大牛群」同時湧向市場的現象已不足為奇[31]。東方的畜群從陸路或者經達爾馬提亞的海路抵達威尼斯；途中牲畜要在列多島（Lido Isle）小憩，這個小島也用作火炮發射試驗場和可疑船舶監押所。動物的頭、蹄子、內臟，尤其後者，是聖馬克城窮人的日常食物之一。一四九八年馬賽的屠戶遠到奧文尼地區的聖夫盧去購買綿羊。這些遼遠的地區不僅提供牲畜，也輸出屠夫：十八世紀在威尼斯操屠刀的往往是格里松斯的山民，他們一有機會就在出售下水時開高價；在巴爾幹國家，阿爾巴尼亞人和埃皮魯斯人直到今天還移民到遠方國家去開鮮肉店或下水鋪[32]。

從一三五〇到一五五〇年，歐洲大概經歷過一段個人生活的幸福時期。黑死病的災難過去之後，人力缺少，活下來工作的人必定享有良好的生活條件。實際工資從來沒有像那個時期那樣高。一三八八年，諾曼第有幾位司鐸需要僱工種地，他們抱怨找到的工人「無不要求相當於本世紀初六個人的工資」[33]。我們有必要強調這一反常現象，因為一般人都簡單地相信，越接近中世紀，人們的生活越貧困：事實上，若我們要談論民眾，即大多數人的生活水平，情況恰恰相反。有一個千真萬確的細節：自一五二〇到一五四〇年以前朗格多克地區人口尚少，農民和工匠都吃白麵包[34]。離開中世紀的「秋天」越遠，生活水平越見下降，這一勢頭一直維持到十九世紀中葉。在東歐某些地區，特別在巴爾幹國家，直到二十世紀中期生活水平依然下降。

一五五〇年起肉食減少

在西方，十六世紀中期起由於肉類消費已受限制。海因里希・繆勒於一五五〇年寫道，在士瓦本，「農民的伙食今非昔比。過去天天有吃不完的肉類以及其他食品；過狂歡節和舉行宴會時，菜餚堆積如山，壓坍桌子。今天一切都變了。幾年以來，天災頻仍，百物騰貴。最富裕的農民也不如從前短工和僕人吃得好」[35]。歷史學家對這類反覆提供的證詞不予理睬是錯誤的，他們堅持認為，那不過是人們讚美過去的一種病態需要。布列塔尼一名老農（一五四八）感嘆：「鄉親們，想當初哪怕過一個小節日，主人若不邀請全村人赴宴，吃他的雞、鵝、火腿、初生的羊羔和剛落地的乳豬，總會於心不安」[36]。一位諾曼第貴族一五六〇年寫道：「我父親在世那時候，家家每天有肉吃，菜餚豐盛，飲酒像喝水一樣隨便。」[37]宗教戰爭以前，一位證人記載，法國「村民十分富足，各種財物應有盡有，家具滿屋，禽畜滿欄，簡直過著王侯的日子。」[38]事情變化很大。一六六〇年左右，上薩克森曼斯菲爾德的銅礦工人掙的工資只夠吃麵包、粥和蔬菜。紐倫堡的織匠幫工待遇優厚，他們在一六〇一年抱怨每週只有三頓飯吃肉，然而按規定他們每天都有權吃肉。東家回答說，六個克羅采（kreutzer）的伙食費不允許他們天天用肉塞滿幫工師傅的肚子[39]。

從那時候起，市場上糧食的價格上升。穀價昂貴，就缺錢購買額外食物。肉類的消費將長期減少。這個趨勢，我們重複一遍，一直保持到一八五〇年前後。奇怪的倒退！當然也有緩和時期和例外情況，如三十年戰爭結束後，德意志人丁稀少，柵欄家畜的總數很快恢復原額。又如一七七〇到一七八〇年，肉價不斷上漲，麥價下跌，諾曼第的兩個重要地區奧熱和貝聖，越來越多的人轉向飼養業，不種糧食；這種局面至少延續到一七八五年發生的飼料危機。其結果是相當合乎邏輯的：大部份小農應付不了人口增長的嚴重後果，他們失業，淪為乞丐或到處流浪……可是這些插曲歷時很短，何況例外不能推翻規律[40]。對於耕作業和小麥近乎瘋狂的迷戀始終不衰。在下凱西的一個小城鎮蒙比扎，肉舖的數目不斷減

賣鹹肉（醫學健身秘方，15 世紀初。）

少：一五五〇年有十八家；一五五六年十家；一六四一年六家；一六六〇年兩家；一七六三年一家……即使居民數目在同一時期也有所減少，減少的比例總到不了十八比一[41]。

有關巴黎的一些數據表明，一七五一到一八五四年，平均每人每年消費五十一到六十五公斤肉。不過巴黎畢竟是巴黎。拉瓦謝確定大革命前巴黎的肉消費量高達每人每年七十二點六公斤，然而他估計同一時期法國平均消費量為二十三點五公斤。所有的評論家都認為這個數字過於樂觀[42]。同樣地，十八世紀的漢堡（供應肉類的丹麥近在咫尺），每人每年肉消費量達六十公斤（其中只有二十公斤新鮮肉品），但是整個德意志的平均消費量十九世紀初期低於每人每年二十公斤（中世紀末期為一百公斤）[43]。主要的事實仍是歸究於不同城市之間的差異（巴黎顯然到一八五一年仍享有特殊待遇）和城鄉之間的差異。一位觀察家在一八二九年直截了當地寫道：「法國十分之九地區的窮人和小自耕農一週只吃一回肉，吃的還是鹹肉」[44]。

近幾個世紀以來，食肉的歐洲的特權大為縮小。真正有效的補救辦法要等到十九世紀中葉才出現，那時候人工牧場普遍推廣，科學飼養業發達，遙遠的新大陸經營畜牧業供應歐洲。歐洲將有很長一段時期吃不飽肚子……一七一七年，布利的麥倫財政區共有一萬八千八百公頃土地，其中一萬四千四糴公頃是耕地，草地僅有八百一十四公頃，等於沒有。這還不算，「農民僅保留為自己繼續經營必不可少的部份」，他們在巴黎廉價出售飼料（用於餵養首都為數眾多的馬匹）。每公頃耕地遇到好年成確實可以出產十二至十七公石小麥。這樣的競爭和誘惑是無力抵禦的[45]。

我們曾說過，這個倒退現象有程度上的差別。地中海國家倒退比較顯著，北方地區有肥沃的牧場，情況好一些。波蘭人、德意志人、匈牙利人、英國人受的限制似乎比別人少。英國到十八世紀，在農業革命內部甚至將發生一場真正的肉食革命。一位西班牙大使說過，在倫敦巨大的肉類市場（一七七八），「一個月出售的肉類超過西班牙一年的消費量」。然而，即便是在荷蘭這樣一個據「官方」統計（就算不很精確）食肉量很高的國家[46]，在十八世紀末得到改善之前，食物分配也是不平衡的：豆角、少許鹹肉、麵包（大麥或黑麥）、魚、少許豬油，碰巧有點野味……可是野味通常只有農民和領主老爺有權享用。城裡的窮人不知野味為何物：「他們只配吃蘿蔔、炸洋蔥、乾麵包，有時還得吃發霉的麵包」，或者吃粘黑麥麵包，喝「清啤酒」（「雙料啤酒」是有錢人或酒鬼的飲料）。荷蘭資產者自己的生活也很淡泊。荷蘭的國菜燴什錦誠然有點牛羊肉，可是肉的份量很少。剁得極細。晚餐往往只是用吃剩的麵包泡牛奶[47]。就在那時，醫生之間對於肉食有益還是有害的問題展開了爭論。勒姆里（一七〇二）四平八穩地寫道：「雖然不想捲入所有這些無補實際的爭論，我以為不妨說，有節制地食用動物的肉還是適宜的……」[48]。

隨著鮮肉供應的減少，燻肉或鹹肉的消費顯著增長。桑巴特指出，海員的食物構成從十五世紀末期起發生了一場革命；他這樣說並非沒有道理。鹹魚，尤其是傳統的硬餅乾，至今仍為地中海水手航行期間的主要食品。從加地斯起，面臨浩瀚的大西洋，威牛肉幾乎成為西班牙供應部門從十六世紀起就配給船員的唯一海上食物。鹹牛肉主要來自北方，特別是愛爾蘭。愛爾蘭也輸出鹹黃油，不過並非只有航海供應部門採購鹹貨。既然鮮肉逐漸成為奢侈品，鹹貨也就成為窮人（不久也包括美洲的黑奴）的日常食品。在英國，由於缺少新鮮食物，不僅在夏天，「鹹牛肉也是冬令標準菜」。在十八世紀的勃艮第，「豬肉是農民的大宗肉食。盤點財產時，很少不提到鹹肉缸裡的大塊肥肉。鮮肉是養病期間食用的奢侈品，而且價格昂貴，不是想要就能得到的」[49]。在義大利和德意志的城市裡常見走街串巷賣臘腸的小商販。從那不勒斯到漢堡，從法國到聖彼得堡附近，鹹牛肉，特別是鹹豬肉，為歐洲的窮人提供他們菲薄的肉食定量。

當然這裡也有例外。主要的、重大的例外乃是英國人。格洛斯雷一七七〇年寫道：「英國人賴肉類為生。一個法國人每天吃的麵包夠四個英國人吃」[50]。不列顛島在這個領域是歐洲唯一的「發達」國家。但是，它讓一些相對落後的地區分享這種待遇。蒙邦西埃小姐一六五八年講到她的洞布領地上的農民時說：

「他們穿得很好……不交人頭稅」；她補充說明：「他們一天吃四頓肉」[51]。這個說法有待證明，但相當可能，因為十七世紀的洞布尚屬蠻夷之地。然而野生動物或家畜正是在人控制較鬆的地方繁殖最快。對我們二十世紀的人來說，彼得大帝時代里加的伙食，或者達維尼葉時代貝爾格勒的伙食（麵包、酒、肉、多瑙河以及沙維河出產的肥大的白斑豹魚和鯉魚，一切都「價廉物美」）很可能比當時柏林、維也納，甚至巴黎的伙食更對胃口[52]。許多貧困國家在生活享用方面不比富裕國家差。生活水平取決於人口的數量和可支配的資源數量之間的關係。

得天獨厚的歐洲

歐洲的優越地位即使縮小了，畢竟依然存在。我們只需拿它和其他文明作比較。一個西班牙人（一六〇九）說：「日本人只有獵獲野獸時才吃得上肉」[53]。在印度，幸虧居民厭惡肉食：據一位法國醫生說，蒙兀兒帝國統治者奧朗則布的士兵對伙食的要求並不高：「他們只要有淡紅黃油澆在名叫吉斯利的菜飯上，就心滿意足了。」這種吉斯利完全是「大米、蠶豆、小扁豆煮熟搗爛後的混合物」[54]。

中國人很少吃肉。幾乎沒有為屠宰而飼養的家畜。用殘羹剩湯，有時加一點米餵養的豬以及家禽，加上野味，再算上狗，經過「褪毛或油煎」在專門的肉店或城門口出售，或像乳豬和西班牙山羊羔一樣裝在籠子裡運輸：按拉斯戈特斯神父說，這些為數不多的動物不能滿足一個天性愛食肉的民族的需要。除了蒙古人習慣吃煮羊肉，中國人吃肉總要加點別的東西。肉切成能一口吞下的小塊，有時甚至剁成餡，作為「菜」的配料使用。按照傳統，中國人吃飯時有許多小盒裝「菜」，其中的魚或者肉配著蔬菜，佐以醬油和其他調料。不管這種烹調事實上多麼講究，多麼精打細算，它還是叫歐洲人吃驚：在歐洲人眼裡它仍是太少了。拉斯戈特斯神父寫道：即使有錢人，也不過「好像只是為了增加食慾才夾幾塊豬肉、雞肉或別的肉吃……不管他們

講究的中國烹調。絹本畫。

多麼有錢，地位有多高，他們消費的肉食為數甚微。如果他們像我們歐洲人一樣吃肉，他們擁有的各種肉食無論如何不夠他們的需要……會把整個國家吃窮的」[55]。那不勒斯人熱梅利・卡勒里曾從廣州到北京又從北京回廣州穿行中國大地，一六九六年他對客店供應的素菜大為惱火，按他的口味這些菜索然無味。他不得不在宿處附近和在集市上碰運氣另購食物：雞、蛋、野雞、兔子、火腿、山鶉……[56]。一七三五年左右，一位歐洲觀察家斷定：「中國人很少大塊吃肉」。他接著說：「他們因而只用很少的土地來飼養家畜。」四十年以後，一位在北京工作的傳教士說得更加明確：「歐洲近代哲學家們沒有想到人口過多帶來的種種不便和後果」，而人口過多的問題卻迫使中國人「不養牛羊，因為供牛羊生活的土地必需用來養活人」。於是「田裡缺少肥料，飯桌上缺少肉，打仗缺少馬」，「為收穫同等數量的糧食需要付出更多的勞動，使用更多的人」。他總結一句話：「相對而言，法國與中國的養牛數量至少為十分之一」[57]。

中國文學作品提供了類似的證詞。清代一個當岳父的洋洋得意地誇耀說：「前日小婿來家，帶兩斤乾鹿肉來見惠，這一盤就是了。」一個屠夫對一位家裡的銀子「說起來比皇帝家還多些」，至少養著幾十個親戚和僕人的大人物煞為羨慕，他有不容反駁的證據：那位老爺「一年就是無事，肉也要用四、五千斤！」某次宴會的全部菜餚只有「燕窩、雞、鴨，此外就是廣東出的柔魚、苦瓜……」一位愛使性子的年輕寡婦對飲食十分挑剔：「每日要吃八分銀子藥……頭一日要鴨子，第二日要魚，第三日要茭兒菜鮮筍做湯；閒著沒事，還要桔餅、桂圓、蓮米搭嘴；酒量又大，每晚要炸麻雀、鹽水蝦，吃三斤百花酒……」[58]這一切並不排斥，反而促成了講究的飲食，甚而一種極端講究、靡費的飲食。但是歐洲人之所以不能理解中國烹飪的奢侈所在，這是因為對於他們肉是奢侈的同義詞。在中國只有北京皇宮前和城裡幾處廣場上才能看到堆積如山的肉。這都是來自韃靼的野味，在寒冷的冬季可以保存兩三個月，「價錢便宜，一頭鹿或野豬只賣一塊西班牙銀圓」[59]。

在土耳其，我們遇到同樣的節省和淡泊。乾牛肉不僅是野戰士兵的食物。十六到十八世紀的伊斯坦堡，除了蘇丹的後宮大量消費羊肉，市民每人每年消費量約為一頭或三分之一頭羊。伊斯坦堡畢竟是伊斯坦堡，享有特殊供應[60]……埃及從表面上看是富足的糧倉。一六九三年一位旅行家記載：「土耳其人的生活方式無異不間斷的苦修。他們之中即使最有錢的人也只吃劣質麵包、大蒜、洋蔥和酸奶酪；有時加一點煮羊肉，便是大開葷了。他們從來不吃雞和其他禽類，雖說市場上售價很便宜」[61]。

如果說歐洲人的優裕生活在他們自己的大陸上正在縮小，部份歐洲人卻不在其他地方重新開創優裕的生活，其豐足程度猶如中世紀重臨。或在東歐，如匈牙利；或在美洲殖民地，如墨西哥、巴西（聖法朗西斯科山谷野獸成群，白人與混血兒得以在那裡建立強有力的食肉文明）；或者再往南，在蒙得維多或布宜諾斯艾利斯周圍，那裡的騎手為了吃一頓飯就要殺一頭野獸……這樣濫殺還不足以滅絕阿根廷多得出奇的、在自由狀態下生活的畜類，但是同樣的天賜良物在智利北部很快就絕跡；科金博附近：十六世紀末起只有野狗得以倖存。

曬乾肉（巴西的 carne do sol）立即成為沿海城市和種植園的黑奴的食物。阿根廷的醃肉場生產的去骨乾肉（供奴隸和歐洲窮人食用）基本上是十九世紀初的發明。就在從馬尼拉返航阿卡普爾科的大帆船上，經過七、八個月（一六九六）的航行後——簡直是天報應——一位脾胃嬌貴的旅客逢到「開葷日」竟只剩「晒乾的牛肉和羊肉片可吃……這肉那麼硬，不用木棍花點時間敲打根本咬不動，不服大量瀉藥無法消化」。更令人噁心的是這種食物長滿了蛆[62]。食肉的需要顯然不遵循任何法則，或者說法則即使有也並不多。例如，安地列斯群島的海盜儘管並不愛吃猴肉，但還是像非洲黑人一樣捕殺猴子，尤其是幼猴。羅馬的貧民和窮苦猶太人從專門的肉店購食一般人厭惡的水牛肉。在普羅旺斯地區的艾克斯，到一六九〇年左右才開始宰殺和食用公牛，長期以來這種大型肉用動物一直蒙有不潔的名聲[63]。一位法國旅行者不無噁心地寫道，在丹麥「市場上出售馬肉」[64]。

暴飲暴食

十五、十六世紀以後，歐洲最多只有少數特權享有者在餐桌上窮奢極欲。尤為荒唐的是他們大量消費罕見的菜餚。主人吃剩的歸僕人享用，最後剩下的即使已經變質，還要轉賣給小商販。還有胡鬧的事：從倫敦運一頭烏龜到巴黎（一七八二），「這道菜值一千埃居，供七、八個老婆飽餐一頓」，相比之下，烤野豬成了普通菜。和一位證人說：「我親眼看到野豬擱在烤架上，聖羅蘭的野豬個頭不大。人們燒起熾熱的炭火，在野豬肚子裡塞進肥肝，外面抹上優質動物油，用火點燃，然後澆上上品美酒。最後整隻野豬連同豬頭一塊兒端上餐桌……」[65]客人僅僅品嘗一下野豬身上的不同部位……王公大人不過借此尋開心而已。國王和名門貴族的供應商在送貨用的背簍裡裝滿市場上最好的食物：肉、野味、魚。下腳料則賣給「小老百姓」，而且要他們付出比貴族更高的價錢。更有甚者，這種商品往往摻假。「大革命前巴黎的肉舖老闆把牛身上最好的部位賣給高門大戶；次等部位賣給百姓，還要搭上骨頭，並且挖苦地把骨頭叫作喜慶肉。」最次的部位和剔下的碎肉歸窮人吃，不在肉舖出售[66]。

還有別的稀有菜：松雞或圃鵐。孔蒂公主的婚宴（一六八〇年）上，人們吃掉一萬六千斤等珍饈佳肴[67]。這種鳥在葡萄園裡棲息，賽普勒斯島有大量繁殖（十六世紀時該島向威尼斯出口醋漬雪），義大利、普羅旺斯、朗格多克也有出產[68]。綠牡蠣也是稀有菜。還有十月份從第厄普（Dieppe）或康卡爾（Cancale）運到巴黎的當年生牡蠣。還有草莓。還有在巴黎地區的暖房裡栽培的香蕉。巧妙地、甚至挖空心思地配製的調味汁也歸富人獨享，凡是想得出來的配料都加進去了：胡椒、香料、杏仁、龍涎香、麝香、玫瑰汁……還不能不提寶貴的朗格多克廚子，他們是全巴黎的翹楚，非出高價僱請不到。窮人如果也想參與這種盛宴，他只需要跟僕人們搞好關係，或者去光顧凡爾賽的「剩菜店」。那裡出賣從國王飯桌上撤下來的食物，凡爾賽城四分之一的居民吃殘羹剩菜而不以為恥：「某人腰佩長劍走進店舖，購一大菱和一鮭魚頭，後者乃不可多得之佳餚」[69]。也許更明智、更吸引人的辦法是到拉丁區於賽特街一家烤肉店，或者到瓦雷河濱道（專賣禽類和野味）去買一隻鹽閹雞。但見一個鉤子底下高懸一口長年不歇火的鐵鍋，鍋裡煮著許多閹雞，顧客要哪一隻就撈出哪一隻。或帶回家去熱著吃，「或就在離鍋子很近的地方，配上勃艮第酒美餐一頓……」不過，這都是市民階層的行徑[70]。

怎樣擺設餐桌

奢侈也表現在餐桌、餐具、銀器、桌布、餐巾、蠟燭光和飯廳的佈置上。巴黎十六世紀就有租一所漂亮房子招待朋友的習慣。更巧妙的辦法是買通看守者，占用空房子。飯館老闆自會送菜上門。東道主有時候會賴下來不走，直到真正的業主出面攆他。一位大使（一五五七）說：「我在任時，教廷大使薩維亞第大人被迫在兩個月內搬家三次。」[71]

既然有豪華的宅第，也就有豪華的客店。蒙田（一五八〇）寫道，在馬恩河畔的沙隆，「我們下榻的皇冠客店美奐美輪，餐具皆為銀制」[72]。

現在讓我們提出問題本身：若要「隆重款待三十名身份高貴的客人」，應該怎樣擺檯面？答案就在一六五四年出版的一部烹飪書裡，作者為尼古拉·德·包納豐。書名出人意料，叫作《鄉居樂事》。答案如下：兩邊各置十四副餐具，由於餐桌是長方形的，「上首」可坐一人，「下首坐一至二人」，客人與客人之間則是「相隔一張椅子的距離」。「桌布應四邊垂地。桌子中央應備有若干帶柄的鹽瓶以及供擱置菜餚的托盤」。共上八道菜。以最後一道菜來舉例說明，計有果醬、果脯，小碟裝果凍、麝香糖、凡爾登糖杏仁，添入「麝香、龍涎香及其他香料」的糖霜……餐廳總管腰間佩劍，發令更換碟子，「至少每道菜換一次，餐巾則每兩道菜換一次」。這番描寫十分詳細，甚至規定每次換菜時應如何從餐桌上「撤下」菜盤，卻忘了去說明每個客人的「餐具」是怎樣擺的。當時，一套餐具肯定包括一個碟子、一把勺、一把刀，是否每人都有專用的叉子就不好說了。客人面前肯定不擺酒瓶和酒杯。禮儀規則尚未最後確定，作者把用凹形碟子喝湯作為一種文雅舉止向大家推薦，以便客人一次盛完，「免得一再把勺伸到湯盒裡，惹別人討厭」。

至於我們今天擺設餐桌的方式和我們在進餐時的舉止，這些細節都是在應用過程中一項一項地慢慢形成的，而且因地而異。勺和刀的歷史相當久了。可是使用勺以及提供餐刀的習慣到十六世紀才普及：在這之前，客人需自備刀勺。同樣，每人面前有專用的酒杯也始於十六世紀。以前的禮貌要求客人喝完杯中的酒，

為加拿的婚宴擺設的餐桌。
波希（Hieronymus Bosch, 1452-1516）油畫。鹿特丹的博依曼博物館。

然後把杯子遞給鄰座，後者也照此辦理。或者由僕人應客人的要求，從餐桌附近的酒架或酒桌上取來酒或水。蒙田於一五八〇年橫穿德意志南部。他解釋說：「每人座位前有一銀杯。侍者等客人把杯中酒喝乾之後，立即從遠處把錫製或者木製酒壺拿來，斟滿酒杯，不勞客人動手」[73]。辦法固然漂亮，而且也相當省事，但是每位賓客面前必須有專用的酒杯才可能辦到。還是在蒙田時代的德意志地區，每個客人都有專用的錫製或木製盤子，有時在這個盤子底下放一個木湯盆，在上面放一個錫碟子。我們有證據表明，德意志鄉下某些地方，大概還有別的地方，直到十九世紀還在使用木頭碟子。

這些講究都是後來的事情，在這以前很長一段時期，客人面前只有一塊木板或一大片麵包，他們把肉攤在上頭吃[74]。那時候一道大菜應有盡有，足夠大家食用：人人用手各取所需。關於瑞士人，蒙田有如下記載：「他們使用的銀把木勺的數目與人數相等（意為：每個客人都有專用的勺子），而且瑞士人必帶餐刀，無論吃什麼都離不開刀，從不把手伸進菜盤」[75]。博物館裡保存著帶金屬把的勺子，不一定都是銀把，還有各種形狀的餐刀。凡此種種，都是古老的工具。

叉子的情形不同。大型的雙股叉由來已久，它用於在餐桌上向客人上肉、在爐火上或在廚房移動肉塊。至於個人專用的小叉子，儘管有種種例外，卻並不古老。它大約起源於十六世紀，從威尼斯和義大利全境慢慢向外傳播。一位德意志傳道士譴責這一魔鬼發明的奢侈品：假如上帝要我們使用這個工具，他又何必讓我們長上手指？蒙田不用叉子進餐，他曾說道自己吃飯太快，「匆忙之中不免咬到手指」。何況他承認自己「少用勺、叉」[76]。維亞蒙老爺在一六〇九年詳細描寫土耳其人的烹飪和飲食習慣之後，補充說：「他們不像倫巴第人和威尼斯人那樣使用叉子」——當時他沒有提到法國人是有道理的。同一時期，一位英國旅行家湯姆斯·考列埃特在義大利發現叉子，把玩不已，後來也用它進餐，結果卻招致友人的嘲弄。朋友們送他一個外號，就叫「叉子手」[77]。是否食用草莓的習慣迫使有錢人使用叉子？未必如此。以英國為例，早於一六六〇年的財產清單並沒有列上叉子。到一七五〇年前後叉子才普遍使用。奧地利的安妮〔法王路易十三的王后〕終生保留用手抓肉吃的習慣[78]。維也納的宮廷至少直到一六五一年仍舊用手進餐。路易十四的宮廷裡有誰用叉子呢？是蒙多西埃公爵，聖西門說他「有潔癖」。國王不用叉子，聖西門稱許他善用手指把雞塊啃得乾乾淨淨！勃艮第公爵和他的兄弟們某次獲准與國王共進晚餐，他們根據學會的禮節拿起叉子，國王卻禁止他們使用。帕拉丁娜公主〔伊麗莎白—夏洛特〕，得意洋洋地轉述這段軼聞。至於她本人，她聲稱自己「吃飯總是用刀子和手指……」[79]因此十七世紀的筵席上要為客人提供大量餐巾，雖然根據蒙田的說法，使用餐巾的風氣到他那個時代才傳到私人家裡[80]。用一把壺和一個盆洗手的習慣也淵源於此，吃一頓飯要洗好幾次手。

建立禮儀需很長時間

這些變化意謂著一套新的禮儀逐漸被大家接受。專用的飯廳本身就是一種奢侈，十六世紀才普及到法國富人家裡。領主早先是在開間很大的廚房裡吃飯的。

進餐的全套規矩需要在廚房裡和客人身邊使用大量僕人。並非只有凡爾賽宮講究禮數。國王進餐時，或者沿用人們當時的說法，「國王用肉」時，大廚房和小廚房裡忙個不停。這一新起的奢風要到十八

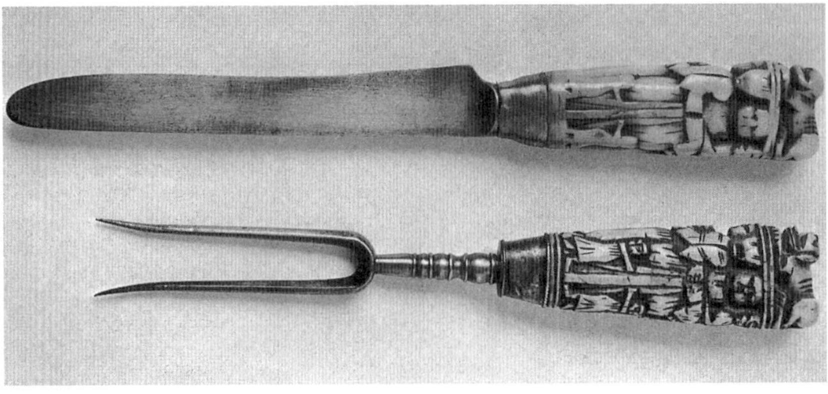

象牙柄餐具，17 世紀。（慕尼黑國立博物館）

世紀才傳遍整個法國和英國。杜克洛在一七六五年左右寫道：「倘若使六十年前死去的人重返人間，飲食、穿著以及風氣方面的變化會致使他們認不出巴黎」[81]。這句話無疑也適用於整個歐洲。奢靡之風無所不在，甚至颳到歐洲的殖民地。歐洲人總企圖把自己的習慣原封不動搬到殖民地去。正因為這樣，西方旅行家對世界各地的殊風異俗頗多鄙視，根本就看不上眼。熱梅利．卡勒里對他的東道主，一位頗有地位的波斯人在餐桌上的舉止大為驚訝（一六九四）。那位波斯人「不使用勺而是用右手抓飯，送到〔客人的〕盤子裡去」[82]。再看拉巴神父（一七二八）關於塞內加爾的阿拉伯人所說的話：「這些人根本不懂在桌子上吃飯……」[83]只有文雅的中國人得到這些挑剔的權威人士的寬容。中國人圍桌而坐，使用上釉的碗盞；他們在長袍的腰帶上佩插小刀和裝在套子裡的筷子，用筷子進食。一七六〇年左右在伊斯坦堡，托特男爵風趣地描述了「首席通事夫人」在鄉間別墅舉辦的招待會。這位夫人屬於為蘇丹效勞的那個富有的希臘人階層。這些希臘人接受了許多當地風俗，但又立意要與當地人有所不同。「一張圓桌，四周放著椅子，勺、叉俱全，唯獨缺少使用它們的習慣。這裡的人對我們的習俗可謂亦步亦趨。我們的習俗得到希臘人的歡心，猶如我們喜愛英國人的習俗。我眼見一位婦人吃飯時用手指抓住橄欖，然後插到叉子尖上，學法國人的樣子送進嘴裡」[84]。

然而一六二四年，奧地利朝廷在為派駐亞爾薩斯大公領地的青年軍官發佈的敕令中，仍需為他們規定赴大公宴請時應遵守的禮節：衣冠整潔，不得於入席時已喝成半醉，不得每吃一口菜即喝一次酒，飲酒前要把鬍子和嘴擦拭乾淨，不可以舐手指，不得在碟子裡吐痰，不得用桌布擤鼻涕，不得作「牛飲」……讀者看到這些訓令就不難想像李希留時代歐洲已達到什麼文雅程度[85]。

在基督的餐桌上

飲食方面的種種講究形成很晚。我們在走向過去的旅程中，賞析精緻文化出現之前的畫作極有啟發。這類描繪古代就餐場面的畫作不計其數。尤其是基督最後的晚餐，自從西方有畫家以來，已被畫過幾千遍。此外基督在西蒙家裡進餐、加拿的婚禮、埃瑪於斯朝聖者的餐桌，也是畫家常用的題材……假如我們把目光從畫面中十分動人的人物身上移開一時片刻，轉而注意桌子、繡花桌布、座位（方凳、椅子、長凳），特別是碟子、盤子、刀子，我們會發現一六〇〇年以前不見叉子，幾乎沒有勺子。代替碟子的，是一大片麵包，圓形或橢圓形的木板，略呈凹陷的錫製圓盤——德意志南部的繪畫上常見藍色鏽點。乾麵包片往往放在一塊木板或金屬板上；它的用途是吸乾食物切割後流淌的汁水。飯後這塊「麵包碟」就施捨給窮人。桌上至少有一把刀。假如全體客人合用一把刀，那麼這把刀一定很大；經常出現個人獨用的小餐刀。酒、麵包和羊羔自然在這聖餐上經常出現。這頓飯並不豐盛，談不上奢侈。畫的主題既然不是表現人的食物，不必在這方面落墨過多，然

最後的晚餐。紐倫堡壁毯細部，15 世紀。（慕尼黑國立博物館）

而基督及其門徒吃飯的方式與烏爾姆或奧格斯堡的資產者沒有兩樣，因為畫家表現的無論是加拿的婚禮，希羅德的盛宴，還是某一在全家人和慇懃的僕人圍繞下進餐的巴塞爾市民，或者那位在一五九三年與友人一起慶祝新居落成的紐倫堡長者，我們看到的場面大同小異。據我所知，在用基督最後的晚餐做題材的畫上出現叉子，最早見於雅各波．巴薩諾的作品（一五九九）。

日常食物：鹽

現在讓我們翻過奢侈這一頁，看看人們的日常食物。鹽會把我們的討論引回正題，因為這是世界各地居民的必需商品，對於維持人畜的生存和醃製鹹肉鹹魚均不可缺少。尤為重要的是政府參與鹽的貿易。歐洲和中國一樣，鹽是國家和商人的一大財源；我們下文還要說到這一點。正因為鹽是生活必需品，它能衝破一切障礙，利用一切方便：譬如說，作為重貨，它使用河道（溯隆河而上）和航行大西洋的船隻。沒有一座岩鹽礦不被開採，也沒有未經開發的鹽田。地中海或大西洋邊上的鹽場都位於信奉天主教的南部地區，北歐信奉新教的漁民需要布魯阿日（Brouage）、塞圖巴（Setubal）或桑盧卡爾—德巴拉梅達（San Lucar de Barrameda）出產的鹽。儘管有戰爭，交換始終在進行，組織龐大的鹽商集團大發其財。同樣，撒哈拉的鹽塊由駱駝隊穿過沙漠運到黑非洲，換取那裡的金屑、象牙或者黑奴。沒有比這些事實更能說明人們對這項貿易不可抑制的需要。

瑞士小小的瓦萊州（Valis）也用經濟學和距離的概念說明這一需要。這個地區貼近隆河上游河谷，資源和人口的關係十分平衡，唯獨缺少鐵和鹽，特別是後者。居民需要用鹽飼養家畜、做奶酪和醃製食物。鹽必須從很遠的地方運到阿爾卑斯山區供他們消費。從八百七十公里外的貝該（朗格多克）經過里昂；從一千三百公里外的巴列塔（Barletta）經過威尼斯；從二千三百公里外的特拉帕尼（Trapani）同樣經過威尼斯[86]。

鹽作為主要的、無法取代的食物，具有神聖性（「古希伯萊語和當代馬爾加什語把加鹽的食物當作是神聖的食物的同義詞」）。在歐洲人吃乏味麵糊的那個時代，鹽的消費量很大（每人每天二十克，等於今天的兩倍）。十六世紀法國西部曾發生農民抗鹽稅暴動。一位當醫生的歷史學家認為這場暴動的原因在於缺乏食鹽，而稅務當局偏偏製造麻煩[87]。何況我們還能從某一細節獲知，或者出乎意外地重新獲知，鹽還有許多人們一下子想不起來的用途：例如醃製普羅旺斯的鮪魚子，還有十八世紀流行的家庭醃菜技術：蘆筍、鮮豌豆、蘑菇、傘菌、羊肚菌、朝鮮薊心……

日常食物：奶品、油脂、蛋

在奶酪、蛋、奶以及黃油方面，也並無奢侈可言。巴黎的奶酪來自於布利、諾曼第（布雷地區的小塊乾酪、里伐羅特乾酪和龐特伊維克的軟乾酪……）、奧弗涅（Anvergne）、都蘭、皮卡第，主要由食品零售商銷售。他們什麼都賣，也從鄰近的修道院和農村進貨：蒙特勒伊（Montreuil）和萬塞訥（Vincennes）的奶酪在那裡零售，「裝在柳條或燈芯草編的小籃子裡的新鮮乾酪塊」[88]。在地中海地區，撒丁尼亞島的奶酪，橢圓奶餅[89]或者鹹奶酪，運銷各處：羅馬、那不勒斯、利佛諾、馬賽、巴塞隆納；這兩種奶酪還從卡利亞里（Cagliari）整船整船地經裝運後出口，售價甚至高於荷蘭奶酪，後者到十八世紀最終侵入歐洲和全世界的市場。從一五七二年起，成千種荷蘭奶酪走私運到西屬美洲。在威尼斯出售達爾馬提亞奶酪和康提亞巨大的奶酪圈。馬賽一五四三年消費的奶酪中有奧弗涅的產品[90]。奶酪在奧弗涅省出產豐富，在十六世紀成為當地居民的主食。十五世紀時多菲內的夏特勒茲大修道院生產的奶酪眾口交譽，人們把它融化後抹在烤麵包片上食用。瑞士出產的「正宗格呂耶爾奶酪」早在十八世紀以前就被法國人大量消費。一七五〇年前後，法國每年從瑞士進口三萬公石。「在法朗什－孔代、洛林、薩瓦和多菲內有人假冒」，這些仿製品的聲譽和價格不如真貨，但是銷售甚廣。相反，諾曼第有人仿製帕爾馬乾酪的試驗沒有成功[91]。

奶酪作為廉價的蛋白質來源，是歐洲民間的主要食物之一。被迫遠離故土、在得不到奶酪的異鄉生活的歐洲人無不思之若渴。一六九八年左右，法國有些農民因向在義大利和德意志作戰的部隊供應奶酪而發財致富。然而，特別是在法國，奶酪歷時很久以後才被視為席上珍品，取得「高貴身份」。烹飪書裡留給它的篇幅不多，既不介紹它的特性，也不列舉各種特殊名稱。山羊奶酪被人瞧不起，品級低於綿羊奶酪和牛奶酪。直到一七二〇年，在勒姆里醫生的眼裡還只有三種奶酪：「羅克福爾、帕馬森奶酪和多菲內省薩色那日的產品……有資格登上最講究的餐桌」[92]。當時羅克福爾奶酪的年消費量超過六千公石。薩色那日是牛奶、山羊奶和綿羊奶煮沸後的混合物。對帕馬森奶酪（以及後來不再流行的佛羅倫斯出產的「瑪素

《老婦人與雞蛋》，委拉斯蓋茲的油畫，作於 1618 年，離開故鄉塞維爾之前。（蘇格蘭國家畫廊）

林」）的嗜好是查理八世遠征義大利的部隊帶回法國的。不過，不管勒姆里怎麼說，駐節倫敦的杜布瓦樞機主教一七一八年給侄兒寫信時要求從巴黎給他寄去什麼東西呢？三打龐特伊維克軟乾酪，三打瑪后蘭奶酪和一些布利乾酪外加一副假髮[93]。名牌奶酪已有它們的忠實主顧和愛好者。

穿過伊斯蘭國家直到印度，牛奶、黃油、奶酪這些價格低廉但是營養豐富的食物占有重要位置。一位旅行家在一六九四年記載，波斯人開支很省，他們「只吃一點奶酪和蘸酸奶的麵包，那種麵包薄如祝聖餅、無味、摻許多麩皮；早餐還吃一點白米粥或者是肉粥」[94]。再說，只有富人的餐桌上才有肉粥。土耳其必定也是這樣的情況，那裡的窮人幾乎以簡單的奶製品為唯一食物：頓頓吃酸奶，隨著季節變化伴有甜瓜、洋蔥、大蔥、乾果粥。除了酸奶，還要提到凱馬克（略加鹽分的煮沸奶油），以及做成圈狀、球狀、用皮袋保存的奶酪，如瓦拉基亞山民生產的有名的卡斯加瓦爾。這種奶酪和薩丁尼亞島及義大利的橢圓奶餅一樣，用綿羊奶經過多次煮沸後做成，遠銷伊斯坦堡，甚至義大利。

不過，我們不要忘記，在東方，中國形成巨大的、堅持不變的例外：它根本不知道牛羊奶、奶酪和黃油；那裡飼養的牛羊僅供肉用。那麼吉涅先生自以為在中國吃到的「黃油」到底是什麼樣的東西呢[95]？中國只有少數幾種糕點使用黃油。日本和中國一樣對奶製品抱有反感：甚至在農村裡，牛只用於耕作，日本農民至今仍認為奶製品「不乾淨」，拒絕食用，他們從大豆取得他們必需的少量食油。

相反，西方城市消費大量牛奶，以致供應成為問題。倫敦每到冬天，有錢人家都回到首都過冬。牛奶的消費量就增加；到夏天，由於相反的原因，消費量就下降。無論冬夏，都存在十分普遍的作假現象。轉售者、甚至生產者在奶中摻進大量水份。據說〔一八〇一年〕：索立郡一位大地主〔在他的乳品作坊裡〕有一臺有名的水泵。因為漆成黑色，被人叫做黑母牛。人家肯定說，「這頭黑母牛提供的牛奶比所有奶牛生產的奶加在一起還要多」[96]。倒是前一個世紀瓦拉多利德（Valladolid）的日常景象更叫人喜歡：四百多頭騾子擠滿大街小巷，每天從附近農村運來供這個城市消費的結皮奶酪、黃油和奶油，其價廉物美曾使某位葡萄牙旅行家讚不絕口。這個城市富極一時，那裡應有盡有：禽類市場上每天售出七千隻家禽，羊肉的質量世界第一，麵包極好，酒極佳，奶製品供應充足——這是一項奢侈，因為奶製品在西班牙特別罕見[97]。可是腓力三世不久卻偏偏遷都馬德里。

從北非到埃及的亞力山卓以及更遠地區食用帶餿味的黃油。除開這一大片地帶，黃油的食用限於歐洲北部。歐洲大陸其餘部份乃是豬油、肥肉油、橄欖油的天下。法國在地理上被兩種不同的烹調用油一分為二。羅亞爾河流域簡直可說黃油成河；巴黎和巴黎以北地區使用黃油已成規例。勒姆里（一七〇二）說：「法國幾乎沒有不帶黃油的調味汁。荷蘭人和北方民族用黃油比我們還多，有人說他們的膚色鮮嫩得力於此」[98]。事實上，即使在荷蘭，普遍使用黃油也是十八世紀的事情。這是當時有錢人家膳食的特徵。被迫在北方國家生活或者路過那裡的地中海居民往往因此而犯愁，他們認為食用黃油會誘發痲瘋病。因此豪奢的亞拉岡樞機主教一五一六年在荷蘭旅行時特地讓廚子隨行，並在行李中攜帶足夠數量的橄欖油[99]。

十八世紀的巴黎物阜民康，黃油供應充裕：有新鮮黃油，也有愛爾蘭和布列塔尼的鹹黃油，還有時髦的洛林融化黃油。相當部份新鮮黃油來自第厄普附近的一個名叫古爾奈的小城。當地的商人收到生黃油之後還要再進行加工一次、以便清除其中殘剩的奶清。「然後他們把產品做成重達四十到六十斤的大塊之後，再發送巴黎」[100]。任何領域都逃不脫趕時髦的習氣：根據《警世詞典》（一七六八）的說法，「上等人只敢提及兩種黃油：旺夫（Vanre）和弗雷瓦萊（Frévalais）出產的」[101]，這兩個地方都在巴黎附近。

蛋的消費很普遍。醫生們反覆推薦薩雷諾醫學院的古老箴言：煮蛋別太熟，鮮蛋莫久放。各種蛋品保鮮法廣為流傳。不管怎麼說，蛋的價格具有重大意義；作為一種大眾商品，蛋的價格緊緊追隨行情的上落，根據佛羅倫斯雞蛋的幾個售價，一位統計學家推算出這個城市在十六世紀的生活程度[102]。蛋價本身確實足以有效地顯示某個城市或某個國家的生活水平或銀價。十七世紀的埃及，有個時期「花一個蘇可以買到二十枚雞蛋，或者兩隻鴿子，再或者一隻肥墩墩的小母雞」；從馬涅西亞到布爾薩的大道上（一六九四），「食物不貴：用一個巴拉（等於一個蘇）可買到七枚雞蛋，十巴拉換一隻母雞，兩巴拉買一隻冬蜜瓜或者足夠吃一天的麵包」；一六九七年二月，同一位旅行家在新西班牙的阿卡普爾科記載著：「店主要我付一塊銀圓（三十二蘇）做一頭母雞的代價，雞蛋則每枚索值一蘇」[103]。由此可見雞蛋乃是歐洲人的日常食品。故此蒙田才在德意志的客店裡大吃一驚。他寫道：那裡「餐桌上從不見蛋，除非煮老後切成四塊添在生菜裡」[104]。孟德斯鳩在從那不勒斯回羅馬的路上（一七二九）同樣感到奇怪：「在這古老的拉齊奧，旅客吃不到嫩雞、雛雞，往往連雞蛋也找不到」[105]。

可是上述情況在歐洲顯係例外，在素食的東方卻是常規。中國、日本、印度得不到這一豐富、平常的食物補充。蛋品在這些國家奇缺，不是民眾食物的組成部份。有名的中國鹹鴨蛋需要在滷水裡浸泡三十天左右，是有錢人才吃得起的美食。

日常食物：海鮮

海洋在食物供應中起巨大作用，其實它還可以發揮更大的作用。世界上廣大地區根本不去利用，或者很少利用近在咫尺的海生食物。

新大陸幾乎不知享用魚類資源。安地列斯群島的漁場有十分豐富的魚鮮。碰上好天氣，駛向韋拉克魯斯的漁船有時達到的捕獲量近乎奇蹟。紐芬蘭沿海的魚產量神話般豐富，捕獲的魚幾乎全部運往歐洲，至少也是優先供應歐洲（十八世紀有若干噸鰻魚運抵英國殖民地和南美的種植園）。成群的鮭魚溯流而上，游入加拿大和阿拉斯加寒冷的河流。小小的海灣地中海資源豐富，來自南方的寒流帶來大群鯨魚，因此捕鯨業發達，十七世紀已出現巴斯克魚叉手……在亞洲，唯有日本和從長江口到海南島的中國南部有捕魚業。別的地方似乎只有零星的漁船，如馬來亞和錫蘭周圍。波斯灣阿巴斯港附近（一六九四）的漁夫間或也採集珍珠等稀奇物品，但他們「與其採集商人收購的珍珠，更喜歡捕撈〔在陽光下曬乾，做為日常主食〕沙丁魚，因為他們認為「捕魚更加可靠，也比較容易」[106]。

捕鯨圖。18 世紀台夫特瓷盤畫，卡那瓦萊博物館。

在中國，淡水養魚業和捕撈業的收益甚豐（長江流域的湖泊和北河出產鱘魚）；保存辦法和南越的東京一樣，往往讓魚自動發酵後製成魚滷。但是海產未能深入中國大陸腹地，那裡的消費量至今仍微不足道（每人每年零點六公斤）。只有日本普遍食魚，這一習性一直維持下來，今天日本人吃魚（僅次於祕魯的世界第二漁船隊為每人每年提供四十公斤）堪與歐洲人吃肉媲美。日本不但擁有魚產豐富的領海，而且蝦夷和薩哈林的漁場就在附近，巨大的暖流和寒流在那裡匯合，正如海灣暖流和拉布拉多寒流在北大西洋的紐芬蘭相遇一樣。暖寒流中的浮游生物使魚類得以大量繁殖。

歐洲沒有這樣得天獨厚，但也能就近和從遠處取得多種補給。由於教會規定許多齋日（直到路易十四時代，每年有一百六十六天齋日，其中歷時四十天的封齋期嚴禁吃肉），魚對歐洲尤為重要。四旬齋期間，只准向持有醫生和神父雙重證明的病人出售肉類。為了便於控制，巴黎只有「封齋期肉舖」特許在主宮醫院的圍牆內出售禁用的肉食[107]。因此對於鮮魚、燻魚和鹹魚的需要大增。

然而並非歐洲各地近海都有豐富的魚類棲息。眾口交譽的地中海只有有限幾種魚大宗出產：博斯普魯斯海峽的金槍魚，俄國河流的鱘魚（魚子醬是遠達阿比西尼亞的基督教國家守齋期的最佳食物），希臘群島的章魚乾（自古以來的天賜良物），普羅旺斯的沙丁魚和鯷魚……北非、西西里、普羅旺斯、安達魯西亞和葡萄牙的阿爾加維（Algarve）也用建網捕撈金槍魚：拉哥斯港向地中海或北非整船整艙地輸出桶裝鹹金槍魚。

做為比較，北方的英吉利海峽、北海、波羅的海這些小型地中海，尤其是大西洋，那裡的漁產資源就要豐富得多。歐洲中世紀，大西洋沿岸的漁業相當活躍（鮭魚、鯖魚、鱈魚）。波羅的海和北海從十一世紀起便有大的鯡魚捕撈場。先是漢薩同盟，後來是荷蘭和西蘭島的漁民因此致富。據說是一個名叫威廉・貝凱爾松的荷蘭人在一三五〇年發明了迅速掏出鯡魚內臟並在漁船上醃製後立即裝桶的辦法[108]。可是十四、十五世紀之間鯡魚離開了波羅的海[109]。從此以後，荷蘭和西蘭島的漁船要到英格蘭和蘇格蘭沿海的多格淺灘，甚至遠到奧尼克群島去捕撈鯡魚。別國的漁船也趕往這些得天獨厚的漁場。十六世紀瓦盧瓦家族和哈布斯堡家族爭奪霸權時，雙方約定在鯡魚汛期停止交兵，並且大致上遵守信約，從而保證歐洲不至於失去這個天賜的食物。

鯡魚經由海路、通過江河、利用車載畜馱輸往南歐和西歐各地。有三種鯡魚遠達威尼斯：醃製的白鯡魚、燻製鯡魚和半燻半鹹鯡魚……經常有所謂「海鮮販子」急急忙忙驅策一頭劣馬奔往巴黎一類的大城市；這是窮人的營生，馬背上馱著新鮮的魚和牡蠣。我們現在還能在音樂家雅內坎所編製的《巴黎市聲錄》中聽到「新鮮鯡魚，剛出網的！」在倫敦，年輕、節儉的皮普斯只需小小破費，便可請妻子和朋友們吃一筐牡蠣。

可是我們不要以為光是海魚就足夠歐洲人消費了。離海岸越遠，離中歐和東歐的大陸國家越近，對淡水魚的需求就越為迫切。凡是大江小河，甚至巴黎的塞納河也不例外，必有領執照的漁夫。遙遠的伏爾加河魚類資源極其豐富。羅亞爾河以鮭魚和鯉魚聞名。萊因河的鱸魚也負盛名。一位葡萄牙旅行家十七世紀初看到瓦拉多利德的海魚供不應求，而且由於長途運輸，魚的質量有時不佳。那個城市一年到頭有油醋醃魚、沙丁魚和牡蠣，有時還有綠青鱈；封齋期有來自桑坦德的上品鯛魚。可是市場上每天出售的肥美鱒魚的數量卻使這位旅行家大吃一驚。這些魚來自布哥斯以及里約瑟科城，有時候足夠城裡一半居民食用，而當時瓦拉多利德是西班牙的首都[110]。在波希米亞，我們已經說過有人工開挖的魚塘，還提到南部富饒的領地上經營的養魚業，在德意志鯉魚是普遍的食物。

捕鱈魚業

十五世紀末年起在紐芬蘭的淺灘上大規模捕捉鱈魚，其後果有如一場革命。巴斯克人、法國人、荷蘭人、英國人相互角逐，結果是強者趕走弱者。西班牙的巴斯克人被淘汰，只有海上強國：英國、荷蘭和法國有權進入漁場。

最大的問題在於保存和運輸捕到的魚。鱈魚或在紐芬蘭的船上加工醃製，或在岸上曬乾。鹹鱈魚即「曝醃鱈魚」，「剛經醃製、仍帶水份」。專門生產這種鱈魚的船都是小噸位，配有十幾名漁夫，外加在底艙切割、加工、醃製鱈魚的水手；底艙裡堆積的鱈魚往往高及甲板大樑。這些漁船通常到達作業場所後就隨波逐流。相反，大噸位的帆船則負責運回「乾」鱈魚，即加工後的鱈魚。帆船抵達紐芬蘭海岸後即拋錨停靠，另有小船專司捕捉。魚在陸地上用一套複雜的辦法晾乾，薩瓦里・德布呂斯龍對之有詳細描述[111]。

每艘帆船在出發前都要充分裝備，把鹽、食物、麵粉、葡萄酒、燒酒、釣線和釣鉤裝上船。十七世紀初，挪威和丹麥的漁夫還到塞維爾附近，桑盧卡爾—德巴拉梅達買鹽。商人當然給予貸款；借款人從美洲回來後用魚償還[112]。

十六、十七世紀，拉羅歇爾全盛時期，便發生這種情況。每年春天，許多帆船在那裡停泊；由於需要寬大的底艙，這些船隻的噸位往往在一百噸上下：「鱈魚占據的艙位大大超過一般貨物。」船上有二十到二十五名水手，這說明捕魚是項費力大而得益少的事。供應商與船主在公證人面前立約，前者賒給後者麵粉、工具、飲料和鹽。光是拉羅歇爾附近小小的奧洛納港每年都要裝備上百條帆船，向大洋彼岸派出好幾千名水手。由於這個小城本身只有三千居民，船主勢必要在別的地方，有時還在西班牙招募海員。無論如何，一旦漁船啟航，城裡的供應商不無冒險地整筆墊出去的錢就在海上飄流。吉凶如何，要看捕獲量的多寡和航行是否平安。一直要等到六月以後，漁船陸續歸來，才談得上還債。最早回來的船只能得到一筆數目大得驚人的獎金。得勝的船主在客店裡遭到市民的包圍，人們熱烈爭論，甚至動起拳腳……這個勝利能意謂著大筆收入。人人都在等待新上市的魚：「新鮮不就是質量優秀嗎？」優勝者有時能以高達六十法郎的價格售出一百條魚（根據不同習慣，也有以一百十條做計算單位的），而幾天以後，一千條魚只值三十法郎。通常是一條奧洛納的船贏了這場速度比賽，最早歸來，因為當時的船員有一年航行兩次，趕「早」、「晚」兩「季」的習慣。他們這樣匆匆忙忙趕回，如果遇上壞天氣，不免要冒點風險[113]。

鱈魚捕之不盡。紐芬蘭大淺灘是一大片剛剛被海水淹沒的大陸架，鱈魚「在這裡聚會（……）；不妨說它們來這裡過節，其數量之多竟使從世界各國趕來的漁夫都忙不過來。漁夫們從早到晚下線、收線、給上鉤的魚開膛，然後把取出的內臟穿在魚鉤上，再去釣下一條魚。有時一個人一天能釣上三百到四百條魚。一旦吸引它們到這個地段來的食物告竭，鱈魚就各奔前程，轉而向它們特別愛吃的牙鱈開戰。後者在鱈魚前面逃竄；多虧鱈魚的追逐，才經常有牙鱈回到我們的〔歐洲〕海岸」[114]。

一位馬賽人在一七三九年歡呼：「是上帝賜給我們紐芬蘭的鱈魚。」一個世紀以前，一位法國旅行家以同樣讚賞的心情這樣宣稱：「歐洲最好的生意是去捕鱈魚，因為不下本錢（其實也不一定）就能得到鱈魚，只要願意出力氣捕捉和推銷，幹這項營生能賺到西班牙的大錢幣，法國有一百萬人以此為生」[115]。一百萬人顯然是個誇大的數字。十八世紀末的一份統計表提供了有關法國、英國和美國捕鱈魚業的幾個零碎的數字。一七七三年法國出動二百六十四條船（二萬五千噸，一萬名船員）；一七七五年英國出動四百條船（三萬六千噸，二萬名船員）；同年美國出動六百六十五條船（二萬五千噸，四千四百名船員）。共計一千三百二十九條船，八萬六千噸，五萬五千名船員；總捕獲量約為八萬噸魚。加上荷蘭和歐洲其他國家的漁船，至少有一千五百條船，每年捕獲量少說也有九萬噸[116]。

柯爾貝爾時代（一六一九年—一六八三年），翁夫勒（Honfleur）一位商人告訴我們怎樣區分鱈魚的品級[117]。個頭特別大的上品魚叫做「加夫」；其次是「馬尚德」；再次是「蘭格」和「拉蓋」，即小個頭曝醃鱈魚；最次是揀剩下來的大量「等外品」，不是醃得鹹淡不均就是在堆放時有所破損。曝醃鱈魚是論條出售的，不比乾鱈魚論斤出售，所以需要僱人「揀選」。一般憑眼力就能區別質量的好壞，並且估計重量。鱈魚商還要關心一個問題：阻止荷鯡魚侵入翁夫勒的市場（課以重稅），尤其要阻止少數討厭的諾曼第漁夫在聖誕節後的禁漁期捕捉鯡魚上市，這個時期的魚質量不佳，數量很多，因而售價極低：「這種鯡魚一上市，一條鱈魚也賣不出去了」，因此規矩的捕鱈漁民莫不贊同國王的禁令。

根據被供應地區的不同嗜好，每個漁港專門提供某一品種的魚。第厄普、哈佛、翁夫勒供應巴黎人愛吃的曝醃鱈魚；南特供應盧瓦爾流域以及有道路與羅亞爾河相通的地區，那些地方的居民口味較雜；馬賽每年吸收法國捕到的鱈魚的一半，再把其中相當一大部份運往義大利，但是聖馬洛也有許多船隻從十七世紀起就直接駛往義大利，特別是熱那亞。

關於巴黎的曝醃鱈魚（或者叫白鱈魚，今天還有人這麼說）供應情況，我們了解許多細節。首批漁獲（一月出發，七月返航）供應的魚量不多，第二批漁獲（三月出發，十一、十二月返航）供應較多，但是維持不到第二年四月。這以後，法國全國有三個月（四、五、六月）缺少鱈魚，「偏偏這個季節蔬菜短缺，蛋價昂貴，淡水魚上市也不多」。因此英國人在本國沿海捕捉的鱈魚陡然身價百倍，從第厄普中轉運往巴黎[118]。

每當為爭奪世界霸權而發生海戰，幾乎所有的漁船都被迫停止作業：西班牙王位繼承戰爭、奧地利王位繼承戰爭、七年戰爭、美國獨立戰爭中莫不如此……只有最強大的國家能繼續消費鱈魚。

我們知道鱈魚捕獲量在逐漸上升，但不能精確測定其上升幅度。漁船的平均噸位肯定大大增加，雖然航行時間未見縮短（往返航程一樣，需一個月或六週）。紐芬蘭的奇蹟在於鱈魚能在這裡找到極其充裕、取之不竭的食物。鱈魚群捕食浮游生物和其他魚類，特別是它們最愛吃的牙鱈。它們週期性地把牙鱈從紐芬蘭水域驅向歐洲海岸，供歐洲的漁民捕撈。似乎中世紀時代歐洲海岸也有大量鱈魚活動，後來它們

捕鱈魚。在陸地上生產「乾鱈魚」的操作過程（比亞里茨海洋博物館）

才向西邊逃竄。

歐洲撲向這個天賜美食。一七九一年三月有五十四條英國船駛達里斯本，據說船上載有四萬八千一百一十公石鱈魚。「單是這一項食物就使英國人發了多大一筆財！」[119]一七一七年，西班牙僅為消費鱈魚就支出二百四十萬比塞塔（piastres）[120]。然而，與所有供消費者食用的魚一樣，鱈魚在運輸途中會腐爛變質。甚至為洗去魚身上的鹽份而用的水也很容易發臭，不到天黑人們無權把洗魚水倒進陰溝[121]。這樣我們就能理解據說出自一位女僕之口的一句有報復意味的話（一六三六）：「我討厭封齋期，喜歡開齋的日子（……）；與其吃一塊發臭的鱈魚，不如在鍋裡煎一段肥腸加四塊火腿！」[122]事實上，鱈魚無非是封齋期迫不得已的食物和窮人的食物[123]。一位十六世紀作者說這是「留給幹粗活的人吃的」。出於同樣的道理，鯨魚的肉和脂肪比鱈魚粗得多（鯨魚舌頭是例外，安布羅茲·巴雷說它鮮美無比），卻一直是窮人在封齋期的食物[124]。後來用鯨魚脂肪熬成的油廣泛應用於照明、製皂及其他製造業，鯨魚肉也從市場上消失了。在一六一九年的一部論著中指出，只有「好望角附近半開化的卡菲爾人還在吃鯨魚肉」。不過它還提到，鹹鯨魚脂肪在義大利叫作「封齋油」，仍被食用。無論如何，工業需求足以使捕鯨業不僅維持下來，而且日益興旺。如荷蘭人便從一六七五年到一七二一年共派出六千九百九十五條船到斯匹茲卑爾根群島周圍作業，共計捕獲了三萬二千九百零八條鯨魚，以致這一帶海域鯨魚絕跡[125]。漢堡的漁船為了尋找鯨魚油，經常光顧格陵蘭海面[126]。

一六五〇年以後胡椒失勢

胡椒在飲食史上占據特殊地位。今天我們把它看作一種普通的作料，並非必不可少。殊不知幾個世紀以前，當香料是西方與地中海東岸地區貿易的主要項目時，胡椒也被視作香料。那個時代有句俗話：「貴如胡椒」[127]。

這是因為歐洲有很長一段時期對胡椒和辛香作料，如肉桂、丁香、肉豆蔻和生薑嗜之若狂。不要匆忙下結論，說這是歐洲人獨有的怪癖。除了伊斯蘭國家，中國和印度也有同樣嗜好：每個社會在飲食方面都有強烈的偏愛，好像某些食物少了就不行。原因是人們需要打破單調，換換口味。一位印度作家寫道：「清水煮熟、不加作料的米飯委實難以下嚥，此時人們自然嚮往油脂、鹽和香料。」[128]

今天，不發達國家最寒酸、最單調的飯桌上消耗的辛香作料最多，這是事實。所謂辛香作料，指的是當今使用的一切作料（包括名目繁多、來自美洲的辣椒），不僅是地中海東岸地區名聲顯赫的香料。中世紀歐洲窮人的飯桌上也有辛香作料：百里香、墨角蘭、月桂葉、風輪菜、茴香、芫荽〔香菜〕，尤其是大蒜。十三世紀一位名醫阿爾諾·德·維勒諾弗稱大蒜為農民治療毒蛇咬傷的良藥。在這些本地出產的香料中，只有藏紅花是奢侈品。

羅馬帝國從普勞圖斯和老卡托時代起，就迷上利比亞的羅盤草（silphium），這一神祕植物公元一世紀從羅馬帝國消失。公元四十九年凱撒搜括國庫時，發現庫中藏有一千五百磅，即四百九十公斤羅盤草。這以後流行一種波斯香料，名叫薰渠（asa foetida），「因其有大蒜臭味，得到『魔鬼屎』的別名」。波斯人至今在烹飪時仍使用這種作料。胡椒和辛香作料傳入羅馬的時間較晚，「不早於瓦魯斯和賀拉西，而且普林尼很奇怪胡椒會如此走運」。胡椒和辛香作料被普遍採用，價格相對說來也不貴。據普林尼的說法，細香料甚至比胡椒還便宜，後世再也沒有這種情況。最後羅馬發展到有專用的胡椒倉庫。阿拉里克於公元四一〇年攻陷羅馬時，擄獲五千磅胡椒[129]。

西方世界繼承了羅馬人對香辛作料和胡椒的嗜好。後來查理曼時代和地中海對基督教世界處於準封閉狀態時代，西方可能短缺這兩種貨物，但是局面很快改變了。十二世紀人們無疑對香料趨之若狂。西方為之消耗不少貴金屬，並且為了得到香料，不惜航行地球半圈與東方從事艱辛的貿易。這種狂熱無法克制，人們得

土人運送香料。勒臺斯杜編撰的《寰球志》，16 世紀。巴黎戰爭博物館圖書館。

不到真正的胡椒——帶深色外皮的黑胡椒，剝去外皮則為白胡椒，便甘心接受同樣來自印度的華撥（Poirrelong）。後者像從十五世紀起幾內亞海岸出產的馬拉蓋塔椒（*malaguetta*）一樣，是一種代用品[130]。篤信天主教的斐迪南二世以「大蒜儘可調味」為理由反對進口肉桂以及葡萄牙胡椒（引起白銀外流），但沒有發揮任何作用[131]。

烹飪書籍提供的佐證表明，對香料的癖好席捲一切：肉、魚、果醬、湯和高等飲料無不摻入香料。誰也不敢違背杜埃·達西早在十六世紀初就推薦的做法，在烹調野味時不「趁熱加胡椒」。《巴黎家政大全》（一三九三）則勸告「投入香料越遲越好」。下面是這本書推薦的血腸配料：「備齊生薑、丁香及少許胡椒，合併搗爛之」。至於傳自西班牙的名菜「奧依」（*oille*），這是鮮肉、鴨、山鶉、鴿子、鵪鶉和餵肥的小母雞的混合物（顯然就是今天民間的「罐悶肉塊」）。

同書規定在製作時應加入多種來自東方或其他地方的香料：肉豆蔻、胡椒、百里香、生薑、羅勒……香料也以糖漬和磨碎的形式被大眾消費，從而滿足各種醫藥配方的需要。各種香料確實都有「驅風」、「生精」的名聲[132]。在西印度群島經常用紅辣椒代替胡椒。當地人做的肉上鋪著厚厚一層紅辣椒，新來乍到的外地人一口也吃不下去[133]。

總之，這種糜費與羅馬帝國初期有節制的消費不可同日而語。羅馬帝國最初確實消費肉類不多（西塞羅時代，肉仍是限制奢侈法適用的對象）。中世紀則相反，肉食充裕。那麼我們是否應該推測，由於肉的質地並非始終鮮嫩，加之保存不易，才需要放置大量胡椒、香料等調味品？這正是補救肉質不佳的辦法。或者，是否像今天醫生們說的那樣，在口味上存在一些怪癖？有人喜歡「嗆人的、類似動物身上的膻味，如大蒜、洋蔥……另有人偏愛更細巧的、芬芳馥郁如花香的作料」[134]。兩種口味似乎相互排斥，正是後一種在中世紀取得優勢。

事情無疑沒有這麼簡單。無論如何，十六世紀達伽馬開闢了航行路線以後，香料來貨激增，消費也相應增加，而在這以前香料一直是奢侈品。特別是北歐購買的香料大大超過地中海國家。因此並非單純出於商業和航行方面的原因香料集散市場才從威尼斯的「德意志商館」經里斯本轉移到安特衛普，後來又遷往阿姆斯特丹。路德自然誇大其辭，他說德意志的香料比麥粒還多！無論如何，北歐和東歐國家總是香料的大主顧。一六九七年，荷蘭人認為「對於寒冷國家」，香料是僅次於貨幣的最佳商品，俄國和波蘭消費的香料「數量驚人」[135]。也許胡椒和香料傳入一個地方越晚，人們對它們的需要就越加殷切？或者因為它們在俄國和彼蘭是一種新的奢侈品？馬布利教士來到克拉科夫，發現飯桌上有匈牙利葡萄酒佐餐，「飯菜極為豐盛，倘若俄國人和波蘭人把這些香草統統取消，味道也許可口。此地人和德意志人一樣濫用肉桂和豆蔻，簡直要毒死旅客」[136]。據此，似乎到了這個時代東歐國家仍保留中世紀的對辛辣作料和香料的嗜好，而西歐國家卻多少失去了古老的烹飪習慣。不過這只是印象，並非確定不移的事實。

無論如何，當香料降價，開始出現在家家戶戶的餐桌上，而使用香料不再成為財富和奢侈的標誌的時候，它們的用途就減少，威望也同時下落。從一六五一年的一本烹飪書（作者法蘭索瓦—彼埃爾·德·拉瓦萊納，或者布瓦洛挖苦濫用香料的那首諷刺詩（一六六五）裡，我們可以了解到這一情況[137]。

荷蘭人一旦抵達印度洋和南洋群島，他們就致力於重建和維持對他們有利的胡椒和香料壟斷買賣。他們的對手先是逐漸衰落的葡萄牙商業，不久便是英國、法國或丹麥的競爭。他們也力圖把持對中國、日本、孟加拉和波斯的供應；有時候他們能以興隆的亞洲貿易彌補在歐洲的商業不振。很可能到十七世紀中葉為止，通過阿姆斯特丹（以及別的市場）收到的胡椒數量一直遞增，然後維持在一個高水平上。在荷蘭人走運以前，一六〇〇年前後歐洲每年胡椒到貨量約為二萬公石（今制），即一億歐洲人平均每人每年消費二十克。我們能否把一六八〇年的消費量估計為五萬公石，即葡萄牙壟斷時代的一倍多？從一七五年到一七三二年荷蘭東印度公司的銷售數字來看，似乎已經達到某個極限。胡椒肯定不再在商品中獨占鰲頭，不再像在普里烏利（Priuli）或薩努鐸（Sanudo）描述的威尼斯全盛時期那樣帶動香料消費。一六四八到一六五〇年胡椒在阿姆斯特丹的東印度公司貿易中占據首位（達總營業額的百分之三十三),到一七七八至一八八〇年降為第四位,次於紡織品(絲綢和棉布,百分之三十二點六六)、「細」香料（百分之二十四點四三）、茶葉和咖啡（百分之二十二點九二）[138]。這是否由一種奢侈消費品過渡到大眾消費品時必定出現的典型現象？要不然就是人們不再漫無節制地使用胡椒？

把胡椒地位下降的原因歸咎於新的奢侈品興起，如咖啡、巧克力、燒酒、煙草，倒也持之成理；甚至還可以利用新品種蔬菜（蘆筍、菠菜、葉用萵苣、朝鮮薊、豌豆、扁豆、菜花、西紅柿、辣椒、甜瓜）增多，西方餐桌上的菜餚日益多樣化來解釋。這些蔬菜大多來自歐洲本地，特別是義大利的菜園（如查理八世從義大利帶回的甜瓜），有的原產亞美尼亞，如羅馬甜瓜，或者原產美洲，如西紅柿、扁豆和馬鈴薯。

最後，還有一個老實說不太可靠的解釋。一六〇〇年或更早一些時候起，肉類消費普遍減少，過去的食肉習慣有了明顯的改變。與此同時，至少在法國，富人的飲食趨於簡單。德意志和波蘭的烹飪可能沒有趕上這個變化，肉類供應較好，所以對胡椒和香料的需求較大。不過這個說法僅是表面上似乎可信而已；在得到新的材料之前，上文列舉的解釋已足以說明問題。

證據表明歐洲市場存在某種程度的飽和。根據一位德意志經濟學家（一七二二）和一位英國見證人（一七五四）的說法，荷蘭人「有時把大量胡椒、肉豆蔻燒燬或投入大海……以保證價格不跌」[139]。何況除了爪哇島外，歐洲人不再控制胡椒產地。彼埃爾·波弗瓦在擔任法蘭西島和波旁島總督期間（一七六七）推廣種植胡椒的努力只是曇花一現，在法屬圭亞那的類似企圖也沒有成功。

天下事從來不那麼簡單。十七世紀的法國已與香料劃清界線，卻又迷上香精。香精侵入燉肉、糕點、酒類和調味汁：龍涎香、鳶尾、玫瑰露、橙花汁、墨角蘭、麝香……人們甚至把「香水」澆在雞蛋上！

糖征服世界

甘蔗原產恆河三角洲與阿薩姆之間的孟加拉海岸。野生甘蔗後來進入菜園；長時期內，人們栽培這種作物是為了取得糖漿和藥物用糖：波斯薩珊王朝時代的醫生處方裡就有糖。同樣，在中世紀的拜占庭，糖和蜂蜜同為常用藥物。十世紀薩萊諾醫學院的藥典上也列有糖。在這以前，印度和中國已開始把糖作為食品。甘蔗於八世紀引入中國，很快就適應了廣東省廣州附近的丘陵地帶的水土。擇定這個地點本是自然不過的事情。廣州當時已是古老中國最大的港口[140]；它的腹地林木蔥鬱，而生產食糖需要大量燃料。連續幾個世紀，廣東是中國的主要食糖產地。十七世紀時，荷蘭東印度公司順利地組織中國以及台灣的糖向歐洲出口。下一世紀末，中國本身以低廉價格從交趾支那進口食糖，而中國北部似乎還不知道享用這一奢侈品[141]。

十世紀埃及已有甘蔗，並用巧紗的工藝生產蔗糖。十字軍在敘利亞見到糖。待聖尚達克爾堡壘陷落以後，十字軍失去敘利亞（一二九一），基督徒在行李中攜帶的糖傳到賽普勒斯後，風靡一時。美麗的凱薩琳·科拉諾，呂西尼昂家族末代傳人的妻子和賽普勒斯島最後一位王后（威尼斯人於一四七九年取得該島），裔出威尼斯的科拉諾家族，這一名門望族曾是「食糖大王」。

食糖在賽普勒斯風行之前，阿拉伯人已把它運到西西里和瓦倫西亞，在這兩個地方它也廣為流行。十五世紀末，食糖傳入摩洛哥南部，到達瑪德拉群島、亞速群島、加那利群島、幾內亞灣的聖多美島和普林西比島。一五二〇年，它傳入巴西，到十六世紀下半已確立地位。從此，食糖史展開了的一頁。奧特利烏斯在《天地大劇場》（一五七二）中寫道：「從前只有藥舖裡賣糖，專供病人服用」，今天「人們一饞就吃糖〔……〕。從前的藥品現在成為食品」[142]。

由於荷蘭人於一六五四年從雷西非被趕走，也由於教廷迫害葡萄牙的猶太人[143]，甘蔗與榨糖「機具」在十七世紀傳入馬丁尼克、瓜德魯普、荷屬古拉索島、牙買加和聖多曼，一六八〇左右上述地點成為重要蔗糖產地。糖產

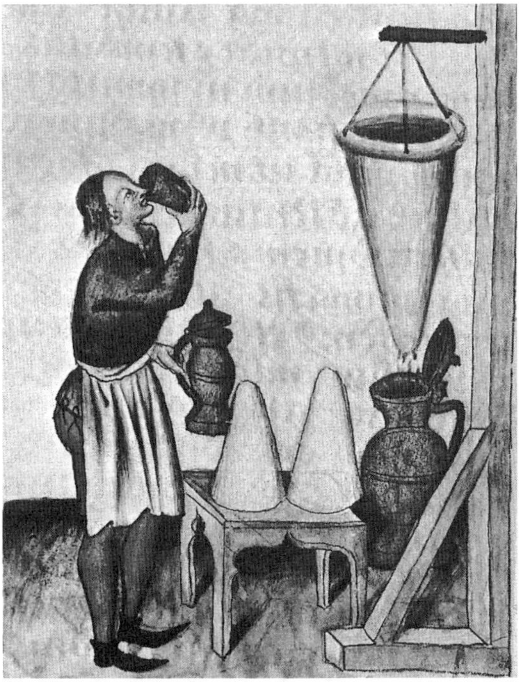

15 世紀糖塊和糖漿的生產。莫德納埃斯丹斯圖書館。

量從此有增無減。除非我算錯，十五世紀賽普勒斯年產糖少則數百，多則數千「輕」擔（等於五十公斤）[144]。聖多曼一地在十七世紀全盛時期年產七萬噸。一八〇〇年，英國每年消費十五萬噸糖，差不多是一七〇〇年消費量的十五倍。一七八三年雪菲爾德爵士正確地指出：「食糖消費可望大大增加。半個歐洲幾乎吃不上糖。」[145]大革命前夕，巴黎每人每年食糖消費量為五公斤（假定首都只有六十萬居民，不過我們懷疑這個數字）：一八四六年的人均消費量僅為二點六二公斤（這個數字較可靠）。一七八八年法國全國平均消費量估計為每人一公斤[146]。但是我們可以確信，儘管大眾嗜好吃糖，糖價相對說來也較低，食糖仍是奢侈品。法國許多農家把圓錐形糖塊掛在餐桌上空。用法如下：把杯子靠近糖塊，讓糖在水裡溶解片刻。事實上，如果我們編製一幅食糖消費地圖，就會看到消費很不平衡。以埃及為例，十六世紀時製作果醬和果脯的行業盛極一時，甘蔗種得那麼多，以致甘蔗皮被用作熔金的燃料[147]。相反，兩個世紀以後，歐洲大片地區還不知道吃糖。

食糖產量上不去的另一個原因是甜菜種植業很晚才得到推廣，雖說從一五七五年起甜菜就為人所知，德意志化學家馬爾格拉夫一七四七年就已從中分離出固態糖。甜菜到大陸封鎖時期開始發揮作用，往後還要經歷將近一世紀才取得重要地位。

栽培甘蔗限於氣候溫暖地區，因此它在中國不能越過長江。甘蔗的生產和遠銷還有特殊要求。製糖需要大量人工（在美洲使用黑奴）和昂貴的裝置。這種裝置在古巴、新西班牙和祕魯叫「yngenios」，相當於巴西的「engenhos de assucar」，法屬島嶼的「engins」或糖磨，英國屬地的「engines」。甘蔗需用畜力、水力、風力帶動的石擠出糖汁。有時則借助人力，如在中國，甚至連石也不用，全憑腕力，如在日本。蔗汁尚需經過加工處理，在銅釜內長時間熬煎後得到的塊狀結晶物即為粗糖。經用白土過濾之後，即為「土糖」或粗紅糖，從中可以提煉十種不同產品，外加燒酒。粗糖通常在歐洲各地精煉，如安特衛普、威尼斯、阿姆斯特丹、倫敦、巴黎、波爾多、南特、德累斯敦等處；煉糖收益幾乎與生產原料相等。因此煉糖廠主與「糖農」之間發生衝突。後者係產糖各島上的歐洲殖民者，他們希望就地生產一切，或者用當時人的說法「以自立業」（生產白糖）。從事種植和製作需要資金和中間環節。凡在中間環節尚未完全建立起來的地方，食糖銷售很難跨出本地市場的範圍，如祕魯、新西班牙和古巴直到十九世紀為止一直打不開局面。各產糖島嶼和巴西海岸之所以繁榮，原因在於它們與歐洲的距離對當時船舶的航速和運載能力來說並非太遠。

有一個附加的障礙：雷納爾教士說過：「需要歐洲一個省的農作物才能養活美洲一個殖民地」[148]，因為甘蔗排擠了糧食作物的地盤，產糖殖民地的糧食並不能自給。這正是單一發展糖料作物給巴西東北部、安地列斯群島和摩洛哥南部地區（考古學家在那裡發掘出從前大規模的製糖設施）帶來的悲劇性後果。一七八三年，英國向英屬西印度（首先是牙買加）輸送一萬六千五百二十六噸的鹹牛肉以及鹹豬肉，五千一百八十八副的豬白膘，二千五百五十九噸的桶裝動物腸肚[149]。巴西的奴隸主要食用紐芬蘭的桶裝鱈魚，內地出產的「本地肉」，不久以後便是由船舶從南格蘭特河運來的「乾肉」。安地列斯群島得天獨厚，有英屬美洲殖民地供應鹹牛肉和麵粉。後者用這兩種食物來交換食糖和羅姆酒，不久後自己也能生產。

不能輕易斷言糖引起了一場食物革命。食糖出現較早，但發展極其緩慢。直到十九世紀初，糖的發展仍未達到革命的規模。我們不能說當時家家戶戶的餐桌上都有食糖。雖然如此，我們馬上又會想到，大革命時期由於實行限價法，食糖短缺曾在巴黎引起騷亂。

飲料和「興奮劑」

即使對飲料的歷史只作簡要敘述，我們勢必會提到各種飲料——原來的和後來的，大眾的和講究的——

及其在歲月流逝過程中的演變。飲料不僅是食品，而且自古以來起著興奮和解憂消愁的作用：有時候，像在某些印度部落裡那樣，酒醉甚至是人和神鬼溝通的一個途徑。無論如何，就我們考察的這幾個世紀而言，歐洲的酗酒現象越來越嚴重。後來又出現了來自異國的興奮劑：茶、咖啡以及既非食物又非飲料因而無法歸類的「興奮劑」——煙草。

水

我們必須從水開始，這樣做似乎有點不近情理。但是，人們並非始終有足夠的水以資飲用；儘管醫生們對於患什麼病應該飲用什麼樣的水有明確的勸告，人們只能滿足於就近取水：雨水、河水、泉水、蓄水池的水、井水；考慮周到的人家還用木桶或銅製容器存水。在極端情形下，還用蒸餾海水取得飲水，例如十六世紀西班牙在北非的駐軍就用這個辦法，否則就要從西班牙或義大利遠道運來。一六四八年，一批穿越剛果的旅客在飢餓和勞累交迫之下陷於絕境，他們不得不躺倒地上「去喝味同馬尿的水」[150]。淡水供應是令船員最頭痛的問題，儘管他們想了多少祕不外洩的訣竅，卻無法使存水永不變質。

有些城市雖然十分富庶，但飲水供應卻嚴重不足。威尼斯便是如此。威尼斯的廣場上或府邸內院的水井並非如人們想像的那樣挖到瀉湖底下的淡水帶，它們只是些一半裝滿細沙的蓄水池，滲入地下的雨水經過澄清後再從水池中央的井底冒出來。倘使連續數週不下雨，蓄水池便告乾涸，斯湯達爾在旅居威尼斯期間曾碰上這種情況。遇到暴風雨，鹹水又會灌進蓄水池。平時蓄水池的容量並不足供應全城生齒日繁的居民，需用船隻而不是通過渡槽從外地運水。運水船在布倫塔河裝水，每天駛入威尼斯的運河。「運水夫」人數眾多，在威尼斯組成獨立的行會。荷蘭所有城市的處境同樣不妙，飲用水取自蓄水池、深度不夠的水井和渾濁的運河[151]。

總體而言，可供引水的渡槽為數不多。伊斯坦堡的渡槽名不虛傳；建於羅馬時代的塞哥維亞渡槽號稱「臭水溝」（一八四一年整修），遊客嘆為觀止。葡萄牙的渡槽數量最多：孔布拉、托馬爾、孔代城、艾瓦斯等地十七世紀全靠渡槽引水。里斯本於一七二九到一七四八年新建的「活水」渡槽直達市郊的拉多廣場。人人爭用這泉水；水夫到這裡灌滿帶鐵把手的紅色水桶，扛上肩背，運回城去[152]。馬丁五世於教會大分裂之後重主梵蒂岡，順理成章辦的第一件事情是修復羅馬一條已被毀壞的渡槽。後來到十六世紀末，又新建兩條新的渡槽：費利洌渡槽和保祿渡槽，以保證羅馬這座大城市的水源。熱那亞的公共水池主要取給於斯古法拉渡槽；引來的水首先推動城牆內幾家磨坊的水輪，然後分送城市各區。城西另有泉水以及蓄水池[153]。在巴黎，貝爾維爾渡槽於一四五七年整修後，直到十七世紀仍與普雷聖日爾萬渡槽一同供應市內用水；由瑪麗・德・麥第奇重建的阿爾勾依水渠把水從蘭吉斯一直引到盧森堡宮[154]。有些地方使用大型的水輪機帶動

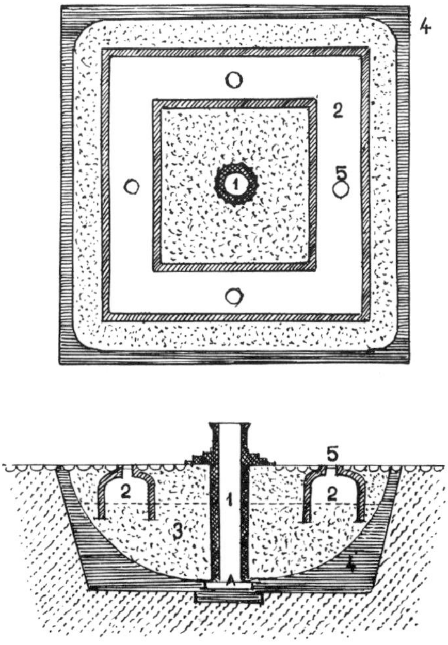

表(21)　威尼斯的一口水井的剖面和斷面

1.井中心。2.彙集雨水的蓄水池。3.沙濾層。4.粘土外層。5.蓄水池的開口，俗稱「聖水盆」，過濾水在井中心冒出。威尼斯今天擁有供水管道，但是公共廣場上的住宅院內的古井依舊存在。（據特林卡納托）

強大的吸入泵和壓力泵，以便把河水提到岸上供市民飲用（托雷多，一五二六年；奧格斯堡，一五四八）。巴黎的薩馬麗丹水泵建於一六〇三到一六〇八年之間，每天從塞納河汲取七百立方公尺水分送羅浮宮和杜伊勒里宮；一六七〇年聖母院橋的水泵從塞納河取二千立方公尺水。渡槽和水泵提供的水由陶製管道（如同羅馬時代）或木製（掏空的樹幹套在一起，如義大利北部從十四世紀起，布勒斯勞從一四七一年起使用的），甚而鉛製管道輸送各處；鉛製管道於一二三六年首先在英國出現，但使用不廣。一七七〇年，「質地不佳」的泰晤士河水通過地下木製管道流入倫敦各家。不過這種供水系統不同於今天的自來水：「河水每週定期供應三次，供應量視各家消費量而定〔……〕居民用套鐵箍的大桶儲存之」[155]。

巴黎的最大水源仍是塞納河。由水夫出售的塞納河水據說具備各種妙用。其中一項用途與飲用無關：河水渾濁多泥（一六四一年一位葡萄牙使者有所記載），便於行船；至於說河水有益健康，人們頗有理由懷疑。一位證人（一七七一）寫道：「許多染坊每週三次把染料傾入貝勒吉埃濱河道的兩座橋之間的河灣〔……〕熱夫爾濱河道上的橋洞是導致河水惡臭的根源。這一帶城區的居民無不飲用髒水」[156]。令人寬心的是這一境況不久便得到補救。就是這樣，塞納河水還比左岸的井水要好，因為這些水井從來不能防止有害物質的滲透，而麵包師傅就用井水做麵包。飲用這種河水容易使人腹瀉，確實「對外國人不便」，但是外國人可以在水裡加上幾點醋，購買經過過濾的「改良」水，甚而所謂的「御用水」，或者比較起其他一切水都好的布里斯托爾水，「這種水的價格更貴」。一七六〇年以前，人們還不知道有這麼多講究：「大家喝〔塞納河〕水，沒有太多講究」[157]。

巴黎兩萬名水夫雖說收入菲薄，卻賴此為生。他們每一天三十「趟」（每次兩桶），把水提到石階最高處，然後以每「趟」兩蘇的代價出售。所以一七八二年佩里埃兄弟在夏佑設置兩架火力泵，不啻宣告一次革命：這些「古怪的機器」「單憑蒸汽的力量」能把水從塞納河面提到一百一十法尺高處。這不過是模仿倫敦：

英國首都幾年前已有九台火力泵。巴黎最富有的聖奧諾雷區（Saint-Honoré）最肯為這項進步出錢，自然最早用上自來水。不過人們不免擔心，這種機器日益增多，二萬名水夫的生計又該怎樣維持呢？這項實業不久果真變成金融界的醜聞（一七八八）。儘管如此，飲用水的供應問題在十八世紀已明確提出，解決方案也已找到，有的已付諸實現，並且不限於首都。烏爾姆城的供水方案（一七一三）足資佐證。

進步畢竟來得很晚。在這以前，世界各城市都離不開水夫的服務。腓力三世時代的瓦拉多利德，飲用水裝在各樣各色的陶壇或陶罐中出售，我們那位葡萄牙旅行家高度讚揚這種水的質地極佳[158]。中國水夫和他們的巴黎同行一樣使用兩隻水桶；他們把水桶掛在扁擔兩端以保持平衡。但是在一幅一八〇〇年的圖畫上我們看到，北京也有安裝在轆上的大水桶，放水孔開在桶的後部。同一時代的一幅版畫顯示「埃及婦女運水的方式」。她們使用兩個類似古代尖底甕的瓦罐：大的水罐頂在頭上，用左手扶住；小的水罐平放在右手上，胳膊彎曲的姿勢非常優美。在伊斯坦堡，由於教規要求每日多次用活水做大淨、小淨，全城各地設有噴泉。那裡的飲用水想必比別處乾淨。是否因為這一點，今天土耳其人誇耀自己能辨別不同泉水的味道，就像法國人自命能辨別不同產地的葡萄酒一樣？

至於中國人，他們不僅認為水因其來源不同——普通雨水、暴雨水（有害）、初春雨水（有益）、冰雹或者冬天的冰霜溶化後得到的水、在鐘乳石洞裡採集的水（對治療疾病具有神效）、河水、泉水、井水——而有不同之特性，並且討論污染的危害；他們主張生水必須煮沸後方能飲用[159]。中國人只喝熱水，這個習慣（街上有出售開水的商販）必定對居民的健康大有裨益[160]。

相反地，伊斯坦堡街頭夏季出售雪水，價格異常便宜。葡萄牙人巴托洛美・賓海洛・達・韋加十分讚嘆，十七世紀初在瓦拉多利德，酷暑季節花很少一點錢就可以享受「涼水以及冰鎮水果」[161]。不過多數情況下雪水是僅供有錢人享用的奢侈品。例如法國，亨利三世開了一個玩笑以後，人們才開始嗜好雪水。地中海

17 世紀的起居設備。廚房裡可以汲水。委拉斯蓋茲的油畫。

周圍各國也是如此，裝運雪水的船隻有時需要長期航行才能駛達目的地。例如馬爾他騎士團從那不勒斯取得雪水。他們一七五四年寫的一份請求書上說，如果得不到「這種威力無比的良藥」來治療他們的熱病，他們唯有死路一條[162]。

葡萄酒

整個歐洲都喝葡萄酒。但是歐洲只有某些地區生產葡萄酒。雖然在亞洲、非洲，尤其在人們固執地按照歐洲的面貌塑造的新大陸，葡萄種植（且不說葡萄酒）都已取得成功，但唯有狹小的歐洲大陸才真正值得重視。

歐洲的葡萄酒產區包括全體地中海國家以及由於葡萄種植者堅持不懈的努力才得以向北方伸展的一片地帶。尚．博丹說過，「在北緯四十九度以遠，葡萄即因氣候之寒冷而不能生長」[163]。若從流入大西洋的羅亞爾河到克里米亞，再往遠到喬治亞和外高加索畫一條線，即可認為是種植商品葡萄的北界。商品葡萄種植業是歐洲以及歐洲以東地區經濟生活的一個重要環節。在歐洲實行大面積種植的葡萄在克里米亞卻侷促於田邊地角，一直等到十九世紀，才有力地發展起來[164]。但是，克里米亞的葡萄園歷史十分悠久。早在古代，那裡的葡萄農入冬前就把植株埋進土裡，使之免受來自烏克蘭的寒風襲擊。

葡萄酒跟隨歐洲人的足跡傳遍世界各地。人們用盡心機使葡萄適應墨西哥、祕魯、智利（一五四一年登陸）和阿根廷（自一五八〇年第二次建立布宜諾斯艾利斯起）的水土。在祕魯，為了滿足富裕的利馬城的需要，葡萄園很快在附近溫暖、炎熱的山谷裡蓬勃發展。由於土壤和氣候適宜，智利的葡萄園更加興旺：聖地牙哥建城伊始，葡萄就在第一批屋群間生長。一五七八年，德雷克在瓦爾帕萊索附近的海面上截獲的一條船上滿載智利葡萄酒[165]。同一個地方出產的葡萄酒還用騾子或羊駝運往波托西高原。要等到十七世紀末和十八世紀，西班牙帝國向北方最後一次擴張時，加利福尼亞才出現葡萄園。

「一醉方休」。瑟蘭河畔的蒙特利爾教堂內神職禱告席上的雕刻，果戈雷兄弟作。

修士用餐圖：飯菜簡單，但是不排斥葡萄酒，因為後者是地中海國家的日常必需品。西諾萊利作壁畫，15 世紀，錫耶納的蒙岱奧利維多修道院。

但是最輝煌的成就來自位於新舊大陸之間的大西洋諸島（既是歐洲的新疆土又是美洲的前哨）。首先要提到馬德拉群島，那裡的紅酒生產逐漸取代了製糖業；其次是亞速群島，各國商船只用一半航程就能在那裡獲得度數很高的葡萄酒；由於政治因素的影響（一七〇四年梅休因爵士與葡萄牙簽訂的條約），用這種酒代替拉羅歇爾或波爾多的法國酒有利可圖。最後是加那利群島，特別是特內力非島，向盎格魯—撒克遜或伊比利在美洲的屬地，甚至向英國大量出口。

葡萄在東歐和南歐遇到伊斯蘭國家的頑固抵抗。儘管如此，在伊斯蘭教控制的廣大地區仍有葡萄園，而葡萄酒則是那裡不知疲倦的祕密旅客。伊斯坦堡兵工廠附近的酒店老闆每天向希臘海員出售葡萄酒：功業彪炳的蘇里曼的兒子塞林姆嗜好賽普勒斯的葡萄甜燒酒。在波斯（當地的嘉布遣會修士有自己的葡萄架和並非僅用於彌撒的葡萄酒），設拉子和伊斯法罕出產的葡萄酒各負盛名，並有固定購買主。伊斯法罕還製造用柳條套子保護的大玻璃瓶，用這種瓶子裝運的酒遠銷印度[166]。一五二六年後取代德里蘇丹的歷代蒙兀兒皇帝竟對波斯的烈性葡萄酒尚不滿足，寧願暢飲伊拉克的米酒——阿剌吉（茴香酒）。

可見，歐洲本身足以概括葡萄酒提出的問題。我們現在不妨回到從羅亞爾河口到克里米亞這條漫長的北方邊界。界線的一邊是生產葡萄的農民，他們歷來消費本地產品、熟知酒的好壞；另一邊是大買主，他們喝酒不一定內行，但是有自己的要求，通常偏愛度數較高的酒。例如英國人早就揄揚康提亞和希臘諸島出產的摩奈姆瓦西亞白蘭地[167]。後來他們推崇波爾圖、馬拉加、馬德拉、雪莉和瑪莎拉這些含酒精成分高的著名葡萄酒。十七世紀起，荷蘭人使各種燒酒大出風頭。總之，他們的脾胃與口味與眾不同。南方人以嘲弄的神情看待北方的酒徒，認為他們不會品味，只知道一口氣喝乾。路易十二時代的編年史作者尚・多東目擊德意志士兵在搶劫弗利城堡時突然「碰杯」慶賀[168]。一五二七年，誰沒有看到德意志兵在洗劫羅馬時打穿酒桶底暢懷痛飲，不一會兒就爛醉似泥？十六、十七世紀表現農民過節的德意志版畫上總有一個坐在長條凳上的客人背轉身子，吐出過量的酒食。巴塞爾人菲利克斯・普拉特一五五六年在蒙彼利埃（Montpellier）醉倒在酒桶底下，成為例行惡作劇的現成對象[169]。

北方的大量消費促成來自南方的巨額貿易：塞維爾和安達魯西亞到英國和法蘭德斯可走海路；或者順著多敦河和加倫河直到波爾多和吉倫特；從拉羅歇爾或者羅亞爾河口出發；沿著揚河和勃艮第運河通往巴黎，然後直到更遠的盧昂；沿萊因河航行；穿過阿爾卑斯山（每年收完葡萄，就有義大利人叫作「桶車」的德意志大車來裝運蒂羅爾、布雷西亞、皮琴察、佛里烏利和伊斯特里亞的新釀酒）；從摩拉維亞和匈牙利運往波蘭[170]；不久又開闢新的路線，從葡萄牙、西班牙和法國經由波羅的海到達聖彼得堡，滿足外行的俄國人的強烈渴望。當然不是北歐全體居民都喝葡萄酒，只有富人喝得起。法蘭德斯的市民或領俸祿的教士早在十三世紀，波蘭貴族則在十五世紀，都認為像農民那樣喝家釀啤酒有失體面。一五一三年困居尼德蘭的巴亞爾常設宴招待賓客，席間的葡萄酒價格昂貴，「某日他光是酒錢就花去二十埃居」[171]。

如此這般旅行的是當年釀製的新酒，各地無不期待它的到來，而它抵達時總要引起一片歡騰。因為隔年的酒難以保存，容易變酸，而潷清、裝瓶、循例使用軟木瓶塞等保存方法在十六世紀，甚至可能到十七世紀時還沒有發明[172]。所以一五〇〇年前後一桶波爾多陳酒只值六個杜爾里弗爾（livres tournois），一桶好的新酒卻值五十杜爾里弗爾[173]。到了十八世紀，情況才恰好相反；倫敦的無賴把撿拾舊酒瓶轉賣給酒商視作一項生財之道。用木桶（木板圍成桶後用鐵箍加固）運輸葡萄酒的做法由來已久，不再像從前羅馬時代那樣用尖底陶甕（個別地方遺風猶存）。這種酒桶（起源於羅馬統治下的高盧）不能長期保持酒質不壞。蒙台雅公爵一五三九年十二月二日規勸查理五世皇帝，不應為艦隊購存大批葡萄酒。既然這些酒「必定自動轉化成醋，與其歸陛下保存，不如留在賣主手裡」[174]。十八世紀時，一部商業詞典對下列事實感到奇怪：羅馬人相信「酒越陳越好，而今天法國人卻認為葡萄酒到第五年或第六年就洩勁了（甚至最易於保存的第戎、努依和奧爾良的葡萄酒也不例外）」。《百科全書》乾脆說：「個別人讚不絕口的四、五年陳酒其實都已洩勁。」[175]吉．巴丹為慶祝自己榮任醫學院院長宴請三十六名同事，他有如下記述：「我從未見過平時正顏厲色的人笑得那麼狂、喝得那麼多〔……〕。我為這次宴會準備了最好的勃艮第陳酒。」[176]

直到十八世紀，各種名酒的聲譽遲遲不見確立。最有名的酒之所以出名，與其說是由於質量高，不如說因為附近的道路，尤其是水道提供了運輸方便（朗格多克海岸弗隆提小葡萄園的產品與安達魯西亞、葡萄牙、波爾多或拉羅歇爾大葡萄園的產品莫不如此）；要不然就是因為鄰近有大城市：巴黎一地就消耗了奧爾良出產的十萬桶酒（一六九八）；那不勒斯王國的「希臘酒」、「拉丁酒」、「芒吉亞蓋拉」和「基督淚」就近供應人數極多的那不勒斯顧客，甚至銷到羅馬。至於香檳酒這種帶氣泡的白葡萄酒，十八世紀上半期才開始生產；它的名聲還不能馬上壓倒老牌的紅、灰、白葡萄酒。但是到十八世紀中葉，大局已定：今天的各種名酒業已確立聲譽。梅西耶一七八八年寫道：「請品嘗羅馬奈、聖維旺、西多、格拉弗的紅、白葡萄酒〔……〕如果你有幸碰到，請特別留意杜托考伊酒，因為我以為這是世界上最美的酒，只有世界的主人才配享用。」[177]薩伐里・德布呂斯龍的《商業詞典》在一七六二年列舉法國出產的全部葡萄酒，香檳以及勃艮第產品居首位。隨後是「夏布利……波馬爾、尚貝爾丹、博訥、勒克洛德伏戈（Le Clos de Vougeau）、伏勒奈、羅馬奈、努依、默爾索。」[178]顯然的，隨著各地名酒發揚各自的特色，葡萄酒逐漸成為一種奢侈品。就在同一時代（一七六八），根據《警世詞典》，當時出現了「暢飲香檳酒」這樣的說法：「佻撻之徒間流行的表達方式，意為匆匆吞下」。[179]

追溯這些美酒的歷史會把我們引得太遠，然而我們更感興趣的是普通酒徒，他們的人數不斷增長。十六世紀酗酒現象到處加劇，如在瓦拉多利德。這一世紀中葉每人每年消費量達到一百公升[180]。一五九八年，威尼斯市政會議不得不再度取締聚眾哄飲。在法國，十七世紀初拉夫馬（Laffemas）對這個問題採取的立場毫不含糊。城市裡這種常見的酒徒不需要高檔酒；供應一般市民的葡萄園從此便按照常規只種植高產的粗質葡萄。到十八世紀這一習尚傳入農村（鄉村小酒店使農民傾家蕩

18 世紀巴黎城外最有名的田園酒家。

產），同時在城市裡越演越烈。這個時期，巴黎各城門外面開設的酒店興隆起來。那裡出售的酒免上「助稅」，而「一瓶只值三個蘇的酒入城時需要交納四個蘇的稅金……」[181]

小市民、手藝人和風流女工
統統走出巴黎，光顧小酒店：
兩塊船板當桌子，不用餐巾和桌布，
開懷痛飲四大杯，只付一半錢。
酒神寵愛此地，大家喝個夠，
肚裡裝不下，兩眼流出的也是酒。

這首打油詩刻在當時一幅版畫的下端，是給窮人讀的廣告；詩中所說並無誑語。巴黎近郊的這類酒店因此發財。大名鼎鼎、開在貝爾維爾「柵欄」附近的田園酒家便是其中之一。一位同時代人說，這家酒店的創始人朗波諾老爺的名聲「對老百姓來說比伏爾泰和布馮還要響一千倍」。另一家是伏吉拉爾「有名的窮漢沙龍」，男女老少在一片塵土和喧囂中光腳跳舞。「伏吉拉爾客滿（星期天），百姓便湧到小尚蒂依、波什隆以及田園酒家：第二天，酒店門前可以看到幾十隻空酒桶。這幫人把一星期的酒都喝下去了。」[182]馬德里情況相同，「人們在城外喝的酒又便宜又好，因為不必交付比酒價還高的稅金」[183]。

難道真的出現酗酒現象？我們以為情形還沒有那麼嚴重。大革命前夕巴黎每人每年消費量為一百二十升，不算過量[184]。葡萄酒事實上已成為廉價食品，尤其是劣質酒。每當小麥價格過高，葡萄酒的販售價格甚至會相對下降。一位樂觀的歷史學家維托德·庫拉認為，每逢麵包緊缺時葡萄酒（燒酒亦然）可以作為一種補償的替代品，提供廉價的熱量。我們是否同意他的看法，或者更簡單地說，由於饑饉時期百物昂貴，人們囊空如洗，酒找不到買主只能降價出售？無論如何，我們不能單憑表面的糜費來判斷生活水平的高低。需要想到，不管葡萄酒是否提供卡路里，它往往能使人逃避現實，今天卡斯提爾的農婦仍把酒叫作「忘憂物」。這便是委拉斯蓋茲畫中（布達佩斯博物館）兩個酒徒手裡的紅酒。或者荷蘭繪畫中常見的那種比較名貴的、盛在高腳酒杯和華麗的藍色鼓肚酒杯裡的金黃色酒液。在後一種場合，飲酒人兼備各種享樂：酒、煙草、輕佻的女人和十七世紀流行的由鄉村小提琴師演奏的音樂。

啤酒

談到啤酒，除了個別例外，我們仍舊離不開歐洲。上文偶然提及的美洲玉米啤酒，在非洲黑人的宗教儀式上與西方人的麵包和葡萄酒起同樣作用的小米啤酒，我們這裡姑且不談，也不去過分強調這些古老飲料的遙遠起源。古代巴比倫和埃及確實一直知道釀造啤酒。中國在公元前二千年末期，即從商朝起，就生產啤酒[185]。羅馬帝國不喜此物，只是在遠離地中海的地方，如公元前一三三年遭受西比奧圍困的努曼西亞，或者高盧，偶然接觸到啤酒。「背教者」朱里安皇帝（三六一—三六三）喝過一次啤酒[186]，還著實挖苦一番。可是到六世紀，特里爾城已出現專供窮人和蠻族飲用的大桶啤酒。查理曼時代，帝國各地都有啤酒；他的宮殿裡有釀酒師傅「專司生產優質啤酒」[187]。

生產啤酒可用優質小麥、燕麥、黑麥、小米或大麥發酵，甚至似雙粒小麥也可作此用途。加工上述任何一種糧食時總要摻入別的原料：今天啤酒釀造者在大麥芽中添加啤酒花和大米。從前的配方五花八門，含有罌粟花、蘑菇、香料、蜂蜜、糖、月桂葉等等。中國人也在用小米或大米釀造的酒中加入香料甚至藥物。今天西方普遍採用的啤酒花（它使啤酒帶苦味，易於保存）大約起源於八、九世紀的修道院（八二二年首次見諸文獻記載）；十二世紀在德意志首次出現[188]；十四世紀初見於荷蘭；十五世紀初才抵達英國[189]，有不無誇張的歌詞疊句為證（但是一五五六年以前啤酒花一直被禁用）：

啤酒花、啤酒、宗教改革和桂冠
同年一起降臨英格蘭。[190]

啤酒在葡萄的領地之外，在從英格蘭到尼德蘭、德意志、波希米亞、波蘭和莫斯科大公國等北歐的遼闊地域安身立業。中歐的城市和領地也生產啤酒，而「釀酒師傅慣於欺騙主人」。波蘭農民每天啤酒消費量可達三公升。自然，啤酒的國度沒有明確的西部和南部邊界。它以相當快的速度向南方開拓，尤其在十七世紀憑藉荷蘭人的勢力擴大疆域。波爾多是葡萄酒的王國，設立啤酒廠阻力很大[191]，進口啤酒在荷蘭人和其他外國移民甚多的夏特龍（Chartrons）近郊區的酒店裡像水一樣流淌[192]。更有甚者，塞維爾作為葡萄酒的大本營也是國際貿易中心，早在一五四二年就已有啤酒廠。廣闊的西部邊境界線並不明，啤酒廠的設立從未給人發生一場革命的印象。如洛林地區的葡萄園產品不佳，收入也不可靠，但是啤酒廠並不多見。直到巴黎都是這種情況。根據勒格朗杜西（《法國人的私生活》，一七八二年版）的看法，啤酒是窮人的飲料，每逢時世艱難，其消費量必然增加；反之，經濟景氣的年代，原來喝啤酒的就改飲葡萄酒。接下去他引用幾個過去的例子，然後補充說：「我們自己難道沒有看到七年戰爭（一七五六—一七六三）產生相似的後果？好些原來只喝葡萄酒的城市學會飲用啤酒，據我所知，香檳區的某城市一年內就開辦了四家啤酒廠」[193]。

然而從一七五〇到一七八〇年（僅從表面上看是矛盾現象，因為從長期看這一時期在經濟上是繁榮的），啤酒將在巴黎遇到危機。啤酒釀造廠的數目從七十五家降為二十三家，產量從七萬五千繆特（一繆特

1627年哈勒姆的「特里萊陵」啤酒廠，馬達姆作畫。
哈勒姆的弗朗茨·哈爾斯博物館。

等於二百八十六公升）降為二萬六千。啤酒釀造商的處境實在困難，他們每年都要關心蘋果的收成，力圖從蘋果酒上頭找回在啤酒上受的損失[194]！從這個角度來看，大革命前夕的局勢未見改善；葡萄酒依舊是大贏家：從一七八一到一七八六年，巴黎平均年消費量高達七千一百三十萬公升，而啤酒消費量僅為五百四十萬公升（十三點五比一）。但是後來發生的情況將證實勒格朗杜西的論點：一八二〇到一八四〇年為明顯的經濟困難時期，巴黎葡萄酒消費量與啤酒消費量的比例降為六點九比一。啤酒消費有相對進展[195]。

但是喝啤酒的並非都是窮人！啤酒也並非總是伴隨著「冷肉」和「燕麥餅」的英國家釀小啤酒。除了只值半個小錢的民間啤酒，尼德蘭有錢人早在十六世紀就飲用從萊比錫進口的高級啤酒外。一六八七年，法國駐倫敦大使定期給塞涅雷侯爵寄去英國淡啤酒，「此乃所謂蘭貝斯淡啤酒」，並非「既不對法國人脾胃，又與葡萄酒一樣容易喝醉、價格同樣昂貴的烈性啤酒」[196]。十七世紀末布倫瑞克和不萊梅出口的優質啤酒遠屆東印度[197]。在德意志全境，在波希米亞和波蘭，城市裡的啤酒釀造作坊經常達到工業生產規模，擠走農家或貴族領地自製的、往往不用啤酒花的輕啤酒。我們擁有關於這個問題的大量文獻資料。啤酒製造和零售已成為立法對象[198]。市政當局監督它的生產；如在紐倫堡，只有從聖米迦勒節到聖枝主日這一段時期內准許釀造啤酒。聲名顯赫的啤酒其名目一年超過一年，出了好些書專門讚揚它們具有的功效。亨利希・克諾斯特[199]一五七五年發表的書中開列這些名牌啤酒的名稱以及別號，說明它們對飲用者有何療效。可是沒有長存不衰的名聲。莫斯科公國的一切都比別處落後，一六五五年消費者只有在「公共食堂」才能找到啤酒和燒酒；在那裡，他們同時還購買鹹魚、魚子醬或者以阿斯特拉汗和波斯進口的染黑羊皮，以充實經營壟斷買賣的國家的錢櫃[200]。

因此世界各地有幾百萬個「啤酒肚子」。但是葡萄產地的農民仍喝葡萄酒，他們對這種北方飲料嗤之以鼻。一位參加諾德林根戰役的西班牙士兵對啤酒從不沾唇，「因為它總有一般馬尿味」。五年以後，他冒險試驗一次，偏偏當晚上吐下瀉，像是吃了「瀉藥」一樣[201]。查理五世皇帝對啤酒喜愛入迷，他在退居尤斯特修道院期間仍不顧義大利醫生的勸告，嗜飲如初[202]。這表明他是個道地的佛拉芒人（Fleming）。

蘋果酒

關於蘋果酒簡單說兩句。它起源於比斯開，果實專供釀酒用的蘋果樹也是從那裡傳來的。科唐坦（Cotentin）、康城（Caen）鄉下和奧熱地區（Pays d'Auge）十一或十二世紀出現這種蘋果樹，到下一個世紀出現蘋果酒。不過需要說明，這些地方雖然位於「商品」葡萄的界線以北，但仍有葡萄種植。蘋果酒的競爭對手並不是葡萄酒，而是啤酒。而且它擊敗了對手，因為啤酒需要糧食釀造，為了喝啤酒有時就得少吃麵包[203]。

蘋果樹和蘋果酒因而贏得地盤，於十五世紀末和十六世紀初開始傳到東諾曼第（塞納河下游和戈地區）。一四八四年的三級會議上，一位外省代表還能說下諾曼第和上諾曼第（東部）的重大區別在於前者有蘋果樹，後者沒有。蘋果酒在上諾曼第曾遇到啤酒，尤其是葡萄酒（如塞納河河灣地段的葡萄園的產品）的抗拒，直到一五五〇年方才獲勝，喝它的當然都屬於平民百姓[204]。蘋果酒在曼恩河下游取得的成績較為顯著，因為從十五世紀起，至少在這個省份的西南部，蘋果酒將成為富人的飲料，而窮人依舊喝啤酒。不過在拉瓦爾，富人的抵抗一直堅持到十七世紀；他們在歸順之前寧可自己喝劣質葡萄酒，把蘋果酒讓給石匠和男女僕人[205]。這個小小的變革是否應由十七世紀的經濟衰退負責？諾曼第離巴黎很近，蘋果酒自然也要在首都走運。不過我們不要誇大事實：一七八一至一七八六年間，一個巴黎人平均每年消費一百二十一點六升葡萄酒、八點九六升啤酒、二點七三升蘋果酒[206]。後者敬陪末座。它在別處也不佔優勢，例如在德意志還遭到野蘋果酒——一種質地相當差勁的飲料——的競爭。

燒酒在歐洲較晚走運

另一場革新或革命也在歐洲（我們還要等一會兒才能跨越它的疆界）發生：白蘭地和糧食燒酒，一句話，就是燒酒。不妨說燒酒發明於十六世紀，發展於十七世紀，普及於十八世紀。

白蘭地是葡萄「加熱」提煉的產品。這項操作需要一種工具：蒸餾器（alambic，來自阿拉伯語「al」以及希臘語「ambicos」，可以蒸餾溶液的長頸瓶）。古希臘和古羅馬時代只有蒸餾器的雛型。但有一個事實不容置疑：西方在十二世紀以前已有蒸餾器，也就是說存在蒸餾各種含酒液體的可能性。不過長時期內只有藥劑師蒸餾葡萄酒。初次蒸餾和二次蒸餾所得的燒酒原則上都是「不含任何水份」的酒精，作「藥物」用。燒酒可能就是通過這種途徑於西元一一〇〇年左右在義大利南方被發現的，那裡的「薩雷諾醫學院當時曾是最重要的化學研究中心」[207]。至於把首次蒸餾燒酒歸功於一三一五年逝世的雷蒙・盧爾，或者這位奇怪的江湖醫生維勒諾弗（據說他在蒙貝里耶和巴黎教過書，一三一三年死於從西西里到普羅旺斯的旅途中），這都是子虛烏有之談。維勒諾弗留下一部名字漂亮的著作：《駐顏術》。根據他的說法，燒酒，又名生命之水，有驅邪活血之功效，能治腸絞痛、水腫、癱瘓、四月熱（三日瘧原蟲）；鎮定牙痛；預防瘟疫。然而，正是這劑神藥使聲名狼藉的「惡人查理」死於非命（一三八七）：醫生們用浸透燒酒的被單把他緊緊裹起來，還用粗針縫上封口以便加強療效。為了弄斷一根線，一個僕人移近一枝蠟燭：被單和病人統統著火……[208]

燒酒在長期內始終是一種藥物，特別用來治療瘟疫、風濕病和失聲。一七三五年的《化學通論》還宣稱「酒精恰當使用便是萬應靈藥」[209]。其實到這個時代，酒精早就用於製造甜燒酒了，不過十五世紀德意志用煎熬香料的辦法生產的燒酒仍被當作藥品。到這一世紀末和下一世紀初才發生變化。一四九六年在紐倫堡，並非只有病人才喝燒酒，使得市政當局不得不禁止節日期間自由出售燒酒。一四九三年一位紐倫堡醫生寫道：「鑒於現在人人都喝燒酒，正經人必須記住自己的酒量，量力而行。」毫無疑問，燒酒、暖心酒或者文獻裡提到的美味醇酒那時早已誕生了[210]。

不過，燒酒擺脫醫生和藥劑師的控制並非旦夕之功。一五一四年，路易十二特許釀醋作坊蒸餾燒酒，從而把藥品變為普通商品。一五三七年，法蘭索瓦一世讓醋商和汽水製造商分享這一特權，由此引起的爭執證明經營燒酒的盈利很大。這場變革在科爾馬來得更早：從一五〇六年起市政當局即監督燒酒生產和銷售，稅單和報關單上已列有這項商品。燒酒生產在那裡發展很快，達到面向全國的規模。由於這個地區的葡萄園很發達，酒桶製造業勢力很大，最初由酒桶工場主生產燒酒。正因為他們的賺頭太好，一五一一年起商人們就企圖把這筆買賣奪過來。五十年後商人們如願以償。不過爭鬥並未了結，一六五〇年酒桶製造業重新獲得生產燒酒的權利，不過有個附帶條件：產品必須交給商人銷售。我們還發現，科爾馬的名門望族無一不是燒酒商人。由此可以斷定，這項生意已經取得重要地位[211]。

遺憾的是這類資料我們掌握不多，不足以勾勒出早期燒酒生產的地理分布和年代順序。從有關波爾多地區的某些材料來看，早在十六世紀，蓋亞克似乎已有一家燒酒作坊，生產的燒酒一五二一年起就遠銷安特衛普[212]。不過我們對此沒有十分把握。在威尼斯，至少在海關稅率表中，到一五九六年才出現燒酒[213]。巴塞隆納十七世紀前談不上燒酒。除了這些線索之外，我們還可以認為，北歐國家——德意志、荷蘭、羅亞爾河以北的法國——在這個領域比地中海國家起步更早。荷蘭的水手和商人即使不是燒酒的發明者，至少也是推廣者。他們在十七世紀把燒酒生產技術帶到歐洲大西洋沿岸各地。由於他們經營當時最大的葡萄酒貿易，常為運輸、保存、添加糖分等問題傷透腦筋；質量最次的葡萄酒只需摻入燒酒便會變得醇厚。燒酒比等量的葡萄酒值錢，運輸費用也省。且不談當時的嗜好……

啤酒、葡萄酒和煙草。
冉茨・凡德維爾德作靜物畫（1660）。海牙「莫里茨之家」。

由於需求增加，也因為運輸燒酒比葡萄酒省事，在離海岸很遠的羅亞爾河流域、普瓦圖、上波爾多、佩里戈爾和貝亞恩（汝朗松葡萄酒中摻有燒酒）的葡萄園裡也設立蒸餾燒酒的作坊。赫赫有名的甘邑酒和雅馬邑酒便在十七世紀為滿足外部要求應運而生。一切有利條件都湊在一起成全這兩種名酒：葡萄的品種（如沙藍特的「無名火」和「白衣瘋女」）、木材資源和就近的水道。一七二八年起，干邑區每年通過托奈—沙藍特港

賣克瓦斯的商人。克瓦斯是俄國窮人的燒酒，用大麥發酵製成，有時甚至用吃剩的麵包或酸水果釀造。勒普林斯作版畫。

輸出約二萬七千桶燒酒[214]。甚至洛林省馬斯河流域的劣質葡萄酒也從一六九〇年起（可能更早）以及葡萄榨渣一樣被蒸餾成燒酒，順著謬斯河運往尼德蘭[215]。不久以後，凡有原料的地方都生產燒酒；就這樣一站一站傳下去，南方的葡萄酒產區必將湧出燒酒，如赫雷斯附近的安達魯西亞、加泰隆尼亞和朗格多克。

產量很快上升。塞特港一六九八年僅出口二十二萬五千公升燒酒；一七二五年達三百七十五萬公升（即蒸餾一千六百八十七萬五千公升葡萄酒）；七年戰爭前夜的一七五五年為六百五十九萬二千六百公升（折合二千九百六十六萬六千七百公升葡萄酒），創最高記錄，此後由於戰爭大受打擊。同時燒酒的價格下跌：一五九五年每維爾熱（等於七點六公升）燒酒的售價為二十五法郎；一六九八年為十二法郎；一七〇一年為七法郎；一七二五年為五法郎；一七三一年以後便逐漸回升，到一七五八年每維爾熱燒酒值十五法郎[216]。

顯然需要顧及各種燒酒的純度[217]。純度的下限由所謂「荷蘭試驗」來測定，辨法如下：從處於蒸餾過程的燒酒中提取樣品，灌滿小玻璃瓶的一半。用拇指堵住瓶口後，將瓶子倒置、搖動：如果進入酒液的空氣形成某種形狀的氣泡，燒酒即達到商業純度，即四十七到五十度。低於這個標準的稱為「渾酒」，需要扔掉或重新蒸餾。平均純度稱為「五分酒」，含酒精百分之七十九到百分之八十；最高純度為「八分酒」，即「純酒」，含酒精百分之九十二或百分之九十三。

生產工藝始終很難掌握，停留在手工業階段。在魏格爾特發明雙流冷卻（一七七三）之前，人們僅憑經驗對蒸餾器作出收效甚微的改進[218]。使一次蒸餾成為可能的決定性改革和一七六八年出生的一位不出名的發明家愛德華·亞當的革新，都是以後的事情。這些改革將降低成本，有助於燒酒在十九世紀廣為流行[219]。

燒酒消費增長很快。向即將上陣的士兵分發燒酒已成慣例，根據一七〇二年一位醫生的說法，這不會產生「不良效果」[220]！簡單說，士兵變成了酒徒，燒酒生產趁機也變成軍需工業。一位英國軍醫（一七六三）甚至擔保說，葡萄酒和含酒精飲料有利於消滅「惡疾」，因而為士兵健康所必需[221]。同樣，巴黎中央批發市場的苦力不分男女都習慣喝兌水，並用華撥提味的燒酒；這樣他們就不必消費因為抽入城稅而價格偏高的葡萄酒。愛吸煙的工人據說生性懶惰，他們常去煙酒舖消磨時間，那裡的顧客喝的同樣也是兌水的燒酒[222]。

另一種出售方式是各種摻香料的燒酒。這類酒被叫作拉塔非亞（ratafia），我們毋寧直呼其名為甜燒酒。勒姆里醫生在《食物通論》裡寫道：「一點就著的燒酒略帶澀味，往往還有焦臭味（……），為了去掉這種令人不快的味道，人們發明幾種配方，取名為拉塔非亞，其實不過是在燒酒或者酒精中摻入香料。」[223]十七世紀這類甜燒酒風行一時。巴丹總愛嘲弄同時代人的癖好，當然不會放過有名的從義大利傳來的「日光之露」：「日光之露只能給人烈日炙烤的感受。」[224]甜燒酒最終被社會接受了，十七世紀末出版和流行的市民實用手冊，如《治家良方》，少不了記載「以義大利方式（……）製作各種甜燒酒的正宗做法」[225]。十八世紀時巴黎出售的燒酒混合飲料種類不勝枚舉：塞特水、茴芹水、法朗吉巴納水、深紫紅色水（製法與「紅色」葡萄酒一樣，即用香料浸泡）、用水果開胃酒，用糖以及羅姆酒做原料的巴貝多水、芹菜水、茴香水、千花水、百合水、神水、咖啡水……生產這類「水」的最大中心是蒙彼利埃，朗格多克的白蘭地近在咫尺。最大的主顧當然是巴黎。蒙彼利埃商人在巴黎的拉于於謝特街設有大倉庫，以半批發方式供應各家酒店[226]。十六世紀的奢侈品現在已變成日常消費品。

並非只有白蘭地在歐洲和全世界不脛而走。安地列斯群島開始用糖生產羅姆酒。這種酒在英國、荷蘭以及英國在美洲殖民地比在歐洲其他地方更加走運。我們應該承認它是一名勁敵。白蘭地在歐洲遇到的對手是蘋果酒（十七世紀起用蘋果酒生產出無與倫比的卡爾瓦多酒）[227]、梨酒、李酒和櫻桃酒；來自亞爾薩斯、洛林和法朗什－孔代的基爾什櫻桃酒一七六〇年前後在巴黎「作為藥物」使用；扎拉的櫻桃酒於一七四〇年前後以馬拉斯奇諾酒出名，這是威尼斯的專利產品，製法祕不外傳。還有品質較次，但構成嚴重威脅的競爭對手：果渣白蘭地和穀物釀造酒。一六九〇年開始在洛林用葡萄榨渣蒸餾燒酒。蒸餾白蘭地需用文火，而蒸餾葡萄榨渣燒酒需用急火，因此消耗大量木材。洛林地區豐富的木樹資源派上用場。後來這種蒸餾方法慢慢傳播到別的地區，如勃艮第，那裡的葡萄榨渣被公認為品質最佳。義大利各葡萄園也有自己的名酒佳釀。

白蘭地的勁敵是糧食燒酒（兩者之間的關係類似啤酒與葡萄酒）：康伯蘭德（Kornbrand）、伏特加、威士忌、荷蘭酒和琴酒。我們不知道它們什麼時候在「商品」葡萄的界線以北初次出現[228]，它們好在價格低廉。十八世紀初倫敦社會無分貴賤都以飲琴酒為能事。

自然，沿著葡萄種植的北界排列的國家口味較雜：英國既對大陸的白蘭地和美洲的萊姆酒（潘趣酒是在美洲初露頭角的）一視同仁，又愛好本國的威士忌和琴酒；更典型的例子是荷蘭，世界上各種白蘭地和糧食燒酒，外加古拉索島和蓋亞那的羅姆酒，都在那裡會合。各種燒酒在阿姆斯特丹交易所裡都有牌價：羅姆酒居首位；隨後是白蘭地；糧食燒酒遠遠落在這兩種貴族酒後面。萊因河和易北河之間的德意志同樣兼嗜白蘭地和糧食燒酒：一七六〇年，漢堡從法國進口四千桶白蘭地，每桶五百公升，合計約二百萬公升。要到易北河彼岸和波羅的海周圍才真正開始出現單純消費糧食燒酒，或者很少消費白蘭地的地區。同一年（一七六〇），呂貝克僅進口四百桶法國白蘭地，科尼斯堡進口一百桶，斯德哥爾摩也是一百桶。呂貝克「進口甚少，而且都是為普魯士進口的」。薩瓦里．德布呂斯龍解釋說，波蘭和瑞典雖說「並不比別的國家對這種灼人的飲料更持保留態度〔……〕但與其喝白蘭地，人們更喜歡糧食燒酒」[229]。

無論如何，歐洲異常出色地完成了自己的燒酒革命。它在燒酒裡找到日常興奮劑、廉價的卡路里和一種容易到手但是後果嚴重的奢侈品。國家不放過一切有利可圖的事情，不久也將從燒酒中得到好處。

歐洲以外的燒酒消費

事實上，沒有一個文明未曾為飲料問題，特別是含酒精飲料問題找到自己的一種或多種解決辦法。植物產品經發酵後都產生酒精。加拿大的粗糖為印第安人提供酒精；墨西哥在被科爾特斯征服之前和之後都有「像葡萄酒一樣醉人」的龍舌蘭燒酒；安地列斯群島和南美最窮苦的人喝玉米或木薯燒酒。尚．德．萊里一五五六年遇見里約熱內盧海灣的圖比南巴人：這個部族雖說尚未開化，過節時也有一種用搗碎發酵的木薯製成的飲料[230]。別處的棕櫚酒實為經過發酵的棕櫚汁液。北歐有樺樹汁飲料和糧食啤酒。發酵的蜂蜜水，十五世紀以前一直在歐洲，尤其是北歐暢銷。遠東早就有米酒，用糯米釀造的品質尤佳。

是否因為歐洲擁有蒸餾器，便對所有這些民族而言具備一種優勢，即有可能選擇生產一種含酒精成分特高的燒酒？羅姆酒、威士忌、康伯蘭德、伏特加、卡爾瓦多斯、葡萄榨渣燒酒、白蘭地、琴酒，統統來自蒸餾器的冷卻管。為了解答這個問題，需要調查遠東的大米或小米燒酒起源於歐洲出現蒸餾器之前還是之後，而歐洲有蒸餾器是十一到十二世紀的事情。

歐洲旅行家顯然不能為我們提供答案。他們十七世紀初在海盜盤踞的阿爾及爾看到亞力酒[231]。一六三八年，一位名叫曼德爾斯羅的旅行家在古吉拉特聲稱，「當地人從棕櫚樹提取的戴利酒……是一種有甜味、很上口的燒酒」。他接著說：「他們從稻子、糖和椰棗提取亞力酒，這種燒酒比歐洲生產的更烈性、更好喝」[232]。康普費爾醫生這樣一位行家認為他在日本所喝到的「清酒」（一六九〇）是一種大米啤酒，「其烈性等於西班牙葡萄酒」；相反他在暹羅嘗到的「勞酒」則是一種燒煮過的酒，除此之外旅行家還發現當地人喝粕酒[233]。同樣地，耶穌會士的書信中說中國人用大米做的酒是「地道的啤酒」。人們往往在酒裡加入「新鮮、糠漬或者曬乾」的水果，因此有「梓酒、櫻桃酒、葡萄酒」各種名目。但是中國人也喝一種燒酒，此種酒「通過蒸餾器製得，入口辛烈，其灼人如酒精」[234]。稍晚一些時候，斯湯頓在中國喝到「一種黃酒」，即大米酒，「以及燒酒，後者似較黃酒為佳，因黃酒色渾、乏味，且易變酸。燒酒性烈、色清、極少焦臭味」。這種燒酒「有時度數甚高，測試之乃高於酒精」[235]。直到一七三八年，才由一位在西伯利亞探險的德意志人格墨林為我們描述中國人使用的蒸餾器[236]。

但是，蒸餾燒酒始於何時，卻是一大問題。我們差不多可以斷定波斯在薩珊王朝時代已使用蒸餾器。九世紀時，肯迪（al-kindi）不僅提到用蒸餾法提煉香精，而且描寫了作此用途的器具。他還談到樟腦，眾所周知這是樟木蒸餾後的產品[237]。中國早就生產樟腦。再者，沒有任何材料足以反證中國在九世紀還沒有燒酒。唐代有兩首詩談到九世紀四川的燒酒很出名，我們正是從中得出這個結論。但是必須認為這個問題尚待澄清，因為在同一本集體編寫的著作（一九七七）裡，沙非爾先生提出燒酒最早見於九世紀，弗里曼先生則認為蒸餾技術肇始於十二世紀初，而莫特卻把同一技術視作是或十三世紀的新發明[238]。

因此，在這個問題上很難斷定是西方還是中國領先。燒酒起源於波斯的說法也許比較可信，特別因為中文表示燒酒的名詞中有一個是阿拉伯語「粕酒」的仿造語。

反過來，不能否認白蘭地、羅姆酒和甘蔗燒酒是西方送給美洲文明的下了毒的禮物。蒸餾劍麻心得到的梅斯卡爾酒含酒精成分比蒸餾劍麻得到的龍舌蘭酒高得多，這兩種酒也是西方帶給美洲的。印第安人深受其害。墨西哥高原的文明一旦失去它的制約力量和古老的禁忌，對於這一誘惑似乎毫無抵抗能力，以致燒酒從一六〇〇年起在那裡造成了令人難以置信的災難。我們只須想一想，龍舌蘭酒在新西班牙為國庫帶來的收入等於銀礦收入的一半！[239]這本是新主人有意推行的政策。一七八六年，墨西哥總督貝納多·德·加爾韋茲稱讚燒酒的功效；他指出印第安人貪飲杯中物，建議讓墨西哥北部還不知飲酒的阿帕契部族也染上同樣的嗜好。這不僅是一大財源，還是使他們產生「一種新的需要，迫使他們承認對我們的依附」[240]的最好辦法。英國人和法國人在北美已經這樣做了：前者傳播羅姆酒，後者則不顧國王的禁令推廣葡萄酒。

巧克力、茶、咖啡

歐洲是世界上各種新鮮事物的中心。與燒酒同時或略有先後，它發現三種新的有提神強身作用的飲料：咖啡、茶、巧克力。這三種飲料都從海外傳入：咖啡來自阿拉伯（先在衣索比亞種植），茶來自中國，巧克力來自墨西哥。

巧克力於一五二〇年，從新西班牙、即墨西哥傳入西班牙時被製成圓塊或長條形狀。因此，毫不奇怪它在西屬尼德蘭出現比在法國早一點（一六〇六）。瑪麗亞—德蕾莎（她與路易十四結婚是一六五九年的事情）因為不能割捨在西班牙養成的習慣而偷偷喝巧克力的軼聞也有幾分可信[241]。在這以前幾年把巧克力真正引進巴黎的人，據說是李希留樞機主教（李希留首相的兄弟，里昂大主教，死於一六五三）。這也可能，不過當時巧克力兼任藥物和食物。後來有一位證人說：「我聽他〔樞機主教〕的一名僕人說，他用巧克力治療脾火

巧克力風行西班牙：巧克力午餐，佐巴朗（1568-1664）作。柏桑松博物館。

過旺，這個祕方是由幾個西班牙修女傳入法國的。」[242]，一六五七年，巧克力從法國抵達英國。

巧克力最初是私下、幾乎偷偷摸摸地被帶到法國的。塞維尼夫人的書信裡提到[243]，巧克力在宮廷裡有時走紅有時冷落，完全因時因人而定。她本人就對這種新飲料是否危險感到擔心，因而像旁人一樣養成在巧克力裡摻入牛奶的習慣。事實上，直要等到攝政時代（一七一五年至一七二三年）巧克力才被人接受。攝政王是它的福星。那時候，「去喝巧克力」的意思是伺候親王起床，得到他的寵信[244]。不過我們也不要誇大這個成績。一七六八年巴黎有人說：「大人物偶爾飲用巧克力，老人常喝，平民百姓卻從不問津。」說到底，只有在西班牙巧克力才大獲全勝：馬德里居民以飲用添加肉桂的濃巧克力為一大樂趣，外國人對之無不嘲弄。一位猶太商人阿隆·高拉斯，一七二七年在巴約訥開設商行並非毫無道理。他的來往信件保存至今。他與阿姆斯特丹和經營殖民地食品的市場（特別是卡拉卡斯的可可經常走這條意想不到的彎路）都有聯繫，以巴約訥為據點注視著伊比利半島的市場[245]。

一六九三年十二月，熱梅利·卡勒里在士麥拿向一位土耳其將領慇懃奉上一杯巧克力：不料好心遭到惡報，「或者他喝巧克力喝醉了〔我們表示懷疑〕，或者煙草把他熏醉了，他衝著我大發雷霆，說我灌他燒酒，企圖使他迷糊，失去判斷力……」[246]

來自遙遠中國的茶葉陪伴葡萄牙人、荷蘭人和英國人。但在十至十二個世紀以前，中國業已普及飲茶。茶傳入歐洲的過程既漫長又艱難：必須輸入茶葉、茶壺、瓷質茶杯，然後引入對這一異國飲料的嗜好。歐洲人首先在印度嘗到茶，那裡飲茶已經成為風氣。第一箱茶葉可能是由荷蘭東印度公司於一六一〇年運達阿姆斯特丹的[247]。

茶樹（在十七和十八世紀稱作茶葉樹，但該詞未被大眾採用）是一種灌木，中國農民採摘它的葉子。初生的葉片小而嬌嫩，可製作貢茶，葉片越小身價越高，葉片焙乾後即為綠茶。經日光晒乾後發酵、變黑，即為紅茶。綠茶和紅茶均用手工操製，裝入有鉛皮或錫皮夾層的大木箱外銷。

根據德拉馬爾的說法，這一新飲料一六三五或一六三六年在法國出現，不過還遠沒有被社會普遍接受。一六四八年有人為取得行醫資格提出一篇關於茶葉的論文，因此吃足苦頭。巴丹寫道：「我們有幾位博士把文章付之一

義大利：巧克力，隆吉（1702-1785）

茶：一幅18世紀中國畫的細部。吉美博物館。

炬，醫學院院長因通過這篇論文備受責難。你將來讀到它的時候一定會捧腹大笑」。然而十年以後（一六五七），另一篇由掌璽大臣塞吉埃（他本人嗜茶）推薦的論文卻使公眾信服這一新興飲料的效用[248]。

荷蘭人和倫敦的咖啡店主把茶傳入英國，後者在一六五七年促成飲茶之風。佩皮斯一六六〇年九月二十五日初次品茗[249]。東印度公司於一六六九年開始從亞洲進口茶葉[250]。事實上，歐洲的茶葉消費到十八世紀二〇年代才達到可觀的程度，那時候歐洲和中國開始直接貿易。這以前，大宗的茶葉生意都在巴達維亞轉運。這個港口是荷蘭人一六一九年開闢的，中國帆船運來通常的貨物以及數量不多的粗茶，只有這種茶葉能經過長途運輸不變質。短時期內，荷蘭人曾經做到不用白銀購買，而是用大包鼠尾草交換福建的茶葉。鼠尾草在歐洲也用於製作一種有療效的飲料。不過中國人沒有受到誘惑；茶在歐洲卻交上好運[251]。

英國人很快超過了荷蘭人。一七六六年起，廣州輸出茶葉分配如下：英國船六百萬磅；荷蘭船四百五十萬磅；法國船二百一十萬磅；合計一千五百萬磅，約七千噸。專門運輸茶葉的船隊逐漸建立起來；數量越來越多的茶葉箱在設有「東印度公司碼頭」的世界各大港口卸貨：里斯本、洛里昂、倫敦、奧斯滕德、阿姆斯特丹、哥德堡，有時還有熱那亞和利佛諾。數量激增：一七三〇到一七四〇年廣州每年出口二萬八千石（一石約等於六十公斤）；一七六〇到一七七〇年為十一萬五千石；一七八〇到一七八五年為十七萬二千石[252]。如果我們像斯湯頓一樣把起點定為一六九三年，即可以得出一個世紀以後茶葉消費量「增加四百倍」的結論。斯湯頓時代最窮困的英國人每年消費五到六磅茶葉[253]。這一下我們就明白這項奇特的貿易到底是怎麼一回事了：只有西歐的一小部份，荷蘭和英國，迷上這一新興飲料。法國最多消費它自己的船隊運載的茶葉的十分之一。德意志偏愛咖啡。西班牙對茶葉更少興趣。

英國政府為了抵抗來自歐陸的巨額進口，曾經免課琴酒生產稅。新興的茶是否在英國接替了琴酒的地位？茶是否成為醫治喬治二世時代倫敦社會不容否認的酗酒風氣的對症良藥？或者一七五一年對琴酒突然課稅[254]，同時糧食價格普遍上升，為新來者大開方便之門？何況茶還享有治療風濕病、壞血病和各種熱症的名聲。霍加斯的「琴酒」似乎從此衰落。總之，茶打了勝仗，國家稅務部門因而密切監視茶葉貿易（和北美殖民地一樣，後來北美殖民地正是在茶葉貿易上找到起義的藉口）。聞所未聞的走私活動隨即興起，每年從歐陸經由北海、英吉利海峽或愛爾蘭海走私入境的茶葉達到六、七百萬磅。所有的海港：各國的東印度公司，阿姆斯特丹和別處的高級金融界，無不有份。包括英國消費者在內，人人都是同謀[255]。

前頁那幅圖畫只涉及歐洲西北部，缺少一名主要的主顧：俄國。可能早在一五六七年俄國就有人飲茶，但是尼布楚條約（一六八九）簽訂以前，特別是一七六三年在伊爾庫茨克以南的恰克圖設立交易集市以前，飲茶尚未普及，在列寧格勒檔案館有一份十八世紀末的文件（用法文書寫）中可以讀到：「中國人帶來的〔商品〕……是一些綢緞、漆器，少許瓷器，大量我們叫作南京細布而俄國人叫做希特里的廣東布料，以及數量可觀的綠茶。這種茶葉的質量遠遠勝過歐洲經過長途航海收到的茶葉，因此俄國人不得不以高達每斤二十法郎的價格收購，而他們轉售時的價格很少超過十五或十六法郎。為了彌補這項損失，他們從不錯過機會抬高皮貨的價格。這幾乎是他們唯一能為中國人提供的貨物。不過政府在這個花招中比商人得到更多：俄國政府對每筆交易抽取百分之二十五的稅」[256]。然而到十八世紀末，俄國進口的茶葉每年不到五百噸。比起歐洲消費的七千噸差遠了。

作為有關茶在西方傳播情況的這一章的結束語，我們指出歐洲在今後很長一段時期內不知道引種茶樹。第一批茶樹一八二七年在爪哇種植，錫蘭出現茶園則在一八七七年以後，適逢一場災難幾乎毀盡島上的咖啡樹。

茶在歐洲交好運，即使侷限於俄國、荷蘭和英國，也是一大革新，但是從世界範圍來看，這件事的重要性就有所遜色。直到今天，中國仍是茶的最大生產者和消費者。茶在中國與葡萄在地中海沿岸起的作用相同，凝聚著高度發達的文明。這兩種植物都有自己的地理疆域，它們的起源古老，栽培技術逐漸改進，臻於完善。為了滿足世世代代的內行消費者的要求，種植者必須小心翼翼地、頻繁地照料作物。茶在紀元前便已出現於四

18 世紀出島的日本人描繪的荷蘭人與中國人一起飲茶的場面。巴黎國立圖書館版畫部。

川，十三世紀征服整個中國[257]。古魯說：「中國人茗茶的本領高超，足以區別不同產地的茶葉，並且精明地評定上下品級（……）。這一切特別使人想起舊大陸另一端的葡萄種植業，它也是一種定居農民的文明經過幾千年發展後取得的成果。」[258]

任何凝聚著文明成果的作物都使種植者受它的奴役。他們需要疏鬆茶園的土壤，播下種子，修剪樹枝，使茶樹的生長停留在灌木階段，不至於發育成喬木，「如它們在野生狀態那樣」；小心翼翼地採摘樹葉；當天就動手加工；在日光下曬乾或用火焙乾茶葉；揉製茶葉，然後再一次焙乾……在日本，茶葉的焙乾揉製操作可以重複六、七遍。這樣製作的茶葉獲得某些特性（產品的優劣程度取決於茶的品種和栽培土壤，更取決於採摘的時令，春天的嫩葉比其他季節的葉子更香；最後還取決於加工方式，綠茶和紅茶的區別在於加工方式不同，等等）之後，便能以極高價格出售。日本人用品質最佳的綠茶製成的茶粉能在沸水中溶化（不是浸泡），這種茶用於有名的茶道。茶道本係中國古法，在中國卻已失傳。一部十八世紀的回憶錄中提到，茶道的儀式異常複雜，為了掌握這門藝術，「在那個國家裡需要有人教授，就像在歐洲為了學好跳舞以及行禮也需要聘請教師一樣。」[259]

這是因為茶和葡萄酒一樣，和任何一種體面的、凝聚著文明成果的作物一樣，自有一套規矩。在中國和日本，窮人家裡也在白晝任何時候都有沏茶的開水備用[260]。中國的富裕家庭招待客人必定奉上一杯茶。一七六二年有人為我們提供如下情況：「喝茶有一套非常方便的器具，如一張帶裝飾的桌子（傳統的茶几）、桌旁一個小爐子、幾個帶抽屜的盒子、水甕、茶杯、茶托、糖勺、做成榛子大小的冰糖塊等等。喝茶時可把冰糖塊含在嘴裡，少量的糖不至於改變茶的香味。伴隨這一切的，還有各種果脯和果醬，中國人製作美味開胃的甜食的本領遠比（歐洲糖果商）高明」[261]。不過需要補充，根據十九世紀在中國北方旅行的一位人士的說法，由於北方不易生長茶樹，「底層居民視茶葉為奢侈品，他們嗅聞開水時的喜悅心情不亞於有錢人品嘗綠

伊斯坦堡咖啡館內景。巴黎國立圖書館版畫部。

茶，而且他們滿足於把開水叫做茶」[262]。是否飲茶的風尚促成把開水當作奇怪的代用品？或者是因為中國和日本按例只喝熱的飲料，無論是茶、清酒、大米或小米燒酒，以至水本身？看到科爾特斯神父喝生水，他周圍的人皆大驚失色，勸他放棄這一如此危險的習慣[263]。一本通情達理的書（一七六二）寫道：「西班牙人一年到頭都嗜冰如迷。如果他們也像中國人那樣喝熱的，他們國中就不會有那麼多的疾病流行，他們的氣質也不會那麼生硬。」[264]

茶在中國和日本是家常飲料，但是在遠東其他地方還沒有普及到這一程度。為適應長途運輸，茶葉被製成茶磚，從很早時候起便由犛牛隊從揚子江經過世界上最壞的路運往西藏。鐵路未建成以前，由駱駝隊把茶磚運往俄國。茶磚至今仍是蘇聯某些地區的日常消費品。

茶在伊斯蘭國家也是一帆風順。摩洛哥的重糖薄荷茶已成為民族飲料，但是它在十八世紀才由英國人傳入，到十九世紀它才廣為流行。對於茶在其他伊斯蘭國家的傳播路線，我們不甚了然。不過，凡是茶取得成功的地方，如北歐、俄國和伊斯蘭國家，都不種葡萄，這一事實難道不應該引起注意？能否作結論說，這兩種凝聚著文明成果的作物相互排斥？烏斯達里茨便是這麼想的。他於一七二四年宣稱不必擔心茶的勢力擴張到西班牙，北歐之所以消費茶只是為了「彌補葡萄酒的不足」[265]。反過來，歐洲的葡萄酒和燒酒也沒有征服遠東。

過去人們說咖啡樹[266]可能原產自波斯，其實更可能起源於衣索比亞；無論如何，一四五〇年以前見不到咖啡樹和咖啡。到一四五〇年亞丁有人喝咖啡。十五世紀末咖啡傳到麥加，但是一五一一年麥加禁止消費咖啡，一五二四年再次禁止。一五一〇年開羅出現咖啡，一五五五年它始見於伊斯坦堡，從此週期性地被禁止，然後又開禁。同時它在土耳其帝國廣泛傳播，出現在大馬士革、阿勒坡和阿爾及爾。不到十六世紀末，它已經在整個穆斯林世界取得穩固地位。不過在信奉伊斯蘭教的印度，達維尼葉時代咖啡還不經見[267]。

西方旅行者在伊斯蘭國家遇見咖啡，有時則是見到咖啡樹。如一位義大利醫生普羅斯貝羅·阿爾比尼[268]，於一五九〇年居留埃及時，或者喜歡吹牛的旅行家彼特羅·德拉·瓦雷，一六一五年在君士坦丁堡，便有此發現。後者寫道：「土耳其人另有一種黑色飲料。這種供熱飲的飲料，夏天喝下去會生涼意，冬天喝了會感到溫暖（……）。他們不是在進餐同時，而是在飯後大口啜飲，也有像嘗甜食一樣慢慢品味，以便與友人舒適地交談。當地人士聚會很少不喝這種飲料的。為此他們特地生一個火，火旁放置若干盛有此種混合物的小瓷碗。飲料煮熱，就有專門管這件事的人把小瓷碗端給全體客人，同時向每人奉上幾枚瓜子，可以嚼來消磨時間。有了瓜子以及這種叫作「加烏埃」（kafoue）的飲料，他們便以談話作消遣（……）有時長達七、八小時」[269]。

咖啡一六一五年抵達威尼斯。一六四四年，馬賽商人拉洛克先生最早把咖啡豆帶到他的城市，同時帶來的還有珍貴的杯子以及咖啡壺[270]。一六四三年，新飲料已在巴黎出現；在倫敦出現的日期可能是一六五一年[271]。但是這些日期只標誌咖啡初次不引人注目的出現[272]，並不表示它開始出名或成為大眾消費品。

事實上，咖啡交上好運多虧巴黎對它的接待。一六六九年，生性高傲但是禮數周到的土耳其大使，蘇里曼·穆斯塔法·拉卡經常舉辦招待會，請巴黎客人喝咖啡：他的外交使命雖然失敗了，但咖啡卻成功了[273]。一六七一年在里昂出版的無名氏著作《論咖啡、茶與巧克力的用途》（作者很可能是雅各·斯蓬）列舉了當時人們派給新飲料的各種效能：「其性清正，能祛寒去濕，驅風強肝，消除水腫；對疥癬及敗血症同樣有靈效；清心活脈，緩解胃病並增進食欲；主治風寒、受潮及頭疼。其熱氣能醫治雙目淌水與耳鳴；對氣短、風濕入肺、脾痛及蛔蟲有奇效。能消除飲食過度後之不適，尤宜大量食用水果者飲用」[274]。但是別的醫生及公眾輿論認為咖啡抑制性慾，是「閹雞的飲料」[275]。

多虧這些宣傳，咖啡無視這類指責在巴黎節節推進[276]。十七世紀最後幾年出現串街走巷出售咖啡的小商販；他們都是亞美尼亞人，一身土耳其裝束，頭裹纏巾，掛在胸前的貨筐裡裝有咖啡壺、杯和燒著的爐子。亞美尼亞人哈達里翁，人稱帕斯卡，一六七二年在聖日耳曼市場的一個舖面開設第一家咖啡零售店。這個設在聖日耳曼修道院附近，並歸修道院管理的集市已有幾世紀的歷史，它的位置相當於今天的爐灶街和聖蘇爾比斯街。帕斯卡的生意不好。後來搬到塞納河右岸的羅浮宮學校濱河道，得到幾個地中海東岸地區人士和馬爾他騎士的光顧。之後，他遷居英國。他雖然失敗了，別的咖啡館卻相繼開張。另一位亞美尼亞人開辦的馬里邦咖啡館最初設在布西街，後來遷到菲魯街。最富名氣的、近代風格裝修的咖啡館是佛朗西斯科·普羅科皮歐·柯戴里開辦的。他一六五〇年生於西西里，原來是帕斯卡的小夥計，後來改名普羅戈普·古鐸。他最初在聖日耳曼市場開店，後來搬到土爾農街，最後於一六八六年遷往聖日耳曼壕溝街。這第三家咖啡館取名普羅戈普（*Procope*），今天還在。它的位置毗鄰當時巴黎活躍、優雅的中心地區，即布西十字路口或新橋一帶（十八世紀時市中心轉移到羅亞爾官一帶）。咖啡館一六八八年開張，碰巧法蘭西喜劇院就在對面演出。加上這位西西里人善於經營，生意自然興隆。老闆拆掉兩所房子之間的隔牆，在四壁懸掛壁毯和鏡子，天花板上安裝分枝吊燈，不僅出售咖啡，兼營糖漬水果和燒酒。他的店舖成為游手好閒者、饒舌者、清談客、才智之士（未來的學士院祕書夏爾・拉弗洛即為座上常客）和漂亮女人的聚會場所：劇院近在咫尺，普羅戈普在那裡租有包廂，出售清涼飲料。

咖啡成為時髦後，就不能侷促於一條街或一個區。何況城市的發展趨勢逐漸把繁華地帶從塞納河左岸移到右岸。一幅簡明的十八世紀巴黎咖啡館分佈圖足以說明這一點，當時共有七百到八百家咖啡館[277]。一六八一年在羅亞爾宮廣場開張的攝政王咖啡館（由於廣場擴展，後來該店搬到聖奧諾雷街的今址）當時聲名大噪。面對如日初昇的咖啡館，酒店的地位逐漸下降。德意志、義大利、葡萄牙同樣飲咖啡成風。里斯本的咖啡和砂糖來自巴西，價格便宜。一位英國人說，當地咖啡館放在杯子裡的砂糖多得足以插進小勺子。[278]

咖啡作為時髦飲料不會被高雅人士獨占。當物價普遍上漲的時候，熱帶島嶼極其豐富的咖啡產量使一杯咖啡的價格基本上維持穩定。

高雅人士的聚會場所普羅戈普咖啡館及其著名顧客肖像（從左上角起按逆時針方向）：布豐、吉培爾、狄德羅、達朗貝爾、瑪蒙台爾、勒坎、尚-賈克・盧梭、伏爾泰、比隆、霍爾巴赫。

一八七二年，勒格朗杜西解釋說：「法國的消費增長兩倍；沒有一個市民家庭不以咖啡敬客；沒有一個女店員、廚娘或者侍女早餐時不喝牛奶咖啡。在首都的市場和幾條大街小巷，有婦女開設的店鋪向居民出售她們的所謂牛奶咖啡，即用咖啡渣上色的劣質牛奶，而咖啡渣則是她們從王侯府邸的管家或咖啡館老闆那裡買來的。裝這種溶液的白鐵桶配有龍頭，以便隨時取用，另有爐子供保溫之用。女老闆的小鋪子邊上通常設有木製長凳。突然你會驚奇地發現巴黎大教堂的一個女士或者一個苦力走過來要咖啡喝。女店主把飲料灌在叫作『日尼歐』的大陶杯裡端給他們。可敬的主顧站著就喝，不放下背簍。除非為了仔細品味，他們才願意卸下重負，在長凳上坐下。從新橋到羅浮宮蓋了一批棚屋；從我居住的美麗的濱河道〔新橋附近的盧浮濱河道〕的臨街窗口，我經常能看到棚屋裡這種場面。有時畫面之美使我遺憾自己沒有特尼爾斯或卡洛的妙筆」[279]。

這位其貌不揚的巴黎市民描繪的圖景雖然美妙，但不如說，最入畫或者應該說最動人的場面是串街走巷、天一亮就向上工的工人們兜售咖啡的女商販。她們背負白鐵桶，遇有生意，則把咖啡倒在陶杯裡端給主顧，「每杯二個蘇。擱糖不多……」。這門生意極為成功；工人們「認為這種食品比任何別的食品更實惠，更長勁兒，更有味。因此他們喝下的咖啡數量駭人，他們說自己全靠它才能頂到晚上。於是他們一天只用兩餐：中午的正餐和晚上的香芹便餐……」[280]即幾片冷牛肉加上香芹、植物油和醋。

十八世紀中葉起，咖啡消費量猛增，而且不限於巴黎和法國，這是因為歐洲自己組織了咖啡生產。只要世界市場以阿拉伯的摩卡附近的咖啡樹為唯一供應來源，歐洲的進口量必定有限。然而一七一二年已在爪哇種植咖啡樹；一七一六年，波旁島（留尼旺島）繼起；一七二二年，卡宴島（咖啡樹已越過大西洋）出現種植園；一七二三到一七三〇年，馬提尼克島；一七三〇年，牙買加島；一七三一年，聖多明哥。以上日期不是咖啡園投入生產的日期。一七三〇年法國開始從熱帶島嶼進口咖啡[281]。必須等到咖啡樹長大、繁殖以後，才談得上出口。一七三一年，夏勒瓦神父解釋說：「人們看到咖啡給我們的島嶼（聖多曼）帶來財富而沾沾自喜。這裡的咖啡樹已經如此茁壯（……）跟土生土長的一樣，但是需要給它適應水土的時間。」[282]聖多曼的咖啡最晚進入市場，它始終是標價最低、數量最大的品種：一七八九年的產量為六千萬磅，而歐洲五十年以前的消費量可能只有四百萬磅。就質量和價格而言，摩卡始終佔首位，然後是爪哇和波旁島的咖啡（形容質量高，就說「顆粒小、呈藍色，像爪哇咖啡」），其次是馬提尼克和瓜達羅普產品，最後則是聖多曼[283]。

但是我們要留神，不要誇大消費數字：只須稍作精確的檢驗，我們便會持審慎態度[284]。一七八七年，法國進口約三萬八千噸的咖啡，其中三萬六千噸轉運其他國家，而巴黎僅僅留下一千噸供自身消費[285]。外省某些城市還不接納這一新興飲料。利摩日的市民仍舊把咖啡「當藥」喝。只有某些職業類別，如北方的郵政局長跟上潮流。

因此需要尋找可能的主顧。馬提尼克咖啡在馬賽轉口，一七三〇年以後征服了地中海東岸地區，奪走阿拉伯咖啡的地盤[286]。波斯和穆斯林印度仍舊消費摩卡咖啡，供應這兩個國家咖啡的荷蘭東印度公司有意向它們推銷過剩的爪哇產品。如果在一億五千萬歐洲人之外加上一億五千萬穆斯林，十八世紀潛在的咖啡市場有三億人，即世界人口的三分之一喝咖啡，或者可能喝咖啡。這只是一種設想而已。不過咖啡和茶一樣成為「王牌商品」和致富手段，倒是順理成章的。資本主義的一個活躍部門介入咖啡的生產和流通，同它的成功與否休戚相關。巴黎的社會和文化生活因而受到嚴重的衝擊。咖啡館成為高雅人士和閒人的聚會地點，也是窮人的避難所。梅西耶（一七八二）寫道：「某人上午十時進咖啡館，夜間十一時（警察局規定的閉門時間）離開；他喝了一杯咖啡當作正餐，吃一塊冷凍甜點心當作宵夜（Cartouche）。」[287]

從一件軼事中便可以測知咖啡在民間推廣速度之緩慢。卡圖什即將被處決（一七二一年十一月二十九日），監刑的法官習慣喝牛奶咖啡（拿鐵），就建議他也喝一杯。「他回答說，這不是他的飲料，他寧可要一杯葡萄酒加一點麵包。」[288]

刺激品：煙草的盛況

新飲料遇到了眾多的抨擊。有人說英格蘭將會「因為占有印度而亡國」[289]，這其實是說，愚蠢的飲茶嗜好將帶來亡國之禍。梅西耶曾設想在一位「哲人」引導下暢遊公元二四四〇年時的巴黎，「哲人」明確地對他說：「你們法蘭西人常用的三種毒品——煙草、咖啡以及茶已被我們驅逐了。你們把一種粉末狀的壞東西塞進鼻孔，結果使本已不多的記憶力喪失乾淨。你們用咖啡刺激腸胃的蠕動，灼傷了這些器官。神經病在你們中間如此普遍，原因在於你們喝茶太多，沖走了滋養身體的精華」[290]。

事實上，任何文明都需要奢侈的食品以及一系列帶刺激性的「興奮劑」。十二和十三世紀迷上香料和胡椒；十六世紀出現燒酒；然後是茶、咖啡，還不算煙草。十九和二十世紀將有新的奢侈品，將出現它們特有的、有益或有害的藥物。不管怎麼說，我們很喜歡這篇十七世紀初的威尼斯稅務文件。文件中既合乎情理又不乏風趣的規定，對冰水、咖啡、巧克力、茶和其他飲料抽稅的規定適用於一切類似的或者「已經發明或有待發明」的東西[291]。米希勒認為，從攝政時代開始，就能預見咖啡將會是大革命時代的飲料[292]，這樣說未免過甚其詞。不過，審慎的歷史學家們在談到法國十七世紀盛世和十八世紀時竟不提肉食危機、燒酒革命和咖啡革命，他們同樣也不夠公允。

我們的觀察是否有錯呢？我們認為，根據人類生活的常規，食品嚴重匱乏的持續或加劇勢必需要取得補償。

煙草便是一種補償品。但是應該把它歸入哪一類呢？「皇家科學院院士，巴黎大學醫學院院長」勒姆里（Louis Lemery）毫不猶豫地在《食品通論》（一七〇二）中提到煙草，並且指明這一植物可「用鼻子嗅、吞吸其煙霧或是放在嘴裡咬嚼」。他也談到古柯葉，說它形似香桃木葉，具有「止餓、鎮痛、強身」的效能。對金雞納霜他隻字不提，雖然說他也談到鴉片，說土耳其人比西方人消費更多這一「服之有毒」的藥物[293]。

「酒逢知己千杯少」。1774 年的英國版畫。無暇交談，只顧抽菸喝酒。

但是他不知道鴉片從印度到南洋群島，沿著伊斯蘭教的主要擴張路線之一向前進，並且已經抵達中國，正在從事巨大的冒險事業：一七六五年以後，孟加拉被征服，英國東印度公司對於曾是蒙兀兒王朝一大財源的罌粟種植業取得壟斷權，鴉片貿易將發生重大轉折。所有這些事實，勒姆里在十八世紀初當然不能預見。他也不知道有印度大麻。這些麻醉劑、食品或者藥物都是大人物，它們注定要改變、困擾人們的日常生活。

我們只講煙草。十六到十七世紀之間，煙草即征服了全球。它交上的鴻運遠超過茶和咖啡，非同小可。

煙草原產新大陸：哥倫布一四九二年十一月二日抵達古巴時看到土人捲煙草吸用。這一植物帶著它的（加勒比或巴西）名稱傳入歐洲後，曾長期留在植物園裡供好奇者觀賞，也許因為它被認為有藥效才為人所知。西班牙國王派駐里斯本的大使尚．尼古於一五六〇年時寄給凱薩琳．德．麥第奇一些治療偏頭痛的煙草末，這本是葡萄牙人的用法。另一位把煙草引入法國的人——安德烈．特凡，擔保巴西土著用它來清除「多餘的腦分泌物」[294]。巴黎一位名叫賈克．戈霍利（卒於一五七六年）的人一度把它譽為萬應靈藥[295]。

煙草從一五五八年起在西班牙種植，很快便傳入了法國、英國（一五六五）、義大利、巴爾幹國家和俄國。一五七五年，它和「馬尼拉大帆船」一起抵達菲律賓；一五八八年它引入維吉尼亞，但是大規模種植始於一六一二年；一五九〇年進入日本；一六〇〇年到達澳門；一六〇一年到爪哇；一六〇五到一六一〇年之間傳人印度和錫蘭[296]。煙草的迅速傳播並不是因為它一開始就有著某個生產市場充當後盾，我們指的是有一種文明做憑藉，如胡椒在其遙遠的起源地印度，茶在中國，咖啡在伊斯蘭國家，甚至巧克力也曾在新西班牙依托一種高度發展的「文化」。煙草來自美洲的「野人」；因此在享受它以前先得保證它的生產。煙草有它獨特的長處：它對不同氣候和土壤的適應性很強，即使在小塊土地上種植也有利可圖。在英國它特別在小農之間得到迅速推廣[297]。

雖說鼻煙最晚到一五五八年已開始在里斯本流行，煙草作為商品在里斯本、塞維爾，特別在阿姆斯特丹銷售的日期不會早於十七世紀頭幾年。有三種利用煙草的方式（嗅聞、吸煙、咬嚼），以前兩種為主。視配料不同，很快就有多種「煙草末」問世：可以加入麝香、龍涎香、香檸檬或橙花。有所謂「西班牙式」、「馬爾他味」或「羅馬味」煙草，「貴婦與達宮貴人一樣聞鼻煙」。同時流行供吸用的煙草。最初長時期使用煙斗；後來改用雪茄煙（西班牙美洲殖民地土著把煙葉捲成「蠟燭一般長」[298]，但歐洲人並沒有立即模仿。西班牙是個例外，薩瓦里・德布呂斯龍在那裡看到「不用煙斗，捲成尖角狀後吸用」的古巴煙葉，但是他似乎認為這樣做是罕見的）[299]；再往後才開始有捲煙。後者無疑首先在新大陸出現，因為一個法國人一七〇八年寫的回憶錄裡提到那裡從歐洲輸入「無數紙張」，用於「製作小紙卷以便包裹剁碎後供吸用的煙草葉」[300]拿破崙戰爭時期，捲煙從西班牙向外傳播，當時習慣用一種特製的小塊紙來捲煙葉。後來捲煙紙傳入法國，尤為年輕人喜愛。同時紙質變薄，到浪漫主義時代捲煙才成為日常用品。喬治・桑提到在威尼斯給繆塞治病的醫生時感嘆地說道：「他的煙斗統統加起來也不及我的一支捲煙。」[301]

我們從各國政府頒佈的嚴厲禁令（後來它們才想到借此開闢可觀的稅源：一六七四年法國建立煙草包稅所）推測煙草最早被大量消費的日期。這禁令繞地球走了一圈：一六〇四年英國禁煙，一六〇七年到一六〇九年輪到日本，一六一一年為鄂圖曼帝國，一六一七年為蒙兀兒帝國，一六三二年為瑞典和丹麥，一六三四年為俄國，一六三七年為那不勒斯，一六四〇年為西西里，一六四二年為中國，一六四二年為義大利的教皇轄地，一六四九年為科倫選侯國，一六五一年為符騰堡[302]。當然這些禁令徒具空文，特別是在中國，當局直到一七七六年反覆重申禁煙。一六四〇年起，直隸普遍吸煙。在福建（一六六四），「人人嘴裡銜一根長煙管，點著以後便吞雲吐霧」[303]。中國的大片土地用於種植煙葉，甚至向西伯利亞和俄國出口。十八世紀末，中國不分男女貴賤，人人吸煙，「二尺童子亦諳此道，世風之變乃如斯！」浙江一位文人因此不勝感慨[304]。朝鮮於一六二〇年從日本引進煙草後，一六六八年起發生與中國類似的情況[305]。不過十八世紀里斯本的頑童不是也嗅鼻煙嗎？[306]

中國知道並且接受各種品種的煙葉及其不同吸食方式，甚至消費十七世紀起由荷蘭東印度公司從南洋群島和福爾摩沙運來的摻鴉片的煙葉。一七二七年的一份通告重申：「帶到東印度去的最佳商品是煙草末，不管是塞維爾還是巴西的產品。」無論如何，中國和印度對煙草的嗜好始終沒有間斷，而歐洲十八世紀有一段時期曾對抽煙（不是吸鼻煙）興趣減弱，可是我們對這件事情所知不多。這一興趣減弱現象自然是相對的：同一時期勃艮第全體農民以及至彼得堡所有的有錢人無不以吸煙為樂[307]。早在一七二三年，英國已動用二百艘船從維吉尼亞和馬里蘭每年進口三萬桶煙時，然後把其中至少三分之二轉輸往荷蘭、德意志、瑞典以及丹麥[308]。

至於非洲，至少我們應該說煙草在那裡日益風行。搓成繩狀並塗上糖蜜的巴伊亞劣質黑煙草直到十九世紀一直促成巴西和貝南灣之間活躍的貿易往來，而兩地之間的祕密黑奴買賣維持到一八五〇年。[309]

快樂的酒徒，萊斯特作畫（1629）。畫中有全套吸煙設備：煙斗、煙草、長柄火柴和炭爐。阿姆斯特丹里日克博物館。

第四章　奢侈和普通：住宅、服裝與時尚

在上一章裡，從吃肉到吸煙，我們試圖畫出奢侈糜費與普通消費之間的界線。為了走完我們的旅程，剩下來只需要考察住宅和服裝，我們不妨再藉此機會就富人和窮人作個比較。有什麼能比住房、傢俱、服裝更適宜於講究奢侈？奢風之盛在這裡觸目皆是，好像一切都是理所當然。我們還可以比較不同的文明：各種文明採取的解決方式都不相同。

世界各地的住宅

關於十五到十八世紀的住宅，我們勉強可以歸納出幾條總體的特徵。這些特徵不容爭疑，但也普通平常。逐個考察這一時期的全部住宅是不可能的事，我們連想也不必想。

幸虧，除了百分之一的例外，這個時期的住宅都體現某些恆久因素；即使有演變，也很緩慢。十八、十六或十五世紀的許多住宅，甚至年代更早的住宅，原封不動或經過整修後保存至今，如布拉格的赫拉欽區（Hradčany）黃金街，又如桑坦德附近那個迷人的桑提亞那村（Santillana）。一八四二年，一位觀察家聲稱沒有一座城市保存的古代建築比波威更多，他描繪了「四十來座建於十六到十七世紀的木結構住宅」[1]。

此外，任何住宅都是依據傳統範本建成或重建的，因循守舊在建築領域比在其他領域勢力更大。一五六四年瓦拉多利德大火之後，有錢人需要重建住宅，應徵前來工地的泥瓦匠不自覺地繼承了穆斯林工匠的古老傳統[2]。因此，漂亮的新房子古風猶存。習慣與傳統到處施加影響：這份古老的遺產誰也擺脫不了。伊斯蘭

的封閉式住宅便是個例證。一位旅行家提到一六九四年的波斯時，說那裡有錢人的住宅「千篇一律。房子中央必定有一個約三十平方法尺的大廳，大廳中心凹下，呈池塘形，注滿水，四周則是地毯」[3]。對於世界各地的農村來說，這一持久性尤為明顯。目睹一九三七年里約熱內盧北部維多利亞地區的貧苦農民建造單薄的木結構房子[4]，等於掌握距今幾百年前即已生效的一份古代文獻。遊牧民族簡單的帳篷何嘗不是如此：他們往往還在使用原始織機織出的帳篷布，帳篷的樣式千百年來沒有任何變化。

總之，一所「住宅」，不管位於什麼地方，總能傳之久遠，並且證明人類的文明和文化的演變是多麼遲緩，又是多麼頑固地保存、維持、重複過去。

有錢人的建築材料：石和磚

由於建築材料很少變化，每個地區在這方面必定受到某些限制，建築樣式的重複更成為自然而然的事情。當然這不等於說人類文明受到石料、磚頭、木材和泥土的絕對制約。不過這類限制經常歷時甚久。一位旅行家記載：「由於缺乏石料〔我們補充說：缺乏木料〕，人們〔在波斯〕不得不用泥土修造城垣和房舍。」實際使用的是燒製的磚頭，更常用的是在陽光下曬乾的土壤。「有錢人為美化起見，在牆垣外部塗一層石灰、莫斯科綠（Muscovy Green）和樹膠的混合物，使它呈銀色。」[5]外表雖然漂亮，終究還是土牆。地理環境可以解釋為什麼要這樣做，不過，不能解釋一切。人在這裡面也起作用。

石頭是高級材料，需要出大價錢。否則就得採取折衷、取巧的手段：或者混用石料和磚頭，羅馬和拜占庭的泥瓦匠曾經這樣做過，土耳其和中國的泥瓦匠今天通常還這麼做；或者同時使用木料和石料，或者石料僅用於修建寺廟和王侯的府邸。印加人時代的庫斯科，一切建築無不用石料砌成。但在馬雅人那裡，只有天文臺、神廟和運動場特許使用石料。旅行者可以想像，當年散佈在這些宏偉建築物附近、用樹枝和糞土築成

1659 年德爾夫特一條街。
磚砌房屋，木製護窗板，不能啟閉的玻璃窗。阿姆斯特丹里日克博物館。

的平民住所，與他今天在猶加敦的奇琴伊察或帕倫克廢墟周圍看到的茅屋沒有區別。同樣地，印度德干高原上四方形佈局的城市裡名聲顯赫的石頭建築向北伸展，遇到印度河——恆河平原的柔軟土層就裹足不前了。

在西方和地中海地區，一種以石頭建築為特色的文明歷時幾世紀才得以確立。為此需要經營採石場，選擇易於加工、加工後能在空氣中變硬的石料。必須在數百年內連續投資，才能建成石頭文明。

巴黎周圍有數不清的礦場出產砂岩、沙子、粗質石灰岩和生石膏……城市還沒有建成，地下已經掏空了。巴黎城建立在巨大的石洞上面，「夏佑、帕西、舊奧爾良大道一帶」，「整個聖雅克郊區，哈普街、甚至土爾農街」[6]……下面都是採石場的遺址。直到第一次世界大戰前，粗質石灰岩被大量開採，在遠郊火車站鋸開，然後用成串的大榻車運往巴黎市內各處。不過，我們不要因為這些情景而誤會：巴黎並非有史以來就是石頭建造的城市。十五世紀起，成群結隊來自諾曼第的木匠，無數屋面工、鐵器打造工、利茅辛泥瓦匠（他們慣於幹粗活）、專做細活的裱糊匠以及粉刷匠曾付出巨大的勞動，才使巴黎有今天的面貌。邁爾西埃時代，人們每天晚上可以根據粉刷匠留下的白色足跡辨認他們回家的路線[7]。那個時代，許多房屋僅用石料做牆基，上面各層仍用木料蓋造。一七一八年四月二十七日小橋失火，木屋無一倖免，那場景「像一座大石灰窯在燃燒，但見房樑整條整條地墜毀」。為數不多的石頭房子起到屏障作用，隔斷了火勢。一位見證人記載：「全虧小夏特萊堡造得好，孟賽特街和加朗德街那一邊的房舍才得以保全。」[8]

可見，巴黎長期曾與許多別的城市一樣，市內建築以木結構為主，如在一五四七年毀於火災的特魯瓦，十七世紀仍有草頂木房的第戎。石頭到十七世紀開始成為主要建築材料，同時出現屋瓦，特別是一種鍍金的瓦片[9]。在洛林，城鄉的屋頂都鋪木板，後來才用圓瓦，雖說有人相信一種頑固的、但是沒有根據的傳說，認為圓瓦是羅馬時代的遺風[10]。在美茵河附近的韋特勞地區的某些鄉村裡，十七世紀禁止用麥秸或不規則的木板覆蓋屋面。這樣做想必是為了防火患於未然。薩伊伏地區的火災如此頻繁、以致撒丁尼亞國王派駐該地

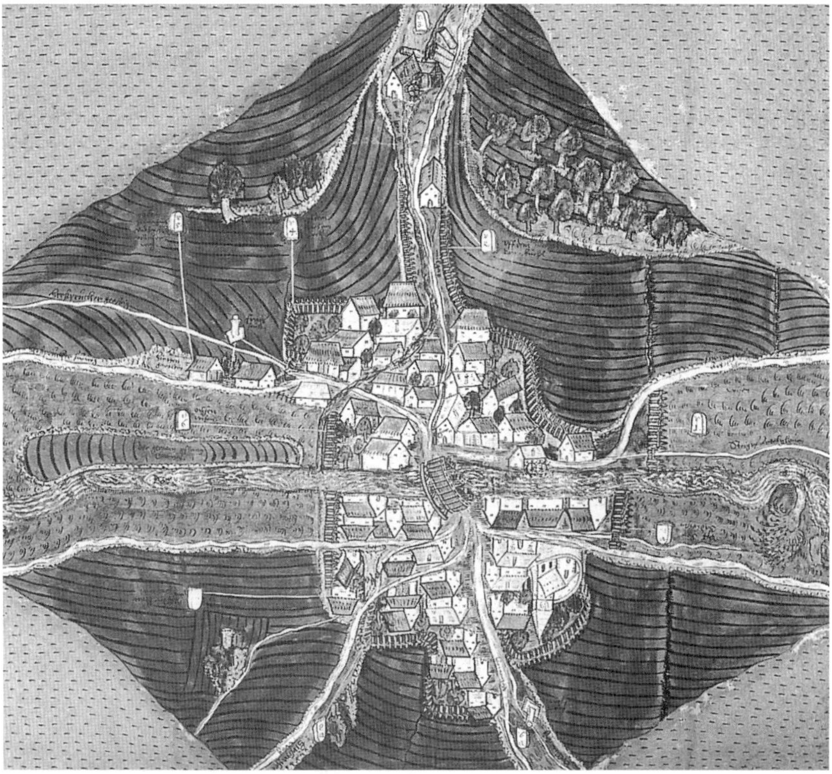

1660 年紐倫堡附近的一個大村莊。
將近 50 所房屋中約 40 所為茅草頂（深色），約 10 所為瓦頂（淺色）；另有兩磨坊（其中一座有兩部風磨）、草地、耕地，村子四周設有一道籬笆。

的行政長官一七七二年建議，「在城、鎮和大村莊裡」，災民如不用瓦片或石板重修屋頂，則不予救濟[11]。總之，不管什麼地方，需要通過強制手段，甚而發出獎賞，才能使人們願意用石料和瓦片充當主要建築材料。十八世紀在索恩河平原，房頂覆蓋瓦片依舊是「富裕的象徵」[12]；直到一八一五年，瓦房在法國農民住房中仍不經見[13]。紐倫堡博物館有一份地圖精確地標出一所村莊的全部住宅，圖中瓦頂用紅色，茅草頂用灰色表示。我們可以打賭說，這是預先區分貧苦農民和富裕農民的辦法。

從英國到波蘭，磚頭通常取代了木結構，但也不是一下子取勝的。磚頭在德國取得成功較早，這一過程始自十二世紀，雖說進展很慢。

正當巴黎變成一所石頭城市的時候，倫敦從伊麗莎白時代起採用磚頭。一六六六年的大火毀掉倫敦全城四分之三，共計一萬二千多所房屋。事後人們大規模地、各行其是地重建住宅，磚頭終於完全取代木材。同樣地，十七世紀阿姆斯特丹所有新建房舍都用磚頭。這種磚頭塗有褐色的焦油保護層，與白石的門楣或挑簷適成對照。莫斯科也發生同樣情況。一六六二年，那裡的房屋還是木結構，但在幾年以後，「或者出於虛榮心，或者為了預防頻起的火災」，磚房「大量」興建[14]。

各種材料就這樣在時間順序上依次更替，這一過程標誌著進步和致富的路線。但是，幾乎在世界各地，各種建築材料同處共存。以中國為例，木料被廣泛使用，糞土構築常見，同時磚頭在城市和某些富裕的鄉村的住宅建築裡佔重要地位。城牆通常用磚砌，橋樑多為石結構，有些道路鋪有石板。廣州的住房低矮、單一樓層，這本是中國建築的常規。這類房子幾乎不打地基，用土壤或磚頭草草修築，外表塗有摻入稻草的石灰漿[15]。既無石料，更無漢白玉：二者只歸王公大人享用。北京的皇宮有巨大的城牆圍繞，其中漢白玉的露臺、台階以及欄杆連綿不斷，「所有建築均用（一人高的）暗紅色大理石奠基」[16]。簷角高翹的屋頂鋪砌著名的琉璃瓦，由木柱和「無數金碧輝煌的斗拱」承重[17]。中國建築中，大理石和木材混合結構僅見於皇宮，而皇宮本身便是一座特殊的城市。一位旅行家到過浙江省的紹興府。這座城市「位於世界上最美麗的平原之一，很像威尼斯」，河道縱橫，橋樑眾多，街巷「鋪以白石」。作了這番描寫後，旅行家補充說：「部份房屋用潔白的方石塊蓋造，在中國其他城市幾乎沒有同例可尋。」[18]

其他建築材料：木、土、織物

凡是地理環境和傳統對它有利的地方，如皮卡第、香檳區、斯堪地那維亞國家、莫斯科大公國和萊因河流域，木樹成為主要建築材料，或者單獨使用，或與黏土或糞土結合使用。這些地區越落後，木結構房屋保持也越長久。十五世紀科隆畫派所畫的房屋無一不是木屋頂和灰牆。莫斯科的預製木構件房屋幾小時內就能裝配完畢，甚至直接搬到買主指定的地方[19]。一望無邊的森林向居民提供木材。還有必要另找門路嗎？波蘭和莫斯科大公國一樣，林木鋪天蓋地。農民為了修建房屋，「砍倒幾棵松樹，運走樹幹，把它們豎劈為二，然後留心剖面朝裡，把劈開的樹幹平放在佔據正方形地基四角的四塊大石頭上；在每片樹幹的兩端摳出槽子，以便它們在四角相交時盡量不留空隙；就這樣，他搭起一個六尺高十二尺寬的木籠子，預先留出兩個出口，一個供採光用，約一尺高，另一個供出入，約四到五尺高；鑲上兩三塊玻璃或糊上油紙，便是窗戶。房基一角豎起四根木杆，形成無頂錐形的稜邊，纏上樹枝，塗上黏土：這個裝置權充屋內爐灶的排煙管」。全部工作都藉助「唯一的工具」斧子完成[20]。這一類型的房屋並非東歐特有，在法國或義大利的阿爾卑斯山區也能見到。在北美，凡具有類似條件的地方，「開拓者」的住房與此差別不大。

1620 年巴黎的圖奈爾木橋。馬當繪畫。

木材缺乏——因而變成奢侈品——的地區，人們只能求助於泥土、黏土和麥稈。一六三九年，葡屬果亞附近的房屋「都是用麥稈造的，很小，僅開一個又矮又窄的門。傢俱只有幾張燈心草蓆子，供人坐臥或進食〔……〕。他們在牆上塗一層牛糞，因為他們相信這能驅除跳蚤」[21]。今天在印度的許多縣，這幅圖畫仍然屬實：那裡的房舍極其狹小，不設爐灶，不開窗戶：牲畜沒有畜欄棲息，在鄉村小巷裡橫衝直撞。

中國北方的農村房舍，如馬戛爾尼或吉涅描寫的那樣，〔大部份〕「用土壤建造，土壤乃用木模壓製土塊並在日光下不充份曬乾後所得〔……〕。牆壁或以荊條編成，抹上黏土。屋頂常鋪茅草，間有鋪草皮者。屋內用隔扇隔開，並懸掛神像或對聯。每一房舍四周皆有空地，圍以籬笆或高粱稈。」[22]今天的房屋樣式可以和這些古老的描寫相印證。最簡單的格局是一長方形；講究一些的，是兩、三個長方形排列在一個有圍牆封閉的院子邊緣。門和窗——如果有窗——開向院子，至於材料，南方大致採用磚瓦（財富的標誌，或者為了遵循傳統），北方用糞土和茅草（高粱稈或麥稈）。

然而，無論磚房還是土房，幾乎都以木結構做框架。直到今天，中國的建築不是還叫「土木工程」嗎？中國缺少木材，特別是北方林木奇缺。興造規模較大的建築，必定在木材供應上耗費巨額財力和人力。十六世紀一位官員引用四川俗諺為證：「千人入山伐木去，生還僅伍佰。」同一位證人提到，在湖北和四川，每逢朝廷宣佈為建築皇家宮室需要木材，農民無不「痛哭悲號，以致昏厥……」[23]

中國以及在某種程度上受到中國文化影響的四鄰地區，一般習慣在地面建築「結實的」房舍，雖說一切都是相對的。相反，東南亞（寮國、柬埔寨和越南的漢化地區除外）的住宅和糧倉通常用樁基架空底層，因此這類建築必定是輕便的竹木結構，板條和柴泥構成四壁，房頂由所謂「茅舍草」鋪成，相當於我們的茅頂[24]。中國建築用材的相對結實性或許可以證明它的鄉村經濟比較穩定和鞏固？

伊斯蘭蓋房也用堅硬的建築材料，夏爾丹騎士曾指出波斯建築有此特色。這位騎士過細的記述有時引人入勝，有時不免繁瑣。由於他對波斯一往情深，沒有別的觀察家對這個國家的了解可與他相比。雖然波斯不缺石料，磚頭卻是主要建築材料；不管是平砌還是豎砌，磚頭滿足一切要求，連房屋頂部的彎頂也用磚砌成。只有大建築物偶爾採用由木質明柱或壁柱支撐的天花板。不過無論是經過燒製的堅硬的紅磚（每一百塊值一埃居）；還是陽光下曬乾的土磚（僅值二到三蘇），都脆而易碎。因此波斯的房屋「外觀遠不如我們的漂亮」，還十分容易坍塌。即使是宮殿，如不加維修，也難逃劫數。窮人或富人如繼承到一所房屋，通常把它推倒，另建新屋[25]。我們看到，世界各地的建築材料有高低之分，由此可以確定各種營造方式之間的等級關係。

最不結實的是遊牧民族的帳篷。帳篷的材料（氈子，山羊毛或駝毛織物）、形狀和各部份之間的比例有所不同，但是這一脆弱的建築歷盡歲月，流傳至今。居住帳篷是出於必需還是萬不得已？只要一有條件和有機會，遊牧民族總是願意立即定居，改變他們的房舍。在某種範圍內，羅馬帝國末期大概曾出現過這種情形。更加可以肯定的是，土耳其人征服巴爾幹國家後，便毅然決定在那裡定居。昨天殖民地時代的阿爾及利亞和今天的伊斯蘭同樣如此。

日本房屋。中國古代房屋的樣式與此相同。

歐洲農村住房

我們早就知道世界上的住房分成兩大類：城市住房和農村住房。後者顯然佔大多數，它們與其說是住宅，不如說是棲身之所，僅能滿足人和家畜最基本的需要。一名西方人很難想像過去伊斯蘭地區和亞洲的農村住房具體是什麼樣子。在這一方面和別的一樣，從歷史上看，歐洲大陸得天獨厚，雖說這個特殊待遇並不見得特別優厚。

我們不妨認為文獻中沒有關於歐洲農民住房的記載。諾埃．杜．法伊在十六世紀中葉對布列塔尼一座房屋的經典描述僅係草草勾畫的速寫[26]。對聖彼得堡（一七九〇）附近一所芬蘭農莊的描述也失之簡略，但在有些方面異常精確：一組簡陋的小木屋業已大部傾圮；有一間煙燻火燎的正屋；另有兩座牲畜棚，一間蒸汽浴室，一個用於烤乾小麥或黑麥的爐灶。至於傢俱，僅只有一張桌子，一條長凳，幾個泥製或木製的盤子，一把斧子，一柄鍬，一把切白菜的刀子[27]。

從畫家的圖畫上。我們反而對整座村莊的面貌，或者對人畜共居的大房舍內部陳設有更多的了解。如果留心鄉村建房約定俗成的規則，我們還能了解更多。

村民興建或修理一座房屋，必須獲得居民共同體或領主的批

16 世紀德國農村茅屋；近景有一小車及一帶桔槔的水井。塞巴斯吉安・蒙斯特著《寰球志》的木刻插圖，1543 年，紐倫堡國立日耳曼博物館。

准，否則無權到採石場去採掘石料或是黏土，也不能到森林中去砍伐「木材」。十五世紀在亞爾薩斯每修造一所房屋需砍倒五棵大樹，蓋一所穀倉需要的木料與此相等[28]。這些建築規則為我們提供大量知識，諸如在屋脊上編織燈心草、蘆葦或者麥秸的方式；怎樣在山區房屋的木蓋板（作瓦片用）上壓放石頭以防大風颳走；長期風吹雨淋後的茅草頂相對說著火的危險性較小；修理茅草頂時，換下來的茅草可作優質肥料使用；災荒時期，舊茅草可以用作飼料（如十八世紀在薩伊伏）[29]；怎樣混合使用木材和黏土，怎樣鋪設主室的地板；以及客店用一個鐵箍或用王冠（如德國）做招牌的習俗。村裡有一個廣場，全村房屋往往圍在一圍牆垣裡面，教堂通常造得和堡壘一般堅固，河水、泉水或井水提供水源，農家住宅中住房、畜欄和穀倉各佔什麼位置：我們從而得知種種細節；而這些情況一直維持到十九世紀甚至更晚的時代。勃艮第一個有鄉村情調的小城瓦爾齊（Varzy，聶夫里），那裡富人的住宅樣式與

勃艮第葡萄產區的一座村莊德拉西，1400 至 1429 年之間被居民遺棄。考古發掘出約 25 所住宅。圖示其中兩所。前面那一所有典型性，包括一個食物儲藏室（上層即為穀倉）和一大間地面糞實的住房；展寬的窗洞開在很厚的牆壁裡。

農舍完全一致，十七世紀編製的財產清單上標明這類住宅只有一間可住人的大房間，兼作廚房、臥室和起居間[30]。

近二十年來在蘇聯、波蘭、匈牙利、德國、丹麥、荷蘭和英國，以及近幾年在法國對被拋棄的村莊遺址進行發掘，逐漸補足了我們的知識。這以前，我們對農村住宅一直所知甚少，在匈牙利或其他地方的土層中發現的古代房屋為我們展示了一些注定傳之久遠的形式和細部（如磚砌的爐灶）。法國首批發掘（一九六四、一九六五）三所被拋棄的村莊。蒙塔尤（阿韋龍）、聖尚勒弗洛瓦（塔恩）、德拉西（金丘）。第一所遺址佔地廣闊；第三所遺址出土大量各類物品；第二所遺址經過清理，人們已能恢復原來的圍牆，壕溝，進村大路，鋪石子、有排水溝的街道，一個住宅區；兩座（看起來像是三座）教堂，一座疊在另一座上面，其規模大於最後建造、今天仍露出地面的小教堂，以及附屬的墳地……[31]

這些考古發掘告訴我們，大小村莊都有相對的移動性，它們建立起來，擴展，縮小，也會遷移。有時候，如德國歷史學家和地理學家們曾經指出的那樣，村民拋棄自己的廬舍後遠走他鄉，永不回頭。更常見的情況是一個地區內部發生重心轉移；人、畜、傢俱、石料，統統從被遺棄的村莊搬到幾公里外另一個地點。在這一曲折演變過程中，村莊的形狀也可能改變。洛林佈局緊湊的大村莊似乎肇始於十七世紀[32]。旺代沼澤地帶用樹木圍隔的田地始於同一時代，彼此隔絕的分成制租佃大農莊的出現改變了這一地區的景觀[33]。

但是許多古老的村莊或房屋雖說已非原貌，卻能保存至今。除了博物館城市，還有博物館村莊。在這些村莊裡我們可以回溯到遙遠的古代，然而在這一追蹤歷史的過程中，精確測定各階段的年代殊非易事。在義大利全境和法國進行的大規模調查（關於前者的結果業已公佈[34]，關於後者的結果，計有一七五九份專題報告，尚待發表）[35]為我們提供的線索，日後倘若有可能，可以成為著手重建的依據。在生活變革不快的地區，如薩丁尼亞島，往往能找到維持舊觀不變的農家住宅。視島上不同地區而異，這些住宅以不同方式與它們的功用及居住者的富裕程度相適應[36]。

再說，不必進行學術調查，哪位旅遊者或旅客不會自己去發現古代房屋？如在因斯布魯克博物館，他會看到山區住宅的內景，在薩伊伏他會注意某所依然屹立原地的老房子，以及屋裡燻製火腿和臘腸的木製煙囪：為滿足度假者的愛好而改變原有一切的風氣至今還沒有毀掉這所房屋。人們同樣可以在倫巴第看到寬敞的十七世紀農民住宅，在加泰隆尼亞看到十五世紀用優質石料建造、有拱頂和法圈的漂亮房子[37]。當然在這兩個場合我們遇到的都是富裕農民的住宅，實屬罕見。

城市住宅和住房

拜訪城裡的富人肯定比參觀農村住宅要方便一點。我們指的是歐洲，因為在歐洲以外地區，由於建築材料不結實，古代房屋除了王公的府邸幾乎沒有一座能保留下來。何況我們也缺乏有關這方面的見證。因此我們只能把考察範圍限制在狹小的歐洲大陸。

在巴黎，索邦大學對面的克呂尼博物館（歷屆克呂尼修道院院長的公館）建於一四九八年（不到十三年內建成），建築師賈克．丹博瓦茲是長期擔任路易十二的大臣的昂博瓦茲樞機主教的兄弟。一五一五年，這所宅邸一度歸路易十二的妙齡遺孀英格蘭的瑪麗居住。吉斯家族自一五五三至一六九七年在馬萊區的住宅今天是國家檔案館，而馬薩林從一六四三年到一六四九年居住的房子今天已成了國立圖書館。薩繆爾．貝爾納（路易十四時代歐洲最有錢的商人）的兒子賈克—薩繆埃爾．庫倍爾伯爵的住宅位於巴克街四十六號，離聖日爾曼大街只有幾公尺遠。該宅建於一七四一到一七四四年。九年以後，一七五三年業主破產，伏爾泰受到牽連……[38]假如我們考察的不是巴黎，而是一座保存完好的古城如克拉科夫，我們可以去拜訪查托里斯基親王，或者這位十四世紀的大富商維埃爾齊奈克，他的房子在市場廣場旁，今天人們還可以在屋裡進餐。在布

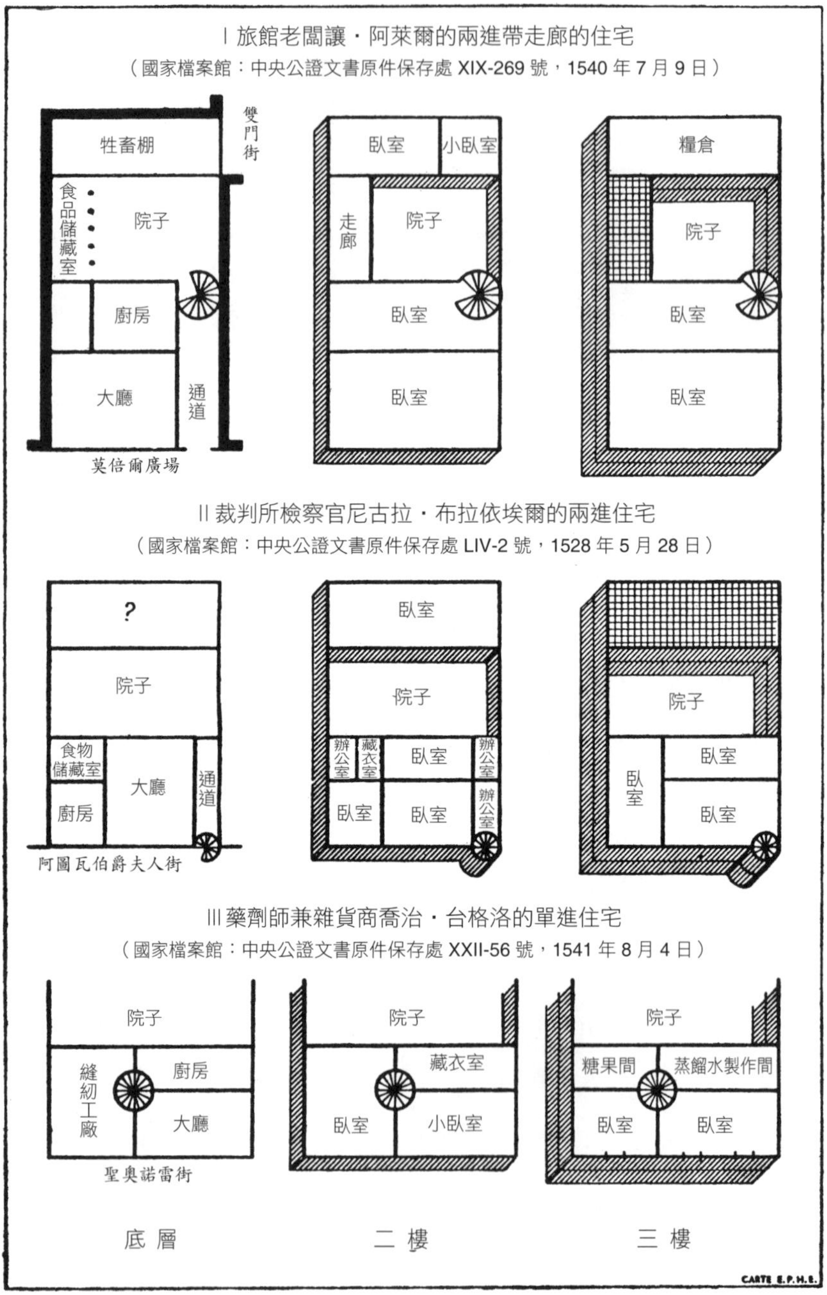
I 旅館老闆讓・阿萊爾的兩進帶走廊的住宅
（國家檔案館：中央公證文書原件保存處 XIX-269 號，1540 年 7 月 9 日）
牲畜棚
雙門街
食品儲藏室
院子
廚房
大廳
通道
莫倍爾廣場
臥室
小臥室
走廊
院子
臥室
臥室
糧倉
院子
臥室
臥室
II 裁判所檢察官尼古拉・布拉依埃爾的兩進住宅
（國家檔案館：中央公證文書原件保存處 LIV-2 號，1528 年 5 月 28 日）
?
院子
食物儲藏室
廚房
大廳
通道
阿圖瓦伯爵夫人街
臥室
院子
辦公室
藏衣室
臥室
辦公室
臥室
臥室
辦公室
院子
臥室
臥室
臥室
III 藥劑師兼雜貨商喬治・台格洛的單進住宅
（國家檔案館：中央公證文書原件保存處 XXII-56 號，1541 年 8 月 4 日）
院子
縫紉工廠
廚房
大廳
聖奧諾雷街
院子
藏衣室
臥室
小臥室
院子
糖果間
蒸餾水製作間
臥室
臥室
底層
二樓
三樓
CARTE E.P.H.E.

表(22)　16 世紀巴黎的套房

拉格，不怕迷失方向的話我們可以去參觀伏爾塔瓦河畔瓦倫斯坦的豪華府第。在托雷多，萊爾瑪公爵博物館，肯定比葛雷柯的舊宅更加貨真價實……

級別較低的是十六世紀的巴黎套房。多虧國家檔案館的公證文書原件保存處，我們才得以像為供買主參考而提供資料那樣畫出這類住房的平面圖。平面圖本身足以說明問題，不必再加解釋，不過這並非平民百姓的住房[39]。雖然當時人認為十七、十八世紀的巴黎住房發展速度太快，窮人的居住條件卻仍然惡劣，甚至比今天還壞，這就說明情況十分糟糕。

巴黎帶傢俱出租的房間通常由酒商或假髮匠經營，污穢不堪，充滿臭蟲和跳蚤，供妓女、罪犯、外國人、身無分文剛從外省來的年輕人作棲身之所。警察搜查這類住所時毫不客氣。經濟略為寬裕一點的人住在廉價翻造的、位於樓層之間「宛如地窖」的閣樓，或者住在房屋的頂層。一般來說，房客住得越高，他的社會地位越低。窮人在七、八層，在頂層和屋頂下的暗樓子裡安身立命。有的人後來脫離苦海，格雷茲、弗拉戈納爾、維爾奈都有過這種經歷，並且「不以為恥」，但是其他人呢？在最糟糕的「聖馬賽爾郊區」，一七八二年「一家人〔往往〕只住一間房間……簡陋的床不掛帳子，炊具亂攤在地上，與尿盆為鄰」。每當交付房租的日期一到，交不出錢的就得含羞忍辱，流落街頭。「一個苦力用幾把鉤子便可把一個窮人的全部家私——床、草墊、椅子、桌子、櫃子、炊具——捆起運走。窮人把全部財產從一座房子的六層樓上搬下來，又搬到另一座房子的七層樓上去〔……〕。此話不虛，聖奧諾雷郊區一座房子〔一七八二年左右〕裡的現金抵得上聖馬賽爾區各家的錢加在一起……」這個貧民區還定期受到比埃芙爾河河水氾濫的威脅。戈白林皇家工場就在這條河邊上[40]。小城市裡偪促不堪的房屋同樣不適宜居住。波威的木頂房屋「樓下兩間，樓上兩間，每間各住一家」[41]！第戎的房屋也是土木結構，「向縱深伸延，臨街僅有一狹窄門面」，山牆上部呈尖形「如小丑的帽子」[42]。

情況到處相同。如在荷蘭城市和阿姆斯特丹本地，窮人住在低矮的房屋裡或比街面低的房間裡。十七世紀普遍致富以前，荷蘭的窮人住房按常規只有兩間：「前間和後間」。這類房屋自擴建成「資產者」住宅後，門面仍舊很窄，所不同的是通常歸一家獨住。並盡可能向高處和深處發展，利用每個角落，增建地下室、樓層、「懸空房間」，房間之間用台階或像活動梯子一樣狹小的樓梯相連接[43]。林布蘭的家裡，客廳後面便是臥室，他的妻子莎士基亞在裡屋的床上養病。

十八世紀具有決定意義的奢侈現象，首先體現為富人的住宅一分為二。這一變化的後果也影響到窮人，不過這是另一個問題。一面是住房，即吃飯、睡覺、養育子女的地方。妻子只需要扮演主婦的角色；由於勞動力過剩的結果，眾多的僕役擠在一起幹活或者是裝出幹活的樣子，他們嘰嘰喳喳，心存狡詐，但也無時不生活在驚恐中：一句話，一個懷疑，一次盜竊，就能使他們坐牢，甚至上絞刑架……另一面是工作場所，賣東西的店舖，或者是人們在那裡度過一生最好時光的辦公室[44]。在這以前，工作和生活地點不分：主人在他的房屋裡開店設廠；工人和學徒住在他家裡。由此形成巴黎商人和工匠房屋的特殊格局：這類房屋高而狹小（由於地價昂貴），底層是舖子，上面是主人的住房，再上面是工人的房間。同樣地，一六一九年倫敦每個麵包師傅都在自己家裡安置子女、女僕和學徒。所有這些人組成一個「家庭」，麵包師傅本人則是家長[45]。路易十四時代，甚至國王的祕書有時也在家裡辦公。

到十八世紀，一切都變了。應該相信在大城市發展過程中必定會產生這一合乎邏輯的制約，因為我們興味十足地在廣州（與在巴黎或倫敦一樣）發現同一現象：十八世紀，與歐洲人有聯繫的中國商人的舖子和住宅是分開的。北京也一樣，富商每天晚上離開店舖，回到妻兒老小居住的住宅區[46]。

我們力圖對全世界的面貌作出正確的估計，不幸的是我們的好奇心在歐洲以外地區得不到滿足。關於伊斯蘭、中國和印度的房屋，我們所得的形象似乎虛無飄渺；事情也確實如此，我們甚至看不到城市（讀者請參看本書有關北京的部份）的真實面目。主要因為向我們提供情況的旅行家們沒有蒙田那種鉅細靡遺的好奇心：他們設想自己的遊記讀者期待他們描寫大場面，因此不去察看開羅的住宅，而是去參觀金字塔；在北京或者德里，他們不會去記載街道、商店，連官員士紳的府第也不在他們眼中，只對紫禁城或蒙兀兒皇帝的宮殿感到興趣。

城市化的鄉村

從世界範圍來看，把住宅截然分為城市住宅和農村住宅兩大類顯然過分生硬。財富使這兩類住宅會合起來，因為鄉村發生的變化乃是城市奢侈生活的反映和後果。當然也有個別例外，如十六、十七世紀英國農村房舍全部更新，蔚為壯觀[47]。城市裡積累的錢太多了，就要把多餘的錢重新布署，投資到近郊。擁有土地便能獲得貴族頭銜，鄉村司法制度保證業主得到優厚的、至少是可靠的收入，老爺們的府第寬敞舒適：即使這些好處不足以打動有錢人，城裡的游資也還會流向周圍的農村。

這一返鄉現象在西方非常突出。十七世紀形勢轉換，有錢人變本加厲地向農村投資。貴族和資產者在城市周圍的產業如雪球般越滾越大。只有邊遠地區躲過他們貪婪的野心，保全了古樸的農村風貌，因為城裡的業主需要就近監視他的財產、地租和權益。業主從自己的農莊運來小麥、葡萄酒和家禽；他有機會就在那裡小住，往往為了個人用途翻造部份建築，合併小塊土地，建立四周圍有籬笆、牆垣或壕塹的「園地」[48]。

巴黎周圍之所以有那麼多的領主農莊、主人住宅和「鄉村別墅」，原因正在於此。普羅旺斯鄉下、佛羅倫斯郊外以及威尼斯附近勃倫塔河谷出現的大量住宅也在這裡得到解釋。佛羅倫斯郊外從十六世紀開始形成的住宅區，其豪奢堪與佛羅倫斯城匹敵；古老的威尼斯城的財富都被吸引到郊區別墅。十八世紀，人們厭倦了城市裡的宮殿，更喜歡居住鄉間別墅。當然，這樣做也是因其中有利可圖。里斯本、拉古薩、第戎、馬賽、波爾多、米蘭、紐倫堡、科隆、漢堡、海牙以及倫敦的郊區，無不如此。十八世紀，英國農村普遍興建昂貴的住宅。一七七九年出版的一本集子[49]描述了八十四座類似的「城堡」，並附插圖。重點描述的是牛津公爵位於諾福克郡霍頓的城堡。該城堡由華爾波爾於一七二二年開工興建，一七三五年竣工，堡中有極大的廳堂、大理石裝飾和長廊。不過，假如我們有意作一次考察古代住宅建築的旅行，最好去尋找那不勒斯郊區直到托雷德爾格雷科（Torre del Greco）的十八世紀新古典主義別墅，這在今天仍是最佳路線之一（但是為時已晚）。遊人可從巴拉到聖喬治；從克雷瑪諾到王宮附近的波地奇；從雷西納到托雷安農齊亞塔。所有這些豪華的別墅都是維蘇威山坡與大海之間的避暑勝地。

鄉村淪為城市的殖民地，這一現象在西方彰明較著，在世界各地同樣存在。伊斯坦堡的有錢人在博斯普魯斯海峽兩岸廣營住宅[50]，阿爾及爾的權貴則在薩赫勒的小山上興造附有「世界上最美麗的花園」的別墅[51]。在遠東這一現象不那麼明顯，原因更多在於鄉

特雷比歐的麥第奇別墅，位於亞諾合一條支流錫耶韋河谷。圖中有小教堂、花園和鄉村建築。中世紀風格的堡壘可做臨時避難所使用。該別墅屬於科斯姆的父親托斯卡尼首任大公黑幫約翰，此人死於 1528 年。

村裡不安全，而不是因為我們缺乏資料。貝拿第諾·德·愛斯加朗特根據別的旅行家的敘述寫成一本書（一五七七），書中提到中國富人的「園林」饒有「花園、林木、禽欄、池塘」之勝[52]。一六九三年十一月，莫斯科公國的大使抵達北京近郊，讚嘆「京城的官員和居民擁有許多別墅或華美的府第（……）每所房屋前面有一寬廣的水渠，上架石橋」[53]。這裡講到中國一個古老的傳統：至少不晚於十一世紀，中國文學已讚美這類環水建造的住宅的優雅妙趣，宅畔總有一口盛開「奼紫嫣紅」的蓮花池塘。在那裡安置書房，觀賞天鵝戲水或「白鷺逐魚」；窺視「狡兔出窟」，待它們甫離洞口便引弓射殺——人世間還有比這更大的快樂嗎？[54]

屋內設施

從外部看一所房子，這僅是第一場戲；從裡面看，這是第二場。誰也不能說第二場戲不如第一場複雜。事實上，有關分類、解釋以及從世界全局觀察等問題統統又重新提出。無論在室內或在室外，只要看到經久不變的或變化緩慢的因素，就能描繪出大致的輪廓。每當我們的考察對象是窮人（不管他們住在什麼地方），或者是停滯不前、處於封閉狀態的文明（貧困的或由富變窮的文明），我們就發現住宅內部設施極少改變。唯有歐洲在這一領域處於不斷變革之中。這本是主人的特權。

窮人沒有傢俱

窮人家徒四壁，這第一條規律是不言而喻的。我們只需弄清楚最富有、最善變的歐洲文明，其他文明的情形便不在話下了：西方的窮人，不管住在城市還是農村，除了孑然一身並無長物。他們沒有任何的傢俱，或者說幾乎沒有。直要等到十八世紀，一些初級奢侈品，如椅子（人們以前一直滿足於使用長凳）[55]、羊毛床墊和羽絨被子才開始傳佈，某些地區的農民開始擁有描花或精彫細刻的裝飾性傢俱。不過這是百分之一的例外。死後開列的財產清單作為最具真實性的文件，證明這一點。十八世紀勃艮第，除了為數很少的富裕農民，短工和小自耕農的傢私極其貧乏：「掛鍋鐵鉤、安在灶上的鐵鍋、炸鍋、長柄平底鍋、揉面盆、帶鎖的箱子、四柱木床、羽絨枕頭、壓腳被、長枕，偶爾還會有毛毯；粗呢短褲、上衣、裹腿；甚至是幾件工具〔鍬、鎬〕……」。但是，十八世紀以前的財產清單上還沒有這麼多名目，僅有幾件破衣服、一個凳子、一張桌子、一條長凳、一副鋪板、幾袋麥秸……十六到十八世紀的勃艮第，筆錄裡經常提到有人「睡在草墊上〔……〕沒有床和傢俱」，「與豬圈僅隔一道籬笆」[56]。我們沒有看花眼：阿德里安・布勞爾（一六〇五—一六三八）的一幅畫上，四個農民在一間陳設簡陋的房間裡齊聲合唱。屋裡只有四張凳子、一條長凳、一個當桌子使用的木桶；桶上有一塊抹布、一個大圓麵包和一個水罐。這種場面絕非特例。舊木桶剖成兩半，甚而改裝成靠背椅子，在鄉村酒店裡具有多種用途；十七世紀荷蘭畫家特別喜歡畫這個題材。在楊・斯特恩所畫的

「俄國晚餐」：在這座 18 世紀的木屋中，幾乎沒有家具；搖籃懸在空中。勒普林斯作版畫。國立圖書館版畫部。

油畫上，一條木板擱在木桶上便形成一個青年農民的書桌，他的母親站在他身邊看他寫字。這個農民還不是最窮的，因為他周圍還有人能讀會寫！十三世紀一篇古老文獻只用寥寥數語便描出一幅真實的圖畫：在「富有白麵包和上品紅酒」的加斯科涅，農民卻「圍火而坐，慣於不用桌子吃飯，輪流用同一個杯子喝酒」[57]。

這一切都在情理之中：貧困無所不在。一六六九年法國頒佈的一道敕令很有特點，它命令拆除森林邊緣「流浪者用木杆搭建的無益房屋」[58]。這類陋屋使人想起幾位倖免一六六六年倫敦瘟疫之災，逃到樹林裡藏身的英國人建造的木屋[59]。城市裡的景況同樣悽慘：在巴黎聖馬賽爾郊區，甚至在聖安東郊區，只有幾位木匠過得不錯；在勒芒和波威，織工家裡一無所有。亞德里亞海濱的小城佩斯卡拉僅有一千居民，一五六四年的一份調查報告表明，四分之三的家庭來自鄰近山區或巴爾幹國家，實際上沒有住所，在窩棚裡棲身（當時已有貧民窟）。然而這個義大利小城有自己的堡壘、駐軍、市集、港口和鹽場，而且在十六世紀下半期與西班牙合作經營繁榮的大西洋貿易和冶金業[60]。在豪奢的熱那亞，每年冬天總有無家可歸的窮人自願賣身為奴，到帆槳船上充當划手[61]。在威尼斯，窮人攜家帶眷住在碼頭近處破爛的小船上，或者睡在橋洞底下。他們堪稱以帆船或舢板為家的中國工匠的兄弟。這些中國工匠一年到頭在流經城市的河道上漂浮，帶著全家老小、家畜和家禽往上游或下游尋找工作。

傳統文明或不變的屋內設施

第二條規律：傳統的文明忠於它們習慣的生活場景。如果我們忽略不計某些差異——瓷器、繪畫、青銅器——一間十五世紀中國房屋的陳設與十八世紀的相同；傳統的日本房屋——除了十八世紀開始出現的彩色版面——在十六世紀或十七世紀與今天沒有差別。印度也是一樣。藉助最近的圖片，我們可以想像從前穆斯林住宅內部是什麼樣子。

除了中國文明，非歐洲文明使用的傢俱種類相當貧乏。印度基本上沒有桌椅：泰米爾語的「mecei」來自葡萄牙語的「mesa」（桌子）。黑色非洲沒有椅子，貝南的藝術家們只能模仿歐洲的椅子。伊斯蘭和接受伊斯蘭影響的國家也沒有椅子和高腿桌子。在西班牙，佩雷茲．德．辛松（Pez de Chinch_）在《反古蘭經》（一五三二）中對摩爾人大肆攻擊，其中有一段古怪的話可以證明歐洲人的優越感：「我們基督徒坐在合適的高度，不像畜生一般坐在地上。」[62]在南斯拉夫今天信奉伊斯蘭教的地區，如摩斯塔，二十年以前遇有宴慶，客人必定圍繞一張矮桌坐在墊子上；某些恪守傳統的家庭和許多農村繼續使用矮桌[63]。一六九九年，人們勸告到莫斯科公國的荷蘭商人隨身攜帶質地堅固的紙張，因為俄國人很少有桌子，他們常在膝蓋上寫字，需要厚實的紙張[64]。

當然，西方對於世界其他地區而言並非沒有短處。後者為住宅和傢俱問題找到聰明的解決方式，往往比歐洲的辦法省錢。它們自有它們的長處：伊斯蘭有繼承自羅馬的公共澡堂；日本普通人家的室內無不雅致、潔淨，利用空間擱置物品尤見巧思。

阿加（Osma Aga）歷盡磨難，終於獲釋後（十年前，利波瓦陷落時他被德國人俘虜，實際上是淪為奴隸），一六九九年春天在返鄉途中經過布達（一六八六年被基督徒重新攻佔），因為能到「城裡華美的浴室」去洗澡而喜不自勝[65]。這裡指的當然是多瑙河畔、設防市區下方的土耳其浴室，鄂圖曼帝國統治時期人人可以免費入浴。

維韋羅[66]一六〇九年見到日本的房屋。他認為雖然從街上看日本房屋的外表不及西班牙房屋漂亮，但其室內佈置之美遠遠超過後者。在最簡樸的日本房屋中，清早起一切物品都歸置妥貼，好像是為了不讓外人看見。如鋪床用的墊子就被收起來；草蓆鋪滿地板，房間之間的隔斷擦得乾乾淨淨，一切井井有序。然而缺點也太多了！沒有取暖設備。和在南歐一樣，主要靠日光供暖。可是日光有時候很不盡職。土耳其統治的全部地區沒有壁爐（伊斯坦堡後宮的巨大壁爐是個例外）。唯一的解決辦法是，當人們有錢買木炭或木柴時就點個火盆。今天南斯拉夫的穆斯林房屋仍舊沒有壁爐。波斯的富室則都有壁爐，但是爐膛很窄，「因為波斯人為了避免煙燻和節省昂貴的木柴，是把木柴豎起來燒的」[67]。反之，印度和南洋群島沒有壁爐（那裡也未必用得著）。日本冬季寒冷，但也不設壁爐：炊煙「只有開在屋頂上的一個洞做出口」；火盆給四面漏風的房間帶來微弱的暖意[68]，家家都用木柴燒一大鍋熱水，既供洗澡，也為了取暖。

中國北方與西伯利亞一樣寒冷，堂屋裡生火取暖：「屋子盡頭有一平臺，人們在平臺上睡覺；臺口置一小爐灶供生火用。北京富人家裡的爐子較大，熱氣通過房間底下，可在屋外生火」。簡單說這是一種暖氣設備。但是窮苦人家往往只能滿足於原始的火盆：「一種燒煤的爐子」[69]。波斯的情況大致相同，那裡常有嚴寒[70]。

可見，除了個別例外，歐洲以外地區很少取暖，或者根本不取暖。很少或者沒有傢俱。伊斯蘭的居民有幾口珍貴的雪松木箱供存放衣服、衣料和財物；他們在必要時也使用矮桌，有時用擱在木頭架子上的大銅盤代替。至少在土耳其和波斯住宅內，臥室的壁龕當作櫃子使用。但是「沒有我們這裡的床和椅子；沒有鏡子，沒有桌子，沒有獨腳小圓桌，沒有廁所，沒有畫幅」。只有晚上鋪開、白天收起的床褥，無數座墊，以及色彩鮮艷、令人羨慕不已的羊毛地毯[71]。有時地毯一鋪就是好幾層，自古以來就是基督教世界狂熱追求的對象。總之這是遊牧民族的傢俱。

我們在伊斯坦堡各家博物館中窺見的珍藏，是往往繡有鬱金香花圖案的珍貴衣料，螺旋形酒杯（俗稱「夜鶯眼」），華貴的鑲銅、銀、螺鈿或珊瑚的水晶、象牙、胡椒木湯匙；賽普勒斯瓷器或更高級的中國瓷器，華麗的首飾，兩三個奇特的、嵌滿紅寶石、翡翠、綠松石和珍珠的寶座。一六五五年七月土耳其軍隊沒收一位庫德族王子的財寶後，即予拍賣。那份詳細的拍賣品目錄留給我們同樣印象：象牙、紫檀木和柏木箱子，鑲嵌光彩奪目的寶石的小箱子，光芒四射的玫瑰香水瓶，香爐，西方的印製書，飾以寶石的古蘭經，名家法書，銀燭臺，中國瓷器，瑪瑙杯子，伊茲尼克的碗碟，在《一千零一夜》裡僅見的珍貴武器，鋼刃鋒利無比，配有金銀鑲嵌的刀鞘的寶刀，銀製大錘，繡金馬鞍，幾百張虎皮，無數地毯……[72]

中國的雙重傢俱

在我們考察的這幾個世紀裡，中國的傢俱沒有顯著變化。但是與其他非歐洲國家不同，這個國家在這一領域經歷著潛在的複雜化過程。中國的傢俱種類繁多，樣式講究，往往採用從遠方運來的珍貴木料。諸如漆器、櫃子、間隔巧妙的多寶櫥、桌椅茶几、長凳短杌、掛帳子的床（有點像西方從前的款式），在歐洲以外地區確係例外。中國最大的特點（這也意味著一種生活方式），肯定是桌、椅、凳子配合使用。需要指出這並非中國最初的習俗。日本照搬中國唐代文明（六一九－九〇七）的全部

18 世紀的中國瓷碗：書房裡，一位儒生坐在椅子上讀書。很可能是一部小說裡的情節。巴黎吉美博物館。

器具時，還沒有高腿桌子和椅子。事實上，當代的日本傢俱和中國古代傢俱完全一致：矮桌、為踞坐方便而設置的扶手、鋪在高低略有差別的平臺上的蓆子（日本「榻榻米」）、低矮的擱物架和成套箱籠、墊子：一切都是為了貼近地面的起居方式而準備的。

椅子大概於公元二或三世紀傳入中國，歷時很久才成為常用傢俱（最早的椅子圖像見於公元五三五至五四〇年的一座石碑，現藏美國堪薩斯城博物館）。不管椅子經過什麼途徑到達中國（通過波斯、印度或者華北），它的起源地必定是在歐洲；何況椅子在中國最早被命名為「胡床」，這個名稱至今還在使用。很可能椅子最初在寺廟裡或世俗人家視作榮譽座位。在不久前的中國，它仍是貴客和老年人的專用物。像中世紀歐洲一樣，矮凳則被普遍應用。

重要的是椅子和矮凳要求的坐姿，即一種生活方式，與古老中國的一系列習慣相反，也與亞洲其他國家及所有非歐洲國家的習慣相反；如果說椅子經過波斯或印度傳入中國，它在這兩個國家卻沒有像在中國那樣得到廣泛傳播。舉例說，一軸作於十三世紀的中國畫展現一條通向城市的鄉間道路；我們看到無論鄉村酒店還是城市店鋪裡都有高腿桌子和各式各樣的椅子、凳子。

對於中國來說，接受椅子意謂著接受一種新的生活藝術。這一生活藝術並不排斥舊的生活方式，因此尤見新穎。結果是中國將擁有兩套傢

兩種坐法。見左圖：細密畫師，相傳是尚蒂勒・貝里尼（1424-1507）畫的一個土耳其人物的波斯摹本。杜塞收藏。

圖為夏爾丹（18 世紀）畫的作家。國立圖書館版畫部。

俱：低層傢俱和高層傢俱。中國北方特有的堂屋裡陳設的傢俱就分兩個層次：屬於低層次的，有椅子、凳子、長凳和相配合的桌子、櫃子（常有抽屜），不過中國從未有過五斗櫥，除非是晚期在個別地方出現十九世紀歐洲傢俱的仿造品；舊式傢俱，或日本式傢俱，陳設在高層次上：屋裡另一部份，相當於長凳的高度有一磚砌的寬大平臺，即由內部管道採暖的「炕」；炕上鋪席或氈，置有墊子和色彩絢麗的毛毯，配以炕桌，低矮的櫃子和箱子。居民冬天躺在炕上睡覺、取暖，坐在炕上飲茶陪客；婦女在炕上做針線活或織地毯。中國人上炕前必須脫掉鞋子，只穿白底藍布襪，習俗要求襪底始終保持乾淨。中國南方取暖並非必需，但是也有兩類傢俱。拉斯科爾特斯神父描繪十七世紀初他在廣州地區見到的景象時指出，中國人坐在椅子上，圍著方桌子吃飯。他又為我們介紹一頂轎子。儘管這種用輕質木料製造的轎子與歐洲的轎子區別很大，兩者的構造原理卻是一致的。

上文簡略的介紹僅是指出，傢俱演變的問題遠沒有解決。這一演變給人留下深刻印象。如果人們在這段歷史裡只注意椅子的遭遇以及這一傢俱引入中國後產生的眾多後果，那是對問題作一種簡單化的解釋，這類解釋在古代技術史著作裡比比皆是。現實（我們將在下一章予以探討）總要複雜得多。事實上，中國（約在十三世紀前）曾經歷一個生機蓬勃的時期，起居方式因而分成端坐式以及席地踞坐式兩種。後者是家常方式，前者則在正式場合採用。皇帝的寶座、官員的座位、學校裡的長凳和椅子……這一切都有待解釋和研究，但並非我們力所能及。有意義的是發現世界上有兩種日常起居方式：坐式和蹲式，後者通用於西方以外的世界各地，只有中國同時採用兩者。歐洲為什麼採用獨特的方式，其根源要上溯到希臘、羅馬時代的西方文明。

這裡有幾幅畫，足資說明。搭乘日本牛車的旅客理所當然沒有座位。一幀波斯的裝飾畫上，一位王子盤腿坐在寬大的寶座上。從前開羅的出租馬車上，埃及車伕把一捆乾草放在座位前面，自己曲起雙腿，其實他本可以把兩腿伸直的。說到底，這裡的差別幾乎是生理性的[73]：像日本人那樣跪坐在腳跟上休息，或者像伊斯蘭和土耳其那樣盤腿而坐，要不像印度人那樣蹲坐，對歐洲人來說是辦不到的，至少是很困難的。歐洲人的坐姿在日本人眼裡顯得如此古怪，以致他們用了一個有趣的說法：「懸腿高坐」……這裡還有一件軼聞：一六九三年冬天，旅行家熱梅利．卡勒里搭乘土哥其馬車（其實是保加利亞馬車）從加利波利前往亞得里亞堡。車上沒有座位。旅行家寫道：「由於我不習慣像土耳其人那樣交叉雙腿席地而坐，我在

「印度斯坦婦女」進餐，細密畫，馬奴西著《印度史》的插圖。
國立圖書館版畫部。

這輛不設座位的馬車裡感到極不舒適。這種車輛的構造足以使任何歐洲人都像我一樣受罪。」兩年以後，同一位旅行家在印度坐轎子時、「不得不像在床上一樣躺下」[74]。我們認為這一次他可能好過一點。北京的車輛往往也不設座位。巴羅像熱梅利・卡勒里一樣埋怨說：「對歐洲人來說，想不出比這更壞的車子了」[75]。

只有中國人對這兩種坐姿同樣習慣（雖然滿族一般說來少用桌子和椅子；正是由於這一點，北京的內城和外城甚而在起居方式上有所不同）。一位法國人一七九五年作為荷蘭使團成員在北京受到接見。他說：「官員們本想讓我們盤腿而坐。看到我們很不習慣這種姿勢，他們就把我們領到一間設有桌椅的大廳裡去」；那間屋子的傢俱較為講究，「炕臺上鋪著厚毛毯，底下生著火」[76]。在西方，伊比利文化和伊斯蘭文化在西班牙一度重疊，曾經產生類似局面。我們已經引用過辛松（Bernardo Perez de Chinchós）關於穆斯林「像畜生一般坐在地上」類似的話，他以另外一種形式再次表述這個想法：「像女人一樣坐在地上」。乍看下這不好理解，其實西班牙婦女長時期（直到十七世紀）都像阿拉伯人一樣坐在墊子上。因而當朝廷一位貴婦有權在王后面前坐下時，就有「賜墊子」這一說法。查理五世皇帝時代，大客廳裡設一平臺，臺上擺設專供婦女使用的坐墊和低矮傢俱[77]。這情景簡直和中國一樣。

黑色非洲

人的貧困或文明的貧困，結果是一樣的。對於各種「文化」[78]來說，則兩者兼有——雙重的貧困，貧窮世世代代延續下去。人們在黑色非洲看到的正是這一景象。為了證實我們的論斷，我們不妨在此稍作逗留。

在歐洲商業資本侵入並且在幾內亞灣沿岸紮下根之前，沒有西方式或中國式的人口密集的城市。當地的農民，我不說他們是不幸的（這個詞本身沒有什麼意義），但肯定是貧窮的。到過離海岸最近的一批村莊的旅行者們的敘述可以作證。實際上，沒有像樣的住房，僅有用木杆和蘆葦加固的土屋。這種「圓如鴿舍」的房子極少刷石灰，屋裡沒有傢俱（除了土壺和籃子），不開窗口，每天夜裡必定用煙仔細燻一遍，以便驅逐叮人十分厲害的蚊子。拉巴神父（一七二八）寫道：「並非人人都同他們〔黑人〕一樣習慣於像火腿一般受煙燻火燎，也並非人人都樂意染上那種令人噁心的煙味。你剛開始接觸黑人，便會感到有點噁心。」[79] 這且說過不談，我們不必過於當真。巴西一些歷史學家和社會學家告訴我們（不過誰也沒有義務相信他們），十九世紀在獨立的共和國定居下來的逃亡黑奴，甚至住在城區陋屋裡的黑人，其居住方式都比他們的種植園主人或城裡的主人衛生。[80]

我們若多加注意，會在非洲普通的小屋附近發現幾間刷上石灰的白房子。與多數人的命運相比，不管改進

1665 年，阿蘭胡埃斯一次獵取黃鹿活動。宮廷的貴婦們以穆斯林方式坐在墊子上，觀看這場狩獵。獵獲的黃鹿將在她們就坐的高台底下被宰殺。馬丁內斯．戴．馬索的油畫《阿蘭胡埃斯狩獵圖》的細部。馬德里普拉多博物館。

多麼微小，這已是一種奢侈了。更顯眼的是數量極少的「葡萄牙式房屋」，因為這種房屋的樣式來自從前的征服者。當地的「王子」今天還在講後者的語言。這種房屋有「敞開的前廳」，甚至（為了招待客人坐下）還有「非常乾淨的木製小馬扎」和桌子，招待貴客必定奉上棕櫚酒。美麗的混血女人住在屋裡，她們能恣意地擺佈酋長，或者是某個英國富商，而後者的權勢與前者也不相上下。這位玩弄巴爾「國王」於股掌之上的美女上穿一件「葡萄牙式緞子緊身背心」，下繫一條「產自聖雅格島或佛得角的漂亮纏腰布，權充裙子〔……〕這纏腰布不可小看，因為是得有身份的人才能使用；因此她們確實很美、很有氣派」[81]。這一幅有趣的、在我們眼前一晃而過的圖畫表明，甚至在遼闊的渾為一體的非洲土地上，照樣存在對峙的兩岸：生活的正面和反面，貧困和奢侈。

西方及其品種繁多的傢俱

與中國和世界其他地區相比，西方在傢俱和室內佈置方面的獨特之處在於它的愛好經常改變。西方在這兩方面的演變速度，為中國望塵莫及。一切都在變。雖然說變化並不是旦夕之間完成的，但千姿百態的樣式席捲了一切。在博物館裡多走一步，或者進入一個新的展廳，景色頓時改觀；從歐洲一個地區到另一個地區，景觀也大不相同。各地共同經歷一些重大的變化，雖然在時間上有早有晚，模仿和影響的自覺程度也不盡相同。

因此在歐洲的共同生活中混雜著各不相讓的不同色彩：北方不同於南方，西歐不比新大陸，舊歐洲也不是那個向東一直延伸到荒涼的西伯利亞新歐洲。傢俱便是這些對抗的見證；西方世界分成若干區塊，各區塊通過不同的傢俱確立自己的個性。更有甚者——但是我們必須反覆強調——社會因素始終在裡面起作用。最後要說傢俱，或者更精確地說整個室內設施的演變，是把歐洲推向進步的一場波瀾壯闊的經濟以及文化運動，即所謂「啟蒙」運動。

地板、牆壁、天花板、門窗

如果我們把熟悉的當代生活環境作為考察的起點，我們稍加思索便會發現，一切都是古人留給我們的遺產：我用來寫字的書桌、存放衣服的櫃子、糊牆紙、座椅、鑲木地板、石膏天花板、房間的佈局、壁護、樓梯、裝飾用的小擺設、版畫以至油畫，莫不古已有之。從今天一個普通房間的內部陳設出發，我可以在想像中重現古老的進化歷史，倒放電影膠片，把讀者引向往昔的、但是姍姍來遲的奢侈。這樣做不過是樹立一些標記，描述傢俱史的基本概念。但是，我們總該從頭開始。

一間住房自古以來就有四堵牆、地板、天花板、一扇或多扇窗、一扇或多扇門。

長時期內，底層的地面一直由夯土建築，後來改鋪石板或花磚。古代細密畫上往往畫出華麗的花磚：作為實物是奢侈品，畫在畫上卻毋須破費。十四世紀就採用鑲磚鋪地；十六世紀出現「鉛釉磚」（塗有石墨釉料）；十七世紀普遍應用陶製地磚，小戶人家也不例外。但是十七世紀末以前沒有鑲嵌花磚，至少法國還沒有。至於現代意義的「地板」，即所謂「鑲木地板」，是十四世紀出現的，到十八世紀才廣為流行，並產生許多款式，如「嵌花式」、「匈牙利式」……[82]對木材的需求因此增大。伏爾泰得以寫道：「橡樹從前在森林裡自生自滅，今天被製成地板。」

天花板曾長期被叫作「地板」：事實上它的確是房頂的暗樓子或者頂層的地面，支撐它的大樑和擱柵都露在外面，普通人家用未經加工的原木，有錢人家則把木料刨光、加以藻飾或用帳幔遮蓋。十七世紀初從義大利傳入時髦做法，用彫刻、鍍金、繪有神話故事的木製藻井覆蓋原來外露的大樑和擱柵。十八世紀方始流行素色天花板。石膏和紙灰粉刷掩蓋了木構件；在一些老房子裡，剝開層層堆積的石膏和灰墁，今天還能找到三個世紀以前繪有花卉和渦形裝飾的大樑和擱柵[83]。

到十六世紀為止（甚至更晚），習俗之奇特莫過於冬天在房屋底層和臥室的地板上鋪滿麥秸，夏天則鋪滿青草和鮮花：「麥秸街乃文學院與理學院之搖籃，得名於當年鋪在教室地面上的麥秸。」[84]王侯宅第同染此風。一五四九年六月，巴黎市為宴請凱薩琳．德．麥第奇，事先在宴會廳的地板上「遍撒香草」[85]。一位無名畫家以猶阿約斯公爵的婚禮舞會為題材繪製的油畫上（一五八一—一五八二），舞廳的地板上也撒有鮮花。問題在於需要不時更換這些鮮花、香草和蘆葦。在英國，人們並不經常更換，至少伊拉斯謨斯是這麼說的，以致地板上的垃圾自動積累起來。儘管有這些不便之處，某位醫生一六一三年仍推薦用青草鋪地的做法：「漂亮臥室四壁需覆以薦子或毯子，地下需鋪以迷迭香、除蚤薄荷、牛至、萊喬欒那、薰衣草、洋蘇草及其他香草」[86]。後來薦子與毯子興起，取代了沿牆置放麥秸、青草、燈芯草或蔓蘭的鄉村裝飾習慣。人們自古以來就會編織薦子，發明薦子後不久就學會配色和織出圖案。毯子的起源也很早；它的質地厚重，色澤鮮艷，用於鋪地，鋪桌子（有時長可及地，遮住桌子腿）、箱子、甚至櫃子頂部。

油漆或刷膠的內壁上，花卉、樹枝和燈心草讓位給壁毯。壁毯可用「各種材料製作，諸如天鵝絨、緞紋布、錦緞、小花錦緞、布魯日緞子、加地斯粗斜紋呢」，但是薩伊伏里．德布呂斯龍（一七六二）認為，壁毯這個名稱可能應該專用於「貝爾加姆老式掛毯，即西班牙古已有之的鍍金皮革，巴黎和盧昂生產的羊毛掛毯以及用人字斜紋布製作的其他新式掛毯，後者用各種顏色相當成功地模仿掛毯上的人物和樹木草地」[87]。這類織有人物的掛毯十五世紀初開始流行，出自法蘭德斯的能工巧匠之手，後來經巴黎戈白林工場在技術上予以改進，臻於完善。不過它們的成本昂貴，不利銷售。十八世紀傢俱增多，也限制了掛毯的使用。邁爾西埃做過解釋：若在掛毯前面放一個五屜櫃或餐具櫃，掛毯上的人物就被腰斬。

糊牆花紙或稱「多米諾」，由於價格便宜，得到迅速推廣，搶佔市場。印刷這種花紙的技術與印刷紙牌相同。「這種紙製掛毯〔……〕長時期內僅由鄉下人和巴黎小百姓用來裝飾和覆蓋他們的陋室、舖子和臥室裡有限幾個地方，但是〔……〕十七世紀末糊牆花紙的外觀和質量已達完善，不僅大量運銷國內主要城市，巴黎本地最豪華的房屋也有個別場所，如藏衣室或某一更加隱蔽的房間，用花紙糊牆以求產生賞心悅目的裝飾效果」[88]（一七六〇）。故此，頂樓住戶必用花紙糊牆，有時圖案極為簡單，僅係平行的黑白條紋。這是因為糊牆花紙的質地大有高低，並非所有產品都像慕尼黑國立博物館裡陳列的某件仿中國風格的樣品那樣精美華麗。

條件合適時，也有用木板覆蓋內牆的。十四世紀起，英國細木工即用丹麥橡木製作這種護壁板，這同時也算是一種禦寒的辦法[89]。護壁板或者乾淨俐落，如德國富格爾家族（十六世紀）一所房子內狹小的辦公室裡所見到的，或者精彫細刻、彩繪鍍金，如

15 世紀德國南部一所市民住宅內景，無名畫作。巴塞爾藝術博物館。

十八世紀法國客廳裡遇到的。後一種豪華的大幅護壁板將成為包括俄國在內的整個歐洲模仿的對象。

現在該輪到門窗了。直到十七世紀為止，門一直很窄，向裡開，僅容一人進出。後來才出現有兩扇門扉的大門。至於窗戶，年代稍久一些的（或者以十八世紀某些農村房舍為例）只是一塊不留縫隙的活動木板。玻璃窗最初只有在教堂裡才能見到，後來進入私人住宅。凹凸不平、鑲有鉛條的玻璃塊太重、太貴，所以這種玻璃窗不能製成活動的。作為變通，人們就在固定不動的玻璃窗上開一活動的小窗口，如德國人的做法，或者給固定的玻璃板配上活動的木板，如荷蘭人的做法。在法國，玻璃窗的窗框通常是固定的，蒙田曾記載：〔德國〕「窗玻璃之所以特別亮，是因為他們的窗戶不像我們這裡無法啟閉」，他們可以「經常擦拭」[90]。也有矇上羊皮紙、浸過松節油的布、油紙或薄石膏片的活動窗戶。透明窗玻璃要到十六世紀才真正出現，然後以不同速度向各地傳播。它在英國傳播很快：十五世紀六〇年代，農業發展提供了大量財富以及玻璃工業的發達，玻璃窗已在農家普及[91]。但是同一時代（一五五六），查理五世皇帝從法蘭德斯趕往艾斯垂馬杜拉，途中卻以購買玻璃為一項要務[92]。蒙田到德國去旅行，他記下從埃皮納勒起「沒有一所鄉村小屋不裝玻璃窗的。」[93]六十年後，史特拉斯堡人勃拉肯豪斐爾[94]關於尼維爾和布爾日有相同的印象。然而一六三三年兩位從荷蘭出發到西班牙去的旅客卻指出，靠南邊存在一條界線：他們在索米爾越過羅亞爾河以後，再也看不到玻璃窗了[95]。同一時期，在靠東的日內瓦，最講究的住宅也只用糊窗紙。一七七九年，巴黎收入最低的工人住的房間已用玻璃窗採光，而在里昂和某些外省城市，據勃拉肯豪斐爾說，人們仍舊使用油紙[96]。特別是當時絲織工人並無意改變，因為透過油紙的光線「更加柔和」[97]。在塞爾維亞，玻璃窗到十九世紀中葉才普遍出現：一八〇八年它在貝爾格勒還是稀罕之物[98]。

窗框的構造也在經歷緩慢的演變。受到玻璃的尺寸以及框架的抗力的限制，窗框上最初有許多木製小窗格，整塊大玻璃窗要到十八世紀才被普遍採用，至少出現在有錢人的住宅裡。

窗戶的現代化過程很晚才得以完成。如同我們期待的那樣，畫家們對此留下許多各不相同的見證。歐洲各地的窗戶並非在某一時期都遵照劃一的格式，如典型的荷蘭窗戶上部是固定不能開闔的玻璃，下部是整塊可以活動的木板。在中高爾（Martin Schongauer）的《天神報喜圖》上，我們看到這種格式的窗戶，但是同時代的另一扇窗戶上只有一條狹窄的玻璃可以啟閉；另一種固定的窗戶配有一塊從外部啟用的護窗木板；根據不同情況，護窗板或者只有一塊，或有二塊。一些窗戶裡面有窗帘；另一些則沒有。總之，問題不僅在於通風、採光，還在於禦寒和防止太強的光線刺激睡眠者。對於這個問題可以有一系列解決方式，一切視氣候和習慣而異。德國「用以抵禦風霜雨露的，僅有光禿禿的玻璃窗」也就是說沒有外部或內部的護窗板，蒙田對之大不以為然，還提到德國客店的床鋪不設床帳！……[99]

壁爐

約十二世紀以前，還沒有壁爐。到這一時期為止，僅在廚房中央有一圓形爐灶。人們用火盆或「腳爐」取暖[100]。過不久，從威尼斯到北海，從莫斯科公國的邊境到大西洋，住宅的主要房間莫不裝有壁爐，人人都到那裡去躲避寒冷。威尼斯畫家常以本地高聳的壁爐煙囪為題材。

壁爐的爐膛最初鋪磚，後來從十七世紀起覆以金屬板；另有柴架支撐木柴。爐膛最深處叫做「爐心」，有一塊豎立的鑄鐵板名為「護心」，覆蓋「爐心」。「爐心」常帶圖案裝飾，有些非常美麗。壁爐內設有一環，套住掛鍋鐵鉤。鐵鉤則備有卡槽，便於調節高度。火上常置一口大鐵鍋供應熱水。菜餚在火堆前方的爐灶上烹製，既可利用附近的火焰，又可把熾熱的木炭攤在鐵製鍋蓋上。長柄鍋也便於充分利用熱量。

有錢人家的壁爐自然變成大廳裡的重要裝飾品。爐臺飾以浮彫，通風罩上繪著畫，爐腿做出線腳，彫成蝸形或立柱形。十五世紀末布魯日一座壁爐的通風罩上繪有傑拉·大衛畫派的《天神報喜圖》[101]。

這類壁爐美則美矣，但其內部構造卻長期停留在原始階段，技術上與二十世紀初農民住宅內的壁爐毫無二致：豎立的煙道極其寬大，必要時可容納兩個掃煙囪的人同時操作；空氣流動劇烈，以致待在火堆一邊的人擔心烤焦，待在另一邊的人卻有凍僵之虞。因此人們傾向於增大壁爐體積，以便在通風罩下的爐膛兩邊設置石頭長凳[102]。爐火將盡，僅餘炭火時，人們便坐在長凳上，在「爐臺底下」聊天。

這種構造體系用於烹飪還勉強可以，用於取暖卻收效甚微。冬天來臨後，冰涼的住房裡只有爐火周圍尚可棲身。凡爾賽鏡廳二端的壁爐不足以燒暖整個大廳巨大的空間。還是穿裘皮禦寒比較可靠。不過裘皮真的管用嗎？一六九五年四月三日，帕拉丁娜公主寫道：「國王的餐桌上，杯子裡的酒和水凍結成冰。」不用再舉其他例子，這一例子足以說明，十七世紀的房屋何等不舒適。那個時代，嚴寒可以成為一場災害：河流結冰，水磨停止轉動。飢餓的

西班牙火盆。聖埃洛阿的誕生，努尼作畫（細部）。巴塞隆納加泰隆尼亞藝術博物館。

狼群四出覓食，瘟疫流行。遇到特大寒流，如一七〇九年那一次，巴黎的「老百姓像蒼蠅一樣凍死」（三月二日）。帕拉丁娜公主說，從一月份起由於缺乏取暖設施，「演出和訴訟一概停止」[103]。

不過，到一七二〇年左右一切都變了：「攝政王治國以來，人們要求冬天不再挨凍。」由於掃煙囪工人和砌爐工人的共同努力，「壁爐學」大有進步，這一目的確實達到了。人們發現了通風的祕密。爐床縮小、加深；爐臺降低，煙囪管彎成弧形，從而解決了直筒煙囪不斷排煙的問題[104]。（回過頭來看，我們很想知道。偉大的拉斐爾受命制止埃斯特公爵的壁爐冒煙時，他是怎樣交差的。）這些進步應用於加布里埃爾公館那種開間合理的房間，而不是曼薩爾式（Mansard）那樣碩大無比的廳堂，成效允為顯著。裝有多個爐床（至少有兩個）的壁爐甚至使僕人房間也能升溫。就這樣，取暖領域的革命雖然姍姍來遲，畢竟還是完成了。

但是我們切莫像一個世紀以前，即一六一九年出版的《節省木材》的作者一樣，認為燃料因而得到節約。因為新式壁爐既然效能高，其數量就奇蹟般地增多。冬天來臨之前，每個城市都忙於運輸和鋸開取暖用的木材。大革命前夕，每當

爐子前的婦人。林布蘭作蝕刻畫，17世紀荷蘭。巴黎國立圖書館版畫部。

十月中旬，巴黎「城裡各區響起一片新的喧鬧聲。數以千計的車輛滿載木材，各奔前程，街巷為之堵塞。人們忙於卸車、鋸木、轉運，行人一不小心就會被車輛撞倒、碰傷，或者壓斷雙腿。卸車工粗暴地從車頂上匆匆扔下木柴，石子路面砰然作響。他們一味蠻幹，只顧盡快卸完貨物，砸破行人的腦袋也在所不計。然後是鋸木工上場，他運鋸如飛，把鋸開的木柴扔在四周，旁若無人」。[105]

同一場面出現在所有的城市。羅馬的木柴商人牽著小驢送貨上門。紐倫堡四周雖說有茂密的森林，一七〇二年十月二十四日的敕令責成轄區內的農民把家中貯存木材的半數送到市場上出售[106]。波隆納街頭，以劈柴為生的工人正在尋找主顧。

爐灶

蒙田說德國「沒有壁爐」，未免下結論太倉促。確切地說，是客店的臥房或住宅的大廳裡沒有壁爐。廚房裡總有一座壁爐。不過，德國人「討厭別人進他們的廚房」。旅客只能在寬敞的大廳裡取暖、進餐，那裡有瓷磚砌成的火爐[107]。其次，德國的壁爐樣式「和我們的不一樣」：「他們在廚房中央或一角建一火爐，幾乎整個廚房就是火爐的煙道。爐子開口處面積可達七、八平方尺，直通房頂；這樣他們就有足夠的地方在某處設置帆篷，該帆篷在我國壁爐的通風管裡佔據位置太大，以致排煙不暢」[108]。所謂「帆篷」，乃是藉助上升的煙氣和熱空氣推動的風車翼，用於旋轉烤肉鐵杆……但是不必多作解釋，我們只消看一眼本頁的插圖便能明白。即使不能弄清這個機械裝置，至少可以看到烤肉鐵杵、升高的爐臺，明白德國主婦因此不必像在法國、日內瓦[109]或荷蘭那樣彎腰做飯。

德國以遠，在匈牙利、波蘭、俄國，不久在西伯利亞，都能遇到火爐。這都是石砌、磚砌，乃至黏土堆成的普通爐灶。德國從十四世紀起，出現用陶土砌成的輕便火爐。貼在爐灶表面的瓷磚常有圖案裝飾。爐前設一長凳，可供坐臥。伊拉斯謨斯解釋說：「在有火爐的房間你儘可脫去靴子，換上鞋子，如果你願意。也可以換襯衫；你把被雨水打濕的衣服掛在爐旁，然後湊近來烤乾自己的身體。」[110]至少，像蒙田說的那樣，「人們不至於烤糊臉或靴子，也不會像在法國那樣飽受煙嗆。」[111]波蘭沒有客店，旅客一概由住戶接待。法蘭索瓦·德·巴維因此得與主人全家以及其他過客同睡在灶間寬大的長凳上。長凳沿四壁安放。備有枕頭和皮裘。義大利人奧克塔維安特意選貼近主人家一位婦女的鋪位睡下，「時而得到芳鄰慇懃接待，時而被她抓破皮膚」，而這一切都在暗中悄悄進行，沒有吵醒任何人[112]！

釉陶火爐約於馬里尼亞諾戰役五年後（一五二〇）在法國出現，但是要到十七世紀方始得寵，到下一個世紀才被普遍接受。一五七一年，巴黎還很少有壁爐[113]，往往需要用火盆取暖。十八世紀巴黎窮人仍用泥炭生個火堆禦寒，因此常有中毒事件[114]。無論如何，壁爐在法國起到的作用將大於火爐，後者主要用於東歐和北歐的寒冷國家。邁爾西埃一七八八年寫道：「壁爐與火爐有霄壤之別！一見到火爐，我的想像力就熄滅了。」[115]

不必彎腰就能做飯：德國的高爐床壁爐（1663）。摘自《孟代爾基金會同仁手冊》，紐倫堡國立圖書館。

還要指出，西班牙「任何一套房間裡既沒有火爐，也沒有壁爐……當地人只使用炭盆來取暖」。說這番話的奧努瓦伯爵夫人另外補充說明：「這個國家缺乏木柴，幸運的是他們並沒有取暖的需要。」[116]

英國在壁爐的歷史上佔有特殊地位，因為從十六世紀起，由於木材不足，人們日益使用泥炭作燃料，從而對爐床作出一系列改進。最重要的改進在十九世紀末由朗福特完成，運用折射原理加熱整間房子。[117]

從傢俱匠說到買主的虛榮心

不管有錢人多麼喜新厭舊，屋內陳設與傢俱的變化始終不快。時尚當然在變遷，但是速度緩慢。原因很多：更新傢俱所費不貲；更重要的是生產能力有限。最晚一二五〇年以前沒有水力推動的機械踞」[118]；十六世紀以前，一般說除了橡木沒有別的材料；核桃木和來自海外的木料，十六世紀開始在安特衛普風行。更重要的原因是一切都取決於生產某一產品的行業是否存在。傢俱行業發展甚慢。十五、十六世紀之交，細木匠從粗木匠行業中分離出來；然後，十七世紀高級細木工又脫離細木匠自成一行，在這以前他們一直被叫做「鑲貼或鑲嵌細木匠」[119]。

粗木匠既營造房屋、又管製造傢俱的情形延續幾個世紀，因而「哥德式傢俱」體積龐大，用料結實，有一種毫不掩飾的粗獷作風。這類傢俱的代表如接在牆上的笨重櫃子。巨大、窄長的桌子，比板凳更常見的條凳，用粗糙的寬木板拼接並用釘子和鐵箍固定、配上牢固鎖頭的箱子[120]。說是傢俱，其實也能當行李托運，不憚旅途顛簸。板材僅用斧子削平；鉋子這一古老的工具在古埃及、希臘和羅馬已被使用，但要到十三世紀才在北歐重振舊威。起初用鐵釘聯結板材，後來才慢慢出現鑲榫和鳩尾榫；木釘和銷釘起源更晚，這是一大改進；鐵螺絲釘雖然古已有之，但十八世紀以前尚未廣泛使用。

各種工具，諸如大小斧子、鑿子、木槌、鐵錘、弩機式車床（用於車製桌子腿一類的粗活）、手搖或腳踏曲柄車床（用於細活），由來已久，也是古羅馬時代留下的遺產[121]。義大利還保存著古代的工具和工藝，在那裡我們可以看到碩果僅存的早於一千四百年的傢俱。義大利在這個領域再次領先，凌駕別國之上；它向各地傳播傢俱成品、傢俱款式以及製造方法。我們只消參觀慕尼黑國立博物館，便能信服這一點。那裡陳列的十六世紀義大利箱子配有座子，其彫工之複雜，木料之光潔，造型之講究，同時期歐洲其他地區的產品不能望其項背。抽屜也是從南方通過萊因河谷，很晚才在阿爾卑斯山以北出現，抵達英國更是十五世紀的事情了。

十六世紀以前，甚至十七世紀，習慣對傢俱、天花板和牆壁施以彩繪。我們應該想像王宮、民宅和教堂裡精彫細刻的古代傢俱無不漆上金色、銀色、紅色或綠色。這一做法證明，採光不良的陰暗房間的住戶不顧一切追求光明和鮮艷的色彩。人們在上漆前往往先用細布或石膏包裹傢俱，以便遮蓋木料上的疵點。從十六世紀末開始，傢俱僅打蠟或上清漆。

我們怎樣才能追蹤每一種傢俱的複雜歷史呢？它們出現，發生變化，但最後並不完全退隱。它們始終承受著建築風格和房間格局強加給它們的限制。

很可能，由於在壁爐前面安放長凳，連帶要求設置長方條桌；客人用餐時坐在一邊，背向爐火，腹部頂住桌子。根據亞瑟王的傳說，圓桌的發明取消了坐位尊卑問題，但是圓桌只有和椅子相配才能卓見成效，而椅子的定型、被大眾接受並大量生產卻是較晚的事情。原始的「高座」是一種碩大無比的椅子，屋內僅設一把，專供中世紀的領主使用；其他人只配坐長凳、凳子、馬扎，很晚才有椅子[122]。

有權裁決傢俱之間這種相互牽制和配合關係的是社會，也就是說往往是人們的虛榮心。以餐具架為例，這本是一種廚房傢俱，一種餐具桌，即一張普通的桌子，用於擱置將於就餐時依次端上餐桌的眾多盤碟。在領主的宅第裡，後來有第二個餐具架進入大客廳，用於陳列金、銀、銀質鍍金盤碟、水盆、水壺和酒杯。這

15 世紀的餐具架及金餐具。
《偉人亞歷山大史》。巴黎，小宮博物館。

種餐具架沒有擱板，其層次多寡視主人的身份而異，男爵僅有權用兩層，爵位越高則隔板越多[123]。某幅表現希律王宴請群臣的油畫上，出現一個有八層擱板的餐具架，屬於最高等級，標誌帝王無與倫比的威嚴。更有甚者，聖體瞻禮節時人們把餐具架搬到街上，放在「披花結綵的住宅」前面。英國旅行家考列埃特一六〇八年在巴黎街頭看到大量飾滿銀器的餐具架，嘆為觀止[124]。

姑舉一例，我們可以簡單地勾勒「櫃子」的歷史，從古代笨重的、用鐵箍加固的櫃子起，直到十七世紀已經「市民化」的櫃子為止；談到這種櫃子的一位歷史學家對路易十三時代的「三角楣、柱頂盤、圓柱和壁柱」這類裝飾很不喜歡[125]。櫃子的尺寸越來越大，人們最終下決心把它剖成兩截，由此產生「下櫃」這種新傢俱，不過它的流行不廣。櫃子於是變成一種意在抬高主人地位的傢俱。有條件時便精彫細刻、裝飾富麗。到十八世紀，它失去這個作用，至少在華貴的住宅裡身份下跌，降為貯存衣服的傢俱，不再在客廳裡露面[126]。但是在這以後的幾個世紀裡，它仍將是農民住宅和尋常百姓家引以為驕傲的寶物。

先是盛極一時，然後銷聲匿跡，傢俱的滄桑與時代風尚的變遷有關。「收藏櫃」的歷史足以說明這一點。這種帶抽屜或分層間隔的傢俱用於置放梳洗用具、文具、紙牌和首飾。它在哥德式藝術風行時代已經存在，到十六世紀開始走運。文藝復興式鑲嵌玉石的收藏櫃或者德國式收藏櫃曾在法國大出風頭。路易十四治下，有些收藏櫃的尺寸大得出奇。在這個風氣影響之下，十八世紀輪到「文件櫃」交上好運。這種傢俱上有一塊活動木板，翻下來可作寫字檯使用。

不過我們最好還是看看，五斗櫥是怎樣走運的。這種傢俱不久將取得首要地位，完全取代櫃子。十八世紀頭幾年，它在法國問世，通過某一布列塔尼農村傢俱或某些米蘭傢俱我們可以想像最早的櫃子乃是把大箱子「豎」起來的結果。同樣地，五斗櫥的設想來自把若干小箱子重疊起來。不過這一設想及其實現都比較晚。

在一個崇尚高雅趣味的世紀，五斗櫥應時而起，立即成為一種線條講究的奢侈傢俱。它的或直或彎、或上下一律或中間鼓出、或莊重或纖巧的造型，它使用的貴重木料，它要求的細木鑲嵌活，銅活和漆活，無不密切追隨變化多端的時尚。「中國小擺設」盛行時，五斗櫥的裝飾作風也有所反映。從「路易十四式」到「路易十五式」或「路易十六式」，更是花樣翻新。五斗櫥雖是基本傢俱，最初只有有錢人用得起，到十九世紀才得到普及。

不過，逐一考察這些傢俱的歷史之後，我們是否真正了解室內佈置的歷史？

重要的是整體佈置

不，一種傢俱不管有多大特色，它不能創造或者揭示一個整體。只有整體才起作用[127]。博物館裡孤立的展品通常只能告訴我們一部複雜的歷史的基本概念。關鍵不在傢俱本身，而在於它們的佈置是刻意的還是不得不然的，在於一種氣氛和一種生活藝術。這種氣氛和藝術既體現在陳設傢俱的房間內部，又洋溢在房間外部，瀰漫在整所房子裡，而房間只是房子的一個組成部份。在這些奢侈的小天地裡，究竟人們怎樣生活，怎樣進餐和怎樣睡覺？

最早的確切見證與晚期哥德式風格有關，主要見於荷蘭或德國繪畫。畫家用全副心思畫出傢俱和擺設，筆觸之精細不亞於畫人物，好像把一系列靜物畫插入整個畫面。揚・范・艾克的《聖約翰的誕生》或者范德衛登的一幅天神報喜圖能使我們對十五世紀普通房間裡的氣氛有具體了解。各間房間連貫相通，因此只要房門開著，我們就能猜到廚房裡的活動或者僕人們的緊張忙碌。當然題材本身有利於這種表現。一幅天神報喜圖或聖母誕育圖，不管是卡爾帕喬、老霍爾拜因還是申高爾的作品，總要畫出床、箱子、一扇敞開的漂亮窗子、壁爐前的一條長凳、新生兒洗澡的木桶、端給產婦喝的肉湯。這些細節幫助我們了解居住環境，猶如基督最後的晚餐為題材的繪畫幫助我們了解進餐的規矩。

儘管屋裡的傢俱數量不多，結實之餘帶有村俗作風，這類晚期哥德式住宅至少在北歐國家給人以

17 世紀荷蘭一所市民住宅內景：室內明亮、簡潔，寬敞的公用房間裡風琴放在掛帳子的床對面；各間房間相通，鹿特丹的博依曼博物館。

溫暖親切之感：門窗嚴實，帘帳帷幕皆用奢侈織物製作，色彩鮮艷，熠熠生光。床帳、被子、壁衣、柔軟的靠墊之類，是屋裡唯一的真正奢侈品。十五世紀的掛毯色澤分明，在淡色底子上布滿花卉和動物圖案，同樣證明當時人對色彩的嗜好和需要，好像當時的住宅是對外部世界的回答，又好像住宅與「迴廊四合的內院、設有防禦工事的城堡、環以城牆的城市和圈在圍牆裡的花園」一樣，是為對付隱約感覺到的物質生活之艱難而採取的防衛措施。

然而，同一時期義大利已開始文藝復興，它在經濟上遙遙領先，宮廷裡崇尚新的氣派，極盡炫耀之能事。於是在義大利半島上出現一種截然不同的生活環境，莊重但是比較拘泥，建築和傢俱樣式力求產生宏偉壯麗的效果，力求顯示主人高貴的社會地位，因而三角楣、挑簷、圓彫飾和塑彫無不重複相同的圖案和相同的線條。十五世紀義大利住宅內有柱廊、帶天蓋的彫花大床和豪華的大樓梯，已開法國十七世紀盛世風光的先河。法國路易十四時代的宮廷生活專事炫耀，講究戲劇性的排場。顯然奢侈在那個時代已成為一種統治手段了。

我們一下子跳過二百年。到十七世紀，雖有例外——如荷蘭和德國的住宅比較簡樸——住宅的內部裝飾以方便社交生活和顯示主人的社會地位為唯一目的，不惜為此犧牲其他一切。法國、英國，乃至信奉天主教的尼德蘭地區，無不如此。禮賓大廳開間極大，天花板很高，門窗增多；室內氣氛故意搞得很莊重，有大量裝飾、彫刻和多件場面傢俱（彫工繁縟的餐具櫥、架），傢俱上還陳列著各種銀器。牆上掛有盤子、碟子和圖畫，牆壁本身也畫有複雜的圖案（如魯本斯畫的客廳有奇形怪狀的背景裝飾）。掛毯一直受寵，到這個時代已變為趨向某種浮華風格，無休止地追求色調的濃淡差異，因而造價昂貴，但是作品有時卻相當乏味。

話說回來，這間氣派非凡的主廳兼作其他用途。我們在許多法蘭德斯繪畫——從巴森（Van de Bassen）到亞伯拉罕·博斯（Abraham Bosse）和葉洛尼姆斯·楊森（Hieronymus Janssen）——的背景中都能見到床。

這張床通常放在壁爐邊上，用大帳子遮起來。同一間屋子裡，客人到齊了，正在大吃大喝。另一方面，十七世紀的奢侈不知道為住戶創造各種各樣的舒適，首先是屋子不暖和，其次是還不注意維護個人的隱私。在凡爾賽宮，路易十四本人若要拜訪蒙特斯龐夫人，先得穿過前任情婦拉瓦利埃爾小姐的臥房[128]。在十七世紀的巴黎，一座府第的第二層是整幢房子最好的部份，歸主人居住。這一層所有的房間——接待廳、客廳、走廊、臥室——同樣間間相連，有時還不好分辨。包括執役的僕人在內，每人都要穿過所有的房間才能抵達樓梯口。

十八世紀正是在這一方面有所革新。歐洲到了十八世紀並不放棄社交生活的豪華排場，它比過去任何時候更重視交際，但是個人從此開始努力保護自己的私生活。住房和傢俱發生變化，因為個人要求、渴望這種變化，也因為大城市是他們的同謀。個人只要隨大流就行了。在倫敦、巴黎、聖彼得堡這些迅速發展的城市裡，物價越來

17 世紀法蘭德斯住宅內景。裝修奢華、繁複的主廳裡應有盡有：大壁爐、帶天蓋的床、客人正在用餐的飯桌。巴黎裝飾藝術博物館。

越貴；奢侈如野馬脫韁；土地奇缺：建築師必須最大限度地利用尺土寸金的有限面積[129]。於是現代住宅和現代套房便應時而起，它們是為一種不那麼壯觀，但更加愜意的生活而設計的。路易十五時代，巴黎有張廣告召租套房：「內有十間，分為候見室、飯廳、起居間、冬天用第二起居間（因此有取暖設備）、小圖書室、小客廳以及帶藏衣室的臥室」[130]。類似廣告在路易十四時代是不可能出現的。

當時一位作者解釋說，一棟府第從此分成三套房間：一套用於社交，可以愉快地接待友人；另一套為了排場；第三套用於家庭生活，以便親人朝夕晤對[131]。由於住房功能分解，從此人人可以生活得稱心一點。配菜間與廚房分開，飯廳不再兼作客廳之用，臥室則自成一個小天地。路易斯·蒙福特認為房事本是夏天的勾當，從此不再受到季節的限制[132]。誰也沒有義務非相信他不可（民事登記冊上記載的出生日期甚至作出反證），不過一七二五年前後確實出現所謂「住房內部佈局」，無論羅馬、麥第奇時代的托斯卡尼，還是路易十四時代的法國，都未曾經歷過這種事情。新的房間佈局「巧妙地隔出成套的房間，使主人和僕人住起來都很舒適」[133]，這不僅僅是為了追隨時尚而設計。這種「小型住房裡房間數目較多……人們可以在有限空間內擁有許多的東西」[134]。邁爾西埃寫道：「我們的小套房佈置得像光滑的圓貝殼一樣。從前屋裡不講採光。空間雖大，卻白白浪費了，現在人們住在敞亮的房間裡，心曠神怡。」[135]一位明白人補充說：「老辦法（大而無當的住宅）太費錢了；今天的人沒那麼富有。」[136]

反過來，追求奢侈的風氣集中到傢俱上，於是出現無數精工製作的小傢俱。它們不像老式傢俱那樣佔地方，與女主人專用客廳、小客廳和小臥室的開間大小相稱，特別能滿足新產生的對於舒適和私生活的需要。各種各樣的小桌子、半桌、牌桌、床頭櫃、書桌、中心桌等等，應運而生，宛如不會說話的僕人為主人提供方便。十八世紀初同時興起五斗櫥和多種柔軟的安樂椅。這些新傢俱都有新發明的名稱：牧羊女、侯爵夫人、公爵夫人、土耳其女人、守夜婆、窺視女郎、雅典女人，輕便馬車安樂椅以及飛翔安樂椅……[137]室內裝修同樣講究：彫刻或彩繪的牆裙、豪華但是往往裝飾過多的銀器、路易十五式的青銅器和漆器、珍貴的進口木料、鏡子、壁燈和燭臺、窗間壁飾、絲綢帳幔、中國瓷器、薩克森瓷器擺設。當時，法國和德國盛行的洛可可風格以各種形式影響了整個歐洲，英國出現了大收藏家羅伯特．亞當用仿大理石製作的裝飾圖案，根據一七七四年《世界報》一篇文章的說法，則是中國擺設和所謂哥德式裝飾作風共治天下，「兩種風格水乳交融，相得益彰」[138]。總之，建築方面新興的樸素風格並沒有引起室內裝修的簡潔化。恰恰相反，後者踵事增華。宏偉風格消失了；取代它的卻往往是矯揉造作。

奢侈與舒適

這一奢侈並非始終有我們稱之為「真正的」舒適相伴隨。取暖設備仍不完善，通風極差，烹飪條件與鄉村無異，有時使用可以移動的炭爐，這種爐子「用磚砌成，外層用木條加固」。套房裡並非都有英國式廁所，雖說約翰．哈林頓爵士一五九六年已作出這項發明。即使套房裡有廁所，為了消除屋裡的臭味，還需要設置唧門或虹吸系統，至少要有通風口[139]。一七八八年，巴黎的毛坑掏不乾淨，成為一大問題，連科學院也表示關注。人們一如既往地從窗口傾倒便壺；街道成了垃圾場。巴黎人長期慣於在杜依勒里宮花園「一排紫杉樹下大小便」，瑞士衛兵把他們從那裡趕走以後，他們就到塞納河兩岸去行方便，於是塞納河畔「既不雅觀，又臭不可聞」[140]。這是路易十六治下的景象。所有的城市，無論大小，同樣不潔，僅有程度上的差別。列日、加地斯、馬德里與上奧文尼的小城市同樣骯髒。通常有一條運河或一道激流流經這些小城市，名曰：「糞河」，「居民什麼東西都往河裡扔」[141]。

十七、十八世紀的城市裡，洗澡間是極為罕見的奢侈享受。跳蚤、虱子和臭蟲佔領了巴黎和倫敦的住房內部。不分居民的貧富貴賤，一律肆虐。至於室內照明，蠟燭和油燈一直沿用到十九世紀初期，才被煤氣燈的藍色火焰代替。但是各式各樣巧妙的原始照明用具，如我們在古代繪畫見到的火炬、燈籠、壁燈、蠟燭盤或吊燈，都是很晚才出現的奢侈品。一項研究表明，這類照明用具到一五二七年才在圖盧茲真正普及[142]。在這以前，居民幾乎不點燈。「戰勝黑夜」誠然值得驕傲，甚至炫耀，但是代價昂貴。為此需要點礦蠟、動物油脂、橄欖油（不如說是橄欖油的副產品，俗稱地獄油）。十八世紀，鯨魚油越來越被用於照明，荷蘭和漢堡的漁夫從中得利。後來到十九世紀，則是梅爾維爾（Hermann Melville）提到的那些美國漁港因而致富。

因此，如果我們作為不速之客走進往昔的住宅，我們很快就會感到不自在。古代房子裡的種種奢侈設施不管如何華美——它們往往令人讚嘆——卻不能滿足我們的日常需要。

服裝與時尚

服裝史似乎應該充滿趣聞軼事，其實卻沒有那麼多。一部服裝史提出所有的問題：原料、工藝、成本、文化固定性、時裝、社會等級制度。服裝隨心所欲地變化，在世界各地褐示社會對抗的劇烈程度。限制奢侈法誠然體現政府的明智決策，但它更反映社會上層階級看到自己被暴發戶模仿時懷有的憤恨心理。亨利四世和他周圍的貴族絕不能同意巴黎資產者的妻女穿戴綾羅綢緞。但是誰也無法阻止向上爬的野心或者穿好衣服的

中國官員，18 世紀作品。國立圖書館版畫部。

強烈願望，因為在西方，社會地位最細微的上升都要反映在服裝上。再說政府從未阻止大貴族窮奢極欲，也沒有禁止威尼斯婦女分娩時擺排場，或者不准那不勒斯人在舉行葬禮時講闊氣。

甚至在最寒酸的角落裡人們也講究穿著，瓦朗謝訥附近有個法蘭德斯村莊叫呂姆日，本堂神父留下一本日記。根據他的記載，一六九六年當地有錢的農民為了穿著不惜犧牲一切：「青年男子頭戴金邊或銀邊的帽子，衣著與此相稱；青年女子梳的髮髻足有一尺高，其他服飾同樣講究……」。他們「每星期天大搖大擺地光顧酒店……」但是日子一天一天過去，同一位神父寫道：「他們只是星期天在教堂裡或酒店裡衣冠整潔，平時（不分貧富）穿得十分邋遢，看到女的便足以醫治男子的淫慾，看到男的則能使得女子不起邪念……」[143]這才恢復事情原來的秩序，一切又回到日常生活的軌道上去。塞維尼夫人一六八〇年接見一位女佃農。但是這位「波德加（布列塔尼）的標致小農婦穿一件配上波紋綢裡子的荷蘭呢長袍，袖子上還有開縫……」塞維尼夫人對她這身打扮又是欣賞又有氣，因為這位農婦還欠著她八千法朗的債[144]。當然這是例外；一六八〇年德國一個村莊的農婦在慶祝主保瞻禮時戴的縐領也是例外。通常情況下，人人都打赤腳或者幾乎不穿鞋。甚至在城市市集上，一眼就能分辨資產者和平民百姓。

假如社會穩定不變……

假如社會處於穩定狀態，那麼服裝的變革也不會太大。在這種社會裡，即使上層人士也往往不在服裝上翻新出奇。中國早在十五世紀以前，從新定的首都北京（一四二一）附近直到邊遠的四川和雲南省，官員的服裝相同。拉斯科爾特斯神父一六二六年畫下來的那件繡金線的綢袍，我們可以在十八世紀的許多版畫上看到，而且配有同樣的「諸色綢靴」。官員家居時穿簡便的棉布衣服。他們在執行公務時換上這件閃光的官服，這既是他們的社會面具，又使他們的身份得到確認。中國社會基本上處於停滯狀態，這頂面具延續若干世紀保持不變，甚至滿洲人一六四四年征服中國也沒有打破古老的平衡，或者說破壞的程度極其有限。新主人強迫臣民剃去頭髮（僅保留一綹），放棄從前穿的寬袖大袍。僅此而已。總的來說不算多。一位旅行家一七九三年寫道：「在中國，服裝樣式很少隨一時的風尚或者由於個別人的喜好而改變。什麼身份的人在什麼季節應該穿什麼衣服，都有成式。婦女也談不上時裝，最多對頭上插戴的花或首飾翻翻花樣。」[145]日本也是保守的國家。可能豐臣秀吉對外部世界作出強烈反應以後，日本不得已才採取保守政策。此後好幾個世紀，日本人在室內穿的和服與今天的和服差別甚微；他們上街則穿「陣羽織，一種背部繪有圖畫的皮衣服」[146]。

作為一般規律，在這類社會裡，只有當政治動亂打亂了整個社會秩序時，穿著才會發生變化。印度基本上被穆斯林征服後，戰勝者蒙兀兒王公的服裝（寬大的長袍和沙普坎）成為常服，至少為有錢人傚法。「肖像上的拉吉普特王公（有一例外）都穿宮廷長袍，足證印度上層貴族一般說已接受蒙兀兒君主的習慣和禮儀。」[147]在土耳其帝國我們看到同一現象。奧斯曼蘇丹的武力及聲威所達之處，上層階級必定接受土耳其人的服裝。遙遠的阿爾及爾和基督教的波蘭無不如此。在波蘭，土耳其式服裝很晚才被十八世紀法國式服裝取代，而且取代並不徹底。服裝款式一經模仿，此後幾個世紀很少變動，因為原型保持不變。穆拉吉．道松（Mouradj d'Ohsson）在一七四一年出版的《鄂圖曼帝國大觀》中指出：「歐洲婦女唯恐趕不上時髦，東方婦女卻不必為之操心。她們梳的髮型，穿的衣服的樣式和用料，幾乎一成不變」[148]。至少阿爾及爾是如此。這個城市一五一六年被土耳其征服，直到一八三〇年擺脫土耳其人的統治，整整三個世紀婦女服裝很少變化。埃多神父一五八〇年在阿爾及爾當囚徒，對當時婦女的穿著作過精確描述。這一描述「稍加修正便可移作一八三〇年的版畫的注腳」[149]。

假如只有窮人……

那麼問題就不存在了。一切都不會變動。沒有財富，就沒有行動自由，也就不可能有改變。世界各地的窮人都不知道什麼叫時裝，他們的衣服不管是漂亮的那一身還是粗陋的那一身，都一成不變。漂亮的那一身過節才穿，往往是祖上傳下來的。儘管各國、各省的民間服裝千變萬化，某一地方的民間服裝卻幾百年沒有變化。粗陋的那一身是日常勞動時穿的，用當地最便宜的材料製成，比漂亮的那一身更少變動。

科爾特斯時代，新西班牙的印第安婦女穿棉布長裙，後來穿羊毛長裙，偶爾還繡上花，到了十八世紀她們還是這身打扮。男人的服裝則確實有所改變，但那僅僅是因為征服者和傳教士要求他們穿得像樣一點，不得赤身裸體。祕魯土人的穿著自十八世紀至今沒有改變；斗篷——一塊家織的四方形羊駝毛毯從中間開口，以便套頭穿用，西班牙文叫「poncho」。印度的服裝亙古不變；印度教徒今天和昨天一樣，和古代一樣身纏

16 世紀法蘭德斯的農民在交談。傳為老布魯塞爾的作品。柏桑松博物館。

腰布。在中國，「村民和市井小民」一貫用「各種顏色的棉布做衣服」[150]；實際上這裡所說的是一件緊身小褂。日本農民在一六〇九年穿的絮棉花的和服[151]，想必幾百年前就有了。伏爾奈在《埃及遊記》（一七八三）中對埃及人的服裝大感驚奇：「這一幅布疊成好幾折盤在剃光的腦門上；這件長袍從領子拖到腳跟，與其說它是衣服，不如說它是遮掩人體之物」[152]。這件衣服歷史悠久，比有錢的馬穆魯克人的衣服還要古老，而後者已可上溯到十二世紀。至於拉巴神父描述的黑色非洲窮人，既然他們基本上不穿衣服，又怎麼談得上改進呢？「他們沒有襯衫，褲裙以上，僅用一塊布包裹上身，然後束上腰帶；大多數人光頭赤腳。」[153]

歐洲的窮人穿得稍為好一點，但是也不肯為追求新奇而花錢。尚－巴蒂斯特．薩伊一八二八年寫道：「我得向你承認，土耳其人和東方其他民族固定不變的服式對我毫無吸引力。似乎因為服裝樣式不變，他們愚昧的專制制度也得以長存（……）。我國的村民對待時裝的態度有點像土耳其人；他們因循守舊，不思變革。我們看到一些以路易十四時代進行的戰爭為題材的古老繪畫，畫中農夫村婦穿的衣服以及他們今天穿的很少差別。」[154]這個見解也適用於更早的時代。我們不妨拿慕尼黑美術館里彼得．艾特森（一五〇八－一五七五）的一幅畫和尚．布魯蓋爾（一五六八－一六二五）的兩幅油畫相比較，三者都表現一所市場上的人群。很有興味的是，首先我們在三幅畫中一眼就能認出態度謙卑的攤販或漁民以及或為顧客、或來散步的資產者；兩種人的穿著差別明顯。但是我們觀察到的第二點更加有趣：兩位畫家相隔約半個世紀，這期間資產者的服飾變化很大：艾特森筆下環以簡單管狀褶的西班牙式高領被布魯蓋爾畫中不分男女的真正縐領取代，然而民間婦女的服裝（敞口翻領、緊身背心、罩在百褶裙上的圍裙）沒有任何變化，唯一差別在於髮型，那是因為地區不同。一六三一年，在上侏羅一個鄉村裡，一個寡婦根據她丈夫的遺囑，「每兩年將會收到一雙鞋、一件襯衫，每三年一件粗呢袍子」[155]。

農民的服裝表面上一成不變，實際上某些重要細節將發生變化。十三世紀在法國和其他國家開始穿內衣。十八世紀在撒丁尼亞島，喪禮規定一年內不得換襯衫；既然有此規定，農民必定已有襯衫，而且不換襯衫對他說來是一種犧牲。我們從十四世紀的許多名畫中知道，從前人無論貧富，都是脫光身子睡覺的。

十八世紀某位人口學家指出：「疥瘡、頭癬及其他以不潔為起因的皮膚病，過去所以流行，是因為人們不穿內衣」[156]。事實上，醫學書和外科書籍證明，十八世紀這類疾病沒有完全消滅，不過它們確實大為減少。和一位十八世紀觀察家還指出，他那個時代粗羊毛衣服已在農村普及。他寫道：「法國農民穿得不好，他遮身的布片不足以有效地抵擋風霜雨雪；但在服裝方面，他的處境似乎比過去已有所改善，上衣對於窮人不再是奢侈品，而是禦寒的必要措施。許多農民都穿布衣服，禦寒性能不佳（……）但是近幾年來（……）更多的農民穿上羊毛衣服。證明這一點很容易，因為近來王國內部生產的粗呢料子數量增多，這些呢料既然沒有輸出，必然用來為更多的法國人製作服裝。」[157]

這些改善發生的很晚，範圍也有限。法國農民服裝的變化比英國農民明顯落後。我們更不要以為全國農民的服裝都跟上變化。大革命前夕，沙隆奈和布勒斯的農民穿著用橡樹皮「染黑的布料」。「該習俗傳播甚廣，樹林為之毀傷」。傳說（當時）「在勃艮第，服裝並非（農民）預算中的重要項目」[158]。德國也一樣，十九世紀農民仍穿布料。一七五〇年在蒂羅爾，牧羊人的打扮像是耶穌誕生時守在馬槽周圍的人物。他們穿的布大褂長可及膝，但是裸腿光腳，或者穿的鞋只有鞋底，用皮條栓在腿上。托斯卡尼素有富庶之名，那裡的農民到十八世紀依舊只穿家織布料，或為麻布，或為麻與羊毛混紡織物[159]。

歐洲對時裝的癖愛

現在我們可以再看歐洲的富人和善變的時裝，不必擔心在那麼多的奇嗜怪癖中間迷失方向了。首先，我們知道這些怪癖只涉及少數人，他們之所以裝模作樣和自命不凡，可能是因為其他人、甚至最窮苦的人都在

達恩雷爵士及其幼弟穿的西班牙式黑西服（1563）。漢斯・愛渥斯的肖像畫，溫莎堡。

觀看他們的表演，鼓勵他們做出最荒唐的行徑。

我們已知道，雖然時髦年年在變，卻不能真正左右整個社會風尚。一位駐節亨利四世朝廷的威尼斯大使告訴我們：「一個人（……）如果沒有二十五到三十套各式各樣的衣服就算不上有錢，有錢人必須每天換裝。」[160]但是時髦不僅意謂著衣服數量多，它還意謂著到一定時間就改換樣式。季節、日子、鐘點變了，服裝也要跟著變。一千七百年以前，「時髦」的統治還不像今天這樣專橫。到了這一年，該詞才重保青春，帶著新的含義在全世界流行：趨附潮流。於是，「時髦」才像今天那樣，具有各種表現。事情的發展畢竟還沒有那麼快。

事實上，如果我們追溯到很遠的過去，我們必定會發現一潭死水，遇到與我們描寫過的印度、中國或伊斯蘭的境遇相似的情況。一成不變仍是普遍接受的規則，十二世紀初歐洲人的服裝與高盧和羅馬時代一模一樣。婦女穿的長袍拖到腳面，男子穿的長可及膝。也就是說若干世紀內毫無變化。每當發生某一變化，例如十二世紀有人加長男子的服裝，立即遭到了嚴厲的批評。奧德里克．維塔爾（一〇七五—一一四二）對當時的奇裝異服大為不滿，他認為這純屬多餘；「新發明幾乎完全打亂了舊習慣」[161]。他這個論斷是誇大其辭了。連十字軍的影響也沒有人們想像的那麼大；十字軍帶回來絲綢和奢侈的皮裘，但是沒有從根本上改變十二、十三世紀的服飾。

重大的變革發生在一三五〇年，男子的服裝一下子縮短了。智者、老年人和傳統的維護者視之為異端。紀堯姆．德．南吉的一位後裔寫道：「這一年前後，男子，特別是新舊貴族及其侍從，一些市民及其僕役，愛穿又短又窄的袍子，露出知恥達禮者理應遮掩的身體部位。平民百姓見此裝束不勝驚異。」[162]這種緊身服裝將傳之久遠，男子再也不穿長袍了。至於婦女，她們的短上衣也將貼合身材，顯出線條，同時領子開口加大——這也引起非議。

「佐戈里」，威尼斯婦女的小型高腳鞋，用於在接上積水處行走。16 世紀這種鞋式一度在威尼斯以外地區流行。（慕尼黑國立博物館）

在某種程度上，我們可以把這幾年看作時裝首次出現的年代，因為變更服式從此將在歐洲成為規律。另一方面，傳統服式在整個歐洲大陸幾乎是統一的，短裝的傳播卻不均衡，有時遇到阻力，有時需要變通，最終形成若干種相互影響的民族服式：法國服裝、勃艮第服裝、義大利服裝、英國服裝等等。東歐則在拜占庭帝國解體以後越來越受土耳其的影響[163]。從此至少到十九世紀為止，歐洲的服裝五光十色，雖說人們也經常樂於承認某一優勝地區的領導地位，仿傚那個地區的服裝。

十六世紀歐洲上層階級莫不傚法西班牙人穿的黑呢衣服，這一現象反映西班牙國王的「世界」帝國左右歐洲的政治局勢。文藝復興時代豪華的義大利服裝（方口大開領、寬袖、髮網、金銀線刺繡、金線織錦、深紅緞子和絲絨）曾在歐洲大部份地區風行，到這個時候被簡潔的西班牙服裝取代（下襬鼓起的黑呢緊身短上衣、短斗篷、上端飾有小縐領的高領子）。十七世紀則相

巴伐利亞的瑪德蘭公爵夫人。人稱天楨和的彼特・德・威特（1548-1628）作畫。畫中人服飾豪華。絲綢、黃金、寶石、珍珠、刺繡和名貴花邊應有盡有。慕尼黑美術館。

反，用色彩鮮艷的絲綢製作、風度灑脫的所謂法國式服裝逐漸戰勝西班牙式服裝。抵禦法國時裝的誘惑，當然以西班牙最為頑強。腓力四世（一六二一—一六六五）敵視務求奢侈的巴洛克風格，強迫國內的貴族沿襲腓力二世時代樸實無華的服裝。西班牙宮廷長期阻擋「艷色服裝」的傳播；外國人若非規規矩矩「穿一身黑」，一概不予接見。孔代親王當時是西班牙人的盟友，他派去的使者換上硬性規定的黑衣服後才獲召見。腓力四世死後，外國時裝將於一六七〇年打入西班牙的心臟馬德里，腓力四世的私生子，奧地利的胡安二世藉此大出風頭[164]。但是加泰隆尼亞一六三〇年即已接受新式服裝，比這個地區奮起反抗馬德里的統治還早十年。同一年，荷蘭統領的宮廷也抵擋不住潮流，雖說頑固派的人數仍然不少。里日克博物館藏有阿姆期特丹市長別克一六四二年的肖像，畫中人作傳統的西班牙裝束。這裡必定也有輩份上的原因，因為在范・桑伏特一六三五年為市長狄克・巴斯・雅哥勃茨畫的闔家歡上，市長本人和他的夫人戴老式縐領，而子女們都是新派打扮（見第四百三十四頁插圖）。兩種服式也在米蘭發生衝突，但是這一衝突別有含義：米蘭當時是西班牙屬地；十七世紀中葉一幅漫畫上，一個穿傳統服裝的西班牙人似乎在訓斥一個法國打扮的米蘭人。我們能否把法國時裝在歐洲傳播作為測定西班牙勢力衰落的一個尺度？

我們講到蒙兀兒服裝在印度傳播或者奧斯曼部落的服裝在土耳其帝國傳播時，曾提出過一個解釋。各種服裝樣式相繼在歐洲取得統治地位這一事實也在暗示同一個解釋：儘管歐洲內部糾紛不斷，或者也正因為如此，歐洲是個統一的大家庭。最令人神往的東西未必是最強大的，也未必如法國人設想的那樣是最討人喜歡的和最高雅的，但它卻能發號施令。政治優勢能夠影響整個歐洲的局勢，改變歐洲的前進方向或重心，但在服裝領域卻並不立即反映出來，難免會出現落後、差距、缺陷和反常。法國服裝從十七世紀起即佔上風，但是要到十八世紀真正確立其統治地位。在一七一六年的祕魯，西班牙人窮奢極欲，他們穿「法國服裝，往往是一襲五色繽紛的絲綢上衣（從歐洲進口）」[165]。身穿時裝的玩偶出現很早，巴黎時裝藉以傳遍啟蒙時代的歐洲各地。威尼斯在十五、十六世紀是時裝和高雅趣味的古老中心，當地最古老的店舖之一名叫「法國玩偶」，今天還用這個字號。一六四二年，波蘭王后（西班牙皇帝的妹妹）要求一名西班牙信使去荷蘭時順便給她帶「一具穿法國服裝的玩偶，以便她的裁縫能如法縫製」。她不喜歡波蘭本地的服裝樣式[166]。

明顯的是，總會有人對時髦服裝持保留態度。我們已經說過，廣大窮人置身潮流之外。在風平浪靜的海面上，也會冒出一些礁石，即區域性的阻力，或地區間的隔絕。服裝史專家最為惱火的，必定是對總趨勢的標新立異。勃艮第的瓦盧瓦家族的宮廷離德國很近，他們獨樹一幟，無意追隨法國宮廷的打扮。這個宮廷裡的貴婦在十六世紀普遍穿著用裙撐撐開的長裙，皮裘更盛行數百年之久，但是每人都有自己的穿法，縐領的樣式多變，從規矩的蜂窩狀褶到伊沙貝爾．布蘭特（一五九一年—一六二六年）穿戴的碩大無比的花邊縐領。魯本斯為後者畫過像，把自己畫在她身邊。布魯塞爾博物館藏有同一位畫家為科內利斯．德．伏斯的妻子和兩個女兒畫的像，畫中伏斯夫人戴著同樣的花邊大縐領，畫家本人也出現在她們身邊。

一五八一年五月的一個晚上，三個年輕的威尼斯旅客來到薩拉戈薩。他們出身高貴，長得一表人材，樂天敏感，聰明自信。適逢聖體瞻禮節，一列遊行隊伍從他們眼前經過，後面跟著一群男女。敘述者用語刻薄：「女人都似醜八怪，臉上塗滿各色脂粉，神氣古怪；她們足蹬高腳鞋，即威尼斯式的『佐戈里』[167]，肩披西班牙通行的大頭巾。」好奇心驅使他們湊近去觀看。這下輪到他們自己成為別人指點、觀看的對象。從他們跟前走過的男女莫不縱聲大笑，向他們報以戲弄。我們的敘述者佛朗西斯科．孔塔里尼寫道：「這一切，只因為我們戴的花邊縐領比西班牙通行的樣式要寬大一些。有的說：『荷蘭全國都到我們城裡來了（應理解為荷蘭全國生產的布料，或者這裡的『荷蘭』是 olanda 的諧音，後者指一種用於製造床單和內衣的布料）』，也有人說：『瞧這一大堆亂七八糟的！』我們大大開心了一場。」[168]

洛卡特利教士沒有那麼自信，他於一六六四年從義大利到里昂，發現街上「孩童們指指戳戳跟在他後面跑」，委實吃不消。「我不得不脫掉高頂寬邊帽……和彩色長襪，換一身法國打扮」，即「戴一頂查尼窄邊帽，套一個更像醫生的打領圈，法衣只能遮住小腿一半，配上黑襪子（……），不繫鞋帶而用銀釦子的瘦鞋。穿上這一套裝束（……）我不相信自己還是一個神父。」[169]

時裝是否輕佻淺薄？

表面上看，時裝的行動完全自由，可以隨心所欲地變化。實際上它的道路是事先規定好的，而它的選擇範圍終究也有限制。

時裝的演變過程屬於文化轉移的範疇，至少它的傳播是遵循一定規律的。這類傳播本質上必定是緩慢的，並且與某些帶強制性的規律相聯繫。英國劇作家德克（Thomas Dekker）曾興致勃勃地列舉英國人在衣著方面從別的民族借來的東西：「男褲前面的開襠來自丹麥，緊身短上衣及其領子來自法國，窄袖的『翅膀』來自義大利，短背心來自荷蘭鹿特丹的一位估衣商，肥大的短褲來自西班牙。靴子來自波蘭」[170]。這張來源單子不一定可靠，但是一套時裝的組成部件來源各異是沒有疑問的，一種能被普遍接受的穿著方式必須經過好幾年醞釀才能最後完成。

十八世紀一切都加快，都活躍起來，但是在時裝這個沒有邊境的王國裡，輕佻淺薄並不因此成為規律。參與者和見證人莫不樂於談論時裝。我們且聽一下邁爾西埃的見證，不過不要閉著眼睛什麼都信，他是位敏銳的觀察家、出色的新聞記者，但不是很高明的思想家。他於一七七一年寫道：「我怕嚴冬來臨（……）。到了這個季節，人們總要聚在一起，言不及義地高談闊論。各種無聊慾念將支配一切，委實可笑之至。庸俗輕佻將決定時裝的樣式。所有男子都撒嬌獻媚，迎合女人的癖好。」「各種時髦服飾、新奇玩意和遊藝娛樂又像潮水一樣湧來，但都不能持久。」他還寫道：「倘若我特發奇想，要寫一部捲髮藝術論，我會證明有三百或四百種給正經人理髮的辦法，從而使讀者大吃一驚。」這段引文可以代表作者通常採用的口氣，他喜歡說教，但始終不忘風趣。因此，當他評論他那個時代婦女時裝的演變時，我們倒要比較認真地看待。他寫道：我們「母輩」穿的用裙撐撐開的大裙子，用荷葉邊開縫、「她們的裙箍、大如膏藥的美人痣，這一切都消失了，唯有她們的高得出奇的髮髻保留至今；這一髮型儘管好笑，卻未能得到糾正。不過把頭髮梳成如此優美的建築，非有高雅趣味作指導不可，因此缺點也就情有可原了。總的說來，今天的婦女穿得比過去任何時候都好，她們的裝束兼有輕盈、端莊、清新、優雅之美。輕質布料〔印花棉布〕縫製的袍子可以經常更新，不比繡金鋪銀的袍子做一件就要穿很久；布袍的花色可隨季變化……」[171]

這個見證很有價值：時裝起到除舊佈新的作用，雙重工作帶來雙重困難。佈新，這裡指的是原產印度的印花棉布，價格相對低廉。但是印花棉布也不是旦夕之間就風行歐洲的。紡織品的歷史證明一切都有相互聯繫，參加時裝舞會的客人並不像人們第一眼看到的那樣自由自在。

說到底，時裝是否那麼輕佻淺薄？或者說，時裝是否像我們認為的那樣，深刻反映著特定社會、特定經濟、特定文明的特徵，反映著該文明的活力、潛力和要求，以及人生的歡樂？一六〇九年，馬尼拉代理總督維韋羅乘一艘二千噸大船返回新西班牙的阿卡普爾科，途中在日本海岸失事獲救。遇難者頓時變成日本諸島的貴客，島民們對外國人充滿好奇心；然後又變成西班牙的特命大使，勸說日本不與荷蘭通商，但是白費唇舌。他還建議從新西班牙調來礦工開採日本列島的銀礦和銅礦，同樣枉費心機。需要說明，這個人頗討人喜歡，聰明機智，富有觀察力。有一天他在江戶與幕府的書記官閒聊。書記官先是指責西班牙人太驕傲、矜持。順著說下去，他對西班牙人的穿著也表示不滿，說他們的服裝花樣太多，「他們在這一方面太缺乏常性，每兩年就翻一次行頭」。這麼多的變化，怎能不歸咎於西班牙人生性輕佻？他們的統治者允許這種過分行為，同樣難辭其咎。至於書記官本人，他指出「有傳統和古老的文件作證，他的民族兩千多年沒有改變過服裝樣式」[172]。

夏爾丹（一六八六）在波斯住過十年，他的說法同樣斬釘截鐵：「我在伊斯法罕的珍寶庫裡見到帖木兒生前穿過的衣服，與他們今天縫製的衣服一模一樣。」這是因為「東方人的服裝絲毫不受時尚的影響，樣式一成不變〔……〕；而波斯人〔……〕也不喜歡變換衣料、色彩、色調。」[173]

我不以為這類見解不足掛齒。不知是否純屬巧合，事實上未來屬於這樣一類社會，它們既關心改變服裝的顏色、用料和樣式這類瑣事，又關心改變社會等級制度和世界秩序——就是說未來屬於那些勇於與傳統決裂的社會。因為一切都是相互關聯的。關於這些「對新發明和新發現絲毫不感興趣」的波斯人，夏爾丹不是說過：「凡是生活必需的和能為生活提供方便的，他們自以為應有盡有，毋庸他求」[174]。傳統既是美德，也是牢籠……革新則是一切進步的工具，為了敞開革新之門，社會也許對任何事物都必須有一種揣揣不安心理，連服裝、鞋樣和髮型都不放過？也許，任何一種革新運動都要有一定的財富來扶持？

但是時裝還有別的意義。我始終認為，時裝在很大程度上起因於特權階層不惜一切代價要與跟在他們後面的大眾相區別，要在他們與後者之間樹立障礙。一位一七一四年路過巴黎的西西里人寫道：「只需看到世上最低賤的人也穿繡金衣服，王公貴族便會把繡金衣服棄若敝屣」[175]。因此必須發明新的「繡金衣服」或新的服飾標誌，但求新奇，什麼都行；每當他們發現「一切都變了，資產者最新式的男女時裝與貴族服裝毫無差別」[176]，便要嘆息世風不古（一七七九）。追隨者和模仿者的壓力顯然促使帶頭人跑得更快。造成這種局面的原因是經濟繁榮使一定數量的暴發戶受惠，推動他們步步進逼。他們的社會正在上升，舒適的生活已經確立。沒有這類物質進步做前提，任何事物都不會變得那麼快。

工商業者自覺地利用時裝來擴充自己的業務。一六九〇年，尼古拉·巴蓬高唱頌歌：「時裝和服飾的變化……是商業的精神和生命」；多虧時裝，「龐大的商業機器持續運轉」，人們生活在永恆的春天裡，「決不會為他們的服裝大興悲秋之感」[177]。十八世紀里昂的絲綢廠主充分利用法國時裝暢銷的局面大量輸出產品，排擠競爭者。他們生產的絲綢華美高雅，但是由於雙方交換樣品，義大利工匠不費力氣就能仿製法國花式。里昂絲綢廠主找到對策，他們僱用人稱「絲綢畫師」的圖樣設計師，責成他們每年徹底更新圖樣。義大利的仿製品在市場上出售時，早已過時，根據卡洛．波尼發表的商業信件，我們對里昂人使用的狡猾策略不再有疑問[178]。

時裝，這也是為淘汰舊的語言而尋求一種新的語言，是每一代人用以否定前一代並與之相區別的方式（如果這一社會內部存在代與代之間的衝突）。一七一四年的一篇文獻說道：「裁縫發明新款式比縫製一般服裝更傷腦筋。」[179]但是歐洲的問題恰恰在於創新，在於推倒陳舊的語言。教會以及君主制等傳統價值的代表者竭力保持與過去相同的面貌，至少保持相同的外觀；修女穿的是中世紀女人的服裝；本篤會、多明我會和方濟各會修士忠於他們非常古老的服裝。英國王室的禮儀至少可上溯到紅白玫瑰戰爭。他們是故意逆流而行。這一點瞞不過邁爾西埃。他寫道（一七八三）：「我看見教堂執事就會想到：查理六世治下人人都是這副打扮……」[180]

關於紡織品的地理分佈

在結束以前，一部服裝史應該把我們引向紡織品的歷史，引向生產和交換的地理學，引向織工煞費工夫的勞動以及原料缺乏引起的週期性危機。歐洲缺少羊毛、棉花和生絲；中國缺少棉花；印度和伊斯蘭缺少優質羊毛。黑色非洲用黃金和奴隸抵價，在大西洋或印度洋沿岸購買外國料子。這是貧窮民族當時購買奢侈品的唯一方式！

當然生產區域具有一定程度的穩定性。如羊毛產區從十五到十八世紀很少變動，美國試驗推廣質地極優的小羊駝毛和比較粗糙的羊駝毛可以視作例外情況。羊毛產區包括地中海地區、歐洲、伊朗、印度北部和寒冷的中國北部。

中國養羊，「羊毛普遍而且價格便宜」。但是「中國人不解生產歐洲式的呢絨」，他們特別欣賞英國呢料，卻很少購買，因為英國呢料在中國的價格「比最美麗的絲綢還貴好多倍」。中國的羊毛製品既厚又粗，實際上是氈子」[181]。不過中國人也會織造嗶嘰，此種織物「質地優良，很為名貴（……）通常作老人及有身份人士的冬季服裝」[182]。這主要是因為中國人在衣料上的選擇範圍太過廣泛了。他們有絲綢、棉花、外加兩三種易於加工，但還說不上普遍生產的植物纖維。冬天來臨，北方的達官貴人便改穿貂皮，窮人則可以披一張老羊皮[183]。

紡織原料作為最顯眼的文化財富有遷移的本事，能到新的地區生根落戶。羊毛將於十九世紀在澳大利亞找到理想的土地。絲綢大概在圖拉真時代（五二—一一七）抵達歐洲，棉花離開印度後，從十二世紀起淹沒中國；它由阿拉伯世界做媒介傳入地中海地區的時間更早，約在十世紀。

紡織原料在全世界旅行，其中要數絲綢的經歷最為出色。由於中國人嚴格保密，絲綢生產技術歷時幾個世紀才從中國傳到地中海。最早是中國人毫無誠意傳播這一技術，後來把中國和拜占庭隔

15 世紀貝里尼畫的這些土耳其人幾乎不需改動就能出現在 19 世紀的畫幅裡。羅浮宮博物館，羅思柴爾德藏品。

開的波斯薩珊王朝不比中國人更熱心，他們對來路和去路都嚴加把守，尤斯丁尼皇帝（五二七—五六五）不僅建造了聖索菲亞大教堂和制定了以他的名字命名的法典，他還是絲綢之帝，因為是他歷盡周折之後終於把養蠶、種桑、繅絲及織綢技術引進拜占庭。東羅馬帝國依靠絲綢生產發了大財，今後幾個世紀它一直嚴加看守使它發財致富的祕密。

本書敘述的時代始於十五世紀，當時絲綢在西西里和安達魯西亞已有近四百年的歷史。十六世紀絲綢——桑樹與之同時——在托斯卡尼、威尼西亞、倫巴第、下皮德蒙以及隆河谷推廣。它在十八世紀作最後衝刺，抵達薩伊伏。若不是桑樹和蠶房悄悄地向前推進，義大利國境內外的絲綢工業不會從十六世紀起如此興盛。

棉和棉花的經歷不比絲綢遜色。歐洲很早就認識這一寶貴的紡織原料，從十三世紀起由於牧羊業縮小規模，羊毛短缺，棉花更受重視。當時流行一種毛織物代用品，即用亞麻做經線、棉花做緯線織成的布料。羊毛代用品在義大利大出風頭，在阿爾卑斯山以北尤為風行。威尼斯的勢力遠屆阿爾卑斯山那一邊。另一種叫粗斜紋布的代用品在烏爾姆和奧格斯堡成為搶手商品。威尼斯確實大量進口棉紗或成包原棉。十五世紀，巨型貨船每年兩次從威尼斯出發到敘利亞去裝運棉花。當然也有一部份棉花就地加工，如阿勒坡及其周圍就有紡織工場，然後向歐洲出口。這種粗糙的藍色棉布的質地與我們傳統的廚房圍裙相似，十七世紀成為法國南方的民間衣料。後來，到十八世紀，質地細緻的印度印花棉布來到歐洲市場，深得女顧客的歡心。工業革命後英國生產的

盛產羊毛的英國：出自諾斯里奇（格洛斯特郡）的銅刻，表現商人威廉・密德溫特（死於1501年）兩腳分別踩再一頭綿羊和一包有他的商標的羊毛上。

印花布堪與靈巧的印度織工的產品媲美，後者從此一蹶不振。

亞麻和大麻基本上沒有離開原產地。它們往東略向波蘭、波羅的海國家和俄國推進，但是沒有脫離歐洲的範圍（中國也有大麻）。這兩種紡織原料未能在西方國家（包括美洲）以外地區走運，但是它們立下的功勞可不算小：床單、桌布、餐巾、內衣、麻袋、工作服、農民的長褲、船帆、纜繩，都以其中一種為原料或兼用兩種。至於別的地方，在亞洲甚至美洲，棉花一律取而代之，連船帆都是棉布製品，雖然中國和日本帆船更喜歡用竹片編成帆篷，航海專家們對此稱道不已。

假如我們現在要敘述紡織品生產史，然後介紹無數種各不相同的衣料的特點，我們勢必為之耗去許多篇幅，還需要有一大本詞典幫助理解專門詞彙。許多沿用至今的名詞歷史上所指的東西未必與它們今天所指的相同；有些名詞到底指的是什麼，我們今天已搞不清了。

不過在本書第二卷中，我們必定要騰出很長一章篇幅來重新討論紡織工業。談論每件事情都有適宜的時機。

廣義的時尚和長期的搖擺

時尚不僅支配服裝。《警世詞典》這樣下定義：「時尚：法國人穿衣服、書寫和辦事的一千種不同方式。變來變去，目的是為了顯得更加優雅大方，但往往產生可笑的效果。」囊括一切的時尚，就是每種文明確定自身方向的方式。它既是思想，也是服裝；既可以是一句妙語，也可以是一個媚人的姿態；既是招待客人用餐的方式，也是細心的封信方法。這也是講話的方式。比如應該這麼說話（一七六八）：「資產者用僕人，貴族用跟班，神父用聽差。」這也是吃飯的方式。歐洲的開飯時間視地點和社會等級而異，也跟著時尚變化。十八世紀的正餐，我們今天應該稱其為午餐。「工匠（上午）九點用正餐，外省人十二點，巴黎人二點，生意人二點半，貴族三點。」至於他們的「消夜」，應是我們的晚餐。「小城市七點吃消夜，大城市七點，巴黎九點，宮廷十點。貴族和銀行家〔上流社會〕每晚吃宵夜，法官從來不吃，騙子一有條件就吃。」由此產生一個近乎諺語的說法：「穿袍子的用正餐，金融界吃宵夜。」[184]

時尚也包括走路的姿勢和行禮的規矩。應該不應該脫帽致敬？法國人在國王面前脫帽的習慣據說是從那不勒斯貴族那裡學來的，後者行禮如儀曾使查理八世大為驚訝，也給法國宮廷上了一課。

時尚，這也是在身體、臉龐、頭髮上用的心思。如果我們在這三方面略為多費一些筆墨，那是因為它們比別的對象更容易考察。我們將會發現，時尚在這方面也有緩慢的搖擺現象，類似經濟學上的「趨勢」。經濟學家們從物價逐日變化這一急劇、不規則的運動中總結出某種趨勢，對於時尚也可以這麼做。這一快慢不等的搖擺現象也是十五到十八世紀之間歐洲的奢風和時尚的一個面目、一個現實。

這一歷史階段的各個時期，所有人的個人衛生都很成問題，一些特權享有者很早就指出窮人身上髒得令人卻步。一位英國人（一七七六）對法國、西班牙和義大利窮人「無法置信的不潔」驚訝不已：「他們身上太髒，因此沒有英國窮人健康，樣子也相當的難看」[185]。需要補充說明，各地的農民，幾乎沒有例外，都拿貧困做擋箭牌。他們有意展示自己的貧困，以免領主或者稅吏過事徵斂。但是，在歐洲範圍內，特權階層本身難道就那麼注意個人衛生嗎？

男人從前只穿一條夾短褲，到十八世紀中葉才養成習慣「貼身穿條襯褲，每天更換以保持清潔」。我們已經說過，除了大城市，很少見到浴缸。在洗澡和個人衛生方面，西方從十五到十七世紀經歷一大倒退。中世紀的歐洲保留了從遙遠的羅馬時代傳下來的沐浴習慣。不僅私人家裡有浴室，還有許多公共澡堂，設有蒸汽浴間、浴缸和供躺臥的床鋪，或者設有大型浴池，赤身裸體的男女相互混雜。人們在公共澡堂相見，就像在教堂裡見面一樣自然。這類浴室向社會各階層開放，與磨場、鐵匠作坊、酒店一樣，須向領主納貢[186]。至於有錢人家，他們則在地下室闢有「澡房」，內有蒸汽浴設備及若干與酒桶一樣帶鐵箍的木桶。勃艮地公爵「魯莽的查理」有一銀浴缸，這是罕見的奢侈品。他四出征戰必以浴缸隨身，格朗松大敗（一四七六）後，人們在他的營地裡發現了這麼個寶物[187]。

十六世紀起，公共澡堂越來越少，幾乎消失，其原因據說是害怕梅毒傳染。天主教和喀爾文教的傳教士想必也與此有關，他們猛烈抨擊男女共浴為傷風敗俗、無恥之尤的行為。私人家裡的浴室仍將保持相當長的時間，但是洗澡將變成一種醫療手段，而不是衛生習慣。路易十四朝中，只有生病時才破例使用浴缸[188]。另一方面，巴黎繼續營業的公共浴池到十七世紀都轉到兼作外科醫生的理髮師手裡。唯獨東歐，無論城鄉，上公共澡堂浴池的風氣依舊不衰，入浴者不懷邪念，猶存中世紀古風。西歐保留下來的公共浴池往往變成有錢人取樂的妓院。

一七六〇年起，在塞納河洗澡成為風氣，有為此而專門建造的船隻。後來是開設在聖路易島附近的「中國澡堂」歷久不衰。但是這類場所名

15 世紀的浴缸。福列斯特伯爵里齊亞偷看美麗的歐里央入浴。後者的女僕被他買通，在牆上鑿了一個窟窿。《紫羅蘭傳奇》的插圖，巴黎國立圖書館。

聲不佳，個人衛生也沒有因此取得決定性的進步[189]。根據雷蒂夫·德·拉布倫東的說法，「巴黎幾乎沒有人洗澡，洗澡的人也不過每個夏天洗上一兩次，也就是說每年一兩次」（一七八八）[190]。一八〇〇年，倫敦沒有一家澡堂。這以後很久，一位容貌出眾的英國貴婦人，瑪麗·蒙塔古夫人講過一件事：某天有人對她指出她的手不太清潔，她回答說：「你認為這叫髒？假如你看到我的腳，你又該說什麼呢？」[191]

實際情況既然如此，人們對肥皂產量不多就不會感到奇怪，雖說肥皂歷史悠久，起源於羅馬時代的高盧行省。肥皂奇缺引起一些問題，可能這是兒童死亡率高的原因之一[192]。地中海地區生產的含鹼硬肥皂，包括那種「芳香馥郁、外觀如大理石，堪供最漂亮的公子哥兒洗臉」[193]的香皂，用於盥洗。北歐生產的含鉀液體肥皂用於洗滌床單及其他衣物。總的來說，消費不多。然而歐洲卻是肥皂應用最廣的大陸。中國人不用肥皂，也不穿內衣。

至於婦女的化妝品，古代已有發明，到十八世紀又有新的發現。愛俏的婦女不惜為梳妝打扮一連花掉五、六個小時。往往由理髮師，有時也由女僕侍候她們梳洗：她們本人則利用這段時間與神父或與「情夫」聊天。最大的問題在於頭髮梳得那麼高，以致美人兒的眼睛好像長在身子正中間。打底的面油塗抹起來不惜工本，所以臉部化妝倒不大費事。唯獨需要注意、到凡爾賽上朝應該抹色澤艷麗的胭脂：「看你抹什麼胭脂，就知道你是什麼人。」香水種類繁多：紫羅蘭、玫瑰、茉莉、黃水仙、香檸檬、百合、鳶尾、鈴蘭等等。而西班牙早就風行以麝香和龍涎香為原料的濃烈香水[194]。一位英國人寫道（一七七九）「每個坐在梳妝檯前的法國女人都以為自己體現了世上最高雅的趣味，她認為凡是人們所發明的臉部化妝品，沒有一種不歸她專用。」[195]《警世詞典》也確認，婦女挖空心思從事修飾。它這樣下定義：「梳妝乃是集中使用各種香粉、香水、胭脂。所有這些化妝品均有戕害人的本性，使人變醜變老的特性，對年輕、漂亮女人也不例外。通過梳妝打扮，人們掩飾身材的缺點，畫眉毛，安假牙齒，改容換顏，直至脫胎換骨。」[196]

服裝與世代。在范桑伏特畫於 1635 年的這幅闔家肖像裡，雅哥勃茨市長和他的妻子還是西班牙打扮：黑色衣服，縐領，濃髭長鬚；但是子女們已是新派的荷蘭--法國式打扮：雜色窄短褲、細麻布和花邊大翻領。長子理所當然留著不濃的上髭和隱約可見的鬍子。阿姆斯特丹里日克博物館。

不過，最無謂的要數頭髮以及鬍子的樣式，堂堂男子也受其挾制[197]。比如說，男人應該留長髮還是短髮？留不留上髭下鬚？這純屬個人私事，但是個人在這方面的癖愛始終受到約束，我們看到這一點大為驚奇。

義大利戰爭初期，查理七世和路易十二留長髮，剃光鬍子。來自義大利的新樣式要求留鬍子，但剪短頭髮。據說提倡這種打扮的是教皇儒略二世，這未必可信。法蘭索瓦一世（一五二一）和查理五世（一五二四）相繼仿傚。這兩個年代也不一定可靠。確定無疑的是，全歐洲都接受了這個新樣式。「一五三六年，後來當上大法官的法蘭索瓦．奧立維耶被任命為最高法院審查官，赴最高法院就職。他那部大鬍子嚇壞了法庭全體成員，引起他們一致抗議。奧立維耶被要求剃去鬍子，否則不予接納。」教會比法院更強烈地反對「保養臉上毛髮」的習慣。直到一五五九年，國王必須頒發上諭才能強迫不聽話的教上會議接受某一留鬍子的主教或大主教。教士們自己遵循傳統，不留鬍子。

當然他們不會獲勝。但是勝利者本人後來對自己的戰績也不感興趣了。這種那種新樣式的流行時間最多不過一個世紀。路易十三統治初期，頭髮重新留長，鬍子縮短。凡是跟不上時尚的，活該他們再一次倒楣。戰鬥的目標變了，但是它的意義沒有變。不久以後，留長鬍子的人覺得自己「在本國反而成了外國人。人們看到他們時，簡直以為他們來自殊鄉異域。蘇利就有這種經歷（……）。路易十三為諮詢一件要事，召他進宮。這位昔日的英雄留著大鬍子，穿一身過時的衣服，舉止莊重，猶是前朝風範，一幫年輕朝臣看到他這副模樣竟忍俊不禁。」理所當然，已經不入眼的鬍子越縮越短，最後「路易十四徹底取消頜下的鬍鬚。只有查爾特勒修會的修士依舊留鬍子」（一七七三）。這是因為根據它的本性，教會從來都是厭惡變化的。根據同樣明顯的道理，一旦某些變化被它接受，儘管已經事過境遷，它也還要堅持到底。一六二九年，「人造頭髮」開始流行。不久就發展為假髮和撲粉假髮。教會又一次挺身而出反對時尚。神父若戴著假髮主持宗教儀式，他頭頂上那個剃光的圓圈就看不出來了。是否容許神父戴假髮，便成為激烈的爭論題目。假髮的傳播並不因此受阻。十八世紀初，君士坦丁堡甚至向歐洲輸出「供製造假髮的加工山羊毛」。

這些事情本身都很瑣碎，重要的乃是先後興起的各種時尚的延續時間。每一時尚約能風行一世紀。路易十四時代告終，鬍子隨之消失，到浪漫主義時代重新抬頭，然後到一九二〇年，第一次世界大戰後再次消失。那麼這次它又該隱退一百年了？不然。一九六八年，長頭髮和長鬍子又紛紛出現。不過我們既不要誇大，也不要縮小所有這一切的重要性。英國一八〇〇年的人口不足一千萬，如果稅務報告內容屬實，當時有十五萬人戴假髮。為了使這個小小的例子能接受我們的觀察尺度的檢驗，我們不妨引用一七七九年一篇法國文獻的材料，後者的說法至少對法國而言是準確的：「農民與普通百姓（……）一貫剃鬍子，雖說不一定剃得乾淨；他們把頭髮剪得很短，又髒又亂。」[198] 我們不必死摳這個說法的字面，但是可以打賭說，規律再一次應驗：一邊是大多數人墨守成規，另一邊是崇尚奢侈的少數人務求變革。

該做什麼結論？

物質生活的所有這些現實——食物、飲料、住房、服裝以至時尚——之間不存在一成不變的密切聯繫和相互制約關係。區分奢侈與貧困只是初步歸類。這第一步工作相當單調，而且如果我們停留在這一階段不再前進，我們取得的結果不會很精確。事實上，產生所有這些現實的原因並非只是必然性的逼迫：人要吃飯、住房子、穿衣服，因為他不能不這樣做；但是話說回來，他也可以以另一種方式吃飯、住房子、穿衣服。時尚的來回變化以「貫時性」方式說明這一點，而過去和現在的每一時刻，世界在這個問題上發生的對立抗爭又以「共時性」方式說明這一點。實際上，這個問題並非純屬物的領域，而是屬於「物和詞語」的領域。「詞語」在這裡的含義比它通常的意義要廣，它包括人面對飯碗或者麵包，不知不覺間成為語言的俘虜時，想用語言表示或暗示的所有東西。

為了能夠沿著如馬里歐·普拉茲的著作[199]這一類別開生面的研究成果指引的方向前進，最重要的是我們首先應該把這些物質財富、這些語言放到一個總體裡去考察。毋庸置辯，應該把它們納入廣義的經濟範圍，無疑也應該納入社會範圍。如果說崇尚奢侈不是支撐或推動某一經濟的好方法，它可以是控制、懾服某一社會的方法。最後，文明也在起作用：我們把文明看作財富、象徵、幻想、幻覺、智能模式等等的奇怪組合。總而言之，一種極其複雜的秩序制約著物質生活，深入到它的底層。各種經濟、各種社會、各種文明不能明言的東西，它們的傾向、愛好和不自覺施加的壓力，無不參與這一秩序。

第五章　技術的傳播：能源和冶金

人類為改造外在世界作出的一切努力都是技術，這裡不僅包括在強力作用下實現的突變，即所謂革命（火藥的革命、遠洋航行的革命、印刷術的革命、水磨和風磨的革命、早期機器的革命），而且包括耐心地、不厭其煩地對工藝和工具從事的緩慢改良：水手勒緊纜繩，礦工挖掘坑道，農民犁田，鐵匠打鐵，這些重複無數次的動作固然談不上有什麼革新意義，但它們是知識積累的結果。馬瑟・牟斯（Lefebvre des Noettes）說過：「我所說的技術是一種有效的傳統行為。」[1]總之，這是從古代延續到今天的一種人對人的訓練。

如同歷史一樣，技術勢必範圍廣闊，發展緩慢，界線模糊；歷史說明技術，技術又反過來說明歷史，但在任何一個方面，這種相互聯繫都並不盡如人意。在這個擴大到歷史極限的領域裡，不存在單一的作用，而只有多次的、反覆的、錯綜複雜的作用。技術的歷史肯定不是一條直線。勒費弗爾・德・諾埃特上尉的著作至今仍令人欽佩，但他的唯物主義卻犯了簡單化的毛病。肩軛於九世紀取代了胸軛，這能增強馬的拉力，但不能逐漸取消奴隸制（馬克・布洛赫駁斥了這種走捷徑的錯誤觀點）[2]；同樣，也不是最早在北海採用的艉舵從十二世紀起為驚人的航海冒險[3]作了準備或提供了保證。懷特（Lynn White）曾經斷言，眼鏡的普及不但使十五世紀的讀書人大量增加，而且有助於文藝復興時代的思想起飛[4]。我們至多把這個看法當作只在逗樂的笑話。其實，還有一些別的因素也曾助了一臂之力！至少印刷術該是其中之一。如果願意說笑話，我們還可以想到，室內照明在那個時代也開始普及，這為閱讀和寫作爭取了多少時間！可是，我們首先必須問：

尼德蘭地區用鐮刀收割：這在 16 世紀末尚屬少見。小布魯蓋爾（約1565-1637）作畫。

這種新的閱讀和求知的激情，即經濟學家所說的求知「慾念」根源何在？遠在眼鏡風行以前，佩脫拉克時代不是已經有人在拼命鑽研古代的手稿嗎？

總之，在一場並不僅僅涉及技術的辯論中，貫古通今的歷史和廣義上的社會都要出場說話。社會是一部緩慢的、無聲的和複雜的歷史，它頑強地重複已知的現成答案，並排斥新的探索，認為創新會造成困難和危險。任何發明創造都必須先等待幾十年或幾個世紀，然後才能進入現實生活的大門。技術應用永遠落後於發明，只有當社會達到一定的接受能力時，才談得上把發明付諸應用。長柄鐮的情況就是如此。十五世紀的西歐接連發生瘟疫，人口大批死亡，手持長柄鐮的死神幾乎成了一個纏人的形象。但在當時，長柄鐮專門用於割草，很少充當穀物收割工具。短柄鋸鐮僅割穀穗，留下相當長的秸稈供畜群食用，樹木的枝葉則用於墊廄。儘管歐洲城市人口大大增加，土地都用於種麥，長柄鐮卻因被認為能使麥穗掉粒，直到十九世紀初仍未普及[5]。後來，由於需要加快收割，浪費一點糧食也不再在乎，這種工具才得到優先推廣。

成千上百個其他例子可說明同一件事情。蒸汽機發明以後很久才推動了工業革命（或者不如說，工業革命推動了蒸汽機的應用）。如果歷史僅僅表現科技發明的事件，我們從中看到的不過是一片幻景，亨利．皮雷納的一句話作了很好的概括（維京人抵達的）：「美洲之所以得而復失，是因為歐洲當時還不需要美洲。」[6]這就等於說，技術有時是人們由於經濟、社會、心理等方面的原因而不能達到和以及不能充分利用的可能性，有時候又是人力能夠達到的、最高的「物質」極限和「技術」極限。在後一種情況下，一旦極限被突破，原有水平便成為技術加速前進的起點。但是，打破障礙的動力決不是科學技術的簡單的內在發展，至少在十九世紀前肯定不是。

關鍵問題：能源

在十五至十八世紀期間，人所支配的能源包括人力、畜力、風力、水力以及樹木、木炭和煤炭。這些能源加在一起，種類雖多，數量卻很有限。未來的事態發展告訴我們，技術進步取決於煤的利用——歐洲在十一至十二世紀，據文獻記載，中國在公元前四千年——特別是有計畫地把煤煉成焦炭後用於煉鐵。但是，人們長期把煤當作輔助燃料。焦炭發現後也沒有立即被投入使用[7]。

人力

人的肌肉力量不大，按馬力（一秒鐘內把七十五公斤重量提高一公尺所做的功）計算，功率很低（相當於百分之三至百分之四馬力，一匹輓馬約有百分之二十七至百分之五十七馬力）[8]。福雷．德．貝利多爾於一七三九年指出，需要七個人才能完成一匹馬的工作[9]。換其他的計量方法：一八〇〇年每人每天能「犁地三十至四十公畝，曬草四十公畝，用鋸鐮收割二十公畝，脫粒約一百公升小麥」，功效確實很低[10]。

然而，在路易十三時代，人工作一天的報酬不是馬的七分之一，而是二分之一（八至十六蘇）[11]；人的工價合理地偏高。人雖然自身力量不大，但幾乎總是能依靠許多工具，以種種形式增加這種力量。其中有些工具在遠古時代就已產生，如錘、斧、鋸、鉗和鋤；人還用自身的體力推動簡易動力機，如鑽頭、絞盤、滑輪、吊車、千斤頂、槓桿、腳蹬、曲柄、轉盤等。對於古代從印度或中國傳到西方的這最後三種工具，奧德里庫爾（G.Haudricourt）提供了一個恰當的名稱，叫作「人力機」。一組簡單的滑輪不是能把人的功率提高四倍、五倍乃至更多嗎？有鑒於此，工程師和物理教師證書獲得者傑拉．瓦爾特認為，計算人力的平均功率應考慮到他使用的工具，大致可確定為百分之三至百分之十六馬力（一七八〇年六月二十六日的

每艘滿載珍貴的假山石（太湖石）的船隻都必須有六個中國人在縴道拉縴。
18 世紀的中國畫。國立圖書館版畫部。

信）。

人本身因而就是一系列可能性。這裡涉及到技巧和靈活：巴黎一名搬運工（事情發生在一七八二）所背負的「重量竟能壓死一匹馬」[12]。波恩索（一八〇六年是個很晚的日期）竟在《耕作者之友》中提出以下的建議，實在令人驚奇：

> 假如能夠用鋤翻耕全部土地，那該多麼令人神往。鋤耕肯定比犁耕好處更多。法國許多地區更喜歡鋤頭，用慣了這種工具可大大縮短操作時間，因為一個人在半個月內就能翻耕四百八十七平方公尺土地，深度達六十五公分，土地只鋤一遍就夠了，而犁耕卻要反覆四遍，才能在堅實的土地上播種；更何況，用鋤翻耕的土地特別疏鬆……由此可見，在耕地面積不大的情況下，用犁耕地並不合算，這正是導致小農莊主破產的主要原因……其次，業已證明，鋤耕地塊的產量竟高達普通地塊的三倍。用於耕地的鋤頭至少在長度和強度方面應比菜園小鋤高一倍；在翻耕和粉碎板結的土塊時，菜園小鋤頂不住人使的勁。[13]

我們不要以為這是不著邊際的空想。鄉村中的零工在翻耕小塊土地時，如果不用平板鋤，也往往要用鶴嘴鋤。用十八世紀的話來說，這叫作「使點子勁」或「靠雙臂種地」[14]。問題是要計算：假如不是偶一為之而是成為常規，這種「中國式」的、荒唐的「使點子勁」能產生什麼結果？在這種情況下，西方的城市還能建立和存在嗎？牲畜飼養又該成什麼樣子？

在近代中國，農民仍赤手空拳地從事單調的勞作。一名旅行家於一七八三年記述，那裡不僅人力勞動「最為便宜，而且只要確信並非濫用，凡是能用人力的地方都用人力」，人力不被濫用這個說法還未必可

1490 年前後庫特納霍拉銀礦的情景。裝礦砂的筐子由二人使用絞車提拉。該礦也擁有馬拉絞車，但設備還很簡陋。50 年後，即在格奧爾格・阿格里科拉時代，才改用巨大的水輪。

信。人揮鋤耕地，代替水牛拉犁，提水引水，轉動軋轆，用手來推磨碾碎糧食（「這是無數居民的日常工作」），為旅客抬轎，背負或者是肩挑重物，轉動壓紙機的圓輥，為船拉縴；而在其他許多國家，這類事情一般用馬[15]。在從長江到北京的大運河上，名為「天妃閘」的最高船閘並不能自由啟閉。當船隻通過時，「根據船隻自重和載重的大小，需要四百至五百人，甚至更多的人，在河道兩岸拉繩」，帶動絞盤把船從閘的一邊抬到另一邊。馬加良斯神父一面指出這種操作既困難又危險，另一面又推崇中國人習慣於完成「各種機械工程，使用的工具比我們少得多，而且還簡便得多」[16]。難道他的推崇有道理嗎？十年過後（一六九五），熱梅利．卡勒里也對轎夫的步伐迅速深感驚嘆，他們一溜小跑竟同「韃靼小馬」[17]不相上下。一名耶穌會神父於一六五七年在北京製造了一個滅火唧筒，依靠人力和藉助風力能把「水噴到一百尺高」[18]。可是，即使在印度，水車以及榨糖和榨油的石磨都套牲口牽拉[19]。在十九世紀的日本，葛飾北齋的一幅畫提供的圖景幾乎令人難以置信：甘蔗竟全靠臂力壓榨。

耶穌會神父們於一七七七年還說：

> 使用機器和役畜是否有益的問題不是很容易解決的，至少在土地勉強能養活其居民的國家是如此。機器和役畜在那裡有什麼用處？無非是讓一部分居民專事清談，也就是說，他們不為社會做任何事情，卻要社會滿足他們的需求和福利，或更糟糕地要社會接受他們的滑稽可笑的主張。某些鄉村因人口過多，勞動力出現過剩，我們的農民（耶穌會教士用中國人的口吻說話）決心前往滿洲和新征服的地區去幹活，那裡的農業正在發展……[20]

這似乎是個合理的辦法。何況，中國農業也確實正向國內外展開有力的墾殖活動。但我們可以順便指出，在當時，農業進步還不能趕上和超過人口的增長。

關於黑色非洲或印度的人力勞動，是否要長篇大論去談呢？奧朗則布在前往喀什米爾途中，面對喜馬拉雅山的懸崖峭壁，不得不放棄駱駝，改用一萬五千至二萬名挑夫，其中有的被迫服役，有的「貪圖每挑一百磅可得十埃居的好處」[21]。有人說這是浪費，但也有人認為是節省。在比賽特爾的養濟院（一七八八），原來用十二匹馬從井裡提水，「但是，一個聰明的節約措施帶來了更大的好處，一些強壯有力的犯人從此被用於從事這項工作」[22]。說這句話的人居然是道德家梅西耶！同樣，我們後來在巴西的城市中有時也還看到用黑人奴隸代替馬匹牽引雙輪載重貨車。

技術進步的條件無疑是在到處需要的人力勞動和其他替代能源之間力求取得合理的平衡。人若過份去同其他能源競爭，終究沒有好處：無論是古希臘和古羅馬時代的奴隸，或者是中國大批能幹的苦力，他們的廉價勞動力結果阻礙了機器的發展。當然，不重視人的價值，也就沒有進步可言。人力是必須付出一定成本的能源，因而必須設法幫助人，盡可能替代人力勞動。

獸力

人很早依靠家畜代替自己勞動，但家畜在世界上的分佈很不均衡。如果一開始就把新舊大陸區分開來，這一「原動力」的歷史就比較明朗了。

美洲的情形相當簡單。印第安人留下的唯一重要的遺產是羊駝。「安地斯山的綿羊」雖然不宜載重，卻能適應科迪列拉高原上的稀薄空氣。所有其他牲畜（小羊駝和火雞除外）都來自歐洲，包括牛、綿羊、山羊、馬、狗和家禽。對經濟生活最有重要意義的還是馬騾和驢騾，它們逐漸成為基本運輸工具，但北美和巴西的某些地區除外，尤其是阿根廷的潘帕斯地區，那裡的雙輪大車直到二十世紀仍照例用牛拉套。

騾幫帶著叮噹作響的小鈴在廣闊的原野行進，洪堡於一八〇八年指出，騾幫對新西班牙的貨運和玉米麵運輸極其重要[23]；沒有騾幫，任何城市都不能生存，富裕的墨西哥城更是如此；過了十來年，聖希雷爾（Auguste de Saint-Hilaire）在巴西也注意到相同的現象。騾幫有固定的行進路線、宿營地和「站頭」，如里約熱內盧附近都馬爾山腳下的埃斯特雷拉港[24]。騾幫客商出資推動棉花和咖啡生產，他們是早期資本主義的先驅者。

一七七六年，幅員遼闊的祕魯擁有五十萬頭騾，在沿海地區或安地斯山從事運輸，在利馬拉四輪車。祕魯從南方和阿根廷的潘帕斯進口的騾每年可能達五萬頭。騾群在潘帕斯放牧，每群都有成千上萬頭之多；騎馬的傭工向北驅趕騾群直到圖庫曼和薩爾塔，並且在那裡開始進行殘酷的訓練；騾群最後則是被送到祕魯或巴西，特別是聖保羅省索羅卡巴的大市集[25]。馬賽爾·巴塔雍認為這種生產和這項貿

德勃利：祕魯的羊駝商隊。國立圖書館版畫部。

易令人想到今天的汽車工業「及其在一個面臨摩托化的大陸擁有的內部市場」[26]。

這項貿易也是原始的阿根廷同產銀的祕魯和產金的巴西相結合的一種方式：祕魯擁有五十萬頭騾，巴西大概也有那麼多，加上新西班牙、卡拉卡斯、波哥大的聖塔菲或中美洲等地所使用的騾（馱載或騎用，很少拉車），總數肯定達一百、二百萬頭之多。假定平均五至十名居民擁有一頭騾，這為貴金屬、食糖和玉米的運輸提供了巨大的動力。除了歐洲，世界上任何地方都不能與之相比。甚至在歐洲，西班牙於一七九七年約有一千萬人（幾乎等於西屬和葡屬美洲的全部人口），卻僅有二十五萬頭騾[27]。即使有關美洲的數字有待進一步考證後加以訂正，歐洲與美洲的差距仍然很大。

歐洲的其他家畜也在新大陸大量繁殖，特別是牛和馬。潘帕斯草原笨重的牛車是殖民地時代巴西特有的景色，這些由牛套軛的木車使用實心輪子，車軸轉動時吱吱發響。牛群也在野地放牧，巴西聖佛朗西斯科山谷的「皮革文明」使人想起阿根廷潘帕斯和南格蘭特河的同等情景：人們大塊吞食半生不熟的烤肉。

18 世紀末年的埃及水車。摘自《埃及風物志》，該文獻集係由隨同拿破崙遠征埃及的科學家小組編寫並由帝國政府於 1812 年出版。

至於馬，雖然這裡數量極多，但同世界各地一樣，它代表著雄健暴烈的畜中貴族，為驅趕畜群的牧主和僱工充當座騎。十八世紀末，騎術驚人的阿根廷牧人已奔馳在潘帕斯草原。一匹馬的價值究竟是多少？兩個里亞爾（reals）：丟失一匹別難過，找回十匹也容易，奉送或牽走，悉聽尊便！牛甚至不作為商品出售，任憑人們用繩圈或球套去捕捉，一頭騾在薩爾塔市場上的售價可達九披索[28]，而一名黑奴在布宜諾斯艾利斯的售價通常為二百披索；新大陸就這樣提高人的價值，並且把動物世界交給人支配。

舊大陸很早已經開始利用畜力，不但歷史悠久，而且情形複雜。

從濱臨大西洋的撒哈拉到戈壁沙漠，橫亙著連綿不絕的荒漠，單峰駝和雙峰駝就在舊大陸這塊不毛之地繁殖。這在今天看來，真是再也合理不過的事。炎熱的沙漠是單峰駝的領地，山區對這種怕冷的動物並不適宜；寒冷的沙漠和山地則是雙峰駝的疆域，兩種駱駝恰好以安納托力亞和伊朗為界各居一方。一位旅行家於一六九四年說得好：「上帝為炎熱地區和寒冷地區分別造就了兩種不同的駱駝」[29]。

但這種合理分配必須經過一個漫長的過程方能實現。單峰駝只是在紀元開始的前後才深入撒哈拉[30]，又隨著七世紀和八世紀的阿拉伯征服以及十一和十二世紀「遊牧部落」的到來，才鞏固了自己的地位。至於雙峰駝，它利用土耳其勢力向小亞細亞和巴爾幹方向推進，於十一至十六世紀期間完成了自己的西征。當然，兩種駱駝都越過了各自的轄地[31]。單峰駝越過伊朗，到達印度，正如同馬匹一樣高價出售，又深入撒哈拉的南部，來到黑色非洲邊緣，在那裡把接力棒交給獨木船和挑夫，並一度向北發展到墨洛溫王朝期間的高盧。雙峰駝則同時在東方進佔巴爾幹國家，但未能征服這一地區；直到十九世紀，它只是那裡的過客。一五二九年，雙峰駝為圍攻維也納的土耳其軍隊運送給養。同樣，在舊大陸的另一端，雙峰駝深入到中國北部。一名旅行家於一七七五年指出，北京附近除雙輪車外，還有「馱運綿羊」的駱駝[32]。

伊斯蘭地區的短途運輸、耕種和灌溉幾乎被駱駝完全地壟斷（雖然在地中海附近，很早就使役驢子），駝幫的長途跋涉保持著撒哈拉、近東和中亞之間的聯繫。這類聯繫的存在應歸功於一種靈活而古老的資本主義形式[33]。單峰駝和雙峰駝都能馱載相當重的貨物，起碼達七百磅，通常是八百磅（例如埃爾佐魯姆附近）。據一七〇八年的一份文獻記載，在大布里士和伊斯坦堡之間駱駝的載重竟高達一千至一千五百磅[34]。這裡的磅重顯然略低於五百克；平均負重相當於四至五公石。一個擁有六千頭駱駝的商隊可運貨二千四百至三千噸，約等於四至六艘大帆船的載重量。全靠駱駝作工具，長期承擔舊大陸內陸交通的伊斯蘭得以在商業上保持領先地位。

至於黃牛（還有水牛和犛牛），它在舊大陸到處繁殖。它的活動範圍北部到西伯利亞森林為止（那裡是野鹿和馴鹿的領域），在南部則被熱帶牛蠅所阻，以非洲的赤道森林為界線。

牛在印度有時不事勞作，但有時也牽犁、拉車、推磨，充當士兵或貴族的座騎。莫利族客商帶領成萬頭牛的龐大車隊從事小麥或稻米的運輸。遇到外敵攻擊時，男女一起以弓箭抵禦。在印度北方，狹窄的道路兩旁矗立著樹木和牆垣，每當兩個車隊迎面而來，必須讓它們循序通過，互不混雜，其他行人全被堵塞，夾在牛群中進退不得達二、三天之久[35]。印度的牛飼料既差，更無畜廄。中國的水牛數量有限，雖然幹活不多，但餵料更少，全靠自行覓食；水牛野性未退，見到生人容易驚怒。

特別在歐洲，人們經常見到一對牛拖著實心輪子的木車（西班牙的加利西亞今天仍有）。牛也能像馬一樣單獨套車：日本人和中國人往往這樣做（軛圈套在胸前，「不在牛角上」）；北歐有時也這樣（軛圈套在肩上）。作為役畜，牛有極大的潛力。西班牙農學家阿龍索・德・埃雷拉[36]在其一五一二年發表的著作中主張用牛拉犁，反對用騾：騾走得較快，但牛耕得更深，更加經濟。相反地，法國的夏爾・埃斯蒂安和尚・里埃博對馬熱情讚美，他們於一五六四年寫道：「波旁或福雷茲地區三頭最好的牛，幹活頂不上法蘭西島或波司地區的一匹好馬」[37]。魁奈於一七五八年又重新提出異議：在他那個時代，役使馬匹的資本主義農業正排斥主要使用耕牛的傳統農業[38]。根據目前的測量，馬的牽引力與牛大致相等。如果算一筆總帳（馬的速度較快，每天工作的時間較長，但食量較大，而且老馬價值極低，不比老牛尚可供屠宰），為完成等量的工作，牛的成本比馬高百分之三十。在十七世紀的波蘭，用來計算土地面積的一個單位就是一匹馬或二頭牛的工作量。

馬是歷史舞台上的老演員。法國早在新石器時代已有馬的存在。馬孔（Macon）附近梭魯特發現的廣達一公頃的馬塚便是個證明；從公元前十八世紀開始，馬已在埃及生長，並在古羅馬時期穿越了撒哈拉沙漠。馬的原生地也許在亞洲中央的準噶爾地區附近。總之，馬在歐洲分佈極廣，因而到十六和十七世紀，德國西北部森林、瑞士山區、亞爾薩斯和佛日等地都有野馬生長。一五六七年，一位名叫丹尼爾・斯貝克的地圖繪製家在談到這些野馬時說：「它們在佛日山林中生長並且繁殖，冬季經常躲在岩石下避寒……這些馬的性格極其暴烈，但是在狹窄光滑的岩石上行走時腳步很穩。」[39]

可見，馬是歐洲的老住戶，歐洲人逐漸發明了整套的馬具（肩軛於九世紀時在西歐出現，馬鞍、馬鐙、馬嚼、轠繩、馬轡、挽具和馬掌則分別在九世紀前後出現）。在古羅馬時代，由於軛套使用不當（胸軛使馬呼吸困難），馬只能拉較少的重物，勉強頂四個奴隸的工作。十二世紀，隨著肩軛的出現，馬具突然有了改善，動力也增加了四至五倍。馬從此不但可用於衝鋒陷陣，而且在犁耙土地和運輸方面也起很大作用。這一重要變革與一系列其他變化——人口增長，重犁的普及，北方地區三年輪作制的推廣，產量提高，北歐的經濟高漲——互有聯繫。

然而，馬的分佈仍不均衡。相對而言，中國馬匹很少，拉斯戈特斯神父於一六二六年說：「我們在長春府很少見到馬，這裡的馬體型小，跨步也小，不釘馬掌，騎手不用馬刺。馬鞍和嚼子同我們的不完全一樣（直到十八世紀，這裡的馬鞍是木製的，馬轠用的是普通繩子）。我們在福建和廣州見到的馬略為多些，但從不成群。據說山上有許多馬恢復了野生習性，人們慣於捕捉野馬加以馴化。」[40]至於騾，另一位旅行家說，這裡的騾數量很少，個頭也小，但是售價比馬更高，因為養騾比較方便，再說騾比馬更加耐勞[41]。如果要在中國騎馬旅行，必須在動身時就選定一匹好馬，因為驛站只是為皇帝服務，旅客在中途換不到座騎。聰明的辦法是坐轎子，由八名轎夫輪流抬著，不但輕便，而且迅速和舒適。行李和貨物的運輸往往由挑夫或由獨輪車承擔，偶而也用騾或驢馱載；托運局辦事井井有條，只要把東西交托妥當就夠了（到終點後，可前往相應的托運局領取）[42]。人們無疑可以說：「中國皇帝擁有世界上最龐大的騎兵」；馬加良斯於一六六八年提供了顯然十分精確的數字：三十八萬九千匹戰馬和十七萬五千匹驛馬[43]，驛站只供君主同全國各地交換信件文書。即使如此，一六九〇年在討伐厄魯特汗期間，北京官員以及百姓所擁有的馬匹竟全被軍隊征用[44]。當然，全體臣民擁有的馬匹總數看來要比君主的馬匹多得多。除個別例外（如四川的矮馬），中國的馬匹主要是仰賴塞外的滿蒙接壤地區供應（開原以及廣寧的馬市，一四六七年後在撫順附近）[45]。據十八世紀初的一份材料，皇帝每年在馬市約收購七千匹馬，「王公、文武官員」和百姓購買的總和數量約等於此數的「二至三倍」。在北方收購的馬至多每年二萬八千匹，這個數量太少了。

印度和黑色非洲的馬更少。馬在摩洛哥幾乎是一種奢侈品，人們用以在蘇丹換取金砂、象牙和奴隸：一匹馬在十六世紀初可換十二個奴隸，後來也還可換五個[46]。人們從波斯購得馬匹，在荷姆茲裝船運往印度。果亞地區馬價可達五百帕杜埃（*pardoes*），相當於蒙兀兒帝國的一千盧比，而當時一名年輕奴隸只二十至二十五帕杜埃[47]。

在既無大麥又無燕麥的情況下，這些高價購買的馬匹又如何餵養？達維尼葉於一六六四年寫道：

人們用一種帶角的大顆粒菜豆餵養馬匹，菜豆先在小磨中壓碎，然後用水浸泡，因為豆粒太硬不宜消化。餵豆時間分早晚各一次：人們用二磅粗糖、二磅豆麵粉和一磅黃油溫和，再揉成小團，塞進馬的喉嚨裡去；然後需要洗淨馬嘴，主要因為馬厭惡這種食料。整個白天只餵連根拔出的野草，但應注意洗淨，不能夾雜著沙土。[48]

日本一般用牛套車（牛來自朝鮮），馬主要為貴族充當座騎。

在穆斯林，馬是高貴的畜種。從伊斯蘭教初起，特別在它取得最初的成功後，騎兵是一支打擊力量。喬萬尼·博台洛（Giovanni Botero）於一五九〇年承認瓦拉幾亞、匈牙利、波蘭和土耳其騎兵的優越性：「如果他們突破你的防線，你就無法逃脫；如果他們被你擊潰，你卻不能追擊。因為他們像鷹一樣，或者向你猛撲過來，或者一溜煙跑掉。」[49]此外，伊斯蘭地區盛產馬匹：一名旅行家於一六九四年曾經在波斯見過由成千匹馬所組成的商隊[50]。從軍事觀點看，鄂圖曼帝國於一五八五年在亞洲擁有四萬騎，在歐洲有十萬騎；據使者的報告，與之對敵的波斯約有八萬騎[51]。「馬隊」的氣勢蔚為壯觀。其實，亞洲生產的戰馬數量超過土耳其，駿馬雲集斯庫臺（Scutari）的場面足以證明；有專用船隻把這些馬匹運到伊斯坦堡[52]。

十九世紀，泰奧菲爾·戈蒂埃看到伊斯坦堡有那麼多純種馬來自內志、漢志和庫德斯坦，不禁為之羨慕。可是，就在碼頭對面（即斯庫臺的對面），停著幾輛「土耳其轎車」，車身「金碧輝煌」「車架裝有布篷」，拉車的卻是「黑色水牛或銀灰色黃牛」[53]。實際上，馬在十九世紀仍只為士兵、富人充當座騎或作其他高貴的事。當然，伊斯坦堡也有用馬拉磨的情形；在巴爾幹西部，還有掌上打著整塊鐵蹄的小馬從事運輸。但這些都是僅供駕轅的役馬。一名旅行家於一八八一年提到的每匹價值高達四十、五十埃居的馬（十八歲的黑奴僅值十六埃居，兒童值六埃居）[54]不屬這種類型。只是在一九二〇年第一次世界大戰結束後，小亞細亞才用馬代替牛和駱駝耕地。

在 18 世紀的滿州，如同在阿根廷的潘柏斯一樣，用繩圈套野馬。皇帝的馬隊賴此獲得馬的供應和補充。中國幾乎沒有牧馬業。吉美博物館。

同世界其他地區相比，歐洲的騎兵發展較慢。歐洲為此吃過大虧。在普瓦捷會戰（七三二年）後，歐洲為保護自己和生存下去不得不增加馬匹和騎兵，其中包括武裝騎士的戰馬和日常座騎，還有僕從騎的劣馬。無論在伊斯蘭教方面或在基督教方面，發展騎兵都是為了贏得戰爭，雖然有時抓緊，有時放鬆。瑞士兵戰勝了大膽查理的騎兵，這在西方標誌著步兵和長矛兵的恢復和向火槍兵過渡。西班牙於十六世紀組建團隊意謂著步兵的勝利。同樣，在土耳其方面，禁衛軍奠定了士兵不騎馬的體制。然而，騎兵隊在土耳其軍中仍佔重要地位，並且長期比西方的騎兵高超。

駿馬在歐洲價格甚昂。科斯姆·德·麥第奇於一五三一年重任佛羅倫斯大公時建立了一支二千騎兵的衛隊。為了擺這個排場，他幾乎傾家蕩產。一五八〇年，西班牙騎兵以迅雷不及掩耳之勢征服了葡萄牙，但阿爾瓦公爵很快就抱怨缺少馬匹和車輛。到下一個世紀，加泰隆尼亞戰爭（一六四〇—一六五九）期間也同樣出現馬匹匱乏；路易十四統治期間，法軍全靠每年向國外購買二萬至三萬匹馬。路易十四雖然在弗里西亞、荷蘭、丹麥、柏柏爾等地區收購種公馬和建立法國種馬場[55]，但是法國在整個十八世紀仍舊需要從國外取得馬匹[56]。

那不勒斯和安達魯西亞是良種馬的產地：那不勒斯的高頭大馬和西班牙的矮種良馬都享有盛名。但沒取得那不勒斯國王和西班牙國王的批准，任何人即使出高價也買不到。當然，走私活動十分活躍，在加泰隆尼亞邊界竟由宗教裁判所負責監視走私，走私馬販一經截獲，有被宗教裁判所逐出教門的危險。只有曼圖亞侯爵那樣的豪門巨富，才能派專人在卡斯提爾、土耳其和北非探明市場，買進好馬、良種獵犬和獵鷹[57]。派船在地中海從事劫掠的托斯卡尼大公（即成立於一五六二年的聖艾蒂安騎士團的船隻）往往給予柏柏爾海盜一定的幫助，換取他們餽贈的良馬[58]。到了十七世紀，隨著同北非的聯繫變得方便，柏柏爾的馬匹遂在馬賽登岸，一般在博凱爾（Beaucaire）交易會出售。亨利八世時代的英格蘭、路易十四治下的法國，還有德意志，紛紛於十八世紀建立大批種馬場，試圖用進口的阿拉伯馬培育出純種馬[59]。布豐說：「世界上最好的種馬都直接地或間接地由阿拉伯馬培育而成。」因此，馬的品種在西方逐漸有所改良。畜養的馬群也隨之增加。十八世紀初，奧依根親王的奧地利騎兵在對土戰爭中迅速取勝部分地是這些進步的結果。

西方在擴大飼養戰馬的同時，也注意發展為運送軍需和大砲所必須的轅馬。一五八〇年，阿爾瓦公爵率軍入侵葡萄牙之所以進展神速[60]，全賴他徵用了大批車輛。早在一四九四年九月，查理八世的軍隊攜帶野戰砲高速行進，使義大利居民深感吃驚，牽砲的牲畜不是牛，而是「按法國方式把耳鬃以及尾鬃全都剃光」的高頭大馬[61]。路易十三時代的一本教科書[62]開列了一支二萬人的部隊轉移時所需物品的清單。其中首先要有大批馬匹馱運廚師的炊具、軍官的行李雜物、野外鐵匠爐的工具、架橋工具、外科醫生的衛生包，特別需要

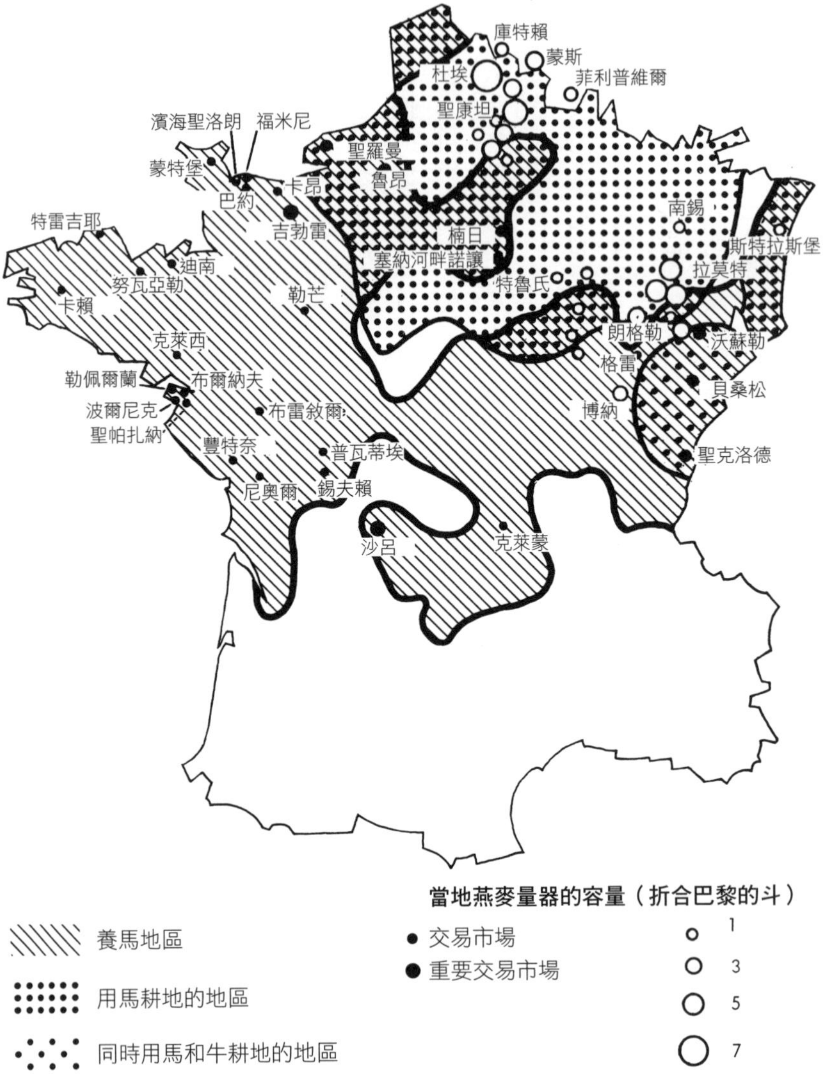

表(23)　18 世紀的法國養馬業

注：1.養馬地區；2.法國東北部的大致界線，那裡實行自由放牧和三年輪作，擁有很大的燕麥市場，土地主要用馬犁耕。以上兩個地區誠然界線分明，但也有幾個插花地區（諾曼第、侏羅、阿姆薩斯等）。除法國東北地區外，犁地一般用牛拉套，但普羅旺斯以及朗格多克和多菲內部分地區也還用驢。

馱運大砲和彈藥。如果沒有二十五匹馬，就休想移動重砲的砲身，火藥和砲彈至少也要十二匹馬載運。

這類工作都由北方的高頭大馬承擔，北方逐漸向南方出口馬匹。至少從十六世紀初開始，米蘭就向德意志商人買馬；法國則是從梅斯猶太商人那裡轉手購買；朗格多克也是大買主；法國開始有固定購養馬地區：布列塔尼、諾曼第（吉布萊馬市）、利茅辛、侏羅等等」

馬匹價格在十八世紀是否相對下降，我們並不清楚。但歐洲的馬匹數量肯定大大增加了。在英格蘭，馬賊和窩主於十九世紀初單獨構成一個社會階層。據拉瓦謝的統計，法國大革命前夕約有三百萬頭牛，一百七十八萬匹馬，其中一百五十六萬匹用於農業（只用馬幹農活的地區有九十六萬多匹，同時也用牛幹農活的地區有六十萬匹）[63]。而當時法國居民總數僅二千五百萬人。按同等的比例計算，歐洲大概擁有一千四萬匹馬和二千四百萬頭牛。這對歐洲的強大將作出貢獻。

騾在西班牙、朗格多克以及歐洲其他地區的農業中也佔一定地位。基克朗・德・博熱曾談到普羅旺斯的騾，「其價格往往超過馬」[64]；一名歷史學家根據他所了解的騾和騾幫的數字以及騾幫的交易額，推斷出十七世紀普羅旺斯經濟活動的節奏[65]。最後，馬車只能通過阿爾卑斯的某些大道（如布倫納），其他道路的運輸是騾的獨佔領域。在蘇薩以及在阿爾卑斯的所有其他騾站，人們竟稱騾子為「大車」。法國的普瓦圖是重要的養騾和養驢地區之一。城市的日常供應和相互聯繫都有賴於馬，市內的轎式馬車和出租馬車當然更離不開馬。巴黎在一七八九年前後大約有二萬一千匹馬[66]。這些馬必須經常更新。新的馬匹不斷成群運來，每群十至十二匹，每匹馬都拴在前面一匹的尾巴上，馬背上蓋一條毯子，兩側各用一塊隔板隔開。馬群在聖維克多附近或在聖熱納維埃夫高地集中，聖奧諾蘭街長期開設馬市。

除了星期天有船——不始終都有——開往塞夫爾或聖克勞，塞納河對城市交通幾乎毫無用處，更何況，當時幾乎不存在公共交通。有急事的人主要靠租車出門。十八世紀末，約有二千輛破車在市內行駛，拉車的馬多屬老弱，車伕作風粗魯，每天必須納付二十蘇「車輛通行稅」。當時「巴黎的交通阻塞」十分聞名，具體事例有成千上萬。一名巴黎人說：「剛出車的時候，車伕的態度還算溫和；時近中午，他們變得不好說話；臨到晚上，他們簡直蠻不講理。」下午二時左右用正餐的時候正是要出租車的高峰，車子幾乎遍找不到。「你剛打開一輛車的車門，別人又從另一面打開車門；他上車，你也上車。非得找巡長才能解決車歸誰用。」在這樣的時候，往往可以看到金碧輝煌的馬車被出租馬車擋住去路，「窗門已被木板釘死、車篷皮子已被燒焦、破舊不堪的」出租車一步一顛地在前面慢慢行駛[67]。

阻塞交通的罪魁禍首恐怕是舊巴黎的狹小街巷，居民擁擠在街巷兩旁奇形怪狀的房屋裡。由於路易十四反對發展巴黎的城市建設（通過一六七二年敕令），這一狀況變得尤其嚴重。巴黎原封不動地保留了路易十一時代的風貌。除非像一六六六年倫敦大火和一七五五年里斯本地震那樣經歷一場災難，巴黎無法摧毀舊城。梅西耶一度曾動過這個念頭，他在談到巴黎遲早「不可避免」的改造時，曾舉里斯本為例，只需三分鐘就把這個醜陋的大城鎮夷為平地，「如果用人工去敲毀，將費很長的一段時間……事後城市重建起來，煥然一新」[68]。

車輛在巴黎和凡爾賽之間的來回路上行駛較為方便，拉車的瘦馬在無情的驅趕下，累得「滿身大汗」。這是些「亡命之徒」。更何況，「凡爾賽是馬的天地」。就如同城裡的居民一樣，馬也分門別類：有的壯實，餵養得好，訓練有素；有的其貌不揚，只為宮廷僕役或外地人拉車。」[69]

聖彼得堡和倫敦也是同樣的情形。我們只要讀皮普斯（Samuel Pepy）的日記就夠了，他在查理二世時代經常乘坐出租馬車散步和旅行。後來，他終於破費買下一輛私人轎車。

今天的人很難想像貨運和客運問題當時究竟意謂著什麼。每個城市到處都是馬廄。釘馬掌的鋪子臨街開設，就像今天的修車鋪一樣。我們不能忘記燕麥、大麥、秸稈和乾草的供應問題。梅西耶於一七八八年寫道：在巴黎，「誰不喜歡聞剛割下的乾草的味道，誰就與世上最愜人意的香味無緣；誰若喜歡這種味道，就每週去唐費爾門（今天唐費爾—羅什洛廣場南面）兩次。那裡，裝滿乾草的小車排成長隊，等待顧客光臨……專為擁有車馬隨從的大戶人家供應物品的商人在這裡察看乾草的質量；有人隨便抽出一把乾草，又摸又嗅，甚至放進嘴裡嚼嚼，那是侯爵夫人府上的馬料採買」[70]。不過，供應乾草的幹線還是塞納河。一七一八年四月二十八日，一條滿載乾草的船不慎著火。船剛好停靠在「小橋」的橋孔邊，火勢殃及橋頭的房屋和附近的民房[71]。倫敦的乾草市場設在「白教堂」關卡之外。奧格斯堡也是如此，從表現皮爾拉什廣場四季景色的那幅畫上可以看出，除了獵物和過冬的木柴，農民於十月間帶來市場出售的就是成堆的乾草。紐倫堡的一幅畫也向我們展現，攤販正推著小車，兜售市內各馬廄所需的秸稈。

水力發動機和風力發動機

西方於十二和十三世紀經歷了第一次機械革命。這裡所說的革命是指由水磨和風磨的增多而導致的一系列革命。這些「初級動力」顯然功率很低，每個水輪僅二至五馬力[72]；風磨有時達五馬力，最多為十馬力。但在能源供應不足的經濟中，它們已是一種重要的輔助動力，並對歐洲最初的發展有一定的作用。

水磨歷史較久，其重要性也大大超過風磨。風力變化無常，水力總的說來比較穩定。正因為歷史悠久，又由於江河、水槽、攔水和洩洪設施甚多，可以推動渦輪或葉輪，水磨發展較廣。我們不能忘記巴黎在塞納河上和土魯斯在加倫河上直接利用水流動力的船上磨坊。我們還不能忘記，伊斯蘭和西方即使在潮汐不大的地方也利用這一動力。一名法國旅行家於一五三三年在威尼斯瀉湖的一座水磨面前看得入迷，這是他在穆拉諾島僅見的一座，「當潮漲潮落時，海水推著輪子轉動」[73]。

最早的水磨是一種簡易的臥式渦輪機：人們有時稱它為希臘水磨（因為它出現在古希臘）或斯堪地那維

亞水磨（因為它在斯堪地那維亞地區長期存在）。人們也可以稱它是中國水磨、科西嘉水磨、巴西水磨、日本水磨、法羅群島水磨或中亞細亞水磨，因為那裡的水輪分別在十八世紀或二十世紀都還橫著轉動，由此產生的動力用以緩慢推動磨盤。在十五世紀的波希米亞或一八五〇年左右的羅馬尼亞，人們也還看到這些輪子，這是不足為奇的。在柏特斯加登附近，這類渦輪水磨甚至工作到一九二〇年前後。

羅馬的工程師於公元前一世紀使輪子垂直轉動，這是個「天才的」創造。經過齒輪的傳動，垂直運動後來又變為水平運動，從而帶動磨盤，磨盤的轉速比起動力輪快了五倍；這便是變速裝置。最初的發動機並不一定簡陋。考古學家在阿爾勒附近的巴爾勃高爾發現了一些奇妙的古羅馬設施：一個十幾公里長的「管道式」渡槽，終點裝有十八個輪子，這幾乎是真正的動力機組。

然而，古羅馬晚期的這個設施僅見於帝國的少數地點，並且只用於磨麥。十二和十三世紀的革命不但使水輪數量增多，而且擴大了使用範圍。熙篤會修士（Cistercians）在法國、英格蘭和丹麥推廣鐵匠爐的同時，也推廣了水力發動機。幾個世紀以後，除非不能用管道引流造成落差，從大西洋到莫斯科公國的歐洲已沒有一個村

臥式渦輪水磨晚期的樣貌（1430）。
這是一座波希米亞水磨，長期保留了臥式體系（請比較本書第 3 卷第 5 章翻印的法國聖經中的插圖，那裡的輪子是直立的）。

莊不設置用天然水流帶動的水輪和磨坊。

水輪的用途變得更加廣泛；它帶動粉碎礦石的臼槌、打鐵的重錘、縮絨機的搗捧、鐵匠爐的風箱、唧筒、磨削刀刃的砂輪和粉碎樹皮的裝置，以及用於剛剛出現的造紙工作坊。此外還有十三世紀出現的機械鋸，維雅爾·德·霍恩庫爾於一二三五年繪製的圖樣足以證明。隨著十五世紀採礦業的飛躍發展，最完美的動力機為礦山工作：升降礦斗的絞車，坑道中的通風機，各種抽水機（水車、連環水斗、吸氣或壓氣唧筒）、通過槓桿傳動、結構相當複雜的吊車，這最後一種設施幾乎原封不動地保留到十八世紀，甚至更晚的時間。所有這些美妙的機械（有的大輪子直徑達十公尺）在阿格里科拉的《論冶金》（一五五六年巴塞爾版）中都有很漂亮的圖樣，該書展示的圖樣為以往成果作了總結。

至於鋸、搗棒以及鐵匠爐的鍛錘和風箱，關鍵是如何把圓周運動轉化為往復運動，凸輪軸的利用解決了這個問題。有關齒輪的應用可以單獨寫一本書，而且有人已經寫了。在我們看來，奇怪的是木料竟能解決最複雜的問題。然而，即使當時的人也不常見到這些機械傑作。每當有機會遇到時，他們總是感到驚訝和欽佩，即使那是晚近的事。巴特勒米·若利於一六〇三年翻越了侏羅山前往日內瓦，他在內羅爾山谷的西朗湖湖口看到一些加工松木的水力發動機，「人們把松木從山上往下扔，一個由水推動的輪子經過幾次自下而上和自上而下的運動（鋸所作的運動）就把松木鋸妥，松木隨著輪子的工作向前移動，另一根松木緊緊跟上，一切都進行得井井有條，如同人工操作一樣」[74]。顯然這種景象是難得見到的，因而才載入遊記。

水輪機已成為普遍的工具，以致人們迫切要求利用江河的力量，不論利用得充分與否。「工業」城市（哪個城市沒有工業？）設在河邊比較適宜，因而盡量向河邊靠近，以便控制水流，即使城市的風貌不能做到像威尼斯的一半，至少也要有三、四條街沿河展開。特魯瓦市就是個典型；巴勒迪克的鞣革街傍靠一道河灣；盛產呢絨的沙隆市建在馬恩河畔（河上的一座橋名為「五磨坊橋」）；蘭斯有維斯勒河；科爾馬有依勒河；

土魯斯有加倫河，這條河上很早就有一批「船上磨坊」，裝著隨水流轉動的輪子；布拉格高踞伏爾塔瓦河的幾個河灣之上。紐倫堡依靠佩格尼茲河推動市內和近郊的水輪（一九〇〇年還有一百八十個水輪在轉動）。巴黎及其四郊有二十來座風磨作補充，但即使氣候條件允許天天工作，它們所提供的麵粉每年不過巴黎麵包消耗量的二十分之一。一千二百座水磨（大部分專門用於磨麵）沿著塞納河、瓦茲河、馬恩河以及依維特和比埃夫爾等小河工作（戈白林的皇家手工工場於一六六七年建在比埃夫爾河畔）。由泉水匯成的小河有個優點，因為它們冬天很少冰凍。

城市普遍設立水力發動機，也許大體上可被認為是第二階段。羅伯爾．菲力浦在其未公開發表的論文中說明了推廣水磨的第一階段：根據水磨必須有水可被利用的規律，它最初建立在村莊附近，從而成為幾百年內根深柢固的能源基地。首先用於粉碎糧食的水磨，當時是莊園經濟的基本工具。建造磨坊必須由領主決定，領主負責購買磨盤，提供石料和木料，農民只出勞動力。莊園經濟是一系列能夠自給自足的基礎單位。而推行商品集中和再分配的交換經濟則以城市為中心，為城市而工作。城市把自己的體系置於以往體系之上，並建立起大批新的磨坊，以滿足其各

水磨的機械結構（1607）

充分表現了水輪的垂直運動轉化為磨盤的水平運動（這項發現當時已有幾百年的歷史）。摘自維多利奧．宗卡的《機器的新舞台》。

方面的要求[75]。

磨坊最終是衡量前工業化時期歐洲能源狀況的一個標準尺度。讓我們順便聽聽一位名叫康普費爾的威斯特伐利亞醫生旅行途中的感想，他於一六九〇年在暹羅灣的一個小島停泊時，存心要弄清水流的流量。他說，水流充沛，足以推動三座磨坊[76]。十八世紀末，在淪為奧地利屬地的加利西亞，一項統計提供以下的數字：面積為二千平方畝法里，人口為二百萬，水磨卻有五千二百四十三座（風磨僅十二座）。乍看之下，數字似乎極大，《英格蘭土地清文冊》於一〇八六年記載，在塞文河和特倫特河以南，僅三千個村社就有五千六百二十四座水磨[77]，只要仔細看了繪畫作品和城市地圖上無數的小輪，就會明白水磨已經普及。總之，如果各國水磨和人口的比例與波蘭大致相同，工業革命前夕

一座風磨。14 世紀的木刻。克呂尼博物館。

的法國應有六萬座[78]，全歐洲約有五十萬至六十萬座。

拉茲洛・馬凱在一篇文章裡大致確認了以下的數字：「五十萬至六十萬座磨坊，相當一百五十萬至三百萬馬力」；我認為這篇文章的一絲不苟和才華橫溢堪與布洛赫的經典論文相媲美。他計算的出發點是：橫樑的大小；輪子的尺寸（直徑為二至三米）；轉輪翼片的數量（平均每個轉輪有二十張翼片）；每小時磨麵的數量（每盤磨約二十公斤）；每座水磨所擁有的轉輪的數量（平均一點二個轉輪或略多些）；東歐和西歐兩個地區的磨坊數量（至少就磨麵粉用的磨坊而言）大致相同；水磨和居民之間保持幾乎固定的比例（具體地說，平均為一比二十九）。水磨的數量和轉輪的大小與人口同步增長，動力設備在十二至十八世紀期間幾乎翻了一番。每個村莊原則上都有自己專屬的磨坊。凡在風力和水流不足的地方，例如匈牙利平原，磨盤不能全由水力帶動，便改用馬拉或手推[79]。

風磨的出現比水磨晚得多。人們原來以為風磨最初產生在中國內地；現在看來，它起源於伊朗或西藏高原的可能性更大。

伊朗在公元七世紀大概就有風磨，在八世紀則肯定有了，直立的風篷帶著輪子橫向轉動。輪子又通過中心軸帶動磨盤粉碎糧食。結構極其簡單：不需要調整風車的方向，風篷始終都能迎風轉動。另外有一個好處：風車和磨盤之間的銜接不需要任何傳動齒輪。實際上，對風車磨坊說來，問題只是帶著上方的磨盤轉動，從而在下方不動的（睡著的）磨盤上粉碎糧食。這些風磨可能由穆斯林地區傳往中國和地中海。位於西班牙穆斯林地區北部邊界的塔拉哥納於十世紀已有風磨[80]，但我們不清楚它們是如何轉動的。

在中國，風磨的水平運動將延續幾個世紀；西方則不同，它僥倖把風磨如同水磨一樣改造成為直立的轉輪。工程師們說這是一項天才的變革，能使功率大大增加。在基督教國家逐漸推廣的風磨正是這種新式風磨。

木製機器和傳動系統：這各大絞盤是只籠子，裡面有三人在推動它。（慕尼黑德意志博物館攝影部）

該風磨的風篷十分特別，繞一根垂直軸轉動，因而不用換方向。運動的轉換同水磨恰好相反：最初的水平運動最後傳到帶動戽水斗的直立輪（這部於 1652 年製程的機器用在英格蘭沼澤地抽水）。荷蘭風磨的運動作雙重轉換：風篷的垂直運動轉換為由中軸傳帶的水平運動，再重新轉為抽水機輪子的垂直運動。（勃利斯作畫：《英國的精益求精》，1652 年倫敦）。

據阿爾勒的文獻記載，當地於十二世紀已有風磨。英格蘭和法蘭德斯在同期也有風磨。十三世紀，風磨已遍佈法蘭西。到了十四世紀，德意志把風磨傳到波蘭和莫斯科公國。順便提到一個細節：十字軍並非如人們所說的那樣在敘利亞發現風磨，倒是他們把風磨帶到敘利亞去[81]。發展相當不平衡，但一般說來，風磨在北歐出現的時間比在南歐更早。例如，在西班牙的某些地區，特別在拉曼查（La Mancha），很晚才出現風磨；一名歷史學家說，唐吉訶德害怕風磨是十分自然的，因為他從未見過這種龐然大物。義大利的情形也是如此：一三一九年，在但丁《神曲・地獄篇》，撒旦張開巨大的手臂「如同正在轉動的風磨」[82]。

風磨的維修費用比水磨略高，如果按完成同等工作計算，特別用於磨麵，開支也相對更大。但風磨的用處更廣。從十五世紀開始（一六〇〇年後更是如此），風車在尼德蘭主要用於帶動水斗，把地面的積水排入溝渠[83]。它將成為尼德蘭在海堤內以及在湖泊邊耐心地奪回土地的工具之一，這些湖泊是因過量開採沼澤的泥炭而形成的。荷蘭成為風車之鄉的另一個原因是它位於大西洋和波羅的海之間的西風帶中心。

最初[84]，整座風車能自己旋轉，使風篷始終面對風向；布列塔尼被稱作「燭臺」的水車屬於這一類型。風車架設在中央支架上，方向舵可轉動整個車身。為了最大限度地利用風力，風篷的位置宜盡量遠離地面，齒輪和磨盤因而就設在建築物的高處（為此，必須有貨包升降機）。一個細節值得注意：翼軸並非完全橫臥，傾斜度憑經驗調節。從現存的風車和草圖（如一五八八年奧戈斯蒂諾．拉美利繪製的草圖）看來，傳動裝置、制動系統等機械結構相當簡單，還可用左右兩盤磨代替中間的一盤磨……

荷蘭風車的傳動結構略為複雜些，它在頂上接受動力，又把動力傳到底部的一系列水斗。動力由「空心的」中央支架通過「車軸」傳遞。因此，每當需要粉碎糧食而對這種風車作適當改裝時，往往會出現一些困難，雖然不是不可克服的困難。

荷蘭工程師很早推廣（至遲在十六世紀）一種塔式風車：唯一可活動的塔頂負責調整風篷的方向。這種風車有時被稱作「大褂風車」（因為遠看像農民穿的大褂），其缺點是很難用木墊或滑輪幫助「塔頂」在風車固定部位上運動。磨坊內部需要解決的問題仍然是風篷的起動和制動，風篷翼片方向的轉動，通過料斗慢慢把糧食注入轉動的上磨盤的「入料口」裡；而最關鍵的問題就是通過齒輪把風篷的垂直運動轉變為磨盤的水平運動。

在更廣泛的意義上，重大的進步在於發現，無論水磨或風磨，一個發動機（一個輪子）竟能帶動幾件工具：不是一副磨盤，而是二至三副磨盤；不是一臺鋸，而是一臺鋸加一把錘；不是一個臼槌，而是一組臼槌，例如蒂羅爾的式樣古怪的水磨並不從事磨麵，而是用「臼槌」砸碎小麥（用這種辦法粉碎小麥所得的麵粉粒子很粗，主要用於做麵餅，或者做全麥麵包）[85]。

船帆：歐洲船隊情況

這裡不準備全面提出船帆的問題，而只想估量船帆提供的能量，這是人掌握的最大動力來源之一。歐洲的歷史已正確無誤地證明了這一點。一六〇〇年前後，歐洲擁有的商船噸位約為六十萬至七十萬噸，考慮到實際使用時打的折扣，這一數字至多可被認為是個數量級。據法國於一七八六—一七八七年的可靠統計，歐洲船隻總噸位在大革命前夕達到三百三十七萬二千零二十九噸[86]：載重量在二百年內增加了四倍。按每年平均航行三次計算，貨運量達一千萬噸，相當於今天一個大港口的吞吐量。

根據這些數字，我們還不能像推算蒸汽機船的功率那樣比較可靠地推算出船帆完成的功率。一八四〇年前後，帆船和蒸汽機船同時並存，如果噸位相同，蒸汽機船的效率約是帆船的五倍。既然一六〇〇年間歐洲擁有的噸位約六十萬至七十萬噸，如果帆船的一個噸位平均需要的推動力為三分之一或四分之一馬力（按一八四〇年的蒸汽機船計算），我們可推測，風力完成的功率應在十五萬至二十三萬三千馬力之間（這個數字並不可靠）。如果把戰船也計算進去。數字還應大大增加[87]。

日常的能源——木柴

今天的能源統計不包括畜力，在一定程度上也不包括人的體力勞動；樹木及其副產品也往往被撇在一邊。可是，十八世紀前，樹木既是首要的常用材料，又是重要的能源。十八世紀前的文明是木材和木炭的文明，正如十九世紀是煤的文明一樣。

只要看看歐洲的情景，一切都清楚了。木材廣泛應用於建築，即使石結構建築也不例外；水陸運輸工具，機器和工具，都用木材製造（金屬部件始終有限）；織機和紡車、榨油機和抽水機以及大部分農具也用木材；步犁完全是木結構，鏵犁往往是在木鏵上裝一塊薄鐵片。有些複雜的傳動裝置，各零部件之間相互咬合，精確無比，我們今天在慕尼黑技術博物館（德意志博物館）還可看到。那裡還陳列黑森林製造的幾臺十八世紀的座鐘，全部齒輪均為木製，更加稀有的是一隻圓鐘，也用木材製成。

到處有用的木材當時具有舉足輕重的影響。歐洲的強盛，原因之一正是它利用了良好的林木條件。從長時段看，伊斯蘭國家相對地因林木資源的匱乏和逐漸枯竭吃了大虧[88]。

我們這裡所關心的當然只是燃燒時直接轉化為熱能、用作室內取暖和工業燃料的木材：冶金、釀造、煉糖、玻璃和磚瓦製造、乾餾和煮鹽等行業往往都用木材作燃料。但是，除了製造各種動力工具，木材還有其他多種用途，不能無限制地當柴火燒掉。

樹林一視同仁地給人提供取暖、蓋房以及建造家具、用具、車輛、船隻的木材。根據不同用途，需要不同材質的木材。蓋房要用橡木；造船要用松木、櫪木和胡桃木等十來種樹木[89]；砲架要用榆木。因此，砍伐極其嚴重。人們為了製造武器，不惜付出高昂代價從遠方運來木料：所有的樹林都難逃刀斧之災。從波羅的海和荷蘭裝船的厚薄木板於十六世紀即運往里斯本和塞維爾。其中包括一些業已造好的現成船隻，雖然笨重，但是價格便宜。西班牙人把這些船隻派往美洲之後便無意召回，聽憑它們在安地列斯群島結束自己的使命，甚至才剛靠岸就立即拆毀：這就是所謂「半用半扔」的船。

任何國家為建立一支船隊必定要破壞大片森林。柯爾貝爾時代，造船業對整個王國的森林資源實行分片砍伐，利用各種航道進行運輸。阿杜爾河和沙藍特河等小水流也包括在內。佛日地區的松木先從默爾特河順水漂浮，再用滑車拉到巴都克，然後在奧南河捆成木排；木排沿索爾河和馬恩河前進，進入塞納河[90]。桅杆是戰艦的關鍵部件，法國卻被排斥在波羅的海貿易之外，那裡的樹木從里加和聖彼得堡出發，主要是運往英國。法國沒有考慮開發新大陸的森林（英國人後來這樣做了），特別是加拿大的森林。

法國的海船因而不得不使用「組合桅杆」。組合桅杆由幾根木杆拼在一起，然後套上鐵箍，但它缺乏韌性。船篷張得過滿時容易折斷。同英國相比，法國船隻的速度始終稍遜一籌。在美洲殖民地獨立戰爭期間，局勢一度有所改觀：中立國同盟奪走了英國對波羅的海的控制，英國人不得不利用組合桅杆，優勢轉到了他們敵人的一方[91]。

這些砍伐不是唯一的消耗，甚至在長時段上也不是最危險的消耗。農民，尤其是歐洲的農民，不斷地清除樹根以擴大耕地面積。森林的敵人是對森林的「使用」。法蘭索瓦一世時代，奧爾良的森林面積達十四萬平方弓丈，一百年後據說只剩下七萬平方弓丈。這些數字並不完全可靠，但可以肯定，從百年戰爭結束（戰爭曾便於森林侵佔耕地）到路易十四治下，開荒十分活躍，林地範圍日益縮小，剩下的面積同今天幾乎不相上下[92]。各種偶然事件都被用作藉口：一五一九年，一場大風暴在綠森林颳倒五萬至六萬株樹，其實不應該都算在風暴的帳上。綠森林在中世紀曾把里昂高原和吉祖爾森林聯成一片；耕地乘機從缺口擠了進去，兩塊林地從此再也聯接不上[93]。就是在今天，從克拉科夫到華沙

樵夫在砍柴。（陰文刻紙）。
大概是下布列塔尼 1800 年間的情景。巴黎民間藝術和民間傳統博物館。

的鳥瞰圖表明，長條形耕地怎樣在森林中穿插分割。法國森林在十六和十七世紀終於穩定下來，這也許因為制訂森林保護法規（如一五七三年敕令，柯爾貝爾的措施等），也許還因為這是自然達到的平衡：尚能開墾的土地過於貧瘠，不值得再去費力氣。

如果認真計算，特別在新大陸，有人一定會想，放火燒林和改種作物是幹了件錯事，這是通過破壞既有財富去換取尚待興建的財富，而且後者不一定比前者更有價值。這種設想顯然是不合道理的：如果森林不先納入經濟的範圍，如果沒有一批中間人——驅趕畜群（不單只是覓食橡實的豬群）的牧人、樵夫、燒炭人、趕車人，以及所有自由自在的荒野山民——專門從事開發、利用和破壞，森林的財富也就無從談起。森林的價值僅僅在於被利用。

十九世紀前，大片森林尚屬化外之地：斯堪地那維亞森林、芬蘭森林、莫斯科和阿干折斯克之間被狹長道路所穿越的連綿不斷的森林、加拿大森林、向中國和歐洲市場供應皮毛的西伯利亞森林、新大陸的熱帶森林，以及非洲和南洋群島的叢林；最後這兩個地區的叢林不產提供皮毛的動物，人們追逐的是珍貴樹木：如在今天宏都拉斯境內的洋蘇木（即在巴西東北沿海砍伐的、能作紅色染料的樹木），德干的柚木，以及別處的檀香木、香紅木等等。

除了所有上述用途外，木柴可用於做飯、取暖和工業燃料，其需求量在十六世紀前就以驚人的速度在增長。舉一個突出的例子：一三一五至一三一七年間，第戎附近六座花磚窯所燒的木柴需要四百二十三名樵夫在勒賽森林專事砍伐，還要三百三十四名牧人從事運輸[94]。總的說來，木材資源的豐富僅僅是表面現象，而對木材的需求卻很大，因而爭奪十分激烈。即使在當時，一座森林所集中的燃料還比不上一個不很大的煤礦。樹木砍伐後必須等待二十至三十年才能夠重新成林。三十年戰爭期間，瑞典人砍掉了波美拉尼亞的大片森林，以致廣大地區後來遭到沙土侵襲[95]。十八世紀時，法國的形勢相當嚴重，據認為一座冶煉爐燒掉的木柴等於馬恩河畔沙隆整座城市的消耗。憤慨的村民抱怨冶煉爐吞噬森林，甚至剝奪了麵包爐的燃料[96]。一七二四年後，波蘭的維利奇卡鹽井不再用火煮鹽，而是滿足於採集岩鹽，原因正是附近的樹木砍伐過多[97]。

燒柴搬運相當困難，應該就近取得。如果距離超過三十公里，運輸簡直勞民傷財，除非能利用河道或海洋自動完成。十七世紀那時，砍下的樹幹被扔進都河，漂到馬賽。「新木柴」最初用船運抵巴黎，從一五四九年起，開始從莫凡沿居爾河和揚河順流「漂送木材」；再過十二年後，又從洛林和巴胡瓦沿馬恩河及其支流進行漂送。這些木排長達二百五十法尺，居然靈活地通過橋洞，讓巴黎人看了傻眼。木炭於十六世紀從森斯城和奧脫森運抵首都；到了十八世紀，木炭來自四面八方，有的馱載車裝，更多的是用船運，揚河、塞納河、馬恩河和羅亞爾河上滿載木炭的船隻，「柵欄壘有幾層高，以使超過船幫高度的木炭不致下落」[98]。

早在十四世紀，大批木排沿波蘭各河流到達波羅的海[99]。遙遠的中國也是同樣的景象，但規模更大，四川的木排用藤條捆扎，經水道運往北京：「木排的大小同商人的財產成正比，最長的木排長達半法里」[100]。

海洋可為木材的長途運輸服務。例如，「黑帆船」把木炭從科斯岬（Cape Corse）運往熱那亞；伊斯特里亞和克瓦內爾（Quarnero）的船隻每年冬季向威尼斯運送木柴，小亞細亞負責供應賽普勒斯和埃及，帆船後面有時拖一根漂浮的樹幹。甚至划槳船也向埃及運送木柴，那裡的燃料匱乏達到了危機的程度[101]。

然而，這種運輸畢竟是有限的，大部分城市只能仰賴於就地取材。巴塞爾人普拉特於一五九五年在蒙貝里耶醫學院完成了他的學業，他注意到城市四周沒有樹林，「最近的樹林位於聖保羅玻璃廠四周，距賽爾納夫足足有三法里遠。木柴從那裡運進城論斤出售。如果冬季延長，真不知他們去哪裡搞來木柴！他們的壁爐消耗木柴很多，而他們在爐邊凍得發抖。當地沒有火爐；麵包爐燒的是迷迭香、胭脂蟲櫟和其他荊棘。這裡樹木奇缺，和我家鄉的情形恰好相反」[102]。越往南去，樹木越少。西班牙人文主義者安東尼奧．德．格瓦拉說得對：坎波城的燃料比鍋裡煮的食物更貴[103]。埃及沒有木柴時就燒甘蔗皮；科孚島把榨油剩下的橄欖渣壓成磚狀，然後立即曬乾，充當燃料。

為了供應大批木材，必須組織龐大的運輸隊伍，木排經過的河道必須整修；此外，還應組織廣大的商業渠道，注意保持一定儲備，政府為此發佈許多規定和禁令。即使在樹木繁茂的地區，木材也總是越用越少，因而必須實行合理使用。但是，玻璃廠和煉鐵廠似乎都不留心節省燃料。每當工廠的燃料供應地過遠或燃料價格過高，最壞不過是遷移廠址，或者減少生產。威爾斯地區於一七一七年在道爾津（Dolgyne）建造了一座高爐，點火的時間卻拖到四年以後，「等到籌集了夠用三十六個半星期的木炭那一天」。這座高爐平均每年只開工十五星期，原因還是燃料不足。由於燃料供應經常處於緊張狀態，「高爐照例每隔二、三年工作一年，間隔的時間有時甚至長達五年、七年乃至十年」[104]。根據一名專家的計算，十八世紀以前，如果高爐平均每出鐵一年就停工二年，一個中等規模的鐵廠消耗的木材等於二千公頃樹林的產量。因此，隨著十八世紀的工業高漲，木材供給的吃緊變得更加嚴重。「佛日地區的居民全都從事木材貿易：他們爭相砍伐，森林在短期內便被破壞無遺」[105]。英格蘭自十六世紀起即已潛伏著這一危機，後來終於出現了煤的革命。

燃料不足自然引起了價格上漲。蘇利在其《王國經濟狀況》一書中指出，「百物昂貴，原因就在木柴日益稀少」[106]！一七一五年開始，物

里昂在 17 世紀還有木橋。若安納・林格爾巴赫作畫。維也納阿爾培爾蒂納美術館。

價猶如脫韁之馬，「在舊制度的最後二十年直線上漲」。勃艮第「竟找不到成材的木料」，「窮人索性不再生火」[107]。

在這些領域內，我們即使企圖想算出一個數量級也十分困難，但我們至少還掌握粗略的估計。法國於一九四二年被迫恢復用木柴取暖，那年約用掉一千八百萬噸木柴，其中一半是薪柴。一八四〇年，法國消耗量約為一千萬噸，其中一半是薪柴，另一半是木炭（建築用木材不算在內）[108]。一七八九年，消耗量大致是二千萬噸，當時僅巴黎一地，木炭和薪柴消耗量約為二百多萬噸[109]，平均每個居民消費二噸多。這個數字顯得很高，但在當時，運抵巴黎的煤的數量甚微：僅為薪柴的一百四十分之一（隨著煤的地位日漸提高，一八四〇年時的情形顯然就大不相同）。假定法國和歐洲的比例為一比十，歐洲燒掉的薪柴在一七八九年應該是二億噸，在一八四〇年約是一億噸。

正是在二億噸這個數字的基礎上，我們試圖計算木柴的能源大概折合多少馬力，二噸木柴能抵一噸煤。假定每小時馬力約需燒二公斤煤。再假定燒柴的時間每年約為三千小時。那麼，我們可算出木柴提供的能量將是一千六百萬馬力。我向專家們提供的這些數字只是個誤差甚大的數量級，何況按馬力計算的方法既不準確又嫌過時。還必須考慮到能量的有效使用率很低，約佔百分之三十，也就是說，界於四百萬至五百萬馬力之間。這個數字對前工業化時期說來仍然相當大。但還不算反常：我們注意到，根據比較可靠的計算，煤的使用只是於一八八七年才在美國經濟中超過木柴！

煤

中國和歐洲當時並非不知道使用煤。在中國，煤被用於北京的家庭取暖（據馬加良斯神父說，已有四千年歷史）和顯貴人家的廚房，也用於「鐵匠爐、糕餅爐、染坊以及其他行業」[110]。歐洲自十一和十二世紀開

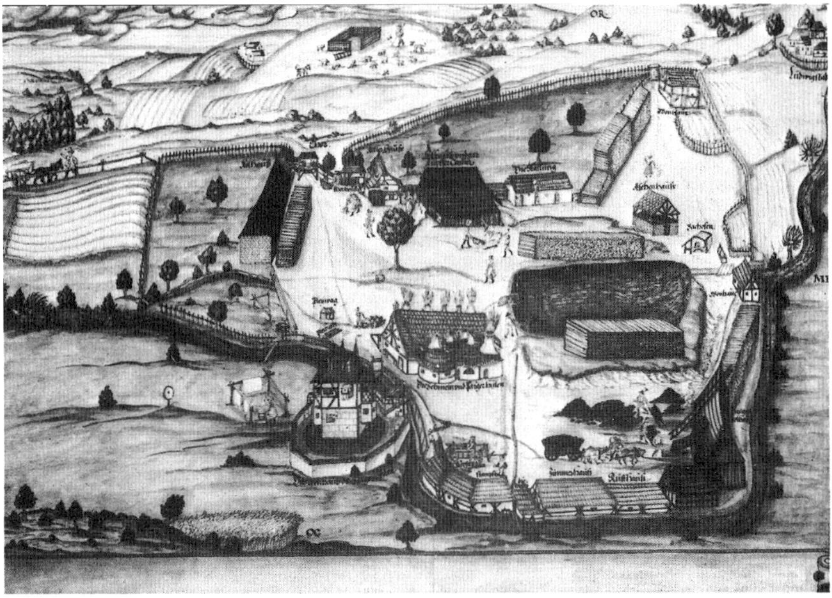

圖林根的煉銅爐。紐倫堡的普芬井家族的產業。1588 年，燃料仍用木炭，柴垛堆得很大。（紐倫堡國家檔案館）

始採煤，如英格蘭的淺層煤田、列日地區、薩爾地區以及里奧內、福雷茲、安朱等地的小煤窯，採得的煤用於燒石灰和家庭取暖，也用於煉鐵的某些工序（不是所有的工序，除非是後來採用無煙煤或焦炭；後者出現較晚，在十八世紀末才開始發揮作用）。但遠在十八世紀末以前，煤已在一些次要部門代替木炭，如鐵的加熱、切割、拉絲等等。煤的運輸距離也相當長。

一五四三年，馬賽海關查到自隆河運來的煤塊，其產地大概是阿萊斯[111]。在同一個時期，一家採煤農戶向德希茲附近的拉馬欣（La Machine）供煤，成桶的（或說成車的）煤一直送到羅亞爾河的拉洛吉碼頭。煤從這裡再裝船轉運至木蘭、奧爾良和圖爾等地[112]。這類事例其實並不值得一提。從十六世紀開始，蒙貝利亞附近的索諾鹽井已燒煤煮鹵。一七一四年秋，巴黎木柴緊缺，進口商加拉班股份公司在市政廳當眾試驗「蘇格蘭煙煤」。他們將獲得進口這種外國煤的特許[113]。甚至在魯爾地區，煤一直等到十八世紀最初幾年才發揮作用。安贊（Aniz）的煤也在那個時候才經由敦克爾克遠銷布勒斯特和拉羅歇爾；布洛內煤礦的煤才在阿特瓦（Artois）和法蘭德斯地區使用，供燒磚、釀造啤酒、燒石灰和鐵匠爐製作馬掌；一七五〇年後，由於吉沃爾運河的建成，里奧內煤礦的煤運往里昂變得更加方便。車裝馱載的運輸方法是推廣用煤的主要障礙[114]。

在歐洲範圍內，只有列日煤田和英格蘭的紐塞煤田是很早取得成功和具有相當規模的兩個煤礦。列日從十五世紀起就是個「軍工生產基地」和冶金城市，那裡的煤用於產品的精細加工，其產量於十六世紀上半期增加了二至三倍。在隨後的戰爭年代裡，列日主教轄區的中立立場更推動了生產的發展。從礦井深處挖出的煤經由謬斯河向北海和英吉利海峽方面出口[115]。紐塞的成就更大，煤的革命使產量很大的一系列工業都能用煤作燃料，從而推動英國於一六〇〇年向現代化方向邁進：海水煮鹽、

1600 年前後的法國煤礦（壁爐飾面板）。「為達目的，必先吃苦」
慕尼黑德意志博物館攝影部。

燒製玻璃和磚瓦、煉糖、明礬加工（明礬以往從地中海國家進口，如今在約克郡沿海精製）、烤製麵包、釀造啤酒和家庭取暖等大量燃料消費尚不計在內。倫敦城幾百年來已因燒煤取暖而煙霧迷漫，之後的環境更加惡化。在消費不斷擴大的刺激下，紐塞的煤產量將不斷增加：從一五六三—一五六四年的年產三萬噸上升到一六五八—一六五九年的五十萬噸。一八〇〇年間的產量約在二百萬噸左右。泰恩河口總是停滿了在紐塞和倫敦之間往返的運煤船；船隻的噸位於一七八六—一七八七年間竟高達三十四萬八千噸，每年往返航行六次。紐塞煤部分向遙遠的海外地區出口（「海煤」因此而得名），於十六世紀至少運往馬爾他[116]。

為了把煤用於煉鐵，人們很早就想到將煤加以提純，就像把木柴放進土窯內燒成木炭一樣。英國於一六二七年已開始燒焦炭，並設置了專利。德比郡第一次乾餾煤的日期是在一六四二—一六四八年間。當地的啤酒釀造者很快用焦炭代替柴草和普通煤烘烤麥芽，這種新的燃料使德比啤酒「以潔白和甘美而聞名」[117]，而且從此不帶普通煤的怪味。德貝產品當時成了英格蘭的第一流啤酒。

但焦炭沒有立即在冶金業交上好運。一位經濟學家於一七五四年說：「用火乾餾可以清除煤所含的瀝青和硫，因而在重量減輕三分之二和體積變化不大的情況下，焦炭仍是一種燃料，但不再像煤那樣散發讓人討厭的黑煙……」[118]這種「煤炭」只是到一七八〇年前後才在冶金業開始風行。這一遲緩乍眼看來令人難以理解，我們在後面還將談到[119]。這是個很好的例子，說明人對新事物的惰性。

在這方面，中國的情形更加說明問題。我們已經指出，煤在中國用於家庭取暖也許可追溯到公元前幾千年，用於煉鐵也可追溯到公元前五世紀。燒煤取熱確實很早使生鐵的生產和使用成為可能。中國燒煤的歷史雖然如此之早，但在十三世紀人口激增時，卻仍未推廣使用焦炭，儘管在當時大概已經知道了燒製焦炭的方法[120]。這只是大概，而不是篤定。否則這將是一個何等重要的論據！當時強盛的中國本來具有打開工業革命大門的條件，而它偏偏沒有這樣做！它把這個特權讓給了十八世紀末年的英國，而英國也拖了很長時間才去利用本已唾手可得的東西。技術只是一種工具，人並不是始終會利用它的！

作個小結

我們再回到十八世紀末的歐洲，提出兩個互為聯繫的結論：第一個結論涉及歐洲的整個能源狀況；第二個涉及歐洲使用的機械。

（一）對於歐洲掌握的能源，我們可以根據其各自的地位排列出以下的順序，決無出錯的危險：首先是畜力，共有一千四百萬匹馬，二千四百萬頭牛，每頭牲畜等於四分之一馬力，總計為一千萬馬力；其次是人和工具（五千萬勞動者），相當於六百萬至八百萬馬力；再其次是木柴，可能等於四百、五百萬馬力；然後是水輪，約在一百五十萬至三百萬馬力之間；最後是船帆，至多有二十三萬三千馬力，戰船不計在內。這些數字同現今的能量結算差距甚大，我們可以預計到這一點。以上不完整計算的意義並不在於數字的大小（我們沒有計算風磨、內河船舶、木炭和煤的數字）。問題是要看到，畜力、人力和木柴無可爭議地居於首要地位（風磨的數量比水輪少，動力只等於後者的三分之一或四分之一）。磨坊之所以沒有取得更大的發展，其部分原因是技術落後（多數情況下用木材，不用鐵），而其主要原因是磨坊所在地並不需要更多的動力，在當時條件下，能量不能傳送。能源不足是舊制度下經濟發展的主要障礙。中等規模的水磨比兩人操作的手搖磨的效率高四倍；但最初的蒸汽磨的效率又比水磨高四倍[121]。

（二）工業革命前曾有一個準備階段。畜力牽引、燃木取火以及由水力和風力推動的簡易機器，加上大批人力勞動，所有這些因素於十五至十七世紀期間促使歐洲有一定程度的發展，動力、功率和實務的熟悉也在慢慢提高。正是在這原有發展的基礎上，從一七三〇—一七四〇年間出現了一股進展越加猛烈的勢頭。可見得工業革命發生前，已有了一種往往不可捉摸的或不被覺察到的革命動向。一系列科學發現和技術進步，有的引人注目，有的要用顯微鏡才能看到，如各種齒輪、千斤頂、傳動皮帶、「天才的曲柄連桿結構」、穩定轉速的飛輪、軋鋼機、日益複雜的採礦機械。還有大量新創造：針織機、絲帶敲邊機（也稱直桿機）、多種化工工藝……「就在十八世紀下半期，開始了讓車具、鑽具和鏜具適應工業用途的嘗試」，雖然這些工具很久以前早已使用。也在同一個時期，開始了紡織機械的自動化進程，這對英國經濟的「起飛」具有決定性作用[122]。為了使這些夢寐以求或終於製成的機器能充分發揮作用，美中不足的只是需要增加能源，而且必須是易於調配的能源。有關的工具已經存在，正在不斷完善中。值得注意的是印度和中國的工具十分簡陋，與產品的精美適成對比。歐洲的旅行家對此深為驚訝，有人說：「人們不禁感到意外，這樣簡單的機器竟能織出中國最漂亮的絲綢」[123]。另一位作者在談到印度著名的府綢（Cotton Muslins）幾乎用相同的話表達這個感慨[124]。

隨著蒸汽機的出現，西方的一切都加速發展，好像受到魔力的推動一樣。但這種魔力是事先經過醞釀和準備的。借用歷史學家彼埃爾・里昂的話：先有進化（即緩慢前進），然後才有革命（即加速前進）。兩種運動是互相

17 世紀的日本鐵匠爐。

聯繫的。

窮親戚——鐵

可以肯定，在十五世紀，特別在十八世紀。世界上所有的人都會認為，把鐵比作窮親戚是牽強附會和不合實際的。蒙巴爾的冶金工場主布豐對此會作何感想？其實，對於這個既近又遠的時代，只有我們二十世紀的人才會感到奇怪，何以鐵的使用會如此之少。

總的說來，鐵的冶煉方法當時與今天基本相同，都是使用高爐和鍛錘，但從數量看就大相逕庭。今天的一座高爐「二十四小時消費的焦炭和礦石可達三列火車的容量」，而在十八世紀，設備最完善的高爐最初只是斷續開工，後來裝上了雙火精煉等設備，年產量也不過一百至一百五十噸。鐵產量今天以千噸計算，而在二百年前，產量單位還是

日本製劍技術。鍛造和拋光（18 世紀）。

當時的公擔，即今天的五十公斤。這個級差區分著兩種文明。摩根於一八七七年寫道：「鐵一旦成為生產中最重要的原料，這意謂著人類進化史上發生了最重大的事件。」[125]一位名叫斯蒂芬・庫洛夫斯基的波蘭經濟學家甚至相信，通過冶金工業這一優先部門可以摸出經濟生活的全部脈搏：冶金工業體現著過去和將來的一切[126]。

但直到十九世紀初，「最重大的事件」尚未發生。一八〇〇年，世界鐵產量（包括生鐵、鍛鐵、鋼）達二百萬噸[127]，這個數字雖然基於事實，但是看來恐怕是灌了水。在當時經濟文明中佔統治地位的與其說是鐵，不如說是棉花（歸根到柢是棉花發動了英國革命）。

冶金業實際上仍是墨守成規，供給量不穩定。它還取決於自然資源。礦石幸而比較充裕，森林已感不足，河水的動力常有變化：在十六世紀的瑞典，農民也生產鐵，不過僅在春天汛期；凡有高爐的地方，水位下降就帶來失業。總之，無論在亞爾薩斯、英格蘭或烏拉山區，很少或幾乎沒有專業工人，往往都是普通農民從事煉鐵。也沒有現代意義上的企業家。歐洲的煉鐵工場主多數是地主，他們委託管家或佃戶照看鐵工廠！最後一個不穩定的因素在於，鐵的需求同戰爭的爆發和結束相聯繫，時多時少。

當時的人顯然不是這麼看問題的。他們常說鐵是用途最廣的金屬，所有人都有機會看到鍛鐵爐（至少是村內鐵匠或馬路匠的爐子）、高爐、加熱爐和精煉爐。確實，分散的地方性生產或短途供應是當時的一般情形。亞眠於十七世紀從離其市場不到一百公里的提埃拉什運來鐵，再在方圓五十至一百公里的範圍內來進行銷售[128]。十六世紀，奧地利的一個名叫尤登堡的小城市（位於奧伯施泰馬克地區）[129]是雷歐本一帶鋼鐵冶金產品的集散地，我們掌握了那裡一名商人的日記，從日記中可以查到有關採購、銷售、運輸、價格、計量等詳細情況，了解各種不同質量的鐵產品，從粗鐵、鐵條到鋼材、粗細鐵絲，乃至針、釘、剪、火爐和白鐵器具。所有這些產品的去路都並不很遠：即使價格高昂的鋼也不翻過阿爾卑斯山運往威尼斯。冶金產品不像棉毛織品那樣遠銷外地，個別的奢侈品例外，如托雷多的劍、布雷西亞的兵器，還有尤登堡那位商人向安特衛普供應的打獵用弩箭。冶金產品的大宗交易（十六世紀的坎塔布連地區，十七世紀的瑞典，十八世紀的俄羅斯）通過河道和海道進行，數量十分有限。

總之，在十八世紀或十九世紀前的歐洲（歐洲以外的地區自然更是如此），鐵的生產和使用在物質文明中尚未達到舉足輕重的地位。那時候，鋼的熔煉尚未實現，攪拌法尚未發現，焦炭煉鐵尚未普及，貝塞麥、西門子、馬丁、托馬斯等一系列名稱和工藝尚未問世。

世界（除中國外）最初的冶金技術

煉鐵技術是在舊大陸被發現的，從公元前十五世紀起，它可能以高加索為出發點，很快在舊大陸傳播。舊大陸的各文明地區都先後學會了和程度不同地掌握了這門基本技藝。唯有兩個地區的進步特別引入注目。中國起步很早，卻在十三世紀後停滯不前，令人不解；歐洲起步較晚，但是進展很快。

中國無可爭辯的優越在於它發展最早：公元前五世紀前後，中國已能煉鐵；最初用煤，也許在十三世紀開始用焦炭熔化礦石，雖然此說尚有疑問。歐洲於十四世紀前尚未煉出鐵水，用焦炭煉鐵可能起源於十七世紀，英國只是在一七八〇年後才普遍採用這一方法。

中國冶金業起源之早提出了一個問題。達到高溫或許與煤的使用有關；再說開採的礦石含磷量很高，在溫度相對不高的條件下也可熔化；還有人力或渦輪推動的風箱能向爐內不斷鼓風，維持著較高的溫度。那裡所使用的爐子與我們的爐子毫無共同之處：這是一些「用耐火材料砌成的長方形凹坑；裡面放有若干的坩鍋，煤就堆在這些裝有礦石的坩鍋之間。礦石因而不直接接觸燃料，工人能夠隨意添加包括木炭在內的用料。經坩鍋多次熔煉，可得到幾乎完全消除了碳素的軟鐵，或含碳量不同的鐵，即低碳鋼或高碳鋼。坩鍋連續熔煉兩次所得的產品被中國人用於澆鑄犁鏵或成套的鐵鍋，這種方法在西方只是過了十八至二十個世紀後方才通行。奧德里庫爾根據語義考證推斷，史泰利亞以及奧地利——那裡的高爐於十四世紀由熔煉法代替鍛煉法生產鐵——採用了中國技術，它經由中亞細亞、西伯利亞、土耳其和俄羅斯傳到歐洲的終點站[130]。

亞洲坩鍋冶煉法的另外一項成就是它製造了一種「含碳優質鋼」（有人認為其原產地在印度，也有人認為在中國），相當於今天最好的「過共析鋼」。這種鋼的質地和製造方法直到十九世紀對歐洲人仍是個謎。它在歐洲被稱作大馬士革鋼，在波斯被稱作「波紋鋼」，在俄羅斯被稱作「布拉特鋼」，英國人後來稱它是「烏茨鋼」，主要用於製造鋒利無比的劍刃。它產於印度的葛康達王國，歐洲人到達那裡時，它以鋼錠形式出售。達維尼葉說，鋼錠像一塊麵包那樣大小，每塊約六百至七百克，主要是向遠東地區，向日本、阿拉伯、敘利亞、俄羅斯和波斯等地大批出口。夏爾丹於一六九〇年說，波斯人認為當地的鋼不如這種印度鋼，而歐洲的鋼又不如當地的鋼[131]。波斯人用印度鋼製造最優良的刀刃。其特點是：當金屬塊在坩鍋中冷卻時，碳素結晶成具有白色紋理的、極其堅硬的碳化鐵，表面呈現波紋閃光。這種聲名卓著的鋼價格十分昂貴，葡萄牙人於一五九一年在印度洋沿岸截獲了一船，但當時里斯本以及西班牙的任何鐵匠都未能加以鍛造。列奧米爾（一六八三—一七五七）曾從開羅搞來一塊樣品，委託巴黎的鐵匠加工，也同樣遭到了失敗。燒紅的「烏茨鋼」一經錘打，立即折斷，波紋閃光隨之消失。這種鋼只能在低溫條件下鍛造，或者在坩鍋中溶化後澆鑄。十九世紀前幾十年，許多西方科學家和俄羅斯冶金學家熱衷於研究「烏茨鋼」的祕密，他們的研究將成為金相學（metallography）的起源[132]。

所有這些事實說明，人們毫無爭議地認定印度是大馬士革鋼的發源地。但是，阿里·馬扎海利在一篇令人眩目的文章裡，根據阿拉伯和波斯九世紀和十一世紀的資料以及中國更古老的資料，提出了關於印度鋼源自中國的假設（請注意，印度鋼同中國的鑄鐵一樣，也在坩鍋中製作），認為鋼刀係由坩鍋熔煉的亞洲鋼鑄成，劍則是與西方一樣，用經過錘鍛和淬火的鋼製成；他講述了大馬士革鋼刀富有傳奇色彩的歷史：先從亞洲傳到土耳其斯坦，經斯基塔人的媒介，轉入印度、波斯、穆斯林和莫斯科公國。波斯薩珊王朝之所以能戰勝羅馬軍團，主要原因是它的騎兵使用大馬士革鋼刀，其質量大大超過羅馬軍團粗糙的短柄鐵劍。最後，「亞洲的遊牧部落之所以能侵入羅馬帝國和中世紀的歐洲，原因也在於鋼刀的優越」[133]。

不尋常的是，中國在遙遙領先後，卻於十三世紀停滯不前了。中國的冶金和鍛造工匠滿足於重複既有的成果，不再取得任何進步。焦炭冶煉雖然已經發明，卻並無發展。這一切很難弄清，很難說明。中國的命運總的說來存在著相同的問題，十分模糊，至今還難以解決。

史泰利亞和多菲內在十一至十五世紀期間的進步

另一個問題是歐洲的後來居上。中世紀的冶金業最初出現在西格河和薩爾河之間或塞納河和揚河之間的河谷地區。鐵礦石幾乎各地都有；稀少的只是接近純鐵狀態的隕石，歐洲早在坦諾時代（Le Tene Culture）已用這種隕石煉鐵。礦石經粉碎、篩洗和焙烘後，與木炭分層放置在形狀各異的爐子裡。例如，在塞納河和揚河之間的奧脫森林中，緊靠山坡的窯洞充當沒有爐壁的、簡陋的「風爐」。爐子點火後二至三天，就能取得內含許多爐渣的小塊海綿狀鐵；接著，必須送鐵匠爐加工，加熱（多次把鐵燒熱），在鐵砧上錘打[134]。

一些比較複雜的爐子很快出現，爐子裝有爐壁，但尚未密封，不再滿足於自然通風（像普通的壁爐那樣）。在薩爾地區挖掘出土的蘭登塔爾爐（在公元一千至一千一百年間使用）約有一點五公尺高，最大剖面直徑為零點六五公尺（爐身呈圓錐狀），內壁係用木模範型燒結的黏土，另有二台風箱鼓風[135]。科西嘉、加泰隆尼亞、諾曼第等地區的煉鐵爐與此大同小異（諾曼第加工瑞典的礦石）：都有爐壁，爐頂不封口，用甕腳風箱鼓風，工效很低。使用含鐵量達百分之七十二的礦石，出鐵量大約只有百分之十五。當然，這種低度發展狀況同樣適用於十一世紀後歐洲農民（當時十分活躍）和舊大陸不發達民族從事的金屬冶煉。[136]

在十一和十二世紀後，水輪給歐洲帶來了相當緩慢、但具有決定性意義的進步，各大產鐵地區都安裝了水輪。煉鐵爐從森林遷到了河邊。水力推動龐大的鼓風機以及粉碎礦石的搗槌和「趁熱打鐵」的鐵錘。隨著這些進步的實現，高爐於十四世紀末終於誕生。高爐在德國（也許在尼德蘭）出現後，很快傳到馬恩河上游河谷的法國東部；至於普瓦圖、曼恩河下游的法國西部，森林中的手工煉鐵爐將一直保持到十六世紀[137]。

史泰利亞實現的新的進步堪稱典範：那裡於十三世紀出現了用手拉風箱鼓風、四面圍有爐壁的煉鐵爐；十四世紀出現的高爐比前一種爐子更高，並且用水力鼓風，十四世紀末的高爐爐身繼續增高，與預熱爐配套，構成鼓風爐（這個名稱出現在一三八九年的一份文件上）。由於安裝了由水力推動的巨大皮風箱，由於高爐有了爐膛，終於第一次實現了熔融，這個重大進步意謂著熔煉法於十四世紀已被「發現」。從此，人們將能隨意將熔鐵煉成脫碳程度很高的熟鐵或不完全脫碳的鋼。史泰利亞致力於鋼的生產[138]。但在十八世紀末的革新出現前，舊法煉鋼煉出的往往不是鋼，而是「鋼化的鐵」。

與此同時，鍛造工場遠離高爐，向下游發展，因為如果保持工廠的整體，燃料消耗量就變得過大，供應難以保證。從一六一三年的一張素描可以看到，一座鼓風爐孤零零地豎在那裡，設在下游的鍛造工場配合高爐工作。鍛造工場擁有一個水力鍛錘，或稱德意志錘：一根粗大的橡樹樑子充當鍛錘把；錘頭的鐵塊可重達五百至六百磅，一個帶鉤的

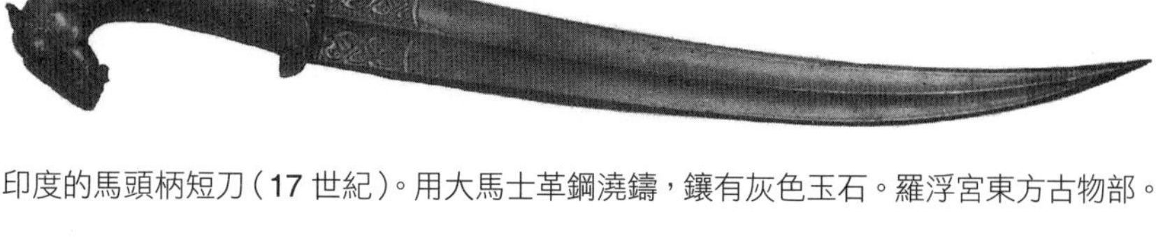

印度的馬頭柄短刀（17 世紀）。用大馬士革鋼澆鑄，鑲有灰色玉石。羅浮宮東方古物部。

輪子將錘頭舉起，再讓它落在鐵砧上。這一巨大的打擊力對加工當時大量生產的粗鋼是完全必要的。但是，由於鐵需要不斷再加工，還有被稱作義大利錘的小錘從事急速的錘打，這種式樣的小錘大概來自號稱「鐵之古都」的布雷西亞，中間經過了佛里烏利工人的引介[139]。

說明這些進步的另一個例子是阿爾卑斯山西部：這個例子的好處是它揭示了查爾特勒修士在冶金業初期發展中所起的作用。查爾特勒修士自十二世紀起在史泰利亞、倫巴第、卡林西亞、皮德蒙定居，他們「同近代冶金業的各項發明緊密相關」。他們很可能於十二世紀在多菲內的阿爾瓦首創熔鐵法，總之，明顯地早於史泰利亞等地。他們很早利用巨大的引水管道把阿爾卑斯山的一條激流完全截住，從而帶動功率強大的鼓風機。隨著蒂羅爾工人的來到（一一七二），他們又發明了所謂用木炭加廢鐵精煉鑄鐵的方法，因而製成了所謂「天然鋼」。不過，以上涉及的時間不太可靠[140]。

其實，每個產鐵中心都經歷特殊的階段，都有其獨特的方法（尤其是精煉），都有自己的祕密、顧客以及選定的產品。但是，各地固有的技術終究會逐漸推廣，至少工匠的流動還是很快的。舉一個小例子：一四五〇年，「生於列日」的二名工人在桑利斯附近的阿瓦朗河畔取得一塊場地，「準備製造河水落差，建造一個熔爐或鑄鐵工場」[141]。

所有這些高爐遲早都將由間歇生產改為連續生產；每次出鐵後，爐子立即又裝上礦石和木炭。為修理或裝料而暫停工作的間歇變得稀少。高爐的規模日漸擴大：一五〇〇—一七〇〇年，高爐容量增加了一倍，達到四點五立方公尺，日產鐵水二噸[142]。人們逐漸習慣於把鐵放在鐵水中重新淬火，以增加其含碳量。

集中前的集中

在戰爭的刺激下，鐵的需求量成倍增長，用以製造盔甲、劍、矛、火槍、砲、鐵彈……這些緊迫的要求顯然只是一時之需，隨後很難轉產。但生鐵和熟鐵也用於製造廚房用具、大小鍋子、鍋架、柴架、壁爐護板和犁鏵。隨著這些需求的日益增長，鐵的生產便日益集中，雖然這還是工業集中前的一種鬆散的集中，因為在一個地點所能調動的運輸力量、燃料和動力還很有限，食物供應也有困難，而生產活動又時斷時續。這一切不允許有太大規模的集中。

十五世紀末的布雷西亞可能有二百家武器工場，這些工場除場主外只僱傭三至四名工人。根據一份文件，當時約有六萬人從事鐵的生產，這個數字還是誇大了，雖然它應包括遠在卡莫尼卡河谷的煉鐵工、鍛造工、水輪工、採掘工、運輸工等。所有這些工人分散在城市四周二十至三十公里的範圍內[143]。

十六世紀里昂的情形也是如此，它是方圓一百多公里範圍內許多小冶金工場產品的集散地。按照產品的重要性順序排列，聖艾蒂安生產小五金、火槍、戟以及少量的長短劍配件；聖夏蒙生產小五金、火槍、鉤環、圓環、馬刺、鋼銼以及銅盆、

蒂羅爾的機械化鍛鐵：鼓風機和鍛錘由一個水輪帶動，圖前方係凸輪軸（16 世紀）。維也納奧地利國立圖書館圖片部。

「轉錠」等繅絲和染絲的必要器具……次一等的冶金中心專門製造鐵釘，如聖保羅雅雷、聖馬丁、聖羅曼、聖迪迪耶；台爾諾瓦製造小五金、聖桑福尼安製造鐵罐；聖安得烈製造鐵鏟、犁頭等農具。稍往遠去，維維羅生產「驢騾的掛鈴」（里昂的義大利大商人向國外出口的鈴鐺也許就在這裡生產的）；聖博內勒堡生產的「剪羊毛器」聲譽卓著[144]。

生產鐵釘等物的工匠自己把商品送往大城市，順便讓馱畜捎帶少量的煤。這證明冶金工業使用煤炭，里昂也用煤炭作家庭取暖（韋茲街區的石灰窯也燒煤），經精細加工的冶金產品比未加工的產品銷路好些。

只要看一看紐倫堡及其市郊的各種小五金生產，十七世紀瑞典的鋼鐵生產，十八世紀烏拉山區的工業高漲，比斯開或列日地區的工業生產方式，我們就會注意到以下相同的狀況：生產單位較小，地理位置比較分散，運輸十分困難。只有在沿海或靠近河道的地方（萊因河、波羅的海、謬斯河、加斯科尼灣、烏拉山區）生產集中方有可能。背山臨海的比斯開不但水流湍急，而且擁有山毛櫸林和豐富的礦藏，因而那裡的冶金業規模很大。直到十八世紀中葉，西班牙仍向英格蘭賣鐵，英國人正是用西班牙的鐵裝備船隻，在海上同西

15 世紀的一家小客店。圍桌坐下的旅客把自己的武器掛在背後。伊索涅鄉墅的壁畫。

班牙船隊進行較量[145]。

幾個數字

我們已經說過，把一八〇〇年前後的世界鋼鐵產量算作二百萬噸，肯定是高估了。假定工業革命前世界鋼鐵產量約等於歐洲產量的二至三倍，歐洲產量在一五二五年左右不過僅十萬噸（根據約翰・內夫的數字）；一五四〇年為十五萬噸（根據庫洛夫斯基的數字[146]，以下亦然）；一七〇〇年為十八萬噸（其中，英國就佔了一萬二千噸，瑞典則佔五萬噸）；一七五〇年為二十五萬噸（英國佔二萬二千噸，俄國則是佔二萬五千噸）；一七九〇年為六十萬噸（英國佔八萬噸，法國佔十二萬五千噸，瑞典佔九萬噸，俄國佔十二萬噸）。歐洲鐵產量一八一〇年僅達一百一十萬噸；一八四〇年達二百八十萬噸，其中英國佔了一半。不過，第一次工業革命當時已經開始。

本世紀的七十年代，歐洲鋼產量總共是七億二千萬噸。這就等於說，在本書鋪陳的漫長歲月裡，鐵的時代尚未完全確立。如果回溯到工業革命發生前，並繼續逆時間前進，我們就會看到鐵的作用不斷減小，鐵將恢復它在舊制度下沒沒

16 世紀上半期佛日山區克魯瓦德洛林的銀礦：礦井、升降機、絞車、礦車。該地的鄉村礦井直到 1670 年仍在開採。國立圖書館版畫部。

無聞的地位。歷史車輪最後將回到荷馬史詩的時代，那時候，武士的盔甲「等於三對牛的價值，一把劍值七對牛，馬嚼比馬本身更加值錢」[147]。本書敘述的那個時代從頭到尾還是木材橫行天下的時代。

其他金屬

作為歷史學家，我們慣於把大宗商品的生產和貿易放在第一位；這些商品不是香料，而是食糖或小麥，不是稀有金屬或貴金屬，而是用於製造日常用具的鐵，儘管在這幾百年裡鐵的用量還不算太大。對於用途不廣的稀有金屬，如銻、錫、鉛和鋅，以上的認識是正確的，鋅直到十八世紀末才被使用。但就金、銀等貴金屬而言，爭論便遠沒有得出結論。身價低賤的鐵不會像貴金屬那樣招惹種種貪欲圖謀。人們為了取得白銀真是費盡了心機，阿格里科拉的著作中有關銀礦的漂亮草圖或佛日地區聖瑪麗亞礦的礦井和坑道剖面圖都足以為證。為了取得白銀，西班牙開採了寶貴的阿馬丹汞礦（十五世紀煉銀採用混合法，十六世紀後才改為工業生產）；為了取得白銀，採礦業完成了各項進步（開挖坑道、油水、通風）。

可以認為，銅當時起的作用與鐵相同，甚至更大。青銅鑄砲是大砲中之佼佼者。船殼包銅於十八世紀開始普及。自十五世紀起，摻鉛二次熔銅法已從銅礦石中分離出銀。銅是繼金銀之後用於製造貨幣的第三種金屬。此外，銅的冶煉比較容易（一座反射爐日產三十噸銅），因而在早期資本主義的幫助下，薩克森地區曼斯菲爾德的銅礦生產於十六世紀直線上升，瑞典的銅業於十七世紀飛躍發展，由荷蘭東印度公司壟斷的日本銅也在同期引人注目。賈克・科爾（Jacques Coeur）以及勢力更大的富格爾家族曾是銅業大王。即使在隨後的幾個世紀裡，人們也可以在阿姆斯特丹交易所閉著眼睛做銅的投機生意。

第六章　技術革命和技術落後

以上談到了技術基礎的停滯不前。革新只能從縫隙中慢慢冒出。火砲、印刷術和遠洋航行曾是十五至十八世紀期間的三大技術革命。但要說革命，這僅是說說而已，其中任何一次都不是跑步完成的。唯獨遠洋航行最終造成了世界的不平衡和不對稱。在一般情況下，技術遲早是會傳播出去的：阿拉伯數字、火藥、指南針、紙張、蠶絲、印刷術都無不如此。任何革新從不滿足於為一個集團、一個國家或一種文明服務，除非其他的集團、國家或文明確實不需要這項革新。新技術的誕生過程十分緩慢，鄰近地區有足夠的時間感到驚訝和去了解它。大概在一三四七年克雷西會戰期間，或更準確地說，在加萊攻城戰期間，火砲開始在西方出現；只是到了查理八世遠征義大利時，即經過一個半世紀的醞釀、試驗和探討後，火砲終於成為歐洲戰爭中的主要武器。

這種停滯不前的狀態在某些部門尤其突出。如在運輸方面（儘管麥哲倫的遠洋探險使世界第一次認識到了海洋的整體性）和在農業方面，革命性的進步僅僅觸及狹小的領域，並淹沒在因循守舊的汪洋大海裡。舊制度正趨向崩潰，但仍未被推翻：進步緩慢，困難重重，情形實在令人沮喪。

三大技術革新

火藥的起源

一種「西方」民族主義正在鼓吹科技史的專家們否認歐洲對中國的借鑒或者矮化這種借鑒的重要性。不論優秀的科學史專家阿爾多・米埃里[1]如何強詞奪理，中國人發明火藥畢竟不是一種「神話」。他們從九世紀起已用硝土、硫磺和炭屑製造火藥。最早的火器同樣也是由中國人在十一世紀製成的，但中國出現第一門火砲的日期卻在一三五六年[2]。

西方是否在同一時間也發現了火藥呢？有人認為火藥是老培根（一二一四—一二九三）的發明，但不能提供任何證據。火砲出現的日期比較可靠：一三一四—一三一九年在法蘭德斯；一三二四年在梅斯；一三二六年在佛羅倫斯；一三二七年在英格蘭[3]；一三三一年夫里阿利的奇維道爾圍城戰[4]。也許還有克雷西會戰（一三四六），據弗洛瓦薩爾說，英軍的「砲火」使瓦盧瓦家族的腓力六世統率的法軍驚得「目瞪口呆」。更加可靠的是愛德華三世曾於第二年攻打加萊時使用了火砲[5]。但是新武器真正發揮作用還在下個世紀中歐的胡斯戰爭期間。起義者於一四二七年已有四輪車載運的輕砲。最後，在查理七世同英軍作戰的末期，火砲曾起了決定性作用，但這一次，受益的卻是一百年前在加

最初的火炮貼近城牆轟擊。馬西奧爾・德・巴利的《查理七世的兵士們》一書，1484年版，國立圖書館。

萊之戰中失利的一方。火砲的地位變得重要與一項新發現有關：一四二〇年前後[6]，由於原料配方的變化，燃燒及時可靠的顆粒狀火藥代替了板結而不易引爆的塊狀火藥。

我們不能因此認為火砲已成為常規武器。我們約略知道，火砲於十四世紀在西班牙和在北非曾發揮一定作用。例如，在一四五七年的休達城內：葡萄牙人於一四一五年佔領了摩洛哥的這個重要沿海城市，摩爾人當時正進行反攻。且聽聽前來同非基督徒作戰的一名士兵（亡命之徒）所講的話：「我們用我們的機器相當成功地向他們發射石塊……摩爾人射手只有弓箭和投石器作武器……他們白天不斷投射石子。」[7]可是，四年前，陳兵君士坦丁堡城下的土耳其人於一四五三年已用一門碩大無比的火砲攻打城市……但即使在西班牙，一四七五年至一四七六年間布爾戈斯圍城戰期間也還使用投石器。有關這方面的細節，可以補充的是硝石於一二四八年間已在埃及出現，被稱作「中國雪」。還可以肯定的是火砲於一三六六年在開羅使用，於一三七六年在亞力山卓港使用，於一三八九年在埃及和敘利亞已相當普遍。這張時間表——一三四七年在加萊，一三五六年在中國等等——不能證明究竟誰先發明了火砲。卡洛．西博拉認為十五世紀初的中國火砲只會比歐洲火砲更好，而不會差。但是到了十五世紀末，歐洲火砲就已勝過亞洲製造的任何火砲。因此，當歐洲火砲於十六世紀在遠東出現時，曾經引起了極大的恐慌[8]。總之，中國火砲未能根據戰爭的需要而演變。一名旅行家於一八三〇年左右曾指出，在中國城市的郊外，「設有鑄砲工場，但工人缺少經驗、操作也不熟練」[9]。

火砲變得可以移動

最初，火砲只是一種砲身短、裝藥少的輕武器（火藥稀少，價格昂貴）。人們始終都不明白當時各種火器的名稱究竟指的是什麼。例如，名叫「里博德坎」（*ribaudequin*）的火器大概是意指由許多槍筒（類似火槍槍管）所組成的集合體，因而有人稱之為風琴炮！

火砲後來變得越來越笨重，根據倫敦塔保存的樣品，理查二世在位期間（一三七六－一四〇〇），平均砲重由一百三十六公斤增加到二百二十七公斤。十五世紀常見的臼砲，如德意志轟雷砲，是用木架支撐的龐大的長筒青銅砲，在移動時所遇到的困難幾乎無法解決。一四九九年，為了平定瑞士各州，馬克西米連皇帝向史特拉斯堡借用的「奇蹟砲」（*der Strauss*）移動如此緩慢，差一點落在敵人手裡。一五〇〇年三月，路德維希．勒莫爾從德國運

火炮變得能夠移動。查理八世的裝有車座的火炮隨軍向義大利進發。

往米蘭「六門大砲」，二門在途中摔碎[10]：類似事故屢見不鮮。

早在這個時期以前，已經誕生了口徑大、移動比較靈活和便於隨軍轉移的砲車，例如查理七世在福爾米尼（一四五〇）和卡斯蒂隆（一四五三）賴以取勝的比洛兄弟砲隊。義大利也有了活動砲車，用牛牽引，這在一四六七年莫利納奇拉（Molinacela）遭遇戰中可以看到[11]。但裝有車座、由馱馬所牽引的火砲只是於一四九四年才跟隨查理八世進入了義大利，致使當地士紳恐慌萬狀。這種火砲不再發射石塊，而是發射鐵彈，鐵彈的使用迅速得到推廣，它所瞄準的目標不再僅限於城內的房屋，而且包括城牆。圍城戰的關鍵始終在於

能否守住或攻破城門，任何要塞如今都抵擋不住砲火的直接轟擊。火砲被運到城牆腳下護城河的外側，並立即「加以掩蔽」，或用路易十二的史官多東的話，「搭篷保護」。

砲火的猛烈使要塞城市有三十多年時間處於無險可守的狀態：城牆竟像舞台布景一樣容易倒塌。針對這種狀況，逐漸形成了新的防禦手段，脆而易碎的石牆被夯實的土牆所取代，鐵彈轟進土裡不起任何作用，而防守者設在城牆樓臺上的火砲卻有居高臨下之利。查理五世皇帝的掌璽大臣梅古里烏．加提納拉[12]於一五三〇年斷言，只要有五十門砲就能使皇帝在義大利的優勢不被法國人所動搖[13]。一五二五年，帕維亞要塞牽制了法蘭索瓦一世的軍隊，使帝國大軍於二月二十四日得以從背後偷襲。採用同樣的辦法，馬賽於一五二四年和一五三六年抵抗了查理五世皇帝的進攻。維也納於一五二九年抵擋了土耳其的進攻；梅斯於一五五二年至一五五三年抵擋了日耳曼羅馬帝國的進攻。但如果敵方偷襲，城市仍可被攻破：迪倫（Duren）於一五四四年，加萊於一五五八年，亞眠於一五九六年分別陷落。要塞防守的加強預示著攻城和守城將成為戰爭的一門學問。直到很久以後，腓特烈二世的戰略和拿破崙的戰略才突然脫離這套程式，新戰略關心的不再是城市的得失，而是消滅敵人的有生力量。

與此同時，火砲正日漸完善和變得合理，查理五世皇帝於一五四四年把砲筒的長徑比定為七比一。亨利二世（英格蘭國王，一一五四年到一一八九年在位）則定為六比一；用於攻城和守城的大砲射程為九百步；其他的砲，即所渭「野戰砲」，射程僅止於四百步之遠[14]。隨後的技術進步很緩慢：舉法國為例，德．瓦利埃爾將軍早在路易十五時代建立的體系直到一七七六年才由格里博瓦爾（Jean-Batiste Vaquette de Gribeauval）著手改進，改進後的火砲在大革命和拿破崙帝國時期到處大顯神威。

裝在船上的火炮：格拉維爾勳爵、海軍上將路易・馬萊（卒於 1516）的戰船。奧利維埃・德・拉馬爾什：《堅毅的騎士》，尚蒂伊的貢岱博物館，編號 507。

船上的火砲

火砲很早就被安裝在船上，但比較隨意，沒有定規。早在克雷西會戰前，一艘名叫「塔中瑪麗號」的英國船於一三三八年裝上了火砲。三十多年後，即在一三七二年，四十艘卡斯提爾大船在拉羅歇爾海面用火砲擊毀多艘英國船，後者因未裝火砲無力抵禦[15]。可是據一些專家，在一三七三年前後，英國船隻裝備火砲已成為慣例！在威尼斯同熱那亞進行無休止的戰爭（一三七八）期間，沒有任何證據可證明威尼斯的划槳戰船裝有火砲。但在一四四〇年，也可能更早些，威尼斯的戰船已裝有火砲，土耳其的戰船顯然也是如此。無論如何，一艘土耳其大船（一百五十多噸）於一四九八年在米蒂利尼島〔萊斯博斯島，Lesbos〕附近同威尼斯的四艘划槳戰船發生衝突，前者的火砲比後者更加猛烈有效，曾經用石彈三次擊中對方，其中一顆石彈重達八十五磅[16]。

用火砲裝備戰船當然並非一日之功，也不是毫無困難。大概在西元一五五〇年前，海上還沒有瞄準目標徑直平射的長筒火砲；到十六世紀，橢圓形船隻兩側尚未普遍設置砲孔。武裝的和非武裝的船隻同時存在，儘管這要冒點風險。我已舉了英國人於一三七二年在拉羅歇爾海面的厄運為證。但在大西洋上，一五二〇年前後，法國海盜船擁有火砲，葡萄牙商船沒有武器裝備。這畢竟是一五二〇年的事呀！

從十六世紀開始，由於海盜猖獗，所有船隻都不得不裝上火器，並有專門操作火器的砲手。幾乎不分戰船和商船，全都武裝了起來。因此，在商船和戰船的區分問題上，十七世紀發生了奇怪的爭執。路易十四時代的戰船在進入海港時享有專門的禮遇，但以不隨帶商品為條件，戰船如今全都帶有商品，爭論由此發生。

這種海上武裝很快遵守一種相當固定的規則：一定噸位的船隻配有一定數量的船員和火砲。從十六世紀起，每十噸位的船設置一門砲，這個比例在十七世紀也還通行。因此，我們可以說，於一六三八年四月停靠在波斯沿海阿巴斯港的一艘英國船武裝不足，三百噸位僅有二十四門砲。規則顯然並不十分嚴格，船與船之間、砲與砲之間差別很大，武裝程度也還有其他標準，例如海員的人數。十六世紀末以後，在地中海航行和駛往印度的英國船一般武裝程度較高，擁有的海員和火砲比其他船多；走道上不堆商品，船員在防衛時行動比較靈活。這正是英國船成功的原因之一[17]。

德呂特爾海軍上將（1607-1676）的旗艦「七省號」火炮如林。阿姆斯特丹里日克博物館。

還有其他的原因。大型船隻曾長期在海上稱霸，因為它們裝備的火砲數量多、口徑大，利於防衛，航行比較可靠。但從十六世紀開始，小型船隻猛烈發展，因為小商船裝貨快，不在港口耽誤功夫，小戰船則能做到武裝更加精良。拉齊伊騎士於一六二六年十一月對黎希留解釋說：「大船過去之所以令人喪膽，因為它們備有大砲，而中等船隻卻只能裝備小砲，小砲不能擊穿大船的船身。新的發明如今使人們找到了航海的訣竅，因而一艘二百噸的船能像八百噸的船一樣攜帶大砲。」[18] 一旦海上發生遭遇，大船竟有失利的危險：小船航速較快，行動方便。能在死角隨意擊中大船。荷蘭和英國在世界七大海的成功正是依靠了小噸位的船隻。

火銃、火槍、擊發槍

火銃出現的確切時間不可能弄清楚，可能是在十五世紀末，至少在十六世紀初是可以肯定的。據「忠實的僕人」一書，一五一二年布雷西亞圍城戰期間，守衛者「開始就好像蒼蠅一樣密集地開槍放砲」[19]。制伏舊時代騎士的武器是火銃，而不是臼砲或長筒砲。火砲一度使城堡很難守衛。領主巴亞爾正是於一五二四年被火銃發射的鏃箭擊中而喪生。蒙呂克聲稱曾為羅特列克遠征那不勒斯（結果慘遭失敗）在加斯科尼召募七百、八百名士兵，他驚呼：「假如像這樣倒楣的機器根本沒有被發明，那該有多好！」他還說：「募兵之事只費了幾天功夫即告完成，其中包括火銃手四百、五百名，當時法國火銃手的人數十分有限」[20]。

這類感慨給人這樣一個印象，似乎為法國效勞的軍隊最初在武器方面落後於西班牙、德意志和義大利的部隊。法語的「火銃」一詞（haquebute）首先是對德語「Hackenb hse」一詞的模仿。隨後的形式（arquebuse）又是對義大利語「archibugio」的模仿。火銃的名稱未定也許頗能說明問題。法軍一五二五年在帕維亞的慘敗，原因顯然很多，西班牙火銃手發射的重彈也是其中之一。後來，法軍成倍地增加了火銃手（二名長矛手配備一名火銃手）。阿爾瓦公爵走得更遠，他把駐守在尼德蘭的步兵分成相等的兩部分：一半用火銃，一半用長矛。在一五七六年的德意志，長矛與火銃約為五與三之比。

實際上，十七世紀仍被稱作「武器女王」的長矛不可能立即消失，因為火銃必須用叉架托位，反覆裝填火藥，點火引爆，動作十分遲緩。即使在火槍代替火銃後，古斯塔夫－阿道夫仍保留一名長矛手配二名火槍手的比例。直到火槍改進後，變成了擊發槍，這種狀況才可能改變。擊發槍於一六三〇年設計成功，於一七〇三年在法軍中投入使用。布蘭登堡選帝侯的軍隊於一六七〇年開始用紙包裝彈藥，法軍則在一六九〇年後；最後，步兵採用刺刀終於結束了長矛和火器並存的局面。十七世紀末，歐洲全部步兵都用擊發槍和刺刀武裝起來，但演變過程竟長達兩個世紀[21]。

在土耳其，進步更加緩慢。勒班陀會戰時（一五七一），土耳其划槳船上的弓箭手仍多於火銃手。一六三〇年，在雷龐多島附近遭土耳其划槳船攻擊的一艘葡萄牙大帆船「遍體負箭，直到桅頂」[22]。

槍砲生產和財政支出

火砲和火器給各國的戰爭和經濟生活，給武器的工業化生產帶來了巨大的變革。

工業逐漸趨向集中，但尚未完全定型，因為軍火工業仍然名目繁多：生產火藥的工場不生產火器、刺刀或火砲；能源也不能隨意集中，必須沿著河道或進入森林去尋找。

唯有富國方能應付新戰爭的龐大開支。富國將消滅那些長期獨立處理自身事務的城邦國家。一五八〇年，蒙田途經奧格斯堡時[23]，曾對該地的軍械庫欣羨不已。如果在威尼斯，他可能會讚賞那裡的兵工廠，聖馬克教堂的大鐘每天召喚三千名工人前去上工。當然，各國都有自己的兵工廠（法蘭索瓦一世建了十一所，在他的統治末年，全國共有十三所），都有龐大的軍械庫：亨利八世在位期間的英國有倫敦塔、威斯敏斯特、格林威治等處。西班牙歷任國王以坎波城（Medina del Campo）以及馬拉加（Malaga）的武器庫為後盾，並且推行其擴張的政策[24]。土耳其蘇丹在加拉塔（Galata）和托普哈恩（Top Hane）也設有兵工廠。

但在工業革命前，歐洲各國的兵工廠往往是些手工作坊，而不是實行合理分工的製造廠。有些工匠甚至在家工作，距離兵工廠有一段路程。讓製造火藥的磨坊遠離城區難道不更加安全嗎？這類磨坊一般設在山區或人煙稀少的地區，例如愛菲爾地區的加拉布利亞、科隆附近以及貝爾格地區；一五七六年，馬爾默迪在發生反西班牙起義的前夕，剛建立了十二座的火藥磨坊。所有這些磨坊，包括十八世紀在萊因河支流烏珀河畔建立的磨坊在內，往往用楊樹燒製木炭。必須把木炭用硫磺、硝土一起研細過篩，由此取得粗細不同的顆粒狀火藥。

歷來注意節省的威尼斯堅持使用價格較為便宜的粗粒火藥。要塞總管於一五八八年指出，最好還是「如同英國人、法國人、西班牙人和土耳其人那樣使用細粒火藥，這能使火銃和火砲都用一種火藥」。市政會議當時庫存六百萬磅粗粒火藥，可供要塞的四百門砲各放三百響。為了達到四百響，還需增加二百萬磅火藥，其開支等於六十萬杜加。如果再過篩，製成細粒火藥，開支會增加四分之一，即十五萬杜加，但細粒火藥裝藥量可比粗粒火藥少三分之一，反而得了便宜[25]。

請讀者原諒我們在這裡算這筆陳年舊帳。它能順便告訴我們，威尼斯為確保自身安全，至少

火銃手，再現帕維亞戰役（1525）的巨幅畫作的細部，呂勃雷希特・海萊於 1529 年在德國創作。斯德哥爾摩國立博物館。

要花一百八十萬杜加購買火藥，也就是說，其開支大於威尼斯城本身的年財政收入。這意謂著，即使沒有戰爭，軍費開支也極其可觀。何況數字還在逐年增加：一五八八年，阿爾瑪達無敵艦隊駛往北歐時，攜帶了二千四百三十一門砲、七千支火銃、一千支火槍、十二萬三千七百九十發砲彈，平均每門砲五十發，另加足夠數量的火藥。一六八三年，法國艦隊裝有五千六百一十九門鑄鐵砲，英國的船砲達八千三百九十六門之多[26]。

軍事冶金工業開始出現：起初於十五世紀在威尼斯的屬地布雷西亞；接著在史泰利亞的格拉茨四周以及科隆、雷根斯堡、諾德林根、紐倫堡和蘇耳附近（德意志的兵工廠在一六三四年被蒂利摧毀之前曾經是歐洲最大的軍火生產中心）[27]；一六〇五年，聖艾蒂安「維納斯瘸腿丈夫的大兵工廠」擁有七百名工人；此外還有瑞典於十七世紀依靠荷蘭和英國資本建造的高爐群，那裡的吉爾工廠一次交貨就能提供四百門砲，這些砲使聯合省於一六二七年在萊因河三角洲以南擋住了西班牙的進攻[28]。

火器的發達刺激了煉銅工業，因為當時仍採用鑄造教堂大鐘的辦法製造青銅砲（青銅砲的合金成分與鐘不同，含有百分之八的錫和百分之九十二的銅，十五世紀已找到這一合適比例）。鐵砲（其實是鑄鐵砲）僅於十六世紀出現。無敵艦隊裝備的二千四百三十一門砲中，鐵砲有九百三十四門。這種廉價的砲將代替昂貴的青銅砲，並大批製造。火砲的發展與高爐的發展（柯爾貝爾在我國多菲內地區新建的高爐）互有聯繫。

但是，不但製造火砲和供應彈藥要花錢，維修和搬運也要花錢。一五五四年，西班牙在尼德蘭有大小不等的各式火砲五十門，每月的維修開支超過四萬杜加。為了搬動這些笨重的東西，必須有四百七十五匹馬組成的騎兵「小分隊」，加上一千零十四匹馬組成的「輜重隊」和五百七十五輛四輪車（每輛車四匹馬），共計四千七百七十七匹馬，每門砲幾乎佔用九十匹馬[29]。順便指出，當時一艘划槳船的維修費用約為每月五百杜加[30]。

火砲在世界各地

在世界範圍內，重要的不僅是技術本身，而且是使用技術的方式。土耳其人在圍城戰中挖坑道的技巧無比高超，他們也是高明的火砲射手，但在一五五〇年間，他們仍未學會單手使用沉重的馬槍[31]；據一五六五年馬爾他攻城戰的一名目擊者說，他們「給火銃裝彈藥不如我們的人迅速」。維韋羅對日本人十分欽佩，但他指出日本人不會使用火砲，他們的硝土質量很好，而火藥卻很差。拉斯戈特斯神父（一六二六）對中國人作出了同樣的評價：他們使用的火銃裝藥不足[32]；另一位見證人說，中國的火藥粒大質次，至多僅能用於放禮砲。中國南方（一六九五）通過同歐洲人的貿易，「引進了七掌尺長的擊發槍，槍彈相當小，但主要供玩樂，並不真正使用」[33]。

西方突然開始重視砲兵學校的作用，這類學校往往都設在城內（特別是在面臨戰爭威脅的城市），學生們每逢星期天列隊前往射擊場，往返途中都有樂隊開道。儘管需求日增，歐洲從未缺少火砲手、火槍手和鑄造工匠。他們的足跡遍佈世界各地，如土耳其、北非、波斯、印度、暹羅、南洋群島和莫斯科公國。在印度，直到奧朗則布去世（一七〇七），蒙兀兒帝國的砲手都是歐洲僱傭兵。他們後來才被穆斯林所代替，但成效不好。

隨著技術的傳播，技術最終為所有的人服務。這至少在歐洲是如此，各國之間常有截長補短。如果一六四三年洛克瓦之戰標誌著法國砲兵的勝利（我們對此不能斷定），這至多只能算是償還舊債罷了（請想想帕維亞的火銃）。可以肯定的是，火砲並沒有讓某國君主在武力上長期佔有優勢。它使軍費增加了，由於國家的策劃有方，企業主的利潤當然也大大增加。在世界範圍內，歐洲利用火砲的優勢，打開了遠東的海上門戶；火砲在美洲發揮的作用很小，但火銃最終奠定了歐洲人的勝利。

在伊斯蘭，勝敗各佔一半。西班牙人奪取格瑞那達（一四九二）和佔領北非領地（一四九七、一五〇

五、一五〇九—一五一〇）靠的是火砲。恐怖伊凡攻克喀山（一五五一）和阿斯特拉汗（一五五六），同樣靠的是火砲。但土耳其也進行了反擊：一四五三年奪取君士坦丁堡，一五二一年攻克貝爾格勒，一五二六年莫哈奇之戰的勝利。土耳其在戰爭中從基督徒手裡奪得了火砲（一五二一年至一五四一年，在匈牙利繳獲火砲五千門）；它使用的火力在當時極令人震驚：莫哈奇會戰時，集結在戰場中心的土耳其砲兵把匈牙利防線切成兩截；馬爾他之戰（一五六五），六萬枚砲彈向守軍射擊；法馬古斯塔會戰（一五七一—一五七二）中，發射的砲彈達十一萬八千枚。更有甚者，火砲使土耳其對其他伊斯蘭國家具有壓倒優勢（一五一六年戰勝敘利亞，一五一七年戰勝埃及），並在同波斯的鬥爭中穩操勝券：波斯大城市大布里士歷經砲轟八天後終告陷落。巴伯爾在印度打敗德里蘇丹也應歸功於火砲；全靠火砲和火銃。他於一五二六年又取得了帕尼帕特會戰的勝利。再說發生在一六三六年的一件小事：架在長城上的三門葡萄牙火砲竟把滿洲軍隊打得狼狽逃竄，使明朝得以苟延十年之久。

以上情況並不全面，但足以讓我們作結論了。火砲並沒有徹底打亂各大文化區域之間的界線，儘管在局部地區有進有退：伊斯蘭仍留在原來的地區，遠東腹地未受影響；普拉西之戰僅是一七五七年的事。尤其，火砲正慢慢向各地傳播；一五五四年起，日本海盜船也開始裝備火砲；到了十八世紀，任何一條馬來海盜船都有了火砲。

從紙張到印刷術

紙[34]也來自遙遠的中國，伊斯蘭國家是向西傳播路上的中繼站。最早的紙坊於十二世紀出現在西班牙，但歐洲的造紙工業要到十四世紀初才在義大利建立。法布里亞諾（Fabriano）四郊的水輪帶動了釘有釘子的巨大棒槌，把破布搗爛[35]。

水既是動力，又是配料。造紙需要使用大量的清水，紙坊就設在城市上方水流湍急的河邊，以免居民污染水質。威尼斯在加爾達湖畔造紙；佛日很早就有造紙作坊，香檳區（以特魯瓦為中心）和多菲納也是如此[36]。義大利的工人和資本家在造紙業的發展中起了重要作用。就原料而言，幸而破布十分充裕。歐洲於十三世紀擴大了大麻和亞麻種植，麻布內衣代替了過去的羊毛內衣；此外，舊繩索（例如在熱那亞）也能派上用場[37]。新工業的興旺一度使原料供應出現危機；某些地區的造紙商同破爛收購商竟打開了官司。後者在各大城市和破布質量高的地區流動收購，如勃艮第的破布便以優質見稱。

紙不如羊皮結實美觀，它的唯一優點是價格便宜。一百五十頁手稿要用十二頭綿羊的羊皮[38]，「這就等於說，抄寫功夫反而比較省錢」。新材料的平整和柔軟確實事先解決了印刷的困難，而印刷術的成功當時也已具備了各方面的條件。十二世紀以來，無論在大學內外，西方的讀書人大大增多。求書心切推動了謄寫工場的發展，既然需要大量正確的抄本，人們便尋找出快速的方法，例如用描色法複製裝幀畫。全靠這些方法，真正的「出版業」終於問世。於一三五六年完成的《曼德維爾遊記》有二百五十冊手抄本留傳至今（其中有德文以及荷蘭文七十三冊，法文三十七冊，英文四十冊，拉丁文五十冊）[39]。

活字印刷的發現

活字印刷於十五世紀中葉在西方出現，其發明者可能是美茵茲人谷騰堡及其合作者；但究竟是谷騰堡或是定居亞威農的布拉格人普洛科普．瓦爾德福格，或者是哈勒姆的科斯臺（假如確有此人），或是某個無名氏，這並不要緊。重要的問題是要知道，這一發現究竟屬於簡單模仿或是另闢蹊徑。

中國於九世紀時已發明了印刷術，日本於十一世紀時印刷了佛經。最早的印刷術是在木板上刻字，每塊等於一頁，工作極其緩慢。畢昇於一〇四〇—一〇五〇年間發明的活字印刷使印刷術面目一新。他用膠泥製

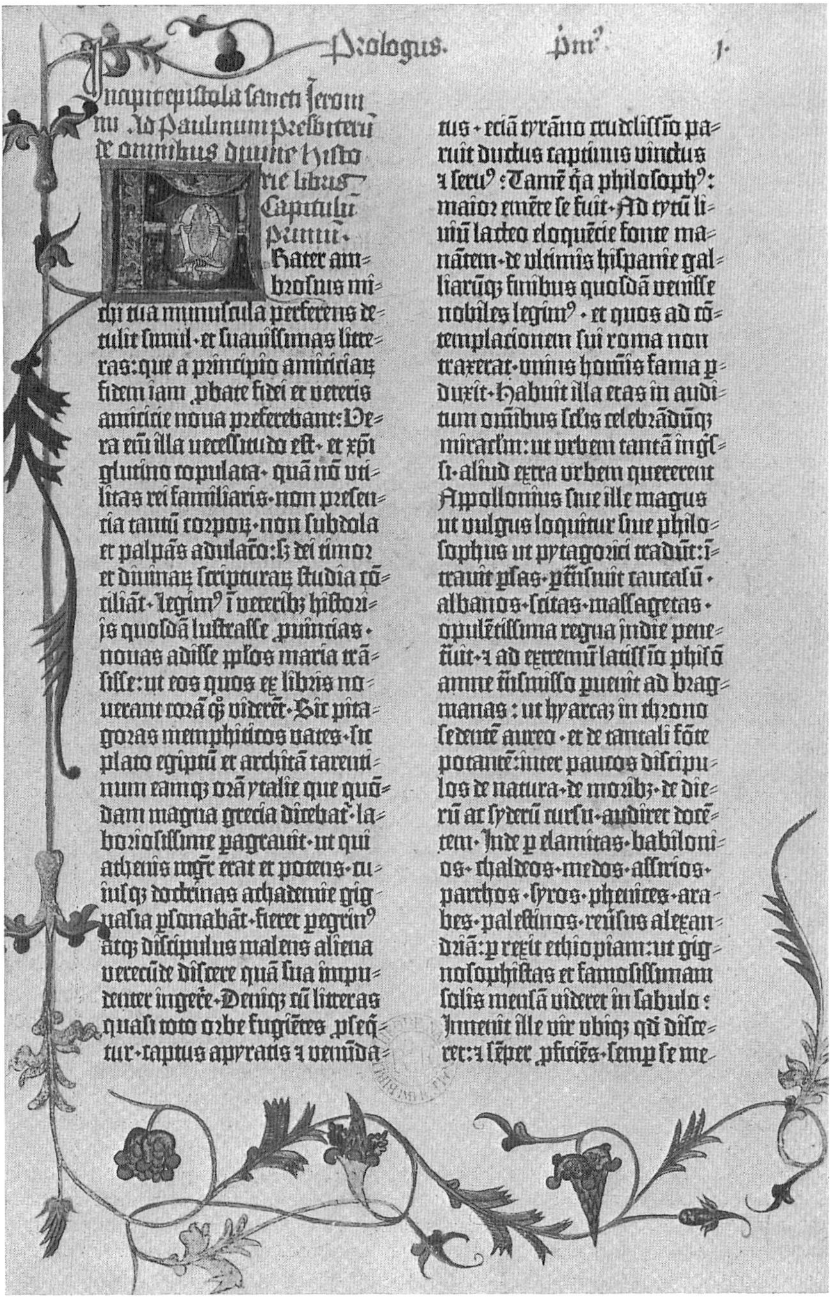

《聖經》第一卷的第一印張，繪有彩色圖案的 36 行古本。
班柏，1458-1459 年間的古騰堡活字印刷。

成的活字藉助石臘固定在金屬字盤上。這種活字幾乎未被推廣；隨後出現的錫鑄活字極易磨損。但在十四世紀初，使用木刻活字已經流行，甚至傳到了土耳其斯坦。最後，在十五世紀上半期，金屬活字在中國和朝鮮均有改進，並在谷騰堡發明前半個世紀得到廣泛的傳播[40]。這是否屬於向西方的技術轉讓呢？羅阿·勒盧瓦曾有這個想法，那是在一五七六年，換句話說是很久以後的事。他說：「在海上周遊列國」的葡萄牙人從中國帶回了「印有中國字的書籍，並說那裡早已使用活字印刷。有些人因此而認為，這項發明是先從韃靼和莫斯科公國帶到德意志，然後再傳給其他基督教國家」[41]。這條傳播途徑缺乏根據。但是，去過中國的旅行家的確相當多，其中一些人還是飽學之士，因而歐洲發明活字的說法值得懷疑。

總之，無論屬於簡單模仿或是獨闢蹊徑，歐洲的印刷業於一四四〇—一四五〇年間業已形成，雖然不無困難和經過一系列的調整，因為活字必須用合金製成，鉛、錫和銻的配比必須正確無誤（銻礦僅於十六世紀被發現），才能使鉛字既不太硬，又較耐磨。製作過程分三步：先用十分堅硬的鋼製成凸形衝模；然後在銅板（很少用鉛板）上壓成凹形字模；最後澆鑄合金，得到的活字方可使用。接著必須「排字成行」，擠緊行距，上油墨，再將字印在紙上。手搖印刷機於十六世紀中葉出現，直到十八世紀都沒有太大的改變。主要的困難在於鉛字磨損很快，替換舊字的時候，又要重新使用鋼製衝模，但鋼模也有磨損，也就是說一切都要從頭開始。這真是一門精彫細刻的行業[42]，難怪新發明要在本行業中產生，而不是像有人所說那樣，起源於彫板印刷業。相反，使用彫板印刷民間畫的商人一度曾反對新發明。一四六一年前後，班伯格的印刷商阿布萊希特·普菲斯特（Albrecht Pfister）首次把木刻技術併入了書本印刷。彫板印刷從此不可能再與活字印刷競相角逐[43]。

印刷機改進十分地緩慢，直到十八世紀仍然保持原樣或變化不大。「當法蘭索瓦·安布羅斯—狄杜於一七八七年設計一次完成一印張的印刷機時，舊印刷業還停留在谷騰堡的時代；假如谷騰堡走進路易十六登基後不久的法國的一家印刷廠，他立即會感到像回到家裡那樣熟悉，只有個別細節有點陌生。」[44]

活字版發明後即向世界傳播。如同外出謀生的火砲手一樣，印刷幫工也帶著輕便器材四處飄泊，他們間或在一地定居，接著又出門接受新僱主的邀請。第一本書的印刷時間：巴黎為一四七〇年，里昂為一四七三年，普瓦捷為一四七九年，威尼斯為一四七〇年，那不勒斯為一四七一年，魯汶為一四七三年，克拉科夫為一四七四年。據了解，一百一十多個歐洲城市於一四八〇年設有印刷所。活字印刷於一四八〇—一五〇〇年傳入西班牙，在德意志和義大利日漸普及，開始影響斯堪地那維亞國家。一五〇〇年，二百三十六個歐洲城市有了印刷工場[45]。

根據統計，所謂「古本」，即一千五百年前的印書，總印刷量約為二千萬冊。歐洲當時擁有七千萬的居民。到了十六世紀，印刷業便加速發展：巴黎有二萬五千種出版物，里昂有一萬三千種，德意志四萬五千種，威尼斯一萬五千種，英格蘭一萬種，尼德蘭可能有八千種。每種出版物平均印數約一千冊，十四萬至二十萬種書共印一億四百萬至二億冊。可是，直到十六世紀末，包括莫斯科公國等邊緣地區在內的整個歐洲的居民總數也不過比一億多一點點[46]。

歐洲的書籍以及印刷機向非洲、美洲出口，蒙特內哥羅的印刷商以威尼斯為基地，向巴爾幹國家滲透，猶太難民則把西方的印刷機帶到君士坦丁堡。葡萄牙人的遠洋航行把印刷機和活字版帶到了印度，首先當然是果亞，他們在印度的大本營（一五五七）；接著傳到靠近廣州的澳門（一五八八），又於一五九〇年到達長崎[47]。如果說印刷術確係中國首創，這時候，可謂物歸原主了。

印刷業與歷史進程

作為奢侈品，書本從一開始就屈從嚴格的利潤法則和供求法則。印刷器材必須經常更新，勞動力的價格在上漲，紙張比其他費用高出一倍多，資金回籠十分緩慢。一切都使印刷業受高利貸者的盤剝，後者很快又控制了發行網。從十五世紀起，出版商中出現了小型的「富格爾式財東」：里昂有巴特勒米．布耶（卒於一四八三年）；巴黎有安托尼．維拉爾，他最初僱工抄寫手稿並且印製彩色裝幀圖案，後來則是採用了新工藝，專門為英法兩國印製畫冊；吉文塔家族在佛羅倫斯發家；安東．科貝格爾於一四七三—一五一三年間在紐倫堡至少出版二百三十六部書籍，他也許是當時最大的出版商；尚．珀蒂於十六世紀初曾操縱巴黎的書籍市場；此外還有威尼斯的阿爾德．馬努斯（卒於一五一五年）；最後應該舉出於一五一四年生在圖賴訥的普朗坦，他於一五四九年遷居安特衛普，並發了大財[48]。

作為商品，書籍與道路、貿易和交易會相聯繫；里昂和法蘭克福於十六世紀就有書市；萊比錫於十七世紀出現書市。總的說來，書籍曾是西方賴以強盛的手段之一。思想的生命力在於接觸和交流。原來局限在古籍手稿中的思潮從此洶湧澎湃地四處擴張。因此，儘管是遇到強大的阻力，書籍的出版發行仍有迅速的發展。十五世紀的古籍以拉丁文為主，而且多係宗教和勸善的題材。十六世紀初，用拉丁文和希臘文出版的古代文學典籍將為人文主義發起咄咄逼人的攻勢效力。之後不久出現的宗教改革和反改革運動都將以書本為武器。

總之，人們無法說清印刷業究竟為誰服務。它給一切帶來了生機和活力。舉個例子，也許可以看出其後果。推動十七世紀數學革命的偉大發現，用奧斯瓦德．史賓格勒的話來解釋，是函數的發現，如果用我們目前的語言來看，就是y=f（x）。假如尚未使用無限小和極限的概念，這些概念在阿基米德的思想中已經存在，那就談不到函數的問題。可是，十六世紀又有誰知道阿基米德？少數佼佼者罷了。達文西曾聽人談到阿基米德的手稿，便到處尋覓。印刷業逐漸轉到出版科學著作的方向，雖然這個轉變十分緩慢。當時陸續重印了古希臘的數學著作，除了出版歐幾里德和佩加的阿波羅尼烏斯（關於圓錐曲線）的著作外，還以普及形式介紹了阿基米德的思想。

現代數學在十六世紀末至十七世紀初期的緩慢進展是否應歸功於這些較晚出版的書籍？大概是的。沒有這些書的出版，進步很可能還要等上一段時間。

西方的壯舉：遠洋航行

征服海洋使歐洲在世界居領先地位達幾個世紀。在這裡，技術——遠洋航行——在世界範圍製造了一種不均衡狀態，或一種優越地位。歐洲橫行世界海洋確實提出了一個大問題：何以解釋遠洋航行的技術在作出示範後不被世界各海洋文明地區所共享？從原則上講，每個瀕臨海洋的文明地區都能參加競賽。可是，走上跑道的卻只有歐洲。

舊大陸的航海事業

更加出人意外的事實是各海洋文明地區歷來互有交往，從歐洲的大西洋直到印度洋、南洋群島和太平洋沿海，它們像一根連續的線條貫穿整個舊大陸。尚·普雅德（Jean Poujade）認為地中海和印度洋僅僅是海洋的一個組成部分，用他風趣的話來說，就叫「印度之路」[49]。其實，如果作為舊大陸的主航線，「印度之路」歷來從波羅的海和英吉利海峽開始，直到太平洋為止。

蘇伊士地峽並未把印度之路攔腰切斷。何況，在幾個世紀裡，尼羅河的一條支流流入紅海（從而與地中海相連接），尼科二世（西元前六〇九至五九三年）開挖的運河是當時的「蘇伊士運河」，直到聖路易時代仍然通航，過後不久方才壅塞。十六世紀初，威尼斯和埃及曾想把它重新挖通。此外，人、畜、船隻零件都能穿過地峽。土耳其於一五三八、一五三九和一五八八年進入紅海的船隊都是先拆成零件由駱駝馱運，然後

威尼斯鳥瞰圖（15 世紀末），但比亞澤塔及其兩大建築（康普尼爾和總督宮）在圖上仍然可見。遠方，在想像的島嶼和潟湖之間，有張掛四方帆的船隻。尚蒂伊的貢岱博物館。

在海邊再行裝配[50]。達伽馬的環球旅行沒有破壞歐洲和印度洋之間久已存在的聯繫，而是為這種聯繫增加了新的途徑。

鄰近不一定意謂著混雜。無論在什麼地方，海員比任何人都更加依戀自己的風格。中國的帆船雖然具有許多優點（帆、舵、分隔的船艙，於十一世紀出現的指南針，自十四世紀開始船身已很龐大），卻只開往日本，朝南從不超過北部灣；從峴港一線的海面到遙遠的非洲海岸，追風逐浪的只是印度尼西亞、印度或阿拉伯的張著三角帆的次等船隻，因為各文明地區之間的海上邊界與陸上邊界一樣固定不變（這個說法可信嗎？）。無論在海上或在陸上，每個文明地區都願意畫地為牢。鄰居之間也互相拜訪：中國的帆船前往北部灣，因為東京實際上處在中國統治之下。蘇伊士地峽之所以不是一條邊界（雖然它有成為邊界的可能性，而且在表面上似乎就像是一條邊界），這是因為文明經常從這裡一步跨過。拉丁式船帆，或稱「斜篷」，最早是出現在印度洋的阿曼海，伊斯蘭在地中海部分地區立足之後，從阿曼海帶來了這種船帆。三角帆只是經過這種歷史遷移才在地中海定居。我們今天已把三角帆看作地中海的象徵[51]。

可是，從腓尼基人到希臘人，從伽太基人到羅馬人，地中海各民族過去歷來使用四方形船帆，代替了四方帆的三角帆確實是從外部傳來的。何況，三角帆曾經遇到過抵制，主要在我國朗格多克的海岸，這僅是個小小的細節；當拜占庭王朝以其強大的艦隊和有效的火器征服地中海時，希臘對三角帆的抵制更加堅決。說三角帆源自深受伊斯蘭影響的葡萄牙，這無需訝異。

相反，北歐仍照例使用四方帆，那裡的航海業於十三世紀前業已十分發達；特別結實的船身是用木板如同屋頂的石片一樣搭接而成的（搭接式船身）；北歐最了不起的奇蹟是發明了在船內操縱的轉軸舵，專家們稱之為艉舵（因其轉軸位於船體的尾部而得名）。

總的來說，歐洲具有兩種不同的海船：地中海式以及北海式；經濟征服——而不是政治征服——將使兩

張掛三角帆的木船，拜占庭時代一隻盤子上的裝飾圖形　科林思博物館

種海船發生對抗，然後合二而一。從一二九七年開始，隨著商船首次直達布魯日，熱那亞船隻[52]——地中海的大船——控制了北方最有利可圖的貿易。這既是吞併和控制，也同時是榜樣和啟示。里斯本於十三世紀之所以蒸蒸日上，因為它是一個轉運港，它從四面八方吸取教益，從而形成了活躍的海上資本主義經濟。在這種情況下，地中海的長條船為北海的航船充當榜樣，並向它們提供了寶貴的拉丁船帆。反過來，通過巴斯克人的輾轉介紹，北海的搭接式造船法，特別是能使船逆風航行的艉舵也逐漸被地中海的船廠所接受。通過交流和交融，特別是後者，一個嶄新的文明整體——歐洲——正在確立。

於一四三〇年問世的葡萄牙輕快帆船正是這些結合的產物；這種小型帆船採用搭接結構，使用艉舵，共有三根桅桿，揚兩篷四方帆，一篷拉丁帆；拉丁帆側對船身，與桅桿呈傾斜狀（橫桁一端比另一端更高和更長），能輕鬆地調整船的方向；四方帆面對船身，用於兜住船後吹來的風。快帆在大西洋航行一段時間後，便同其他歐洲船隻一起來到加那利群島，收起三角帆，改張四方帆，趁著信風向安地列斯群島海面駛去。

世界的海上航道

遠航的目的是為征服世界的海上航道。事實表明，儘管競爭十分頻繁，世界上任何一個人口眾多的航海國家都未能領先。腓尼基人應埃及法老的請求，完成了繞非洲一周的航行，比達伽馬早二千多年。愛爾蘭水手於公元六九〇年發現了法羅群島（Faroes），比哥倫布早幾個世紀；愛爾蘭修道士於公元七九五年在冰島登陸，該島於公元八六〇年被維京人重新發現；約在九八一年或九八二年，埃里克．勒羅日到達格陵蘭，諾曼人將一直留在那裡，直到十五和十六世紀。韋瓦第兄弟於一二九一年駕兩艘

17 世紀初，裝有火炮的武裝商船在印度之路途中遇到成群的飛魚。摘自德．勃利的《奇異故事》，法蘭克福，1590 年：《美洲的巴西之行》。

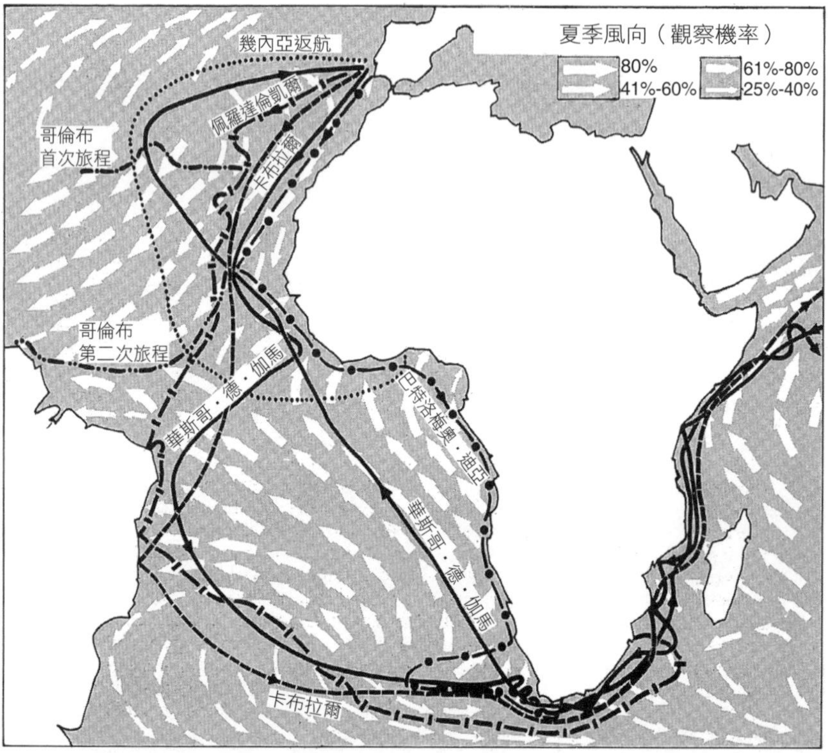

表(24)　穿越大西洋的往返航程：地理大發現

這張簡圖顯示夏季北信風和南信風的位置。大家知道信風隨季節而轉移地點。印度的往返航線幅從某些相當簡單的規律。動身去印度時，全靠北信風，隨後又在南信風的推動下前往巴西海岸。回來時，先利用經線上的南信風，又側向利用北信風，直到街上中緯度的風為止。從這個角度看，由幾內亞返航的虛線（或如葡萄牙人所說，由密納返航）表明，船隻返回歐洲時，必須遠離非洲海岸。在威爾斯以前從事旅行的巴特勒米・迪亞士卻犯了錯誤，他貼近非洲海岸向南航行。最早的遠洋航行雖然大致掌握了這些規律，但遇到困難仍比我們通常想像的要大得多。此外，還必須考慮到海流的作用，它給航行提供的方便或製造的困難都很大。

划槳船出直布羅陀海峽前往印度，之後在直布羅陀海面船破人亡。他們雖然只是繞了非洲一周，但他們提前二世紀開始了地理大發現的進程[53]。

這一切都是歐洲的事。中國人於十一世紀開始使用羅盤，於十四世紀已擁有「四層甲板的大帆船，船身分隔成幾個密封艙，配備四至六根桅桿，可張十二篷帆和運載一千來人」，在後人看來，這些有利條件似乎能使得中國人能成為無比強大的競爭者。南宋年間（一一二七—一二七九），中國人把阿拉伯船從中國海貿易中逐走，有力地清掃了自己的門口。十五世紀時，中國船隊在雲南籍穆斯林、大太監鄭和率領下完成了多次驚人的遠航。第一次，他帶了六十二艘大帆船前往南洋群島（一四〇五—一四〇七）；第二次（一四〇八—一四一一，率二萬七千人，船四十八艘）以征服錫蘭而結束；第三次（一四一三—一四一七）征服了蘇門答臘；第四次（一四一七—一四一九）曾到達阿拉伯和阿比西尼亞海岸；第五次（一四二一—一四二二）到了印度，都是作為和平使者同外國交換禮物；第六次往返迅速，給蘇門答臘的巨港酋長送交中國皇帝的一封信；第七次，也是最後一次，最為壯觀，船隊於一四三一年一月十九日自龍江關出發，當年移碇浙江和福建各南方港口，於一四三二年繼續進發，經爪哇、巨港、麻六甲半島、錫蘭、古里到達終點荷姆茲；一四三三年一月十七日，一位穆斯林出身的中國使者在那裡登陸，隨後可能轉道前往麥加。船隊於一四三三年七月二十二日回到南京[54]。

據我們所知，中國航海業到此即完全停止。明代的中國無疑將會面臨北方遊牧民族日益強大的威脅。首都從南京遷到了北京（一四二一）。這段歷史已經成為過去。我們不妨設想一下，如果中國的帆船當時向好望角以及印度洋和大西洋之間的南大門厄加勒斯角繼續前進，那又會造成什麼樣的結果。

另一個大好機會也錯過了：阿拉伯地理學家（同托勒密的意見相反）在幾個世紀前已曾預言能繞非洲大陸航行一周（最早的旅行家馬蘇第於公元十世紀對桑吉巴沿岸的阿拉伯城市已有了解）。他們贊同基督教會一成不變的見解，後者根據聖經，斷言海洋是個統一的整體。修道士莫羅（一四五七）在其地圖說明書《不可比較的地理》中提到，一艘阿拉伯船於一四二〇年曾作了一次奇怪的旅行。據說，這艘船在「黑暗海」（阿拉伯人這樣稱大西洋）無邊無際的水面上航行二千海里，歷時四十天，但返航時卻花了七十天[55]。洪堡相信確有其事。

然而，探索大西洋的奧祕還有待歐洲人去完成，這個問題解決後，其他問題也就迎刃而解。

大西洋的簡單問題

大西洋在地圖上呈現了三個巨大的海風以及海浪圈，三個廣闊的「橢圓」。只要學會利用順風和順水，航行可不費什麼力氣。風力和水力會帶著你在大西洋上往返。維京人曾在北大西洋順利地航行一周；哥倫布也是如此，他的三條船一直漂到加那利群島以及更遠的安地列斯群島，中緯度的風於一四九三年春又把它們送回，先到紐芬蘭附近，後又經過亞速群島。在偏南的海域，另一個風圈先把船帶到美洲海岸，又把它送回南非頂端的好望角一線。確實，這裡有個前提條件：找準風向，抓住順風後，就不把它放走……這通常是指在洋面上。

遠洋航行自然先由沿海地帶的人從事，這是再也簡單不過的道理。愛爾蘭人和維京人的最初嘗試已被漫長的歷史所遺忘。必須等到物質生活更加活躍，南北的技術融為一體，掌握了羅盤和航海圖後，歐洲才克服本能的恐懼，重振航海霸業。葡萄牙探險者於一四二二年到達馬德拉島，於一四二七年登上亞速群島；隨後又沿非洲海岸線航行。前往巴傑多角確實十分容易，但返航時困難重重，剛好頂著北信風。前往幾內亞，抵達奴隸市場，取得金砂和假胡椒，也極其容易，但回程時就必須側向利用信風，在海上航行一個月後，在馬尾藻海域找到從西向東颳的海風。同樣，從密納返航（聖喬治達密納城建於一四八七）的船隻也只能夠側向利用逆風，直到亞速群島。

最大的困難是要敢於冒險，用當時一個富有詩意的法國字來說，叫作「進入深淵」。今天的人已忘記了從事這些壯舉所需的勇氣，正如我們的後代大概也不知道今天的宇航員是何等勇敢。布丹寫道：「大家都知道葡萄牙國王開展遠洋航行已歷時一個世紀」，他們奪得了「大批印度財富並使歐洲充滿了東方寶物」[56]。寶物正是遠洋船隻從印度帶回來的。

即使到了十七世紀，人們仍習慣於盡可能緊貼海岸航行。托梅·卡諾於一六一一年在塞維爾出版的書中談到義大利人時說：「他們不是從事遠洋航行的海員。」[57]確實，地中海船隻一般總是一站一站地停靠，所謂「進入深淵」也不過是從羅得島前往亞力山卓港：如果一切順利，不過四天海路；或者從馬賽前往巴塞隆納，沿獅灣這個危險的弓形海域的直邊航行；或者從巴利亞里群島經撒丁尼亞島、西西里直達義大利；在船隻航行的這個舊時代，緊貼歐洲海域的最好航線是從伊比利半島到拉芒什運河出海口的往返旅行，雖然中間要穿過加斯科尼灣的急流和大西洋的大浪。一五一八年，斐迪南離開兄長查理五世皇帝，從拉雷多動身，因乘坐

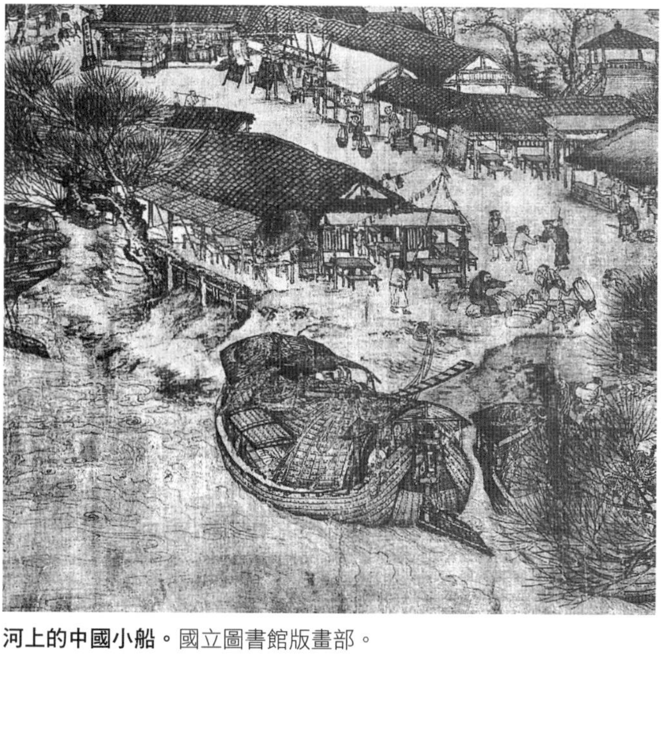

河上的中國小船。國立圖書館版畫部。

的船隊錯過了拉芒什運河的出海口，漂泊到愛爾蘭[58]。波蘭國王的使臣唐蒂斯庫於一五二二年自英格蘭赴西班牙，曾是他一生中最驚險的經歷[59]。可以肯定在幾百年裡，穿越加斯科尼海灣曾是遠洋航行的最初嘗試。經過幾百年的嘗試後，加上別的方面的成功，征服世界的條件終於具備了。

但是，十六至十八世紀的觀察家和海員注意到中國和日本的航海業與歐洲完全不同；他們無法理解為什麼唯有歐洲才從事遠洋航行。門多薩神父於一五七七年斷言：中國人「害怕大海，不習慣遠航」[60]，因為在遠東地區，海船也是一站一站地停靠。維韋羅曾經在日本大阪和長崎之間的內海旅行了十二至十五天，他說，「航程中，幾乎每夜都上陸睡覺」[61]。杜哈德神父（一六九三）聲稱，中國人「善於近海航行，不善於遠洋航行。」[62]巴羅於一八〇五年寫道：「他們盡可能緊貼海岸，除非迫於無奈，才遠離陸地。」[63]

十八世紀末，斯當東斯當東在黃海以北的渤海灣仔細觀察了中國帆船，並進一步指出：「桅桿高聳和繩纜眾多的兩艘英國船（馬戛爾尼專使乘坐的「雄獅號」和「豺狼號」）同低矮簡陋，但是堅固寬敞的中國帆船恰成鮮明對照。每艘中國帆船載重約二百噸。」他注意到分隔的密封艙，極其粗笨的兩根桅桿，「由一整棵樹或一整塊木做成」，每根桅桿張有「一篷巨大的方帆，船篷通常由竹蔑、草蓆或葦席充任。帆船兩端幾乎呈平面，一端的舵如倫敦拖網船的舵一般寬，牽引舵的纜繩從船的一側通向另一側」。比主艦「雄獅號」略小的「豺狼號」載重量僅一百噸。它在渤海灣海面同中國帆船並排航行，竟被甩在後面。斯當東斯當東斯當東解釋說：

> 「這種雙桅船是為適應歐洲海域風向多變或逆風航行而建造的，因而比相同噸位的中國帆船吃水（即船體在海水中的深度）深一倍。歐洲船隻船底過平，側向航行時容易喪失風力之利，但這個缺點在中國海表現不太突出，因為那裡一般只是在有季風（指船後吹來的順風）的條件下才航行。此外，中國的

帆篷轉動靈活，能與船的兩側形成銳角，因而儘管船的吃水不深，卻便於接受風力。」

總而言之，

「中國同古希臘一樣具有舟楫之利。由於中國人航行的範圍較小，海岸附近島嶼眾多，他們的大海與地中海便十分相似。人們還可以注意到，歐洲航海業開始完善的時代也正是激情和需要迫使他們從事遠洋航行的時代。」[64]

上述觀察並未說明問題。我們又回到了原來的出發點，一步也沒有前進。遠洋航行是進入世界七大海的鑰匙。但任何人都不能證明中國人或日本人在技術上一定不能掌握和利用這把鑰匙。

當時的人和歷史學家在研究中都想方設法從技術方面去尋找答案，結果反而受了技術答案的束縛。也許，答案並不首先在技術方面。一名葡萄牙領航員對國王胡安二世說，「隨便找條好船」，都能往返西奈半島的密納（Mina）海岸，國王隨即威脅他，倘若再多嘴，必把他投入監獄。另一個同樣可信的例子：一五三五年，迪埃哥·博台爾霍駕著一隻普通小船從印度歸來，葡萄牙國王立即下令燒燬[65]。還有更好的例子：一條日本帆船依靠自己的力量，於一六一〇年從日本前往墨西哥的亞加普科，該船把海上遇難的維韋羅及其夥伴送回本國，這是日本人送給他們的禮物。雖然這條船由歐洲人駕駛，但另有兩條由日本人駕駛的帆船後來也順利完成了同一航程[66]。這些經驗證明就技術而言，中國帆船並非不能遠航大海。一句話，我們認為純技術的解釋站不住腳。

今天，歷史學家甚至認為小型快帆的成功並非因為它的帆和舵特別優越，而是因為它吃水較淺，「能夠接近海岸和進入港灣」，尤其因為「船體較小，建造比較省錢」[67]！這種看法貶低了快帆的作用。

穆斯林地區船隻發展緩慢也很難找到解釋。它們利用季候風的交替在印度洋上直線航行也許比較容易，但這畢竟需要有豐富的知識和學會使用等高儀；他們擁有著高質量的船隻。達伽馬的阿拉伯領航員能為葡萄牙船隊領航，航向梅林達（Melinda），直到印度的古里（Calicut）。這個故事令人深思。既然如此，水手辛巴達及其後代的冒險旅行何以沒有導致阿拉伯稱霸世界？借用維達爾・德・拉布拉什（Vidalcde la Blache）的一句話說，阿拉伯人在桑吉巴和馬達加斯加以南海域的航行何以遇到「莫三比克的可怕激流」就基本停止？這條激流猛烈地把船隻推向南方，推到「黑暗海」的大門口[68]。我們的回答首先是，阿拉伯從前的航行曾使伊斯蘭直到十五世紀仍統治著舊大陸，我們在前面已談到了它的霸業，其後果確實不可低估；其次，他們既然擁有一條溝通蘇伊士地峽的運河（十二至十三世紀），又何必去海角另闢新路？在桑吉巴沿海和撒哈拉的尼日河曲地區，黃金、象牙和奴隸已被伊斯蘭商人所攫取。前往西非對他們又有什麼「必要」？至於侷促於狹小的「亞細亞海角」的西方，它的功績難道不正是需要離開家鄉去奪取世界嗎？一位中國史專家也說，當時如果沒有資本主義城市的擴張，西方將一事無成……[69]。西方資本主義城市起了發動機的作用，沒有這一作用，技術也就無能為力。

這不等於說金錢和資本造就了遠洋航行。相反，中國和伊斯蘭國家當時十分富裕，擁有我們今天所說的殖民地。同它們相比，西方還是個「無產者」。但重要的是，從十三世紀後，長時段的推力提高了西方世界的物質生活水平，改造了整個西方世界的心理狀態。歷史學家所說的黃金熱、世界熱和香料熱在技術領域的伴侶正是不斷尋求新事物並付諸實用，也就是說，減輕人的勞苦和保證勞動的最大效率。各項實際的發現表明人們決心征服世界，這些發現的積累以及對能源越來越大的興趣事先就賦予歐洲一顯身手的能耐，預示著它將佔有優勝的地位。

慢吞吞的運輸

巨大的成功意謂著巨大的革新：遠洋航行開創了世界性的聯絡體系。但是，運輸的緩慢和不完善並未因此有絲毫改變，這就時刻限制著舊時代的經濟發展。直到十八世紀，水上運輸仍是那麼慢吞吞，陸上運輸似乎陷於癱瘓。所謂歐洲於十三世紀建立了龐大而繁忙的道路網的說法純屬無稽之談，只要看一看維也納繪畫陳列館裡的尚·布魯蓋爾的一組小型畫作，就能夠明白，即使到了十七世紀，平原地帶的道路也不是暢通無阻的。從遠處望去，人們一般還能勉強認出路的輪廓。如果路上沒有行人來往，簡直就看不出這是一條道路。所謂行人，往往是幾個步行的農民，一輛帶著農婦和籃子去趕集的大車，趕車人邊走邊牽著籠頭……當然，有時也可見到矯健的騎士，或三匹馬輕鬆地拉著一輛載有資產者全家的篷車。但在下一幅畫裡，路上的坑窪積滿了水，騎馬者束手無策，泥漿一直浸到馬的小腿；四輪轎車的輪子陷在泥漿裡，前進十分困難。行人、牧人和豬羊覺得還不如走路邊的高坡更加穩妥。中國北方有同樣的情景，也許更糟。如果道路已經「爛成泥漿」或者「有點繞彎」，車輛、馬匹和行人便「在耕地裡抄條近路或另闢便道，很少考慮地裡的種子是否發芽或已經長大」[70]。指出這一點，是為了修正有關中國其他道路的形象，關於那些修得極其漂亮、有時鋪沙或鋪石的大道，歐洲旅行家談到時都十分欽佩[71]。

從黎希留或查理五世皇帝時代的歐洲到宋代的中國或到神聖羅馬帝國，運輸這個領域簡直毫無變化，或變化少得可憐！這對商業交往和人與人的聯繫既是無聲的命令，又是沉重的包袱。當時的信件要等幾星期乃至幾個月才能送到收信人的手裡。直到一八五七年鋪設第一條國際海底電纜，才有瓦格曼所說的「地域的崩毀」。鐵路、蒸汽機船、電報和電話開創世界範圍內真正群眾性的交往，則更是很晚以後的事了。

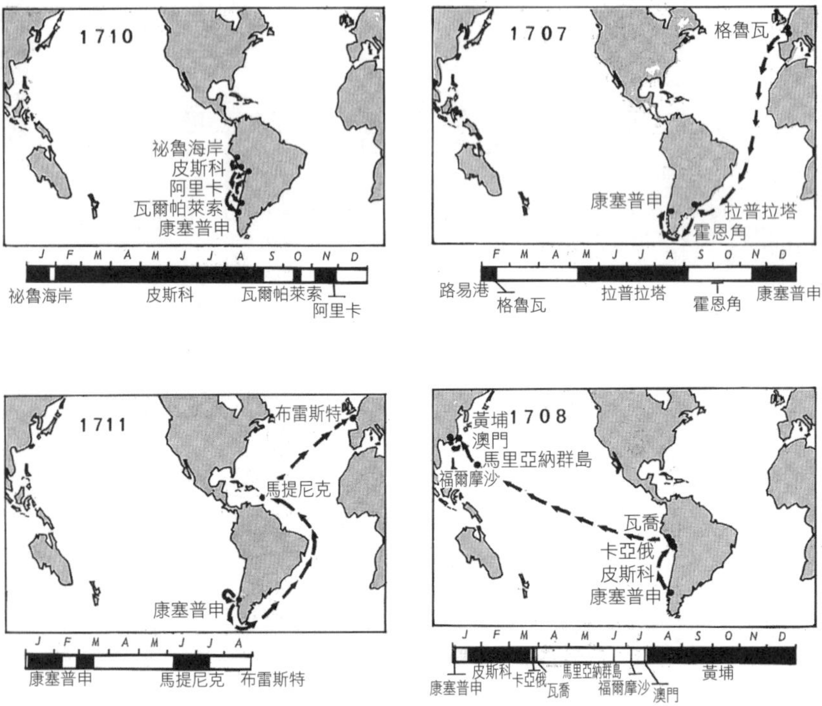

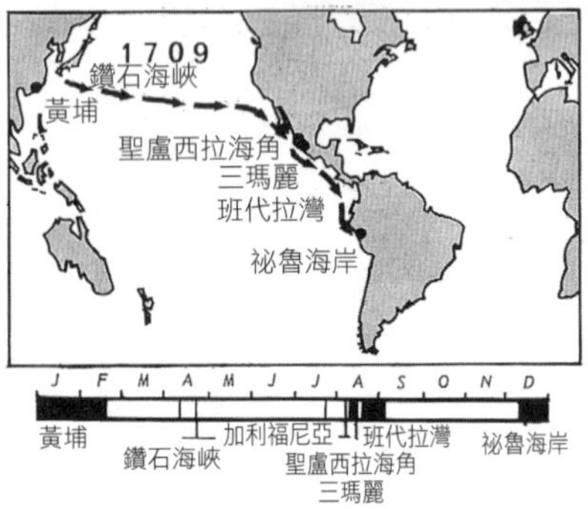

■ 停靠時間
□ 航行時間

表(25)　「聖安東尼號」的遊歷

由弗隆達德指揮的「聖安東尼號」的航行歷時 55 個月。畫出這次旅行的航線，可以說明世界再 18 世紀仍多麼遼闊。如同當時所有的船隻一樣，「聖安東尼號」在港口停泊的時間超過海上航行的時間。（根據國立圖書館的一份文件。）

固定不變的路線

隨便一條道路都反映著一個時代的風貌。就拿眼下這條路來說，那裡有幾輛車，幾頭役畜，幾個騎馬人，幾所客棧，一家鐵匠鋪，一個村莊，一座城市。但我們不要以為這是一條不穩定的路線：十八世紀前的任何道路，即使標誌很不明顯，即使穿越阿根廷的潘帕斯草原或位於西伯利亞，路線都相當固定。可供行人和車馬選擇的路線極其有限；商旅為了免納捐稅，躲開某個關卡，也許會對某條路線有特別偏愛，但在遇到困難時只有走正路納稅；根據路上的霜凍或泥濘狀況，他們在冬季走一條路，到春季走另一條路。但他們從不會放著已有的道路不走。出門旅行，總要依靠他人的照料。

任俄軍軍醫的瑞士醫生雅各布・弗里於一七七六年沿鄂木斯克至托木斯克的路線（八百九十公里）旅行了一百七十八小時，平均速度每小時五公里。他在每個驛站必定換馬，以便有把握順利地到達下一站[72]。誤了站頭在冬季意謂著葬身雪地。十八世紀在阿根廷內地旅行，人們還是乘坐笨重的牛車；到達布宜諾斯艾利斯後，牛車卸下載運的小麥或皮革，再從門多薩、聖地牙哥或胡韋轉道前往祕魯；如果喜歡的話，旅客也可騎驢或騎馬前往，但要注意安排行程，及時穿過荒原，以便找到設有客店、供應飲水以及出售雞蛋、鮮肉的村莊。如果旅行者對擠在狹窄的車廂裡感到膩煩，他可以要上兩匹馬，一匹充當座騎，另外一匹則馱載「足夠的臥具」，趕在車隊前面快步迅跑，時間最好選在早晨二時至十時之間，以便躲過炎熱。「馬匹已習慣這種趕路方式，不用催促，自動飛快奔跑。」至於提到好處，無非是及早趕到驛站，這是「旅客可以找到的最好的休息處所」[73]。那裡有飯店和客店提供食宿。這些細節有助於我們理解十八世紀的一名作家在談到從布宜諾斯艾利斯去卡爾卡拉納的第一段路程時所說的話：「在這三天半的旅程中，除了兩段長路外，到處都能找到充足的牛肉、羊肉和雞，價格又很便宜。」[74]

後來在新開發地區（西伯利亞、新大陸）也可見到的這些景象相當典型地反映了幾百年前在古老文明地區旅行時的情景。

為了穿越巴爾幹半島到達伊斯坦堡，彼埃爾．萊斯卡洛皮埃說，「必須從早到晚不停趕路，除非遇到小溪或草地，才可以下馬從挎包裡掏出塊冷肉，從馬背上或鞍架上取出一瓶酒，在正午時分略事休息，而卸下籠頭的馬也就帶著絆繩吃一點草料」。必須在天黑前找到下一站的馬店才能有吃有喝。馬店就像收容站一樣，「兩站之間隔著一天的行程……人們不分貧富統統住進穀倉般大的客房裡，屋子沒有窗戶，從牆洞勉強透進一點光線」。客房的正中拴牲口，客人就躺在四周的石臺上。「每人都看著自己的馬，草料放在石臺上，他們〔土耳其人〕使用一種皮口袋，讓馬把腦袋伸進口袋去吃大麥和燕麥」[75]。一位那不勒斯的旅行者於一六九三年對這些馬店的描述較簡單：「這不過是些……馬廄，馬匹居中，主人躺在旁邊。」[76]

中國於十七世紀印刷的《官道圖經》指明了從北京出發的各條驛道和各個驛站，出公差的官員在驛站受到接待，吃住費用全部由朝廷負擔，他們也在那裡更換馬匹、船隻以及轎夫。驛站之間相隔一天路程，它們或者是大城市，或者是次等城市，或者是營寨，再或者是沒有集市而有「駐軍守衛」的「驛」和「津」。這些地方後來往往擴展成

17 世紀的一條道路，勉強可以認出路面。（布魯蓋爾．德．佛羅爾作畫，《風車》的部分畫面。）

路邊客店同時是歇腳、會面和交易的場所。托馬斯・羅蘭遜的水彩畫，1824。在16和17世紀的英國，客店曾對發展不受城市行規約束的自由市場起過重大作用（同見本書第二卷）。（曼徹斯特惠特沃斯藝術畫廊。）

為城市[77]。

歸根結柢，在靠近城市和村莊的地區，旅行才是樂事。《法國的烏利斯》（一六四三）這本旅行指南不僅向你推薦好的客店——如馬賽的「國王之鷹」，亞眠的「主教」旅社，而且還勸你在佩隆別住「雄鹿」客店（究竟出於報復還是真有道理，這很難說）！舒適、迅速是在人口稠密、秩序安定的地區（如中國、日本、歐洲和伊斯蘭國家）從事旅行的優越條件；在波斯，「每隔四里就有一個宿站」，旅行的「開銷也省」。但在下一年（一六九五），和一位旅行家一同離開了波斯，他對印度斯坦的旅行抱怨不已：一旦離開了蒙兀兒皇帝的大城，「就找不到旅店和宿站，沒有拉車的牲口可供出租，也找不到食物；夜間只得在曠野或樹下露宿」[78]。

說海上航線事先已經確定，會使人稍稍感到驚奇。船隻畢竟要受風向、水流以及停靠站的支配。在中國沿海和地中海，人們不得不貼緊海岸航行。海岸吸引著列隊行進的船隻，決定它們的航行方向。至於遠洋航行，人們憑經驗遵循一定的規律。西班牙和「卡斯提爾的印度」之間的往返路線一開始就由哥倫布所確定，後來在一五一九年由阿拉米諾斯稍略加以修改[79]，從此到十九世紀再也沒有改變過。返航時的航道距北緯三十三度線很近，這使旅行家們猛然遇到北方的嚴寒。其中有一人（一六九七）寫道：「寒冷開始變得嚴酷，有人只穿著綢衣，沒有大衣，很難挺得住。」[80]同樣，烏達內塔於一五六五年發現了亞加普科至馬尼拉的航線，並把它固定了下來，從新西班牙來到菲律賓比較容易（三個月），但返航的路線卻困難而漫長（六至八個月），乘坐返航船的旅客（一六九六）付款高達五百銀圓[81]。

如果一切順利，船隻就按既定路線航行，在既定的港口停靠，並補充食物和淡水。必要時，也可重漆船底，修整船身或改換船桅，長時間地停在風平浪靜的港內。一切都事先作了安排。在新幾內亞海面，只有小噸位船隻能夠靠近海岸的淺灘；當船帆尚未收攏時，遇到狂風襲擊，桅桿容易被折斷；如果可能的話，船就開往葡屬太子島——普林西比島——尋找替換的桅桿、糖和奴隸。在巽他海峽附近，最好是沿蘇門答臘海岸航行，然後前往麻六甲半島；蘇門答臘的岩岸可使船隻免受狂風襲擊，那裡的海水不深。當狂風出現時（康普費爾於一六九〇年前往暹羅時乘坐的船遇上了狂風），必須拋錨停航，並如同附近海面的其他船隻一樣，留在淺海區，等待狂風過去後繼續旅行。

道路變遷說的不可信

首先，我們不可誇大道路的歷史變遷。這些變遷說法不一，有時出現，有時消失。如果聽信這些說法，整部歷史就將由道路變遷來解釋。可是，交易會的沒落顯然並不因為法國當局——特別是固執的路易十世（一三一四—一三一六）——在通向香檳的路上製造了種種障礙，甚至也不因為熱那亞的大船自一二九七年起在地中海和布魯日之間建立了直達的和定期的海上聯繫。十四世紀初，大宗貿易的結構發生改變，流動售貨的商人越來越少，商品自動向各地流通；從此，在義大利和尼德蘭——歐洲經濟的兩「極」——之間，只需一封書信就能解決商品的買賣問題，商人不再長途跋涉和當面協商。香檳作為中繼站已不那麼有用了。另一個會面結帳的地點——日內瓦交易會——只是在十五世紀才興旺起來[82]。

同樣，一三五〇年間蒙古陸路被切斷的原因也不能用細小的理由去解釋。十三世紀的蒙古遠征使中國、印度和西方之間建立了直接的陸上聯繫。伊斯蘭被撇在一邊。從陸路來到遙遠的中國和印度雖然曠日持久，但十分安全可靠，並非只有馬可波羅以及他的父親和叔父作過這樣的旅行。這條道路的被切斷應歸罪於十四世紀中葉的衰退。和蒙古人統治的中國一樣，西方突然出現了全面衰退。我們切莫以為新大陸的發現立即改變了世界的主要交通路線。在哥倫布和威爾斯遠航後的一百年，地中海仍是活躍的國際交往中心；衰退則是後來的事。

至於陸上短途運輸，其成功與否取決於當時的形勢，因而運輸量時高時低。布拉奔伯爵的自由貿易政策是否真如人們所說的起了決定作用應該保留：在香檳交易會興旺發達的十三世紀，這一政策顯然是有效的。米蘭與哈布斯堡的魯道夫（一二七三—一二九一）為在巴塞爾和布拉奔之間保留一條不設稅卡的通道而達成的協議也同樣取得成功。那麼，不成功的又是什麼呢？那是在後來：一三五〇至一四六〇年間的一系列協議保留這條道路的關稅優惠，根特市於一三三二年出資在桑利附近修復從根特通往香檳交易會的道路[83]，正是在環境變得不利時試圖尋找新的出路。到了一五三〇年，當交易會重新興旺時，薩爾茲堡主教成功地把托埃恩山區的騾道改建為通車大衢，但並不排斥背靠米蘭和威尼斯的布里納山口和聖哥達山口[84]。因為各條道路當時都有用處。

內河航運

陸地的中心只要有了河流，一切也就有了生機。無論在什麼地方，這種古老的生機是容易想像到的。就以格雷為例，在今天空曠的索恩河上，當年每到冬天，船隻的航行十分繁忙，有葡萄酒和「里昂的商品」要運往上游，又有小麥、燕麥以及乾草要運往下游。巴黎如果沒有塞納河、瓦茲河、馬恩河和約納河，將陷於沒吃、沒喝，甚至沒有柴燒的境地。十五世紀前的科隆如果不在萊因河畔，就不會成為德意志的最大城市。

十六世紀的地理學家每當介紹威尼斯時，立即會談到大海以及向潟湖會合的各大河流：布倫塔河、波河和阿迪傑河。划槳船和撐篙船紛紛從這些河道來到大城市。各地的狹江小河也無不被利用。沿厄波羅河下航的平底船「從圖德拉經托爾托薩進入大海」，在十八世紀初還負責運輸納瓦爾省製造的火藥、槍彈、手榴彈和其他軍火，儘管困難很多，特別「在菲力克斯險灘，必須卸下商品。待空船通過後再重新裝船」[85]。

在歐洲，歷來船運繁忙的地區與其說是德意志，不如說是位於奧得河以東的波蘭和立陶宛，那裡在中世紀就依靠樹幹紮成的大木排發展了活躍的內河航運；每個木排上建有船夫居住的小棚。由於運輸量很大，河流沿岸開設了托倫、科夫諾、布列斯特—立陶夫斯克等水路碼頭，並引起了無窮的糾紛[86]。

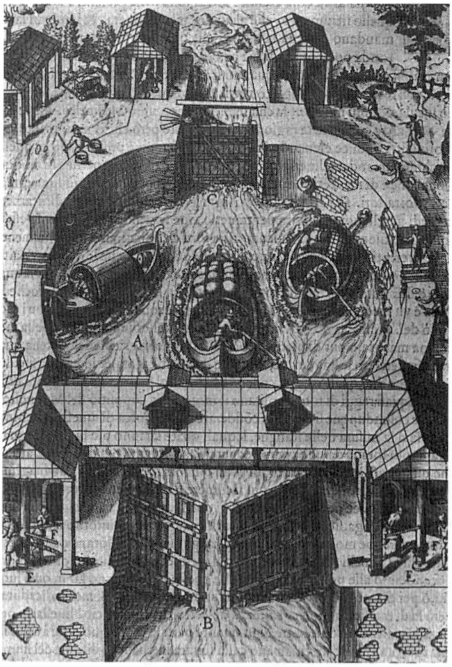

船閘的結構，宗卡 1607 年作畫。
維揚認為，發明水閘與發現蒸汽同等重要，它至少標誌著西方的一項重要技術進步。

然而，從世界範圍看，中國南方從長江到雲南邊界的內河航運為其他地區所望塵莫及。一名目擊者在一七三三年寫道：

「中國〔國內〕貿易之大在世界獨一無二，關鍵正是河流暢通……那裡到處都有過往的大小船隻和木排（有的木排長達半里，遇到河道彎曲處能靈巧地折攏），規模之大猶如流動的城市。船夫就在船上安家，攜帶妻室兒女，因而人們完全可以相信大多數旅行家的講述，中國在船上生活的人以及在城市鄉村生活的人，二者數量幾乎相等。」[87]

馬加良斯神父說過：「世界沒有一個國家的航運業〔指內河航運〕能與中國相比」……那裡「有兩個帝國，一個在水上，另一個在陸地，有多少個城市，就有多少個威尼斯」[88]。請看另一名旅行家的見證，此人於一六五六年沿揚子江前往上游的四川，歷時四個月，揚子二字就是「洋的兒子」，「江面像大海一樣無邊無際，江水深不見底」。過幾年後（一六九五），又一名旅行家認為，「中國人像鴨子一樣喜歡在水上生活」，並解釋說，他們「在木排上」一待就是幾小時，甚至幾天，「過往船隻真多」，沿河穿過一座城市，「必須在眾多船隻中間找出通路」，慢得幾乎讓人心急如焚[89]。

交通工具的守舊、固定和落後……

如果我們把表現十五至十八世紀世界運輸的一系列圖片收集起來，故意弄亂，不加任何說明，讓讀者去鑒定，任何一位讀者都會正確無誤地根據圖片認出有關的地點：這是中國的轎子或帶篷的手推車，那是印度從事馱運的牛或參加作戰的象，這是巴爾幹國家（甚至突尼西亞）的土耳其馬幫，那是伊斯蘭地區的駱駝隊，這是非洲的搬運工隊，那是歐洲牛拉或都是馬拉的二輪和四輪車。

但如果需要確定這些圖片的日期，那將是個無從解決的難題，因為交通工具的進化極其緩慢。一六二六年，拉斯戈特斯神父在廣州地區看到中國轎夫在奔跑，「長竹竿上抬著載客的轎廂」。斯當東（George Staunton）於一七九三年也描繪了這些精瘦的苦力，「身穿破衣，頭戴草帽，腳踏布鞋」。在前往北京途中，他的船改走運河，苦力們只用雙臂和絞盤把船「提到高處，所費的時間竟比過閘門還短；當然，用的人就要多些。但在中國，人力到處是現成的，開支也省，因而一般能用人力的地方就不用其他手段」[90]。至於非洲或亞洲的商隊，伊本·巴杜達（一三二六）、十六世紀的一位英國無名旅行家、勒內·卡葉（一七九九—一八三八）和德國探險家格奧爾格·史凡夫特（一八三六—一九二五）的有關描述幾乎眾口一詞：除了時間不同，情景完全相同。一九五七年十一月，我們在波蘭克拉科夫的公路上曾見到一隊四輪馬車載著農民和松樹枝進城，車後的枝杈在路上攪起的灰塵像是一束蓬鬆的亂髮。這種景象在今天顯然即將消失，但在十五世紀卻是活生生的現實。

海上的情形同樣如此：中國或日本的帆船、馬來人或玻里尼西亞人的獨木船、紅海或印度洋上的阿拉伯船都很少變化。巴比倫歷史學家厄內斯特·薩肖（一八九七—一八九八）對阿拉伯船的描繪與貝隆·杜芒斯（一五五〇）或者是熱梅利·卡勒里（一六九五）完全一致：木板由棕櫚纖維拴住，不用一顆鐵釘。熱梅利·卡勒里在印度的達曼（Daman）曾親眼見過造船，他這樣寫道：「釘子係木質，用棉花嵌縫。」[91]直到英國蒸汽船侵入時，這些帆船依然相當多，即使今天，它們還像水手辛巴達時代那樣在這裡或那裡使用著。

歐洲

在歐洲，區分不同交通工具的時間先後顯然還是可能的。我們知道，由砲車演變而來的雙輪拖車直到一四七〇年左右才真正被使用；簡陋的四輪轎車只是於十六世紀中葉或末期方才出現（到十七世紀才裝玻璃）；公共馬車於十七世紀出現；義大利的長途客車和出租馬車座位排得很擠，在浪漫主義時代出現；最早的船聞於十四世紀問世。但這些革新在日常生活裡不能逃脫無數經常性因素的制約。同樣，在船隻的領域裡，變化也受噸位、速度等不可逾越的最高水平的限制；這些最高水平正是經常起作用的因素。

從十五世紀起，熱那亞的大帆船載重量已達一千五百噸，載重千噸的威尼斯大船裝運敘利亞的大包棉花；十六世紀拉古沙貨船載重為九百噸和一千噸，專門從事鹽、羊毛、麥的貿易，運輸整箱的食糖和成捆的皮革[92]。十六世紀葡萄牙的巨型帆船貨運量達二千噸，船員和旅客也達八百餘人[93]。只要用於造船的木材不夠乾燥，船身就會出現漏水；遇到一場風暴，船會被颳到莫三比克沿海的淺灘；輕巧的海盜船會把大船包圍，搶走財物後再放上一把火；這類事故造成的物質損失都是極大的。一五八七年被英國人截獲的「聖母號」因吃水過深不能開進泰晤士河。該船的吃水量超過一千八百噸，奪得該船的「羅利號」大副約翰·伯羅格爵士說該船大得出奇[94]。

總的說來，在一五八八年無敵艦隊建成前一百年，造船工藝已達到了最高記錄。唯有在法律上和事實上壟斷重貨貿易或遠程貿易的大公司才造得起這種大噸位的船隻。十八世紀末，聲勢顯赫的「印度船」（專門從事對華貿易）貨運量也不過一千九百噸。由於建築材料、船帆和火砲等方面的限制，航行的發展勢必受到種種束縛。

但是，最高限度並不等於平均數。直到帆船航行的末期，仍有三十、四十至五十噸的小船在海上追風逐浪。可能直到一八四〇年左右，才開始用鐵製較大船隻的船身。在這以前，船的吃水量一般為二百噸，個別的達五百噸，一千至二千噸的船乃稀有之物。

運輸速度和貨運量小得可憐

道況既差，速度又慢：當時的人對這種現實已習以為常。但生活在一九七九年的人會正確地看到，這對過去的全部人類活動是個巨大的障礙。瓦勒里曾說過：「拿破崙的行軍速度與尤利烏斯・凱撒同樣的緩慢。」後面的三張草圖可以表明傳到威尼斯的消息需要多長的時間。威尼斯貴族薩努鐸每天記下市政會議收發信件的日期，根據他的日記，可以看到一四九六至一五三三年間的情形；威尼斯出版的手抄小報——正如巴黎人說的「手傳新聞」——可反映一六八六至一七〇一年以及一七三三至一七三五年間的情形。其他的統計也得出相同的結論，也就是說，無論騎馬、坐車、駕船或步行，最高速度一般為二十四小時走一百公里。突破這個記錄十分難得，也是可貴的壯舉。十六世紀初，如果懸以重賞，能夠在四天內把一項命令從紐倫堡送達威尼斯。大城市之所以消息來得快，就因為肯出高價，減少路上的耽擱總是有法可想的。其中的一個辦法顯然是建造石塊路或石板路，但過了很長時間，這些道路還是極少。

在十七世紀，儘管科爾夫樹林附近仍有盜匪出沒，令人心驚膽寒，但自從巴黎和奧爾良（當時法國主要的內河港口，其地位與巴黎不相上下）之間鋪設了石路後，兩地的聯繫變得十分迅速。此外，羅亞爾河是國內最便於航運的河道，「河床最寬，水流最長……帆船航程達一百六十多法里，為法國任何其他河流所不及」。巴黎至奧爾良的這條道路是車輛暢通無阻的「王道」，或用一五八一年一名義大利人的說法，「通衢大道」。由伊斯坦堡經索非亞到貝爾格勒的大道於十六世紀通車；到了十八世紀，高馬輕車更是川流不息[95]。

道路建築在十八世紀有了進一步的發展。僅以法國為例：驛車貨運量由一六七六年的一百二十二萬磅增加到一七七六年的八百八十萬磅；道路工程的預算由路易十四時代的七十萬里佛上升到大革命前夕的七百萬里佛[96]。這筆預算還只包括修築新路的費用；舊路的養護工程全靠農民提供無償勞役；修路勞役由行政當局於一七三〇年創設，一七七六年一度被杜爾哥取消，但於當年又被恢復，直到一七八七年才廢止。法國當時

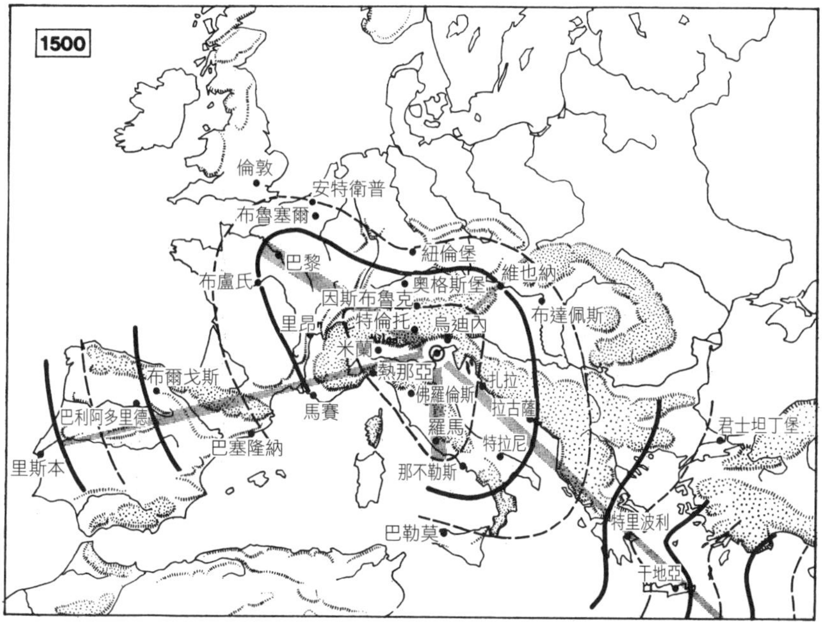
1500
倫敦
安特衛普
布魯塞爾
紐倫堡
巴黎
維也納
布盧氏
奧格斯堡
因斯布魯克
布達佩斯
特倫托
里昂
烏迪內
米蘭
熱那亞
扎拉
布爾戈斯
佛羅倫斯
馬賽
拉古薩
巴利阿多里德
羅馬
君士坦丁堡
特拉尼
巴塞隆納
里斯本
那不勒斯
特里波利
巴勒莫
干地亞

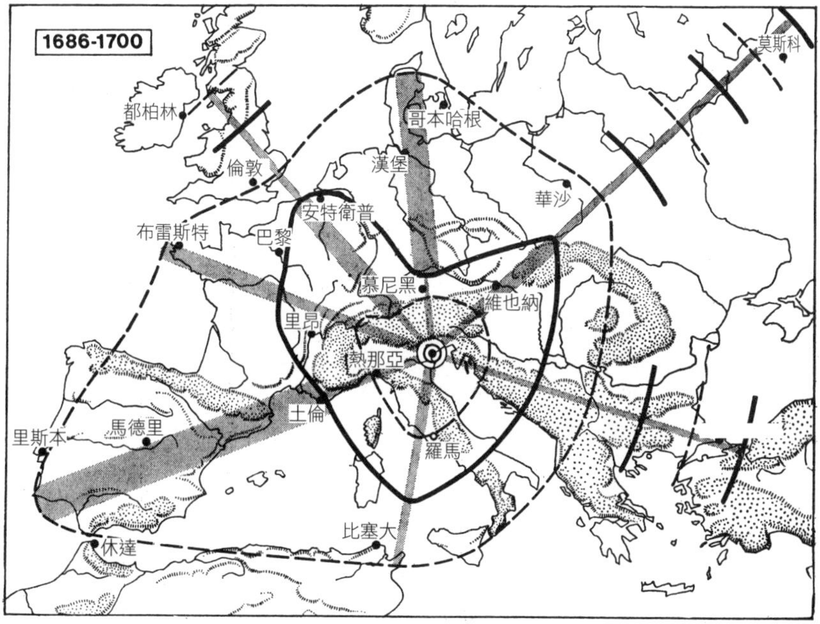
1686-1700
莫斯科
都柏林
哥本哈根
倫敦
漢堡
華沙
安特衛普
布雷斯特
巴黎
慕尼黑
維也納
里昂
熱那亞
土倫
里斯本
馬德里
羅馬
比塞大
休達

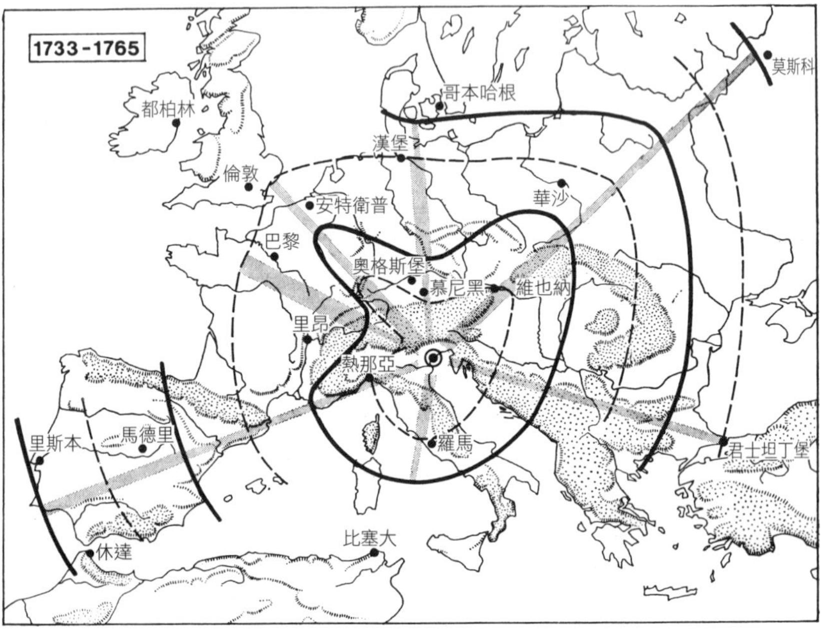

表(26)　消息傳往威尼斯

按星期勾畫的等時曲線大致指示出送達信件所需的時間，三張草圖上的路線都以威尼斯為中心。第一張圖係根據薩爾台拉神父 1500 年（或更確切地說 1496-1533）的研究成果而繪製。第二和第三張圖係根據倫敦檔案局收藏的威尼斯首超小報繪製。材料是由斯普那代我查找的。平均速度越快，虛線包括的範圍也就越廣。根據不同的軸線，三張草圖之間的差異可能顯得很大。原因在於根據當時時局的緊急程度，信件的數量有多少的不同。總的來看，第三張圖與第一張圖是一致的，信件傳送速度緩慢，而第二張圖表明，花費的時間有時要少得多。何況單憑圖表還不能作出定論。速度按理應該在同一等時曲線的範圍內進行比較。但是這些範圍在圖上畫得並不十分確切。如果把這三個範圍重疊起來，它們的面積看來大致相近，突出部份可由下陷部份相抵消。但要從面積推算每天的速度，這當然還不能不謹慎從事。

已完成和建設中的道路都在一萬兩千法里（約五萬三千公里）左右[97]。長途馬車一天幾班，按時到達各站，其中最著名的是「杜爾哥班車」。當時的人曾把它當作危險的怪物。有人說：「車廂很窄，位置太擠，旅客下車時必須從鄰座抽回胳臂或腿……如果不巧與大肚子、寬肩膀的旅客湊在一起……還是識相讓開為好，否則叫苦也來不及了」[98]。長途馬車行駛飛快，車禍眾多，無人賠償損失。此外，大道僅在狹窄的正中部分鋪石；車輛交錯時必有一排輪子偏在道邊的泥地。

當時的有些議論實屬愚蠢，這與後來鐵路出現時招致的眾多物議沒有任何不同。一六六九年，一輛長途馬車在一天內竟走完了曼徹斯特到倫敦的路程；此事激起了眾多的抗議，因為這意謂著高貴的馬術將要結束，製造馬刺和馬鞍的行業將要破產，泰晤士河的船夫也將消失[99]。

前進的步伐並未因此而停止。一七四五－一七六〇年間，第一次道路革命已見端倪；運輸價格在下降，「一夥小資本家」趁機漁利。他們走在變化中的時代的前列。

這些新記錄畢竟規模不大，只限於幹線要道。就法國而言，除開為楊所推崇的「驛道」[100]外，其他道路多數不宜載重車輛行駛。甚至如亞當斯密所說，不宜「騎馬旅行，唯一保命的辦法是騎騾」[101]。不通大路的鄉村處於與世隔絕的狀態。

運輸業和運輸

運輸是西歐農民收割穀物、採摘葡萄後或在冬季從事的副業，他們得到一點報酬就感到滿足。農民的忙閒是運輸活動起伏的標誌。無論何地，有組織的或無組織的運輸都由窮人或至少由收入微薄的人承擔。航海也是如此，水手總是在歐洲和世界的貧賤小民中招募。十七世紀在海上稱霸的荷蘭船也不例外。被中國人稱作「二等英國人」的美國水手也是如此，他們於十八世紀末駕著五十至一百噸的小船，從費城或紐約出發，越過海洋，來到中國，據說他們一有機會就喝個酩酊大醉[102]。

順便指出，運輸業的經營者一般不是大資本家，他們的利潤有限。關於這個問題，我們下面再談[103]。運輸業儘管是薄利的小本經營，但運費本身卻很高昂。據中世紀德國史的一位專家說，按絕對價值計算，運費約佔百分之十[104]。這個平均數按不同的國家和時代而有所變化。我們知道一三二〇和一三二一年在尼德蘭買進和運往佛羅倫斯的呢絨價格。運輸費用（按已知的六種計算）最低佔貨物價值的百分之十一點七，最高佔百分之二十點三四[105]。這還是份量輕、價格高的商品。其他商品很少採用長途運輸。在十七世紀，「從博內運一大桶酒去巴黎，運費要一百－一百二十里佛，而這桶酒本身往往只值四十里佛左右」[106]。

陸路運費一般高於海路。因此，陸上的長途運輸相當不興旺，生意都被內河航運所奪走，但領主和城市在河道上則大量設卡收捐。過境的船隻往往被攔住，接受檢查，還必須送賄賂，耽擱很多時間。即使在波河平原和萊因河流域，有的商人因討厭關卡的不斷攔截，寧可改走陸路。此外，遇到強盜的危險也不容忽視，搶劫事件在世界各地屢見不鮮，這是經濟和社會經常處於不安定狀態下的一個額外病症。

相反，海路運輸意謂著自由貿易的開始，意謂著生活猛然變得好過。它對海洋國家的經濟是個促進。早在十三世紀，英國糧食陸路運輸每經八十公里，價格就提高百分之十五，而從波爾多運往赫爾或愛爾蘭的加斯科尼葡萄酒；雖然遠涉重洋，價格只不過增加了百分之十[107]。

薩伊（Jean-Baptiste Say）於一八二八年在工藝博物館講課時說，美國大西洋沿岸城市的居民「寧可用從千里之外運來的英國煤取暖，而不用近在十里左右生產的木炭。陸上十里的運費比海上行千里更昂貴」[108]。薩伊在講授這些基本概念（重述亞當斯密的類似見解）時，蒸汽船尚未投入使用。但長久以來，依靠木材、篷帆和船舵的海上運輸已經達到盡善盡美的可能性限度，這顯然表示因為工具在使用中日漸完善。

相比之下，陸上交通工具的落後顯得特別突出，特別令人驚異。陸上交通工具的完善要等待工業革命的第一次高潮的到來，直到動盪的一八三〇—一八四〇年間，即大量興建鐵路的年代。在鐵路取代「杜爾哥式」馬車前，一場規模巨大的道路改革表明，從技術上講，這場變革本可以更早完成。道路網已有了很大擴展（在一切變革都已大規模進行的美國，一八〇〇—一八五〇年道路增加七倍，奧地利帝國於一八三〇—一八七〇年間增加一倍）；車輛和驛站有了改善；交通也變得大眾化了。這些變化不是某項特定的技術發明的成果，而是依靠了大量投資和許多有意識、有計畫的改進，因為當時的經濟發展已使運輸業成為必要和「有利可圖」。

運輸對經濟的限制

以上的簡短說明不能描繪運輸的概貌——甚至不能概括地介紹桑巴特的經典論著[109]，我在後面還會再談到這個問題的某些方面[110]。我的目的只想簡略地指出，在任何社會裡，作為發展經濟的手段，交換在多大程度上受到運輸的制約：速度緩慢、數量微薄，意外事故和成本很高是當時無法克服的障礙。為了習慣舊時代長期存在的這一現實，我們再次引證瓦勒里（Paul Valery）的名言：「拿破崙的行軍速度與尤利烏斯・凱撒同樣緩慢。」

馬在西方是速度的象徵，是縮短路程的最佳手段，雖然在我們後人眼裡這個手段似乎不值一提。但在當時，西方竭力改進馬車：隨著馬匹大量繁殖，拉車的馬增加到了五匹、六匹乃至八匹；為使急於趕路的旅客和車輛及時起程，沿途驛站提供新鮮的腳力作替換；道路本身也有改善……情況之所以如此，也許因為陸路運輸的地位遠遠超過始終是慢吞吞的內河航運[111]。在十八世紀，即使北法的煤也是用車運送多於用船。[112]

這場與距離的鬥爭在世界各地進行著，雖然它註定是坎坷的。如果去中國，或是去波斯，你會從反面充分地認識到馬的重要性，因為運輸在那裡主要靠人力。據說中國的轎夫跑得同韃靼小馬一樣快。波斯擁有漂亮的馬匹，但主要用於打仗和擺場面，「鞍轡飾有金銀寶石」。它們很少被用於運輸或快速的聯繫。緊急的信件文書或珍貴的貨物都派專人運送。夏爾丹於一六九〇年說：「這些擅長奔走的差役被稱作專差。就憑他們背上背的一瓶水和一隻口袋，裡面裝著他在三十至四十個小時內所需的乾糧，就能被人一眼認出。他們不走大路，專抄路程較短的小道。他們穿的鞋子也與眾不同，為了在途中不犯睏，他們腰上還繫著鈴噹。從事這個行業的人都祖輩相傳，從七、八歲起就練習大步走長路。」同樣，「印度國王的命令由二人奔跑傳送，每隔二法里替換一次。他們不戴帽子，把文書袋頂在頭上，只要聽到鈴聲就知道他們快要到達；到達後，他們撲在地上，已作準備的另外二人取過文書袋接著奔跑」。這些專差每天跑十至二十法里[113]。

技術史的重要性

維斯杜拉河左岸的華沙。各種船隻——載重帆船、划槳船和木排--沿河排成長隊。伏蓋爾作畫，18 世紀末。

前進和停滯是技術發展中往往交替出現的兩個過程。在推動人類生活進步的同時，技術一級又一級地走上更高的台階，達到新的平衡，然後保持相對的平衡，因為技術如果不是從一場「革命」向另一場革命前進，它就停滯不前。從各種跡象看來，減速因素似乎不斷在起作用，我很想進一步強調減速因素的深遠影響，但這又談何容易！技術的進步和停滯貫穿著全部人類歷史。所以，即使是研究技術史的專家也幾乎從未完全掌握技術史。

技術和農業

雖然有的技術史專家確實作了努力，寫出了大部的著作，但他們對於農業技術所花的功夫還很不夠，甚至連最起碼的問題也沒有講透。幾千年來，農業始終是人類的主要「產業」，但人們卻往往把技術史當作工業革命的史前史來研究。機械、冶金和能源總是排在前列，從不看到農業技術的因循守舊和變化不快（變化緩慢畢竟也是變化）帶來的深遠影響。

清理林地是一門技術；開墾長期荒蕪的土地又是另一門技術；為此，必須擁有結實的犁鏵、有力的役畜、眾多的勞力以及鄰居的幫助（葡萄牙墾荒者實行換工）；擴大了耕地的面積，也就是說，砍樹（不論是否刨掉樹根）、燒荒、圍林，或者排水、築堤、灌溉，都需要技術，這在中國是如此，在荷蘭或義大利也是如此；至少從十五世紀開始，義大利的「改良土壤」是項浩大的工程，並很快取得工程師的正規指導。

正如我們前面說過的，任何人口增長都伴隨著或緊跟著農業的變革。原產美洲的新作物在中國（玉米、花生、白薯）以及歐洲（玉米、馬鈴薯、扁豆）種植標誌著歷史的重大轉折。新作物的出現意謂著新技術的發明、應用和完善。轉折過程雖十分緩慢，但其規模最終卻很龐大。因為農業或者說種地，牽涉到「千家萬戶」。一項農業革新的成敗始終取決於社會的支持、推動和要求。

技術本身

有人或許會問，是否有純技術的存在？回答只能是否定的。關於工業革命前的幾百年，我們已反覆作出了這樣的答覆。但最近有一部論著[114]指出，否定的答覆在今天仍然有效：雖然科學以及技術目前聯手主宰著世界，但這種結合必定意謂著目前的社會與以往的社會一樣起著推動或阻礙技術發展的作用。

尤其，在十八世紀前，科學很少考慮實際應用。當然也有例外：惠更斯發明的鐘擺（一六五六—一六五七）和游絲（一六七五）使鐘錶的面目為之一新；彼埃爾·布蓋（Pierre Bouguer）所發表的《論船隻製造及其運動》（一七四六）。這些例外也都是對規律的證實。綜合著全部工藝經驗的技術，其形成和發展都很緩慢。好的工藝手冊很晚問世：格奧爾格·鮑威爾（阿格里科拉）的《論冶金》寫於一五五六年，拉美利（Agostino Ramelli）的《各種奇巧器具》寫於一五八八年，宗卡（Vittorio Zonca）的《機器的新舞台》寫於一六二一年，柏納德·福雷（Bernard Forest）的《工程師袖珍辭典》寫於一七五五年。「工程師」的職業經歷了緩慢的孕育過程。在十五和十六世紀，「工程師」不單負責軍事工程，而且以建築師、水利專家、彫塑家和畫家作為謀生職業。正規的工科學校在十八世紀前尚未出現。橋樑公路工程學校於一七四三年在巴黎成立；於一七八三年開辦的礦業學校是對一七六五年在夫來柏（Freiberg）創辦的「高等科學院」的模仿，夫來柏是薩克森的採礦中心，那裡培養的大批工程師主要前往俄國任職。

各行各業紛紛從基層自動實現專業化：一個名叫尤斯特·阿曼的瑞士工匠於一五六八年列舉了九十種不同的行業；狄德羅的《百科全書》統計有二百五十種。倫敦皮戈商號於一八二六年提供的一覽表指出，倫敦這座大城市裡有八百四十六種不同的行業，其中有些行業的名稱近乎兒戲，顯然不很正規[115]。所有這些變化畢竟是緩慢的。既有的技術阻擋著人們前進。十六世紀中葉，法國印刷工人罷工，其原因正是印刷機的改進導致了削減工人人數。同樣說明問題的是工人抵制採用軋輥，而這一改良是為了使軋光織物的大剪刀使用時更加方便。更有甚者，自十五至十八世紀中葉，紡織工業的變化不大，原因是當時的經濟和社會組織、分工的強化和工人的貧困使紡織工業足以滿足市場的需求。阻撓何其之多！詹姆斯·瓦特（一七六九年七月二十六日）對他的朋友說得正確：「生活中再沒有比發明更加愚蠢的事了。因為發明家每次要有所成就，必須先取得社會的支持。」

在威尼斯，發明專利證書，不論是否有無價值，都必須經元老院登記入檔[116]，其中十分之九是為了解決本市的問題：疏通入海河流的航道；提水；開挖運河；改造沼澤地；在沒有水力可資利用的平川地區尋找磨坊的動力；推動鋸子和磨盤，粉碎鞣料和製造玻璃的原料。一切按社會的命令辦事。

有幸得到王公青睞的發明家可取得一份「發明專利證書，或更確切地說，一種利用其發明的壟斷性特權」。路易十四政府發放了一大批專利證書，「涉及多種技術，例如曼特農夫人曾投資節約取暖的設施」[117]。但是，真正重大的發明仍舊停留在紙上，因為沒有人需要這些發明，甚至沒有人想到有這種需要。

腓力二世統治初期有一位聰明的發明家，名叫巴塔扎·德·里奧斯，他曾建議製造一種大口徑的火砲，可以拆卸成零件，由幾百名士兵分散背運，這一建議未被採納[118]。於一六一八年出版的《格勒諾布爾附近氣井的自然史》竟無聲無息，作者尚·塔爾丹是圖爾農地方的醫生，他在書中研究了「氣井作為天然貯氣罐的

在中世紀，布魯日的起重吊車是個龐大的木質建築，需用三個人起動一個大輪子。

1787 年敦克爾克港的雙臂吊車。由輪子著地的活動吊車移動方便，設有變速裝置，部分配件用金屬製造。同布魯日的吊車比較，這是很大的進步，但全部活動仍依靠人力。國立圖書館

功用」，並在廣泛使用煤氣照明前二百年揭示了煤的乾餾法。一六三〇年，即在拉瓦謝前一個多世紀，佩里戈爾地方一位名叫尚—雷伊的醫生曾說明，鉛和錫焙燒後因為「吸收了部分空氣」而增加重量[119]。一六三五年，史溫特在其《物理和數學隨想》中陳述了電報的原理：「可利用磁針在兩人之間通話」。關於磁針的實驗，必須等到一八一九年由沃埃斯臺特去完成。「可嘆的是史溫特還不如沙佩兄弟有名！」[120]美國人布希爾（Bushnell）於一七七五年發明了潛水艇；法國軍事工程師杜培隆發明了多管槍，「軍隊的管風琴」。

所有這些發明全都落空。同樣，紐可門（Newcomen）於一七一一年發明了蒸汽機。三十年後，即在一七四二年，英格蘭僅使用一臺蒸汽機，整個歐洲大陸僅有二臺。在隨後的三十年裡，蒸汽機總算取得了成功：康瓦爾郡造了六十臺，在錫礦

中用於抽水。但法國到十八世紀末還只有五臺蒸汽機用於冶金業。我們已經談到，遲遲不用焦炭煉鐵也是十分典型的例子。

阻礙技術進步的原因有成千上萬。勞動力過剩和工人失業的問題如何解決？孟德斯鳩指責磨坊奪走了農業工人的勞動。法國駐荷蘭大使博納侯爵在一七五四年九月十七日的信中要求派「一名能幹的機械師盜取阿姆斯特丹使用的能節省許多人力的各種磨坊和機器的祕密」[121]。但是，正因為節省人力尚無必要，機械師也就沒有派出。

剩下的一個問題是成本，資本家對這個問題特別敏感。工業革命廣泛展開後，英國企業家在開辦棉紡工廠的同時，繼續與手工織機保持聯繫。確實，困難始終在於向織工提供棉紗。即使在這個「瓶口」被打通後，只要家庭勞動能滿足需求，又何必去設法實現織布的機械化？必須在布匹需求大量增加、織工要求的工資過高時，解決織布機械的問題才有其必要。可是，隨著手工織布的報酬急劇下降，我們將看到企業主為成本著想，長期寧肯使用手工而不採納新技術。我們可以設想，假如英國棉布業的成長竟半途而廢，情形又將會是怎樣……任何革新都要十次百次地向困難衝擊，都要在失敗中求得生存。推行焦炭煉鐵的過程簡直慢得令人難以置信，這是英國工業革命不知不覺中遇到的重要波折；關於這一波折，我在下面還有機會再談。

在指出技術的侷限，並說明其成功明顯依賴於機遇之後，我們不能因此低估技術的作用。技術遲早要成為社會的必需；那時候，一切都取決於技術，技術起著第一位的作用。只要日常生活能在原有基礎上比較順利地取得進步，只要社會滿足於現狀和隨遇而安，人們在經濟方面就沒有任何理由去尋求變革，發明家的計畫（發明總是會有的）也就被束之高閣。只有在局面已無法維持，社會在其可能的範圍內處處碰壁時，採用新技術才可能成為勢在必行，人們才會對成千種發明發生興趣，從中尋找最好的方案去克服困難和開闢未來。因為總有幾百種潛在的革新方案可供選擇，總有那麼一天，端出這些方案將成為當務之急。

自從本世紀七十年代出現經濟衰退以後，今天的情形不正是最好的說明嗎？除了失業和通貨膨脹等困難外，石油危機已指日可待；門歇（Mensch）正確地指出，技術革新是唯一良策[122]。但是在一九七〇年前，人們已經認準了科研和投資的方向：太陽能、油頁岩開發、地熱、沼氣；替代石油的酒精在第二次世界大戰期間已曾付諸使用，而且很快就土法上馬。這方面的努力後來又被擱下。不同的是今天，一場全面大危機（關於這場百年僅見的危機，我們後面再談）已把經濟發達的各國逼到牆角：不革新就滅亡（停滯）！它們當然要選擇革新的道路。這種抉擇顯然也是經濟大發展的前奏，幾千年來出現的歷次經濟大發展始終都以技術為支柱。在這個意義上，技術是女王：技術改變世界。

第七章　貨幣

談到貨幣，我們就登上高一級的層次；表面上看，這似乎超出了本書的範圍。然而，站得高一點縱覽全局，貨幣運動似乎是加速商品交換的一種工具、結構和內在規律。進一步說，無論何地，貨幣莫不介入全部經濟關係和社會關係；因此它是極為靈敏的「指示器」：根據貨幣的行情起落和盈餘短缺，我們可以相當有把握地判斷人的全部經濟活動，直至他們生活中最不起眼的角落。

貨幣雖說存在已久，或者確切地說是一門古老的技術，是人們覬覦和矚目的對象，但它始終使人感到難以捉摸。人們覺得它神祕莫測。首先，貨幣本身是複雜的，伴隨它的貨幣經濟在任何地方都未臻完善，甚而十六、十七以至十八世紀的法國也不例外。貨幣僅滲入某些地區和某些部門；其他地區和部門則被它攪得心神不寧。貨幣之所以是新鮮事物，更多的原因不在它本身，而在它帶來的後果。它使日常必需品的價格突然變化；它造成一些無法理解的關係，以致人們既認不出本身，也認不出自己的習慣和原有的價值觀念：人的勞動變成了商品，人本身也變成了「物」。

法伊記載的布列塔尼老農的談話（一五四八）足以說明他們的驚訝和不知所措。他們說農家的財富大為減少，是因為

「人們不等雞和鵝長大，就把它們賣掉（當然是在城裡的市場上）換取銀錢，或者把它們送給律師、醫生（此類人物〔從前〕幾乎無人問津）。給律師送禮是為了求他不要善待某位鄰居，剝奪他的遺產繼

兩個稅吏，馬丁梵雷米瓦德作畫（16 世紀）。倫敦國家畫廊。

承權，把他關進牢房；犒勞醫生是為了求他治療某人的熱病，給他放血（謝天謝地我從未身試）或灌腸；其實已故的蒂梵那．拉布洛阿（一位女郎中）用不著那麼多花招和解藥，有時只念一段經照樣治病」。反過來，香料和糖果，從胡椒到糖蔥和糖衣杏仁，「則從城市傳入我們鄉下」。這類東西對人體有害，從前的人根本不知道它們的存在，「今天的筵席若是缺少了它們，將會索然無味，有失體面」。

針對上面這段話，交談者之一接著說：「上帝作證，夥計你說的都是實話，我今天就像在一個陌生世界生活似的。」[1]這些話的措辭含糊，不過意思還是明確的；整個歐洲大概都有人這樣交談。

事實上，任何一個舊式結構的社會一旦向貨幣敞開大門，遲早要失去它原有的平衡，不能控制從中釋放出來的能量。新的運動打亂了舊的格局，極少數人從中得利，其他人則要受到命運的捉弄。在貨幣的衝擊之下，任何社會都要脫胎換骨。

貨幣經濟的擴張因而是一齣情節跌宕起伏的戲劇。在習慣於貨幣存在的古老國家固然如此，在那些貨幣剛介入、還沒有立即意識到它的重要性的國家同樣如此。後一類國家如十六世紀末的鄂圖曼土耳其帝國，西帕希（siphi）的「領地」被純粹的私人產業取代；差不多同一時期，德川幕府統治下的日本向城市社會和市民社會轉化，經歷著一場典型的危機。不過我們只要審視今天某些不發達國家正在發生的事情，就能對這個重要的過程有簡明扼要的了解。以黑非洲為例，那裡視地區而異，百分之六十到百分之七十的交換不通過貨幣進行。那裡的人暫時還能「像蝸牛待在殼裡一樣」，在市場經濟以外生存。他們好比已被判刑的犯人，只是緩期執行罷了。

歷史不斷為我們展示的正是這類緩期執行的犯人，而且他們最終逃脫不了命運的安排。他們相當幼稚，極有耐心。他們到處經受生活的打擊，卻不知打擊來自何方。他們需要交納地租、房租、通行稅、各種捐稅，限定食用官鹽，並在城裡的市場購買他們需要的東西。這一切都得用現金支付。如果銀幣不夠，至少得用銅幣。塞維尼夫人的一名布列塔尼佃農，一六八〇年六月十五日前來交租。他帶來一大口袋銅幣，總共只值三十里佛[2]。法國的食鹽過境稅一直用實物交付，後來在大鹽商的推動下，一五四七年三月九日敕令規定改收錢幣[3]。

「叮噹響」的貨幣通過成千上萬種途徑進入日常生活。現代國家是貨幣的主要經手人（稅收，現金支付僱傭兵的餉銀，官員的薪金），並從中受益，但它不是唯一的受益者。許多人，如稅吏、鹽稅局職員、典當鋪主、產業主、大承包商和「金融家」，憑藉他們占據的有利地位到處撒網。這類新型的富人自然和今天的富人同樣不會招人喜歡。博物館裡常見他們的肖像；畫家往往在筆下傾注了老百姓對這類人的憎恨和輕蔑。正是這種情緒、這類明顯的或者隱蔽的索回本身利益的要求使民眾對貨幣本身的不信任感得以經久不衰，連最初的經濟學家們對貨幣也存有戒心。但是這一切都不能改變歷史的進程。貨幣流通在世界範圍內形成一定的路線和重要的據點，安排了經營專利商品、謀取巨額利潤的商人會面。麥哲倫和德爾·卡諾的環球航行歷盡艱辛。佛朗西斯科·卡萊提（Francesco Carlette）和熱梅利·卡勒里（Gemelli Careri）分別於一五九〇年和一六九三年出發作環球航行時，攜帶了一口袋金幣和幾包經過精心選擇的商品，他倆都平安歸來[4]。

貨幣自然既是貨幣經濟的變化和變革的標誌，也是這兩者的原因。貨幣與承受它並創造它的運動不可分離。西方老派學說往往只看到貨幣本身，並用比喻方法給它下定義。貨幣是「社會機體的血液」（在哈維發現血液循環以前的期間，這個形象早就平淡無奇）[5]；至於說貨幣是一種「商品」，這一真理已被重複幾百年了。根據配第（一六五五）的意見，「貨幣好比政治機體的脂肪：脂肪太多，身體就不靈便；脂肪太少又要得病」）[6]：這是醫生的說法。一八二〇年，一位法國商人解釋說，貨幣「不是我們用來耕種土地以求收穫的犁」。它的作用只是幫助商品流通，「好比數量適當的潤滑油使機器各個部件轉動更加靈活，上得太多反而礙事」[7]；這是機械師的口吻。不過比起下面那個大可爭議的論斷，這些形象還算言之成理。優秀的哲學家約翰·洛克不是一位高明的經濟學家；他在一六九一年把貨幣和資本等同起來[8]，這樣就幾乎把貨幣與財富、度量單位和被測定的數量混淆起來。

所有這些定義都忽略了最主要的東西，即貨幣經濟本身。貨幣經濟才是貨幣存在的理由，這一經濟只有在人們需要它並能夠為它承擔開支的地方才能確立。它的靈活性和複雜性取決於帶動它的那個經濟的靈活和複雜程度。所以有多少種經濟節奏、體系和形勢，就有多少種貨幣和幣制。一切相互關聯，共處於一個並不神祕的運動之中。不過我們時刻需要提醒自己，舊制度下多層次的貨幣經濟與現行貨幣經濟不同，它未臻完善，沒有推廣到整個人類。

十五到十八世紀之間，在廣大地區通行物物交換，但每當需要時，總有所謂原始貨幣來補充實物貿易的不足。這些「不完善的貨幣」，如貝殼和別的物品，代表最初的進步；它們在我們眼中只能顯得不完善而已：接納它們的經濟體系無力承擔其他形式的貨幣。歐洲的金屬貨幣往往也有不敷應用的時候。與物物交換一樣，金屬也不能始終勝任它的使命。於是紙幣好歹就出場了，或者更確切地說是信貸問世。如十七世紀德國人挖苦說的「信貸先生」上臺了。事實上，這裡發生的過程是相同的，只不過層次不同罷了。任何一種有活力的經濟都要脫離它習用的貨幣語言，在它本身運動的推動下創造新的語言，而所有這些創新都發生試驗作用。約翰·勞的體系或者與之同時在英國發生的南海公司醜聞與戰後的財政應急措施、無所忌憚的投機活動或者「壓力集團」間的利益分配截然不同的事情[9]。在法國，信貸也在混亂中誕生。胎兒很不理想，但總是生下來了。帕拉丁娜公主（伊麗莎白·夏洛特，一六五二—一七二二）說過：「我真想讓地獄之火把這些鈔票統統燒掉」，她賭咒自己對這可憎的體制一竅不通[10]。這種不安乃是面對新的語言產生的一種反應。因為各種貨幣好比不同的語言（請原諒我們也使用一個形象），它們發出召喚，使對話成為可能；只有存在對話時它們才得以存在。

如果說中國的幣制不複雜（它曾一度使用紙幣，這個既奇特又歷時頗久的插曲可視作例外），那是因為它在與受它剝削的四鄰——蒙古、西藏、南洋群島以及日本——打交道時用不著複雜的幣制。如果說中世紀的伊斯蘭帝國連續幾百年高踞從大西洋到太平洋的舊大陸之上，那是因為當時沒有一個國家（除了拜占庭）能與它的金幣（第納爾）和銀幣（第萊姆）競爭。金銀貨幣是伊斯蘭擴張勢力的工具。如果說中世紀的歐洲最終改進了它的貨幣體制，那是因為它必須「攀登」屹立在它面前的穆斯林世界。同樣的道理，十六世紀的土耳其帝國逐漸完成貨幣革命，那是因為它必須與歐洲國家保持步調一致，而像過去那樣限於隆重地交換使節已經不夠了。最後要提到日本。這個國家從一六三八年起實行鎖國政策，但這不過是一種說法，它仍向中國的帆船和得到許可的荷蘭船舶開放。通過打開的缺口引入的商品和貨幣迫使它採取對策，開發本國的銀

17 世紀有許多以「信貸先生」的死亡為題材的漫畫，這是其中一幅。
「信貸先生」的屍體躺在畫面前方。周圍有人悲泣。這裡畫的是日常信貸，即店主給老百姓的賒帳。由於貨幣短缺，店主停止賒帳。原畫有說明：麵包舖老闆對顧客說：「什麼時候你有錢，我就有麵包。」

礦和銅礦。與此同時，十七世紀城市興起，一種「真正的市民文明」在一些地位優越的城市裡蓬勃發展。一切相互關聯。

如上所述，顯然可以看到一種對外貨幣政策。有時是外國採取主動，因其強大或因其軟弱迫使對方採取相應的對策。要與別人對話，前提是必須先找到共同語言以及共同點。「遠程貿易」，大型商業資本主義的長處，正在於它能夠使用全球貿易的語言。即使國際貿易在數量上不占主導地位（香料貿易甚至就其價值而言也不如歐洲的小麥貿易）[11]——我們將在本書第二卷中看到這一點，它所代表的高效率和建設性的革新使它具有決定性意義。它是任何迅速「積累」的源泉。它指揮舊制度下的整個世界。貨幣不離它的左右，隨時為它效力。國際貿易為各國經濟指明方向。

不完善的經濟和貨幣

我們若要描述貨幣交換的各種原始形式，恐怕永遠也說不完。有關的形象太多了，需要加以分類，更重要的是介於完善的貨幣（如果它確實存在）和不完善的貨幣之間的對話能幫助我們追根究源。如果歷史能夠作出解釋，那就應該把問題解釋清楚。但有一個條件：不能認為完善和不完善是相互隔絕的，不會在適當時機彼此混合；不要以為這是互不干擾的兩筆帳，更不要以為一切交換勢必是等價交換（今天還是這樣）。這些看法都是錯誤的。貨幣是在本國和在國外剝削他人的一種手段，是加劇剝削的一種方式。

對十八世紀世界的「共時性」觀察已經令人信服地證明這一點。當時在廣大地區仍有幾百萬人生活在荷馬時代，用牛的數目來計算亞契里斯的盾牌的價值。亞當斯密對這一形象不勝神往。他寫道：「根據荷馬的說法，狄奧美德的盔甲僅值九頭牛，而格羅古斯的盔甲值一百頭牛。」今天的經濟學家會把這些質樸的人群稱做第三世界：歷史上任何時候都有第三世界存在。接受對它始終不利的對話使它經常吃虧。不過有時候是迫於無奈。

原始貨幣

一旦出現商品交換，初級形式的貨幣很快地就充當媒介，一種需求量較大或比較充裕的商品便扮演貨幣的角色，或力圖成為交接的計量單位。例如鹽曾在上塞內加爾、上尼日各「王國」和阿比西尼亞充當貨幣。一位法國作者一六二〇年說，在那些地方，鹽「像水晶石一樣被加工成手指長的方塊」，既當貨幣，又當食物，「以致我們真可以說他們把錢吃掉了」。這個謹慎的法國人隨即驚呼，「假如他們有一天發現自己的錢已經融化成水」[12]，豈不危哉！在莫諾莫塔帕河兩岸和幾內亞灣一帶，棉布扮演同一角色。那裡的人在黑奴買賣中用一匹「印度布」代表一個人的價格，後來代表這個人本身。專家們會說一匹「印度布」就等於一個年齡在十五歲到四十歲之間的奴隸。

在同一個非洲海岸上，銅鐲（當地叫手鐲或腳鐲）、一定重量的砂金以至馬匹也作為貨幣使用。拉巴神父（一七二八）曾經提到摩爾人轉賣給黑人的高頭大馬。他寫道：「他們把每匹馬的價格定為十五個奴隸。這種形式的貨幣未免過於滑稽，不過每個國家都有自己的風俗習慣。」[13]英國商人為了排擠競爭者，十八世紀初訂下了最優惠的價目：「他們把一個奴隸的價格定為四盎司黃金、三十塊比亞斯特（銀幣），四分之三磅珊瑚或者七匹蘇格蘭棉布。」但在非洲內陸某個黑人村落裡，母雞「又肥又嫩，與別的國家的閹公雞和小母雞不相上下」，因為數量太多，一隻雞只值一頁紙[14]。

非洲海岸的另一種貨幣是大小不等、顏色各異的貝殼。其中最有名的是剛果河兩岸的「欽波」（*Zimbos*）以及叫做「考里」（*cowries*）的小貝殼。一位葡萄牙人一六一九年寫道，「欽波是種極小的海生蝸牛，它本身沒有任何用處和價值。這種貨幣從前由野蠻人引入，迄今仍在使用。」[15]其實直到二十世紀的今天還在使用！「考里」也是一種小貝殼，呈藍色，並有紅色條紋，可以編串成念珠。印度洋上的荒涼島嶼如馬爾地夫群島和拉克代夫群島出產這種貝殼，船舶在那裡滿載考里之後，駛往非洲、印度東北部和緬甸。荷蘭人十七世紀在阿姆斯特丹輸入考里，然後慎重地用於貿易。經由佛教傳入中國的路線，考里從前也在中國使用。後來它讓位於銅錢，但並未完全消隱。生產木材和銅的雲南直到一八八〇年只滿足當地的需要：研究顯示，直到晚近訂立的某些租賃和銷售合同仍舊用「考里」做計算單位[16]。

隨同伊麗莎白女王和愛丁堡公爵菲利浦訪問非洲的一名記者曾發現一種與貝殼同樣奇特的貨幣。他不勝驚訝地寫道：「奈及利亞內地的土人購買牲畜、武器、農產品、紡織品甚而妻子時用的不是女王陛下的英鎊，而是一種在歐洲鑄造〔不如說製造〕的奇特貨幣。該種貨幣〔……〕誕生於義大利。被叫做『小橄欖』。托斯卡尼的利佛諾有家工廠專門加工珊瑚，至今猶存。」所謂「小橄欖」乃是用珊瑚琢成、中央穿孔、表面有稜線的圓柱體，在奈及利亞、獅子山、象牙海岸、賴比瑞亞以至更遠的地區流通。非洲人購買貨物時把成串的「小橄欖」（*Olivette*）接在腰帶上，旁人一眼就能看清他有多少財富。貝罕贊一九〇二年以一千英鎊的代價買到一枚特大的「小橄欖」，重一公斤，色澤艷麗[17]。

不過，我們不可能逐一列舉所有各種出人意料的貨幣。各地都有它們的蹤跡。根據一四一三年和一四二六年的規定，冰島制訂了適用幾個世紀的用乾魚抵價的市場價目表（一塊馬蹄鐵值一條乾魚；一雙女鞋值三條乾魚；一桶葡萄酒值一百條乾魚，一桶黃油值一百二十條乾魚，等等）[18]。在阿拉斯加或彼得大帝時代的俄國，皮貨行使貨幣的功能。有時乾脆使用裁成四方塊的毛皮，沙皇發餉官的箱子裡就裝滿這種皮塊。但是西伯利亞用名貴的、可供出售的裘皮交納稅款，沙皇也用被稱為「軟金」的裘皮支付多種開支，特別是向官吏發放薪金。在美洲殖民地。不同地區分別以煙草、食糖、可可代替貨幣。北美印第安人把白色或紫色貝殼加工成圓柱形，然後串起來充當貨幣。這就是所謂「萬普姆」（*wampum*），歐洲移民直到一六七〇年繼續把它作為合法貨幣使用，而事實上它停止流通的日期至少不早於一七二五年[19]。同樣地，十六、十八世紀之間廣義的剛果地區（包括安哥拉）興起一系列市場及活躍的交換網點，主要與白人及其代理人從事貿易。白人的代理人名叫「蓬貝洛」（*pombeiros*），往往深入腹地。為此使用兩種代用貨幣：「欽波」和大小不等的布片[20]。貝殼有統一規格，以能否通過一種標準篩子的孔眼為準，一個大貝殼等於十個小貝殼。布片作為貨幣也有大小的不同，如一頁紙大小的布片叫「呂朋戈」（*lubongo*），如餐巾大小的叫「姆普素」（*mpusu*）。這類貨幣通常以十進位計算，與金屬貨幣一樣自成體系，既有倍數也有約數，因此不難調動巨額數量。一六四九年，剛果國王集中的一千五百石布匹價值約等於四千萬葡萄牙瑞斯（*reis*）[21]。

我們只要有可能跟蹤這類代用貨幣受到歐洲勢力衝擊以後的命運（無論是孟加拉的考里[22]，還是「萬普姆」或一六七〇年以後的剛果「欽波」），每次都會發現相同的演變趨勢：由於儲備增多，流通加速甚而變為劇烈，它們對於歐洲主要貨幣同時貶值，造成災難性的通貨膨脹。與此同時，原始的、「偽幣」也出現了！十九世紀歐洲工廠用玻璃做原料生產的假「萬普姆」促使這一古老的貨幣完全消失。葡萄牙人考慮比較周到：一六五〇年他們控制了羅安達島四周的「產幣場」，即出產欽波的漁場。這一貨幣在一五七五年至一六五〇年之間已貶值百分之九十[23]。

如上所述，我們每次都可以作結論說，原始貨幣確實是一種貨幣，它具有貨幣的一切形態和習性。原始貨幣遭受的劫難概括了原始經濟與先進經濟相互撞擊的歷史，歐洲人闖入世界各大海洋意謂著衝撞的發生。

貨幣經濟內部的物物交換

更少為人知曉的，是在「文明」國家內部存在著幾乎同樣不平等的交換關係。在貨幣經濟這層薄薄的表

征服中國的忽必烈命令製造印有御璽的楮幣，《奇聞錄》。

皮底下保存著一些原始的經濟活動。這類活動與其他活動既相混雜又相對抗，無論在城市市場的正規交易中或在集市貿易的討價還價中都還存在。在歐洲腹地，一些原始的經濟形式在貨幣生活的包圍下得以維持。貨幣無意取消它們，僅把它們當作近在咫尺的內部殖民地保留下來。亞當斯密（一七七五）提到一個蘇格蘭鄉村，「那裡常見一名工人不是帶著錢，而是帶著鐵釘到麵包鋪和啤酒店去買東西」[24]。同一時期，在加泰隆尼亞的庇里牛斯山中某些偏僻地區，村民有時用裝在小口袋裡的糧食支付在商店購物的費用[25]。還有更晚、更有說服力的實例：根據民族學家的記載，科西嘉納入真正有效的貨幣經濟的勢力範圍是一次世界大戰以後的事。二次世界大戰以前，「法屬」阿爾及利亞的某些山區尚未完成這種變革。直到本世紀三十年代前後，這依舊還是奧雷斯山區潛在的多種戲劇之一[25]。我們據此可以推想，在東歐的窮鄉僻壤或深山裡，或在美國西部，存在著無數同樣與世隔絕的小天地，重複著同樣的戲碼。在不同的地區，貨幣秩序的現代化在時間上雖然彼此相距甚遠，但遵循的進程卻大體相同。

根據十七世紀的一位旅行家法蘭索瓦．拉布萊記載，在切爾克西亞（Circassia）和明格列爾（Mingrelia），即在南高加索和黑海之間，「未見錢幣流通」。當地實行物物交換；明格列利的君主每年向鄂圖曼蘇丹交納的貢賦是「布匹和奴隸」。負責運送此項貢賦到伊斯坦堡的使節遇到一個特殊問題：怎樣支付他在鄂圖曼首都居留的費用？事實上他的隨從人員是三十到四十名奴隸，他把他們逐一賣掉。拉布萊補充說：他的祕書是例外，不到最後關頭他捨不得與他分手！然後「他獨自返回本國」[27]。

俄國的例子同樣說明問題。十五世紀初在諾夫哥羅德，「人們僅使用韃靼小錢、貂皮塊和蓋上印記的小塊獸皮。一四二五年才開始鑄造很粗糙的銀幣。即使如此，諾夫哥羅德在經濟上還算是領先的：俄國長期實行的是物物交換」[28]。直到十六世紀，德國貨幣和銀錠來到之後（俄國外貿有順差），俄國人才開始正式地鑄造錢幣。但是鑄幣的規模不大，而且往往是私人開鑄。在這個幅員遼闊的國家，不少地方仍維持物物交換。彼得大帝治下，從前與外界隔絕的地區才相互聯繫。俄國落後於西方是不容否認的事實：具有決定意義的西伯利亞金礦自一八二〇年起才得到開發[29]。

美洲殖民地的情況同樣也是耐人尋味。貨幣經濟在那裡只抵達礦業國家——如墨西哥和祕魯——的大城市以及離歐洲較近的地區，如安地列斯群島和巴西（後者不久即因開採金礦而取得優越地位）。雖說這些城市和地區的貨幣經濟遠未達到完善階段，那裡的物價波動足以標誌某種程度的經濟成熟。相反阿根廷以及智利（後者出產銅和白銀）的物價直到十九世紀還固定不變[30]，好比不會長大的死胎。整個美

戴有佛羅倫斯商人貝魯齊兄弟印記（兩個梨）的銅幣。
贈我此物的貝爾諾契先生大量類似的錢幣。這類錢幣好像是佛羅倫斯幾家商行為內部流通需要而發行的，因為它們往往具備兩個合夥家族的印記（直徑 20 公厘）

洲大陸頻繁地實行以貨易貨。殖民政府對封建勢力或半封建勢力作出讓步也說明金屬貨幣缺少。一些不完善的貨幣，如智利的銅塊、維吉尼亞的煙草、法屬加拿大的「銀紙」和新西班牙的「特拉戈」（*tlacos*），自然便發揮作用[31]。一個「特拉戈」（源自墨西哥話）相當於八分之一里亞爾。這是由雜貨店老闆發行的小錢幣，那種雜貨店叫「梅斯蒂扎」，從麵包、燒酒到中國綢緞，什麼都賣。每個店主都發行蓋上自己印記的木質、銅質或鉛質輔幣。這種籌碼在小範圍內流通，必要時可以把這種籌碼換成真正的銀比索。有些店鋪的籌碼在流通過程中丟失了，所有各種籌碼都是不擇手段的投機活動的對象。這種情況之所以發生，是因為銀幣的面值很大，老百姓事實上接觸不到。此外，駛回西班牙的船隊每次都把當地的白銀搬運一空。最後，一五四二年發行銅幣的嘗試沒有成功[32]。所以人們不得不接受帶有缺陷的體系，使用一種幾乎是原始的貨幣。十四世紀法國出現類似情況。為了贖回「好人約翰」，法國把全國的貨幣都交出去了。國王於是發行一種皮幣，幾年以後才予以收回。

美洲的英國殖民地在獨立前後遇到同樣的困難。費城一位商人於一七二一年十一月給他在馬德拉群島的某一位客戶寫信，信中說道：「我曾試圖運去一點麥子過去，但是此間的債權人猶豫不決，兼之我們開始感到貨幣奇缺，或者不如說我們近來已經缺乏支

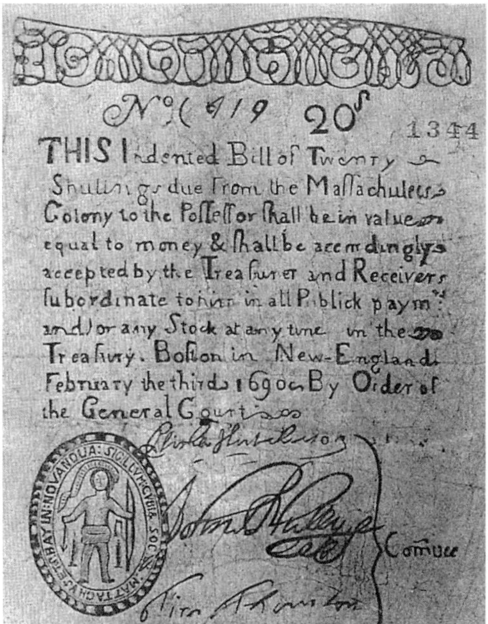
No. (419　20s　1344

THIS Indented Bill of Twenty Shillings due from the Massachusets Colony to the Possessor shall be in value equal to money & shall be accordingly accepted by the Treasurer and Receivers subordinate to him in all Publick paym.ts and for any Stock at any time in the Treasury. Boston in New-England February the third 1690. By Order of the General Court.

Committee

新英格蘭馬薩諸塞殖民地 1690 年 2 月 3 日發行的票證，原件入藏蒙特利爾摩爾遜公司檔案。承蒙該公司贈送複製件，謹表謝意。

付手段，而在通貨不足的情況之下經營商業必定會陷於困境中。」[33]人們試圖在日常交換中擺脫這種「困境」。一七九一年，克拉維埃爾和布里索（兩人在法國大革命中都大出風頭）在他們撰寫關於美國的書中提到那裡廣泛實行物物交換。他們以讚賞的口吻寫道：

「農村裡的人不必支付或收入貨幣，他們進行直接交換以滿足彼此的需要。裁縫以及鞋匠到需要衣服和鞋的農民家裡去幹活，後者提供原料，並用食物支付工資。這類交換適用於許多物品；雙方分別記帳，記下收到的和交出的東西，到了年底只用少量貨幣便能結清帳目，而在歐洲沒有大量銀錢辦不成這麼多交易。」這樣就產生一種「不用貨幣的大規模流通手段……」[34]。

美國那時立國不久，還存在物物交換和用實物償付勞務，但把這種辦法當作進步的新事物大加讚揚未免可笑。十七世紀和十八世紀，歐洲也常用實物做支付手段，但這僅是過去時代習俗的遺留。這方面的例子舉不勝舉，如阿爾豐斯・多普希[35]，就提到索林根的刀剪匠、普弗茲罕的礦工和織匠、黑森林的農民鐘表匠都收取實物報酬，諸如食物、鹽、織物、黃銅絲、糧食，這些實物的價格都訂得極高。德國、荷蘭、英國、法國十五世紀實行同一制度。甚至日耳曼帝國的官吏，尤其是市政官員的部分薪金也用實物支付。晚至十九世紀，還有許多小學教員拿到的報酬是家禽、黃油和小麥[36]！印度農村同樣自古以來一直用食物支付工匠（有些行業世代相傳）的勞動報酬。十五世紀起，地中海東岸各大小口岸的大商人只要事情辦得到，莫不視以貨易貨為最審慎的交易方式。十六世紀的熱那亞人是信貸貿易的專家，正是在這傳統的啟發下，他們設法舉辦所謂柏桑松交易會，整個歐洲的匯票都可以在那裡交割，也就是實行現代意義的票據清帳。交易會地點選在皮琴察，一六〇四年一位威尼斯人不勝驚愕見到，那裡的交易額竟達幾百萬杜加，最後結帳時卻只需少許真正的金幣[37]。

歐洲之外處於童稚時代的經濟和金屬貨幣

日本、伊斯蘭國家、印度和中國代表介於歐洲與原始經濟之間的中間狀態，它們的貨幣經濟還需要走一半路程才能達到活躍、完備的境界。

日本和土耳其帝國

日本的貨幣經濟在十七世紀開始繁榮，但是金幣、銀幣和銅幣的流通與平民百姓很少發生關係。大米仍舊作為貨幣使用，人們用一定數量的鯡魚換取一定數量的大米。然而變革正在進行。農民不久就會有足夠的銅幣可供交納不種水稻的新墾土地的地租。（別地的農民仍按老規矩辦事，即服勞役和交實物。）在日本的西部地區，農民用貨幣交納幕府領地三分之一的貢賦。不久以後，某些大名擁有大量黃金和白銀，足夠用貴金屬支付他們屬下的武士的薪金。由於政府的粗暴干涉，也由於社會上對新體制懷有敵視心理以及武士的倫理觀念以嚮往、談論金錢為恥辱[38]，這個演變相當緩慢。面對封建的農民社會，日本至少有三種貨幣體制：政府的、商業的和城市的，而後者具有革命性。日本經濟達到某種程度的成熟的明顯標誌是物價，特別是大米價格和農民交納的貨幣貢賦的浮動（有記錄可查）。一六九五年幕府為了「增加貨幣的流通量」[39]而決定大幅度貶值也可視作經濟成熟的標誌。

地跨大西洋到印度的伊斯蘭國家自成貨幣體系，不過這個體系很古老，且囿於傳統，不思改變。只有波斯這個活躍的十字路口、鄂圖曼帝國和伊斯坦堡這個非同一般的城市在這方面有所發展。在十八世紀，首都的市場上用本國貨幣公佈商品的價格和相應的關稅；伊斯坦堡與西方各大金融中心如阿姆斯特丹、利佛諾、倫敦、馬賽、威尼斯、維也納都有匯兌業務。

在伊斯坦堡流通的金幣被稱為蘇丹寧、豐杜克和豐杜奇（一元、半元、四分之一元）；銀幣則是土耳其的比亞斯特，統稱為格羅克或格羅奇：至於巴拉和阿斯普爾，則是記帳單位。一個蘇丹寧值五個比亞斯特：一個比亞斯特值四十巴拉；一個巴拉則值三阿斯普爾；實際流通的最小貨幣單位梅吉爾或捷杜吉（銀幣和銅幣）值四分之一阿斯普爾。這些貨幣經過巴斯拉、巴格達、摩蘇爾、阿勒坡、大馬士革，遠屆埃及和印度。亞美尼亞商人在印度定居，使那裡的商業活動大為活躍。但是存在一種明顯的貨幣貶值現象：外國貨幣優於鄂圖曼帝國的貨幣。一個威尼斯色庚（金幣）值五點五比亞斯特，一個荷蘭塔勒或拉古沙埃居（二者都是銀幣）可兌換六十巴拉，一個奧地利塔勒，即卡拉－格羅奇，可換到一百零一至一百零二巴拉[40]。一份威尼斯文件表明，一六六八年在埃及脫手西班牙里亞爾可以淨賺百分之三十；另一份一六七一年的文件表明，把在威尼斯購買的色庚匯到伊斯坦堡，有百分之十二到百分之十七點五的賺頭[41]。土耳其帝國就用這個辦法吸引西方貨幣，後者對帝國本身的貨幣及物資流通是必須的，因為帝國有求於西方。

另有一個附加因素促使貨幣流通：在地中海東岸地區，「凡是外來貨幣一概熔化成塊並運往波斯、印度」，然後重新鑄造成波斯拉林或印度盧比[42]。至少這是一六八六年一份法國文件的說法。不過在這個日期之前或之後，西方貨幣仍原封不動地抵達伊斯法罕或德里。商人遇到的麻煩在於他們帶進波斯的所有貨幣都必須送到造幣廠去改鑄成拉林。並由他們承擔改鑄的費用。直到一六二〇年左右，拉林在遠東起到類似國際貨幣的作用，它的價值被估得過高，正好彌補上述費用。不過到十七世紀拉林逐漸失勢，里亞爾升值。因此達維尼葉時代，許多波斯商人利用大規模的陸路商隊和波斯灣的船隊把千方百計收羅到的里亞爾走私帶出境外，用於與印度貿易[43]。

印度

印度大陸早在公元前就習慣與金幣和銀幣打交道。在我們感興趣的歷史時期裡，貨幣經濟在印度有過三次擴張：十三世紀、十六世紀、十八世紀；任何一次擴張都未能完全達到目的。幣制未能統一，南北方之間始終存在對立。北方從印度河和恆河河谷起是清一色的穆斯林天下，半島南部殘存幾個印度王國，長期保持繁榮的維加雅納加即是其中之一。北方實行銀、銅混合幣制，銅幣起的作用遠遠超過銀幣。銀幣即盧比及其輔幣，或作圓形，或呈方形，始見於十六世紀。它們只和上層經濟生活發生關係；下層流通的是銅幣和苦杏仁——一種來自波斯的奇特的原始貨幣。阿克巴鑄造的金幣名為「莫呼爾」，實際上是不進入流通領域[44]。南部情況不同，金幣是德干高原的基本貨幣；下層經濟生活中使用貨貝，另用少許銀幣和銅幣補充不足[45]。印度的金幣在西方語言中稱做「寶塔」，它們的直徑很小，但錢背很厚，在一六九五年「與威尼斯色庚等值」，黃金含量「高於西班牙皮斯托爾」[46]。

十八世紀的印度幣制仍舊一片混亂。無數造幣廠分擔鑄幣工作。古吉拉特的主要港口蘇拉特的造幣廠是其中最大的，但不是唯一的。如貨幣成色相同，本地貨幣的估價高於外地貨幣。由於鑄幣頻繁，王公為謀取私利強行規定新幣價值高於舊幣，實情則是新幣的成色往往不如舊幣。熱梅利·卡勒里（一六九五）勸告商人們把他們的銀幣改鑄成「本地貨幣……尤為重要的是用本年的模子重鑄，否則要損失百分之零點五。蒙兀兒帝國邊境各城市都有制幣廠，十分方便」[47]。

印度本土幾乎不產黃金、白銀、銅和貨貝，結果竟是別國的貨幣越過它從不關閉的門戶進入境內，為它提供主要的造幣原料。葡萄牙人見到這一混亂狀態有利可圖，便仿造印度貨幣與之競爭。後來（直到一七八八年）還有巴達維亞盧比和波斯盧比出現。全世界的貴金屬有條不紊地流向蒙兀兒皇帝的錢庫及其治下各邦。

一位旅行家解釋說（一六九五）：「讀者須知，世界各地流通的金銀最後都像回家一樣來到蒙兀兒帝國。美洲的金銀先在歐洲幾個王國轉一圈，然後通過士麥拿〔又名伊茲密爾〕的絲綢之路一部分前往土耳其，另一部分則來到波斯。土耳其人離不開葉門（或者稱幸福的阿拉伯）的咖啡；阿拉伯人、波斯人和土耳其人也不能沒有印度的商品；結果他們必須用船把大宗款項通過紅海運往鄰近曼達布海峽的莫卡、波斯灣盡頭的巴斯拉、阿巴斯港和戈麥隆（Gommeron），再從這些地方運往印度。」同樣地，荷蘭人、英國人和葡萄牙人在印度購買任何商品都用金、銀成交，因為「人們只有支付現金才能從印度人那裡得到自己想運回歐洲的貨物」[48]。

上面這幅圖畫基本屬實。但是世界上沒有白占便宜的事情，印度必須無休止地償付它收到的貴金屬。印度的民生艱難的原因之一正在於此。也是出於這個原因，它發展了某些工業作為補償，如古吉拉特的紡織工業便是個顯例，遠在達伽馬抵達之前，這門工業便已成為印度經濟生活的原動力。紡織品向遠近國家大量出口。我們可以根據中世紀尼德蘭羊毛紡織的興盛情況想像古吉拉特的棉紡織業。早在十六世紀，在這一發達部門的帶動下，形成一股巨大的工業化勢頭，向恆河流域方向推進。十八世紀，印度棉布充斥歐洲市場。在歐洲自行生產棉布並與印度競爭之前，商人們一直大量進口印度產品。

印度貨幣史追隨西方貨幣的運動乃是相當合乎邏輯的現象；印度的貨幣受到西方的遙控。似乎必須等待美洲的白銀抵達歐洲後又逃離歐洲，德里才能於一五四二年以後重新開鑄貨幣。馬加拉埃斯・戈蒂諾詳細解釋過這個問題。他說印度盧比是用西班牙里亞爾和波斯拉林熔化後鑄造的，而波斯拉林往往也是用西班牙里亞爾改鑄的。同樣地，印度鑄造金幣的材料是原產非洲的葡萄牙黃金和來自美洲的西班牙黃金，特別是威尼斯的色庚[49]。新的補給來源打亂了原來的秩序：印度從前供造幣用的貴金屬主要取給予亞洲（中國、蘇門答臘、莫諾莫塔帕的黃金，日本和波斯的白銀）和地中海一帶（威尼斯的金銀），所需不多；此外還有為數不多的銅通過紅海來自西方，以及大量次等貨幣：孟加拉和別的地方的貨貝，古吉拉特從波斯進口的苦杏仁。與金、銀的流通秩序被打亂一樣，銅的流通也不能維持舊狀，從葡萄牙大量進口的銅全部被蒙兀兒印度吸收。這種局面一直延續到里斯本市面上的銅開始緊缺[50]，最終到一五八〇年以後完全絕跡。從那個時候起，儘管有日本和中國的銅接替，印度還是缺銅。耶罕吉爾（Jahangir）的統治於一六二七年結束之後，蒙兀兒印度不再大量發行銅幣，白銀在交易中的地位日益重要，而貨貝也重新發揮作用，部分地取代了銅制的「倍薩」（*paysahs*）[51]。

中國

中國本身就是一個巨大的整體，在它周圍有若干原始經濟與它聯繫，而它的經濟生活也受到這些原始經濟的制約。這裡指的是西藏、日本（約到十六世紀為止）、南洋群島、印度支那。我們只有把中國放在這個原始經濟體系的中心，才能理解它。但是中國的四鄰中也有一些足以證明規律的例外，這些地區應排除在原始經濟範疇之外。如麻六甲是交通樞紐，貨幣不求自來；又如蘇門答臘的西端，那裡盛產香料，有若干因開採金礦而興起的城市；爪哇島人口眾多，雖然貨幣生活仍處於初級階段，已經流通以中國銅錢為範本仿造的銅幣「制錢」。

中國周圍的國家仍處於童年時代。在日本，大米長期充當貨幣；南洋群島和印度支那使用的貨幣是從中國進口的銅錢或仿造的「制錢」，還有銅「鑼」，根據重量計值的砂金、錫塊或銅塊；西藏兼用砂金和從遙遠的西方進口的珊瑚。

這一切可以解釋中國本身的落後，也可以說明為什麼它的貨幣體系具有某種穩固性，由於這一體系對周

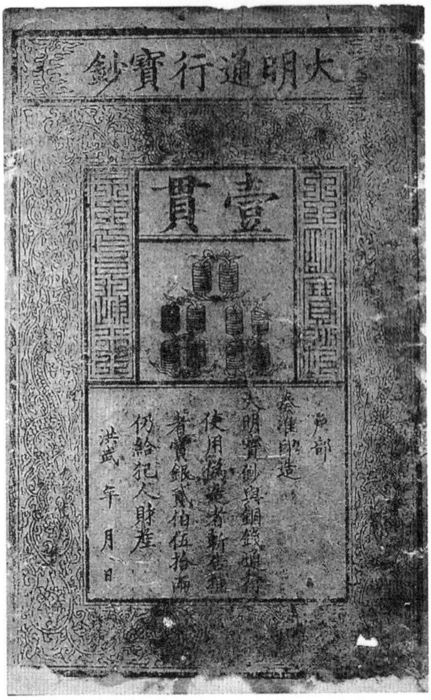

左圖：14 世紀明朝開國皇帝發行的鈔票。里翁藏品。
右圖（自上至下）：明代錢幣（14、15、17 世紀），巴黎塞爾努西博物館藏品。

圍世界而言處於「統治」地位。中國的貨幣史滿可以懶洋洋地發展而不必擔心任何危險：它只消比鄰國領先就足夠了。紙幣的發明乃是一種例外。這一天才發明出現於遙遠的九世紀，大致上一直應用到十四世紀，在蒙古統治時期尤見實效，當時中國通過中亞的道路同時向草原地帶、伊斯蘭國家和西方敞開大門。紙幣不僅為中國各省之間的銀錢支付提供方便，還使國家得以保存白銀專供對外貿易的需要，因為同中亞和歐洲貿易必須使用白銀（順便指出，認為中國當時出口白銀乃是一種謬見）。皇帝徵收的某些捐稅可用紙幣交納，外國商人需把他們的貨幣換成紙幣（貝格洛蒂提醒這一點），在他們離境時再換回去[52]。紙幣是中國針對十三和十四世紀經濟形勢採取的對策。中國由於古老的銅錢和鐵錢過於笨重，流通不便，也由於通過絲綢之路開展對外貿易在支付手段上遇到困難，才使用紙幣。

但是，十四世紀的經濟蕭條和農民起義的勝利（漢人建立的明朝取得政權）使通向西方的蒙古大道不再暢通。中國繼續發行紙幣，但是已出現通貨膨脹。一三七八年，紙幣十七貫只值制錢十三貫。七十年以後的一四四八年，紙幣一千貫只能兌換制錢三貫。尤其因為紙幣使人想起可恨的蒙古統治，通貨膨脹很容易就斷送了紙幣的生命。國家停止印造紙幣；只有幾家私人票號發行錢票在本地範圍流通。

從此中國只有一種貨幣，即制錢或貫文。這一發明始於公元前二百年，在後來的歲月裡外形略有改變，但是面對強大的競爭對手始終保持不敗。銅錢的對手有鹽和糧食；八世紀時絲綢成為它的勁敵：十五世紀紙幣消失時，大米又出來與銅錢競爭[53]。明朝初年鑄造的銅錢含四成銀六成銅，「因此用手指就能捏碎」。這種圓形銅錢僅一面有印文，中央有方孔，以便用繩子把一百文或一千文錢貫串起來。馬加良斯神父（卒於一六七七年，他所撰寫的書發表於一六八八）記載：「一貫錢為一千文，通常可換一兩銀子；票莊和官錢莊都可兌換。」中國的銅錢幣值太小，顯然不能承擔貨幣的全部職責。在銅錢之上有按重量計值的白銀作為高級貨幣流通，黃金的作用有限得很。這裡出現的不是金幣或銀幣，而是金錠銀錠，「狀如小船，在澳門叫作金麵包或銀麵包」。馬加良斯神父接著說，金銀錠的價值視大小不同而異。「金錠有一兩、二兩乃至十兩、二十兩之分：銀錠有半兩、一兩、十兩、二十兩、五十兩以至一百兩或三百兩。」[54]我們需要說明的是所謂「兩」通常只是一種記帳單位，下文還要談到銀兩。

在這一高級層次上，只有銀錠具有實際重要性。銀中摻有鉛，所以有「雪花銀」的說法。它在中國是大宗貿易的主要工具，尤其因為明代（一三六八—一六四四）出現活躍的資本主義貨幣經濟，手工業和礦業發達。一五九六年中國曾有開採煤礦的熱潮，導致後來一六〇五年的民變。當時對白銀的需求殷切，銀與金的比價曾經可達五比一。馬尼拉大帆船橫穿太平洋與新西班牙建立定期聯繫時，中國帆船急急忙忙趕來與西班牙人相會。中國商品在馬尼拉只與墨西哥銀洋交換，交易額大致上為每年一百萬比索[55]。塞巴斯蒂安·曼里克（Sebastien Manrique））寫道中國人不惜下地獄尋找新的商品，以便換取他們渴求的里亞爾。他們甚至用結結巴巴的西班牙語說「pla-ta sa sangre」，意為白銀是血[56]。

日常生活中不可能使用整個銀錠，購物者「隨身帶有鋼剪，根據所購貨物的價格把銀錠鉸成大小不等的碎塊」。每個碎塊都需秤出重量；買賣雙方都使用戥子。一個歐洲人在一七三三和一七三四年之間說過：「中國最窮的人也隨身攜帶一把鑿子和一桿小秤。前者用於切割金銀，後者用於秤出重量。中國人做這件事異常靈巧。他們如需要二錢銀子或五厘金子，往往一次就能鑿下準確的重量，不必增減。」[57]

一個世紀以前，拉斯戈特斯神父（一六二六）記下相同的情節，所有中國人使用這一古怪的支付手段的熟練程度同樣使他驚詫。他說，中國的童稚都會估計銀錠的重量及成色。中國人在腰帶上繫一個類似銅鈴的東西，裡頭裝著蠟塊，主要用於收集鉸下來的銀屑。銀屑積到一定數量，只要熔化蠟塊便能收回銀子[58]。那麼是否應該讚賞這一體制呢？我們援引的第一位證人對之讚不絕口。他寫道：「與我們歐洲種類繁多的貨幣相比，我以為中國人既沒有金幣也沒有銀幣對他們有利。根據我的看法，原因在於這兩種金屬本身在中國也是商品，進入中國的金銀數量不大，不足以如同在通用金銀貨幣的國家一樣大大超出其他商品的數量……」我們這位熱情的見證人補充說：「何況中國一切商品的價格都定得很合適，人們很少付高價買什麼東西。只有歐洲人因為相信賣主誠實無欺而受騙上當，因為中國人經常把用平價買來的東西加價賣給他們。」[59]

儘管有許許多多的歷史學家把中國描述為吸引全世界白銀的「唧筒」，實際上遼闊的中國國土並非遍地白銀。墨西哥銀圓在中國的巨大購買力足以證明這一點。中國各省流通的貨幣雖然相同，但價值卻有不同之處。一塊洋錢在不同省份可以換到七百到一千文。如果說這個匯率對我們來說還不能說明問題，那麼只要知道，一六九五年用一塊那麼薄的銀洋「可以買到足夠吃六個月的世界上最好的麵包」：當然是供一個人吃。說這句話的是一位西方旅行家；中國麵粉價格低廉，中國人不愛食用，他就占了便宜。同一位旅行家僱用一名中國廚子，每月只需一塊銀洋的工資；他另出一兩銀子（一兩即一千文，當時的價值約與一塊銀洋相等）

僱用一名中年的中國人當貼身僕人。此人將隨他到北京去，動身前領到一次付清的「四塊洋錢安家費」[60]。旅行家的名字叫熱梅利．卡勒里。

還應該考慮到驚人的積攢金銀現象。帝國的國庫收藏巨額金銀（富人和貪官污吏也在聚財）。不過國庫的使用部分取決於政府的決定和理財措施，政府利用它調節物價。一七七九年耶穌會教士的通信說明了這一點。據他們說，清朝銀價有變動，即物價大致上升。此外，不管白銀是不是嚴格意義上的貨幣（顯然不是），中國實行的是銀和銅的雙重幣制。國內在銅錢和銀兩之間；或者在銅錢和西方商人出售的銀元之間進行兌換。銀與銅的比價根據日子、季節、年份的不同而漲落，尤其受到政府命令發行的銀錠或銅錢的數量的影響。帝國政府力圖保持正常的貨幣流通，每有必要便把銀與銅的比價拉到常見的幅度之內。如果銀值偏高，國庫就拋出白銀，反之就脫手銅。中國耶穌會教士說：「我們的政府分別提高或降低銀幣和銅幣的價值……這個手段在整個帝國範圍內行之有效。」因為國家占有全部銅礦，所以中國政府很容易控制市面[61]。

但我們不能因此說貨幣在中國是一種不受重視的、中性的工具，也不能說那裡的物價始終穩定，令人羨慕。我們知道某些物價是變動的，尤其是米價。到十八世紀，在對歐洲貿易的衝擊下，貨幣和信用領域的雙重革命深入中國古老的經濟體制內部，廣州的物價將普遍上漲[62]。以比亞斯特（piaster）為代表的沿海經濟將打亂以銅錢為代表的內地經濟。而且中國的內地經濟並非如人們通常以為的那樣平靜、富於惰性。

說到這裡，讀者可能會接受我們的看法：在貨幣方面中國處於比較原始階段，開化程度不如印度。但是中國的貨幣體系自有其連貫性和一種明顯的一致性。中國的貨幣與眾不同。

貨幣流通的幾條規律

歐洲自成局面，當時已建立起龐大的貨幣體系。它具備貨幣流通所經歷的從低到高的各個層次：在底層有物物交換、自給自足、原始貨幣以及為避免支付金屬貨幣而想出來的種種古老的代用手段，所有這些做法遠比人們通常以為的要活躍；在這上面，有金、銀、銅幣、歐洲持有的金屬貨幣數量相對比較充裕，最上一層是多種形式的信貸，從「倫巴第」人或猶太商人的抵押貸款直到商業中心城市的匯票和投機活動。

這些貨幣運動不侷限於歐洲本土。它們只有從世界角度去解釋。十六世紀為了歐洲的利益，美洲的「財寶」被運到遠東，轉化成當地的貨幣或金錠銀錠：這並非無足輕重的小事。歐洲開始吞噬、消化世界。因此我們不能苟同過去和今天某些經濟學家的看法：作為後世人，他們可憐當時歐洲的健康狀況，認為歐洲的貨幣持續流向遠東對它本身是巨大的損失。首先，歐洲並沒有死於這一出血症。其次，如果說歐洲受到損失，那也不過是為砲轟一座行將陷落的城市而損失的砲彈、火藥和力氣。

世界各地的貨幣歸根結柢總要產生相互聯繫。每個地區的貨幣政策都在於吸引或排斥某種貴金屬，光是這個原因就足以造成上述現象。這類貨幣運動的影響有時會跨越巨大的空間。馬加拉埃斯．戈蒂諾曾指出，十五世紀時義大利、埃及和遠東的貨幣相互制約，就像歐洲貨幣之間相互制約一樣。歐洲沒有力量任意變動這一世界性貨幣結構的整體性。凡在它想強行進入的地方，它必須順應本地貨幣的特性。但是，因為歐洲早在征服美洲之前就擁有相對說來比較多的貴金屬，它往往能使自己與本地貨幣的關係朝有利於它的方向發展。

北京街頭的爐匠手持大剪刀絞碎銀錠；秤碎銀重量的戥子；叫賣錢索子的小販。需用索子串起來的方孔銅錢以及串成的錢索（印在寶鈔上）均見上圖。國立圖書館版畫部。

爭奪貴金屬

一種金屬貨幣是一系列彼此有聯繫的錢幣：其中一枚的價值為另一枚的十分之一、十六分之一或二十分之一等等。通常同時用多種金屬（既有貴金屬也有非貴金屬）鑄造貨幣。西方使用三種金屬：金、銀、銅；這一多元性既有好處也帶來不便。好處在於能夠應付不同的交換需要：每種金屬都有一整套相應的錢幣，負責支付一系列交易。在金幣唱獨腳戲的貨幣體系裡，日常零星購物會成為難題；如以銅幣一統天下，巨額交易又會很不方便。事實上，每種金屬各司其職：黃金供王公和巨商甚至教會使用；白銀則用於平常交易；銅理所當然處於底層：這是小民和窮人所謂的「黑錢」；因為銅裡摻了一點銀，銅幣很快會變黑，倒也名副其實。

只要看一下是什麼金屬在一個經濟裡占主導地位，便能判斷這個經濟的發展方向及其健康狀況。一七五一年在那不勒斯，人們積攢金幣，銀幣則流出國境；銅幣儘管數量不多（一百五十萬杜加銅幣，而銀幣與金幣分別為六百萬和一千萬杜加），卻用於支付大部分交易，因為它流通迅速，而且它的質地雖然低劣，「卻不外流」[63]。西班牙情況相同：一七二四年，「大部分交易……用含少量銀子的銅幣支付；該銅幣運輸不便，且運費昂貴，何況人們習慣於按其重量計值……」[64]這一習慣實在可悲，須知同一時代法國和荷蘭的銅幣僅作輔幣使用。不過西班牙表面上仍主宰著新大陸的白銀，別的強國同意它占有遠方的財寶，條件是它必須讓這些財寶像「各國共有的」貨幣那樣流通，也就是說，西班牙應該拱手交出自己的白銀，讓別人得益。如同葡萄牙與黃金的關係一樣，西班牙成為它的殖民地所出產之白銀的「流通渠道」。一六九四年熱梅利．卡勒里隨同一支運銀帆船隊來到加地斯；他在一天之內清楚看到「一百多艘船駛入海灣領取由它們運往印度的商品的代價：帆船隊運走的大部分白銀最終落入外國的錢袋」[65]。

相反，在飛躍發展的國家裡，總是以金、銀為主要貨幣。一六九九年，倫敦商會恰如其分地認為銀幣

造幣圖。漢斯・海斯作於 1521 年。當時安娜貝格城取得用本地銀礦出產的白銀鑄造錢幣的永久特權。這幅畫掛在該城的大教堂裡，離礦工行會專用既談不遠的地方。

「比黃金更有益，用途更廣」。但是隨即就出現十八世紀普遍的黃金過剩局面。一七七四年，英國事實上把黃金當作法定的通用貨幣，白銀從此僅止於輔助作用[66]。然而法國繼續以銀幣為主幣。

當然，上面說的不過是大體上的規律，還有明顯的例外情況存在。十七世紀前葉，正當各大商業中心像躲避瘟疫一樣拒絕接受銅幣的時候，葡萄牙卻尋求銅幣，然後依循慣例向好望角以外的地區，向印度輸出銅幣。黃金也會誤導我們：鄂圖曼土耳其從十五世紀起就屬於金幣廣泛流通的地區（用非洲的黃金鑄幣或使用埃及金幣）。但是一五五〇年以前黃金在地中海地區和歐洲相對充裕；如果說土耳其也富有黃金，那是因為歐洲銀幣在土耳其境內並不停留，而是流向遠東，相形之下黃金就顯得多了。

至於何種貨幣（金、銀、銅）占據主導地位，這要取決於各種貨幣之間的相互關係。貨幣體系的結構本身意謂著不同貨幣之間的競爭。銅幣的角色顯然不太重要，因為小錢的價值與它們包含的金屬的重量沒有確切的對等關係，它們帶有「紙幣性質」，好比是我們今天說的「小票」。不過也可能發生意想不到的事情：

正因銅的價值不大，它在十七世紀被整個歐洲用作初級的、但卻強大之通膨的稱手工具。這一現象在德國[67]和西班牙[68]（直到一六八〇年）尤為嚴重，這類經濟上有病的國家找不到別的辦法擺脫它們的困境。歐洲之外，例如一六六〇年前後在波斯，有種「磨掉一半，像喜鵲肉一樣發紅」的小銅幣充斥市場，「以致伊斯法罕的白銀日益稀少」[69]。

關於銅，就講到這裡。剩下金和銀這兩位顯赫的貴人。金、銀的產量不穩定，缺乏伸縮性，所以總是其中一種的產量相對超過另一種，然後形勢慢慢地逆轉，原來居下風的反占上風，日後又被壓倒。由此產生動亂，甚至災禍，但更多的是緩慢、有力的搏動。這一種搏動形成舊貨幣制度的特點。有一句眾所周知的至理名言：「金和銀是自相殘殺的親兄弟」；卡爾・馬克思曾說過類似的話：「在金和銀依法同時充當貨幣即充當價值尺度的地方，想把它們當作同一物質看待，總是徒勞無益的。」[70]二者的爭執永無休止。

往日的理論家們希望同等重量的金與銀的比價應為一比十二，但這並非十三到十六世紀的通行規律，實際比價經常在這一「天然」比例上下浮動，更多情況下是超過這一被說成是天然的比例。從長時段看，比價有時對黃金有利，有時對白銀有利，地區性的或短暫的變化可不予考慮。

例如，從長時段看，白銀的價值從十三到十六世紀一直在上升，這種狀況大體上保持到一五五〇年前後為止。誇張一點，不妨說這幾個世紀裡存在黃金通貨膨脹。歐洲各造幣廠鑄造金幣的原料來自匈牙利、阿爾卑斯山區、遙遠的蘇丹金礦以及最早的美洲殖民地。當時金幣是最容易到手的貨幣，所以王公們都用金幣來實現他們的謀略：查理八世在進軍義大利前夕開鑄金幣[71]，法蘭索瓦一世與查理五世皇帝爭霸時雙方都大量使用金幣。

在黃金相對過剩的情況下，誰將得利呢？肯定是白銀或銀幣的擁有者，也就是說奧格斯堡的商人，波希米亞和阿爾卑斯山的銀礦主，以及富格爾家族那樣的無冕之王。當時白銀代表最可靠的價值。

相反，從一五五〇至一六八〇年，由於美洲銀礦採用現代技術（汞齊法），白銀產量激增，而成為持久的、強大的通貨膨脹的動力。黃金相對較少，因而升值。熱那亞人一五五三年起就在安特衛普買入黃金，大發其財[72]。

一六八〇年以後，隨著巴西金礦的投產，天平又稍微向另一端傾斜。直到這一世紀末，一般說：二者之間保持穩定局勢，然後稍有波動。在德國的法蘭克福和萊比錫的交易會上，一七〇一至一七一〇年之間金、銀的比價平均為一比十五點二七，一七四一至一七五〇年之間變為一比十四點九三[73]。至少白銀不再像巴西的黃金投入流通之前那樣跌價。這是因為，從一七二〇至一七六〇年，世界黃金產量至少翻了一倍。順便指出一個意味深長的細節：一七五六年勃艮第農民手裡又有了黃金[74]。

從長時段看，在兩種金屬之間展開的這場慢吞吞的角逐中，一方的任何運動必定帶動、影響另一方的相應運動。這是一條簡單的法

理財家雅各布・富格爾。洛倫佐・洛托作畫（手的細部）。布達佩斯美術館。

則。十五世紀末黃金相對充裕，於是德國銀礦應運而起。同樣地，一六八〇年前後巴西金礦的早期繁榮刺激了波托西及新西班牙的銀礦生產。波托西本身極需白銀；新西班牙的瓜納華托銀礦盛極一時，韋塔．馬德雷的蘊藏量尤為豐富。

這類波動現象都服從所謂的格雷欣定理，其實該定理的發明人並非英格蘭伊麗莎白女王的這位顧問官。定理內容眾所周知：劣幣驅逐良幣。根據長時段的局勢，黃金和白銀相繼扮演「劣幣」的角色，把對方趕到投機者手中或喜歡攢錢的人的羊毛襪子裡去。自然，國家不合時宜的干涉可能加速這一自發運動。國家花不少精力調整貨幣，根據市場的變化提高金幣或銀幣的價值，希望藉此恢復二者間的平衡，但實際上很少達到目的。

如果金幣或銀幣的升值幅度在經濟上是合理的，那就不會出什麼事，至少不會產生嚴重情況。如果升值過高，以金幣為例，鄰國的金幣就會湧向金幣估價太高的國家，如亨利三世時代的法國，提香時代（一四八八年至一五七六年）的威尼斯或十八世紀的英國。一旦形勢逆轉，估值過高的金幣便變成劣幣，驅走銀幣。威尼斯經常發生這種事情；奇怪的是從一五三一年起，西西里一直處於這一種局面[75]。因為把白銀從威尼斯或西西里運到北非或地中海東岸有利可圖，我們可以篤定地說不管人們怎麼想，也不管當時的理論家們有什麼說法，這些表面上荒謬的運動實質上都是有理由的。

在貨幣運動領域，遇到合適的時機，什麼事情都可能發生，而且一天一變。一七二三年七月在巴黎，埃德蒙—尚—法蘭索瓦．巴比埃在日記裡寫道：「交易場所只見黃金，結果要出到二十個蘇……才能換到一個銀路易……另一方面，人們秤路易的重量……帶來很大的麻煩。必須老在口袋裡裝一把戥子。」[76]

流失、積儲和積攢

歐洲和歐洲以外的貨幣體系有二個不治之症；一方面是貴金屬的外流；另一方面是由於儲蓄和積攢，貴金屬在國內流通不暢，結果使發動機不斷喪失部分燃料。

首先，貴金屬不斷從西方流向印度和中國。遠在羅馬帝國時代已出現這種情況。必須用銀子或金子購買遠東的絲綢、胡椒、香料、藥物和珍珠，否則西方得不到這些貨物。西方與遠東的貿易因此一直存有逆差。就西方與中國的貿易而言，這一逆差一直維持到十九世紀二〇年代[77]。這是一種經久不衰的結構性流失：貴金屬通過地中海東岸地區，通過好望角航路，甚至穿過了太平洋，自動流向遠東。十六世紀，白銀以西班牙銀圓的形式流入了遠東；十七與十八世紀則以「硬披索」的形式流失。後者與前者形狀相似，只是名稱不同，這一點也可以表明這個現象的持久性。出發地點可以是加地斯、巴約納、阿姆斯特丹或倫敦，目的地是相同的。加地斯港的海灣寬廣，利於走私；巴約納鄰近庇里牛斯山，那裡有活躍的走私活動；阿姆斯特丹和倫敦則是全世界財富的會合地。甚至還有人用法國船直接從祕魯海岸把美洲的白銀運往亞洲。

貴金屬也經由波羅的海流向東歐。這些落後國家為西方提供小麥、木材、黑麥、魚、皮革、毛皮，但很少購買西方的商品。實際上是西方逐漸促成這些國家的貨幣流通。十六世紀與納瓦的貿易便是一例，這個港口是莫斯科通向波羅的海的窗口，一度開放（一五五三），後來又關閉（一五八一）；一五五三年英國人在白朗希海港口阿干折斯克開創的貿易是又一個例子；十八世紀聖彼得堡的貿易也屬於這種情況。必須注入外國貨幣，才能指望俄國輸出西方期待的原料。荷蘭人執意用紡織品、布料和鯡魚支付貨款，結果他們失去在俄國的優先地位[78]。

另有一重困難：多方需求的金屬貨幣本應該不斷加快流通速度，但由於存在形形色色的儲蓄，甚至歐洲本土也有部分貨幣不再流通。魁奈[79]和全體重農主義者（凱因斯爵士比他們要晚得多！）將大聲疾呼，為攢錢而攢錢是不合情理的、荒謬的積儲形式，這個吞噬貨幣的無底深淵賽過「貪圖銀子」的印度。

中世紀的歐洲曾迷戀貴金屬和金首飾，到了十三世紀，最晚不過十四世紀中葉，又對金屬貨幣產生新的「資本主義的」激情。但是從前對貴重物品的狂熱未見減退。腓力二世時代的西班牙貴人留給繼承人成箱的金幣和無數金銀器。阿爾瓦公爵不以豪富著稱，他於一五八二年去世時留下六百打碟子、八百個銀盤子[80]。兩個世紀以後，加里亞尼一七五一年估計那不勒斯王國積攢的金銀為流通貨幣總量的四倍。他解釋說：「奢侈成風，鐘表、鼻煙壺、劍把、手杖把、刀叉、杯盤皆為銀製；令人難以置信。那不勒斯人的習俗與昔日的西班牙如出一轍；他們以收藏古代銀器為一大樂事，專門存放銀器的箱子叫做「珠寶盒」和「首飾箱」[81]。梅西耶面對巴黎「毫無用處」的財富作出相同的反應，他指的是「金銀家具、珠寶首飾、銀餐具」[82]。

我們在這個領域不掌握任何可靠的數字。萊克希斯（W.Lexis）以前發表過一篇論文，認為十六世紀初積攢的貴金屬與流通之金屬貨幣的比例為三比四[83]。到了十八世紀比例有所改變，但可能沒有達到加里亞尼（Ferdinando Galiani）所說的四比一。加里亞尼曾想證明對貴金屬的需求不僅僅取決於它們的貨幣用途。貴金屬的總持有量從十六世紀到十八世紀確實奇跡般地增長，據萊克希斯粗略的估計，約增加十四倍[84]。我們掌握的實例證實這一估計：一六七〇年法國流通的貨幣總數為一億二千萬里佛；一個世紀以後，到大革命前夜增為二十億里佛。一五七〇年那不勒斯貨幣儲存量為七十萬杜加，一七五一年為一千八百萬杜加。十七、十八世紀的那不勒斯和義大利充斥找不到用途的現金。出於無奈，一六八〇年熱那亞銀行家甘願以二至三厘的低息借錢給外國人。許多修會趁此良機借新債償還利息為五點六厘或七厘的舊債[85]。

政府也積攢金銀。教皇西克斯丁五世在聖天使城堡設有金庫；薩利把金庫安置在巴黎軍械庫裡；「士官國王」（Fredrick William I）的部隊隨時準備出擊，但找不到用武之地，他的金銀同樣閒置不用。上面這些實例大家都熟悉，經常引用。還有別的實例，如十六世紀末和十七世紀初創設或重新設立的那些行事謹慎的銀行，甚至大名鼎鼎的阿姆斯特丹銀行。一七六一年，一位目光敏銳的觀察家這樣談到後者：「銀行裡確實存著全部現金……但人們不禁要問，存在這裡的錢與未經開採的金銀豈不同樣與流通領域無緣。我確信人們可以為發展商業而把這些錢投入流通，這樣做既無損於資金本身，也不影響信譽……」[86] 除了英格蘭銀行，這一指責適用於所有的銀行。英格蘭銀行創立於一六九四年，將為這一領域帶來革命。

記帳貨幣

由於多種貨幣混雜流通，便有必要發明「假想」的記帳貨幣。貨幣有通用的計量單位，這是理所當然的事。記帳貨幣的性質與鐘表上的時、分、秒一樣，都算是標準計量單位。

當我們說，一九六六年某天一個金拿破崙（*napoleon d'or*）在巴黎交易所的牌價為四十四點七十法郎時，這裡並沒有什麼深奧莫測的道理。首先，普通法國人平時不關心這個牌價，他也不會每天都遇到這種古代金幣；其次，他錢包裡有法郎鈔票，這是實實在在的記帳貨幣。如果某位巴黎市民指出一六〇二年某月一個金埃居值六十六蘇或者說

幾種金幣。自左至右：1300 年左右佛羅倫斯的弗羅林，14 世紀安茹的路易鑄造金弗羅林，13 世紀的熱那亞金幣。

三里佛六蘇，首先這位市民在日常生活中接觸金幣和銀幣的機會比今天的法國人要多。對他來說，金、銀幣是通用貨幣。反之，他從未遇到里佛、蘇（二十分之一里佛）和特尼爾斯（十二分之一蘇）。後三種貨幣是假設的，用於計數，估量各種實用貨幣的價值，確定工資和價格，並用於商業簿記。需要付款時，帳簿上的數字可以換算成任何一種本地或外國貨幣。比如說一百里佛的債務可以用若干金幣、若干銀幣償還，必要時還可以用銅幣結清尾數。

路易十四時代或杜爾哥時代的任何法國人在手心裡擺弄的從來都不是圖爾鑄造的里佛或蘇（圖爾最後一次鑄造特尼爾斯是在一六四九）。若要找到與記帳貨幣相應的實際貨幣，必須追溯到更遠的時候。所有記帳貨幣在歷史上某個時候都是實際使用的貨幣，諸如圖爾的里佛，巴黎的里佛、英鎊；義大利各城邦的里佛、一五一七年變成記帳貨幣的威尼斯杜加、一五四〇年起不再作為實際貨幣流通的西班牙杜加（事實如此，儘管有人持不同看法），以及法蘭德斯的記帳貨幣「格羅」（本是聖路易一二六六年鑄造的銀幣）。為了換換環境，我們不妨讀一條有關十八世紀印度的商務札記，遇到的問題也是相同的。作者是個法國人：「全印度都用價值三十蘇的通用盧比記帳……與法國的里佛、英國的英鎊、法蘭德斯和荷蘭的格羅一樣，這是一種假設貨幣；這一理想貨幣用於結算當地成交的買賣，但須聲明是通用盧比還是別國的盧比……」[87]

我們再補充一點，解釋就完整了。由於政府不斷抬高實際貨幣的價值，記帳貨幣相應貶值。如果讀者明白這個道理，他就不難理解圖爾的里佛一蹶不振的原因。

法國的例子可以證明，人為地製造記帳貨幣本可不必。一五七七年，我們最不受歡迎的國王之一亨利三世迫於里昂商人的壓力，決定提高里佛的價值。辦法十分簡單，無非把記帳貨幣和黃金掛鉤。亨利三世軟弱的政府居然辦成了這件事，它規定從此以後不用里佛，改用埃居（*écus*）記帳；埃居是實際流通的「叮噹響」的金幣，其價值定為二里佛或六十蘇。如果法國政府決定明天起我們的五十法郎鈔票與一個金路易（*Louis d'or*）等值，從此以後一切帳務都用金路易結算，此舉的效果將是一樣的。（不過它未必辦得成。）一五七七年的措施本可以維持到亨利三世被刺（一五八九）後的悲慘年代。但在亨利三世被刺後，外匯比價表明，法國貨幣急劇下跌。真正的埃居與記帳埃居脫鉤，後者的價值始終維持為六十個蘇，前者卻漲到六十三、六十五，甚至七十蘇。一六〇二年重新用里佛作記帳貨幣，等於承認通貨膨脹的存在。記帳貨幣再次與黃金脫鉤[88]。

這一局面將一直延續到一七二六年。路易十五的政府不僅完成了一系列貨幣改革，並且再度讓里佛與黃金掛鉤。新體制確立以後，除了一些輕微的變動，不再更改。最後一次變革是一七八五年十月三十日，政府藉口黃金流失，把金與銀的比價從原來的一比十四點五提高為一比十五點五。

由此可見，法國並未徹底放棄它對白銀的偏愛，因為當時英國與西班牙的金銀比價均為一比十六。這個差價非同小可，既然法國的金價低於英國，從法國市場把黃金輸入英國以供英國造幣廠鑄造金幣，便是有利可圖的生意。同樣的原因使白銀離開英國：從一七一〇—一七一七年據說流失一千八百萬英鎊[89]。一七一四到一七七三年，英國造幣廠鑄造的金幣的價值為銀幣的六十倍[90]。

十八世紀的歐洲終於能安享難得的幣制穩定局面。這以前各種記帳貨幣不管其本身價值的大小，都經歷持續的貶值。其中有些貨幣，如圖爾的里佛和波蘭的格羅茲貶值尤為迅速。這兩種貨幣之所以不斷貶值自有原因：法國和波蘭這些以出口原料為主的國家實行某種出口傾銷政策。

無論如何，記帳貨幣的貶值有規律地刺激了物價上升。經濟學家魯伊治·埃諾迪算出，法國一四七一年至一五九八年物價上漲幅度為百分之六百二十七點六，其中因里佛貶值而造成的漲價不低於百分之二百零九點六[91]。艾蒂安·帕斯吉埃在他死後六年發表的遺著中說，他不喜歡那句俗話：「形容一個人名聲不好就說他像舊幣一樣招人討厭……其實根據法國的情況，舊幣總比新幣好，後者一百年來一直落價……」[92]

金屬儲備與貨幣流通的速度

法國在大革命前可能有二十億里佛的貨幣儲備。當時法國有二千萬居民，平均每人有一百里佛。湊個整數，那不勒斯一七五一年有一千八百萬杜加貨幣儲備和三百萬居民，即每人有六個杜加。一五〇〇年，在美洲的金銀到來之前，歐洲可能有二千噸金子，二萬噸銀子，這兩項數字是根據大有爭議的資料推算出來[93]；如把金子也折算成銀子，則歐洲當時的六千萬居民擁有約四萬噸銀子，即每人六百克多一點。這個數目小得可憐。根據官方數字，從一五〇〇—一六五〇年，印度船隊在塞維爾卸下一百八十噸黃金和一萬六千噸白銀。這個數字看來很大，實際上不過如此。

但是大小總是相對而言的。重要的是加快本來很小的貨幣發行量的流通速度，雖說當時人不這樣看問題。當貨幣易手，或者借用一位葡萄牙經濟學家的說法（一七六一）[94]，「如瀑布跳躍」時，速度使它們的數量成倍增長（達望扎第〔一五二九—一六〇六〕隱約看到了貨幣流通速度，配第和坎提龍曾作出說明，後者並且創立這個名稱）[95]。貨幣每一易手，便有一筆帳目結清。當代一位經濟學家說，貨幣「像銷釘固定構件一樣」，使交易得以完成。結算的從來不是全部購貨款或銷貨款，而是兩者之間的差價。

一七五一年在那不勒斯流通著一百五十萬杜加銅幣，六百萬銀幣，一千萬金幣（其中三百萬存在銀行裡），總數約為一千八百萬杜加。一年的買賣總額估計為二億八千八百萬杜加。考慮到生產者本身消費部分產品、實物工資和物物交換，還考慮到加里亞尼解釋的情況：「農民占我國人口的四分之三，他們的消費只有十分之一用現錢支付」，上面的數字可以縮小百分之五十。於是產生下面的問題：怎樣用一千八百萬杜加的貨幣儲備應付一億四千四百萬交易額？答案：讓每塊錢換八次手[96]。所以流通速度是交易總額除以貨幣儲備得出的商數。不妨認定交易總額加大，金幣「跳躍」的速度就加快。

費雪法則（Irving Fisher's Law）有助於我們闡述問題。假設交換的產品總額為Q，它們的平均價格為M，貨幣總額為V，其流通速度為，只要具備經濟學基本知識便能列出下列公式：MV=PQ。如我們考察的經濟確係環環相扣（那不勒斯或別處的經濟），每逢交易額增加而貨幣儲備不變，貨幣流通速度必須增大。

我們於是認為，十六世紀伴隨經濟上升發生「價格革命」時，貨幣流通速度與費雪公式中的其他因素以同一節奏增長。廣義地說，如產量、貨幣總量和價格增長四倍，貨幣流通速度也應增長四倍。這裡指的當然是平均數，短時期發生的變化（如一五八〇年至一五八四年間嚴重的商務停滯）或地方性變化不計在內。

貨幣流通速度在某些地方也可能高得出奇。一位與加里亞尼同時代的人說，在巴黎一個埃居可以在二十四小時內換五十個主人：如果把從一月一日到十二月三十一日國內各等級的成員，從王室直到一天吃一個蘇的麵包的乞丐的開支都算在一起，「全世界的錢只夠巴黎一地半年的花銷……」[97]

貨幣流通是經濟學家冥思苦想的對象。他們認為這既是一切財富的源泉，又是財富升降的捉摸不定的主宰，許多怪事都可用它來解釋。一位經濟學家指出：「一七四五年圖爾奈圍城期間，由於交通業已隔絕，城中缺少現金，人們為支付答應借給守軍的錢傷透腦筋。有人想出辦法，向守軍食堂借出它們的全部現金七千弗羅林。一星期以後，這七千弗羅林又回到食堂，再次被借走。如此反覆七星期，直到守軍投降時為止，七千弗羅林派了四萬九千弗羅林的用場……」[98] 還可以舉出許多別的例子，如一七九三年七月美茵茲發行的「圍城貨幣」[99]。

在市場經濟之外

讓我們回到一七五一年的那不勒斯王國。貨幣儲備在流通過程中用於結清交易額的半數，這個數字不小。但是剩下來的更加可觀。農民和實物工資（豬油、鹽、鹹肉、酒、油）領取者與貨幣無緣；那不勒斯和其他地方的紡織、制皂、釀酒工人誠然參與貨幣分配，領取貨幣工資，但是他們到手的錢立即花掉，義大利語有個說法叫「由手入口」……德國經濟學家馮．史洛特早在一六八六年就說過，工廠的功績在於它們「使更多的錢轉輾傳遞，因它們正以這種方式使更多的人有飯吃……」[100]。運輸部門儘管報酬甚微，也用現金開支。無論在那不勒斯或在別處，這一切並不妨礙一種僅以維持生存為目的的物物交換經濟與活躍的市場經濟並駕齊驅。

關鍵的詞是「*baratto*」，即以物易物。它處於地中海東岸地區商業活動的核心地位，成為通例。早在十五世紀以前，人們就巧妙地用威尼斯的紡織品和玻璃製品交換香料、胡椒和沒食子，也就是說不必支付現金。十八世紀在那不勒斯以物易物成風，成交的每一方都依據權威部門事後確定的價格進行結算；人們先算出每宗商品的價格，然後根據比價進行交換。潔淨的亞歷山卓神父（Father Alessandero della Purificazione）的《實用算術》一七一一年在羅馬出版，這本書裡盡是叫小學生望而生畏的有關物物交換的算題。進行物物交換時用得上三率法，不過要區別下列三種情況：簡單交易，如蠟換胡椒；現金與實物混合交易；期貨交易，即「確定一個結算日期」……這類題目出現在數學教科書裡說明了商人們同樣也實行物物交換；我們知道這一交換方式與匯票一樣，「可掩蓋實際得利的多寡」。

上述這一切表明，即使在經濟活躍的十八世紀，貨幣生活仍有若干不

抵押放款者。世界各國，不管使用什麼貨幣，抵押放款者處於日常生活的中心。《羅昂的祈禱書，三月》。

足，雖說與以前的時代相比，十八世紀簡直像天堂。事實上，金錢與市場的網絡並沒有束縛住人們的全部生活，窮人依舊漏過網眼。在一七一三年可以說，「幣值的變化不影響大部分（勃艮第）農民，因為他們沒有錢幣」[101]。世界各地的農民，自古以來幾乎一直如此。

相反，另外一些部門相當領先，已與複雜的信貸活動打交道了，不過這些部門範圍很窄。

紙幣與信貸工具

與金屬貨幣一起流通的還有信用貨幣（鈔票）和代表貨幣（如沖帳、銀行轉帳之類，這在德語中有個漂亮的名稱：「Buchgeld」帳面錢；經濟史學家認為十六世紀已有帳面錢膨脹現象）。

貨幣（各種形式的）與信貸（不論採用什麼工具）之間有明確的界線。信貸是交換兩種在時間上有先後的財物或勞務：我為你效勞，你以後償還。領主預借麥種給農民，後者收穫後償還，這是一種信貸。酒館老闆不馬上要求顧客付錢，而是用粉筆在牆上記下欠帳，或者麵包店老闆交貨後在木頭符契上刻下記號，由顧客和自己各執一半，以便日後結帳，這也是一種信貸。向農民購買青苗的糧商，塞哥維亞和其他地方在剪毛前就向牧民預購羊毛的商人，從事的也同是信貸活動。匯票交易遵循的是同一項原則[102]；在某地，如十六世紀在坎波交易會上，售出一張匯票的人當場收到現金；購進者三個月以後在另一地點根據當時的匯率將此匯票兌現。此人可能得利，也可能虧本。

對於十六世紀大多數人來說，如果說貨幣已是一種「只有少數人弄得清的鬼名堂」[103]，這類沒有貨幣外形的貨幣以及這種與書寫摻和在一起、彼此混淆不清的銀錢遊戲更加難以理解，好像有魔鬼在背後操縱，不斷使他們瞠目結舌。一五五五年──位義大利商人在里昂定居，只憑一張桌子和一套文具就發財致富：甚至那些相當了解理財法則和匯兌體制的人也覺得此事絕對不能容忍。一七五二年，大衛・休謨（一七一一—一七七六）這樣一位大知識份子，身兼哲學家、歷史學家和經濟學家，還堅決反對「新發明的票證」、「股票、鈔票和財政部憑證」，他也反對發行公債。他估計英國全國除了一千八百萬英鎊現金，還有一千二百萬英鎊紙幣在流通，建議取消紙幣，因為這是促使新的貴金屬大量流入英國的可靠辦法[104]。可惜這個與約翰・勞相反的對策沒有付之實現，否則我們的好奇心可以大大滿足一番。但是對於英國來說，休謨的主張沒有被採納肯定不是一件壞事。梅西耶遺憾巴黎不知「倣法倫敦銀行」。他描述巴黎用現金交易的落後場面：「每月十、二十、三十日，從上午十到十二時，總能見到腳伕們扛著沉甸甸的皮錢袋：他們匆忙地奔走，好像敵軍就要攻占城市似的；這證明我們尚未發明可以代替貴金屬的政治記號（指鈔票），而貴金屬理應是不動的記號，不該從一個錢櫃流向另一個錢櫃。誰沒有現金償付到期期票，活該倒楣！」這一場面在維維埃納街（Vivienne）顯得特別驚心動魄，因為照梅西耶的說法，那一條街上的錢「比城裡其他地方的錢加在一起還多；這是首都的錢袋。」[105]

信貸古已有之

嚴格意義上的貨幣被別的手段「超越」，本是很古老的事情，最早的發明年代久遠，也無法查考。人們只需要重新發現這些技術罷了，而且正因為它們年代久遠，雖說它們看起來很不「自然」，實際上並非如此。

事實上，人們一旦學會書寫並需要支配叮噹響的金屬貨幣的時候，他們就用文書、票據、承諾等等來代替後者。公元前二千年，巴比倫的商人和銀行家之間就在使用票據和支票，我們雖不必誇大說當時使用的手段已有現代性，但應該欽佩其設想之巧妙。希臘或希臘文化影響下的埃及也通行這種巧妙的交易方式，亞力山卓城曾是「國際轉口貿易最頻繁的中心」。羅馬知道開設往來帳戶，帳本上有借方和貸方。伊斯蘭國家的商人，不管他們是不是穆斯林，從十世紀起已知道使用所有信貸工具：匯票、記名期票、信用證、鈔票、支票，主要保存在開羅舊城區猶太會堂裡的文件可以證明這一事實[106]。中國早在九世紀起就使用莊票。

我們知道了這些遙遠的先例，就不至於過分天真地對近代的信貸手段讚嘆不已。西方不過是找回這些古老的工具，並非像發現美洲一樣發現它們。任何一種經濟在金屬貨幣不敷流通的時候，它的本性和它的運動方向順理成章地導致它很快以信貸工具為出路：後者出現的原因既是這一經濟應盡的義務，也是它本身的缺陷[107]。

西方在十三世紀重新發現匯票這一遠距離支付手段。隨著十字軍的推進，匯票自西向東穿過整個地中海。在匯票上簽下「背書」的做法，其起源比人們想像的要早；持有者簽名後即可出讓匯票。已知最早的「背書」是一四一〇年簽署的，當時匯票顯然沒有像後世那麼通行。後來又有進步：匯票不再像早期那樣僅限於在兩個地點之間旅行。商人使它們從一個商埠到另一個商埠，從一個交易會到另一個交易會不斷流通。這在法國叫作發匯和轉匯，在義大利被稱之為「打水漂兒」。十七世紀由於金融業不振，這種意謂著延長信貸的做法得以普及。商人們串通一氣，大量匯票好比「馬隊」奔向各處，甚至自己給自己開匯票也視為常態，從而為弊端大開方便之門。事實上十七世紀以前已有濫開匯票現象：我們知道早在一五九〇年富格爾家族即以轉匯而得利，一五九二年里昂商界也有同樣做法；熱那亞從十五世紀起便是各種新發明爭奇鬥勝的場所，這一做法更是屢見不鮮。

我們尚不能確定，鈔票是一六六一年在斯德哥爾摩銀行的營業窗口最早出現的，何況這家銀行不久就終止營業（一六六八）。倒不如說它一六九四年首次在英格蘭銀行露面的可能性要高一點。鈔票與鈔票不同。早在一六六七年，英格蘭已有大量政府支票流通，這是鈔票的母型。更早一些時候，十七世紀中葉已普遍使用「金店票」，後來改稱「銀行票」，即倫敦的金店老闆簽發這種票據作為接受存款的憑證。一六六六年，倫敦一家金店就有一百二十萬鎊的票據在市面上流通。克倫威爾本人曾向他們借款。鈔票幾乎從商業應用中自發產生，這是有關生死存亡的大事：一六四〇年，查理一世國王沒收了倫敦城的商人存放在倫敦塔裡的金條，後者就把「金店票」作為保全他們財產的手段，因而「金店票」在英格蘭銀行創立前一直大走鴻運。

但是在這一領域領先的並非僅是英國。至少聖喬治銀行早在一五八六年就已發行票證。自一六〇六年起，根據戶主存放其保證金的性質（這種票證可以兌現為金幣或是銀幣；十五世紀威尼斯各家「書契」（di scritta）銀行發行的票子可以彼此交換或兌成現金。

英格蘭銀行的創新在於它在銀行的存款和轉帳功能外，添加了發行貨幣的功能。發行貨幣成為銀行自覺的、有組織的業務，銀行能以鈔票形式提供大筆信貸，而貸款總值實際上遠遠超過存款總額。約翰．勞說，銀行這樣做就為商業和國家帶來說不盡的好處，因為它「增加了貨幣總量」[108]。

至於信用貨幣，我們下文還要談到它。這種貨幣在銀行業草創時期已經出現：遵照客戶的意願，可以用一筆帳抵銷另一筆帳，甚而那時候就有後世所謂的透支，只要你能取得銀行家的同意。因此，在本書涉及時代的開端，信用貨幣已經存在了。

貨幣與信貸

當然並非一直有許多人使用鈔票和票證。休謨的見解值得參考。在法國，法蘭西銀行很晚才創立（一八〇一），它發行的鈔票僅在巴黎幾個商人和銀行家之間流通，外省幾乎無人問津。這想必由於人們對約翰．勞的破產記憶猶新，餘痛猶存。

然而紙幣與信貸以這種或那種形式不斷進入貨幣流通領域，與後者日益融合。匯票一旦經過背書（即匯票持有者在匯票正面，而不像支票那樣，在反面簽名，聲明出讓），便如真的貨幣一樣進入流通。甚至公債券也可以出售，威尼斯、佛羅倫斯、熱那亞、那不勒斯、阿姆斯特丹、倫敦無不如此。巴黎市政府一五二二年創辦的債券，後來歷盡風波，也是可以轉售的。一五五五年十一月一日，蒙莫朗西大都督即用巴黎市政府的債券購買一塊土地（馬里尼領地）[109]。腓力二世及其繼承者經常用等值的年金證券來償付他們欠商人的款項。後者又用這些證券清償他們與第三者的債務，從而把他們承擔的風險轉嫁給他人。對這些商人來說，這是把短期債務（他們借給國王的錢：年金證券）變成只付息不還本的永久性或終身債務。但是年金債券本身也可以出讓、繼承、散發，它們也有市價，儘管這一市場相當隱蔽[110]。阿姆斯特丹銀行的「股票」當年也是上市的。西方各國城市裡有錢人買下農田、葡萄園或者農舍後，這些產業提供的收入也可以上市出售，每當我們的觀察趨於精密，便能發現這一甚為壯觀的景色。更有甚者，西西里的小麥倉庫發給貨主的存貨憑證也能出售；倉庫主人還和高級政府當局勾結，讓假的存貨憑證在市面上流通[111]。最後提一件事：那不勒斯總督頒發

約翰・勞發明的鈔票。巴黎國立圖書館藏品。

糧食或蔬菜出口許可證，他發出的數額總是超過實際需要，因而威尼斯商人經常以低於面值的價格買下出口許可證，以便少納關稅項……[112]上面提到的遠非全貌，還有其他各種名目、各種性質的票證同時在市面上流通，涉及大筆金額。每逢金屬貨幣緊缺，便有必要採取應急措施，各種有價票證便紛至沓來，或者發明新的票證。

在巴黎，「值得注意一六四七、一六四八、一六四九年間銀錢奇缺，商業往來只支付四分之一的現金，四分之三用票證或匯票代替，抬頭空白處不署名，持票人不能貼現，但可轉讓給第三者。商人和銀行家於是養成習慣，彼此用這種方式結帳」[113]。這段文字需要注解（如關於「抬頭空白」），但是票據的意義不在這裡。現金缺乏，人們求助於信貸，這是一種臨時應付。配第在他那篇奇怪的論文《貨幣略論》（一六八二）中所提出的勸告，無非也是指這個意思。該文用問答體寫成。問題二十六：如果我們的貨幣太少，有何補救辦法？答：我們應該設立銀行……作為生產信貸的機器，銀行有增加現有貨幣的效能。路易十四連年用兵，由於他未能設立銀行，只得依賴金融家的幫助。這些包稅人開具匯票，為國王支付他的軍隊在國境外的巨額開支。實際上他們出借的是自己的錢以及旁人存在他們那裡的錢。借款日後用國庫收入償還。當王國缺少貴金屬時，國王怎麼可能有別的辦法？

我們可以注意到，笨重的金屬貨幣或者遲遲不完成它的職責，或者乾脆缺席（閒置），所以必須設法推動它，或者用別的東西代替它。在金屬貨幣功能達不到的領域，或當其功能失靈時，勢必就反覆採用臨時應付的辦法。人們因此便開始思索貨幣的性質，並提出一些假說。到底出了什麼事？很快就想到人為地生產貨幣或貨幣的代用品，或者不妨叫做一種被操縱的、「可以操縱」的貨幣。所有這些倡導銀行的先驅者——最後一位是蘇格蘭人約翰．勞——逐漸領悟「這一發現在經濟上帶來的可能性，根據這一項發現，貨幣以及作為貨幣的資本是可以隨心所欲地生產，或者創造的」[114]。這真是驚天動地的發現（比煉金師們幹得還漂亮！），同時又是多麼強烈的誘惑！對於我們來說又是多大的啟示！由於笨重的金屬貨幣動作緩慢——換個開玩笑的說法，「點火滯後」，它在經濟生活的黎明時期就創立了必不可少的銀行家這門行業。銀行家負責修復，或者企圖修復故障的發動機。

根據熊彼得的說法：一切都是貨幣，都是信貸

我們現在討論最後的、也是最困難的題目。金屬貨幣、補充貨幣和信貸工具在性質上是否真有絕對的差別？一開始就區分這三種貨幣，這是正常的；但是在這以後難道不應該使它們彼此接近，甚而相互混淆嗎？這一爭論不休的問題，也是現代資本主義的問題。現代資本主義在貨幣領域展開，找到合手的工具，在確定這些工具的同時「意識到本身的存在」。當然我們不打算在這裡充分討論這個題目，下面還有機會談到它。

至遲到一七六〇年，所有經濟學家都已注意穿透表面去分析貨幣現象。在整個十九世紀以至更後的年代，直到凱因斯徹底改變局面為止，他們傾向於把貨幣看作經濟交換的中性工具，或者不如說看作一層面紗；而人們從事「實際」經濟分析時採取的立場則通常是撕破這層面紗，觀察其中所蘊藏的奧祕，也就是說，不再單純地考察貨幣和貨幣活動，而是去探求內在的現實：財產與勞務的交換，收入與支出的消長……

一開始，我們不妨大體上接受老的（「唯名論」的）看法，即一七六〇年前的看法，故意採用已經沿襲幾個世紀的重商主義觀點。這一觀點重視貨幣勝過一切，把貨幣看作財富本身，看作一條河流，單憑水流的力量就能促使和完成交換，而河水的體積則能加速或延緩交換的進行。貨幣，或者應該說貨幣儲備，既是體積又是運動。每當體積增大或整體運動加快時，產生的結果幾乎是一樣的：一切上漲（物價漲得快，工資稍慢；交易總額增加）。反之，則一切緊縮。在這種情況下，不管人們直接交換商品（以貨易貨）或者使用補充貨幣以便不藉助嚴格意義上的貨幣也能成交生意，或者使用信貸促使買賣成功，我們只能得出同樣的結

論：處於運動過程中的貨幣總額有所增加。總之，資本主義使用的一切工具都以這種方式進入貨幣運動，它們可以是代用貨幣，也可以是真實貨幣。二者通過運動達成普遍和解，坎提龍最早為我們指出了這一道理。

但是，如果可以說一切都是貨幣：反過來也能說一切都是信貸，都是許諾或按期付款。甚至我手裡的這個金路易也是作為一項許諾，是交給我的一張支票（我們知道，真正的支票，即從個人帳戶上支取金額，到十八世紀中葉才在英國普及）；這是我確實能得到的全部財富和勞務的一張票據。明天或更晚一些時候，我將最終在這些財富和勞務之間進行選擇，到那個時候，這枚金幣才算在我的生活裡完成了它的使命。熊彼得說過：「貨幣歸根到柢也還是一種信貸的工具，是人們借以獲得最終的支付手段——即消費資料——的一種憑證。這個理論自然可以有許多表述形式，並且有待在多方面加以完善，但是也可以這麼說，今天（一九五四年）它正在取得領先地位。」[115] 總而言之，人們既可以實實在在地從正面為這個論點辯護，也可以從反面加以論證。

貨幣和信貸是一種語言

貨幣和信貸與遠洋航行和印刷術一樣，是一些能自行繁殖、流傳的技術，是一種統一的語言，每個社會都以自己的方式講這種語言，每個人都必須學會這種語言。一個人可能不會讀書寫字：書寫是具有高等文化的特徵。但是不會數數的人注定不能生存下去。日常生活離不開數字，借方和貸方、物物交換、價格、市場、搖擺不定的貨幣等等，凡此種種組成整套語彙，任何稍見開化的社會都受到這套語彙的包圍和約束。這些技術在社會內部變成一種遺產，必定通過榜樣和經驗世代相傳。它們二代又一代，一個世紀又一個世紀地逐日決定人的生活。它們在全世界範圍內構成人類歷史的環境。

所以，只要一個社會的人口過多，隨著城市的建立和交換的激增，為了解決新出現的問題，貨幣和信貸的語言便變得複雜起來。也就是說，這些無孔不入的技術首先以本身為對象，它們脫胎於自己，又隨本身的運動而變化。如果伊斯蘭世界在九至十世紀全盛時期早就知道使用匯票，而西方卻要到十二世紀才出現它的蹤跡，這是因為金錢當時需要橫穿整個地中海，或從義大利各城市到香檳交易會的長途運輸。如果說在這以後相繼出現簽票人有義務兌現的票據以及背書、交易所、銀行、貼現等等，這是因為定期舉行的交易會既不夠靈活，次數又不多，不能適應正在加速發展的經濟需要。不過這一經濟壓力在東歐出現的時間要晚得多。一七八四年，馬賽商人試圖在克里米亞拓展商務，其中一位親眼看到：「克里米亞半島銀幣奇缺。只能見到銅幣和由於無法貼現而不能流通的票據。」那是因為俄國人當時占領克里米亞不久，剛剛迫使土耳其開放海峽。還需要等若干年，才能看到烏克蘭的小麥經由黑海定期出口。在這以前，誰會想到在克里米亞半島經營貼現業務呢？

運用金錢的技術和所有技術一樣，適應某一專門的、堅持不懈的、長期重複的需求。一個國家的經濟越發達，這個國家擁有的貨幣手段和信貸工具的種類就越多。事實上，每個社會都在國際貨幣整體中占有一定的位置，有的社會占據優勢，有的落在後面，有的處境極為不利。金錢既使世界統一，也體現不公正。

人們並非沒有意識到這種分配方式以及它帶來的後果（因為金錢總是為運用金錢的技術服務的）。一位散文作家（范·歐德爾·墨倫在一七七八年指出，他同時代人的著作給人一種印象，「似乎隨著時間的推移，有些國家必定會變得極其強大，另一些國家則會陷於赤貧」[116]。大約一個半世紀以前，一六二〇年西庇翁·德·格拉蒙寫道：「希臘七賢說過金錢是人的血液和靈魂，無錢之輩就成了徒有其表的空架子。」[117]

第八章 城市

每一座城市都好比一個變壓器：它加大電壓，加快交換速度，無休止地攪混人的生活。城市難道不是起源於最古老、最具革命性的勞動分工，即耕田與所謂城市活動的分離？青年馬克思寫道，「城鄉之間的對立是隨著野蠻向文明的過渡、部落制度向國家的過渡、地方侷限性向民族的過渡而開始的，它貫穿著全部文明的歷史並一直延續到現在。」[1]

城市的跌宕起伏顯現世界的命運：城市帶著書寫文字首次出現時，為我們打開了所謂「歷史」的大門。城市於十一世紀在歐洲再次出現時，這塊狹小的大陸踏上了不斷上升的梯級。城市在義大利遍地開花，這便是文藝復興。從古希臘的城邦，從穆斯林征服時代的都邑直到今天，莫不如此。歷史上的重大發展無不表現為城市的擴張。

城市是發達的原因和起源。對此提出疑問純屬多餘，正如我們不必追究資本主義是否應對十八世紀經濟發展或工業革命負責一樣；這裡充分體現喬治．古爾維奇（Georges Gurvitch）所言的「相輔相成」的關係。城市既是經濟發展的動力，又是發展的產物。至少可以肯定：即使城市不能人為地製造經濟發展，它卻總能利用經濟發展為自己謀利。此外，城市也是觀察這種相輔相成關係的最好的觀測站。

城市本身

任何城市，不論位於何方，都包含一定數量的、帶有明顯規律性的現實和過程。沒有起碼的分工，就沒有城市；反過來，沒有城市的參與，就不會有比較發達的分工。沒有市場就沒有城市；沒有城市就不會有地區性或全國性的市場。人們經常談論城市在發展多種消費中的作用，但是很少涉及另一極其重要的事實，即最窮的市民也必定通過市場取得生活必需品；總而言之，城市普及了市場。而城市又是不同經濟與不同社會的根本分界線，關於這個問題，我以後再談。此外，沒有兼具保護性和壓制性的權力——不管這一權力採取什麼樣的形式，也不管是哪一社會集團體現這一權力——就沒有城市。如果權力在城外存在，它會在城裡得到擴充，取得另一種性質的活動場所。最後要指出，沒有城市，就不會有對外部世界的開放，不會有遠程貿易。

正是在這個意義上，我在十年以前[2]寫道，不管在時間和空間裡處於什麼位置，「一座城市總是一座城市」。雖然菲力普．亞伯拉罕對這個論點有過字斟句酌的批評[3]，我今天仍舊堅持。我的意思絕不是說所有的城市都彼此相似。不過，儘管每個城市各有特點，它們必定要說同一種基本的語言：與農村不斷進行對話（這是日常生活第一位的需要）；取得人力補充（這與水對於磨坊一樣不可缺少）；表現自命不凡，力求與眾不同；必定處於範圍大小不等的網絡中心；與城郊和其他城市保持聯繫。沒有其他城市相伴，任何城市都不能獨立存在。一些城市是主人，另一些是僕人，甚至奴隸。它們相互維繫，有尊卑之分，這在歐洲、中國和其他地方都是如此。

從城市人口的最低限額到城市人口的總數

城市是一種不正常的居住方式：非同尋常的人口集中，相互毗鄰的、甚至牆垣相接的房屋集中。這並非因為城市總是住滿了人或如伊本．巴圖塔所說的「人山人海」。這位作者看到開羅有一萬兩千名腳夫和成千上萬名趕駱駝的出賣勞力，大為讚嘆[4]。有些城市僅具雛型，居民數字還不及某些村鎮，如俄羅斯舊時或今天的大鄉村，義大利南部或安達魯西亞南部的鄉村城市，又如爪哇星羅棋布、組織鬆散的村落，這個島嶼至今仍以村莊眾多著稱。這些膨脹的、甚至相互連接的村莊不一定都會變成城市。

因為問題並非僅僅在數量。城市只有在面對一個低階的生活形態時，才能作為城市而存在。這條規律沒有例外，任何特殊情形都不能取代它。城市無論大小必定在其周圍有鄉村，必定把部分鄉村生活納入它的勢力範圍，必定迫使四鄉參加它的市集，光顧它的店鋪，接受它的計量標準，向它的放債人借款，請教它的律師，甚至享用它的娛樂。一座城市得以存在，必須統治一個帝國，即使是蕞爾小國。

聶夫里省的瓦爾齊（Varzy）十八世紀初僅有兩千居民，不過這的的確確是一座城市。它有自己的市民階層。律師人數之多，即使周圍農村的農民都是文盲，寫狀子必須請人執筆，恐怕也會鬧得發慌。不過這些律師同時也是產業主；其他市民則是鑄鐵工場主、皮革工場主或是木材商人。由於大小河流可漂送木材，後者的業務尤為發達，他們有時供應巴黎需要的大量柴薪，在遠屆巴胡瓦的許多地方擁有採伐區[5]。這是典型的西方小城市，同樣的城市數以千計。

布里夫城（法國科雷茲省）鳥瞰圖：中世紀留下的雜亂街巷。

為了把問題說清楚，就必須為城市生活確定一個明顯的、不容爭辯的最低界限。可是，人們對此意見不同，也不可能相同。由於最低界限隨著時間改變，更加無法取得一致看法。法國的統計標準規定一座城市至少應有二千居民（今天仍舊採用這個標準），而這正是一七〇〇年前後瓦爾齊的人口數。英國的統計標準定為五千人。因此，如果說一八〇一年英國城市人口占總人口的百分之二十五[6]，同時應該知道，倘若把人口超過二千人的居民點都統計在內，這個比例就上升為百分之四十。

理查．加斯貢（Richard Gascon）談到十六世紀歷史時，提出了自己的標準。他認為「把六百戶（約二千到二千五百居民）定為城市人口的下限，想必相當合適」[7]。至少就十六世紀的情況而言，我認為他把下限定得太高了（里昂周圍的城市人口比較密集，可能給加斯貢印象很深）。據調查，中世紀末期，德國全境約有三千個地點取得城市資格，而這些城市的平均人口為約四百人[8]。由此可見，通常確認的城市生活下限低於瓦爾齊的人口數；這一下限適用於法國，想必也適用於整個歐洲。如香檳地區的奧伯河畔阿爾西是教區首府，設有鹽倉，一五四六年獲得法蘭索瓦一世的准許建築城牆，然而到十八世紀初，該地僅有二百二十八戶人家（約九百居民）。沙烏斯有一座醫院、一所學校，一七二〇年僅有二百二十七戶。同一年，埃魯阿的人口為二百六十五戶，巴爾斯河畔的旺德夫爾有三百一十六戶，塞納河畔的橋村有一百八十八戶[9]。

為研究城市史而進行的調查應該深入到這類代表最低限度城市生活的小城市，因為如同史賓格勒指出的那樣[10]，小城市最終必定「戰勝」附近的農村，它們以「市民意識」滲入農村，自己卻同時被人口更多、更活躍的居民點吞噬和征服。這些城市組成若干城市體系，有規律地圍繞一個中心城市運轉。但是如果我們只顧及中心城市，不管這個城市叫威尼斯、佛羅倫斯、紐倫堡、里昂、阿姆斯特丹、倫敦、德里、南京還是大阪，那就大錯特錯了……世界各地的城市之間都有等級關係；金字塔的尖頂雖說重要，但不能概括一切。在中國，城市的級別體現在地名後頭的綴詞上：「府」是一等城市，「州」是二等，「縣」屬三等，這還不算在貧困省份為「遏制常思反叛的半開化民族」而設立的雛型城市[11]。無論在中國或在遠東其他地區，我們對於這類與周圍鄉村直接接觸的雛型城市的最低限度人口數了解得最少。一位德國醫生於一六九〇年在通向江戶（東京）的大路上穿過一座小城市，該地包括郊區在內共有五百戶人家（至少二千居民）[12]。郊區的存在足以證明這是一座城市，可惜類似的記載太少了。

但是，重要的工作應是估計城市體系的總重量，為此我們更有必要深入城市生活的下限，直到城鄉接合部。這個總量比個別的數字更適合我們的需要：在天平一側的盤子上放置所有的城市，在另一側的盤子上放置整個帝國、整個國家或整個經濟區的人口總數，然後計算比重：這是衡量某些經濟和社會結構的一個相當可靠的方法。

至少可以說，如果採用這個方法，容易確定令人滿意的比例關係。約瑟夫．庫里謝那本書裡所提出的數字[13]與當今的估計相比較，似乎過高、過於樂觀。更不用說坎提龍的論斷了。他寫道：「一般認為，每個國家都有一半居民在城市裡定居，另一半在農村生活。」[14]萊因哈特最近算出，坎提龍時代法國的城市人口僅為總人口的百分之十六。再說，一切都取決於下限的標準。如果把人口超過四百的居民點都列為城市，那麼英格蘭的城市人口在一五五〇年為百分之十，一七〇〇年為百分之二十五。如把下限定為五千人，英格蘭的城市人口在一七〇〇年僅為百分之十三；一七五〇年為百分之十六；一八〇一年為百分之二十五。由此可見，若要有效地比較歐洲各地區的城市化程度，首先應該根據統一的標準重新計算所有的數字。目前我們至多只能舉出幾個特別高或特別低的實例。

我們往下來看，城市人口占總人口比例最低的歐洲國家是俄國（一六三〇年為百分之二點五；一七二四年為百分之三；一七九六年為百分之四；一八九七年為百分之十三）[15]。德國一五〇〇年的水平為百分之十，與俄國相比已相當可觀了。一七七〇年美洲英國殖民地的城市人口比例也為百分之十：波士頓有七千居民，費城四千居民，紐波特二千六百，查爾斯敦一千一百，紐約三千九百。然而早在一六四二年，當時紐約還叫新阿姆斯特丹，居民已不用木料，改用「新式」的荷蘭磚建造房舍：這顯然是財富的標誌。誰能否認這些不起眼的中心已具有城市的性質？一六九〇年，共有二十多萬人散居在遼闊的土地上；占居民總數百分之九的這些中心象徵所能允許的城市人口密度。日本人口稠密，一七五〇年城市人口約占百分之二十二[16]。

往上看，荷蘭的城市人口可能超過百分之五十（一五一五年總人口為二十七萬四千八百一十一人，城市人口為十四萬一百八十，占百分之五十一；一六二七年城市人口占百分之五十九；一七九五年占百分之六十五）。根據一七九五年的普查，不十分發達的上艾塞爾省的城市人口已達百分之四十五點六[17]。

為了解釋這一整套數字，我們還需要知道，什麼時候（可能當比例達到百分之十時）一個國家或地區的城市人口便算到達第一個門檻。隨後，百分之五十、百分之四十、甚至不到百分之四十的比例是否將標誌著另一個門檻？總體言之，照魏杰曼的說法，只要是跨過了門檻，一切便會自動變化。

始終下不了定義的勞動分工

歐洲和別處一樣，城市在創立和成長過程中都遇到同一個根本問題：城鄉分工。這一分工從未得到明確規定，始終下不了一個定義。原則上，商業、手工業以及政治、宗教與經濟指揮職能，都屬於城市一方。但這只是原則上的畫分，因為分界不斷在向一方或另一方移動。

城市雖是對立雙方中較強的一方，我們卻不能相信這種階級鬥爭事實上總是朝著對城市有利的方向發展。也不能認為鄉村在時間上必定先於城市存在，雖然人們通常都這麼認為。誠然，經常是「由於生產發展；鄉村的進步為建立城市創造了條件」[18]，但城市並非總是一種二級產品。簡．雅各布斯在一部迷人的著作[19]裡提出，城市的出現如果不是早於農村，至少也與農村同時。例如，公元前六千年，小亞細亞已有耶利哥和加泰土丘（Catalhüyük）那樣的城市在自己周圍創立了可說是現代化的、先進的農村。當然這種情況之所以可能產生，是因為當時土地空曠，沒有主人，幾乎在任何地方都可以開荒種田。歐洲十一和十二世紀有過同樣局面。再往後，我們看得更加清楚：歐洲在新大陸重建自己的城市。這些城市簡直是空投下來的，居民或者全仰賴自己，或者在土著的幫助下創立農村，自給自足。布宜諾斯艾利斯建於一五八〇年，土人或懷敵意，或者不見蹤影（這一情況之嚴重性不亞於前者），居民不得不自己種地打糧食，叫苦連天。總之，他們應根據城市的需要建立相應規模的農村。莫里斯．伯克貝克談到，一八一八年前後美國向西部擴張時在伊利諾斯州遇到的情形幾乎完全相同。他解釋說：「幾名新移民從政府手中買下幾片相毗鄰的土地以便開墾，其中一位對於這一地區的需要及其未來的發展看得較遠，他把自己名下的土地劃成小塊，界以整齊的道路，遇有機會就陸續出售。有人在這些土地上建造房舍。先來一個雜貨商，帶著幾箱貨物就擇吉開張。附近又出現一家客店，醫生和律師便在那裡安身，後者兼任公證人和商務代理人；雜貨商在客店就餐，來往旅客在客店下榻。不久，隨著需要的產生，鐵匠和別的手藝人相繼而來。這一新生村鎮的成員裡必定還有一位小學教師，為基督教各派充當牧師〔……〕。以前只見披獸皮的土著的地方，現在有人穿著漂亮的藍色禮服上教堂；婦女則穿棉布袍子，戴草帽〔……〕。城市一旦建立，多樣化的種植業便在四郊迅速發展，提供豐富的食物。」[20]在西伯利亞這另一個新大陸，發生了同樣情況。一六五二年建立伊爾庫茨克城，以後才在附近出現養活它的農村。

這一切不言自明。農村和城市「互為前景」：我創造你，你創造我；我統治你，你統治我；我剝削你，你剝削我；以此類推，彼此都服從共處的永久規則。即使在中國，城市附近的農村也因鄰近城市而得到好處。一六四五年柏林劫後重生時，樞密大臣說道：「今天糧價低賤的主要原因在於所有城市，幾乎無一例外，均經蹂躪，不再需要鄉下提供小麥。它們在自己的土地上種的糧食，足以供應為數不多的居民。」這一

城市需要鄰近的鄉村。集市圖，約翰·密什林（1623-1676）作圖：農民銷售各自的產品。

片城市土地，難道不是城市在三十年戰爭末期重新建立的鄉村[21]？

沙漏可以翻個兒：城市使鄉村城市化，鄉村也使城市鄉村化。加斯貢寫道：「十六世紀末期起，鄉村成了吸收城市資金的無底洞」[22]。不說別的，僅舉出購買土地、創設農業領地和建造無數鄉村別墅這幾項就夠了。十七世紀的威尼斯把海上貿易的利潤和它的全部財富都投放在周圍農村。世界各城市，無論是倫敦或里昂，米蘭或萊比錫，阿爾及爾或伊斯坦堡，或早或晚都有這種資金轉移現象。

事實上，城市和鄉村從來不會像水和油那樣截然分開：同時兼有分離和靠攏，分別和集合。甚至在伊斯蘭，雖然城鄉之間界限分明，城市也沒有排斥鄉村。城市向四郊發展蔬菜種植業；有些運河沿著城市街道修築，一直延伸到附近綠洲的菜園。中國的城市和鄉村也相依為命，鄉村用城市垃圾和糞便做肥料。

不過，我們有什麼必要去證明不言而喻的事情？直到晚近，任何城市都必須就近取得食物。一位慣作統計的歷史學家兼經濟學家估計，養活一個三千居民的中心需有十個村莊為之耕種，「由於農業產量低」[23]，這相當於八點五平方公里土地。事實上，如果城市不願每時每刻擔心糧食供應，鄉村理應負擔城市；通過大規模的貿易得到給養的城市僅係例外，而且只有地位特殊的城市才能這麼做：佛羅倫斯、布魯日、威尼斯、那不勒斯、羅馬、熱那亞、北京、伊斯坦堡、德里、麥加……。

更何況，直到十八世紀，甚至大城市裡也仍保留某些農村生產活動。城市居民中有牧人、鄉村警察、農夫、葡萄種植者（在巴黎城內就有）；城市在城牆內外擁有一批菜園和果園；有的城市，如法蘭克福、沃爾姆斯、巴塞爾、慕尼黑，還在更遠的地方擁有三年輪作的耕地。中世紀的烏爾姆、奧格斯堡或者紐倫堡響徹連枷聲；街上任意養豬，街面變得泥濘，骯髒不堪，行人過街需要踩高蹺或從一頭到另一頭搭木板。每當交易會前夕，法蘭克福居民便匆忙在主要街道鋪上麥稈或刨花[24]。誰能相信，一七四六年威尼斯還有必要禁止「在城內或寺院裡」養豬[25]？

至於數不勝數的小城市，它們剛從鄉村生活中脫穎而出；有人甚至說到「農村城市」。盛產葡萄的下士瓦本地區，溫柏格、海布倫、斯圖加特、埃斯令根這些城市負責把它們自己生產的葡萄酒運往多瑙河[26]。何況葡萄酒本身便是一門工業。緊鄰塞維爾附近的赫雷斯—德拉弗龍特拉在一五八二年回答一項調查時聲稱，「本城的出產僅為葡萄酒、小麥、油、肉」，這已足夠維持該城的生計，使它的商務和手工業活躍起來[27]。直布羅陀一五四〇年突遭阿爾及爾海盜的襲擊，那是因為海盜了解當地的習慣，特地選擇收摘葡萄的季節發動入侵：當時全體居民都在城外，晚上就睡在葡萄園裡[28]。歐洲各地城市都對自己的田野和葡萄園嚴加守護。每年，當「葡萄葉變黃，宣告葡萄成熟時」，成千上百的城鎮如巴伐利亞的羅田堡或法國的巴都克，正式宣告開始收摘葡萄。佛羅倫斯每年秋天堆積著成千上萬桶酒，變成巨大的新酒市場。

那個時代的市民往往算不上完全意義上的市民。每逢收穫季節，工匠和一般居民離開他們的職業和住房到地裡幹活。十六世紀工業發達、人口過多的法蘭德斯是如此，工業革命前夕的英格蘭是如此，佛羅倫斯在十六世紀亦復如此。十六世紀工業發達、人口過多的法蘭德斯是如此。當時占重要地位的羊毛紡織業在冬閒時尤為活躍[29]。蘭斯城的木匠師傅尚·布索在他的日記裡對於採摘葡萄、收割小麥、酒的質量、小麥和麵包的價格比政治事件和有關手工業的事件更感興趣。宗教戰爭時代蘭斯和亞柏內的居民不屬同一陣營，他們出去摘葡萄時需有武裝護送。我們那位木匠師傅有如下記載：「亞柏內的強盜從〔蘭斯〕城裡搶走豢養的豬……一五九三年五月三十日星期二，他們把豬趕到亞柏內」[30]。當時事關重要的不僅是天主教同盟還是拿伐爾國王獲勝，而且是誰將加工並享用鹽豬肉。到一七二二年，情況沒有多大改變。當時一本經濟學著作抱怨在德國的小城市裡，甚至王侯的都城裡，工匠兼營農業，占了農民的位置。最好還是「各守其業」。城裡沒有牲畜和「糞便堆」，便會變得更加乾淨，更有益於健康，解決辦法是「驅逐農業出城，交給適合於這一行的人去幹」[31]，這麼一來，農民將定期為城市提供的農產品，銷路也有了保證，而手工業也可以向農民出售相應金額的產品，雙方各得裨益。

如果說城市沒有把種植業和飼養業完全交給農村去獨占，反過來，農村也沒有把「工業」活動全部讓給鄰近的城市。農村保留自己的工業活動，雖說一般情況下這不過是別人揀剩下來的。首先鄉村裡從來不乏工匠。大車車軸由村裡的車匠就地製造、修理，由鐵匠趁熱加箍（這一技術在十六世紀末得到普及）；每個村莊都擁有自己的馬蹄鐵匠。這些鄉村工業在法國一直維持到十九世紀初。更有甚者：在十一、十二世紀，法蘭德斯和其他地區的城市一度壟斷了工業活動，城市工業從十五、十六世紀起開始大規模流向周圍農村，尋求那裡不受城市行會保護和管制的廉價勞力。城市並不因此蒙受任何損失，它控制著城牆外面這些貧困的鄉村工人，任意支配他們。十七世紀起——十八世紀更進一步——鄉村重新用自己的孱弱的肩膀承擔一大部分

船隊和騾幫為畢爾包運送給餐。商品卸下後進入倉庫。《高貴的畢爾包的生活》的細部，18 世紀末的場景；佛朗西斯科．安東尼歐．里什特雕版。

手工業活動。

別的地方有同樣的分工，但是組織方式不同，如俄國、印度和中國。在俄國，絕大部分工業生產由自給自足的農村承擔。俄國城市不像西方城市一樣統治鄉村並使鄉村惴惴不安。在這裡，市民和農民之間不存在真正的競爭。原因很清楚：城市發展緩慢。儘管歷遭劫難（莫斯科一五七一年被韃靼人焚燬，一六一六年又被波蘭人付之一炬，但到一六三六年已有不下四萬座房屋）[32]，俄國當然也有幾座大城市，但是在一個城市化程度很低的國家裡，農村不得不生產自己所需的一切。此外，大地主利用農奴興辦某些有利可圖的工業。俄國漫長的冬天不是鄉村生產活動活躍的唯一原因[33]。

印度也是一樣。村莊作為一個充滿活力的集體必要時可以整體遷移，以逃脫某一危險或苛捐雜稅的壓迫。這些村莊自給自足，向城市交納一筆總的貢賦，但是只在需要極少幾種商品（如鐵器）時才求助於城市。中國的情況相同。鄉村工匠以織布或織綢所得貼補艱難的生活。由於他們的生活水平低，他們成為城市工匠可怕的競爭對手。一位英國人（一七九三）在北京附近看到農婦或者養蠶，或者紡紗。她們難以置信的靈巧使他大為驚訝，讚嘆不已：「她們生產自己穿的衣料，因為整個帝國只有她們會紡織。」[34]

城市與新來的以窮人為主的居民

一座城市如果不能保證有新的人員補充，就無法生存下去。城市吸引新的居民。外地人嚮往城市的機遇，羨慕市民享有實在的或表面的自由以及較高的工資，也往往自動前往城市。此外，也因為農村或者別的城市不再需要他們，遺棄了他們。一個人口外流的貧困地區和一個活躍的城市之間常見牢固的結合，如佛里烏利與威尼斯（前者為後者提供苦力和僕人）；卡比利亞與海盜盤踞的阿爾及爾：山民在城裡的菜園或近郊農田勞作；馬賽與科西嘉，普羅旺斯的城市與阿爾卑斯山的「幫工」；倫敦與愛爾蘭……不過任何一個大城市都需要同時從十個、一百個地方補充人員。

一七八八年在巴黎，「被叫作苦力的都是外鄉人。薩瓦人擦皮鞋、擦地板、鋸木頭；奧文尼人（……）幾乎都是水夫；利茅辛人當瓦匠；里昂人通常揀破爛或抬轎子；諾曼第人當石匠、貨郎，鋪石子路面，修補瓷器，販賣兔皮；加斯科尼人當理髮師傅或學徒；洛林人串街走巷修鞋。薩瓦人住在郊區的集體宿舍裡，每間屋有一個老人照料，他掌管庶務，在年輕人能自己管理自己之前還充當他們的監護人」。有個奧文尼人收購兔子皮後整批出售，他沿街叫賣時「全身上下都是兔皮，人們看不見他的腦袋和胳膊」。這些窮苦人當然都在費拉葉濱河道或梅琪斯利濱河道的二手衣鋪裡買衣服穿。這些鋪子裡無所不售：「某人進去時像一頭烏鴉，出來時卻像鸚鵡一樣光鮮。」[35]

城市不僅吸納苦力，而且也從遠近城市挖走人才：富商、應接不暇的工匠、僱傭兵、舵手、有名望的教師和醫生、工程師、建築師、畫家……我們可以在義大利北部和中部的地圖上標出十六世紀為佛羅倫斯輸送羊毛紡織工匠的各個地點；而在十五世紀，他們來自遙遠的荷蘭[36]。我們也可以在地圖上標出如梅斯[37]或阿姆斯特丹（從一五七五至一六一四年）[38]這樣活躍的城市的新居民的來源。每當我們這樣做，我們必定能劃出一個與該城市生活關係密切的廣大地區。如果我們還根據這一城市的商業聯繫劃定它的活動範圍，標出接受它的計量制度或者它的貨幣，或者同時接受兩者，甚至也講它的方言的鄉村、城市和市集，很可能這兩張地圖完全重合。

城市不間斷地補充新的人員，這是必然的要求。十九世紀以前，城市的出生人數很少超過死亡人數，也就是說死亡率過高[39]。如果城市人口要增長，它不能只依靠自己。這也是社會的需要。城市把底層的工作留給新來的人去幹；當時的城市和今天高度緊張的經濟一樣，需要有北非人或波多黎各人幹粗活，需要一個損耗快，迅速更新的無產階級。梅西耶談到巴黎的僕人時寫道：「鄉村的棄物變成城市的渣滓」。據說巴黎當時有十五萬名僕人[40]。這一貧困的下層無產階級的存在是大城市的共同特徵。

十七世紀八〇年代以後，巴黎每年平均死亡約二萬人。其中四千人死在醫院裡：主宮醫院或比塞特爾醫院。死人「縫在粗麻布裡」，送到克拉瑪爾（Clamart）的公共墓園裡胡亂下葬，灑上一層生石灰就算完事。手推車每天夜裡把屍體送出主宮醫院，迤邐運向南方，還有比這更悽慘的景象嗎？「一個蓬首垢面的神父一手搖鈴，一手執十字架」，這便是窮人的葬禮。至於醫院，「所謂主的房舍，那裡的一切陰森可怕」；一千二百張病床照料五、六千病人：「新來的人睡在垂死病人或死人的身邊……」[41]

生命歷程從出發點起就很不平坦，巴黎一七八〇年有三萬人出生，其中有七千或八千棄嬰。把棄嬰送到育嬰堂成為一門行業，從業者把嬰兒背在「背上一個內襯軟墊的盒子裡。每個盒子可豎著裝下三名嬰兒，上部留有透氣孔〔……〕。搬運者打開盒子時，往往有一名嬰兒已經死去；他帶著剩下的兩名繼續趕路，急於把他的貨物交出去〔……〕。交完差，他立即出發蒐尋新的棄嬰，以此謀生」[42]。許多棄嬰來自外省。真是些奇怪的移民！

城市的防禦

每座城市都自成天地。有一個突出的事實：從十五到十八世紀，幾乎所有的城市都有城牆。城牆把城市關在一個界限分明的幾何圖形裡，與周圍環境截然分開。

這首先是出於安全需要。只有極少幾個國家的城市不需要這一保護，個別例外也正好說明規律。例如，不列顛諸島的城市基本上不設防禦工事；經濟學家說它們因而省去許多無益的投資。倫敦市的古老城牆僅有行政意義，雖說一六四三年議員們出於恐懼，一度倉促構築圍繞全城的工事。同樣受到大海保護的日本列島也沒有堡壘；威尼斯本是一島，也不設堡壘。不必擔心本身安全的國家用不著城牆。遼闊的鄂圖曼帝國僅在受到威脅的邊境上，如面對歐洲的匈牙利邊境和面對波斯的亞美尼亞邊境上有設防城市。一六九四年，葉里溫駐有少許砲兵，艾斯倫被它的近郊緊緊包圍：這兩個城市都有兩重城牆，但未堆土加固。在土耳其統治下安享和平的地區，原有的城牆從此無人維修，像荒廢的產業一樣任其牆垣傾覆。甚至拜占庭遺留下來的伊斯坦堡壯觀的城牆也無人過問。海峽對岸的加拉塔，一六九四年「城牆損毀過半，土耳其人似無意整修」[43]。早在一五七四年，在通向亞得里亞堡大路上的菲利波波利，已經看不到「城門的外形」[44]。

但其他地方沒有這種自信。在歐洲大陸（俄國城市的城牆都依憑要塞，如莫斯科依憑克里姆林）、殖民時期的美洲、波斯、印度、中國，城市設置防禦工事成為通例。一六九〇年富爾提埃爾（Antoine Furetiere）的詞典這樣給城市下定義：「較多民眾居住之地，通常用城牆封閉」。對許多歐洲城市來說，這一築於十

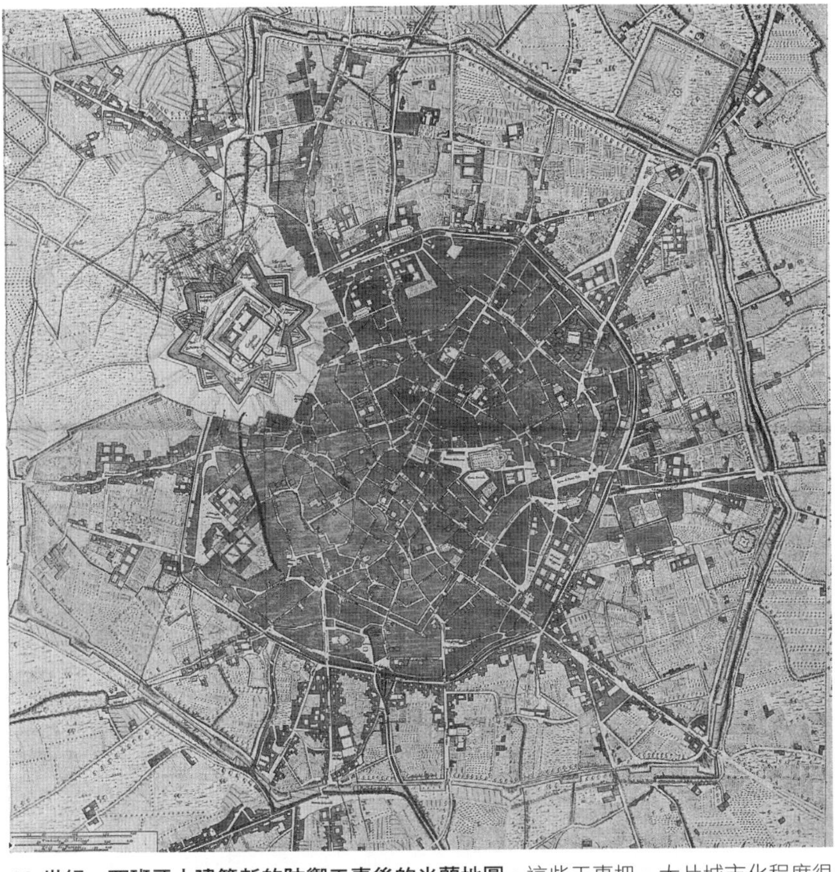

16 世紀，西班牙人建築新的防禦工事後的米蘭地圖。這些工事把一大片城市化程度很不夠、保留大面積菜園和農田的土地劃入以老城（圖中深色部份）為中心的市區範圍。高踞米蘭的城堡本身就是一座城市。

三、十四世紀的「石環」乃是「爭取獨立和自由的自覺努力的外部象徵」，而中世紀的城市擴張正是以這一努力為其標誌。不過在歐洲或別的地方，城牆通常也由王公下令修築，藉以抵禦外敵[45]。

中國只有二級城市或衰落的城市沒有或不再有城牆。城牆通常高大壯觀，從城外看不見城裡的屋脊。一位旅行家（一六三九）說：城市「格局相同，呈四方形，城磚由用以燒製瓷器的黏土覆蓋，歷久彌堅，錘子不能砸開〔……〕。城牆寬廣，配以古式城樓，形狀酷似古羅馬的城防工事。通常有兩條大街在城市中心作十字相交。街道寬廣平直，縱橫貫穿全城；不管該城有多大，行人站在十字路口必能望見四門」。同一位旅行家說，北京的城牆遠比歐洲城市的城牆雄偉，「其寬度足夠十二匹馬並駕齊驅，互不相撞」。「不要輕信他的說法」，另一位旅行家說，「城牆底部寬二十尺，上部寬十二尺」[46]。夜間有人登城守陴，似臨戰事，但白天僅有太監把門，目的在收稅，不在警戒[47]。一六六八年八月十七日發生水災，水勢凶猛，淹沒首都的郊野，捲走大量村莊及遊憩勝地。新城區約略損失三分之一的房屋，「淹死或埋在倒塌的房屋底下的窮人不計其數」，但是舊城區安然無恙：「人們匆忙關閉城門〔……〕用石灰和瀝青的混合物堵塞城牆上所有的窟窿及裂縫。」[48]這幅生動的畫面證明中國城市的城牆十分結實，幾乎滴水不漏！

中國曾有幾個世紀安享太平，城市不受外力的威脅，但卻發生有趣的事情：城牆變成監視市民本身的設施。城牆內側有寬闊的馬道，頃刻之間可以動員騎兵和步兵登上城頭，居高臨下控制局勢。城市無疑置於當局牢固掌握之中。何況中國和日本一樣，每條街都在出入口設有柵欄，都有內部司法體制；出了什麼事，或犯了什麼案子，人們便關閉柵門，罪犯或被抓住的人立即受到懲處，往往免不了流血。中國的體系尤其嚴格，因為在每一漢人居住的城市邊上，還建有一四方形的滿城，以便密切監視漢城。

城牆範圍之內通常不僅有市區，還有農田和菜園。這顯然是為了保證戰時供應需要。如卡斯提爾在十一、十二世紀倉促建立的城池以一組村莊為中心；村莊之間的距離很大，一旦有異變，預留出的空地便可以

18 世紀初北京的城牆和城門。國立圖書館版畫部。

接納畜群[49]。預計到圍城時期的需要，城牆內圍進草地、菜園（如佛羅倫斯），或農田、果園、葡萄園（如普瓦捷），已成為通例。普瓦捷在十七世紀仍然保留堪與巴黎媲美的城牆，但是這件衣服對它來說未免太大。布拉格的情況相同：「小城」和十四世紀建築的新城牆之間的空地老是填不滿。一四〇〇年的圖魯茲亦復如此。巴塞隆納一三五九年重建城垣，今天的蘭布拉即為其遺址。但要過兩個世紀以後，到一五〇〇年才把市區擴展到新城牆腳下。西班牙人在米蘭修築的城牆同樣範圍過大。

中國情況相同：一六九六年長江沿岸某城「城牆四圍長達一萬公尺，內有山丘及無人居住的平地，因為城內房舍不多；居民寧可住在市郊」；同一年裡，江西首府（南昌）城內有「許多的農田、菜園，但卻僅有少數的居民……」[50]。

在西方，長時期內花錢不多就能收到保

障城市安全的實效；一道壕溝，一堵垂直的牆就足夠了。這一設施並不如人們通常認為的那樣妨礙城市的擴張。城市如需要空間，城牆就像舞台布景一樣挪動位置，不拘次數。根特、佛羅倫斯、史特拉斯堡莫不如此。城牆是按尺寸定做的緊身胸衣。城市擴大，就重做一件。

但是始建和重建的城牆一直包圍著城市，劃定它的範圍。城牆既提供保護，也標誌界線、邊界。城市盡可能把手工業生產，特別是那些占地較大的行業，移到它的外圍，結果城牆同時成為不同經濟和社會生活的分界線。一般來說，城市每次擴張都要併吞部分近郊區，改變它們的面貌，把與嚴格意義上的城市生活不相容的行業移到更遠的地方去。

西方城市雜亂無章地逐漸發展，所以城區佈局極其複雜，街道彎彎曲曲，連接方式往往出乎意料。一切與古代保存下來的羅馬城市相反，後者如杜林、科隆、科布倫茲、雷根斯堡，井井有條。但是文藝復興時期已開始有意識地規畫城市，當時制訂許多呈幾何圖形的城市佈局，或如棋盤格子，或作同心圓，當作「理想佈局」向公眾推薦。西方城市日後的蓬勃發展正是體現這一精神。人們改建廣場，推倒重建新併入的近郊區。於是在街巷曲折的市區核心邊上出現方方整整的新市區。

因建設者的手腳不受束縛，新建的城市得以充分貫徹這一統一性和合理性原則。有趣的是，西方十六世紀前建成的棋盤形布局城市都是由於人為的努力憑空建成的。如艾格莫爾特（Aigues-Mortes）這個小海港是聖路易為在地中海上得到一個出口而購買並改建的；又如蒙帕濟耶（多敦河）這座小城是遵照英國國王的命令於十三世紀末建成的：棋盤上某一格子為教堂，另一格子為圍以拱廊、並有一井的市集廣場[51]。托斯卡尼十四世紀的「新土地」，如斯卡爾佩利亞、聖喬瓦尼－瓦爾達諾、特拉諾瓦－布拉喬里尼、索普拉自由堡……[52]也屬於同一佈局。從十六世紀起，城市規劃迅速發展，成果豐碩。我們可以列出很長的幾何圖形佈局的城市名單，如一五七五年起的新利佛諾，一五八八年起改建的南錫，一六〇八年起的查爾維爾。最引人

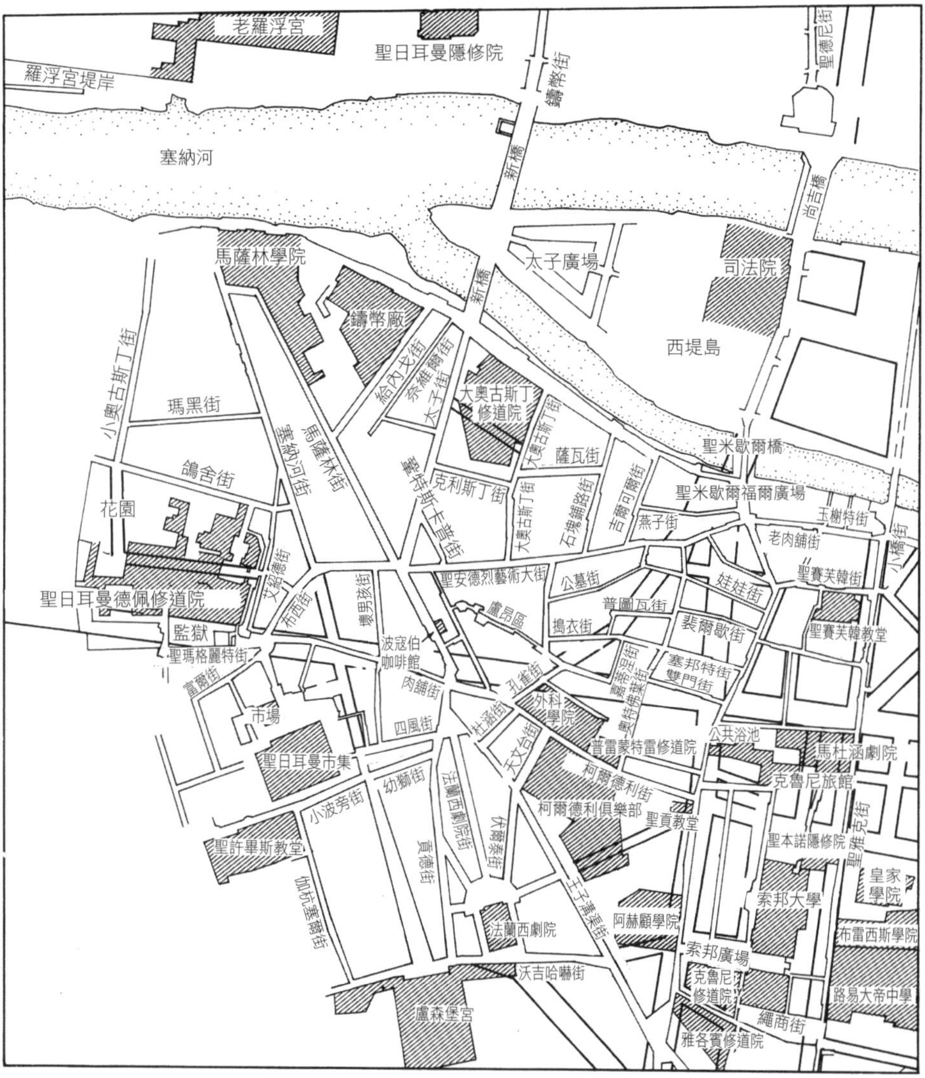

表(27)　大革命時代的巴黎

街巷犬牙交錯的西方城市的範例。在這張地圖上，我們用粗線標出幾條今天的通衢（聖米歇爾與聖日曼大街），以便讀者在昔日的巴黎城內，從索邦到聖日耳曼市場和草場聖日耳曼修道院，從盧森堡宮到新橋辨明方向。1684 年開業的普羅戈普咖啡館（箭頭所示處）位於聖日耳曼溝渠街。同一條街（今天叫舊喜劇院街）上，1689 年起法蘭西喜劇院在咖啡館對面演出。

注目的實例是聖彼得堡，我們下文再說。新大陸的城市創立較晚，幾乎都是根據預先制定好的規畫建成的，堪稱棋盤形佈局城市中的大家族。西屬美洲殖民地的城市在這一方面尤為突出，那裡的街道成直角相交，畫出整齊的街坊；兩條主要大街都通向中央廣場，廣場四周為教堂、監獄、市政廳。

棋盤式格局在世界範圍提出一個有趣的問題。中國、朝鮮、日本、印度半島、美洲殖民地的所有城市，還有古羅馬的城市和某些古希臘城邦，其平面都呈棋盤形。只有兩個文明曾大量產生街巷犬牙交錯的不規則城市：伊斯蘭（包括印度北部）和中世紀的西方。為什麼不同文明作了不同的選擇，我們可以從美學和心理學角度提出許多莫衷一是的解釋。但是對於西歐來說，它十六世紀開發美洲時一定無意回到羅馬軍營的嚴格佈局上去。它在新大陸的措置無非反映現代歐洲在城市規劃領域的深思熟慮，以及對於秩序的強烈嗜好。這一嗜好表現在許多方面，值得我們深入表象去探求它活生生的根源。

西方城市與砲兵、車輛的關係

十五世紀起，西方城市遇到很大的麻煩。城市人口增加，同時大砲的運用使舊日的城牆失去防禦作用。必須不借一切代價用新的城牆代替它們。新的城牆應該放寬尺寸，加深地基，設置棱堡、壘道和「土堆」，後者鬆軟的土層可以減輕砲彈的破壞。遷移這種橫向伸延的城牆需花費巨額錢財。在這道防線前面，還要為防守戰騰出必需的空間，因此禁止建築房屋和植樹種花。必要的時候還要拆除房屋，砍倒樹木以便重建無人區。一五二〇年在波蘭與條頓騎士團的戰爭中，格但斯克（但澤）就這樣做過，一五七六年該城與國王巴托里（Stefan Batory）衝突時重施故技。

城市的擴張於是遇到阻礙，因此比以往更有必要向高空發展。熱那亞、巴黎、愛丁堡很早就建造六、七、九層，甚至高達十一層的房子。各地地價不斷上漲，高層建築勢在必行。木材長期比磚頭更受倫敦居民的偏愛，因為當五至七層的房屋取代舊的三層樓房時，這一材料可使牆體變薄、變輕。在巴黎，「房屋越造越高，必須剎住此風〔……〕因為真的有人架床疊屋〔大革命前〕。房屋的高度限制為七十法尺〔約二十三公尺〕，屋頂不計在內」[53]。

威尼斯好在沒有城牆，可以自由伸展：埋下幾根木樁，再用船運來一些石料，一個新的街區便在潟湖上建立起來。礙事的行業很早就被趕到市區外圍。木料解方和刨光工場設在朱代卡島，兵工廠位於城堡區的最遠一端，而玻璃工場一二五五年起就在穆拉諾島上……誰不欽佩這一現代化的「分區制」？同時，威尼斯把美奐美侖的公私建築安排在大運河兩側，那本是一個深得出奇的河谷。只有里亞托橋，一座中段能開合的木橋（今天見到的石橋建於一五八七），連接里亞托廣場與對岸的德意志商館（現為中心郵局）。這座橋已經預示今天從聖馬克廣場經過梅塞里亞街到橋堍這條繁華的通衢。可見的威尼斯是一座寬敞的城市。但是圈在圍牆裡的猶太人居住區卻是人為的市區，狹隘逼仄，房屋只能向高空發展，常達六、七層。

十六世紀馬車在歐洲大量出現，構成嚴重的問題，迫使人們對城市動一次外科手術。伯拉孟特（Donato Bramante）在一五〇六至一五一四年間拆毀了羅馬聖彼得教堂周圍的老區，他是歷史上最早的開拓街道工程主持者，走在豪斯曼男爵（Baron Haussmann）的前面。動了這番手術之後，至少在一段時期內城市的秩序略有恢復，呼吸更加舒暢，交通比較方便。彼特羅·迪·托雷多（Pietro di Toledo）一五三六年在那不勒斯同樣拓寬幾條街道。從前費迪南國王說過，該城的「街道太窄，成為國家安全的隱患」。一五四七年，熱那亞建成豪華的新斯特拉達大道，路雖不長，但平直如砥。教皇西斯篤五世則下令在羅馬開闢了三條以波波羅廣場作為起點的大街。其中一條為科爾索，由於位置優越，日後成為羅馬最繁華的商業街道。先是普通馬車，不久便是華麗的四輪快速轎車侵入城市。約翰·史鐸（John Stow）親眼目睹倫敦市容早期的變化，作出預言（一五二八）：「世界長了輪子。」下一個世紀，德克重複這句話：〔倫敦〕「每條街上的大車和轎車聲如雷鳴，好像整個世界都裝上車輪。」[54]

地理與城市的內部聯絡

任何城市在某一特定地點建成後，從此與該地結下不解之緣，除極個別例外，不再遷往別處。這一或好或壞的地理位置一經選定，最初的優點和缺點就一直保留下來。一六八四年，一位旅行者抵達當時巴西的首都巴伊亞（聖薩爾瓦多）。他指出該城建築雄偉、奴隸人數眾多，「備受虐待」，也注意到地形不利：「傾斜的街道坡度太陡，套車的馬立足不穩」，所以沒有馬車，僅有馱畜和座騎。更嚴重的缺陷在於地勢突然降低，把市中心所在的高地與海邊的商業區截然分開，「需用一種起重機械在海港和城市之間升降貨物」[55]。今天可用電梯爬高，但仍舊免不了一番攀登。

同樣地，金角、馬摩拉海和博斯普魯斯海峽之間大面積的海域把君士坦丁堡分成兩半，為維持交通必須養活許多水手和渡船工。即使如此，渡海仍有風波之虞。

不過這些不便自有實在的好處作為補償，否則人們不會接受、不能忍受這類阻礙。這些好處經常要從遠處才能看出——地理學家們習慣說某城市的「形勢」比附近地區如何優越：海上波濤險惡，金角是漫長的航程中唯一可以躲避風浪的港口。同樣地，聖薩爾瓦多對面寬闊的萬聖海灣，好比一個小型地中海，有一系列島嶼作天然屏障，是巴西海岸線上最宜於歐洲帆船停靠的地點。一七六三年。由於米納斯吉拉斯（Minas Gerais）和戈亞斯（Goyaz）的金礦興旺發達，巴西才把首都南遷到里約熱內盧。

這些在遠距離上起作用的優點當然是不牢靠的。麻六甲幾百年來有效地占據壟斷地位，「所有經海峽的船舶都向它低頭」；然而一八一九年某一天，新加坡從平地拔起。更好的例子是一六八五年加地斯取代了塞維爾（十六世紀初起，塞維爾壟斷了與「卡斯提爾的印度」的貿易），因為吃水深的貨船在瓜達幾維河口不

熱那亞侷處山陬海隅，不得不向高空發展。
城內房屋鱗次櫛比，從山頂的要塞一線沿斜坡密密麻麻排到山腳下的港口。16 世紀一幅畫的細部。佩里海軍博物館。

能越過巴拉美達的聖呂卡沙灘。以這一技術性原因為理由而發生的變革可能是合理的，但是加地斯的海灣過於遼闊，機靈的國際走私活動從此有機可乘。

然而，無論地理位置上的優勢是否長期可靠，它們仍是城市繁榮的必要條件。科隆位於萊因河上不同方向航運的交匯點，從海口上溯的船和從上游下駛的船在其碼頭上相逢。多瑙河上的雷根斯堡也是中轉港，來自烏爾姆、奧格斯堡、奧地利、匈牙利甚至瓦拉契亞的大噸位貨船在此卸貨。

可能世界上沒有一個地點在近距離和遠距離的形勢比廣州更優越。該城「距海三十法里，城中水面密佈，隨潮漲落。海舶、帆船或歐洲三桅船以及舢舨船可以在此相會。舢舨船藉運河之便能抵達中國內地絕大部分地區。」布拉奔人梅耶一七五三年寫道：「我在歐洲經常觀賞萊因河和謬斯河的美景，但同流經廣州的這條河讓人讚嘆的場面相比，前者不如後者的四分之一。」[56]不過廣州在十八世紀之所以交上好運，是因為滿洲帝國有心把與歐洲貿易的地點盡可能往南方推移。歐洲商人若能自由行動，他們想必更願意抵達寧波和長江；他們已經預感到上海的重要性以及深入中國腹地會給他們帶來的好處。

成千上萬個小城市的存在也可以用與當時的運輸速度，或者不如說運輸的遲緩有關的地理原因來解釋。十五世紀德國境內三千個大小城市都是轉運站，南部和西部的城市間隔約四到五小時路程，北部和東部約七到八小時路程。它們不僅只是熱那亞人愛說的「陸路貨」與「海路貨」的裝卸港，有時也是內河船舶與大車的集散中心，甚至是「走山路的騾馬與走平地的大車」的宿地，確實任何城市都歡迎運輸活動，重新創造這一活動，周而復始地分散和集結商品和人員。

作為一個真正的城市，城牆內外必定有繁忙的活動。熱梅利．卡勒里於一六九七年抵達北京，埋怨說：「那天我們遇到許多麻煩，皆因無數車輛、駱駝和馬匹進出北京城之故，道路堵塞，移動困難。」[57]活動作為城市的一大職能在市集上尤為明顯。一六九三年一位旅行家說士麥拿「簡直就是一個大市

巴塞隆納的包奈臺特市場。18 世紀無名氏作畫。

集」[58]。任何城市首先必須是一個市集，沒有市集，不能想像還會有城市；反過來，在某一村莊附近，甚至在一片空地上或者兩條道路交叉處，也可以出現市集，但未必有城市。任何城市都需要紮下根子，受周圍的土地和居民的供養。

城市附近一定範圍內的日常生活需求都可以從城市每日舉行或每週一次的市集取得。一座城市裡往往不止一個市集，如薩努鐸的《編年小史》就列舉威尼斯的各個市集。最大的市集設在里亞托廣場，商販在廣場邊上自建涼棚，每天早晨營業；水果、蔬菜、野味堆積如山。稍遠的地方是魚市，另一個市集設在聖馬克廣場。每個區的主要廣場上都有市集。貨物由附近的農民、帕多瓦的菜民供應；還有水手遠道從倫巴第運來羊奶酪。

光是巴黎的中央批發市場及其在拉瓦雷濱河道專售野味的部分，就有足夠寫一本書的材料。關於按時侵入巴黎這座大城市的各行各業，也可以寫一本書。天朦朦亮，哥內斯的麵包販子就來了。半夜裡，五、六千農民瞌睡未醒，趕著大車「帶來蔬菜、水果和鮮花」。然後是沿街叫賣的商販：「活的鯖魚到貨，剛到的鯖魚！新鮮鯡魚！烤馬鈴薯！」賣牡蠣的吆喝：「請買牡蠣！」賣柑桔的叫道：「葡萄牙甜橙！」住在樓房高層的女傭人們的耳朵訓練有素，能在一片喧嚷中聽出她們期待的叫賣聲，不會下樓白跑一趟。每逢受難週的星期二舉行火腿市集，「巴黎四郊的農民大清早就在聖母院前的廣場和新聖母院街集合，帶來無數火腿、香腸、豬血腸，還用桂冠裝飾他們的貨物。這對於凱撒和伏爾泰的桂冠該是何等的褻瀆！」說這番話的自然是梅西耶[59]。不過關於倫敦及其為數眾多、秩序逐漸好轉的市集，也可以寫一大本書。笛福及其後繼者編寫的遊覽指南（《大不列顛島周遊記》）用四頁多篇幅介紹倫敦的市場。該書一七七五年第八次再版。

萊比錫的近郊為該城提供美味的蘋果和有名的蘆筍，這類地區僅是圍繞城市的多層空間中最近的一層[60]。沒有大量人員和多種財富的集中就沒有城市；每一項集中都要涉及城市周圍相當大一塊空間。可以證明，每個城市需要與幾個不同的空間相聯繫，每個空間僅部分地滿足城市的需求。強大的城市很快就把無比遼闊的空間納入自己的經濟生活範圍——十五世紀肯定發生這種事情，大城市於是成為遠程貿易的工具，它們把遠程貿易推向世界經濟的極限，從而活躍了世界經濟，本身又從中得利。

這些擴張現象引起一系列相互關聯的問題。隨著時令的推移，城市的活動範圍根據它本身的大小而發生變化；城市受到自己生存節奏的制約，時而脹滿，時而空虛。十七世紀時，「平時人口不多的」越南城市逢至每月二次的市集時就熱鬧非凡。河內在當時還叫「交州」，「商販在各條街上按行業集合：絲綢、銅器、帽子、苧麻、鐵器」。街上擁擠不堪，行人無法挪步。某些商業街道的地盤由幾個村子的人包下來，他們「得到特許在那裡開業」。這些城市「與其說是城市，不如說是市場」[61]，或者毋寧說是市集。不過城市也罷，市場也罷，市集也罷，它們起的作用是相同的：先是匯聚人員和財富，然後加以分散。越南和西方一樣，沒有起這一作用的城市，就不可能有節奏稍快的經濟生活。

世界各地的城市，首先是西方的城市，都有自己的市郊。一棵茁壯的樹腳下必有新枝萌發，一個發達的城市必有市郊。市郊即使是貧民聚居的「棚戶區」，也體現城市的活力。有個窮困不堪的市郊也比沒有市郊強。

窮人、工匠、內河水手住在市郊；噪音震耳欲聾或臭氣熏天的工廠、廉價客棧、驛站、郵車用馬的馬廄、小偷的老巢設在市郊。十七世紀的不萊梅煥然一新：磚頭房屋覆蓋瓦頂，街面鋪上石塊，新闢幾條寬廣的大道。但是市郊的房子仍保留茅草頂[62]。不管不萊梅、倫敦還是別的地方，從市區到市郊總是降了一級。

塞萬提斯經常提到特里亞那是塞維爾的市郊，或者不如說是市區的延伸部分。無賴、騙子、妓女、警棍在那裡聚首，用來做一部情節恐怖的偵探小說的背景非常合適。這個市郊區位於瓜達爾基維河右岸，以浮橋為起點。那座浮橋橫斷河面，類似倫敦橋封住泰晤士河。趁著海潮從巴拉梅達的聖呂卡、聖瑪麗亞港或加地斯來到塞維爾的海船至此無法繼續上駛。假如近在咫尺的塞維爾城裡沒有那麼多「弗拉芒人」或其他外國人，沒有那麼多暴發戶和從新大陸發財回來、只想尋歡作樂的「祕魯佬」，特里亞那肯定不會那麼令人生畏，不會有那麼多葡萄棚下的小酒店。一五六一年的普查結果表明特里亞那有一千六百六十四所房屋，二千六百六十六戶人家。以每戶四口計算，一萬多居民住得相當擠，無異城市[63]。光靠坑蒙拐騙不足以養活這座城市。特里亞那有生產藍色、綠色、白色上釉陶磚的工匠，磚上的幾何圖案顯示伊斯蘭文化的影響（產品運銷西班牙全境，並向新大陸出口）。另有製造白肥皂、黑肥皂和洗滌劑的手工工場。不過特里亞那畢竟還是一個市郊區。熱梅利・卡勒里一六九七年途經此地，他說：特里亞那「除一座查爾特勒修道院、宗教裁判所及其監獄外，無甚可觀」[64]。

城市的等級

與大城市相隔一定距離的地方必定會出現小城市。停靠站的安排取決於運輸的快慢和行程的長短。斯湯達爾奇怪義大利的大城市與中小城市的鬥爭儘管激烈——如一四〇六年佛羅倫斯攻陷奄奄一息的比薩，又如一五二五年熱那亞堵塞薩沃納的海港——卻不把對手置於死地。大城市之所以仁慈為懷，是因為它們不能不這樣做，因為它們需要中小城市。一座大城市必定需要一組次要城市的簇擁，有的為它織布、染色，有的為它組織運輸，有的為它提供出海口，如利佛諾與佛羅倫斯的關係。比薩深入內陸，且持敵對態度，所以佛羅倫斯選中了利佛諾。亞力山卓和蘇伊士對於開羅，的黎波利和亞力山勒達對於阿勒坡，吉達對於麥加，都屬於同樣情形。

這一現象在歐洲尤為明顯，小城市的數量特別多。大概是魯道夫・哈普克（Rudolph Hapke）[65]第一個使用「城市群島」這個漂亮說法。他談到法蘭德斯時指出當地的許多城市之間，以及十五世紀與布魯日，後來

塞維爾港（細部），傳為科埃羅作品，16 世紀。

與安特衛普的關係尤為密切。比蘭納（Henri Pirenne）跟著說：「尼德蘭是安特衛普的郊區」，這個郊區布滿活躍的城市。在比較小的範圍內，十五世紀日內瓦周圍的市場，同一時期米蘭周圍的地方市集，十六世紀從柏爾瀉湖上的馬爾提格直到弗雷瑞斯，普羅旺斯海岸上與馬賽保持聯繫的一系列海港，無不扮演同樣的角色。還可以舉出別的例子：聖路卡巴拉、聖瑪麗亞港、加地斯與塞維爾聯在一起組成龐大的城市群體；威尼斯周圍星羅棋布的小城市：布哥斯與它的外港（特別是畢爾包）的聯繫（布哥斯衰落後仍長期維持對後者的控制）；倫敦與泰晤士河和英吉利海峽上的港口的關係；最後漢薩同盟提供了最典型的例子。在最低限度上，我們可以舉出貢比涅為例子，該城一五〇〇年僅有皮耶楓一個衛星鎮；或者以桑利斯為例，該城只能控制克雷匹[66]。單是這一細節就足以使我們判斷貢比涅和桑利的規模。據此我們可以畫出許多表示城市之間在功能上的聯繫和依附關係的圖表：有的形成整齊的圓圈，有的呈直線或相交的直線，有的僅是幾個點。

不過這些圖表只在一定時期內有效。甚至毋須改變交通路線，只要速度加快，有些站頭就被越過，失去作用，因而衰落消亡。梅西耶一七八二年寫道：「二等和三等城市的居民不知不覺中減少」，流向首都[67]。法蘭索瓦．莫里亞克曾在他的故鄉法國西南部接待一位英國客人。關於這位客人，他寫道：

「他在朗貢的金獅旅館下榻，當夜在這座已進入夢鄉的小城市裡散步。他跟我說，英國已沒有類似的小城鎮了。法國外省生活實際上是一種陳跡，是一個正在消失的世界，一個在別處已經消失的世界的遺留部分。我把我的英國客人領到巴沙斯（Bazas）。這座昏昏欲睡的小城與它宏偉的大教堂形成強烈的對照，當年繁榮的巴沙斯作為巴扎台（Bazadais）的首府，曾是主教駐地，如今只留下這座教堂做往昔的見證。我們今天很難想像過去的時代，當時每個省份自成天地，講自己的語言，營造自己的紀念性建築，擁有一個文雅的、等級分明的社會，不知有巴黎及其時尚。巴黎這頭怪物想必是吸乾了這份出色的養料才成長起來的。」[68]

巴黎在這件事情上顯然不比倫敦更應該受到責難，應由經濟生活的普遍運動來承擔責任。這一運動把城市網絡上的次要點搾得筋疲力盡，而核心卻從中得益。在擴大了的世界範圍內，這些主要點也組成網絡，於是這以大欺小的活動重新開始。甚至在湯馬斯・摩爾的烏托邦島上，首都亞摩洛特周圍也有五十三座城市。多麼壯觀的城市網啊！每座城市與鄰近城市至少相隔二十四英里，即不到一天的路程。如果運輸速度略為加快，這一體系必將隨之改變。

從伊斯蘭看城市和文明的關係

城市之間另有一個共同點，即它們都是它們從屬的那個文明的產物。正是這一共性形成它們各不相同的面貌。每個城市都有一個原型。杜哈德神父樂於重申（一七三五）：「我已在別處說過，中國大部分城市之間幾乎沒有差別，彼此相似，只消見過其中一座，便能想像其他城市的模樣。」[69]這些話說得乾脆，但不莽撞；在談到莫斯科公國、美洲殖民地、伊斯蘭（土耳其或波斯）城市的時候，誰不認為這些話同樣適用呢？經過一番猶豫之後，我們甚至能說這也適用於歐洲城市。

從直布羅陀到巽他群島，整個伊期蘭地區無疑存在一種伊斯蘭城市典型。這一例子已足夠使我們了解城市和文明之間的明顯關係[70]。

一般講，伊斯蘭城市規模很大，彼此相距甚遠。城裡低矮的房屋如石榴子一般緊挨著排列。伊斯蘭教義禁止（除了幾個例外：麥加、麥加的外港吉達、開羅）高層建築，認為這是可憎的驕傲心理的表現。建築物不能向高空發展，只得侵占公共道路，何況穆斯林法規對公共道路並沒有大力保護。大街成了小巷，兩頭載貨的驢同時通過便能堵塞交通。

一位法國旅行家說（一七六六）：

伊斯坦堡「街道湫隘，像我們的古城；街面污穢不堪。兩邊若無步道，壞天氣難於行走。每逢兩人交錯，其中一人必須走下步道，或緊貼門檻避讓。步道上淋不到雨。大部分房屋僅有兩層，上層突出底層之外，幾乎所有房屋都經油漆。這一裝飾使牆面顯得不那麼晦暗淒涼，但氣氛仍然沉悶。所有的房屋，達官貴人和最有錢的土耳其人的住宅也不例外，都用磚木建造，塗以石灰：因此一旦發生火災，頃刻間能造成巨大損失」[71]。

開羅的地形雖與伊斯坦堡大不相同，但根據沃爾尼（Volney）於一七八二年的描述，兩地的情況相似。約莫一個世紀前（一六六〇），另一位法國人拉斐爾・杜・芒斯（Raphael dul Mans）對波斯城市的觀察也不見好感。「各城市的街道彎彎曲曲、高低不平，尤多便坑。遵照法令指示，此輩賤民可在街頭之便坑如廁，以防止尿液濺濕衣褲，而招致不淨。」[72]三十年後（一六九四），熱梅利・卡勒里的印象相同：在伊斯法罕和波斯全境，街面皆不鋪石子，冬天泥濘，夏天塵灰飛揚。「由於居民常把死畜和宰殺的牲口流出的腥血扔到公共場所，又有隨地大小便的習慣，本來就髒的街道變得更髒……」有人把伊斯法罕比作巴勒摩，熱梅利・卡勒里大不以為然：巴勒摩「最差的房子也勝過伊斯法罕最好的房子……」[73]

穆斯林城市的街道確實雜亂無章，維護不善。人們盡可能把街道修在斜坡上，以便雨水和溪流自動承擔清潔工作。但是這一片混亂的地形卻暗中服從一個相當有規律的佈局。城市中心為清真寺，周圍是商業街道、貨棧或客店，然後各行各業以這一行業在傳統上是否視作潔淨為依據，由裡到外作同心圓式分佈。如香

「大市場一角」，18 世紀末埃及的亞里山卓。1812 年的版畫，國立圖書館版畫部。

水和香料商「因其供奉神聖，根據教義是潔淨的」，離清真寺最近。依次類推是織綢匠、金銀匠等。市區邊緣留給皮革匠、鐵匠、馬掌匠、陶工、鞍匠、染匠和出租驢子的腳夫，後者光腳行走，趕著牲口，高聲吆喝，彼此爭吵。最後，鄉下人在城門口出售鮮肉、木柴、變味的黃油、蔬菜、「草藥」，總之是他們的勞動產品或「小偷小摸」所得。另有一個規律性的特點：根據種族和宗教信仰劃分居住區。伊斯蘭城市裡幾乎必有一個基督教區，一個猶太區，後者通常歸統治該城的王公保護，因此位於市中心，如特萊姆森（Tlemcen）的猶太區。

每個城市相同之外自然還有差異，差異的原因與該城的起源，以及與商業或手工業的重要性有關。伊斯坦堡的商業中心，二個石頭建築的市場好比城中之城。貝拉以及加拉塔屬於基督教區，在金角外側自成一城。亞得里亞堡的中心有一交易所。一六九三年，「交易所附近的塞拉希街長達一古里，兩側開設出售各種貨物的殷實舖子；街道蓋有多層木板頂棚，邊上留有透光的空隙。」清真寺附近，「有頂棚的街上開著金銀舖」。[74]

西方城市的特點

世上一切繁華，莫不在西方臻於鼎盛。西方城市的盛況在別處極為罕見。城市造就了歐洲這塊狹小大陸的偉大，這一事實雖說盡人皆知，但問題卻並不那麼簡單。確定優勢勢必涉及與之相對的劣勢或中等水平，遲早要與世界其他地方作尷尬的、令人失望的比較。不管我們談的是服裝、貨幣、城市或資本主義，我們已不能不作比較，因為經過馬克斯·韋伯的倡導後，歐洲一直在「通過與其他大陸的關係」說明它本身。

什麼是歐洲與眾不同的特點：歐洲城市享有無比倫比的自由；它們自成天地，自由發展。城市勢力之大，竟能左右整個國家。國家的形成十分緩慢，而且不能離開城市有意的幫助，國家擴大了城市的版圖，但往往沖淡了城市的特色。城市居高臨下統治鄉村；世界上未有殖民地以前，鄉村對城市已起到類似殖民地的作用，而且受到類似殖民地的對待（後來國家將如法砲製）。由於大小城市星羅棋布、互通聲氣，城市得以執行自己的經濟政策，經常能粉碎障礙，不斷為自己取得新的特權，庇護或恢復舊的特權。設想今天的國家一旦取消，各大城市的商會能夠自由行動，我們將會有好戲可看！

其實就算不打這個信手拈來的比方，古老的事實本身已經令人矚目了。這些事實引出一個關鍵問題，而這一問題可以用兩三種不同方式表達：為什麼世界上其他地方的城市沒有獲得西方城市的相對自由？是哪個因素或哪些因素阻礙其他地方城市的自由發展？或者從另一角度看待同一個問題：為什麼西方城市不斷變革——甚至它們的外形也在改變，而其他城市相對說沒有發生什麼事情，好像被長期埋在地下，不得動彈？套用李維史陀的說法，為什麼有的城市像蒸汽機，有的城市像時鐘？總之，比較史學要求我們尋找這些差別的原因，並為西方城市喧鬧的發展總結一個「模式」。這一模式將是充滿活力的，而世界上其他城市遵循的模式似乎沿直線前進，從古至今沒有出現任何意外。

自由的世界

歐洲的城市自由是個已經說明的古典課題；我們就從這個課題發端：

我們可以簡單地歸納出如下幾點：

（一）羅馬帝國末期，西方確確實實喪失了它的城市框架。其實在蠻族入侵之前，羅馬帝國的城市已逐漸衰落。雖說墨洛溫王朝時代城市一度有所活躍，但在這以前或以後，城市生活已幾乎完全停頓，呈現一片空白。

（二）城市的振興從十一世紀起加快。這一振興與鄉村的發展齊頭並進，當時湧現大批新闢的農田、葡萄園和菜園。城市的發展與農村保持協調，城市權利往往脫胎於農村的集體特權。城市通常不過是對農村的一種改組。法蘭克福（直到十六世紀仍是一派田園風光）地圖上許多街道的名稱還保留著對樹林、樹叢和沼澤地的回憶，這一城市本來就是在這個地理環境中發展起來的[75]。

農村的改組順理成章地把鄉村政治和社會權力的代表者——領主、王公和教士——帶進新興的城市。

（三）如果沒有農村經濟生活的全面恢復和貨幣經濟的普遍擴張，改組並不可能發生。貨幣可能是遠方的來客（莫里斯．隆巴爾德認為貨幣來自伊斯蘭），但它異常活躍，起了決定作用。在托馬斯．阿奎那以前兩個世紀，阿蘭．德．里爾已經說過：「現在決定一切的不是凱撒，而是金錢。」說的是金錢，其實也就是城市。

在這些享有特權的城市周圍，很快就不再有國家存在。義大利和德國十三世紀政治解體後，便出現這一局面。龜兔賽跑，這次破例是兔子領先。其他地方，如法國、英格蘭、卡斯提爾，甚至亞拉岡，轄有整片領土的國家不久又重建起來。這些國家束縛城市的發展，何況它們境內的城市所處的經濟空間本來就不具備強大活力。這些城市的發展速度不如其他地方。

但是主要的、出乎意料之外的事實，乃是某些城市完全突破了政治空間的限制，獲得充分自治，變成「城邦國家」。這類「城邦國家」享有許多合理的或不合理的特權，而每一項特權都如同城牆般給它們一重法律的保障。歷史學家從前可能過份強調這些「法權」，因為這些法權雖說有時可能駕於地理、社會學和經濟因素之上，或者與之並列，但是後者畢竟起到很大的作用。一項特權如無物質內容，還有什麼意義呢？

事實上，西方的奇蹟不只是在於它經歷了五世紀的浩劫後，於十一世紀又告復甦。城市這類綿延數百年的反覆——擴張、誕生或者是復興——歷史上屢見不鮮：公元前五到二世紀的希臘、古羅馬、九世紀起的伊斯蘭，宋代的中國莫不如此。但是每個復甦時期都有兩名賽跑選手：國家和城市。通常是國家贏了，於是城市隸屬於國家，受到強力的控制。歐洲最初的城市繁榮時期發生的奇蹟在於城市遙遙領先，贏得這場比賽，至少在義大利、法蘭德斯和德意志地區如此。相當長的時期內，城市充分體驗獨立生活。這一巨大事件的起源還沒有研究清楚，但它產生的重大後果十分明顯。

城市的現代性

大城市以及與它們有聯繫，以它們為榜樣的其他城市利用這個自由建設了一種獨特的文明，傳播了新的技術，或者發掘和更新了幾個世紀前原有的技術。不論屬於何種情況，這些都使城市有可能在政治、社會和經濟等領域完成了相當難得的試驗。

在金融領域，城市組織了稅收、財政、公共信貸和海關，發明了公債。威尼斯「老山」的歷史事實上可以上溯到一一六七年，而最初形式的聖喬治公司始於一四〇七年。熱那亞可能在十二世紀末即鑄造「熱諾維諾」（*Genovino*）[76]，其他城市相繼傚法，也鑄造金幣。城市組織了工業、手工業，發明或重新發明遠程貿易、匯票、商業公司和會計制度的早期形式。不久以後，城市內部的階級鬥爭也出現了。這是因為，雖然人們說城市是個「集體」，城市也是現代意義上的「社會」，有它本身的緊張狀態和同室操戈：貴族與市民對抗，窮人與富人（「瘦人」與「胖人」）對抗。佛羅倫斯的內部鬥爭與其說是古羅馬式的衝突，不如說它已深刻地揭示了十九世紀工業社會的對峙。「底層行業工人」（一三七八）的悲劇足以證明這一點。

但是這一內部壁壘分明的社會卻能團結一致對抗外敵：領主、王公、農民以及所有不具本城公民資格的人，這些城市是西方首次形成的「祖國」，而且市民們的愛國主義精神肯定在很長時期內比以眷戀鄉土為內容的愛國主義更一致、更自覺。後一種愛國主義歷時很久才在第一批民族國家裡出現。有一幅滑稽畫表現一五〇二年六月十九日紐倫堡市民與進攻該城的布蘭登堡—安斯巴赫家族的卡西米爾總督作戰。不必追問這幅畫是否為紐倫堡市民繪製的；看到這幅畫，人們就可以具體想像市民的愛國主義熱忱。畫中大部分市民係步兵，穿日常衣服，不被甲冑。他們的首領騎在馬上，穿黑色衣服，正與人文主義者威利巴德·皮爾克海默交談。後者戴一頂當時流行的插有鴕鳥毛的大帽子。另一個同樣意味深長的細節是他帶來一支部隊增援遭遇攻擊的城市，幫助它維護自己的權益。布蘭登堡的進攻者是清一色重裝騎兵，頭盔的臉甲翻下來遮住面部。畫中一組三個人可以視作城市為保衛自由與王公、領主鬥爭的象徵：兩個面部暴露的市民自豪地挾住一名頂盔戴甲的騎士，把他帶走；後者因為當了俘虜，不知所措。

這便是「市民」，便是市民的小型祖國：話就這樣說出口了，雖然荒誕，卻很合適。桑巴特十分強調市民社會誕生的意義，更強調這一社會代表新的精神面貌的意義。他寫道：「如果我沒有搞錯，

紐倫堡的埃古特—泰萊茲廣場。杜勒作畫。紐倫堡國家博物館藏品。

具備完美素質的市民是在十四世紀末首次出現的。」[77]當然這樣說也未嘗不可。事實上，一二九三年主要行會——羊毛業和染色業——在佛羅倫斯取得政權，已經意謂著舊富人和新富人的勝利，創業精神的勝利。桑巴特跟平時一樣，寧可從精神面貌和唯理精神的角度提出問題，他擔心落入馬克思的思路，所以避免從社會或者經濟角度看問題。

一種新的精神面貌由此形成，大致上仍是在彷徨中的西方早期資本主義的精神面貌，包括一整套規則，一系列可能性和計算，同時又代表一種生活和致富的藝術。既是賭博，必定有風險：商業語彙裡的關鍵名詞——財富，冒險，理智，謹慎，保險——明確地指出應該提防的風險。當然不能如同貴族那樣得過且過。貴族揮霍無度，入不敷出，全然不顧以後的日子怎樣打發。商人注意節儉，根據收益決定支出和投資。他們還知道節省時間：一位商人已經說過：「chi tempo ha e tempo a spetla，tempo perde」[78]。這句話若譯成「時間就是金錢」，雖然不夠忠實，卻合乎邏輯。

在西方，資本主義和城市實際上是合而為一的。蒙福特認為，「新興的資本主義」用新的商業貴族的權力取代了「封建主和行會市民」的權力時，固然掙脫了中世紀城市狹小範圍的束縛，但是最終把自己綁在國家身上；國家戰勝了城市，但是繼承了城市的各項體制和精神面貌，它完全不能脫離城市而獨立生存[79]。重要的是，城市即使作為城邦國家衰落了，它仍舊占據顯要地位；它在事實上或表面上轉而為國王服務的同時，繼續稱王道霸。國家的命運將與城市的命運不可分：葡萄牙的財富集中到里斯本，荷蘭的精華全在阿姆斯特丹，而英國的霸權就是倫敦的霸權（一六八八年的和平革命以後，英國全國聽命於首都）。西班牙帝國在經濟上的嚴重失誤在於它以塞維爾為依托，而這個城市不但處在貪官污吏的腐蝕和監視之下，而且長期以來任憑外國資本家的擺佈。它沒有依托一個強大的、自由的、能任意制訂並推行一項真正的經濟政策的城市。同樣地，路易十四雖然多次籌劃（一七〇三、一七〇六、一七〇九），仍不能建立「皇家銀行」，這是因為巴黎不能作為一個自由行動、承擔責任的城市，提供不受君主權力約束的庇護所。

西方的城市形態有沒有一個「模式」？

假如我們要寫一部歐洲城市史，包括從古希臘城市到十八世紀城市呈現的所有形態，即歐洲在其境內或境外，東至莫斯科公國，西至大西洋彼岸建立的大小城市，材料是如此豐富，根據政治、經濟或社會等標準，簡直有一千種不同的分類方式。如果採用政治標準，可以區分首都、要塞、「行政」城市（「行政」這個詞在這裡取其全部含義）。若按經濟標準，可以區分港口、陸路商隊的站頭、商業城市、工業城市、金融中心。取社會標準，則有食利者居住地、教會中心、司法中心、手工匠集中地……這裡可以列出一系列範疇，每個大範疇又可以分成若干小範疇，足以把各地變異形態收羅無遺。這種分類方法有其長處，但這些長處並非體現在對城市的總體研究上，而是體現在對某一有限時空中的特定經濟形態的研究上。

相反，另一些更具普遍性、並且遵循城市進化程序的分類原則，對我們從事的研究更為有用。概括說，西方城市經歷了三種主要類型：開放型城市，此類城市與其周圍農村區別不分明，甚而融為一體A；封閉型城市，此類城市處於嚴格意義上的封閉狀態，它們的城牆不僅劃定其範圍，並且限定其性質B；最後是受監護的城市，這一範疇包括所有以各種形式臣服於某一君主或某一國家的城市C。

大體上，A先於B，B先於C。但是這一次序並無嚴格性；與其說是先後次序，不如說是發展的方向和方面，西方城市經歷的錯綜複雜的命運就依這些發展的方向和方面為轉移。並非所有城市同時演進，演進方式也各不相同。我們然後再看，這種方法是否適用世界各地的城市。

第一類：古希臘或古羅馬城市。此類城市向周圍農村開放，與農村處於平等地位[80]。無論是以牧馬為業的貴族，或者是阿里斯托芬喜愛的葡萄種植者，雅典一概視為城內的正式公民：每當普尼克斯山上升起烽煙，他們便紛紛進城，趕往人民會堂，與雅典市民共商大計。伯羅奔尼撒戰爭初期，亞地加的全體農村居民自動撤到雅典城內，安頓下來，斯巴達人則大肆虜掠，毀壞耕田、橄欖園和房舍。冬天來臨，一待斯巴達人撤退，農民重返鄉下舊居。事實上，古希臘城市是一個城市加上它周圍遼闊的農村。事情之所以如此，主要是因為當時城市剛剛誕生（一百、二百年的歷史在這個問題上微不足道），剛從混沌的農村中脫穎而出；更重要的是，產業分工這一將在後世造成城鄉不和的原因當時還不存在。雅典固然有一個專門生產陶器的郊區，陶工在那裡定居，但是他們的店舖極為狹小。雅典還在比雷埃夫斯（Piraeus）有一個外港，那裡麇集外國僑民、解放的奴隸以及奴隸；該地雖說有頗具規模的手工業，但談不上工業或早期工業。以土地貴族為主體的社會蔑視手工業生產，對之懷有偏見，因此只有外國人或奴隸經營手工業。尤其重要的原因是雅典的繁榮歷時不久，社會及政治衝突不夠成熟，來不及形成「佛羅倫斯式」的對抗。人們僅能發現一些衝突的跡象。何況農村還有自己的工匠，村裡的鐵匠舖是村民冬天取暖的好去處。總之，雅典的工業僅具雛形，由外國人經營，不引人注目。同樣地，假如我們遊歷古羅馬城市的遺址，一出城門，我們就突然處身鄉間：沒有郊區，也就是說沒有工業，沒有活躍的、在各自領域內組織得很好的手工業。

封閉型城市本身就是一個整體，一個微型的、排它的國家。中世紀城市屬於這一類型。通過城門，就好像越過當今世界一條仍有實際意義的國境線。在界線的那一邊，你儘可嘲弄你的鄰人：他拿你沒有任何辦法。離鄉背井進入城市的農民馬上變成另一個人：他是自由的，就是說他擺脫了可惡的原有奴役，接受另一些他事先並不一定知道內容的新奴役。不過後一條無關緊要。如果他已蒙城市接納，就可根本不必理睬領主的追查。十八世紀在西利西亞，在莫斯科公國內直到十九世紀，還能經常聽到這類在別處久已不聞的追索逃亡農奴的要求。

雖說城市敞開大門，但並非進入城市就能立即真正成為城市的一員。享有充分權利的市民是少數，他們

巴黎聖母院橋，橋上的高大房屋到 1787 年才被拆毀。塞納河右岸，貼近格雷夫廣場有繁忙的雜貨交易：小麥、木料、乾草。18 世紀的版畫，加那瓦萊博物館。

竭力維護自己高人一等的地位。威尼斯市政會議一二九七年起不再接納新成員，從此成為富人的堡壘。威尼斯的貴族在幾世紀內一直形成一個封閉的社會等級。難得有人打破壁壘，躋身其間。在貴族下面的普通市民階層無疑比較開放，但是市政會議很早就確立兩種公民權：完全公民權和部分公民權。需要住滿十五年才有資格申請部分公民權，住滿二十年方得申請完全公民權。這一規則極少例外，它不僅用明文規定，並且反映某種疑慮：元老院一三八六年公佈的法令甚至禁止新公民（包括取得完全公民權者）在威尼斯的「德意志商館」內外與德國商人直接貿易。普通市民同樣對新來者懷有戒心甚至敵意。薩努托（Marin Sanndo）記載，一五二〇年六月威尼斯市民在街頭與新從大陸遷來的農民相互鬥毆，後者是應召來當兵或獄卒的。市民們對他們喊道：「膽小鬼，滾回去種你們的地吧！」81

當然威尼斯是個極端的例子，何況威尼斯之所以能維持它獨特的體制直到一七九七年，不僅因為它有一個保守的貴族制度，也因為它在十五世紀初征服整個義大利半島，得以把它的權力擴張到阿爾卑斯山和布雷西亞。它將是西方最後一個城邦國家。十六世紀的馬賽也輕易不授予公民權，必須「住滿十年，擁有不動產，娶本地女子為妻」者才有資格申請。多數人不符合條件、只能視作非馬賽公民。對於公民資格持這種狹隘觀念乃是各地的普遍規律。

工業和手工業以及它們的特權和利潤究竟屬於誰？這個問題將長期成為爭執的焦點。事實上屬於城市，屬於城市的掌權者及承包商。由他們決定是否應該從城市周圍的鄉村地帶奪走，或者設法奪走紡紗、織布、漂染等行業的權益，或者相反，把這些權益讓給農村是否更為有利。個別地研究每一城市的歷史時可以看到，在這種反覆過程裡什麼事情都可能發生。

在城牆內部，就勞動（我們不敢冒昧說「工業」）而言，一切安排旨在滿足或者應該滿足某些行業的要求。這些行業享有獨家或聯合壟斷權，它們拼命維護自己的特權。但因權益之間的界限不甚分明，很容易因為細故導致衝突。城市當局不能始終控制局勢，或早或晚，當局總得聽任某些行業確立特殊地位。這些行業財力雄厚或有權勢作奧援，它們享有的榮譽和占有的明顯優勢得到一致公認。巴黎從一六二五年起，「六大行」（呢絨商、食品雜貨商、縫紉用品商、皮貨商、針織品商以及金器商）成為商業界的貴族；佛羅倫斯則是由羊毛業和染色業（為從北方進口的本色布料染色）執商界牛耳。德國的城市博物館最能說明這些古代的事實。比如在烏爾姆，各行各業都擁有一組三折畫，兩側的畫面表現該一行業的典型活動，中央畫面猶如一本珍藏的家庭相冊，容納無數小幅肖像，都是幾百年間這一行業中世代相襲的師傅的尊容。

十八世紀倫敦市及其附屬部分（貼近城牆外側）提供更為顯著的實例，幾個偏執、守舊但又勢力強大的行會盤踞其間。一七五四年一位見識高明的經濟學家寫道：威斯特敏特及其近郊區不斷發展的原因很明顯：「這些近郊區不受束縛，它們為任何勤奮的公民提供活動天地，而倫敦市裡養著九十二家專利公司（行會），但見它們的眾成員一年一度擺出亂糟糟的排場來慶祝市長就職。」[82]我們不如就在這個美麗的形象上打住吧。在倫敦周圍或其他地方，各種不加入行會的自由行業形成勞動組織的另一邊；行會及其組織系統既提供保護，也帶來束縛。對這些自由行業，在此且不必細表。

最後一類：受監護的城市。此類城市出現於近代史初期，歐洲各地皆然。國家一旦鞏固了本身的地位，就懷著本能的狂熱，著手用暴力或其他方法迫使城市就範。哈布斯堡王朝、教皇領地、德意志王公、麥第奇家族和法國國王不約而同地務使城市聽命。只有尼德蘭和英國是例外，那裡的城市自然而然地服從國家權力。

且看佛羅倫斯：麥迪西家族逐漸制服了這座城市。羅倫佐時代採取的手法還不失溫文爾雅，但是一五三二年這一家族重新執政以後，事態就加劇了，到十七世紀，大公的宮廷主宰了佛羅倫斯。大公掌握一切：錢財、兵權、頒發動位權。從亞諾河左岸的彼提宮通向彼岸的一道走廊實際上是一個祕密通道，以便大公不時光臨市府。這道建築優美的走廊今天仍在舊橋上。它是大公為監視被囚禁的城市而編織的蜘蛛網上的一根絲。

西班牙的「總督」職在管理城市，使各「自治單位」聽從王室的擺佈。當然王室把相當可觀的利益和地方行政權讓給當地的小貴族，後一項讓步並能滿足他們的虛榮心；每逢議會開會，王室召集各城市議會議員（他們可以買賣公職）的代表。西班牙議會表面上一本正經，議員紛紛訴說地方上的疾苦，不過臨到表決國王新增的捐稅時，全體投票贊成。法國有一批城市享有市政特權和多種稅收豁免權，但這並不妨礙它們對國王俯首貼耳。國王政府一六四七年十二月二十一日宣佈加倍征收入市稅，並規定此項收入的一半應上繳國庫。巴黎同樣聽命於國王，它經常被迫報效國庫。金額龐大的所謂市政債券就在巴黎發行。甚至路易十四也沒有拋棄首都。凡爾賽與近在咫尺的巴黎兩者之間實際上沒有明確的界線。法國王室自古以來習慣於圍著這座強大的、使它忌憚三分的城市打轉。宮廷設在楓丹白露、聖日耳曼和聖克魯；羅浮宮位於巴黎邊緣，杜依勒里宮差不多在巴黎外面。這些人滿為患的城市宜於從遠處治理，至少應該不時與之保持距離。腓力二世常年住在埃斯科里亞爾，當時馬德里剛被選作首都。後來，歷代巴伐利亞公爵住在寧芬堡宮；腓特烈二世住在波茨坦；奧地利皇帝住在維也納附近的美泉宮。再說路

哈瓦那的主要市場老廣場全景。美洲地理畫冊。18 世紀。國立圖書館版畫部。

易十四，他雖然不住在巴黎，但並沒有忘記在巴黎確立他的權力和威望；他在位期間，巴黎建成兩個巨大的皇家廣場：勝利廣場和旺多姆廣場，榮軍院（Les Invalides）這一奇妙的建築也在此時開工。多虧路易十四，巴黎才能倣法巴洛克城市的風格，向鄰近農村開放：通向市郊的寬闊大道上車水馬龍，閱兵式也在那裡舉行。從我們的觀點來看，最重要的事實是一六六七年設立權勢炙手可熱的警察總監職務。三十年後（一六九七），第二位總監阿尚松侯爵建立警察機器。梅西耶解釋說：「這部機器與它今天的樣子不盡相同，但是他首先設計出主要的發條和齒輪。有人甚至說這部機器今天已在自動運轉。」[83]

不同的演變途徑

城市的演變當然不是自發進行的，也不是一種與外界隔絕的「內生」現象。這一演變始終受制於從內部和外部對之施加力量的社會。從這個觀點來看，我們再次聲明，我們的分類方法過於簡略。交代了這一點以後，且看嚴格範圍內的西歐以外的城市是怎樣演變的。

（一）美洲殖民地的城市。確切說，應是葡屬和西屬美洲，因為英國殖民地的城市處境不同，它們必須獨自謀生，從「野蠻」狀態走出來，與廣闊的世界建立緊密的聯繫。不妨說這些城市是中世紀城市。葡屬和西屬美洲城市的命運比較簡單，更受限制。這些像羅馬軍營一樣圍在四堵土牆裡面的城市是軍隊的駐地，在四周充滿敵意的遼闊疆域中顯得孤立，城市間的交通聯繫極慢，因為彼此相隔太遠。到這個時代，享有特權的中世紀城市基本上普及整個歐洲，奇怪的是在葡屬和西屬美洲建立的城市仍舊屬於古代類型。只有總督駐紮的大城市例外，墨西哥、利馬、智利的聖地牙哥、聖薩爾瓦多（巴伊亞）這些城市是行政機關駐地，已有寄生性質。

那裡沒有嚴格意義上的商業城市；以商業活動為主的城市地位不高。例如商賈雲集的雷西非（Recife）

與毗鄰的奧林達（Olinda）相比只是二等角色，後者是大種植園主和奴隸主居住的貴族城市。不妨說二者的關係類似伯里克利斯時代比雷埃夫斯或法萊爾與雅典的關係。布宜諾斯艾利斯於一五八〇年重建後，也是一個商業城鎮，相當於古希臘的墨伽拉（Megara）或埃伊納（Aegina）。這個城市運道不好，周圍都是「好鬥的」、未開化的印第安人，居民抱怨他們必須「出力謀生」，因為在葡屬和西屬美洲白人本應坐食，不事生產。不過有騾幫或裝載木料的大車不斷從安地斯山、從利馬來到，布宜諾斯艾利斯與波托西的銀礦發生關係；帆船從巴西運來糖和黃金；通過黑奴船的走私活動，與葡萄牙和非洲也有聯繫。不過在新生的阿根廷的「蠻荒世界」中，布宜諾斯艾利斯屬於例外。

美洲城市通常沒有這些來自遠方的餽贈，規模很小。它們自己管理自己：沒有人過問它們的命運。地主是這類城市的主人，他們的住宅正面朝街，牆上嵌有拴馬的鐵鐶。在巴西的市政議會裡他們被叫做「善人」，在西班牙殖民地的市政議會裡他們被稱為莊園主。這些城市好比伊巴密儂達時代（Epaminodas）小型的斯巴達和底比斯。我們可以說這是西方城市的歷史在美洲重演。當然這些城市與周圍農村沒有明確界限，城鄉之間也不平分工業生產。工業稍具規模的地方，如墨西哥城，從事生產的都是奴隸或有實無名的奴隸。不能設想中世紀類型的城市居然使用農奴工匠。

（二）俄國城市怎樣歸類：乍眼看來，經歷了蒙古入侵的洗劫後保存下來或重新建立的城市無疑不再遵循西方模式。這些城市規模很大，如莫斯科和諾夫哥羅德，但往往控制很嚴。十六世紀仍流行一句俗話：「誰也不能反抗上帝和偉大的諾夫哥羅德」，但是事實並非如此。一四二七和一四七七年，這座城市兩次受到教訓，後一次它被迫交出三百車黃金。處決、流放、沒收財產屢見不鮮。尤其是俄國城市間的貿易往來需要穿過無邊無際、已呈亞洲風貌的荒涼地帶，因而極其緩慢。一六五〇年和過去一樣，內河船舶、雪橇和車隊的行動甚為不便，曠日費時。甚至接近村落往往也會帶來危險，因此每晚都要在曠野歇宿，像在巴爾幹的大路上一樣把車輛排成圓圈，人人隨時警戒。

由於上述原因，莫斯科公國的城市不能號令周圍廣大的鄉村。與其說城市把自己的意志強加給農民，不如說農村支配著城市。俄國農民雖說生活貧困，朝不保夕，經常遷徙，卻有極其旺盛的生命力。下述事實具有決定意義：「東歐國家從十六到十九世紀每公頃作物產量基本不變」，收成很差[84]。農村若不能提供豐富的多餘產品，城市就談不上安穩。西方經濟繁榮、貿易發達的一個特徵是它擁有許多二級城市；俄國大城市沒有二級城市與之配套。

俄國擁有眾多的無地農奴。領主和國家認為他們沒有償債的能力，倒不如讓他們進城謀生，或者到富農家裡幹活。農奴在城裡變成乞丐、撿破爛的或兼開鋪子的手藝人，也有經營工商業而發財致富的。

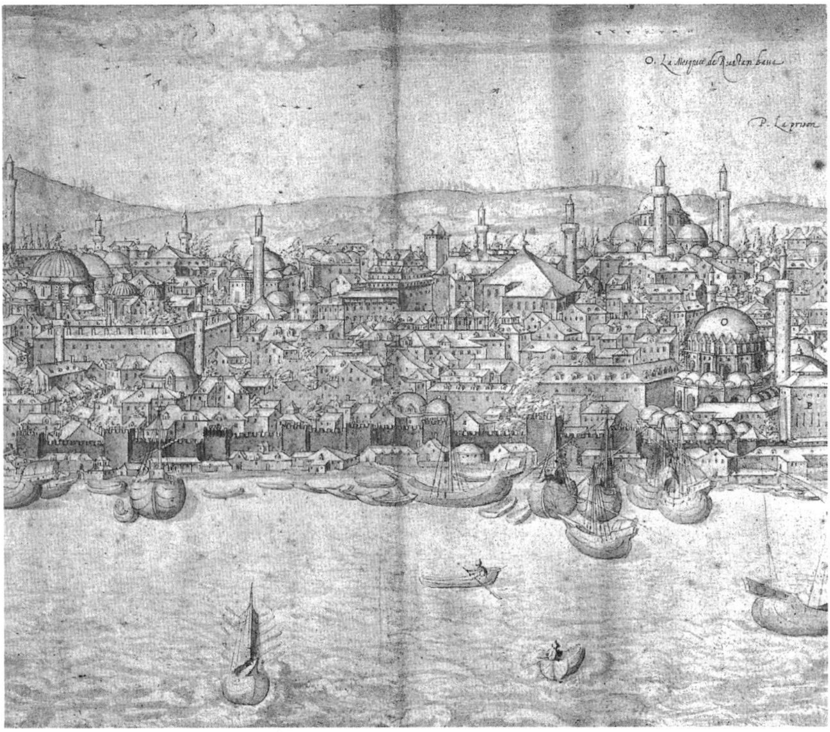

16 世紀的伊斯坦堡，面向金角的市區正面（細部）。國立圖書館版畫部。

留在原地的農奴在村裡當手工匠，或當流動商販，或搞運輸（農民專營的行業），以補貼家用。正因為領主予以鼓勵，沒有任何力量能阻擋農民對財富不可抗拒的追求。領主也從中獲益，因為這些工匠和商人不管在社會上取得多大成就，仍舊保有農奴身分，必須繳納貢賦[85]。

上述形象加上其他形象勾勒出的俄國城市的命運，頗似西方在城市化初期的景象。說得更清楚一些，有點像十一到十三世紀時期的西方。在那過渡時期，幾乎一切都來自農村，由農民哺育成長。我們還可以說這是A與C之間的中間狀態。不待B出現，君主已經像寓言裡的食人者那樣在一旁虎視眈眈了。

（三）東方和遠東的帝王都城。當人們離開歐洲，來到東方，人們遇到同樣的問題，同樣的、但是體現在更深層次上的模稜兩可性。

在伊斯蘭世界，與中世紀歐洲城市類似的城市只在帝國崩潰時才出現，它們一度得以主宰自己的命運。伊斯蘭文明於是經歷一段黃金時代。但放鬆控制的時間不長，且只有伊斯蘭世界邊緣地區的城市從中得利。哥多華肯定了便宜，十五世紀那些真正的城邦共和國，如葡萄牙占領（一四一五）前的休達，或西班牙占領（一五〇九）前的奧蘭，也是獲益者。然而，常見的城市是君主（往往是哈里發）駐節的大城市，如巴格達或開羅。

遙遠的亞洲城市也是帝國的中心、王國的首都。這類城市規模巨大，居民不事生產，奢靡成風。德里和勝利城（毗奢耶那伽羅），北京和在它以前曾是首都的南京（雖然人們想像後者與前者不同），皆屬此例。我們不必驚訝君主在這些城市裡舉足輕重。每當一個君主被他所在的城市，確切說被他的宮廷摘掉，另一個君主立即上臺，城市重新稱臣。我們同樣不必驚訝這些城市沒有能力奪走農村的全部行業：這些城市既是開放性的，又是受監護的。因此，印度和中國一樣，社會結構妨礙城市自由發展。東方城市未能實現獨立，原因不僅在於官吏的刑罰或者君主對商人和普通市民濫施淫威；而且還因為社會本身事先就處於某種結晶狀態。

印度的種姓制度注定任何城鎮難免內部分裂，成為一團散沙。中國的紳權妨礙城市內部各種成分相互混合，而西方城市的特點正是來源於這種混合。西方城市好比一臺機器，善於粉碎舊的聯繫，把所有人放在平等的位置上，何況移民的湧入在城市裡造成一種「美洲式」環境，早就安頓下來的人定下調門，向後來者傳授「生活方式」。另一方面，沒有任何獨立的權力機構能代表中國城市與國家或與勢力強大的農村抗衡。中國的生命、活力和思想集中在農村。官員和貴族居住的城市不是工藝和商業的理想場所；資產階級在這種城市裡不能從容成長。再說，資產階級在這種城市裡剛剛形成就想背叛自己，因為它無力抗拒官員的豪華生活對它的吸引。如果個人和資本主義能夠自由發展，城市就會過上舒心日子，但是國家作為監護人不情願看到這種局面產生。在國家有意無意地放鬆監督的時候，如十六世紀末期，中國曾出現一個資產階級，經歷一陣經營工商業的熱情。在北京附近的大規模冶鐵工場，景德鎮發達的瓷器工廠，尤其在江蘇省會蘇州蓬勃興起的絲織工廠裡，我們看到這個資產階級扮演的角色[86]。不過這股熱情為時甚短。滿人征服中國後，這場危機將在十七世紀以不利於城市自由的方式得到解決。

只有西方義無反顧地倒向城市這一邊。城市推動了西方的發展。我們再次強調，這一事件意義極其重大，但是其深層的原因尚未得到圓滿的解釋。人們很想知道，假如中國的帆船在十五世紀初發現了好望角並且充分利用這一征服世界的機會，中國城市又會變成什麼樣子。

大城市

長期內，只有東方和遠東才有大城市。馬可波羅的讚嘆說明了這一點，當時巨大的帝國和龐大的城市都在東方這一邊。十六世紀以及隨後的兩個世紀，城市在西方成長，爭得頭等角色，並且從此出色地扮演這個角色。歐洲於是趕上了差距，彌補了缺陷（如果說歐洲在這一方面存在缺陷）。總之，歐洲也嘗到大城市和當時已經出現的過份巨大的城市提供的奢侈，新的享樂以及悲辛。

責任在誰？國家的責任

假如沒有國家的持續進步，不能設想歐洲會出現這一姍姍來遲的城市興起局面。國家趕上了城市飛速前進的腳步。從此以後，國家的首都不管是否稱職，總是得到優先照顧。從此以後，各國的首都之間展開現代化競賽，看誰最早鋪設人行道，設置街燈，使用蒸汽泵，建立完備的飲用水供給系統，編製門牌號碼。倫敦和巴黎約在大革命前夜已有這些設施。

一個城市若錯過這一時機，必然向隅落伍。它的舊軀殼保存得越是完整，這一軀殼就越可能被掏空。十六世紀時，城市無論大小，人口普遍增長。到十七世紀，政治機遇集中在幾個城市，其他城市不得與聞；即使遭逢經濟蕭條，這些城市仍在不斷擴張，吸引著人員和各種特權。

倫敦和巴黎帶頭，那不勒斯也不甘落後。後者很早就享有特權，在十六世紀末已有三十萬居民。由於法國內亂，巴黎一五九四年的人口可能下降到十八萬人，但這個數字到李希留時代將翻一番。別的城市，如馬德里、阿姆斯特丹，隨後是維也納、慕尼黑、哥本哈根，還有聖彼得堡，緊跟在這些大城市後面。只有美洲遲遲跟不上腳步，但是當時美洲的總人口很少。礦業基地波托西不合時宜的繁榮（一六〇〇年有十萬居民）僅係曇花一現。墨西哥城、利馬或里約熱內盧儘管聲名顯赫，卻遲遲不能集中大量人口。一八〇〇年前後，里約最多只有十萬居民。至於勤奮、獨立的合眾國城市，更不能與這些大都會相比。

在大城市興起的同時，第一批現代國家終於形成。這巧合在某種意義上可解釋為什麼東方和遠東那麼早就出現大城市。東方和遠東城市的規模並非與人口密度相適應——這密度曾被認為高於歐洲，我們現在知道其實不然——而是與這些國家強大的政治凝聚力相稱：伊斯坦堡十六世紀已有七十萬居民，但在這個大城市背後存在著巨大的鄂圖曼帝國。北京一七九三年有三百萬居民，在它後面是統一的中國。在德里後面也有幾乎全境統一的印度。

印度的實例表明這類以官員為居民主體的城市與君主的關係十分密切，甚至到了荒謬的地步。政治困難，甚至是出於君主的一時喜怒，往往成為遷都的原因。除了瓦拉那西、阿拉哈巴德、德里、馬都拉、蒂魯吉拉帕利、穆塔爾、漢德那爾幾個例外——不過這些例外正好證明規律的存在——印度城市歷史上曾在相當遠的距離上遷移。甚至德里也曾在它的基礎上移動過兩三次；移動的距離不大，好比在原地跳舞。孟加拉的首都一五九二年在拉傑諾戈爾，一六〇八年在達卡，一七〇四年在穆希哈德。因此，城市一旦被君主拋棄，頓時陷入蕭條、走向衰落，有時還會死去。若交上好運，它又會重新繁榮。一六六四年，拉合爾的「房屋比德里和阿格拉的還要高，但是因為朝廷二十多年未曾駐蹕，大部分房屋已經傾圮。還剩下五、六條頗具規模的大街，其中二、三條的長度超過一法里，但是街上許多房屋已經倒塌」[87]。

此外，毫無疑問，德里對蒙兀兒皇帝的依賴程度超過巴黎對路易十四的依附。尚德尼・丘克大街上的銀行家和商人不管多麼有錢，他們在君主、宮廷和軍隊面前無足輕重。奧朗則布一六六三年行幸喀什米爾時，德里全城都跟在他後面，因為沒有皇帝的恩寵和賞賜，這座城市就活不下去。這些人組成一個令人難以置信的嘈雜隊伍。一位參加這次巡幸的法國醫生估計他們約有三、四十萬人[88]。難道我們能夠設想巴黎全城一六七二年追隨路易十四到荷蘭去，或者一七四四年扈從路易十五到梅斯去？

同一時期日本城市的繁榮堪與歐洲城市的興起比擬。一六〇九年，維韋羅（Rodrigo Vivero）漫游日本列島，對所見所聞讚嘆不已時，舊都京都已不是最大的城市，天皇在那裡徒擁虛名[89]。京都有四十萬居民，排在江戶後面。江戶有五十萬居民，龐大的駐軍不計在內；加上駐軍及其家屬，總人口超過一百萬。商賈雲集的大阪有三十萬居民[90]，居第三位。大阪當時正處於大發展的前夜，到一七四九年它將會擁有四十萬居民，一七八三年有五十萬居民。十七世紀的日本將會是大阪的世紀，「資產階級的」世紀，頗具佛羅倫斯的氣象。貴族體制在某種程度上得到簡化，現實主義文學繁榮。這一文學在某些方面具有大眾性，用本國語言而不用漢語（文人學士的語言）寫作，喜歡從史實和花街柳巷的風流韻事中汲取題材，諧趣橫生[91]。

但是不久江戶將取代大阪的地位。江戶是大權獨攬的幕府的駐地，衙署林立，有錢的地主聚居。大名每年必須在那裡居住半年，受到監視；他們到江戶去或從江戶回來時帶著眾多的隨從，排場相當豪華。十七世紀初幕府改組後，大名在城裡一個與平民分開、專供貴族居住的區域內建造住宅，唯獨貴族家的「大門上飾有描金的族徽」。根據一位西班牙人一六〇九年提供的描述，有些畫著族徽的大門價值超過二萬杜加[92]。東京（江戶）從此不斷擴張。十八世紀東京可能有兩個巴黎那麼大，但是當時日本的人口比法國多，它的政府無疑也與凡爾賽的政府一樣專制集權。

大城市起什麼作用？

根據一種簡單的、有強制性的政治算術法則，似乎一個國家越大、越集權，它的首都的人口就越多。這個規律對中華帝國、漢諾威王室治下的英格蘭、路易十四和梅西耶時代的巴黎同樣適用。甚至阿姆斯特丹作為聯合省的真正首府，也符合這一規律。

我們將看到，這些城市耗費巨大的開支，它們的經濟只能藉助外部力量達到平衡，也就是說別人應該為它們的奢侈生活付錢。那麼，在城市紛紛出現、凌駕四鄰之上的西方，這些城市起到什麼作用呢？它們負有建立現代國家的艱巨使命。它們標誌著世界歷史的一個轉折點。它們形成民族市場，沒有這個市場現代國家只能在紙上談兵。因為促使不列顛市場誕生的原因不僅在於英格蘭和蘇格蘭的政治合併（一七〇七）以及英格蘭和愛爾蘭的合併法令（一八〇一），也不僅在於取消林立的稅卡（此舉本身造福匪淺），發展運輸，狂熱地開鑿運河和利用海上交通（不列顛群島四面環海，自然條件利於開展自由貿易）。更大的原因是商品的洪流不斷流向倫敦或從倫敦流出，倫敦變成巨大的、要求大量血液供應的心臟，它把自己的搏動節奏傳到各地，打亂一切，又使一切歸於平穩。此外，大城市好比溫室，它們在發揚文化、推動學術以及傳播革命方面起著巨大作用。不過大城市起到的作用是有代價的，它需要別人付出高昂的代價。

喪失平衡的世界

一切非錢莫辦，或用內部的財力，或用外部的財力，最好同時藉助內部和外部的力量。阿姆斯特丹就是這樣建成一個壯觀的城市的。它發展迅猛，一五三〇年僅有三萬居民，一六三〇年有十一萬五千居民，十八世紀末有二十萬居民。這個城市追求的主要不是奢侈，而是舒適，它巧妙地拓寬街坊，一四八二至一六五八年間開鑿四條半圓形運河，使市區像樹木的年輪一樣逐層向外擴展。這座城市佈局開朗，光線充足，綠樹成行，碼頭和水面相得益彰，保全了原來的面貌，阿姆斯特丹在市政建設上只犯下一個錯誤，這個錯誤並且意味深長：西南部的若爾丹區（Jordaan）交給幾家唯利是圖的承包公司去建設；地基不牢固，溝渠狹窄，整個區域位於海平面之下。當然在這裡定居的除了本地無產者，就是猶太移民，改信天主教的葡萄牙和西班牙猶太人，逃離法國的於格諾教徒，以及來自各地的窮人[93]。

在歐洲最大的城市倫敦（十八世紀末有八十六萬居民），遊人如追溯過去，或許會感到失望。一六六六年大火以後，倫敦沒有充分利用這一災難提供的契機以合理方式重新規劃，為此目的提出的若干方案——其中雷恩的方案尤為出色——都被棄置不顧。這座城市毫無章法地重建，直到十七世紀末，在市區西部興建如戈登廣場，格羅斯凡納廣場、柏克萊廣場、紅獅廣場、肯辛頓廣場這樣一些大廣場時，才談得上美化[94]。

商業顯然是城市人口畸形增長的動力之一。不過桑巴特指出，一七〇〇年倫敦最多只有十萬人以商業利潤為生。這十萬人的收入加在一起還不到付給國王威廉三世的年俸總數——七十萬鎊。實際上維持倫敦市面繁榮的主要是王室以及從王室領取俸祿的大小官員。高級官吏薪俸優厚，高達一千、一千五百甚至二千鎊；貴族、在城裡定居的鄉紳、下議院議員和國家債券持有者也為倫敦的繁榮出力。從安妮女王（一七〇二—一七一四年在位）統治時期起，下院議員習慣攜帶家眷在倫敦居住，至於國家債券持有者的數目則與年俱增。依賴這些人的年金、薪俸，也利用過剩的錢財、物資，為無所事事者服務的第三產業部門得以興旺發達，而從中得益的是倫敦，英國強大生命力的體現者。這一第三產業並且為它創造了某

18 世紀倫敦聖詹姆斯廣場。英國版畫。

種統一性和虛假的需求[95]。

巴黎的情況相似。這座飛躍發展的城市拆除城牆、改造街道以便適合車輛行駛；它整治大小廣場，匯聚了大群揮霍無度的消費者。一七六〇年起建築工地遍布巴黎，從遠處就可以看到聖日納維埃芙（Sainte-Geneviève）高地附近和瑪德萊納教區的捲揚機高聳入雲的滑輪「把巨大的石塊提到空中」[96]。號稱「人類之友」的老米拉波希望從首都驅走二十萬人，從王家軍官和大地主直到上巴黎來打官司的人[97]——後者可能巴不得早日回家。這些富人和被迫揮霍自己財產的人確實養活了「數不清的商人、工匠、僕人、雜工」，以及許許多多教士和「削髮的神職人員」。梅西耶寫道：「不少人家家裡養著一名教士，名為這一家的友人，實為規規矩矩的僕人。隨後還有家庭教師，他們也是教士。」[98]離開原教區常住巴黎的主教們還不算在內。

這些事實無論巨細都逃不過觀察家和經濟理論家的目光，坎提龍說過：「城市的財富使人追逐享樂」；拉瓦謝給首都算過一筆總賬：在開支欄裡，二億五千萬里佛用於人員，一千萬用於馬匹，在收入欄裡，二千萬來自商業利潤，一億四千萬來自國家年金和薪俸，一億來自地租或巴黎以外的企業提供的進項[99]。魁奈博士寫道：「貴人和富人都遷居首都」[100]；梅西耶列舉了巴黎這座大城市裡各種「不事生產者」，開的名單長得沒完。一七九七年一篇義大利文獻寫道：

> 巴黎不是一個真正的商業中心，它用全副精神為自己尋求給養。巴黎的地位來自它的書籍，它的藝術品、時裝，來自那裡流通的大量金錢以及人們從事的匯兌投機——這方面除了阿姆斯特丹沒有別的地方趕得上巴黎。全部工業都用於生產奢侈品：戈白林或薩伏納里的地毯，聖維克多街華麗的毛毯，向西班牙、東印度和西印度出口的帽子、絲綢、塔夫綢、鑲飾帶和緞帶、教士的禮服、鏡子（製鏡的大玻璃來自聖戈班工場）、金器、印刷品……。[101]

馬德里、柏林或那不勒斯的情況與巴黎相同。柏林居民一七八三年有十四萬一千二百八十三人，其中駐軍及其家屬為三萬三千零八十八人，官員及其家屬為一萬三千人，外加一萬七十四名僕人。以上數目再加上腓特烈二世的宮廷，共有五萬六千名國家「僱員」[102]。這一結構已屬病態。至於那不勒斯，這個城市值得我們重點考察。

那不勒斯，從王宮到市場

那不勒斯既華美又污穢，既富饒又貧窮，但是肯定生機勃勃、喜氣洋洋。這座城市在法國大革命前夕有四十萬居民，也許有五十萬。它排在倫敦、巴黎、伊斯坦堡之後，與馬德里同為歐洲第四大城。一六九五年起那不勒斯市區朝著郊區基艾亞（Chiaja）方向大為擴張。契亞查面向那不勒斯第二海灣（第一海灣在馬利奈拉），僅供富人居住。一七一七年發佈的准許在城牆外建築房舍的敕令基本上只與富人

有關。

窮人的領域從廣闊的城堡廣場開始，直到市場區為止。每逢廣場散發免費食品時，人們你爭我奪，大打出手；市場區面對從城牆外延伸過來的巴呂第平原，是貧民的地盤。貧民住得那麼擠，只好侵占街面；家家窗口與今天一樣晾滿衣服。「大部分乞丐無家可歸，他們在洞窟、馬廄、坍塌的房屋裡隨便過夜。住得起小客店的人也不見得好過，老闆的全部本錢只有一盞燈、一捆麥稈，卻每夜收費一個格拉諾（那不勒斯的小輔幣）或者更多。」斯特隆戈利王子（一七八三）接著說：「這些人不分男女老幼，像牲畜一樣躺在一起；可以想像什麼醜事都會發生，而在這裡出生的下一代還能好到哪兒去？」[103]十八世紀末，那不勒斯至少有十萬名衣衫襤褸的赤貧居民。「他們大量繁殖，沒有家庭，只在絞刑架上與國家打交道，他們烏七八糟擠在一起生活，只有上帝才能理出頭緒。」[104]一七六三至一七六四年間發生饑

那不勒斯在 15 世紀已頗具規模。

圖中左側為蛋堡，小島上為安茹王朝建造的要塞，即新堡。

荒，街頭時見餓殍。

這一切都應該歸咎於窮人的數目太多，那不勒斯召喚他們，但不能養活他們全體。他們勉強餬口，有時連這一點也做不到。不僅是他們，工匠也經常挨餓。小資產階級的日子同樣過得緊繃繃。偉大的喬凡尼・巴蒂斯塔・維柯（一六六八—一七四一）是西方最後一批通才之一，於學無所不窺。他作為那不勒斯大學教授領取一百杜加年俸，為了養家活口，只得充當家庭教師到處授課，「在別人的樓梯上爬上爬下」[105]。

一個上層社會高踞在這些一無所有的人之上。組成這另一個社會的是朝臣、大領主、高級教會人士、貪官污吏、法官、律師、訴訟代理人……城裡暗無天日的地帶之一，卡普拉羅堡，就在法律界人士集中的街區。具有那不勒斯最高法院性質的「維卡里亞」設在該處。出錢就能打贏官司，但是要提防「扒手盯著人們的口袋和錢袋」。

那不勒斯貴族：貴婦人坐的轎子掛有簾子，路人難窺玉容（1594）。

一位遇事必求合理解釋的法國人不禁起了疑問：一個社會結構需要「負擔極多的居民、眾多乞丐、大群僕役、為數可觀的入世或出世的教士、超過二萬人的軍隊、一大批貴族以及三萬名司法人員」[106]，它怎麼可能維持不垮呢？

殊不知這個體系安然維持下來，它過去一直維持得很好，與別處消費錢財較少的類似體系相比也不見遜色。首先，這些享受特權的人並非人人領取厚俸。只要肯出一點錢，誰都可以當貴族。「供應我們鮮肉的肉鋪老闆當上公爵以後不站櫃檯了，一切都交給夥計」[107]。意思是說老闆買了一個貴族頭銜，不過你這一次同樣不必對第戎法院院長夏爾．德．勃洛斯的話過份當真。更重要的是，依靠國家、教會、貴族和商業，那不勒斯城把那不勒斯王國的剩餘人口統統吸引過來，其中包括吃苦耐勞的農民、牧人、水手、礦工、工匠和運輸人員。那不勒斯自古以來，從腓特烈二世、安茹王朝和西班牙統治時代起，就利用外地人的辛勤勞動養活了自己。歷史學家吉亞諾納（Giannone）一七二三年寫了一部抨擊教會的厚書：《那不勒斯統治時期平民生活史》。教會至少擁有王國三分之二的地產，貴族占有九分之二。這麼一來那不勒斯的收支就可以平衡了。至於「低賤的鄉下人」[108]，當然只剩下九分之一的土地屬於他們。

一七八五年，那不勒斯國王斐迪南和王后瑪麗亞．卡洛琳前往拜訪托斯卡尼的利奧波德．托斯坎大公。這位國王與其說是開明君主，不如說更像那不勒斯街頭的無業游民，人們給他介紹的經驗和在他面前誇耀的改革叫他惱火。有一天，他對自己的大舅子利奧波德說：「我真不明白，你那麼大的學問有什麼用處；你手不釋卷，你的人民和你一樣整天讀書，但是你的城市、你的首都、你的朝廷，這裡的一切都是那麼無精打采。我沒有學問，但是我的人民是全世界最快樂的。」[109]那不勒斯是遼闊的那不勒斯王國以及西西里的首都，托斯卡尼與之相比小得可憐。

一七九〇年的聖彼得堡

聖彼得堡，秉承沙皇意志建立的嶄新城市，再好不過地顯示現代世界早期的大城市在結構上如何反常、失衡，近乎畸形。為了解該城及其所在地區一七九〇年的面貌，我們正好有一本德國人編寫的出色的導遊手冊，作者約翰·戈特列伯·格奧爾基（Johann Gottlieb Georgi）把該書獻給女皇凱薩琳二世[110]。我們只消把那本書翻閱一遍，就什麼都知道了。

彼得大帝一七〇三年五月十六日為日後赫赫有名的彼得—保羅要塞奠基：世上肯定很難找到比他選定的基址更不宜於建立城市的地點。全靠他堅定不移的意志，這座城市才能從星羅棋布的島嶼、涅瓦河邊剛剛露出水面的陸地以及這條河流的四股支流（大、小涅瓦，大、小涅夫斯卡）上崛起。城市東部的軍械庫和亞歷山大·涅夫斯基修道院那一邊地勢略高，西部地勢低下，經常被水淹沒。每當水位超過警戒線，有關部門立即發出一系列常規信號：鳴砲，海軍部塔樓上白天掛白旗、徹夜點燈，鐘聲不息。人們可以告警，但不能制止危險。一七一五年，全城被淹，一七七五年再次淪為澤國。水災每年都在威脅這座城市。由於威脅來自地面，聖彼得堡好像必須凌空而起才能脫離險境。地下水位當然很高，掘地二尺，最多七尺就見水，所以房屋底下不可能有地窖。地基通常用石頭，價格昂貴也在所不惜。甚至木頭建築也用石材打地基，因為厚木板在潮濕的土壤裡很快就會爛掉。還需要開鑿貫通全城的運河，在岸邊堆放柴捆或修建花崗石的岸幫。莫依卡（Moika）運河和手湯卡（Fontanka）運河便有石砌的岸幫，船隻利用這兩條水道運送木料和食物。

視不同地區而異，街道和廣場也需要墊高二至五尺。為此需要付出驚人的勞動：挖土、砌磚壘石、建造既能承擔鋪石路面的重量，又能把街上的積水排放到涅瓦河的拱穹。一七七〇年起，根據凱薩琳女皇的命令由國庫支付這一巨大工程所需的費用；馮·鮑爾中將主持其事，以海軍部所在地大涅瓦河畔的「高等住宅區」為起點，按計畫把工程向前推進。

因此聖彼得堡的市政建設曠日持久，所費不貲。必須重新劃定街道和廣場，限制人們在不適宜的地點隨心所欲地興造房屋，還要用石材翻修公共建築和教堂，如遠在市區邊緣的亞歷山大．涅夫斯基修道院便因此翻新。許多住房也需要重建，雖然木料長時期內一直是常用的建築材料，木料具有十分寶貴的優點：室內相對保暖，沒有潮氣；價格便宜，建造迅速。聖彼得堡房屋的牆壁與斯德哥爾摩不同，不是用經過加工的方木，而是用帶皮的樹幹建成，僅房屋的正面有時包一層木板。這類房屋也可裝飾，或用浮彫，或施彩繪。木頭房屋最後一個優點是很容易翻造，還能從市內一地向另一地整體遷移。在造價較高的石頭房子裡，底層通常鋪有花崗石板，當作地窖來使用，不得已時也會用來住人。居民更樂意住在高樓層，所以這類房子至少有二層，往往有三層，難得也有四層。

聖彼得堡於是成了熱鬧非凡的工地。涅瓦河上的船隻運來石灰、石頭、大理石（來自拉多加湖或維堡海岸）和花崗岩塊；樅木不勞船運，直接漂放，據說因此內在質量大受損傷。工地上最引人矚目的還是建築工人，他們都是北方各省的農民，或當瓦工或充木匠。後者確切說來是捆製木筏的農民，一把斧子就是他們的全部工具。雜工、木工、瓦工紛紛趕著旺季前來尋找工作。只需幾個星期，原來的一片空地上便「出現一所石頭房屋的地基，牆體眼看著逐日升高，工人忙忙碌碌。與此同時，在這所大廈周圍新蓋的土屋組成一個五臟俱全的村莊，工人們就在那裡居住」。

這是因為聖彼得堡的基址也有優點，至少涅瓦河提供許多方便，河上的風光尤為壯麗。這條河的河面比塞納河寬，流速比泰晤士河快；位於彼得－保羅要塞、瓦西里島和海軍部之間的一段河面，兩岸景色之美，舉世無匹。百舸爭流的涅瓦河在克隆施塔特入海後，從瓦西里島起變成一個活躍的海港；商業區、交易所和海關都設在這個島上。聖彼得堡果真成為開向西方的窗口，而彼得大帝的夙願正是讓這個文明窗口與俄國結合，從而改變他的子民的暴烈性情。此外，涅瓦河還為城市提供據說是完美無缺的飲用水。

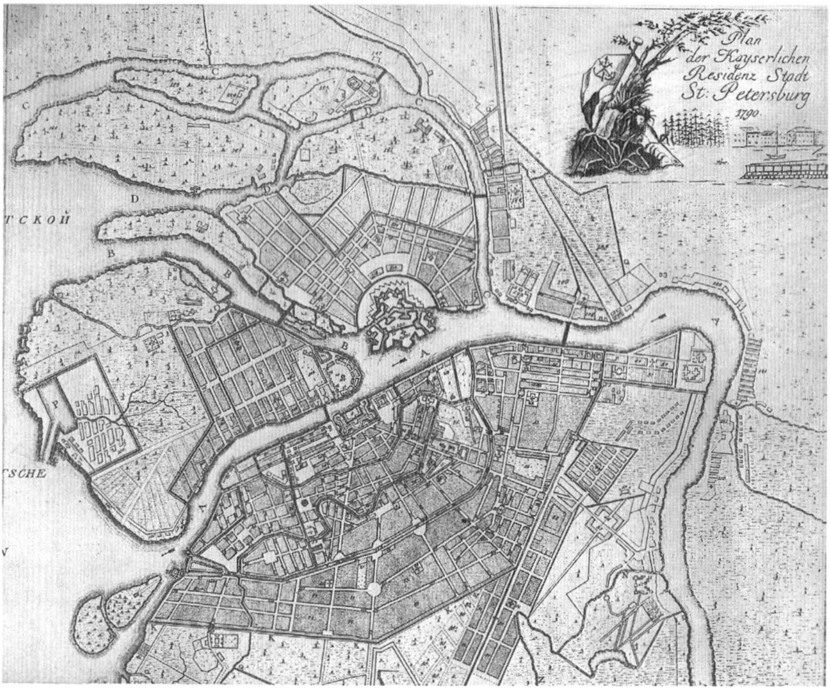

表(28)　1790 年聖彼得堡地圖

A 和 B：尼瓦河的兩股支流；C 和 D：涅夫斯卡河的兩股河灣。圖中央、尼瓦河北岸，是彼得-保羅要塞。西部為瓦西里島，有浮橋與尼瓦河南岸的海軍不相通，以海軍部為出發點，三條通衢成扇形展開，最東邊的是涅夫斯基大街。三條半圓形運河標誌市區逐漸向南擴展。

冬天來臨，河水結冰，涅瓦河變成通行雪橇的大路和民眾的娛樂場所。每逢狂歡節的「黃油週」，人們通常會用木板和方木做架子在河上搭出幾座人工冰山，輕型的雪橇從山頂上猛衝下來，沿著長長的、經過清理之後的滑雪道飛速前進，馭手緊張得「氣也不敢喘」。別的地方，在公園裡或人家院子裡，也將就條件組織滑雪活動。涅瓦河上的滑雪道引來人山人海，需要出動警察在一旁監視，聖彼得堡傾城出動觀看表演。

只有幾座浮橋跨越涅瓦河及其河灣，其中兩座架在大涅瓦河上。最重要的那座浮橋一端位於海軍部廣場附近，廣場上今天依舊矗立著栩栩如生、高大威嚴的彼得大帝銅像（說是法爾庫奈做的，其實是根據他的圖樣鑄造的）；另一端位於瓦西里島商業區。連結成浮橋的船隻中間設有吊橋，以利航行。人們習慣每年初秋把這座橋和別的橋一樣收起來，但是從一七七九年起不再拆除，聽任它被河冰凍住。開凍時浮橋自會解脫，然後等河水暢流後人們把它重新拼接起來。

根據創立者的設想，這座城市應該以彼得—保羅要塞為中心，同時向南北兩個方向發展。事實上，日後的發展並不對稱，涅瓦河右岸發展緩慢，左岸很快。城市的心臟從左岸的海軍部區和彼得大帝廣場一直延伸到莫依卡運河，這是聖彼得堡南端最後一條配備石砌碼頭的水道，也是全城最擁擠、最有錢、最漂亮的地段。只有這個區域的所有房屋（除了某些皇室建築是例外）都用石頭建造（三十座公共建築、二百二十一座私家住宅，其中許多是富麗堂皇的宮殿）。有名的大、小百萬街，壯麗的濱河大街、涅夫斯基大街的起端、海軍部、冬宮及宮前巨大的廣場、埃爾米塔日畫廊、參議院、聖伊薩克教堂，都在這一帶。用大理石建造的聖伊薩克教堂位於同名的廣場上，費時數十年（一八一九—一八五八）始告落成[111]。

可見聖彼得堡已經有意識地採用分區制，把富人和窮人隔開，把礙事的工業和生產活動安置在市區邊緣。如趕大車的集中居住在利戈維奇運河彼岸，自成一區。該區貧困污穢，保留不少荒地，還設有一個牲畜市場。鑄砲工場在海軍部東邊，原是一七一三年興造的木結構建築，一七三三年改造成石頭建築；奧洛夫親王自一七七〇年到一七七八年建造的軍械庫就在附近。聖彼得堡城也有鑄幣局；沿涅瓦河上、下游遍設磨坊；城裡的工匠比德國和瑞典工匠吃得好，每天都能喝到咖啡，飯前享用伏特加。聖彼得堡生產質地極佳的荷蘭帆布；附近的卡辛加有一工場仿製巴黎戈白林工場的產品，生產極其精美的壁毯。最能引起爭議的做法可能是像莫斯科一樣把零售商集中在占地甚廣的市場裡。一七一三年在「彼得堡島」（彼得—保羅要塞附近）上已有這樣的市場，然後另一個市場在海軍部附近出現。該市場毀於一七三六年的火災，一七八四年時被遷到「大直街」兩邊。零售商的集中，迫使彼得堡居民為了購物在路上花去很多時間。但是目的達到了：上等區完整無損地保存了辦公區和住宅區的面貌。

當然這些措施不能排除某些混亂現象：碰巧一所簡陋不堪的土屋會緊挨著一座宮殿，每逢節日有軍樂隊演出的公園與菜園毗鄰（原籍羅斯托夫的農民大批湧來經營此業）。當一座城市由於政府的意志而得到迅速發展，需要大量勞動力，擁有雄厚的財力物力，而且商品能在那裡賣到好價錢時，這類混亂現象是不可能避免的。聖彼得堡居民一七五〇年有七萬七千二百七十三人、一七八四年有十九萬二千四百八十六人；一七八九年有二十一萬七千六百四十八人。一七八九年城裡住著五萬五千六百二十一名水手、士兵以及士官生（加上他們的家屬），超過居民總數的四分之一。人口構成中這一人為因素產生的明顯後果是男性與女性居民的數量相差懸殊（十四萬八千五百二十名男性，六萬九千四百二十八名女性）：彼得堡是駐防軍人、僕役和青年男子的天下。如果我們相信受洗和死亡的數字，彼得堡的出生人數有時還會超過死亡人數，不過這些不完整的數字容易叫人上當，至少二十至二十五歲之間的人口的死亡率很高。這一事實說明兩點：首都大量輸入年輕人；新來的年輕人往往死於惡劣的氣候、熱病和肺病。

移民的洪流成份複雜：久久不得升遷的官員和貴族、貴族家庭的幼子、軍官、海員、士兵、技師、教員、藝術家、幫閒、廚師、外國家庭教師、女管家，更多的是從城市周圍貧困地區蜂擁而來的農民。後者充當運輸工人、食品小販（命運有意嘲弄他們：人們甚至指控他們應對物價高昂負責）；每逢冬天，他們在涅瓦河上砸冰：鑿好的冰塊（這是芬蘭人的工作）被送到大戶人家住宅底層的冰窖中儲藏起來；也有人幹剷除冰雪的活，每天掙得半個盧布：富人住宅四周的冰雪永遠也鏟不乾淨。還有趕雪橇的：顧客出一、二個戈比（*Kopeks*），他們就把你送到大城裡的任何一處，正好在十字路口，上個夏天馬車伕停車的同一地方停下來。芬蘭女人當貼身女僕或廚娘，她們很稱職，有些人嫁的不錯。

「這些居民由那麼多不同民族組成〔……〕保留了各自的生活方式」和信仰：希臘教堂與新教教堂和舊

禮儀派（raskolniki）的教堂毗鄰。為我們提供情況的作者繼續寫道（一七六五）：「世界上找不到別的城市和這裡一樣人人都能講許多語言。最底層的僕人也會說俄語、德語、芬蘭語，受過教育的人常能講八、九種語言〔……〕他們有時混合使用不同語言，聽來頗為有趣[112]。」

正是這種混雜形成聖彼得堡的獨特之處。一七九〇年，格奧爾基（J. G. Georgi）甚至想弄個明白是否有一種彼得堡人性格，他認為這種性格的特徵是喜愛新奇、變化、頭銜、舒適、奢侈、花費。說明白了，這些都是首都居民的癖好，他們不同程度地模仿宮廷的趣味，宮廷以它的要求和它組織的慶典為居民確定基調。宮廷每有慶典，全城歡騰，海軍部大樓、政府機關和富家住宅一起張燈結綵。

位於一個貧困地區中心的大城市怎樣保證給養始終是個難題。當然，用裝滿淡水的船從拉多加湖或奧涅加湖運來活魚十分方便；但是

《聖彼得堡一市民乘坐的輕便馬車》。18 世紀版畫。巴黎國立圖書館藏品。

屠宰場的牛羊來自烏克蘭、阿斯特拉汗、頓河、伏爾加河，就是說從二千俄里以外，甚至還有從土耳其運來的。其他食物也需長途運送。國庫和有巨額收入的貴族領主的收支週期性地出現赤字。帝國的金錢全部湧向王侯府第和富人住宅，那裡的地毯、掛毯、五斗櫥、名貴家具、彫花包金的細木護壁板、「古典式」的彩繪天花板令人眼花撩亂；那裡的套房與巴黎和倫敦一樣隔成許多單人臥室，那裡同樣僱用數量極多的僕人。

聖彼得堡城內與郊外農村最具特色的景象可能是喧囂而過的豪華馬車和載重大車。一個面積巨大、街道泥濘、冬季日照短促的城市不能沒有大量車輛做交通運輸工具。在使用車輛方面人人互不相讓，沙皇因此頒佈一道敕令規定每人的權利：只有上將或職位相當者可以在轎車上套六匹馬，除了車伕還可以用二名騎手在前面開道。逐級遞減，中尉和資產者有權用兩匹馬駕車，工匠和商人只配用一匹馬。依主人的等級，對於僕人的制服也有一系列相應規定。皇室舉行招待會時，馬車到達目的地後照例多繞一個小圈，以便每個人都能看到其他人，也被其他人看到。這種情況下，誰還敢隨便僱一輛車，讓毛色不純的馬和一身農民打扮的車伕使自己當眾出醜？我們用一個細節結束這一節：每逢與凡爾賽宮一樣位於城外西邊的彼得霍夫堡邀請朝臣前往，據說聖彼得堡全城再也找不出一匹馬。

倒數第二個目的地：北京

我們可以到世界各大城市去旅行，但觀察得出的結論不會改變：首都的奢侈必須由別人的肩膀來承擔。沒有一個首都能依靠本城居民的勞動生存下去。西斯篤五世（一五八五－一五九〇年在位）骨子裡是個農民，他不理解當時的羅馬；他想讓羅馬「從事勞動」，在城裡設立工業。現實本身足以使這個計畫無法實現，用不著人們大力反對[113]。梅西耶與另外幾個人一起夢想把巴黎變成海港，引進一些前所未有的生產活動，這件事情即使可能實現，巴黎也會與當時世界上最大的港口倫敦一樣，仍然是依靠別人勞動的寄生城

北京一條街張燈結綵，等待御輦經過。18 世紀早期的作品，巴黎國立圖書館版畫部。

市。

世界上所有的首都，所有以文明、優雅的趣味、悠閒的生活著稱的城市，無不如此：馬德里或里斯本，羅馬或眷戀往日崢嶸的威尼斯，十七、十八世紀領導歐洲風雅的維也納。還有墨西哥城、利馬、里約熱內盧，後者自一七六三年起成為巴西的新都。這座城市發展的很快，旅行者一年不來就認不出它的舊貌；它的自然環境本來秀麗，經過人工經營變得分外妖嬈。還有德里和巴達維亞。前一個城市裡，蒙兀兒皇帝的豪華遺風猶存；後一個城市裡，荷蘭人的早期殖民主義綻開最美的、但是已帶毒素的花朵。

最出色的實例該是北京。滿清皇帝的首都位於塞北的隘口，一年有六個月蒙受來自西伯利亞的酷寒：冷風刺骨、冰雪遍地。居民至少有二百萬，可能有三百萬。他們各自設法，勉強應付嚴酷的氣候。若非煤產豐富，「其燃燒及發熱的時間比木炭長五到六倍」[114]，這樣的寒冷誰也抵擋不住。馬加良斯神父在他那本到一六八八年才出版的書中記載，他見到四千名官員，「從頭到腳穿戴價值極其昂貴的紫貂皮」，在皇宮正殿裡朝賀天子。有錢人簡直就是裹在裘皮裡過日子，他們的靴子、馬鞍鑲著毛皮，座椅有毛皮墊子，帳篷用毛皮做襯裡。錢少一些的人用羔羊皮禦寒；窮人穿老羊皮[115]。熱梅利．卡勒里說：「冬天一到，婦女不管坐轎還是騎馬，都戴暖帽或裹頭巾。她們這樣做自有道理，因為我雖然穿著皮袍，還是受不了這般寒冷。」他接著說：「我實在敵不過寒冷，決心離開這座城市（一六九七年十一月十九日）」[116]。一百年後（一七七七），一位耶穌會教士寫道：「冬天如此寒冷，朝北的窗戶不能打開，一年共計有三個多月結冰，厚達一尺半。」[117]為首都運送給養的大運河從十一月到下年三月因冰凍而停航。

一七五二年，乾隆皇帝為慶祝他母親的六十大壽，組織了極其鋪張的迎鑾儀式。原來安排由水路，乘坐豪華的龍舟進入北京。不料那一年冷得早，慶典大受干擾。幾千名民夫徒然在運河上砸破冰面或運走已經結成的冰塊，皇帝及其扈從仍不得不「下船改乘爬犁」[118]。

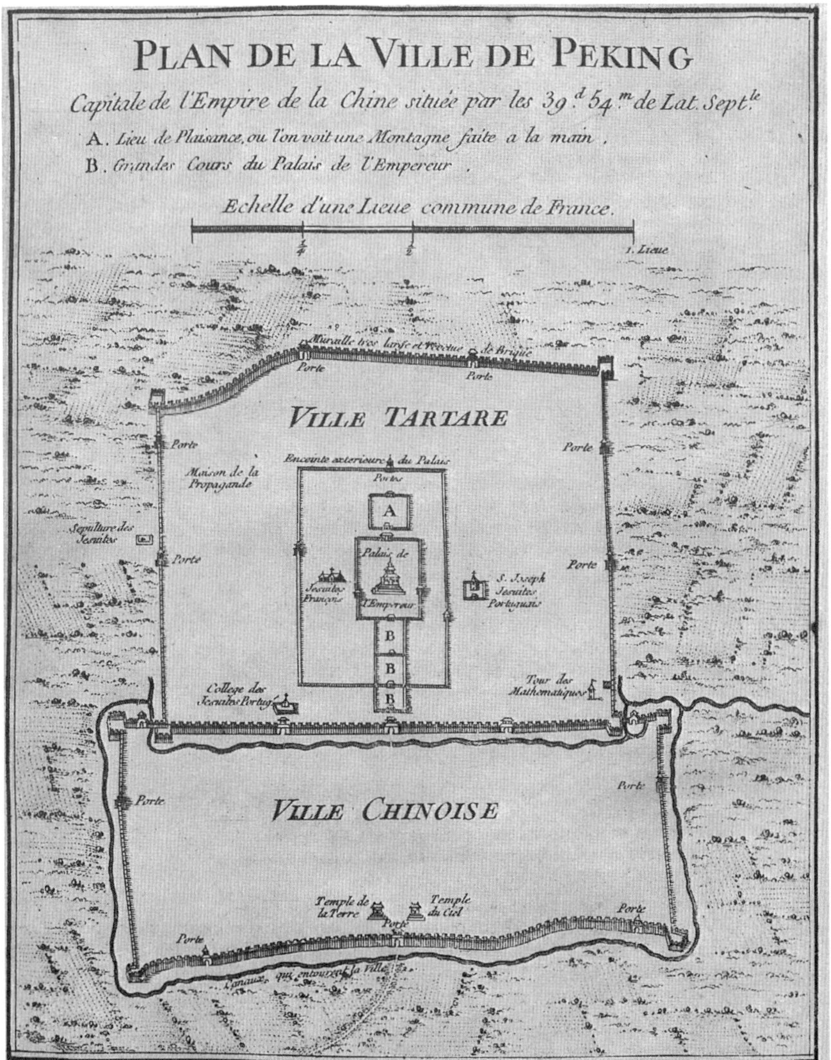

表(29)　18 世紀的北京

這一簡略的地圖表明三座城（舊城、新城、皇城）的位置。（摘自《周遊列國通志》第 5 卷，巴黎 1748 年出版）

北京位於一個幅員遼闊、地勢低下的平原中央，由兩個形狀整齊的城區（舊城和新城）及許多市郊（原則上每個城門外有一郊區，西邊的市郊尤為繁榮，因為大部分驛路終於西郊）組成。這座城市不僅常年受到強風襲擊，更為嚴重的是郊區的河流不時氾濫成災。白河及其支流在洪峰期沖破堤防，改變河道，在幾公里外另闢新路。

北京的商店鱗次櫛比，一眼望不到頭，住宅隱藏在商店後面，由一組圍繞院子或花園排列的平房構成；沒有朝街的門面。

新城（外城）在南邊，呈不規則的長方形，以北端較長的一邊與舊城（內城）相接。舊城呈規則的正方形，每一邊的長度小於長方形與其接壤的那一道邊。這一正方形建於明朝，中央是皇宮。一六四四年滿清入關時，皇宮多處被毀，殘痕宛然。征服者後來才設法修復。該項工程浩大，特別是為了更換某些巨大無比的屋樑，必須到遙遠的南方市場去採購木材，不僅運輸費時，而且不一定能平安抵達。

明朝統治時代，首都的人口已經不斷增長，舊城裡容納不下，所以長方形的南城在一六四四年滿清入關前已經形成。「外城一五二四年已圍有土牆，一五六四年起有磚砌的城牆和城門」。滿清征服後，舊城被戰勝者畫歸自己居住，從此成為滿城；漢人則被限定在南城居住。

新城和舊城裡如棋盤格子垂直交叉的街道極其寬闊，足見建置年代較近。南北走向的大街尤為開闊，東西走向的一般較窄。每條街都有名字，如皇親胡同、白塔胡同、鐵獅子胡同、乾魚胡同、燒酒胡同等等。市上出售一本專門記載街坊名稱及其位置的書，供官員的跟班們使用。他們跟隨主人出門拜客或上衙門，到全城各處為主人送禮、送信、辦事……最壯麗的大街〔雖然是東西走向〕叫長安街〔……〕街北是禁城的城牆，街南是各部衙署及達官顯宦的府第，這條街的寬度超過三十圖瓦茲〔近六十公尺〕，名聞遐邇，以致學者寫文章時用部分指整體，用這條街的名字來表示整個城市；說某人住在長安街，等於說他住在北京……[119]

這些寬廣、開闊的街道上人流熙來攘往。馬加良斯神父這麼解釋：「這座城市居民數量之多，我不敢說出確數，說了也無法取信。舊城和新城的每條街巷，無論大小，無論位於中心還是僻處一隅，無不住滿了人。各處人群之擁擠，我們歐洲只有市集上和宗教遊行時的盛況差堪比擬。」[120]一七三五年，杜哈德神父也指出北京「街上人山人海，數量多得驚人的馬、騾、驢、駱駝、馬車、手推車、轎子更使交通堵塞。此外，每隔一段路面就有一百、二百人紮成一堆，圍住一個算命先生，一位耍雜技的，某個唱曲的藝人，某個善講滑稽故事的說書人，乃至某個吹噓自己的藥方靈驗的江湖郎中。有身分的人上街必須有騎馬的隨從在前面開路，警告閒人散開，否則他們寸步難行。」[121]一位西班牙人這樣形容北京街上的擁擠程度（一五七七）：「假若有人扔下一顆麥粒，這麥粒也不會掉到地上。」[122]兩個世紀以後，一位英國旅行家記載：「到處都能見到帶著工具尋找僱主的工人和串街走巷的貨郎。」[123]街上有這麼多人的原因顯然在於居民極其稠密，一七九三年北京的面積遠不及倫敦，但人口為倫敦人口的二、三倍。

更大的特點是居民不分貧富，都住平房。這類房屋往往有五、六套房間，但不像歐洲那樣一套位於另一套的上面，而是「一進房屋造在另一進的後面，中間隔有廣闊的院子」[124]。所以我們不要想像壯麗的長安街上，面對皇宮一字排開富貴之氣凌人的住宅。首先，不宜在皇宮面前炫耀財富。其次，習慣上私家住宅只把大門開在街上，門兩邊低矮的房舍由僕人居住，或租給商人、工人營業。因此沿街都是店舖，招牌高豎，布幌招展。達官貴人的華屋靠在大街後面，街上是商人和工匠的天下。馬加良斯神父寫道：「這一習俗給公眾帶來方便，因為在我們〔歐洲〕的城市裡，大部分沿街房屋都是大人物的府第，人們為了置備生活必需品不得不走遠路到廣場上或碼頭上去購買。北京和中國其他城市則不然，人們在家門口就能買到一切日常用品，甚至能找到取樂的場所，因為這些小房子不是商店就是酒館、小舖子。」125

中國所有城市的面貌如出一轍。在一幅十八世紀的畫上我們看到南京一條街上魚貫排列著商店的平房，或者看到天津圍著一個院子佈置的住房。在一個珍貴的十二世紀畫軸上我們找到同樣的場景、同樣的酒店帶著同樣的長板凳，同樣的小舖子，同樣的腳夫，同樣的車伕推著裝有風帆的手推車，同樣的牛車。到處是同樣忙碌的生活，同樣擁擠的川流不息的人群；只有流盡汗水，使盡心機，節衣縮食才能維持生活。他們僅僅依靠一點東西就能謀生，「為了活下去而發明的招數令人欽佩」。「一件東西不管看起來多麼低賤、無用，它總有用途。人們藉以獲利。例如光是北京一地（一六五六年），就有一千多戶居民以出售點火的紙煤為業。至少還有同等數目的人家以在街上和在垃圾堆裡揀拾破爛為生；他們把揀到的破綢片、布片、麻片、紙片及其他東西洗乾淨或收拾乾淨後轉賣給別人，買主把這些原料用於各種用途，從中牟利。」126拉斯戈特斯神父（一六二六）在廣州同樣見到腳夫在勞苦之餘還種植小塊菜園，否則便不能養家餬口。賣藥茶的小販更是任何一個城市街頭少不了的角色。俗話說：「四海之內無棄物。」從上述事例我們可以推測中國潛在的貧困無所不在。皇帝、官吏高高凌駕在這一貧困之上，一味享樂糜費：他們的奢侈好像屬於另一個世界。

旅行家詳細描述了在北京舊城之內自成一區的皇城。清朝皇宮建在元朝皇宮的遺址上，在修復了一六四四年遭受破壞的明朝皇宮以後，幾乎全部繼承了前代金碧輝煌的外觀。兩重高大的長方形城牆把皇宮和舊城隔開。外圈城牆「裡外兩面皆塗上朱色灰漿，頂部覆有金黃色琉璃瓦的牆簷。」裡圈的城牆用「規格一律的大城磚砌成，頂上有排列整齊的雉堞」，一道既長又深、灌滿水的御河圍繞城牆，河中「盛產鮮美的魚」。兩重城牆之間分佈著各個衙署，一條架有若干橋樑的河穿流其間，西側還有一個相當大的人工湖……[127]

皇宮的心臟在第二道城牆後面，這就是紫禁城。皇帝就在其中居住，由侍衛、司閽、朝規、城牆、壕溝以及重簷彫甍的角樓提供保護。紫禁城長一公里，寬七百八十公尺。一九〇〇年，好奇的歐洲人不難從容觀察、詳細描述宮內空無一人、破敗不堪的殿宇，但是描述皇宮往昔的活動卻要困難得多，雖說我們猜到這一活動十分巨大。皇宮是權力中心和恩賞所出，北京全城最終都為它服務。

皇帝的各項金錢以及實物（注意這兩種類別）收入多得幾乎無法枚舉。根據他的收入數目，我們可以對皇宮的活動大致上有個估計。一六八八年皇帝的主項銀錢收入為「白銀一千八百六十萬兩」，這筆款項代表的購買力我們不甚了然。他還有其他銀錢收入，如沒收的財產、直接稅、皇莊的田賦。最實在、最奇特的，是塞滿宮廷龐大倉庫的實物貢賦，如四百三十二萬八千一百一十四袋大米和小麥，一百多萬塊鹽巴，數量極大的硃砂、漆料、乾果、綾羅綢緞、天鵝絨、棉布、麻布、豆料（餵御馬用），無數捆乾草、活的牲畜、野味、食用油、奶油、調味作料、名酒、各種水果……[128]

這麼多汗牛充棟的物資以及御宴上重重疊疊、盛滿精美食品的金、銀盤子使馬加良斯神父讚嘆不已。如一六六九年十二月九日，為耶穌會士湯若望[129]舉行葬禮後，皇帝曾賜下酒席。一六六一年，這位耶穌會士與南懷仁一起，把一口比艾福特大鐘還要大的鐘成功地安裝在北京城內的鐘樓頂上。（艾福特大鐘的體積與重量素稱歐洲與世界之冠，看來名實不符。）為這項工程特製一架機器，動員了幾千名勞力。這口鐘每夜由更夫定時撞擊，以向全城報告時刻。在另一個塔樓頂上，另有更夫擊打一面碩大無比的銅鼓與鐘聲呼應。大鐘沒有鐘舌，用木槌撞擊，「鐘聲悅耳，好像發自某一樂器」[130]。當時中國還用線香或一種用木屑縛成、燃燒均勻的藥線計時。西方人有理由為自己發明的鐘表感到驕傲；與馬加良斯神父不同，他們對於該項「配得上這個心靈手巧的民族〔中國〕的發明」[131]不至於過份讚賞。

麻煩的是，我們對於宮裡的大場面比市井細民的生活了解得更多，我們更感興趣的倒是用木桶運來活魚的魚市，或者是那個野味市場，某一旅行家曾在那裡瞥見數量驚人的子、野雞和鷓鴣……這裡，不常見的東西掩蓋了日常事物。

從伊莉莎白到喬治三世時代的倫敦

現在我們從遙遠的北京回到英國，用倫敦這個實例結束本章，同時也結束本卷[132]。關於倫敦這座城市神奇的發展過程，人們已知道一切，或者可以了解一切。

從伊莉莎白時代起（一五五八年至一六〇三年在位），觀察家們莫不把倫敦看作一個例外的世界。對於德克來說，倫敦是「世上一切城市之花」，泰晤士河氣象萬千，甚至威尼斯大運河岸邊的綺麗風光也無法與之比肩[133]。薩繆爾．約翰遜（一七七七年九月二十日）更加熱情洋溢地說：「厭倦倫敦就是厭倦人生，因為倫敦具備人生所能提供的一切。」[134]

王國政府雖說有同樣的幻覺，但是巨大的首都一直使它害怕：政府把倫敦視作一頭怪物，必須不惜任何代價限制它的畸形發展。事實上使統治者和有產者不安的是窮人的入侵。隨著窮人的來到，陋屋大批湧現，寄生蟲和害蟲滋生，對包括富人在內的全體居民形成威脅。史鐸為伊莉莎白女王和全體居民的健康擔憂，認為這「既危及女王本人的生命，又使整個民族的死亡率上升」[135]。一五八〇年首次發佈禁止新建房屋的法令（富人可享例外）。一五九三、一六〇七、一六二五年重申禁令。這項措施的結果是使已有的房屋分割成若干小開間，同時人們在老房子的院落裡，在遠離大街，甚至背著小胡同的角落偷偷蓋造劣質磚房，也就是說，非法建造的陋屋在所有權歸屬不明的地皮上大量湧現。即使某一建築被執法者拆毀，損失也不大。人人都來碰運氣，於是形成錯綜複雜宛如迷宮的街巷，以及有二個、三個以至四個出入口的房屋。到一七三二年倫敦的街、巷和廣場總數為五千零九九，房屋總數為九萬五千九百六十八。可見倫敦居民如漲潮一般增長的趨勢既未受抑制，也沒有停頓。下列數字可供參考：倫敦的居民數一五六三年為九萬三千；一五八〇年為十二萬三千；一五九三至一五九五年間為十五萬二千；一六三二年為三十一萬七千；一七〇〇年為七十萬；十八世紀末為八十六萬。當時倫敦是歐洲最大的城市；只有巴黎差可比肩。

泰晤士河是倫敦的命脈，它決定倫敦市區呈半月形展開。聯結倫敦城與薩瑟克郊區的倫敦橋（距今天的倫敦橋三百公尺）是河上唯一的橋樑和主要的風景點。潮汐對於航運的影響一直到倫敦橋下為止，所以倫敦港，即所謂的倫敦「池」，位於橋的下游。該區遍設碼頭、棧橋，桅檣林立：一七九八年有一萬二千四百四十四條船停泊，運載不同貨物的帆船各在指定碼頭卸貨：從紐塞來的煤船停靠在聖卡特琳碼頭，鮮魚船以及在畢林斯門和格雷夫森之間往返的船隻一直上駛到畢林斯門碼頭。單桅帆船、平底大駁船、篷船、渡船和小船負責兩岸之間的運輸或把海船上購貨物轉運到合適的碼頭。如果卸貨碼頭位於港口上游，貨物必須經過轉駁。如溫特利碼頭專門接收來自萊因河、法國、西班牙、葡萄牙、加那利群島的貨桶。附近的斯蒂爾雅德在一五九七年以前一直是漢薩同盟總部所在地，此處「自從外國商人被逐走以後，專用於品嘗萊因河的葡萄酒」。德克戲劇中的某個人物乾脆說：「請您今天下午到斯蒂爾雅德的萊因酒店同我會面……」[136]

泰晤士河的開發逐漸向下游、向海口推進，因為當時還沒有在彎彎曲曲的支流上建造船塢，唯一的例外是東印度公司（一六五六）使用的布倫瑞克船塢。第二個船塢，格林蘭船塢，建於一六九六至一七〇〇年，歸捕鯨船使用。大型浮塢的建造始於十八世紀最後幾年。在畢林斯門，或在倫敦塔渡口，或者最好在海關總署所在地放眼四望，人們可以對倫敦商港一覽無餘。海關總署一六六六年毀於大火，一六六八年即由查理二

18 世紀末的倫敦港和倫敦塔，遠處是聖保羅教堂。巴黎國立圖書館。

世重建。港口景色一直延伸到「妓女和小偷麇集的下流去處」雷特克里夫，以及石灰窯和製革廠林立的萊姆豪斯和勃萊克沃爾。到最後一個地方去觀看下碇的船舶是一樁樂趣，為此人們甘心承受「刺鼻的柏油味」……水手、工匠、盜賊聚居的倫敦東部外表既不雅觀，而且臭氣熏天。

對於這一大群貧民，前來停泊的船隻滿載財富招搖而過，該是多大的誘惑！一七九八年，「在泰晤士河上猖獗活動的盜賊（……）竊取各種商業財產，尤其垂涎西印度產品，因而被視作（……）最可怕的禍害之一」。這些竊賊中間，最危險的倒不是成幫成群的「河匪」，他們遇有機會不過搶走一個鐵錨，一團纜繩；而是守夜者、裝卸工、駁船上僱用的水手，在河面上摸索所謂的廢鐵、舊纜繩和無主煤塊的「淤泥百靈鳥」，以及一切贓物的窩主……[137]一八〇一年出版的《警察論》從道德說教方面對這些盜竊行為的種種抱怨，恰好為我們描繪了倫敦「池」這個曖昧的，到處是木材、帆篷、柏油和報酬甚微的勞動的水上世界。這個世界似乎與首都的生活格格不入，但又與它保持著千絲萬縷的聯繫，雖然倫敦的市民往往只是看到鏈索的終端。

我們說過，在威斯敏斯特橋於一七五〇年建成以前，泰晤士河上只有一座橋。這座橋的橋面兩側都是商店，形成一條難以穿行的商業街，橋南的薩瑟克郊區只有幾家酒店，五座名聲不佳的監獄，幾家劇場（莎士比亞的劇本在那裡首次公演，但是各家劇場都未能維持到十七世紀四十年代的革命以後），二、三個馬戲場（熊園、巴黎園）。至於橋北，河的左岸地勢比對岸略高。真正的倫敦城，以高聳入雲的聖保羅教堂和倫敦塔為標誌，像「面對北方的橋頭堡」在這裡展開。倫敦通過一系列大道、小街和小巷弄的活動與英國各郡以及強大的英格蘭土地密切聯繫，而這一系列活動正是朝向北方的。通向曼徹斯特、牛津、丹斯塔布（Dunstable）和劍橋的交通幹線襲用羅馬時代遺留下來的大道。先是馬車、大車、不久便是驛車和郵車在這些呈扇形展開的結實道路上威風凜凜地奔馳，倫敦的陸地生活因而繁榮起來。

所以，倫敦的心臟固然位於泰晤士河邊上，卻背對河流。這是一個面積不大，房屋、街道、廣場緊湊的地區：以舊城牆為界限的倫敦市（一百六十公頃）。倫敦舊城牆建立在羅馬時代的城牆遺址上，面對泰晤士河的那一段到十二世紀已不復存在，因為人們為了使用碼頭、渡口和棧橋，早就在不再具保護作用的城牆上打開若干豁口。相反，從黑衣修士橋或從勃萊德威爾碼頭（Bridgewell Dock）到倫敦塔那一條大致呈弓背形曲折線上，城牆保留下來了。這段城牆上闢有七個門：魯德門、新門、奧爾德斯門、跛子門、莫爾門、主教門、奧爾德門。每一座城門的前面，在相應郊區的縱深地帶皆設有柵門，標誌倫敦市政當局的權力界限。併入倫敦的市郊稱「管轄地」，有的面積很大：主教門前的柵門與霍爾波恩（Holborn）西邊的史密斯費爾德接壤；從魯德門出城，需要穿過整條艦隊街才能抵達聖殿柵門，該地為前聖殿騎士團的聖殿所在、位於濱河路口。聖殿柵門長期只是一道簡單的木門。倫敦城，或確切說是倫敦市，早在伊莉莎白女王時代以前已越出本身狹隘的行政區，觸及鄰近鄉村的居民點，通過一系列道路和兩側建滿房屋的街巷與鄉村聯結在一起。

伊莉莎白女王和莎士比亞時代，倫敦城的心臟在城牆內部跳動。城市的中心位於從倫敦橋向北延伸的軸線上，經過若干名字各不相同的街道，直達主教門。從西端的新門直達東端的奧爾德門的東西走向軸線上，也排列著一系列街道。伊莉莎白時代兩條軸線的交會點位於倫巴底大街西端的股票市場附近。

一五六六年由托馬斯．格雷欣創立的王家證券交易所設在近在咫尺的康希爾街上。這一機構最初仿傚安特衛普證券交易所的名稱，叫作倫敦交易所，後來的名稱是一五七〇年伊莉莎白女王欽定的。見證人說，這地方是不折不扣的巴別塔，每天中午商人交割帳目的時候尤其熱鬧，而開設在證券交易所周圍的高雅商店則常年吸引著有錢的主顧。起著類似市政府的作用的倫敦行業公會自治機構吉爾特廳（Guildhall）以及早期的英格蘭銀行也在附近。一七三四年遷往豪華的新址之前，英格蘭銀行一直設在曾是香料倉庫的格羅賽斯霍爾。

從倫敦的市場也可以感知倫敦生活的充實。如城牆附近廣闊的西史密斯費爾德每星期一、五出售馬匹和牲畜，泰晤士河畔的畢林斯門則是鮮魚市場。鉛皮屋頂的里德霍爾（Leagen Hall）位於倫敦市中心，原先是小麥倉庫，後來成為鮮肉和皮革的零售市場。關於這些主要商業中心，這些酒館、餐館，這些一般位於市區外圍因此主要為平民百姓演出的劇場，以及這些咖啡館，我們想說的話一時說不完。十七世紀光顧咖啡館的人實在太多，政府一度考慮禁止它們營業。有些去處本來名聲不好，加上閒言閒語、想像錯覺以及對陌生環境容易產生的恐懼心理，導致人們把所有街道都視作藏垢納污之所，不獨那些被棄置後由窮人搶占的修道院才蒙此惡名。倫敦沒有少說自己的壞話，它竟以此為樂。

但是倫敦市在泰晤士河畔投入競爭時身邊總有一個夥伴。與之相比，巴黎便是單槍匹馬。倫敦市上游的威斯敏斯特與（晚近憑空創建的）凡爾賽大不相同，這是一座地地道道的古老、活躍的城市。教堂邊上被亨利八世拋棄的威斯敏斯特宮後來變成議會及主要法庭所在地：律師與訴訟者約在這裡碰面。皇室在稍遠一點的地方，泰晤士畔的白廳（White hall）安家。

所以威斯敏斯特等於凡爾賽、聖丹尼再加上——為了湊足分量——巴黎最高法院。我們打這個比方是為了說明倫敦發展史上這個第二中心具有多大的吸引力。例如倫敦市範圍內的艦隊街雖為法學家、律師、檢察官以及附屬人員的居住區，它卻死死盯著西邊的威斯敏斯特。又如倫敦市外與威斯敏斯特近在咫尺的河濱馬路是貴族區。先是貴族們在這條街上興建住宅，不久以後，一六〇九年許多奢侈商品店紛紛在這裡開業：從詹姆斯一世時代起，時裝和假髮就成為顧客爭購的俏貨。

十七、十八世紀，一股巨大的動力推動倫敦同時朝各個方向擴張。市區邊緣形成醜陋的新居民區。那裡除了污穢的棚屋，就是破壞環境的工廠（尤多磚窯）、用城市的廚餘做飼料的養豬場和堆積如山的垃圾。懷特查帕爾（White Chapel）便是一例，窮苦的鞍匠在那裡終年忙碌，別的地方則是織綢工匠或織呢工匠居住區。

倫敦近郊再也不見鄉村景色，只有西頭是例外。通過海德公園或聖詹姆斯公園的一片綠地，通過富人的花園，市民還能領略鄉村風光、享受綠蔭。莎士比亞和德克時代，倫敦城周圍有開闊的綠地、田野、樹林和真正的農村。人們可以在村莊邊上打野鴨子、在地地道道的鄉下酒館喝啤酒，吃香料蛋糕（在霍格斯敦），或在艾林敦村品嘗有名的「艾林敦白罐」，一種乳蛋羹。一位研究德克的女歷史學家最近寫道：「那個時代，在首都外圍地區飄盪的空氣並非始終沉悶、齷齪：快樂的英格蘭不僅把全部興高采烈的勁頭，還把它細膩、靈活的想像力通過南部、北部和西北部的劇場傳入近郊區……以至全城」。快樂的英格蘭指的是中世紀體現農民本色的英格蘭：這一看法雖然帶有浪漫色彩，卻不算錯，但是倫敦與農村之間這一良好的聯繫未能持久[138]。

作為一個整體不斷擴張的倫敦城將一分為二，確切地說將完成一分為二的過程。這一過程早就開始，一六六六年大火後加速進行。這場大火就算沒有毀掉全部倫敦市，至少已把它的心臟化為焦土。在災難發生以前，配第（一六六二）已經解釋說：倫敦向西邊發展，以便躲開「東頭的濃煙、蒸汽、各種垃圾散發的臭味，因為風主要來自西方（……）」。所以權貴的府第和依賴他們為生的人的住宅都向西遷移到威斯敏斯特，而倫敦市高大的老房子則變成商行的倉庫，或者改作民居……」[139]。於是倫敦的財

倫敦：斯圖亞特王朝時代的威斯敏斯特。1643 年的版畫。

富悄悄地向西邊轉移。十七世紀倫敦城的中心還在康希爾街附近，今天一九七九年它位於離查令十字路不遠的地方，即河濱馬路的西端。挪了多大一段路啊！

與此同時，東邊和某些邊緣街區越來越無產階級化。貧窮只要能在倫敦找到藏身之地，就安頓下來，賴著不走。兩種人的境遇尤為悲慘：愛爾蘭人和中歐的猶太人。

愛爾蘭島上最貧困的地區很早就向倫敦移民。他們都是吃不飽肚子的農民。不僅土地制度，人口激增也是他們挨餓的原因。一八四六年的災荒（愛爾蘭大饑荒）以前，人口過多一直是愛爾蘭騷動的根源。這些農民習慣與牲畜同住一間破房子，一日三餐吃馬鈴薯和少許牛奶。他們吃苦耐勞，什麼髒活累活都幹，每逢草料收割期便到倫敦鄉下當僱工。有些人因而有機會進入倫敦，便待下去不走了。他們在倫敦以北的聖吉爾斯教區聚居，一間不開窗戶、污穢不堪的房子裡要住上十到十二個人。他們接受大大低於通行標準的工資，當裝卸工、送奶工、製磚工，也有個別開小客棧的。星期天喝多了酒，他們之間往往發生毆鬥。更嚴重的是他們擺開陣勢與英國無產者幹架；後者既不能排斥這些競爭者，便樂於找個機會把他們狠揍一頓。

中歐猶太人的境遇同樣悲慘。為逃避迫害，一七四四年從波希米亞，一七七二年從波蘭經由荷蘭來到英國。一七三四年英國只有五、六千名中歐猶太人，一八〇〇年光是倫敦一地就有二萬人。民眾不可理喻地對他們極為仇視。猶太會堂為阻止這股危險的移民洪流所作的努力全告無效。這些苦命人來了以後又能做什麼呢？在英國已有家業的猶太人幫助他們，但既不能把他們送出不列顛島，又無力養活他們。倫敦的公會不接納他們，排擠他們。他們不得已就推一輛破車沿街叫賣舊衣服和破銅爛鐵；有的淪為無賴、偷竊農作物，製造偽幣，充當窩主。有人後來成為職業拳擊家，甚至以一種科學拳術的發明人而發財，但是他們的名聲並不因此好轉。有名的拳擊冠軍丹尼爾·門多薩開創了一個拳擊流派也於事無補[140]。

倫敦的悲劇，它頻繁的犯罪記錄，它的底層社會和它艱難的生計，這一切只有從窮人這個最低層次出發才能被理解。但是我們可以說由於街面鋪上石塊，建設引水系統，控制建築以及改進城市照明等措施，倫敦的物質條件與巴黎一樣大致上得到改善。

那麼，我們可以得出什麼樣的結論呢？結論是倫敦正如同巴黎一樣，為舊制度下一國首都可以呈現的面貌提供一個佳例。那裡的奢侈享受由別人承擔費用，那裡聚集著為數不多的特權者，大量僕人和窮苦人，大城市的某種集體命運把他們拴在一起。

確實有一種共同的命運。例如街道極髒，貴族和平民聞慣街上的臭味。無疑是大群平民擠在一起居住造成環境不潔，但臭氣熏蒸每一個人。到十八世紀中期為止，可能許多農村相對比大城市乾淨；也完全有充分的理由想像中世紀城市比這些城市更適宜居住，更整潔，比如芒福德（Lewis Mumford）就持這種見解[141]。中世紀城市沒有人滿為患之虞——人多既帶來光榮，也造成貧困——它向周圍農村敞開；城牆內就有水源，不勞遠求。事實上，大城市無法應付越來越多、越重的任務，首先不能保證起碼的清潔；外部安全、防火防汛、食物供應、內部治安等問題都需優先考慮。即使大城市有意治理環境，它也沒有這個能力。物質生活條件極其惡劣成了大城市的通例。

人口過多是造成這一切的原因，但是大城市不斷吸引新的居民。每人以不同方式總能從大城市的寄生生活中分到一杯殘羹，每人都是受惠者。黑社會的存在也證明這些得天獨厚的城市裡總有油水可撈；名都大邑裡必定盜匪蟻聚。在一七九八年，柯爾丘亨（Archibald Campbell Colquhoun）憂心忡忡地指出：「法國前政府被推翻以後，形勢大變。以前從歐洲各地湧向巴黎的騙子、惡棍，現在都把倫敦當作他們的集合地點，認為在倫敦最能發揮自己的才能，他們的盜匪行徑會帶來最大的收益……」巴黎沉沒了，老鼠也紛紛離船而去。「從前因為這些人不懂我們的語言，對我們倒是一種保護〔……〕語言的障礙不復存在：我們的語言從來沒有像現在那樣普及，同時在我們這個國家，特別在年輕人中間，法語從來沒有像今天那樣被廣泛使用……」[142]

城市化宣告新世界的誕生

我們當然不必附和這位憂傷的守舊派柯爾丘亨。大城市有它們的缺點，也有功績。我們重申就像現代國家創造了大城市一樣，大城市也創造了現代國家；民族市場和民族本身都在大城市推動下才得以發展；大城市處於資本主義和現代文明——這個五色繽紛的歐洲近代文明——的中心地位。對於歷史學家來說，大城市首先能敏銳地顯示歐洲和其他大陸的進步程度。恰當解釋大城市這一現象，就能對全部物質生活史有一個整體看法，並能超越通常的侷限。

總之，我們探討的是舊制度下的經濟成長問題。對於舊制度經濟中在全民族規模上出現的深度不平衡、不對稱發展、不合理和非生產性投資等現象，大城市提供了觀察的實例。大城市專事寄生、奢侈、靡費、貪得無厭，它們是否必須對這些現象負責嗎？盧梭在《愛彌兒》裡就這麼認為：「大城市耗盡國家的活力，使它衰弱：大城市創造的財富是表面上的、虛幻的財富；花錢很多，收效甚微。有人說巴黎城對於法國國王來說抵得上一個省；我以為法國國王為巴黎付出的代價等於好幾個省。巴黎在許多方面由外省供養，外省的大部分收入流入巴黎以後就留在那裡，從不回到人民和國王身邊。在這個凡事精打細算的世紀，不能想像沒有一個人看到如果巴黎不存在，法國將比現在強大得多。」[143]

這一見解過份激烈，但也有部分道理，而且問題被提出來了。凡是生活在十八世紀末，並對當時各種現象十分留心的人勢必會想：大城市這頭怪物是否預告西方的發展從此受阻？他會聯想到羅馬帝國末期的情況，羅馬城這個巨大的累贅集中了帝國的財富，使帝國的發展陷於停頓；也會想到中國，全國出力支撐位於遙遠的北方的北京，這個麻木不仁的龐然大物，因而停止發展。阻塞意謂進化的終止。但我們知道事實並非如此。梅西耶想像公元二四四〇年的世界時[144]犯下的錯誤，正是他以為未來世界的規模不會改變。他把眼前的現實，即路易十六時代的法國，當作預測未來的框框。他沒有看到當代畸形發展的大城市還有無比巨大的可能性尚待開發。

事實上，人滿為患，部分居民不事生產的城市不是自發形成的。社會、經濟、政治允許它們是什麼樣子，迫使它們成為什麼樣子，它們就呈現什麼樣子。它們是一種量度，一種縮影。如果說大城市務事奢侈，那是因為社會、經濟、文化和政治秩序決定它只能如此，因為資本和多餘的產品找不到更好的用途，只能在大城市裡積聚起來。我們尤其不應把大城市孤立起來評判；大城市深深捲入城市體系這個龐大的整體之中，它把活力帶給這個體系，但是這個體系也決定了城市本身的位置。一個逐步推進的城市化過程發端於十八世紀末，到了下一世紀將加快速度。在倫敦與巴黎的表象後面發生的事情，是一種生活藝術、生活方式正在向另一種新的生活藝術、不同的生活方式轉化。鄉村成分超過四分之三的舊制度正在退隱，慢慢地、確實地解體。另一方面，大城市也不是單獨承擔建立新秩序的艱難使命。事實上，各國首都只是作為觀眾，列席即將來臨的工業革命。不是倫敦，而是曼徹斯特、伯明罕、里茲、格拉斯哥以及無數屬於無產者的小城市為新時代鳴鑼開道，甚至投入工業生產這場新的歷險的資金也不是十八世紀貴族積累的資本；倫敦直到一八三〇年左右才通過金錢的媒介，控制工業化運動使之對自己有利。巴黎一度對新工業產生興趣，待到後來真正建立工業體系時，又棄之不顧，讓北方的煤礦、亞爾薩斯河流上的落差和洛林的鐵礦獨占其利。這一切很晚才發生。十九世紀訪問英國的法國旅行家總是喜歡挑毛病，對於工業化造成的集中現象和醜惡面貌大為驚恐；伊波利特．泰納（Hippolyte Taine）形容說這是「地獄的底層」。但他們有所不知，處於激劇的城市化過程中的英國預示著法國和其他處於工業化過程中的國家的未來。英國城市設施不善，居民擁擠不堪，當初建造時根本沒有設想日後需容納那麼多人口；殊不知法國也將出現同樣情況。看到今天的美國和日本的人是否都明白，在他們眼下展開的正是他們本國或近或遠的未來？

結論

寫一部書，即使是寫歷史書，作者下了筆就無法控制自己。這部書跑到我的前面去了。對它的不聽命令，對它的任性，對它本身的邏輯，又怎麼能說是嚴肅的和正當的呢？孩子任性，我們當父母的卻要對他們的行為負責。

我本想在這裡或那裡多作一點說明或論證，或多舉幾個例子。但一部書是不能隨意拖長的。尤其為了把物質生活的眾多題材包括進來，必須從事系統、紮實的調查，還要把已有的結論彙集起來。這一切做得還很不夠。文字和圖片的內容還有待進一步探討和補充。我們沒有談到所有的城市，所有的技術以及衣、食、住等方面的所有基本情況。

我在洛林地區的一個小村莊渡過了童年時代，那裡的環境當時還真是古趣盎然：池塘的水推動一座磨坊的陳舊輪子在轉，一條古老的石路在我家門口匆匆而過；我家的房屋在耶拿之戰那年，即一八〇六年，曾經過整修；草場下方的小溪過去是漚麻的地方。只要我想到這些，我就覺得有一本書在我面前重新打開。每個讀者都能用個人的回憶、旅行和閱讀中所得的印象去補充它的內容。《西格弗利》一書中的那位主人公一天早晨在本世紀二〇年代的德國騎馬旅行，發覺自己彷彿還停留在三十年戰爭時代。在生活的十字路口，每個人都能退回到過去。即使在經濟最先進的國家裡，總還殘存著舊時代的物質痕跡。我們眼看這些痕跡在消失，但消失的速度很慢，而且方式也從不相同。

本書共有三卷，當然並不打算在第一卷中就把十五至十八世紀世界各國的全部物質生活介紹完畢。第一卷所試圖提供的是從吃到住、從技術到城市的各種情形的大致樣貌，因而必定要劃出物質生活的過去和現在的界線。這條界線確實很難劃清：我有時甚至故意超越界線，以便更好地認準這些界線，例如在談到貨幣和城市這些關鍵問題時就是如此。我的第一個意圖恰恰就在這裡：即使不能觀察一切，至少也要在世界的座標上確定一切的地位。

至於第二步，那是對很少見諸史書的自然景觀東鱗西爪地作一番描述，試圖把一種雜亂的素材納入到歷史範圍裡來，進一步加以整理和分門別類，歸納成幾個簡練的要點。明白了這一點，第一卷書的內容和針對性也就可以一目了然，即使作者有時只提供了計畫的梗概，並未全盤托出。這一半是因為，寫一本普及性讀物同蓋房屋一樣，在完工時必須先把腳手架拆掉；讓我們再次聲明，同時也因為這個領域尚未探明，作者必須親自對原始資料一項一項地加以檢查和驗證。

當然，物質生活首先是以成千上萬件瑣事的形式出現的。能否把這些瑣事稱作歷史事件？不能，否則就是誇大瑣事的重要性和不懂得瑣事的本質。日耳曼神聖羅馬帝國皇帝馬克西米連在一次宴會上把手伸到盤子裡去（我們從一張圖上可以看到），這是個平凡的事實，不是歷史事件。或者即將被處決的卡圖什（Cartouche）不要端來的咖啡，而要喝酒……這些都是歷史的塵埃，是與古爾維奇所說的微觀社會學具有相同含義的微觀歷史學：這些小事無窮盡地反覆，構成現實的系列。每件小事都代表著成千上萬件小事，它們靜悄悄地隨著時間流逝，但又綿延不絕。

正是這些連鎖、系列和「長時段」吸引了我的注意：它們為過去的時代勾畫了虛線圖和遠景圖。正是它們給過去時代帶來某種秩序，使我們得以假定其中存在某些平衡，並找出一些持久因素，一句話，在這表面的雜亂中找出幾乎可以解釋得通的東西。喬治・勒費弗爾（Georges Lefebvre）說過：「一條規律是一個常數。」這裡顯然都是些中時段或長時段的常數，在糧食作物、衣著、住房以及城鄉間出現分工這些問題上，我們對中時段的注意超過了長時段……物質生活比人類歷史的其他領域更容易遵循這些緩慢的演變。

讀者也許已經注意到我們把文明和文化這類規律性東西放在首位。本書用《物質文明》作書名決非信手拈來，而是經過斟酌才確定的。文明在成千上萬種乍眼看來互不相關、而實際上也是五花八門的文化財富之間——從思維和智慧到日常生活用品和用具，全都包括在內——建立起聯繫或者說秩序。

一名曾在中國旅行的英國人於一七九三年說：「那裡的普通用具在構造上有點特殊，其實也不過是細小的差別，但這種差別表明，各國用具的作用雖然大同小異，但絕不是互相模仿：鐵鉆在別處是略帶傾斜的平面，在中國則呈凸狀。」關於鐵匠爐的風箱，他也指出：「風箱形狀如普通箱子，開有一活動風門，當向後拉風門時，箱內產生真空，促使空氣從閥門口湧進箱內，而在向前推風門時，風從相反方向的另一口子出去。」這同歐洲鐵匠爐的皮風箱相去甚遠。

每個人口稠密地區都各有一套基本對策，而且在扮演歷史主角之一的慣性的指使下，往往硬要固守這套對策。文明不過是一群人在一塊土地長期安頓而已，否則它又該是什麼？文明是一個歷史範疇，是一種必要的歸類。人類只是從十五世紀末開始才趨向統一（但尚未達到統一）。十五世紀前，特別在更靠前的各個世紀，人類被分割成不同的星球，每個星球庇護一種獨特的文明或文化，每個文明或文化又各有其長時段的特性和選擇。即使親若毗鄰，文明的對策決不會混淆。

在優先說明了長時段和文明這兩項秩序後，還必須對普遍存在的各種社會體系按其本質加以分類。一切都體現社會秩序，這對歷史學家和社會學家說來已是老生常談，但平凡的真理並非無足輕重。我連篇累牘地講了生活長河的兩岸：窮人和富人，貧苦和奢侈。這些對日本，對牛頓時代的英國，或對哥倫布發現新大陸前的美洲，都是平淡無奇的事實。在西班牙人到達前，美洲對服飾有十分嚴格的規定和禁忌，用以區分平民和統治者。歐洲的統治使美洲人全都淪為「土著」，規定和區分也就幾乎全部消失。他們的衣料——粗呢、棉布或我們稱作麻袋布的龍舌蘭纖維織物——使人很難看出有什麼差別。

但與其說社會體系（術語本身就很含糊），還不如說社會經濟體系。馬克思說得好：土地、船隻、織機、原料、產品等生產資料的占有者怎能不同時占據統治地位呢？僅採用社會和經濟兩個座標軸顯然也還不夠；多種形式的國家必定同時作為起源和結果表現自己，有意無意地影響和搞亂因果關係，並且在世界的各種社會經濟體系中笨拙地發揮作用。我們可以按照奴隸制、農奴制、領主制、商人（資本主義誕生前的資本家）的秩序對這些社會經濟體系分門別類。這樣一來，我們又回到了馬克思的用語，仍然站在馬克思的一邊，雖然我們不採用他的術語，不同意他關於任何社會將嚴格地按順序從一個結構向另一個結構過渡的論斷。問題歸根到柢是要明智地按階梯劃分社會。只要一談到物質生活，任何人都躲不開這個必要性。

長時段、文明、社會、經濟、國家、社會以及價值等級這類問題必定在物質生活現實的一個方面表現自己；這個事實足以證明，歷史總是帶著所有人文科學在以人作為研究對象時遇到的謎語和難題出現在我們的面前。想把人簡化成一個可被捉摸的人物，這是白日作夢，是永遠也辦不到的事。你剛要抓住以最簡單的面目出現的人，他卻已經恢復了自己慣有的複雜性。

我花了幾年時間研究這一歷史地層，這當然並非因為它比較簡單或比較明朗，也並非因為從數量的觀點看它占著首位，或因為它通常被歷史學家所忽視；也不完全因為在我們的時代（當前的時代），哲學、社會科學和數學計量正合乎邏輯地促使歷史與活生生的人分家，而我的研究卻強迫我埋頭於具體事實。這最後一項理由曾使我為之神往，但並未使我下定決心回到這塊曾撫育我成長的故土。在房屋的地基尚未勘測之前，是否真能弄清整個經濟生活呢？撰寫第一卷正是為了奠定基礎，在這基礎上再建築房屋，隨後的兩卷書是對第一卷的補充。

涉及到經濟生活的範疇，我們將脫離因循守舊，走出無意識的日常瑣事的範圍。經濟生活有它自己的規律；由來已久的和逐漸形成的勞動分工為日常生活中能動的、有意識的活動提供分分合合的組織形式，使之謀得細小的利潤；這種剛從普通勞動中脫胎而出的資本主義雛型尚不令人憎惡。再往上走，到了最高一層，那就是資本主義及其擴張野心，這在一般人眼裡已是鬼蜮伎倆。有人或許會問，這一玄妙的體系與底層的平民百姓又有什麼關係？這也許關係到他們的一切，因為這一體系把平民百姓的生活包括了進去。從本卷第一章開始，我就試圖指出這一點，並強調人類世界是個分等級的不平等世界。正是這些不平等、不公正和大大小小的矛盾推動著世界，不斷改造著世界的上層結構。世界上真正可變的只是這種上層結構，因為唯獨資本主義才享有相對的行動自由。根據不同的時期，資本主義可能同時在不同地點取得成功，也可能交替地朝商業利潤、製造業利潤、年金、購買國債或放高利貸的方向發展。面對物質生活和一般經濟生活不易變動的結構，資本主義可以根據自己的願望和可能作出選擇，投身一些領域和放棄另一些領域，並且以這些基地為出發點，不斷改造本身的結構，順便又逐漸改變其他的結構。

所以，孕育中的資本主義體現著世界的經濟形象，是重大物質進步和人對人的沉重剝削的根源和標誌。並非僅僅由於攫取人力勞動的「剩餘價值」，而且還因為態勢和地位的不平衡才造成以下的情形：無論在一國或在世界的範圍，隨著機遇的變遷，總有某個空缺有待填補，某一部門比其他部門更有開發價值。選擇，能夠挑選，即使挑選的餘地相當有限，這已是無比巨大的特權！

142. P. COLQUHOUN, *op. cit.,* II, pp. 301-302.

143. Jean-Jacques ROUSSEAU, « Émeile », *in: Œuvres complétes*, IV, éd. Pléiade, 1969, p. 851.

144. S. MERCIER, *L'An deux mille quatre cent quarante, op. cit.*

後記

1. G. MACARTNEY, *op. cit.,* III, p. 159.

103. Prince de STRONGOLI, *Ragionamenti economici, politici e militari*, 1783, I, p. 51, cité par L. dal PANE, *in: Storia del lavoro in Italia, op. cit.*, pp. 192-193.

104.*Ibid.*

105. René BOUVIER et André LAFFARGUE, *La Vie napolitaine au XVIII*[e] *siè cle*, 1956, pp. 84-85.

106. *Ibid.*, p. 273.

107. C. de BROSSES, *Lettres historiques et critiques sur l'Italie*, an VII, II, p. 145.

108. R. BOUVIER et A. LAFFARGUE, *op. cit.*, p. 273.

109. *Ibid.*, p. 237.

110. Johann Gottlieb GEORGI, *Versuch einer Beschreibung der... Residen-zstadt St. Petersburg, op. cit.*, a été utilisé pour l'ensemble des paragraphes qui suivent.

111. *Guide Baedeker Russie*, 1902, p. 88.

112. J. SAVARY, *Dictionnaire..., op. cit.*, V. col. 639.

113. J. DELUMEAU, *op. cit.*, pp. 501 *sq.*

114. P. de MAGAILLANS, *op. cit.*, p. 12.

115. *Ibid.*, pp. 176-177.

116. G. F. GEMELLI CARERI, op.cit., IV, pp. 142 et 459.

117. Missionnaires de Pékin, *Mémoires co ncernant l'histoire, les sciences, les mœurs..., op. cit.*, III, 1778, p. 424.

118. Lettre du P. Amiot, Pékin, 20 octobre 1752, *in: Lettres édifiantes et curieuses écrites des missions étrangères*, XXIII, 1811, pp. 133-134.

119. P. de MAGAILLANS, *op. cit.*, pp. 176-177.

120. *Ibid.*, p. 278.

121. J.-B.du HALDE, po. cit., I, p. 114.

122. G. de MENDOZA, *Histoire du grand royaume de la Chine..., op. cit.*, p. 195.

123. MACARTNEY, *op. cit.*, p. 195.

124. P. SONNERAT, *op. cit.*, II, p. 13.

125. P. de MAGAILLANS, *op. cit.*, pp. 277-278.

126. Abbé PRÉVOST, *op. cit.*, VI, p. 126.

127. P. de MAGAILLANS, *op. cit.*, pp. 278 *sq.*

128. P. de MAGAILLANS, *op. cit.*, pp. 268-271.

129. *Ibid.*, pp. 272-273.

130. *Ibid.*, pp. 150-151.

131. *Ibid.*, pp. 153-154.

132. Pour les pages qui suivent, j'ai utilisé les ouvrages suivants: William BESANT, *London in the Eighteenth Century*, 1902; André PARREUX, *La Vis quotidienne en Angleterre qu temps de George III*; Léonce PEILLARD, *La Vie quotidienne à Londres au temps de Nelson et de Wellington, 1774-1852*, 1968; LEMONNIER, *La Vie quotiaienne en Angleterre sous Elizabeth*; T. F. REDDAWAY, *The Rebuilding of London after the Great Fire*, 1940; *The Ambulator or the strargew's Companion in a tour of London*, 1782; Georges RUDE, *Hanoverian London*, 1971; M. DOROTHY GEORGE, *London Life in the Eighteenth Century*, 1964.

133. M. T. JONES-DAVIES, *op. cit.*, I, p. 193.

134. M. T. JONES-DAVIES, *op. cit.*, I, p. 149.

135. John STOW, A *Survey of London* (1603). 1720, II, p. 34.

136. M. T. JONES-DAVIES, *op. cit.*, I, p. 177.

137. P. COLQUHOUN, *op. cit.*, I, p. 177.

138. M. T. JONES-DAVIES, *op. cit.*, I, p. 166.

139. W. PETTY, *Traité des taxes et contribut ions, in: Les Œuvres économiques de Sir William Petty*, 1905, I, pp. 39-40.

140. P. COLQUHOUN, *op. cit.*, I, pp. 166-168, 250-251.

141. L. MUMFORD, *La Cité à travers l'hist oire, op. cit.*, pp. 375 *sq.*

63. D'après le Padrón de 1961, Archivo General de Simancas, *Expedientes de hacienda*, 170.
64. G. F. GEMELLI CARERI, *op. cit.*, VI, pp. 366-367.
65. Rudolf HÄPKE, *Brügges Entwicklung zum mittelalterlichen Weltmarkt...*, 1908.
66. B. GUENÉE, *Tribunaux et gens de just ce dans le bailliage de Senlis...*, *op. cit.*, p. 48.
67. L. S. MERCIER, *op. cit.*, III, 1782, p. 124.
68. Article de presse, référence exacte égarée.
69. P. du HALDE, *op. cit.*, I, p. 109.
70. Pour les explications qui suivent, j'ai utilisé le colloque inédit de l'École des Hautes Études, VIe sectin, *Les Villes*, 1958.
71. R. MANTRAN, *Istanbul dans la secon de moitié du XVIIe siècle, op. cit.*, II, p. 27.
72. Ranphaël du MANS, *Estat de la Perse en 1660...*, p.p. Ch. SCHEFER, 1890, p. 33.
73. G. F. GEMELLI CARERI, *op. cit.*, II, p. 98.
74. G. F. GEMELLI CARERI, *op. cit.*, I, p. 262.
75. W. ABEL, *Geschichte der deutschen Lnd wirt-schaft*, 1962, pp. 48 et 49.
76. Giovanni PECLE et Giuseppe FELLONI, *Le Monete genovest*, 1975, pp. 27-30.
77. W. SOMBART, *Le Bourgeois, op. cit.*, p. 129.
78. C. BEC, *Les Marchands écrivains à Flor ence, 1375-1434*, 1967, p. 319.
79. L. MUMFORD, *op. cit.*, pp. 328-329.
80. Les deux paragraphes qui suivent s'insp irent de Max Weber.
81. M. SANUDO, *Diarii*, XXVIII, 1890, col. 625.
82. J. NICKOLLS, *Remarque sur les avanta ges de la France...*, *op. cit.*, p. 215.
83. L.-S. MERCIER, *Tableau de Paris, op. cit.*, VIII, p. 163.
84. B. H. SLICHER VAN BATH, *Yield Rat ios, 810-1820, op. cit.*, p. 16.
85. Voir *infra*, III, pp. 386 *sq.*
86. J. GERNET, *Le Monde chinois, op. cit.*, p. 371.
87. Abbé PRÉVOIST, *Voyages...*, *op. cit.*, X, p. 104, d'après Bernier.
88. *Ibid.*, p. 103.
89. Rodrigo de VIVERO, *Du Japon et du bon gouvernment de l'Espagne et des Indes*, p.p. Juliette MONBEIG, 1972, pp. 66-67.
90. YASAKI, *Soical Change and the City in Japan*, 1968, pp. 133, 134, 137, 138, 139.
91. R. SIEFFERT, *La Littérature japona-ise*, 1961, pp. 110 *sq.*
92. R. de VIVERO, *op. cit.*, pp. 58 et 181.
93. L. MUMFORD, *La Cité à travers l'histo ire, op. cit.*, pp. 554-557.
94. P. LAVEDAN et J. HUGUENEYU, *Histoire de l'Urbanisme, op. cit.*, p. 383.
95. W. SOMBART, *Luxus und Kapitalismus, op. cit.*, pp. 37 *sq.*
96. L.-S. MERCIER, *Tableau de Paris op. cit.*, VIII, p. 192.
97. MIRABEAU père, *L'Ami des Hommesou Traité de la population,*, 1756, 2e partie, p. 154.
98. L.-S. MERCIER, *Tableau de Paris, op. cit.*, I, p. 286.
99. LAVOISER, *De la richesse territoriable du royaume de France*, éd. 1966, pp. 605-606.
100. F. QUESNAY, « Questions inéressantes sur la population, l'agricultureet le commerce... », *in: F. Quesnay et la physiocratie, op, cit.*, II, p. 664.
101. A. METRA, *Il Mentore perfetto...*, *op. cit.*, V, pp. let 2.
102. W. SOMBART, *Luxus und Kapitalismus, op. cit.*, p. 30.

LABROUSSE, [1]I, p. 360.

23. D'après W. ABEL, référence et discussion *infra*, III, p. 240.

24. Georg STEINHAUSEN, *Geschichte der deutschen Kultur*, 1904, p. 187.

25. *La Civiltà veneziana del Settecento*, p.p. la Fondation Giorgio Cini, 1960, p. 257.

26. Référence non retrouvée.

27. Archivo General de Simancas, *Expedientes de hacienda*, 157.

28. « Saco de Gibraltar » *in: Tres Relaciones hisoóricas, « Colección de libros raros o curiosos »*, 1889.

29. *Médit...*, I, p. 245.

30. Jean PUSSOT, *Journalier ou mémo-ires*, 1857, p. 16.

31. Ernst Ludwig CARL, *Traité de la riche sse des princes et de leurs états*, 1723, II, pp. 193 et 195.

32. A. de MAYERBERG, *op. cit.*, pp. 220-221.

33. voir *infra*, III, pp. 386 *sq.*

34. G. MACARTNEY, *op. cit.*, II, p. 316.

35. L.-S. MERCIER, *Tableau de Paris, op. cit.*, IX, pp. 167-168; VI, pp. 82-83; V, p. 282.

36. *Médit...*, I, p. 313.

37. C.-E. PERRIN, « Le droit de bourgeoisie et l'immigration rurale à Metz au XIIIe siècle », *in: Annuaire de la Société d'histo ire et d'archéo logie de la Lorraine*, XXX, 1921, p. 569.

38. H. J. BRUGMANS, *Geschiedenis van Amsterdam*, 8 vol., 1930-1933.

39. Voir *supra*, chap. I, note 39.

40. Cité par Hugues de MONTBAS, *La Poli ce parisienne sous Louis XVI*, 1949, p. 183.

41. L.-S. MERCIER, *Tableau de Paris, po. cit.*, III, pp. 226-227, 232, 239.

42. *Ibid.*, p. 239.

43. G. F. GEMELLI CARERI, *op. cit.*, I, p. 370.

44. *Voyage... de Pierre Lescalopier, op, cit.*, p. 32.

45. Hans MAUERSBERG, *Wirtschafts-und Sozial-geschichte Zentraleu-ropaïscher Städte in neueren Zeit*, 1960, p. 82.

46. *Voyage de M. de Guignes, op. cit.*, I, p. 360.

47. J. A. de MANDELSLO, *op. cit.*, II, p. 470.

48. P. de MAGAILLANS, *op. cit.*, pp. 17-18.

49. Léopold TORRES BALBAS, *Algunos Aspectos del mudejarismo urbano medie val*, 1954, p. 17.

50. G. F. GEMELLI CARERI, *op. cit.*, IV, p. 105.

51. P. LAVEDAN et J. HUGUENEY, *L'Urba nisme au Moyen Age*, 1974, pp. 84-85. et fig. 279.

52. Charles HIGOUNET, « Les"terre nouve"florentines du XIVe siècle », *in: Studi in onore di Amintore Fanfani*, III, 1962, pp. 2-17.

53. L.-S MERCIER, *op. cit.*, XI, p. 4.

54. M. T. JONES-DAVIES, *op. cit.*, I, p. 190.

55. F. COREAL, *Relation des voyages aux Index occidentales, op. cit.* I, pp. 152 et 155.

56. H. CORDIER, « La Compagnie prussie nne d'Embden au XVIIIe siècle », *in: T'oung Pao*, XIX, 1920, p. 241.

57. G. F. GEMELLI CARERI, *op. cit.*, IV, p. 120.

58. G. F. GEMELLI CARERI, *op. cit.*, I, p. 230.

59. L.-S. MERCIER, *Tableau de Paris, op. cit.*, VI, p. 221; V, p. 67; IX, p. 275.

60. J. SAVARY, *Dictionnaire..., op. cit.*, V, col. 381.

61. Vu QUOC THUS, *in: Les Villes...*, p.p. Société Jean Bodin, 1954-1957, II, p. 206.

62. Référence non retrouvée.

principes sur le Numéraire, le Commerce, le. Crédit et les Bangues, 1790, p. 197.

109. B. SCHNAPPER, *Les Rentes au XVI*[e] *siècle. Histoire d'un instrument de crédit*, 1957, p. 163.

110. Voir *infra*, II, chap. v, p. 466 *sq.*

111. *Médit...*, I, p. 527.

112. *Ibid.*, p. 527.

113. Référence non retrouvée.

114. J. A. SCHUMPETER, éd. italienne, *op, cit.*, I, p. 392.

115. *Ibid.*, p. 392.

116. *Recherches sur le commerce*, 1778, p. VI.

117. S. de GRAMONT, *Le Denier royal*, 1620, p. 9.

第八章

1. « L'éOLGIE ALLEMANDE » (1846), *in* Karl MARX, *Pre-capitalist Economic Forma tions*, p.p. Eric HOBSBAWM, 1964, p. 127.

2. Dans la première édition de ect ouvrage, p. 370.

3. *In: Town and societies*, p.p. Philip ABRA MS and E. A. WRIGLEY, 1978, pp. 9, 17, 24-25.

4. *Voyages d'Ibn Battûta*, p.p. Vincent MON TEIL, 1969, I, pp. 67-69.

5. R. BARON, « La bourgeoisie de Varzy au XVIIe siècle », *in: Anndales de Bourgogne*, art, cit., pp. 161-208, notamment pp. 163-181, 208.

6. P. DEANE, W. A. COLE, *British Economic Growth*, 1964, pp. 7-8.

7. R. GASCON, *in: Histoire économique et sociale de la Farnce*, p.p. BRAUDEL et LABROUSSE, I[1], p. 403.

8. H. BECHTEL, *Wirtschaftsstil des deutsc hes Spätmittelalters. 1350-1500*, 1930, pp. 34 *sq.*

9. *Cahiers de doléances des paroisses du bailliage de Troyes pour les états génér aux de 1614*, p.p. YVES DURAND, 1966, p. 7.

10. O. SPENGLER, *Le Déclin de l'Occident*, 1948, II, pp. 90 *sq.*

11. J. B. du HALDE, *Description géographique, historique, chronologique, politi que et physigue de l'Empire de la Chine et de la Tartarie chinoise*, 1785, I, p. 3.

12. E. KÄMPFER, *op. cit.*, III, p. 72.

13. J. KULISCHER, *op. cit.*, éd. italienne, II, pp. 15-16.

14. R. CANTILLON, *op. cit.*, p. 26; M. REIN HARDT, « La Population des villes... », *in: Population*, avril 1954, 9, p. 287.

15. J. KULISCHER, *op. cit.*, Pour la Russie, B. T. URLANIS, (en russe, Moscou, 1966) donne le chiffre de 3,6% (population urbaine de 500 000 h.)—cité par V. I. PAVLOV, *Historical premises for Ind ia's transition to capitalism*, 1978, p. 68.

16. C. BRIDENBAUCH, *Cities in the Wilder ness*, 1955, pp. 6 et ll; Pour le Japon, Prot. FURUSHIMA, cité par T. C. SMITH, *The Agrarian origins of modern Japan*, 1959, p. 68.

17. Jan de VRIES, *The Dutch rural economy in the golden age, 1500-1700*, 1974, table eau p. 86.

18. M. CLOUSCARD, *L'Être et le code*, 1972, p. 165.

19. Jane JACOBS, *The Economy of cities*, 1970.

20. Cité par J.-B. SAY, *Cours d'économie poli tique, op. cit.*, IV, pp. 416-418.

21. F. LÜTGE, op. cit., p. 349.

22. R. GASCON, in: *Histoire économique et sociale de la France*, p.p. BRAUDEL et

73. Josef KULISCHER, *Allgemeine Wirts chaftsgeschichte des Mittelalters und der Neuzeit*, 1965, II, p. 330.

74. P. de SAINT-JACOB, *op. cit.*, p. 306.

75. Antonio della ROVERE, *La Crisi moneta ria siciliana (1531-1801)*, p.p. Carmelo TRASSELLI, 1964, PP. 30 *sq.*

76. E. J. F. BARBIER, *op. cit.*, I, p. 185.

77. Vior *infra*, II, chap. II, pp. 188 *sq.*

78. Pour les détails de ce paragraphe, voir *in fra*, III, p. 398.

79. « Maximes générales », *in: François Ques nay et la physiocratie*, éd. I.N.E.D., *op. cit.*, II, p. 954 et note 7.

80. Werner SOMBART, *Le Bourgeois*, 1926, pp. 38-39.

81. F. GALIANI, *Della Moneta, op. cit.*, p. 56.

82. L.-S. MERCIER, *Tableau de Paris, op. cit.*, I, p. 46.

83. W. LEXIS, « Beiträge zur Statistik der Edelme talle », art. cité.

84. Ibid.

85. Gemminiano Montanari, *La Zeeca*, 1683, *in: Econpisti del Cingue e Seicento,* p. p. A. GRAZIANI, 1913, p. 264.

86. I de PINTO, *Traité de la circulation et du crédit op. cit.*, p. 14.

87. B.N., Ms. fr., 5581, f° 83; cf. aussi *Il Mentore perfetto de'negozianti, op. cit.*, V, article « Surate », p. 309.

88. F. SPOONER, *op. cit.*, pp. 170 *sq.*

89. Josef KULISCHER, *Allgemeine Wirtsc haftsgeschichie de Mittleatlters und der Neuzeit*, 1965, II, pp. 344-345.

90. Ibid.

91. Luigi EINAUDI, préface à l'édition des *Paradoxes inédits du seigneur de Male stroit*, 1937, p. 23.

92. E. PASQUIER, *Les Recherches de la Fra nce, op, cit.*, p. 719.

93. F. BRAUDEL et F.· SPOONER « Prices in Europfrom 1450 to 1750 » *in: Cambridge economic history of Europe*, IV, pp. 445; les chiffres de l'or et de l'argent americains sont évidemment ceux de Earl J. Hamiltion.

94. I. de PINTO, *Traité de la circulation..., op. cit.*, p. 33.

95. J. A. SCHUMPETER, *Storia dell'analisi economica*, 1959, I, p. 386.

96. F. GALIANI, *Della Moneta, op. cit.*, p. 278.

97. I. de PINTO, *Traité de la circulation...., op. cit.*, p. 34.

98. *Ibid.*, p. 34, note.

99. A.N., F^{12}, 2175, III. Documents de 1810 et 1811 sur le non-remboursem-ent des dettes contractées lors du siège.

100. F. W. von SCHRÖTTER, *Fürstliche Schatz und Rent-Cammer*, 1686, cité par Eli HECKSCHER, *op. cit.*, pp. 652-653.

101. P. de SAINT-JACOB, *op. cit.*, p. 212.

102. Voir *infra*, II, chap. II, pp. 119 *sq.*

103. M. de MALESTROIT, « Mémoires sur le faict des monnoyes... », *in: Paradoxes inédits du seigneur de Malestroit*, p.p. Luigi EINAUDI, 1937, p. 105.

104. D. HUME, « Essai sur la balance du commerce », *in: Mélanges d'écono-mie politique, op. cit.*, p. 93.

105. L. S. MERCIER, *op. cit.*, IX, pp. 319-320.

106. S. D. GOTEIN, « The Cairo Geniza as a source for the history of Muslim civiliz ation », *in: Studia islamica*, III, pp. 75-91.

107. H. LAURENT, *La Loi de Gresham au Moyen Age*, 1932, pp. 104-105.

108. John LAW, « Premier mémoire sur les banques », *in: Œuvres... contenant les*

33. Référence égarée.

34. E. CLAVIÈRE et J.-P. BRISSOT, *De la France et des États-Unis*, 1787, p. 24 et note 1.

35. Alfons DOPSCH, *Naturalwirtschaft und Geldwirtschaft in der Weltgeschichte*, 1930.

36. Ainsi en Corse: *Médit...*, I, p. 351, note 2.

37. Museo Correr, Dona delle Rose, 181, f° 62.

38. M. TAKIZAWA, *The Penetration of Money economy in Japan..., op. cit.*, pp. 33 *sq.*

39. *Ibid.*, pp. 38-39.

40. Andrea METRA, *Il Mentore perfetto de'negozianti, op. cit.*, III, p. 125.

41. Venise MARCIANA, *Scrittur... oro et argento*, VII-MCCXVIII, 1671; Ugo TUC CI, « Les émissions monétaires de Venise et les mouvements in ternationaux de l'or », *in: Revue historique*, 1978.

42. A.N., A.E., B III, 265 (1686), Mémoires géenéraux.

43. V. MAGALHÃES-GODINHO, *L'Économ ie de l'Empire portugais au XVe et XVIe siècles, op. cit.*, pp. 512-531.

44. *Ibid.*, pp. 353-358.

45. *Ibid.*, pp. 358 *sq.*

46. G. F. GEMELLI CARERI, *op. cit.*, III, p. 278.

47. *Ibid.*, pIII, p. 2.

48. *Ibid.*, pIII, p. 226.

49. V. MAGALHÃES-GODINHO, *op. cit.*, pp. 357, 444 *sq.*

50. *Ibid.*, pp. 323, 407 *sq.*

51. *Ibid.*, pp. 356-358.

52. F. BALDUCCI PEGOLOTTI, *Pratica della mercatura*, 1766, pp. 3-4.

53. Pour les paragraphes qui précèdent, voir V. MAGALHÃES-GODINHO, *op. cit.*, pp. 399-400.

54. P. de MAGAILLANS, *Nouvelle Relation de la Chine, op. cit.*, p. 169.

55. V. MAGALHÃES-GODINHO, *op. cit.*, p. 518.

56. Maestre MANRIQUE, *Itinerario de las Misionesque hizo el Padre F. Sebastián Manrique*, 1649, p. 285.

57. B. N., Ms. fr. n. a. 7503, f° 46.

58. P. de LAS CORTES, doc. cit., f° 85 et 85 v°.

59. Document cité, note 57.

60. G. F. GEMELLI CARERI, *op. cit.*, IV, p. 43.

61. « Mémoire sur l'intérêt de l'argent en Chine », *in: Mémoires concernant l'histoire, les sciences, etc.* », par les Missio nnaires de Pékin, IV, 1779, pp. 309-311.

62. L. DERMIGNY, La *Chine et l'Occident. Le commerce à Canton..., op. cit.*, I, pp. 431-433.

63. Abbé F. GALIANI, *Della Moneta*, 1750, p. 214.

64. G. de UZTÁRIZ, *op. cit.*, p. 171.

65. G. F. GEMELLI CARERI, *op. cit.*, VI, pp. 353-354 (éd. 1719).

66. Vior *infra*, III, chap. IV, p. 309.

67. Sur le *Kipper-und Wipperzeit*, F. LÜTGE, *Deutsche Sozial-und Wirtsc haftsgeschichte, op. cit.*, pp. 289 *sq.*

68. Earl J. HAMILTON, « American Treasure and Andalusian Prices, 1503-1660 », *in: Journal of Economic and Business Hist ory*, I, 1928, pp. 17 et 35.

69. Raphaël du MANS, *Estat de la Perse en 1660*, p.p. Ch. SCHEFER, *op. cit.*, p. 193.

70. Karl MARX, *Le Capital*, Éd. sociales, 1950, I, p. 106, note 2.

71. Frank SPOONER, *L'Économie mondiale et les frappes monétaires en France, 1493-1680*, 1956, p. 254.

72. *Ibid.*, p. 21.

5. Date de la découverte de la circulation san guine, par Harvey: 1628.
6. William PETTY, « Verbum Sapienti » (1691), *in: Les Œuvres économiques*, I, 1905, p. 132.
7. L. F. de TOLLENARE, *Essai sur les entra ves que le commerce éprouve en Europe*, 1820, pp. 193 et 210.
8. Je songe à *Some Considerations on the Consequences of the Lowering of Inter est and Raising the Value of Money*, 1691, Cf. eLI HECKSCHER, *La Época mercant ilista*, 1943, pp. 648 *sq.*
9. Jacob van KLAVEREN, « Rue de Quincampoix und Exchange Alley, die Spekulationsjahre 1719 und 1720 in Frank reich und England », *in: Viertel jahrschrift für Sozial-und Wirtschaftsgeschichte*, oct. 1963, pp. 329-359.
10. Princesse PALATINE, *Lettres... de 1672 à 1722*, 1964, p. 419, lettre du lljuin 1720.
11. Voir *infra*, II, pp. 355 *sq.*
12. Scipion de GRAMMONT, *Le Denier royal*, 1620, p. 20. Plusieurs autenurs parlent de citte monnaie de sel, en forme de petites briques, disent-ils généralement, de dimensions différentes selon les lieux.
13. J.-B. LABAT, *op. cit.*, III, p. 235.
14. *Ibid.*, p. 307.
15. *Monumenta missioniaria africana, Afr ica ocidental*, VI, *1611-1621*, pp. Antonio BRASIO, 1955, p. 405.
16. LI CHIA-JUI, article en chinois sigalé (n° 54) par la *Revue bibliographigue de sinologie*, 1955.
17. Article de la presse italienne.
18. Paul EINZIG *Primitive money in its ethnological, historical and economical aspects*, 1948, pp. 271-272.
19. *Ibid.*, pp. 47 *sq.*; E. INGERSOLL, « Wamp um and its history », *in: American Natur alist*, 1883.
20. W. G. L. RANDLES, *L'Ancien Royaume du Congo des Origines à la fin du XIX*[e] *siècle*, 1968, pp. 71-72.
21. G. BALANDIER, *La Vie quotidienne au royaume de Kongo..., op. cit.*, p. 124.
22. Vitorino MAGALHÃES-GODINHO, *L'Économie de l'Empire portugais au XV*[e] *et XVI*[e] *siècles*, 1969, pp. 390 *sq.*
23. G. BALANDIER, *op. cit.*, pp. 122-124.
24. Adam SMITH, *Recherches sur la nature et les causes de la richesse des nations*, éd. 1966, I, p. 29.
25. Pierre VILAR, *Or et monnaie dans l'hist oire*, 1974, p. 321.
26. ISAAC CHIVA, rapport dactylogr-aphié sur la Corse; et Germain TILLION, « Dans l'Aurès: le drame des civilisations archaïques », *in: Annales E.S.C.*, 1957, pp. 393-402.
27. François LA BOULLAYE, *Les Voyages et observations du Sieur de la Boullaye...*, 1653, pp. 73-74.
28. C. L. LEUR, *Des progrès de la puissa nce russe*, 1812, p. 96, note 4.
29. W. LEXIS, « Beiträge zur Statistik der Edelmetalle », *in: Jahrbücher für Nation dalökonomie und Statistik*, 1879, p. 365.
30. Ruggiero Romano, « Une économie coloni ale: le Chill au XVIIIe siècle », *in: Annales E.S.C.*, 1960, pp. 259-285.
31. Manuel ROMERO DE TERRERO, *Los Tlacos coloniales. Ensayo numismático*, 1935, pp. 4 et 5.
32. *Ibid.*, pp. 13-17. Il n'y aura pas de monnaie de cuivre au Mexique avant 1814.

319.

90. G. MACARTNEY, *op. cit.,* IV, p. 17; III, p. 368.

91. G. F. GEMELLI CARERI, *op. cit.,* III, p. 29.

92. *Jacques HEERS, Gênes au XVe siècle*, 1961, pp. 274 *sq.; Médit.*, I, p. 527.

93. *Ibid.,* p. 277.

94. Rapport de la prise par Sir John BURRO UGH, R. HAKLUTY, *The Principal Nav igations...*, éd, 1927, V. pp. 66 *sq*.; Alfred de STERNBECK, *Histoire des flibustiers*, 1931, pp. 158 *sq.*

95. *Médit...*, I, pp. 254, 260.

96. H. CAVILLES, *La Route française, son histoire, sa fonction*, 1946, pp. 86-94.

97. Henri SÉE, *Histoire économique de la France*, I, 1939, p. 294.

98. L.-S. MERCIER, *Tableau de Paris, op. cit.,* V, p. 331.

99. MACAULAY, cité par J. M. KULISC HER, *Storia economica..., op. cit.,* II, p. 552; Sir Walter BESANT, *London in the time of the Stuarts*, 1903, pp. 338-344.

100. Arthur OYUNG, *Voyage en France*, 1793, I, p. 82.

101. A. SMITH, *op. cit.,* II, p. 382.

102. L. DERMIGNY, *La Chine et l'Occident. Le commerce à Canton au XVIIIe siècle, 1719-1833, op. cit.,* III, pp. 1131 *sq.*

103. Voir *infra*, II, pp. 306 *sq.*

104. H. BECHTEL, *Wirtschaftsgeschichte Deutschlands, op. cit.,* I, p. 328.

105. Armando SAPORI, *Una Compagnia di Calimala ai primi del Trecento*, 1932, p. 99.

106. P. de SAINT-JACOB, *op. cit.,* p. 164.

107. *Storia della tecnologia*, pp. C. SINGER, *op. cit.,* II, p. 534.

108. J.-B. SAY, *Cours complet d'économic politique pratique*, éd. 1996, II, p. 497, note 2.

109. *Der moderne Kapitalismus, op. cit.,* II, pp. 231-420.

110. Voir *infra*, II, pp. 306 *sq.*

111. Voir *infra, ibid.*

112. Marcel ROUFF, *Les Mines de charbon en France au XUIII[e] siècle (1744-1791)*, 1922, pp. 368 *sq.*

113. *Voyage du Chevalier Chardin..., op. cit.,* IV, pp. 24 et 167-169.

114. Thierry GAUDIN, *L'Écoute des silen ces*, 1978.

115. *Storia della tecnologia*, pp. C. SINGER, *op. cit.,* III, p. 121.

116. A.d.S Venise, Senato terra.

117. Marc BLOCH, *Mélanges historiques*, 1963, II, p. 836.

118. Arch. Simancas, E° Flandes, 559.

119. A. WOLF, *A History of Science, tech nology and philosophy in the 16th and 17th ecnturies*, pp. 332 *sq.*

120. D. SCHWENTER, *Deliciae physicomathematical oder mathematische und philosophische Ezquick stunden*, 1636.

121. A.N., A. E., B[III], 423, La Haye, 7 sept. 1754.

122. Gerhard MENSCH, *Das technologische Patt,* 1977.

第七章

1. N. du FAIL, *Propos rustiques et facétieux, op. cit.,* pp. 32, 33, 34.

2. Marquise de SÉVIGNÉ, *op. cit.,* VII, p. 386.

3. A.N., H 2993, f° 3.

4. G. F. GEMELLI CAERI, *op. cit.,* I, pp. 6, 10 *sq.* et *passim.*

53. Richard HENNIG, *Terrae incognitae*, III, 1953, p. 122.
54. Littérature considérable sur le sujet depuis l'article de P. PELLIOT, « Les grands voyages maritimes chinois au début du XVe siècle », *in: T'oung Pao*, XXX, 1933, pp. 237-452.
55. Alexandre de HUMBOLDT, *Examen critique de l'histoire de la géographie du nouveau continent et des progrès de l'astronomie nautique aux quinzième et seizième siècles*, 1836, I, p. 337.
56. Jean BODIN, *La République*, 1576, p. 630.
57. Thomé CANO, *Arte para fabricar_naos de guerra y merchante*, 1611, p. 5 v°.
58. Laurent VITAL, *Premier Voyage de Ch arles Quint en Espagne*, 1881, pp. 279-283.
59. Musée Czartoryski, Cracovie, 35, f°s 35 et 55.
60. G. de MENDOZA, *Histoire du grand royaume de la Chine...*, 1606, p. 238.
61. R. de VIVERO, *op. cit.*, p. 194.
62. J.-B. du HALDE, *op. cit.*, II, p. 160.
63. J. BARROW, *Voyage en Chine, op. cit.*, I, p. 62.
64. G. MACARTNEY, *op. cit.*, II, pp. 74-75.
65. Jacques HERRS, *in:* « Les grandes vo ies maritimes dans le monde, XVe-XIXe siècles », *XIIe Congrès... d'histoire maritime*, 1965, p. 22.
66. R. de VIVERO, *op. cit.*, p. 22.
67. J. HEERS, *in:* « Les grandes voies maritimes... », art. cit., p. 22.
68. P. VIDAL DE LA BLACHE, *Princi-poes de géographie humaine, op. cit.*, p. 266.
69. JOseph NEEDHAM, conférence en Sorbo nne.
70. M. de GUIGNES, *Voyage à Peking..., op. cit.*, I, pp. 353-354.
71. Abbé PRÉVOST, *op. cit.*, VI, p. 170.
72. *Voyage de médecin J. Fries*, éd. par W. KIRCHNER, *op. cit.*, pp. 73-74.
73. CONCOLORCORVO, *op. cit.*, pp. 56-57.
74. *Ibid.*, p. 56.
75. *Voyage faict par moy pierre Lescalo pier* publie, partiellement par E. CLÉRAY, *in: Revue d'histoire diplomatique*, 1921, pp. 27-28.
76. G. F. GEMELLI CARERI, *op. cit.*, I, p. 256.
77. P. de MAGILLANS, *op. cit.*, pp. 47 *sq.*
78. G. F. GEMELLI CARERI, *op. cit.*, III, pp. 22-23.
79. Georg FRIEDERICI, *El Carácter del descubrimiento y de la conquista de América*, éd. espagnole, 1973, p. 12.
80. G. F. GEMELLI CARERI, *op. cit.*, VI, p. 335.
81. J. HEERS, « Les grandes voies mariti mes... », art. cit., pp. 16-17; W. L. SCHURZ, *The Manila Galleon*, 1959.
82. Jean-François BERGIER, *Les Foires de Genève et l'économie internationale de la Renaissance*, 1963, pp. 218 *sq.*
83. M. POSTAN, *in: The Cambridge Econo mic History of Europe*, II, pp. 140 et 147.
84. Otto STOLZ, « Zur Entwicklun-gsgeschic te des Zollwesens innerhalb des alten Deutschen Reichs », *in: Viertel jahrschrift für Sozial-und Wirtschaftsgeschichte*, 1954, p. 18 et note.
85. Gerónimo de UZTÁRIZ, *Théorie et pra tique du commerce et de la marine*, 1753. p. 255.
86. M. POSTAN, *in: The Cambridge Econo mic History of Europe,* II, pp. 149-150.
87. P. du HALDE, *op. cit.*, II, pp 158-159.
88. P. de MAGAILLANS, *op. cit.*, pp. 158-159, 162, 164.
89. G. F. GEMELLI CARERL, *op. cit.*, IV, p.

16. SANUDO, *Diarii,* I, 1879, col. 1071-1072.

17. Ralph DAVIS, « Influences de l'Angleterre sur le déclin de Venise au XVIIe siècle », *in: Decadenza economica Veneziana nel secolo XVII*, 1957, pp. 214-215.

18. Mémoire du chevalier de Razilly au Cardinal de Richelieu, 26 novembre 1626, B.N., Ms. n.a., 9389, f° 66 v°.

19. Le Loyal Serviteur, *La Très Joyeuse et Très Plaisante Histoire... de Bayard, op. cit.,* éd. 1872, p. 280.

20. Blaise de MONLUC, *commentaires*, éd. Pléiade, 1965, pp. 34, 46.

21. Pour les deux paragraphes qui précèdent, cf. W. SOMBART, *Krieg und Kapitalis mus, op. cit.,* pp. 78 *sq.*

22. Miguel de CASTRO, *Vida del soldado español Miguel de Castro*, 1949, p. 511.

23. M. de MONTAIGNE, *Journal de voyage en Italie, op. cit.,* p. 1155.

24. *Médit...*, II, p. 167.

25. Rapport de Savorgnan de Brezza, pour les derniéres années du XVIe siècle, soit à l'Archivio di Stato, soit au Museo Correr de Venise.

26. W. SOMBART, *op. cit.,* p. 88.

27. *Ibid.,* p. 93.

28. F. BREEDVELT van VEEN, *Louis de Geer 1587-1655 (en eéerlandais)*, 1935, pp. 40 et 84.

29. Vers 1555? Ancienne série K des archives AN de Paris, transférées à Simancas.

30. *Médit...*, II, p. 168.

31. *Médit...*, II, p. 134.

32. P. de LAS CORTES, doc. cité.

33. G. F. GEMELLI CARERI, *op. cit.,* IV, p. 374.

34. A. BLUM, *Les Origines du paier, de l'im primerie et de la gravure*, 1935.

35. Lucien FEBVRE, H. J. MARTIN, *L'App arition du livre*, 1971, pp. 41-42.

36. *Ibid.,* pp. 44 et 47.

37. *Ibid.,* pp. 47.

38. *Ibid.,* p. 20.

39. *Ibid.,* p. 36.

40. T. F. CARTER, *The Invention of printing in China and its spread westward*, 1925, passim, et notamment pp. 211-218.

41. Loys LE ROY, *De la Vicissitude ou Vari été des choses en l'Univers*, 1576, p. 100, cité par René ÉTIEMBLE, *Connaissonsnous la Chine?*, 1964, p. 40.

42. L. FEBVRE, H. J. MARTIN, *op. cit.,* pp. 60 *sq.*, 72-93.

43. *Ibid.,* p.134.

44. *Ibid.,* p. 15.

45. *Ibid.,* pp. 262 *sq.*

46. *Ibid.,* p. 368.

47. *Ibid.,* p. 301

48. *Ibid.,* pp. 176-188.

49. Jean poujade, *La Route des Indes et ses navire*, 1946.

50. *Médit...*, I, p. 499.

51. La question reste discutable, ne seraitce qu'aux yeux d'un spécialiste comme Paul Adam. Cependant, sur la fresque égyptienne qui représente l'expédition de la reine Hatchepsout au pays de Pount (en mer Rouge), j'ai été frappé de voir représentée, à côté des bateaux égyptiens aux voiles carrées, une petite barque locale, avec une voile carrées, une petite barque locale, *avec une voile triangulaire.* Détail sur lequel j'ai cherché en vain un commentaire chez les égyptologues.

52. Voir *infra*, III, p. 93.

société des sciences historiques... de l'Yonne, 1933, p. 3; « Origine et formation du fer dans le Sénonais », *Ibid.*, 1919, pp. 33 *sq.*; a. goudard, « Note sur l'exploitation des gisements de scories de fer dans le département de l'Yonne », *in: Bul. de la Société dl'archéologie de Sens*, 1936, pp. 151-188.

135. J. W. GILLES, art. cit.

136. J.-B. LABAT, *op. cit.*, II, p. 305.

137. *Histoire générale des techniques, op. cit.*, pp. M. DAUMAS, II, pp. 56-57.

138. Ferdinand TREMEL, *Der Frühkapitalismus in Innerösterreich*, 1954, pp. 52 *sq.*

139. *Ibid.*, p. 53 et fig. 87.

140. Augnste BOUCHAYER *Les chartrenx, maitres de forges*, 1927.

141. B. GUENÉE. *Tribunaux et gens de just ice dans le bailliage de Senlis à la fin du Moyen Age (vers 1380-vers 1550), op. cit.*, p. 33, note 22.

142. *Storia della tecnologia*, pp. C. SINGER, *op. cit.*, III, p. 34; M. FRANÇOIS, « Note sur l'industrie sidérurgique... », *in: Mémoires de la société nationale des antiquaires de France*, 1945, p. 18.

143. Je n'al pas retrouvé le document consulté à Venise (A.d.S. ou Museo Correr) qui indique l'effectif des ouveriers du fer. Bonnes descriptions de cette activité en 157, 1562 et 1572, in: *Relazioni di rettori veneti in Terraferma*, XI, 1978, pp. 16-17, 78-80, 117.

144. Richard GASCON, *Grand commerce et vie urbaine au XVI*[e] *siècle; Lyon et ses marchands*, 1971, pp. 133-134.

145. Eli Heckscher, « Un grand chapitre de l'histoire du fer: le monopole suédois », *in: Annales d'histoire économique et sociale*, 1932, pp. 131-133.

146. *Op. cit.*, tableau statistique hors texte.

147. Arturo UCCELLI, *Storia della tecnica*, 1945, p. 87.

第六章

1. Aldo MEIEL, *Panorama general de historia de la ciencia*, II, 1946, p. 238, note 16.

2. Carlo M. CIPOLLA, *Guns and sails in the early Phase of European Expansion 1400-1700*, 1965, p. 104.

3. *Storia della tecnologia*, p.p. C. SINGER, *op. cit.*, II, p. 739.

4. Friedrich LÜTGE, *Deutsche Sozial-und Wirtschaftsgeschichte*, 1966, p. 209.

5. *Storia della tecnologia*, p.p. C. SING-ER, po. cit., p. 739.

6. Lynn WHITE, *Medieval Technology and Social Change*, 1962, p. 101.

7. Jorge de EHINGEN, *Viage..., in: Viajes estranjeros por España y Portugal*, p.p. J. CARCÍA MENDOZA, 1952, p. 245.

8. C. M. CIPOLLA, *Guns and sails in the early phase of european expansion..., op. cit.*, pp. 106-107.

9. C. de RENNEVILLE, *Voyages..., op. cit.*, V, p. 43.

10. SANUDO, *op. cit.*, III, 170 *sq.*

11. Michel MOLLANT, *in: Histoire du Moyen Age*, éd. p. E. PERROY, *op. cit.*, p. 463.

12. et 13. Karl BRANDI, *Kaiser Karl V.*, 1937, p. 132.

14. W. SOMBART, *Krieg und Kapitalismus, op. cit.*, pp. 84-85.

15. *Chroniques de Froissart*, éd. 1888, VIII, pp. 37 *sq.*

111. *Médit...*, I, p. 200.

112. Guy THUILLIER, *Georges Dufaud et les débuts du grand capitalisme dans la métallurgie, en Nivernais au XIXe siècle*, 1959, p. 122 et références en note. D'autres exemples dans Louis TRENARD, *in: Gharbon et Sciences humaines*, 1966, pp. 53 *sq*.

113. Max PRINET, « L'industri du sel en Franche-Comté avant la conquête française », *in: Mémoires de la société d'émulation du Doubs*, 1897, pp. 199-200.

114. M. ROUFF, *Les Mines de charbon en France au XVIIIe siècle*, 1922, pp. 368-386 et 418.

115. Jean LEJEUNE,, *La Formation du capitalisme moderne dans la princi pauté de Liège au XVIe siècle*, 1939, pp. 172-176.

116. *Médit.*, I, 561.

117. J. NICKOLLS, *Remarques sur les avan tages et les désavantages de la France et de la Grande-Bretagne, op. cit.*, p. 137.

118. *Ibid.*, p. 136.

119. Voir *infra*, III, pp. 490 *sq*.

120. John U. NEF, « Technology and civiliza tion », *in: Studi in onore di Amintore Fanfani*, 1962, V, notamment pp. 487-491.

121. Ces calculs risqués et donc discut-ables. Tout le problème serait à rep-rendre d'après les suggestions de Jacques LACOSTE, « Rétrospective vnergétique mondiale sur longue péroide (mythes et réalités) », *in: Informations et réflexions*, avril 1978, n° 1, qui s'appuie sur le livre de PUTNAM, Energy in the future. Il ne remet pas en cause le classe ment énergétique que je présents, mais 1) pense que l'énergie à la disposition des hommes de la période pré-industrielle a été plus considérable qu'on ne le dit, maits qu'elle est gaspillée par eux; 2) que la crise du bois amorcée dès le XVIe siècle est comparable, dans ses effets, à la crise du pétrole que nous traversons.

122. *Histoire générale des techniques*, pp. M. DAUMAS, 1965, II, p. 251.

123. abbé PRÉVOST, *op. cit.*, VI, p. 223.

124. Cf. *infra*, III, pp. 434 *sq*.

125. Lewis MORGAN, *Ancient Society*, 1877, p. 43.

126. Stefan KUROWSKI, *Historyczny proces wyrostu gospodarczego*, 1963.

127. E. WAGEMANN, Economía mundial, *op. cit.*, I. p. 127.

128. P. DEYON, *Amiens, capitale provi-ncia le...*, *op. cit.*, p. 137.

129. Ferdinand TREMEL, *Das Handelsbuch de Judenburger Kaufannes clemens Körber, 1526-1548*, 1960.

130. A.-G. HAUDRICOURT, « La fonte en Chine: Comment la connais-sance de la fonte de fer a pu venir de la Chine antique à l'Europe médié-vale », *in: Méetaux et civilisations*, II, 1946, pp. 37-41.

131. *Voyage du chevalier Chardin, op. cit.*, IV, p. 137.

132. N. T. BELAIEW, « Sur le“damas”orien tal et les lames damassées », *in: Métaux et civilisations*, I, 1945, pp. 10-16.

133. A. MAZAHERI, « Le sabre contre l'ép ée ou l'origine chinoise de“l'acier au creuset” », *in: Annales E.S.C.*, 1958.

134. J. W. GILLES, « Les fouilles aux empla cements des anciennes forges dans la région de la Sieg, de la Lahn et de la Dill », *in: Le Fer à travers les âges*, 1956; Augusta Hure, « Le fer et ses antiques explotations dans le Senonais et le Jovinien », *in: Bulletin de la*

d'une dime royale, 1707, pp. 76-77.

79. L. MAKKAI, article cité.

80. *Storia della tecnologia*, II, *op. cit.,* pp. 625-627, et Jacques PAYEN, Histoire des soureces d'énergie, 1966, p. 14.

81. Lynn WHITE, *Technologe médiévale*, 1969, p. 108.

82. CERVANTES, *Don Quichotte*, cité par L. WHITE, *op. cit.*, p. 109; *Divine Comédie, Inferno*, XXXIV, *ibid.*, p. 109; *Divine coméide, Inferno,* XXXIV, 6.

83. *Storia della tecnologia, op. cit.,* p. 630.

84. Pour les deux paragraphes qui suivent, *ibid.,* III, pp. 94 *sq.*

85. Modèle exposé au Deutsches Brotmuseum, à Ulm.

86. Ruggierro ROMANO, « Per una valutaz ione della flotta mercantile europea alla fine delsecolo XVIII », *in: Studi in onore di Amintore Fanfani*, 1962, V, pp. 573-591.

87. Tous les calculs qui précèdent ont été faits avec les informations que m'a communi quées J.-J. HEMAR-DINQUER.

88. Maurice LOMBARD, *L'Islam dans sa première grandeur*, 1971, pp. 172 *sq.*

89. Bartolomeo CRESCENTIO, *Natutica mediterranea*, 1607, p. 7.

90. *Annuaire statistique de la Meuse pour l'An XII.*

91. Paul W. BAMFORD, *Forests and French Sea Power, 1660-1789*, 1956, pp. 69, 207-208 et passim pour données des deux paragraphes précédents.

92. François LEMAIRE, *Histoire et qntiquités de la ville et duché d'Orléans,* 1645, p. 44; Michel DEVÈZE, *La Vie de la forêt française au XVIe siècle*, 2 vol., 1961.

93. J. SION, *Les Paysans de la Normandie orientale..., op. cit.,* éd. 1909, p. 191.

94. R. PHILIPPE, dactylogramme déjà cité, p. 17.

95. F. LÜTGE, *Deutsche Sozial-und Wirts chaftsgeschichie*, 1966, p. 335.

96. Bertrand GILIE, *Les Origines de la grande métallurgie en France*, 1947, pp. 69 et 74.

97. A. KECK, *in: Précis d'histoire des mines sur les territoires polonais* (en polonais), 1960, p. 105; Antonina KECKOWA, *Les Salines de la région de Cracovie, XVIe-XVIIIe siècles*, en polonais, résumé en allemand, 1969.

98. Pour le paragrphe qui précède, voir informations fournies par Micheline BAULANT, d'après les délibérations du Bureau de la Ville de Paris.

99. Michel DEVÈZE, rapport inédit, Semaine de Prato, 1972.

100. P. de MAGAILLANS, *op. cit.,* p. 163.

101. *Médit...*, I, pp. 112, 354, 158.

102. Thomas PLATTER, *op. cit.,* p. 204.

103. Antonio de GUEVARA, *Épistres dor ées, morales et familières, in: Biblioteca de autores españoles*, 1850, XIII, p. 93.

104. B. L. C. JOHNSON, « L'influence des bassins houillers sur l'emplace-ment des suines à feu en Angleterre avant circa 1717 », *in: Annales de l'Est*, 1956, p. 220.

105. Référence non retrouvée.

106. Cité par S. MERCIER, *op. cit.,* VII, p. 147.

107. P. de SAINT-JACOB, *op. cit.,* p. 488.

108. *Dictionnaire du commerce et des march andises*, pp. M. guillaumin, 1841, I, p. 295.

109. J.-C. TOUTAIN, « Le produit de l'agri culture française de 170 à 1858: I, Estimation du produit au XVIIIe S. », in: Cahiers de l'IS. E.A., juil. 1961, p. 134; LAVOISIER *op. cit.,* p. 200.

110. P. de MAGAILLANS, *op. cit.,* pp. 12-13.

44. Abbé PRÉVOST, *Voyages..., op. cit.,* VII, p. 525 (Gerbillon).

45. Voir infra, II, p. 109.

46. *Médit...*, I, p. 427.

47. Abbé PRÉVOST, *op. cit.,* VIII, pp. 263-264 (Voyage de Pyrard, 1608).

48. *Les Six Voyages de Jean-Baptiste Taver nier, op. cit.,* II, p. 59.

49. Giovanni BOTERO, *Relationi univer-sali, Brescia*, 1599, II, p. 31.

50. G. F. GEMELLI CARERI, *op. cit.,* II, p. 72.

51. *Relazione di Gian Francesco Morosini, bailo a Costantinopoli*, 1585, *in: Le Relazi oni degli ambasciatori veneti al Senato*, pp. E. ALBÉRI, série III, vol. III, 1855, p. 305.

52. *Médit...*, I, p. 318.

53. Théophile GAUTIER, *Constantinople*, 1853, p. 166.

54. J. LECLERCQ, *De Mogador à Biskra, Maroc et Algérie*, 1881, p. 123.

55. A. BABEAU, Le Village..., *op, cit.,* pp. 308, 343-344.

56. Voir, sur ces achats en Angleterre, Irlande, Espagne, Algérie, Tunisie, Maroc, Arabie, Naples, Sardaigne, Danemark, Norvège, A.N., Ol, cartons 896 à 900.

57. A.d.S. Mantoue, A° Gonzaga, Genova 757.

58. D'après mes souvenirs de lecture du fonds Mediceo, A.d.S. Florence.

59. J.-B.-H. LE COUTEULX DE CAN-TEL EU, *Étude sur l'histoire du cheval arable*, 1885, notamment pp. 34-34.

60. *Médit...*, I, p. 260.

61. Jules MICHELET, *Histoire de France*, éd. Rencontre, V, 1966, p. 114.

62. VASSELIEU, dit Nicolay, *Règlement gén éral de l'artillerie... 1613.*

63. LAVOISER, « De la richess territo-riale du royaume de France », *in: Collection des principaux économistes*, XIV, réimpr ession 1966, p. 595.

64. P. QUIQUERAN DE BEAUJET, *La provence louée*, 1614. La différence de prix s'exagère par la suit, avec la mise en culture des collines. En 1718, un mulet vaut le double d'un cheval. R. BAEHREL, *Une Croissance: la Basse-Provence rurale, op. cit.,* pp. 65-67.

65. R. BAEHREL, *Ibid.,* pp. 65-67.

66. LAVOISIER, *op. cit.,* p. 595; *Réflex-ions d'un citoyen-proriétaire*, 1792, B.N., Rp 8577.

67. L.-S. MERCIER, *Tableau de Paris, op. cit.,* I, p. 151; IV, p. 148.

68. L.-S. MERCIER, *Tableau de Paris, op. cit.,* III, pp. 300-301, 307-308.

69. L.-S. MERCIER, *Tableau de Paris, op. cit.,* IX, pp. 1-2.

70. *Ibid.,* X, p. 72.

71. E. J. F. BAREBIER, *op. cit.,* I, pp. 1-2.

72. L. MAKKAI, « Productivité et exploitation des sources d'éenergie, XIIe-XVIIe », rapport inédit, *Semaine de Prato*, 1971.

73. Greffin AFFAGART, *Relation. de Terre Saint (1533-1534)*, pp. J. CHAVANON, 1902, P. 20.

74. f. braudel, « Genève en 1603 », *in: Mélanges d'histoire... en hommage au professeur Anthony Babel*, 1963, p. 322.

75. Robert PHILLIPPE, *Histoire et technologie*, dactylogramme, 1978, p. 189.

76. E. KÄMPFER, *op. cit.,* I, p. 10.

77. *Storia della tecnologia*, pp. C. SINGER, *op. cit.,* II, p. 621 Pour la Pologne, statisti que non retrouvée. Chiffres incomplets dans. T. RUTO-WSKI, *L'Industrie des moulins en Galicie* (en polonais), 1886.

78. C'est d'ailleurs l'estimation de Vauban, *Projet*

Languedoc, op. cit., I, p. 468.

12. L.-S. MERCIER, *Tableau de Paris, op. cit.*, IV, p. 30.
13. P. G. POINSOT, *L'Ami des cultivat-eurs, op. cit.*, II, pp. 39-41.
14. Mémoire de Paris Duverney, A.N., F^{12}, 647-648 (proposition, en 1750, d'exempter de la taille « les terres cultivées à bras »).
15. G. MACARTNEY, *op. cit.*, III, p. 368; Abbé PRÉVOST, *op. cit.*, VI, 126.
16. P. de MAGAILLANS, *op. cit.*, pp. 141, 148.
17. G. F. GEMELLI CARERI, *op. cit.*, IV, p. 487.
18. *Ibid.*, p. 460.
19. Jacob BAXA, *Guntwin BRUHNS, Zuc ker im Leben der Völker*, 1967, p. 35. SONNERAT a donné des dessins assez précis de ces machines élémentaires: *Voyage aux Index orientales et à la Voyage aux Index orientales et à la Chine*, 1782, I, p. 108 —GRAVURE 25, le moulin à huile.
20. *Mémoires...*, par les missionnaires de Pé kin, *op. cit.*, 1977, II, p. 431.
21. Voyage de François BERNIER, *op. cit.*, 1699, II, p. 267.
22. L.-S. MERCIER, *Tableau de Paris, op. cit.*, VIII, p. 4.
23. A. de HUMBOLT, *Essai politique sur le royaume de la Nouvelle Espagne, op. cit.*, II, p. 683.
24. A. de SAINT-HILAIRE, *op. cit.*, I, pp. 64 *sq.*
25. Nicolàs SÁNCHEZ ALBORNOZ, *La Sa ca de mulas de Salta at Peru, 1778-1808*, publication de l'Universidad Nacional del Litoral Santa Fe, Argentine, 1965, pp. 261-312.
26. CONCOLORCORVO, *Itinéraire de Bue nos Aires à Lima*, 1962, introd. de Marcel Bataillon, p. 11.
27. *La Economia española segúe el censo de frutos y manufacturas de 1799*, 1960, pp. VIII et XVII.
28. N. Sànchez ALBORNOZ, *op. cit.*, p. 296.
29. G. F. GEMELLI CARERI, *op. cit.*, IV, p. 251.
30. Émilienne DEMOUGEOT, « Le chameau et l'Afrique du Nord romaine », *in: Annales E.S.C.*, 1960, n° 2, p. 244.
31. Xavier de PLANHOL, « Nomades et Pasteurs. I. Genèse et diffusion du nomad isme pastoral dans l'Ancien Monde », *in: Revue géographique de l'Est*, n° 3, 1961, p. 295.
32. M. de GUIGNES, *op. cit.*, I, 1808, p. 355.
33. Henri PÉRÈS « Relations entre le Tafilalet et le Soudan à travers le Sabara », *in: Mélanges... of ferts à E.F. Guatier*, 1937, pp. 409-414.
34. Référence exacte non retrouvée. Sans doute A.N, A.E., B III. En tout cas remar ques confirmées par J.-B. TAVERNIER, *op. cit.*, I, p. 108.
35. Abbé PRÉVOST, *op. cit.*, XI, p. 686.
36. *Libro de agricultura*, éd. de 1598, pp. 368 *sq.*
37. C. ESTIENNE et J. LIÉBAUT, *L'Agricu lture et maison rustique*, 1564, f° 21.
38. *François Quesnay et la physiocratie, op. cit.*, II, pp. 431 *sq.*
39. B.N. Estampes, 1576—cartes et plans, Ge D 16926 et 16937.
40. P. de LAS CORTES, document cité, Brit ish Museum, Londres.
41. J. de GUIGNES, *op. cit.*, III, p. 14.
42. Abbé PRÉVOST, *op. cit.*, VI, pp. 212-213; J.-B. DU HALDE, *op. cit.*, II, p. 57.
43. P. de MAGAILLANS, *op. cit.*, pp. 53-54.

175. Jean-Paul MARANA, *Lettre d'un Sicili en à un dee ses amis*, p.p. V. DUFOUR, 1883, p. 27.
176. Marquis de PAULMY, *op. cit.*, p. 211.
177. Ernst SCHULIN, *op. cit.*, p. 220.
178. CARLO PONI, « Compétition monopo liste, mode et capital: le marché international des tissus de soie au XVIIIe siècle », dactyl., communication au Colloque de Bellagio.
179. J.-P. MARANA, *op. cit.*, p. 25.
180. L.-S. MERCIER, *Tableau de Paris, op. cit.*, VII, p. 160.
181. J. SAVARY, *op. cit.*, V, col. 1262; Abbé PRÉVOST, *op. cit.*, VI, p. 225.
182. P. de MAGALLIANS, *op. cit.*, p. 175.
183. Ibid.
184. L.-S. MERCIER, cité par A. GOTTSCH ALK, *Histoire de l'alimentation..., op. cit.*, II, p. 266.
185. J.-J. RUTLIGE, *Essai sur le caractère et les mœurs des François comparées à celles des Anglois*, 1776, p. 35.
186. Docteur CABANÈS, *Mœurs intimes du passé, 2e série, La vie aux bains*, 1954, p. 159.
187. *Ibid.*, pp. 238-239.
188. *Ibid.*, pp. 284 *sq.*
189. *Ibid.*, pp. 332 *sq.*
190. Jacques PINSET et Yvonne DESLANDRES, *Histoire des soins de beauté*, 1960. p. 64.
191. Docteur CABANÈS, *op. cit.*, p. 368, note.
192. L. MUMFORD, *op. cit.*, p. 586.
193. L. A. CARACCIOLI, *op. cit.*, III, p. 126.
194. A. FRANKLIN, *Les Magasins de nouveautés*, II, pp. 82-90.
195. J. J. RUTLIGE, *op. cit.*, p. 165.
196. L. A. CARACCIOLI, *op. cit.*, III, pp. 217-218.
197. Pour les deux paragraphes qui suiv-ent, cf. A. FANGÉ, *Mémoires pour servir à l'histoire de la barbe de l'homme*, 1774, pp. 99, 269, 103.
198. Marquis de PAULMY, *op. cit.*, p. 193.
199. M. PRAZ, *La Filosofia dell'arredamento, op. cit.*

第五章

1. M. MAUSS, *Sociologie et anthro-pologie*, 1973, p. 371.
2. Marc BLOCH, « Problèmes d'histoire des techniques ». Compte rendu de: Commandant Richard LEFEBVRE DES NOËTTES, « L'Attelage, le cheval de selle à travers les âges. Contribution à l'histoire de l'esclavage », *in: Annales d'histoire économique et sociale*, 1932, pp. 483-484.
3. G. LA ROËRIE, « Les transformations du gouvernail », *in: Annales d'histoire économique et sociale*, 1935, pp. 564-583.
4. Lynn WHITE, « Cultural climates and tech nological advances in the Middle Ages », *in: Viator*, vol. II, 1971, p. 174.
5. De 1730 à 1787, une série d'arrêts du Parlem ent de Paris interdisent la substitution de la faux à la faucille: Robert BESNIER, Cours de droit, 1963-1964, p. 55. Voir aussi René TRESSE, *in: Annales, E.S.C.*, 1955, pp. 341-358.
6. Référence non retrouvée, peut-être s'agit-il d'une conférence de Pirenne.
7. Voir infra, III, pp. 491 *sq.*
8. Abbot P. USHER, *Historia de las invenciones mecànicas*, 1941, p. 280.
9. Cité par M. SORRE, *op. cit.*, II, p. 220.
10. Référence égarée.
11. E. LE ROY LADURIE, *Les Paysans de*

139. L. MUMFORD, *op. cit.*, p. 488.
140. L.-S. MERCIER, *Tableau de Paris, op. cit.*, V, p. 22 et VII, p. 225.
141. Eugène VIOLLET-LE-DUC, *Dicti-onnaire raisonné d'archéologie française du XIe au XVIe siècle*, 1854-1866, VI, p. 163.
142. G. CASTER, *Le Commerce du pastel et de l'épicerie à Toulouse, 1450-1561, op. cit.*, p. 309.
143. *Journal d'un curé de campagne au XVIIe siècle*, p.p. H. PLATELLE, 1965, P. 114.
144. Marquise de SÉVIGNÈ, *Lettres*, éd. 1818, VII, p. 386.
145. G. MACARTNEY, *op. cit.*, III, p. 353.
146. J. SION, *Asie des moussons, op. cit.*, p. 215.
147. K. M. PANIKKAR, *Histoire de l'In-de*, 1958, p. 257.
148. Mouradj d'OHSSON, *Tableau gén-éral de l'Empire ottoman*, cité par Georges MARÇAIS, *Le Costume musulman d'Alger*, 1930, p. 91.
149. G. MARÇAIS, *ibid.*, p. 91.
150. P. de MAGAILLANS, *Nouvelle Relation de la Chine, op. cit.*, p. 175.
151. R. de VIVERO, *op. cit.*, p. 235.
152. VOLNEY, *Voyage en Syrie et en Égy pte pendant les années 1783, 1784 et 1785*, 1787, I, p. 3.
153. J.-B. LABAT, *op. cit.*, I, p. 268.
154. Jean-Baptiste SAY, *Cours complet d'éco nomie politique pratique*, V, 1829, p. 108.
155. Abbé Marc BERTHET, « Études historiques, économiques, sociales des Rousses », *in: A travers les villages du Jura*, 1963, p. 263.
156. MOHEAU, *op. cit.*, p. 262.
157. *Ibid.*, pp. 261-262.
158. P. de SAINT-JACOB, *op. cit.*, p. 542.
159. Luigi dal PANE, *Storia del lavoro in Italia*, 1958, p. 490.
160. *Voyage de Jérôme Lippomano, op. cit.*, II, p. 557.
161. Orderic VITAL, *Historiae ecclesiasticae libri tredecim*, 1845, III, p. 324.
162. Ary RENAN, *Le Costume en France*, s.d., p. 107-108.
163. François BOUCHER, *Histoire du cost ume en Occident*, 1965, p. 192.
164. Jacob van KLAVEREN, *Europäische Wirtschaftsgeschichte Spaniens im 16 und 17 jahrhundert*, 1960, cf. « mode » à l'index et p. 160 note 142; *Viajes de extranjeros por España, op. cit.*, II, p. 427.
165. Amédée FRÉZIER, *Relation du voyage de la mer du Sud*, 1716, p. 237.
166. ESTEBANILLO-GONZÁLEZ, *Vida y hechos..., in: La Novela picaresca española, op. cit.*, p. 1812.
167. Les *zocoli* sont des chaussures à très hautes semelles de bois, assez décolletées, qui isolaient du sol humide les prome neuses vénitiennes.
168. Londres P.R.O. 30-25-157, Giornale auto grafo di Francesco Contarini de Venezia a Madrid.
169. S. LOCATELLI, *Voyage de France, mœurs et coutumes françaises, 1664-1665...*, 1905, p. 45.
170. M. T. JONES-DAVIES, *Un Peintre de la vie londonienne, Thomas Dek-ker*, 1958, I, p. 280.
171. L.-S. MERCIER, *Tableau de Paris, op. cit.*, I, pp. 166-167.
172. R. de VIVERO, *op. cit.*, p. 226.
173. *Voyage du chevalier Chardin..., op. cit.*, IV, p. 1.
174. *Ibid.*, .IV, p. 89.

98. *Encyclopédie populaire serbo-croato-slovène*, 1925-1929, III, p. 447. Je dois ces renseignements, entre autres, à la collaboration de Madame Branislava Tenenti.
99. M. de MONTAIGNE, *Journal de voyage en Italie, op. cit.*, p. 1130.
100. Edmond MAFFEI, *Le Mobilier civil en Betgique au Moyen Age*, s.d., pp. 45-46.
101. Pour le paragraphe qui précède, *ibid.*, pp. 48 et 49.
102. Charles MORAZÉ, *in: Éventail de l'histoire vivante*, 1953, Mélanges Lucien Febvre I, p. 90.
103. La Palatine, cité par le Docteur CABA NÈS, *Mœurs intimes du passé, 1re série*, 1959, pp. 44 et 46.
104. Ch. MORAZÉ, art. cit., pp. 90-92.
105. L.-S. MERCIER, *Tableau de Paris, op. cit.*, XII, p. 336.
106. Référence égarée.
107. Cité par CABANÈS, *op. cit.*, p. 32.
108. MONTAIGNE, *Journal de voyage en Italie, op. cit.*, pp. 1130-1132.
109. E. BRACKENHOFFER, *op. cit.*, p. 53.
110. Cité par CABANÈS, *op. cit.*, p. 53.
111. *Ibid.*, p. 35.
112. B.N., Ms. fr. n.a. 6277, f° 222 (1585).
113. CABANÈS *op. cit.*, p. 37 et note.
114. L.-S. MERCIER, *Tableau de Paris, op. cit.*, XII, p. 335.
115. *Ibid.*, X, p. 303.
116. Comtesse d'AULNOY, *La cour et la ville de Madrid; relation du voyage d'Espagne*, éd. Plon, 1874-1876, p. 487.
117. A. WOLF, *A History of Science, Technology and Philosophy in the 18 th Centruy*, 1952, pp. 547-549.
118. *Storia della tecnologia*, p.p. C. SIGER et al., *op. cit.*, II, p. 653.
119. E. MAFFEL, *op. cit.*, p. 5; J. SAVARY, *op. cit.*, III, col. 840 et II, col. 224.
120. E. MAFEI, *Ibid.*, p. 4.
121. André G. HAUDRICOURT, « Con-tribution à l'étude du moteur humain », *in: Annales d'histoire sociale*, avril 1940, p. 131.
122. E. MAFFEI, *op. cit.*, pp. 14 *sq.*
123. *Ibid.*, pp. 27-28.
124. Cité par A. FRANKLIN, *op. cit.*, IX: *Variétés gastronomiques*, pp. 8 et 9.
125. E. MAFFEI, *op. cit.*, p. 36.
126. Ch. OULMONT, *La Maison, op. cit.*, p. 68.
127. G'est le sens du beau livre de Mario PRAZ (*La Filosofia dell'arrede-mento*, 1964). Je m'ysuis référé largement pour les deux pages qui suivent.
128. Princesse PALATINE, *Lettres*, éd. 1964, p. 353, lettre du 14 avril 1719.
129. Un hôtel place Vendôme coûte en 1751, 104 000 livres; en 1788, un hôtel de la rue du Temple, 432 000 livres. Cecipour le gros œuvre seulement. Ch. OULMONT, La Maison, *op. cit.*, p. 5.
130. *Ibid.*, p. 30.
131. *Ibid.*, p. 31.
132. L. MUMFORD, *La Cité à travers l'histoire, op. cit.*, p. 487.
133. GUDIN, *Aux mânes de Louis XV*, cité par Ch. OULMONT, *op. cit.*, p. 8.
134. *Ibid.*, p. 9.
135. L.-S. MERCIER, *Tableau de Paris, op. cit.*, II, p. 185.
136. Anonyme, *Dialogues sur la peinture*, cité par Ch. OULMONT, *op. cit.*, p. 9.
137. M. PRAZ, *La Filosofia dell'arredamento, op. cit.*, pp. 62-63, et 148.
138. Cité par M. PRAZ, ibia., p. 146.

63. Au témoignage de Branislava TENE-NTI, chef de travaux à l'École des Hautes Études.

64. Pierre Daniel HUET, *Mémoire tou-chant le négoce et la navigation des Hollan dais... en 1669*, p.p. P. J. BLOCK, 1903, p. 243.

65. Osman AGA, *Journal*, publié par R. KREUTEL et Otto SPIES, sous le titre: *Der Gefangene der Giaueren*, 1962, p. 150.

66. Rodrigo de VIVERO, *Du Japon et du bon gouvernement de l'Espagne et des Indes*, p.p. Juliette MONBEIG, *op. cit.*, p. 180.

67. G. F. GEMELLI CARERI, *op. cit.*, p. 17.

68. *Le Japon du XVIIIe siècle vu par un botaniste suédois*, p.p. Claude GAUDON, 1966, pp. 241-242.

69. M. de GUIGNES, *op. cit.*, II, p. 178.

70. CHARDIN, *op. cit.*, IV, p. 120.

71. *Ibid.*, IV, pp. 19-20.

72. Arménag SAKISIAN, « Abdal Khan, seigneur kurde de Bitlis au XVIIe siècle et ses trésors », *in: Journal asiatique*, avril-juin 1937, pp. 255-267.

73. Le mot « biologie », qui a paru exagéré à certains de mes critiques, n'est évidemment pas à prendre au sens propre. Mais tout adulte européen est incapable, sans un vrai réapprentissage, de reter des heures assis en tailleur (Chardin, qui vécut dix ans en Perse, finit par s'y accoutumer et s'en trouver bien). La réciproque est vraie: des Indiens ou des Japonais me confiaient que, subrepticement, dans un cinéma de Paris, ils ramenaient leurs jambes sur leur faurteuil, dans la position qui leur est seule confortable.

74. G. F. GEMELLI CARERI, *op. cit.*, I, p. 257.

75. John BARROW, *Voyage en Chine*, 1805, I, p. 150.

76. M. de GIGNES, *op. cit.*, 1795, I, p. 377.

77. Marie-Loup SOUGEZ, *Styles d'Europe: Espagne*, 1961, pp. 5-7.

78. J'emploie ce mot généralement pour désigner un niveau inférieur à celui des « civilisations ».

79. J.-B. LABAT, *op. cit.*, II, pp. 327-328.

80. Gilberto Freyre, *Casa Grande e Senzala*, 1933; *Sobrados e Mucambos*, 1936.

81. J.-B. LABAT, *op. cit.*, IV, p. 380.

82. C. OULMONT, *La Maison*, 1929, p. 10.

83. Henri HAVARD, *Dictionnaire de l'ameu blement et de la décoration...*, 1890, IV, p. 345; J. WILHELM, *La Vie quotidienne au Marais, au XVIIe siècle*, 1966, pp. 65-66.

84. A. FRANKLIN, *op. cit.*, IX: *Variétés gastronomiques*, p. 16.

85. *Ibid.*, p. 19.

86. N.-A.de LA FRAMBOISIÈRE, *Œuvres...*, 1613, I, p. 115.

87. J. SAVARY, *op. cit.*, IV (1762), col. 903.

88. *Ibid.*, II (1760), col. 114.

89. William HARRISON, « An historical Description of the Iland oF britaine », in: R. HOLINSHED. *Chronicles of England, Scotland and Ireland*, 1901, I, p. 357.

90. M. de MONTAIGNE, *Journal de voyage en Italie, op. cit.*, p. 1154.

91. S. POLLARD et D. CROSSLEY, *Wealth of Britain..., op. cit.*, pp. 98 et 112.

92. M. de MONTAIGNE, *Retraite et mort de Charles Quint, op. cit.*, II, p. 11.

93. M. de MONTAIGNE, *Journal de voyage en Italie, op. cit.*, p. 1129.

94. Élie BRAGKENHOFFER, *Voyage en France 1643-1644*, 1927, p. 143.

95. British Museum, Ms. Sloane, 42.

96. É. BRACHENHOFFER, *op. cit.*, p. 10.

97. Marquis de PAULMY, *op. cit.*, p. 132.

l'évolution agraire de la Gâtîne poitevine, 1958, chap. III, pp. 75 *sq*.

34. *Ricerche sulle dimore rurali in Italia*, p.p. Centro di Studi per la geographia etnologica, Université de Florence, à partir de 1938.

35. Henri RAULIN-*La Savoie* (1977), premier volume de la collection de *L'Architecture rurale française. Corpus des genres, de types et des variantes,* collection qui reprendra les données d'une enquête inédite affectuée entre 1942 et 1945, sous la direction de P. L. DUCHARTRE et G. H. RIVIÉRE.

36. O. BALDACCI, *La Casa rurale in Sardegna,* 1952, n° 9 des *Ricerche sulle dimore rurali*, collection citée.

37. C. SAIBENE, *La Casa rurale nella pianura e pella collina lombarda,* 1955; P. VILAR, La *Catalogne et l'Espagne..., op. cit.,* II.

38. Jacques HILAIRET, *Dictionnaire histori que des rues de Paris*, 6e éd., 1963, I, pp. 453-454, 553-554, 131.

39. Madeleine JURGENS et Pierre COUPLE RIE, « Le logement à Paris aux XVIe siècles », *in: Annales E.S.C.*, 1962.

40. Pour tout en qui précède, S. MERCIER, *op. cit.,* I, pp. 11 et 270.

41. P. GOUBERT, *op. cit.,* p. 120, note 34.

42. G. ROUPNEL, *op. cit.,* pp. 114-115.

43. P. ZUMTHOR, La *Vie quotidienne en Hollande..., op. cit.,* pp. 55-56.

44. Lew is MUMFORD, *La Cité à travers l'histoire*, 1964, pp. 485-486.

45. Peter LASLETT, *Un monde que nous avons perdu, op. cit.,* pp. 7-8.

46. Louis DERMIGNY, *Les Mémoires de Charles de Constant sur le commerce à la Chine*, 1964, p. 145, et M. de GUIGNES, *op. cit.,* III, p. 51.

47. S. POLLARD and D. CROSSLEY, *The Wealth of Britain*, pp. 97 sq; M. W. BARLEY, *in: The Agrarian History of England and Wales*, p.p. Joan THIRSK, IV, 1967, pp. 745 *sq*.

48. Marc VENARD, *Bourgeois et paysans au XVIIe siècle. Recherches sur le rôle des bourgeois parisiens dans la vie agricole au sud de Paris*, 1957.

49. William WATTS, *The Seats of the Nobil ity and Gentry in a collection of the most interesting and picturesque views...*, 1779.

50. Fynes MORYSON, *An Itinerary*, 1617, I, p. 265.

51. Bernardo Gomes de BRITO, *Historia tragicomaritima*, VIII, 1905, p. 74.

52. Bernardino de ESCALANTE, *Primeira Historia de China* (1577), 1958, p. 37.

53. Abbé PRÉVOST, *op. cit.,* V, pp. 507-508 (yoyage de Isbrand Ides, 1693).

54. *Mémoires...*, par les missionnaires de Pékin, *op, cit.,* II, 1777, pp. 648-649.

55. M. GONON, *La Vie quotidienne en Lyonnais d'après les testaments, XIVe-XVIe siècles*, 1968, p. 68.

56. P. de SAINT-JACOB, op. cit., pp. 553, 159.

57. *Le Guide du pèlerin de Saint-Jacques de Compostelle*, p.p. Jeanne VIELLIARD, 1963, p. 29.

58. *Ordonnance de Louis XIV ... sur le fait des eaux et forests, 13 août 1669*, 1703, p. 146.

59. Daniel DEFOE, *Journal de l'année de la peste*, p.p. J. AYNARD, 1943, pp. 115 *sq*.

60. *Médit...*, I, p. 415.

61. *Ibid.,* I, p. 234.

62. Cité par Louis CARDAILLAAC, *Morisques et chrétiens. Un affrontement polé migue*, 1977, p. 388.

第四章

1. P. GOUBERT, *Beauvais et le Beauvaisis de 1600 à 1730..., op. cit.,* p. 230.
2. Bartolomé BENNASSAR, *Valladolid au Siècle d'or. Une ville de Castille et sa campagne au, XVIe siècle,* 1967, pp. 147-151.
3. Jean-Baptiste TAVERNIER, *Les Six Voyages...,* , 1682, I, p. 350.
4. Souvenir et photographie personnels.
5. G. F. GEMELLI CARERT, *op. cit.,* II, p. 15.
6. S. MERCIER, *Tableau de Paris, op. cit.,* I, p. 21, et II, p. 281.
7. *Ibid.,* IV, p. 149.
8. E. J. F. BARBIER, *, Journal histo-rique et anecdotique du règne de Louis XV, op. cit.,* I, p. 4.
9. Gaston ROUPNEL, *La Ville et la campa gne au XVIIe siècle,* 1955, P. 115.
10. X. de PLANHOL, « Excursion de géogra phie agraire. IIIe partie: la Lorraine méridionale », *in: Géographie et histoire agraires, actes du colloque international de l'Université de Nancy, Mémorie n° 21,* 1959, pp. 35-36.
11. F. VERMALE, *op. cit.,* pp. 287-288 et notes.
12. P. de SAINT-JACOB, *op. cit.,* p. 159.
13. René TRESSE, « La fabrication des faux en France », *in: Annales E.SC.*, 1955, p. 356.
14. A. de MAYERBERG, *Relation d'un voyage en* Moscovie, 1688, p. 105.
15. M. de GUIGNES, *op. cit.,* II, pp. 174-175.
16. Abbé PRÉVOST, *op. cit.,* VI, p. 24.
17. *Ibid.,* p. 26.
18. *Ibid.,* pp. 69-70.
19. Ade MAYERBERG, *op. cit.,* pp. 105-106.
20. *La Pologne au XVIIIe siècle par un précepteur français, Hubert Vautrin,* pp. Maria CHOLEWO-FLANDIN, 1966, pp. 80-81.
21. J. A. de MANDELSLO, 1659, *op. cit.,* II, p 270.
22. G. MACARTNEY, *op. cit.,* III, p. 260: M. d GUIGNES, *Voyage à Péking...,* 1808, II, pp 11, 180 et *passim.*
23. L. S. YANG, *Les Aspects éconmiques de travaux publics dans la Chine impériale* 1964, p. 38.
24. Pierre CLÉMENT, Sophie CHARPEN TIER *L'Habitation Lao, dans les régions d Vientiane et de LouangPrabang,* 1975.
25. *Voyage du Chevalier Chardin en Perse,* 1811 IV, pp. 111 *sq.*
26. Noël du FAIL, *op. cit.,* pp. 116-118.
27. Johann Gottlieb GEORGI, *Versuch eine Beschreibung der Russisch Kayserliche Residenzstadt St Petersburg...,* , 1790, pp 555-556.
28. Hermann KOLESCH, *Deutsches Bauern tur im Elsass. Erbe und Verpfl-ichung*, 1941, p 18. « Lorsqu'un tenancier voudra construire sa maison, il recensera 5 Hölzer (troncs) dont un linteau, une sablière, une panne faîtière et deux poinçons. »
29. F. VERMALE, *op. cit.,* p. 253.
30. Romain BARON, « La bourgeoisie de Varzy au XVIIe siècle », *in: Annales de Bourgogne,* juil.-sept.1964, p. 191.
31. *Archéologie du village déserté*, 2 vol., Cahiers des Annales n° 27, 1970.
32. X. de PLANHOL et J. SCHNEIDER, « Excursion en Lorraine septentrio-nale, Villages et terroirs lorrains », *in: Géogra phie et histoire agraires, actes du colloque international de l'Université de Nancy, Mémoire n° 21*, 1959, p. 39.
33. Docteur Louis MERLE, *La Métairie et*

73. *Ibid.*, p. 36.

74. *De l'usage du caphé, du thé et du chocolate, anonyme,* 1671, p. 23.

75. A. FRANKLIN, *op. cit.,* pp. 45 et 248.

76. Pour tout le paragraphe qui suit, cf. Jean LECLANT, « Le café et les cafés à Paris (1644-1693) », *in: Annales E.S.C.*, 1951, pp. 1-14.

77. A. FRANKLIN, *op. cit.,* p. 255.

78. Suzanne CHANTAL, *La Vie quotidie nne au Portugal..., op. cit.,* p. 256.

79. P. J.-B LE GRAND D'AUSSY, *op. cit.,* III, pp. 125-126.

80. L.-S MERCIER, *Tableau de Paris, p. cit.,* IV, p. 154.

81. Gaston MARTIN, *Nantes au XVIIIe siècle. L'ère des négriers, 1714-1774,* 1931, p. 138.

282. Pierre-François-Xavier de CHARLE VOIX, *Histoire de l'Isle Espagnole ou de S. Domingue,* 1731, II, p. 490.

283. *Dictionnaire du commerce et des march andises*, p.p. M. GUILLA-UMIN, 1841, I, p. 409.

284. Sur des diverses qualités de café, voir correspondance d'Aron Colace, Gem eemte Archief Amsterdam, *passim*, années 1751-1752.

285. M. MORINEAU, « Trois contributions au colloque de Göttingen », *in De l'Ancien Régime à la révolution franç aise,* p.p. A. CREMER, 1978, PP. 408-409.

286. R. PARIS, *in: Histoire du commerce de Marseille*, dir. par G. RAMBERT, V, 1957, pp. 559-561.

287. L.-S. MERCIER, *Tableau de Paris*, I, pp. 228-229.

288. *Journal de Barbier*, p.p. A. de La VIGEVILLE, 299 novembre 1721.

289. Cité par Isaac de PINTO, *Traité de la circulation et du crédit*, 1711, p. 5.

290. L.-S. MERCIER, *L'An deux mille quatre cent quaranet, op. cit.,* p. 359.

291. A.d.S. Venise, Cinque Savii, 9, 257 (1693).

292. Jules MICHELET, *Histoire de France,* 1877, XVII, pp. 171-174.

293. L. LEMERY, *op. cit.,* pp. 476, 479.

294. André THEVET, *Les Singularitez de la France antarcique*, 1558, pp. P. GAFF AREL, 1878, pp. 157-159.

295. *Storia della tecnologia, op. cit.,* III, p. 9.

296. L. DERMIGNY, *op. cit.,* III, 1964, p. 1252.

297. D'après Joan THIRSK, communic-ation inédite, Semaine de Parto, 1979.

298. Le mot dans A. THEVET, *op. cit.,* p. 158.

299. J. SAVARY, *op. cit.,* V, col. 1363.

300. *Mémoire de M. de MONSÉGUR* (1708), B.N., Ms. fr. 24 228, f° 206; Luigi BULFERETTI et Clau-dio COS TANTINI, *Industria e commercio in Liguria nell'età del Risorgimento (1700-1861)*, 1966, pp. 418-419: Jérôme de LA LANDE, Voyage en Italie..., 1786, IX, p. 367.

301. George SAND, *Lettres d'un voyag-eur*, éd. Garnier-Flammario, p. 76; *Petite Anthologie de la cigarette,* 1949, pp. 20-21.

302. L. DERMIGNY, *op. cit.,* III, p. 1253.

303. Cité par L. DERMIGNY, *ibid.,* III, p. 1253.

304. *Ibid.,* note 6.

305. Abbé PRÉVOST, *op. cit.,* VI, p. 536 (voyage de Hamel, 1668).

306. Suzanne CHANTAL, *La Vie quotidienne au Portugal..., op. cit.,* p. 256.

307. P. de SAINT-JACOB, *op. cit.,* p. 547.

308. Abbé PRÉVOST, *op. cit.,* XIV, p. 482.

309. *Cf. infra,* III, p. 379.

229. J. SAVARY, *op. cit.,* It, col. 208 (article « eau-de-vie »).
230. J. de LÉRY, Histoire d'un voya-ge faict en la terre du Brésil, 1580, p. 124.
231. P. Diego de HAEDO, *Topographia e historia gereral de Argel,* 1612, f⁰ 38.
232. J. A. de MANDELSLO, *op. cit.,* II, p. 122.
233. E. KÄMPFER, *op. cit.,* III, pp. 7-8 et I, p. 72.
234. *Mémoires concernant l'histoire, les sciences, les moœurs, les usages, etc. des Chinois*, par les Missionnaires de Pékin, V, 1780, pp. 467-474, 478.
235. G. MACARTNEY, *op. cit.,* II, p. 185.
236. Abbé PRÉVOST, *Histoire générale des voyages*, XVIII, 1768, pp. 334-335.
237. D'après les indications de mon collègue et ami Ali MAZAHERI.
238. *Food in Chinese Culture*, p.p. K. C. CHANG, *op. cit.,* pp. 122, 156, 202.
239. Note manuscrite d'Alvaro Jara.
240. Référence égarée.
241. Mémoires de Mademoiselle de Montp ensier, cité par A. FRANKLIN, *La Vie privée d'autrefois, le café, le thé, le chocolat,* 1893, pp. 166-167.
242. Bonaventure d'ARGONNNE, *Mélan ges d'histoire et de littérature,* 1725, I, p. 4.
243. Lettres des 11 février, 15 avril, 13 mai, 25 octobre 1671, 15 janvier 1672.
244. A. FRANKLIN, *op. cit.,* p. 171.
245. Archives d'Amsterdam, Koopmansarchief, Aron Colace l'Aîné.
246. G. F. GEMELLI CARERI, *op. cit.,* I, p. 140.
247. L. DERMINGY, *op. cit.,* I, p. 379.
248. Gui PATIN, *Lettres*, I, p. 383, et II, p. 360.
249. Samuel PEPYS, *Journal*, éd. 1937, I, p. 50.
250. L. DERMINGY, *op. cit.,* I, p. 381.
251. A. FRANKLIN, *op. cit.,* pp. 122-124.
252. L. DERMINGY, *La Chine et l'Occident. L commerce à Canton..., op. cit.,* album annexe tableaux 4 et 5.
253. G. MACARTNEY, *op. cit.,* I, pp. 30-31 et IV p. 227.
254. S. Pollard et D. CROSSLEY, *The Wealth o Britain, op. cit.,* p. 166.
255. G. MACARTNEY, *op. cit.,* IV, p. 215; L DERMIGNY, *op. cit.,* II, pp. 596 *sq.*
256. Archives de Leningrad, référence exacte égarée.
257. *Food in Chinese Culture, op. cit.,* pp. 70 e 122.
258. Pierre GOUROU, *L'Asie, op. cit.,* p. 133.
259. Cité par J. SAVARY, *op. cit.,* IV, col. 992.
260. G. MACARTNEY, *op. cit.,* II, p. 56.
261. J. SAVARY, *op. cit.,* IV, col. 993.
262. Référence exacte égarée. Remarque analogue chez J. BARROW, III, 1805, p. 57.
263. P. de LAS CORTES, document cité.
264. J. SAVARY, *op. cit.,* IV, col. 993.
265. G. de UZTÁRIZ, *op. cit.,* trad. fr., 1753, II, p. 90.
266. Les détails qui suivent d'après Antoine GALLAND, *De l'origine et du progrez du café. Sur un manuscrit* |*arabe*| *de la Bibliothèque du Roy,* 1699; Abbé PRÉVOST, *op. cit.,* X, pp. 304 *sq.*
267. J.-B. TAVERNIER, *op. cit.,* II, p. 249.
268. *De plantis Aegypti liber,* 1592. chap. XVI.
269. Pietro della VALLE, *Les Fameux Voya ges...,* 1670, I, p. 78.
270. Selon le témoignage de son fils, Jean de LA ROQUE, *Le Voyage de l'Arabie heureuse,* 1716, p. 364.
271. A. FRANKLIN, *La Vie privée d'autre fois, le café, le thé, le chocolat, op. cit.,* p. 33.
272. *Ibid.,* p. 22.

191. René PASSET, *L'Industrie dans la généralité de Bordeaux...*, 1954, pp. 24 *sq.*

192. *Histoire de Bordeaux*, pp. Ch. HIGOU NET, *op. cit.*, IV, pp. 500 et 520.

193. P..J.-B. LE GRAND D'AUSSY, op.cit., II, pp. 307-308.

194. *Ibid.*, II, p. 315.

195. A. HUSSON, *op. cit.*, pp. 212 et 218.

196. A.N., A.E., B^{1}, 757, 17 juillet 1687. Lettre de Bonrepaus à Seignelay.

197. A.N., Marine, B^{7}, 463, f° 75.

198. *Cf.* par exemple N. DELAM-ARE, *op. cit.*, II, pp. 975 et 976, ou l'Arrêt de la Cour de Parlement, de septembre 1740, pour l'interdiction en temps de disette.

199. *Vom Bierbrauen*, Erffurth, 1575.

200. Référence égarée.

201. ESTEBANILLO-GONZÁLEZ, « Vide y hechos », *in: La Novela picaresca española,* 1966, pp. 1779 et 1796.

202. M. GACHARD, *Retraite et mort de Charles Quint..., op. cit.*, II, p. 144 (1er février 1557).

203. André PLAISSE, *La Baronnie du Neubourg. Essai d'histoire agr-aire, économique et sociale,* 1961, p. 202; Jules SION, *Les Paysans de la Normandie orientale: étude géographique sur les populations rurales du Caux et du Bray, du Vexin normand et de la vallée de la seine,* 1909, p. 154.

204. J. SION, ibid.

205. René MUSSET, *Le Bas-Maine, étude géographique,* 1917, pp. 304-305.

206. A. HUSSON, *op. cit.*, pp. 214, 219, 221.

207. *Storia della tecnologia, op. cit.*, p. 145.

208. *Chroniques de Froissart,* ed. 1868, XII, pp. 43-44.

209. M. MALOUIN, *Traité de chimie,* 1735, p. 260.

210. *Storia della tecnologia, op. cit.*, II, p. 147, et Hans FOLG, *Wem der geprant Wein nutz sey oder schad...*, 1493, *cité ibid*, p. 147 et note 73.

211. Lucien SITTLER, *La Viticu-lture et le vin de colmar à travers les siècles,* 1956.

212. R. PASSET, *op. cit.*, pp. 20-21.

213. *Bilanci generali,* 1912, I^{1}, p. LXXVII.

214. J. SAVARY, *op. cit.*, V, col. 147-148.

215. Mémoire concernant l'Intend-ance des Trois Évêchés de Metz, Toul et Verdun, 1698, B.N., Ms. fr. 4285, f° 41 v° 42.

216. Guillaume GÉRAUD-PARRACHE, *Le Commerce des vins et dès eaux de vie en Languedoc sous l'Ancien Régime*, 1958, pp. 298 et 306-307.

217. *Ibid.*, p. 72.

218. *Storia della tecnologia, op. cit.*, III, p. 12.

219. Jean GIRARDIN, *Notice biographique sur Édouard Adam,* 1856.

220. L. LÉMERY, op.cit., p. 509.

221. J. PRINGLE, *Observations sur les maladies des armées..., p. cit.*, II, p. 131; I, pp. 14, 134-135, 327-328.

222. L.-S. MERCIER, *Tableau de Paris, op. cit.*, II, pp. 19 *sq.*

223. L. LEMERY, *op. cit.*, p. 512.

224. Gui PATIN, *Lettres, op. cit.*, I, p. 305.

225. AUDIGER, La Maison réglée, 1692.

226. J. SAVARY, *op. cit.*, II, col. 216-217.

227. En 1710, les syndics du comm-erce de Normandie protestent contre un arrêt interdisant toute eau-de-vie qui ne serait pas de vin. A.N., G^{7}, 1695, f° 192.

228. D'après N. DELAMARE, *op. cit.*, 1710, p. 975, et Le POTTIER DE LA HESTROY, A.N., G^{7}, 1687, f° 18 (1704), CETTE « invention » daterait du XVIe siècle.

pp. 494-495.

154. *Variétés,* II, p. 223.note 1.

155. J. GROSLEY, *Londres, op. cit.,* I, p. 138.

156. L.-S. MERCIER, *L'An deux mille quatre cent quarante, op. cit.,* p. 41, note a.

157. L.-S. MERCIER, *op. cit.,* VIII, 1783, p. 340.

158. B. PINHEIRO DA VEIGA, *op. cit.,* p. 138.

159. *Food in Chinese Culture, op. cit.,* pp. 229-230.

160. *Ibid.,* p. 291.

161. B. PINHEIRO, *op. cit.,* p. 138.

162. A.N., A.E., B 1, 890, 22 JUIN 1754.

163. Jean BODIN, *La Réponse... au Para doxe de M. de Malestroit sur le faict des monnoyes,* 1568, f° 1 r°.

164. Comte de ROCHECHOUART, *Souvenirs sur la Révolution, l'Empire et la Restauration,* 1889, p. 110.

165. Francis DRAKE, *Le Voyage curieux faict autour du monde...,* 164, p. 32.

166. G. F. GEMELLI CARERI, *op. cit.,* II, p. 103.

167. R. HAKLUYT, *The Principal Navigations, Voyages, Traffiques and Discoveries of the English Nation,* 1599-1600, II, p. 98.

168. Jean d'AUTON, *Histoire de Louus XII roy de France,* 1620, p. 12.

169. *Félix et Thomas Platter à Mont pellier, 1552-1559 et 1595-1599, notes de voyage de deux étudiants bâlois,* 1892, pp. 48, 126.

170. *Médit...,* I, pp. 180 et 190.

171. Le Loyal Serviteur, *La Très Joyeuse et très Plaisante Histoire composée par le Loyal serviteur des faits, gestes, triomphes du bon chevalier Bayard,* p.p. J.-C. BUCHON, 1872, p. 106.

172. J. BECKMANN, *op. cit.,* V, p. 2. Selon un document de 1723, « depuis un certain tems que l'usage est venu de mettre les vins en flacons de gros verre, li s'est mis toutes sorte de gens à faire et vendre des bouchons de liège ». A.N., G7, 1706, f° 177.

173. *Histoire de Bordeaux,* p.p. Ch HIGOU NET III, 1966, pp. 102-103.

174. Archivo General de Simancas, Guerra antigua, XVI, Mondéjar à Charles Quint, 2 décembre 1539.

175. J. SAVARY, *op. cit.,* V, col. 1215-1216 *Encyclopédie,* 1765, XVII, p. 290, article « Vin ».

176. Gui PATIN, *Lettres, op. cit.,* I, p. 211 (2 déc 1650).

177. L.-S. MERCIER, *op. cit.,* VIII, 1783, p. 225.

178. J. SAVARY, *op. cit.,* IV, col. 1222-1223.

179. L. A. CARACCIOLI, *op. cit.,* III, p. 112.

180. Bartolomé Bennassar, « L'a-limentation d'une capitale espagnole au XVIe siècle: Valladolid », *in: Pour une histoire de l'alimentation,* p.p. J.-J. HEMARD INQUER, *op. cit.,* p. 57.

181. Roger DION, *Histoire de la vigne et du vin en France,* 1959, pp. 505-511.

182. L.-S. MERCIER, *Tableau de Paris, op. cit.,* I, pp. 271-272.

183. G. F. GEMELLI CARERI, *op. cit.,* VI, p. 387.

184. A HUSSON, *op. cit.,* p. 214.

185. K. C. CHANG, in: Food in Chinese Culture, *op. cit.,* p. 30.

186. P. J.-B. LE GRAND D'AUSSY, *op. cit.,* II, p. 304.

187. *Ibid.*

188. *Storia della tecnologia,* p.p. Ch. SIN GER *et altri,* 1962, II, p. 144.

189. *Ibid.,* pp. 144-145, et J. BECK-MANN, *Beiträge zur Oekonomie,* 1781, V, p. 280.

190. G. Macaulay TR evelyan, *History of England,* 1943, p. 287, note 1.

mousson, 1956.

129. J. ANDRÉ, *Alimentation et cuisine à Rome, op. cit.,* pp. 207-211.

130. J. SAVARY, *op. cit.,* 1761, III, col. 704, On dit aussi maniguette et même maniq uette. .A.N., F^{12}, 70, f° 150.

131. SEMPERE Y GALINDO, *Historia del luxo y de las leyes suntauarias,* 1788, II, p. 2, note 1.

132. *Le Ménagier de Paris, op. cit.,* II, p. 125.

133. Gomez de BRITO, *Historia tragicomaritima,* 1598, II, p. 416; Abbé PRÉVOST, *op, cit.,* XIV, p. 314.

134. Dr CLAUDIAN, *Rapport préli-min aire,* article cité, p. 37.

135. A.N., Marine B^{7} 463, f°s 65 *sq.*

136. MABLY, *De la situation politiq-ue de la Pologne,* 1776, pp. 68-69.

137. BOILEAU, Satires, éd. Garnier-Flamm arion, 1969, Satire III, pp. 62 *sq.*

138. K. GLAMANN, *Dutch-asiatic Trade, 1620-1740,* 1958, tableau n° 2, p. 14.

139. Ernst Ludwig CARL, *Traité de la richesse eds princes et de leurs États et des moyens simples et naturels pour y parvenir,* 1722-1723, p. 236; John NICKOLLS, *Remarques sur les avantages et désavantages de la France et de la Grande-Bretagne, op. cit.,* p. 253.

140. K. GLAMANN, *op. cit.,* pp. 153-159. Le sucre de Chine disparaît du marché européen après 1661.

141. G. MAGARTNEY, *op. cit.,* II, p. 186.

142. A. ORTELIUS, *Théâtre de l'univers,* 1572, p. 2.

143. Alice Piffer CANABRAVA, *Aindustria do açucar nas lihas inglesas e francesas do mar das Antilhas (1697-1755),* 1946 (dactylogramme), ff. 12 *sq.*

144. Je me fie à mes lectures sur Chypre. Une énorme vente en 1464 porte sur 800 quintaux: L. de MAS-LATRIE, *Histoire de l'île de Chypre,* III, 1854, pp. 88-90; le 12 mars 1463, la galère de trafego de Venise ne trouve aucun sucre à charger, preuve d'une production modique, A.d.S. Venise, Senato mar, 7, f° 107 v°.

145. Lord SHEFFIELD, *Observa-tions on the commerce of the American States,* 1783, p. 89.

146. Ces chiffres parisiens d'après Lavoisier *in:* R. PHILIPPE, art. cit., tableau I, p. 569, et Armand Husson, *Les Consomm ations de Paris, op. cit.,* p. 330.

147. Pierre BELON, *Les Observations de plusieurs singularitez et choses mvmorables trouvées en Grèce, Asie, Judée, Égypte, Arabie et autres pays étranges,* 1553, pp. 106 et 191.

148. Abbé RAYNAL, *Histoire philosophique et politique des établissements et du commerce des Européens dans les deux Index,* 1775, III, p.86.

149. W. SOMBART, *Der Moderne Kapitalismus, op, cit.,* II^{2}, p. 1031.

150. J.-F. de ROME, *op. cit.,* p. 62.

151. M. PRINGLE, *Observations sur les maladies des armées, dans les camps et dans les prisons,* trad. fr., 1755, I, p. 6.

152. J. A. FRANÇA, *Une Ville des Lumières: la Lisbonne de Pombal,* 1965, p. 48; Suzanne CHANTAL, *La Vie quotid ienne au Portugal après le tremblement de terre de Lisbonne de* 1755, 1962, p. 232.

153. Jean DELUMEAU, *Vie écono-mique et sociale de Rome dans la seconde moitiée du XVIe siècle,* 1957, pp. 331-339; pour Gênes, cf. J. de LALANDE, *Voyage en Italie,* VIII,

136-137.

98. L. LÉMERY, *op. cit.*, p. 295.

99. Antonio de BEATIS, *Voyage du cardinal d'Aragon... (1517-1518)*, pp. Madeleine HAVARD DE LA MONT-AGNE, 1913, p. 119.

100. J. SAVARY, *op. cit.*, V, col. 1982; I, col. 465.

101. CARACCIOLI, *Dictionnaire... sentencieux, op. cit.*, I, p. 24.

102. Giuseppe PARENTI, *Prime Ricerche sulla rivoluzione dei prezzi in Firenze,* 1939, p. 120.

103. G. F. GEMELLI CARERI, *op. cit.,* VI, p. 21.

104. *Journal de voyage en Italie, op. cit.*, p. 1152.

105. MONTESQUIEU, *Voyages en Euro-pe,* p. 282.

106. G. F. GEMELLI CARERI, *op. cit.,* II, p. 475.

107. A. FRANKLIN, *op. cit.*, IX, *Variétés gastronomique,* 1891, p. 135.

108. Jacques ACCARIAS DE SÉRION-NE, *La Richesse de la Hollande*, 1778, I, pp. 14 et 192.

109. P. BOISSONNADE, « Le Mouve-ment commercial entre la France et les îles Britanniques au XVIe siècle », *in: Revue historique,* 1920, p. 8; H. BECHTEL, *op. cit.*, II, p. 53. Abandon des pêcheries de Schonen en 1473.

110. Bartolomé PINHEIRO DA VEIGA, *op. cit.*, pp. 137-138.

111. J. SAVARY, *op. cit.*, III, col. 1002 *sq.;* Ch. de LA MORANDIÉRE, *Histoire de la pêche francaise de la morue dans l'Amvrique septentrionale,* 1962, 3 vol., I, pp. 145 *sq*., sur la morue verte; pp. 161 *sq*., sur la morue sèche.

112. A.N., srie K (restituée à l'Espa-gne), référence incomplète.

113. E. TROCMÉ et M. DELAF-OSSE, *Le Commerce rochelais de la fin du XVe siècle au début du XVIIe,* 1952, pp. 17-18 et 120-123; J. SAVARY, *op. cit.*, III, col. 1000.

114. J. SAVARY, *op. cit.*, III, col. 997.

115. B.N., n.a., 9389, chevalier de Razilly à Richelieu, 26 nov, 1626.

116. A.N., A.E., B III, 442.

117. Paul DECHARME, *Le Comptoir d'un marchand au XVIIe siècle d'après une correspondance inédite,* 1910, pp. 99-110; N. DELAMARE, *Traité de police, op. cit.*, I, p. 607; Ch. de LA MORAN DIÉRE, *op. cit.*, I, p. 1: Les pêcheurs « disent couramment: j'ai pris de la morue à 25pour mille, ce qui veut dire que mille de ces morues pèsent après salaison 25 quintaux (un quintal = 50 kg), La très belle donne 60qx au millè, la moyenne 25 et la petie 10 qx ».

118. N. DELAMARE, *op. cit.*, III, 1722, p. 65.

119. Moscou, A.E.A., 7215-295, f° 28, Lisbo nne, 15 mars 1791.

120. G. de UXTÁRIZ, *op. cit.*, II, p. 44.

121. N. DELAMARE, *op. cit.*, I, 1705, p. 574 (1603).

122. Variétés, *op. cit.*, I, 316.

123. A. FRANKLIN, *La Vie privée d'autre fois, III, La Cuisine, op. cit.*, p. 19 et note. Ambroise PARÉ, Œuvres, 1607, p. 1065.

124. N. DELAMARE, *op. cit.*, III, 1719, p. 65.

125. J. ACCARIAS DE SÉRIONNE, *La Richesse de la Hollande, op. cit.*, I, pp. 14 et 192.

126. Wanda ŒSAU, *Hamburgs Grönland sf ahrt auf Walfischfang und Robbens chlag vom 17-19 Jahrhundert,* 1955.

127. P. J.-B. LE GRAND D'AUSSY, *Histoire de la vie privve des Fran-çais, op. cit.*, II, p. 168.

128. Kamala MARKANIAGA, *Le Riz et la*

les arts, les mœurs des Chin-ois par les missionnaires de Pékin, IV, 1779, pp. 321-322.

58. Ho SHIN-CHUN, *Le Roman des lettrés,* 1933, pp. 74, 162, 178.

59. G. F. GEMELLI GARERI, *op. cit.,* IV, p. 107; P. de MAGAILL-ANS, *Nou-velle Relation de la Chine,* 1688 (écrite en 1668), pp. 177-178.

60. R. MANTRAN, *Istanbul dans la seco nde moitié du XVII*[e] *siècle, op. cit.,* p. 196.

61. G. F. GEMELLI CARERI, *op. cit.,* I, pp. 63-64.

62. *Ibid.,* V, p. 305.

63. R. BAEHREL, Une *croissance: la Basse Provence rurale..., op. cit.,* p. 173.

64. L. SIMOND, *Voyage d'un Français en Angleterre..., op. cit.,* II, p. 332.

65. L.-S. MERCIER, *op. cit.,* 1783, V, p. 77.

66. *Ibid.,* p. 79.

67. A. FRANKLIN, *op. cit.,* III, p. 139.

68. *Médit...,* I, p. 139.

69. L.-S. MERCIER, V, p. 252.

70. *Ibid.,* p. 85.

71. *Voyage de Jérôme Lippomano, op. cit.,* II, p. 609.

72. M. D MONTAIGNE, *Journal de voyage en Italie, op. cit.,* p. 1118.

73. *Ibid.,* p. 1131.

74. Alfred FRANKLIN, *La Vie privée d'autre fois.* IX: *Variétés gast-ronomiques,* 1891, p. 60.

75. M. de MONTAIGNE, *Journal de voya ge...,* p. 1136.

76. M. de MONTAIGNE, *Essais*, éd. de la Pléiade, 1962, pp. 1054 et 1077.

77. *Les Voyages du Seigneur de Villamont,* 1609, p. 473; *Coryate's Crudities,* (1611), éd. 1776, I, p. 107.

78. Alfred FRANKLIN, *op. cit.,* I, *La civilité, l'étiquette et le bon ton,* 1908, pp. 289-291.

79. Alfred GOTTSCHALK, *Histoire de l'alimentation et de la gastronomie...,* 1948. II, pp. 168 et 184.

80. M. de MONTAIGNE, *Essais, op. cit.,* p. 1054.

81. C. DUCLOS, *Mémoires sur sa vie, in: Œuvres,* 1820, I, p. LXI.

82. G. F. GEMELLI CARERI, *op. cit.,* II, p. 61.

83. J.-B. LABAT, *Nouvelle Relation de l'Afrique occidentable, op. cit.,* I, p. 282.

84. Baron de Tott, *Mémoires,* I, 1784, p. 111.

85. Ch. GÉRARD, *L'Ancienne Alsace à table,* 1877, p. 299.

86. D'après les archives de Sto-ckhalpen et Alain DUBOIS, *Die Salzversorgung des Wallis 1500-1610. Wirtschaft und Politik,* 1965, pp. 41-46.

87. Dr CLAUDIAN, Première con-férence interna-tionale F.L.P.A.L, 1964, rapport préliminaire, p. 39.

88. A. FRANKLIN, *La Vie privée d'autrefois, La cuisine, op. cit.,* pp. 32, 33, 90.

89. *Médit...,* I, p. 138 et note 1.

90. Archives des Bouches-du-Rhône, Amira uté de Marseille, B IX, 14.

91. J. SAVARY, *op. cit.,* II, col. 778.

92. L. LÉMERY, *op. cit.,* p. 301.

93. A. N., 315, AP 2, 47, Londres, 14 mars 1718.

94. G. F. GEMELLI CARERI, II, p. 77.

95. *Voyage... de M. de Guignes, op. cit.,* I, p. 378.

96. Patrick COLQUHOUN, *Traité sur la police de Londres,* 1807, I, 128.

97. Bartolomé PINHEIRO DA VEIGA, « La Corte de Felipe III », *in: Viajes de extran jeros por España y Portugal,* II, 1959, pp.

crises et changem-ents de structures aux PaysBas (XVe-XVIe siècles) », *in: Annales E.S.C.*, 1963, n° 1, p. 216.

28. W. ABEL, « Wandlungen des Fleischverbrauchs und der Fleischversorgung in Deutschland... », *in: Berichte über Landwirtschaft*, cit., p. 415.

29. *Voyage de Jerôme Lippomano, op. cit.*, p. 575.

30. THOINOT ARBEAU, Orchésographie (1588), éd. 1888, p. 24.

31. W. ABEL, *Crises agraires en Europe, XIIIe-XXe siècle, op. cit.*, p. 150.

32. Ugo TUCCI, « L'Ungheria e gli approvv igionamenti veneziani di bovini nel Cinquecento », *in: Studia Humanitatis*, 2; *Rapporti venetoungheresi all'epoca del Rinascimento*, 1975, pp. 153-171; A.d.S. Venise, Cinque Savii, III. *1481-1599*, par R. COLLIER et j.billioude, 1951, PP. 144-145.

33. L. DELISLE, *Études sur la con-dition de la classe agricole et l'état de l'agriculture en Normandie au Moyen Age*, 1851, p. 26.

34. E. LE ROY LADURIE, *Les Paysans de Languedoc*, 2e éd., 1966, I, PP. 177-179.

35. W. ABEL, art. cité, p. 430.

36. Noël du FAIL, *Propos rustiques et facé tieux*, éd. 1856, p. 32.

37. G. de GOUBERVILIE, *Journal...*, 1892, P. 464.

38. C. HATON, *Mémoires..., op. cit.*, p. 279.

39. W. ABEL, *Crises agraires en Europe..., op. cit.*, pp. 198-200.

40. André PLAISSE, *La Baronnie du Neu bourg*, 1961; Pierre CHAUNU, « Le Neubourg. Quatre siècles dh-istoire normande, XIVe-XVIIIe », *in: Annales E.S.C.*, 1961, pp. 1152-1168.

41. R. GRANDAMY, « La grande régression. Hypothèse sur l'évolution des prix réels de 1375 à 1875 », *in: Prix de vente et prix de revient* (13e série), 1952, p. 52.

42. A. HUSSON, *Les Consommations de Paris, op. cit.*, p. 157; Jean-Claude TOUTAIN, *in: Histoire quantitative de l'économic française, I, cahiers de l'I. S.E.A.*, 1961, pp. 164-165; LAVOISIER, « De la richesse de la France » et « Essaisure la population de la ville de Paris », in: Mélanges d'économie politique, I, 1966, pp. 597-598 et 602.

43. W. ABEL, *Crises agraires en Europe..., op. cit.*, pp. 353-354.

44. J. MILLERET, *De la réduction du droit sur le sel*, 1829, pp. 6 et 7.

45. Émile MIREAUX, *Une Province franç aise au temps du Grand Roi, la Brie*, 1958, p. 131.

46. Michel MORINEAU, « Rations de marine (Angleterre, Hollande, Suède et Russie) », *in: Annales E.S.C.*, 1965.

47. Paul ZUMTHR, La Vie quotiaienne en Hollande au temps de Rembr-ant, 1959, pp. 88 *sq.*

48. L. LÉMERY, *op. cit.*, pp. 235-236.

49. P. de SAINT-JACOB, *op. cit.*, p. 540.

50. P. J. GROSLEY, *Londres*, 1770, I, p. 290.

51. *Mémoires de Mademoiselle de Montp ensier*, éd. *Cheruel*, 1858-1859, III, p. 339.

52. Abbée PRÉVOST, *op. cit.*, X, pp. 128-129 (voyage de Tavernier).

53. R. de VIVERO, *op. cit.*, p. 269.

54. F. BERNIER, *Voyages..., op. cit.*, 1699, II, p. 252.

55. P. de LAS CORTES, doc. cité., p. 54.

56. G. F. GEMELLI CARERI, *op. cit.*, IV, p. 474.

57. *Mémoires concernant l'histoire, les sciences,*

123-124.

260. *Ibid.*, p. 164.

261. *Ibid.*, I, p. 109.

262. Abbée PRÉVOST, *Supplément des voya ges,* XX, p. 126.

263. *op. cit.,* XV, pp. 1 *sq.*

264. *Ibid.*, p. 87.

第三章

1. John NEF, *La Guerre et le progrès humain,* 1954, pp. 24-25.
2. ÉRASME, *La Civilité morale des enfans,* 1613, p. 11.
3. Dr Jean CLAUDIAN, Rencontre international F.I.P.A.L., nov. 1964, *Rapport préliminaire,* p. 34.
4. L. A. CARACCIOLI, *Dictionnaire critique, pittoresque et sententieux, propre à faire connoître les usages du siècle, qinsi que ses bizarreries,* 1768, I, p. 24.
5. Gerónimo de UZTÁRIZ, *Theoria y prácitica de comercio y de marina,* 1724, pp. 348-349.
6. B. de LAFFEMAS, *Reiglement général pour dresser les manufac-tures en ce royaume...*, 1597, p. 17.
7. Abbé PRÉVOST, *op. cit.,* VI, p. 142 (voyage de du Halde).
8. L.-S. MERCIER, *L'An deux mille quatre cent quarante, op. cit.,* p. 368, note a.
9. Werner SOMBART, *Luxus und Kapitali smus,* 1922, p. 2.
10. Th. DOBZHANSKY, *L'Homme en évolution,* 1966, p. 369.
11. *Food in Chinese Culture,* pp. K. C. CHANG, op. cit.
12. L.-S. MERCIER, *Tableau de Paris,* 1782, XI, pp. 345-346.
13. *Food in Chinese Culture, op. cit.,* pp. 15, 271, 280.
14. Ortensio LANDI, *Commentario delle più notabili e mostruose cose d'Italia,* sd., pp. 5-6.
15. « Voyage de Jérôme Lippom-ano », *in: Relations des ambass-adeurs vénitiens sur les af faires de France au XVIe siècle,* II, 1838, p. 605 (Collection des documents inédits sur l'Histoire de France).
16. A. FRANKLIN, *op. cit.,* III, p. 205.
17. L.-S. MERCIER, *Tableau de Pairs, op. cit.,* V, p. 79.
18. A. CAILLOT, *Mémoires pour servir à l'histoire des mœurs et usages des Français,* 1827, II, p. 148.
19. L. A. CARACCIOLI, *Dictionnaire... sent entieux..., op. cit.,* I, p. 349; III, p. 370; I, p. 47.
20. Marquis de PAULMY, *Précis d'une histoire générale de la vie privée des Français,* 1779, p. 23.
21. A. FRANKLIN, *op. cit.,* III, pp. 47-48.
22. *Le Ménagier de Paris, traité de moral et d'économie domestique composé vers 1393*, 1846, II, p. 93.
23. Michel de MONTAIGNE, *Journal de voyage en Italie,* éd. de la Pléiade, 1967, p. 1131.
24. RABELAIS, *Pantagruel*, liv. IV, ch. LIX et LX.
25. Philippe MANTELLIER, « Mémoire sur la valeur des principales denrées... quise vendaient... en la ville d'Orléans », *in: Mémoires de la société archéologique de l'Orléa-nais,* 1862, p. 121.
26. *Gazette de France,* 1763, p. 385.
27. Hermann VAN DER WEE, « Typol-ogie des

224. G. et G. FRÉCHE, *op. cit.*, p. 36.

225. Filippo PIGAFETTA et Duarte LOPEZ, *Description du royaume de Congo,* 1591, trad. de W. Bal, 1973, P. 76.

226. P. VERGER, *Dieux d'Afrique,* 1954, pp. 168, 176, 180.

227. Ping-Ti Ho, « The Introduction of Ame rican food plants into China », art. cité.

228. Berthold LAUFER, *The American Plant Migration, the Potato,* 1938.

229. Cité par R. M. HARTWELL, *The Industrial Revolution and economic Growth,* 1971, p. 127.

230. Archives de Cracovie, fonds Czartoryski, 807, f° 19.

231. Johann Gottlieb GEORGI, *op. cit.*, p. 585.

232. B. LAUFER, *op. cit.*, pp. 102-105.

233. E. JULLIARD, *op. cit.*, p. 213.

234. D. MATHIEU, *L'Ancien Régime dans la province de Lorraine et Barr-ois,* 1879, p. 323.

235. K. H. CONNELL, « The Potato in Ireland », *in: Past and Present,* n° 23, nov. 1962, pp. 57-71.

236. Vers Dunkerque (1712): A.N., G^{7}, 1698, f° 64; vers le Portugal (1765): A.N., F^{12}, f°s 143 *sq*.

237. Adam SMITH, *The Wealth of Nations,* 1937, p. 161.

238. E. ROZE, *Hixtoire de la pomme de terre,* 1898, p. 162.

239. J. BECKMANN, *Beiträge zur Oekonomie, op. cit.,* V, p. 280.

240. Ch. VANDERBROEKE, « Cultiv-ation and consumption of the potato in the 17th and 18th Centuries », *in: Acta historiae neerlandica,* V, 1971, p. 35.

241. *Ibid.*, p. 21.

242. *Ibid.*, p. 35.

243. *Ibid.*, p. 28.

244. A. SMITH, *The Wealth of Nations,* éd. 1863, p. 35, cité par PO-LLARD and CROSSLEY, *op. cit.*, p. 157.

245. Louis SIMOND, *Voyage d'un Fran-çais en Angleterre pendant les années 1810 et 1811,* I, p. 160; je cite à tout hasard un peti détail (Gabriel SAGARD, *Le Grand Voyage du pays des Hurons,* 1976): en 1623, le vaisseau qui l'emporte vers le Canada, saisit un petit navire anglais où il trouve un baril de patates « en forme de gros naveaux mail d'un goût beaucoup plus excellent » (p. 16).

246. G. F. GEMELLI CARELI, *op. cit.*, IV, p. 80.

247. LABAT, *Nouveau Voyage aux isles de l'Amérique,* 1722, I, p. 353.

248. G. F. GEMELLI CARRERI, *op. cit.*, VI, p. 25.

249. *Ibid.*, VI, p. 89.

250. Ester BOSERUP, *Évolution agraire et pression démographique,* 1970, pp. 23 *sq.*

251. P. Jean-François de ROME, *La Fondation de la mission des Capuc-ins au Royaume de Congo,* trad. Bontinck, 1964, p. 89.

252. Otto von KOTZEBUE, *Reise um die Welt..., op. cit.,* I, pp. 70-71.

253. Pierre GOUROU, *L'Amérique tropicale et australe,* 1976, pp. 29-32.

254. *Ibid.*, p. 32.

255. J.-F de ROME, *op. cit.*, p. 90.

256. Georges BALANDIER, *La Vie quotidienne au royaume de Kongo du XVI*ᵉ *au XVIII*ᵉ *siècle,* 1965, pp. 77-78.

257. Abbé PRÉVOST, *op. cit.*, XII, p. 274.

258. Louis-Antoine de BOUGAIN-VILLE, *Voyage autour du monde,* éd. de 1958, p. 120.

259. James Cook, *Giornali di bordo,* I, 1971, pp.

194. Th. SMITH, *ibid.*, pp. 82, 92 *sq.*

195. *Ibid.*, pp. 68 *sq.*, 156, 208, 211; Matsuyo TAKIZAWA, *The Penet-ration of money economy in Japan,* 1927, pp. 34-35; 75-76, 90-92; *Recent trends in japanese historiography: bibliographi cal essays,* XIIIe *congrés* des sciences historiques de Moscou, 1970, I, pp. 43-44.

196. Voir *infra*, III, pp. 433 et 441-442.

197. G. B. SAMSON, *op. cit.*, p. 237.

198. Il est décrit dans la *Vie de Colomb par son fils*, à la date du 5 novembre 1492, comme « une sorte de blé appelé maize qui était très savoureux, cuit au four ou bien séché et réduit en farine », A. MARURIZIO, *op. cit.*, pp. 339.

199. R. S. MAC NEISH, *First annual report of the Tehuacan archaeolo-gicalbo tanical project,* 1961, et Second annual report, 1962.

200. G. F. GEMELLI CARERI, *op. cit.*, VI, p. 30.

201. F. COREAL, *op. cit.*, I, p. 23.

202. P. VIDAL DE LA BLACHE, *op. cit.*, p. 137.

203. Jean-Pierre BERTHE, « Pro-duction et productivité agricoles au Mexique, XVIe-XVIIIe siècles », *in: Troisième Conférence internaionale d'histoire économique,* Munich, 1965.

204. F. MÁRQUEZ MIRANDA, « Ci-vilisations précolombiennes, civilisa-tion du maïs », *in: A travers les Amériques latines,* publ. sous la direction de Lucien FEBVRE, *Cahiers des Annales,* n° 4, pp. 99-100.

205. Marie HELMER, « Les Indiens des plateaux andins », *in: Cahiers d'outre mer,* n° 8, 1949, p. 3.

206. Marie HELMER, « Note brève sur les Indiens Yuras », *in: Journal de la socié té des américanistes*, 1966, pp. 244-246.

207. Alexandre de HUMBOLDT, *Voyage aux régions équinoxiales du Nouveau Continent fait en 1799 et 1800,* éd. de 1961, p. 6.

208. A. de SAINT-HILATRE, *Voyages dans l'intérieur du Brésil,* 1re partie, I, 1830, pp. 64-68.

209. Rodrigo de VIVERO, *Du Japon et du bon gouvernement de l'Espagne et des Index,* p.p. Juliette MONBEIG, 1972, pp. 212-213.

210. Earl J. HAMILTON, *American Treasure and Price Revolution in Spain,* 1934, p. 213, note 1, trouve la tomate dès 1608 dans les achats alimentaires d'un hôpital d'Andalousie.

211. Georges et Geneviève FRÉ-CHE, *Le Prix des grains, des vins et des l[e]gumes à Toulouse, (1486-1868),* 1967, pp. 20-22.

212. Carl O. SAUER, « Maize into Europe », *in: Akten des 34. Interna-tionales Amerikanischen Kongresses,* 1960, p. 781.

213. O. de SERRES, *Le Théâtre de l'agricul ture..., op. cit.*, II, p. 4.

214. A. BOURDE, *Agronomie et agronomes en France au XVIIIe siècle,* 1967, I, p. 185, note 5.

215. Traian STOIANOVICH, « Le maïs dans les Balkans », *in: Annales, E.S.C.*, 1966, p. 1027 et note 3, p. 1029 et note 1.

216. J. GEORGELIN, *op. cit.*, p. 205.

217. G. ANTHONY, *L'Industrie de la toile à Pau et en Béarn,* 1961, p. 17.

218. G. et G. FRÉCHE, *op. cit.*, pp. 20-22, 34-37.

219. Mémoire sur le Béarn et la Basse Navarre, 1700, B.N. Ms. fr. 42887, f° 6.

220. Moscou, A.E.A., 72/5, 254, f° 29.

221. P. de SAINT-JACOB, *op. cit.*, p. 398.

222. Jérôme et Jean THARAUD, *La Bataille de Scutari,* 24e éd., 1927, p. 101.

223. J. GEORGELIN, *op. cit.*, pp. 205 et 225.

157. F. W. MOTE, *in: Food in Chinese Culture, op. cit.*, p. 199.

158. P. GOUROU, *op. cit.*, p. 86.

159. Voir les figures des pages 128-129.

160. J.-B. du HALDE, *Description géogra phique, historique, chronol-ogique, politique et physique de l'Empire de la Chine et de la Tartarie chinoise*, 1735, II, p. 65.

161. P. de LAS CORTES, doc. cité., f° 123 v°.

162. Pierre GOUROU, *L'Asie*, 1953, P. 32.

163. *Ibid.*, pp. 30-32.

164. Au Siam, E. KÄMPFER, *Histoire natur elle... de l'Empire du Japon*, 1732, I, p. 69. Au Cambodge, *Éveline PORÉEMASPÉRO, Études sur les rites agraires des Cambodgines*, 1942. I, p. 28; P. GOUROU, *L'Asie, op. cit.*, p. 74.

165. P. de LAS CORTES, doc. cité, f° 43 v°.

166. G. MACARTNEY, *op. cit.*, III, p. 287; *dictionnaire archéologique des techni ques*, 1964, I, pp. 214-215; II, p. 520.

167. Michel CARTIER, Pierre E. WILL, « Démographie et institutions en chine: contributions à l'analyse des recense ments de l'époque impé-riale », *in: Annales de démographie historique,* 1971, pp. 212-218 et 230-231.

168. Pierre GOUROU, *Les Paysans du delta tonkinolis,* 1939, pp. 382-387.

169. Les détails qui suivent empruntés à Éveline PORÉE-MASPÉRO, *op. cit.*, I, 1942, pp. 32 *sq.*

170. Jean CHARDIN, *Voyages en Perse,* 1811, IV, pp. 102-105.

171. J. FOURASTIÉ, *Machinisme et bienêtre, op. cit.*, p. 40.

172. Pierre GOUROU, *L'Asie,* 1953, p. 55.

173. Pierre GOUROU, *Les Pays tropical-ux,* 4e éd., 1966, p. 95.

174. J. SPENCE, *in: Food in Chinese* Cult ure, p.p. K. C. CHANG, 1977. p. 270.

175. Abbé PRÉVOST, *op. cit.*, VIII, pp. 536 et 537.

176. J.-B du HALDE, *op. cit.*, II, p. 72.

177. P. de LAS CORTES, doc. cité f°s 54 et 60.

178. *Voyages à Pékin, Manille et l'Ile de France... 1784-1801, op. cit.*, I, p. 320.

179. P. GOUROU, *L'Asie, op. cit.*, II, p. 268.

180. J. A. MANDELSLO, *op. cit.*, II, p. 268.

181. J. SAVARY, *op. cit.*, IV, col. 561.

182. P. de LAS CORTES, doc. cité f° 55.

183. Matsuyo TAKIZAWA, *The Penetra-tion of Money Economy in Japan...*, 1927, pp. 40-41.

184. P. de LAS CORTES, doc. cité f° 75.

185. Jacques GERNET, *Le Monde chin-ois,* 1972, pp. 281 et 282, et 648' Wolfram EBERHARD, *A History of China*, 4e éd., 1977, p. 255.

186. F. W. MOTE, *in: Food in Chinese Culture, op. cit.*, pp. 198-200.

187. J. SPENCE, *ibid,* pp. 261 et 271.

188. Abbé PRÉVOST, *op. cit.*, VI, pp. 452-453 (du Halde).

189. J. GERNET, *Le Monde chinois, op. cit.*, pp. 65-66; *Dictionnaire archéologique des techniques,* 1964, II, p. 520.

190. Victor BÉRARD, *Les Navigations d'Ulysse,* II. *Pénélope et les Barons des îles,* 1928, pp. 318, 319.

191. G. F. GEMELLI CARERI, *op. cit.*, IV, p. 102.

192. G. B. SAMSON, *The Western World and Japan,* 1950, p. 241.

193. Michel VIÉ, *Histoire du Japan,* 1969, p. 99; Thomas C. SMITH, *The Agrarian Origins of Modern Japan,* 1959, p. 102.

118. Rober PHILIPPE, « Une opération pilote; l'étude du ravitai-llement de Paris au temps de Lavoisier », *in: Pour une histoire de l'alimentation*, pp. JeanJacques HEMARDINQUER, 1970, p. 65, tableau 5; A. HUSSON, op, cit., p. 106.

119. Louis-Sébastien MERCIER, *Tableau de Paris*, 1782, IV, p. 132.

120. E. H. PHELPS BROWN et Sheila V. HOPKINS, « Seven Centuries of Building Wages », *in: Economica*, août 1955, pp. 195-206.

121. P. de SAINT-JACOB, *op. cit.*, p. 539.

122. Giuseppe PRATO, *La Vita economica in Piemonte in mezzo a secolo XVIII*, 1908.

123. Paul RAVEAU, *Essai sur la sit-udition économique et l'état social en Poitou au XVIe siècle*, 1931, pp. 63-65.

124. Jacques ANDRÉ, *Alimentation et cuisine à Rome*, 1961, pp. 62-63.

125. J.-M. RICHARD, art. cit., p. 21.

126. Jean MEYER, *La Noblesse bretonne au XVIIe siècle*, 1996, p. 449, note 3.

127. Référence non retrouvée.

128. O. AGA, *op. cit.*, pp. 64-65.

129. N. F. DUPRÉ DE SAINT-MAUR, *op. cit.*, p. 23.

130. Alfred FRANKLIN, *La Vie privée d'autrefois*. III. *La cuisine*, 1888, p. 91.

131. Londres, P.R.O. 30, 25, 157, Giornale autografo di Francesco Contarini da Venezia a Madrid.

132. J. SAVERY, *Dictionnaire..., op. cit.*, IV, col. 10.

133. L.-S. ERCIER, *op. cit.*, XII, p. 242.

134. A.N., AD XI, 38, 225.

135. Denis DIDEROT, article « bou-illie », *Supplément à l'Encyclopédie*, II, 1776, p. 34.

136. L.-S. MERCIER, *op. cit.*, VIII, pp. 154 *sq.*

137. L.-S. MERCIER, *ibid.*, XII, p. 240.

138. D'après des documents que j'ai consultés aux archives de Cracovie.

139. N. DELAMARE, *Traité de police*, II, 1710, p. 895.

140. *Ibid.*, édition 1772, II, pp. 246-247; A. Husson, *op. cit.*, pp. 80-81.

141. A.d.S. Venise, Papadopoli, 12, f° 19 v°.

142. Museo correr, Donà delle Rose, 218, f° 140 v°.

143. Correspondance de M. de Compans, consul français à Gênes, A.N., A.E., B1, 511.

144. Antoine PARMENTIER, *Le Parfait Boulanger*, 1778, pp. 591-592.

145. Jean MEYER, *La Noblesse bretonne au XVIIIe siècle, op. cit.*, p. 447 et note.

146. NECKER, *Législation et commerce des grains, chapitre* XXIV.

147. *Diari della città di Palermo dal secolo XVI al XIX,* p. p. Gioacchino di MARZO, vol. XIV, 1875, pp. 247-248.

148. N. DELAMARE, *op. cit.*, II, p. 1039.

149. *Gazette de France, Rome*, 11 août 1649, p. 749.

150. R. GROUSSET, *Histoire de la Chine, op. cit.*

151. Annuaire F.A.O., 1977.

152. G. MACARTNEY, *op. cit.*, II, p. 232.

153. M. de GUIGNES, *Voyages à Pékin, Manille et l'Ile de France... 1784-1801*, 1808, I, p. 354.

154. Vera Hsu et francis Hsu, *in: Food in Chinese Culture*, p.p. K. C. CHANG, *op. cit.*, pp. 300 *sq.*

155. Pierre GOUROU, *L'Asie*, nouvelle édition, 1971, pp. 83-86.

156. Jules SION, *Asie des moussons*, 1ere partie, 1928, p. 34.

90. Andrea METRA, *Il Metore perfetto de'negozianti*, 1797, v, p. 15.
91. Claude NORDMANN, *Grandeur et liberté de la Suède, 1660-1792*, 1971, p. 45 et note.
92. Werner SOMBART, *Der moderne Kapitalismus*, 1921-1928, II, p. 1035. Quantités exportées d'Angl-eterre après 1697 et d'Amérique en 1770.
93. *Bilanci generali*, 2e série, I, 1, 1912, pp. 35-37.
94. Jean NICOT, *Gorrespondance inédite*, p.p. E. FALGAIROLLE, 1897, p. 5.
95. J. NICKOLLS, *op. cit.*, p. 357.
96. Moscou, A.E.A., 8813-261, f° 21, Livourne, 30 mars 1795.
97. Werner SOMBART, *Krieg und Kapitalismus*, 1913, pp. 137-138.
98. J. SAVARY, *Dictionnaire...*, V, col. 579-590.
99. W. SOMBART, *Der moderne Kapitalismus, op. cit.*, II, pp. 1032-1033.
100. Fritz Wagner, *in: Handbuch der europäischen Geschichte*, éd. par Th. Schieder, 1968, IV, p. 107.
101. Yves RENOUARD, « Une expédi-tion de céréales des Pouilles... », *in: Mélanges d'archéologie et d'histoier de l'École française de Rome*, 1936.
102. W. SOMBART, *Der moderne Kapitali smus, op. cit.*, II, pp. 1032.
103. Médit..., *I, pp. 543-545.*
104. Référence exacte perdue.
105. Sur l'organisation des *caricatori*, cf. *Médit...*, I, pp. 525-528.
106. *Médit...*, I, p. 527.
107. *Médit...*, I, p. 577.
108. *Histoire du commerce de Marseille, op. cit.*, IV, pp. 365 *sq.*
109. A. P. USHER, *The History of the grain trade in france, 1400-1710*, 1913, p. 125.
110. V. S. LUBLINSKY, « Voltaire et la guerre des farines », *in: Annales historiques de la Révolution française*, n° 2, 1959, pp. 127-145.
111. Abbé MABLE, « Du commerce des grains » *in: Œuvres complètes*, XIII, 1795, pp. 144-146.
112. Earl J. HAMILTON, « Wages and Subsistence on Spanish Treasure Ships, 1503-1660 », *in: Journal of Political Economy*, 1929.
113. Tous les chiffres qui suivent calculés par F. C. Spooner, « Régimes alimentaires d'autrefois: proportions et calculs en calories », *in: Annales E.S.C.*, 1961, pp. 568-574.
114. Robert PHILIPPE, « Une operation pilote: l'étude du ravitaillement de Paris au temps de Lavoisier », *in: Annales E.S.C.*, XVI, 1961, tableaux non paginés entre les pages 572 et 573. A noter une erreur dans le dernier tableau: il faut lire 58% et non 50.
115. Armand HUSSON, *Les Conso-mmations de Paris*, 1856, pp. 798-106.
116. Le calcul est fait d'après les documents du Museo Correr, Donà delle Rose, 218, f°s 142 *sq*. D'un calcul fait sur les années agricoles 1603-1604, 1604-1605, 1608-1609, en tenant compte des bilans de stocks de céréales, la moyenne de la consommation de Venise s'établit aux environs de 450000 stara. La population de la ville est de 15000, la consommation par personne de 3 stara, c'est-àdire, à 60 k par stara, 180 kg. Cesont d'ailleurs les chiffres retenus par une enqute officielle de 1760 (3 stara de froment ou 4,5 de maïs). P. GEORGELIN, *op. cit.*, p. 209.
117. Witold KULA, *Théorie économique du système féodal..., XVIe-XVIIIe s.*, 1970.

9.

56. François VERMALE, *Les Classes rurales en savois au XVIII*[e] *siècle*, 1911, p. 286.

57. Johann Gottlieb GEORGI, *op. cit.*, p. 579.

58. René BAEHREL Une Croissance: la BasseProvence rurale (fin du XVIe siècle-1789), 1961, pp. 136-137.

59. B. H. SLICHER VAN BATH, *Storia agraria..., op. cit.*, pp. 353-356; JeanFrançois de BOURGOING, *Nouveau Voyage en Espagne...*, 1789, III, p. 50.

60. P. G. POINSOT, *L'Ami des cultivateurs*, 1806, II, p. 40.

61. *In:* Marc BLOCH, *Mélanges historiques*, II, 1963, p. 664.

62. Mémoires de 1796, cité par I. IMBERCIADORI, *La Campagna toscana nel'700*, 1953, p. 173.

63. B. H. SLICHER VAN BATH, *Storia agraria dell'Europa occidentale*, 1972, pp. 245-252, 338 *sq.*; Wilhelm ABEL, *Crises agraires en Europe, XIII*[e]*-XX*[e] s., 1973, p. 146.

64. A. R. LE PAIGE, *Dictionnaire topograph hique du Maine*, 1777, II, p. 28.

65. Jacques MULLIEZ, « Du blé,'mal nécessaire'. Réflexions sur les progrès de l'agriculture, 1750-1850 », *in: Revue d'histoire moderne et contemporaine*, 1979, pp. 303-31.

66. *Ibidem, passim.*

67. *Ibid.*, pp. 32-34.

68. *Ibid.*, pp. 36-38.

69. *Ibid.*, pp. 30 et 47 notamment.

70. Olivier de SERRES, *Le Théâtre d'agriculture et mesnage des champs...*, 1605, p. 89.

71. François Quesnay et la physiocratie, éd. de l'I. N.E.D., 1958, II, p. 470.

72. P. de SAINT-JACOB, *op. cit.*, p. 152.

73. J.-C TOUTAIN, art, cit., p. 87.

74. Pour tous ces chiffres, Hans Helmut WÄCHTER, *Ostpreussische Domänenvorwerke im 16. und 17. Jahrhundert*, 1958, p. 118.

75. J.-M. RICHARD, art. cit., pp. 17-18.

76. *François Quesnay..., op. cit.*, p. 461 (article « grains » de l'Encyc-lopédie).

77. « Production et productivité de l'économie agricole en Pologne », *in: Troisième Conférence internationale d'histoire économique*, 1965, p. 160.

78. Léonid ZYTKOWICZ, « Grain yields in Poland, Bohemia, Hungary and Slovakia », *in: Acta Poloniae historica*, 1971, p. 24.

79. E. LE ROY LADURIE, *Les Paysans de Languedoc..., op. cit.*, II, p. 849-852; I, p. 533.

80. *Essai plitique sur le royaume de la Nouvelle Espagne*, 1811, II, p. 386.

81. E. LE ROY LADURIE, *op. cit.*, II, p. 851.

82. *Yield ratios, 810-1820*, 1963, p. 16.

83. H. H. WÄCHTER, *op. cit.*, p. 143.

84. Jean GLENISSON, « Une administration médiévale aux prises avec la disette. La question des blés dans les provinces italiennes de l'État ponifical en 1374-1375 », *in: Le Moyen age*, t. 47, 1951, pp. 303-326.

85. Ruggiero ROMANO, « A propos du commerce du blé dans la Méditerranée des XIVe et XVe siècles », *in: Hommage à Lucien Febvre*, 1954, II, pp. 149-156.

86. Jean MUVRET, *Études d'histoire économique*, 1971, p. 200.

87. Médit..., I, p. 302.

88. Ruggiero ROMANO, *Commerce et prix du blé à Marseille au XVIII*[e] *sièecle*, 1956, pp. 76-77.

89. A.N., A.E., B[1], 529, 4 février 1710.

Rhône moyen, 1926, p. 317.

25. M. SORRE, *op. cit.*, I, carte p. 241; aire étendue à toute la Méditerranée et à l'Europe centrale et méridionale.

26. *Médit*..., I, pp. 539 et 540.

27. B.N., Estampes, Oe 74.

28. *Médit*..., I, p. 223.

29. Hans HAUSSHERR, *Wirtschaftsgeschichte der Neuzeit, vom des 14. bis zur Höhe des 19. J.*, 3e éd. 1954, p. 1.

30. *Médit*..., I, p. 544 et note 1.

31. Louis LEMERY, *Traité des aliments, où'on doit faire de chacun d'eux en particulier*..., 1702, p. 113.

32. Cf. tableau de J.-c. TOUTAIN, « Le produit de l'agriculture française de 1700 à ■958 », *in: Histoire quantitative de l'économie française, dirigée* par Jean MARCZEWSKI, 1961, P. 57.

33. Jacob van KLAVEREN, *Europäische Wirtschaftsgeschichte Spaniens im 16. und 17. Jahrhundert*, 1960, p. 29, note 31.

34. *Médit*..., II, P. 116.

35. Vers 1740, au moins 50000 barri-ques de 400 livres chacune, Jacques SAVARY, *Dictionnaire universel de commerce, d'histoire naturelle et des arts et métiers,* 5 vol., 1759-1765, IV, col. 563.

36. *Ibid.*, IV. col. 565; A.N., G[7], 1685, f° 275; A.N., G[7], 1695, f° 29.

37. Marciana, Chronique de Girolamo Savina, f° 365 *sq.*

38. P. J. B. LE GRAND D'AUSSY, *Histoire de la vie privée des Français,* 1782, I, p. 109.

39. Abbé PRÉVOST, *op. cit.*, V, p. 486 (voyage de Gemelli Caeri); VI, p. 142 (voyage de Navarrette).

40. Voir *infra*, II, p. 14.

41. N. F. DUPRÈ DE SAINT-MAUR, *Essai sur les monnoies ou Réflexions sur le rapport entre l'argent et les denrées*..., 1746, p. 182 et note a.

42. La question reste ouverte, car à travers les mercuriales publiées (notamment Michèle BAULANT et Jean MEUVERET, *Prixdes céréales extraits de la mercuriale de Paris, 1520-1698*, 1960), les variations respectives du blé et de l'avoine s'accompagnent de façon très irrégulière. Voir graphique p. 88.

43. *Médit*..., I, p. 38 et note 4.

44. Pieree DEFFONTAINES, *Les Hom-mes et leurs travaux dans les pays de la Moyenne Garonne*, 1932, p. 231.

45. L. P. GACHARD, *Retraite et mort de Chales Quint au monastère de Yuste*, I, 1854, p. 49.

46. Témoignage de Lesdiguière, gouver-neur du. Dauphiné, cité par H. SÉE, *Esquisse d'une histoire économique et sociale de la France*, 1929, p. 250; L. LÉMERY, *op. cit.*, p. 110.

47. Archivo General de Simancas, Estado Castilla 139.

48. *Médit*..., I, p. 518.

49. Jean GEORGELIN, *Venise au siècle des Lumières*, 1978, p. 288.

50. J. RUWET et al., *Marché des céré-ales..., op. cit.,* pp. 57 *sq.*

51. P. de LAS GORTES, *document cité* f° 75.

52. Étienne JUILLARD, *Problèmes alsaciens vus par un geographe*, 1968, pp. 54 *sq.*

53. M. DERRUAU, *La Grande Limagne auvergnate et bourbonnaise*, 1949.

54. Jethro TULL, *The Horse Hoeing Husbandry*..., 1733, pp. 21 *sq.*

55. J.-M. RICHARD, « Thierry d'Hireçon, agriculteur artésien (13..-1328) », *in: Bibliothèque de l'École des Chartes,* 1892, p.

den Jahren 1823, 24, 25 und 26, 1830, I, p. 47.

222. F. J. TURNER, *The Frontier in American History*, 1921.

223. Voyage du médecin Jakob FRIES, publié par KIRCHNER, *op. cit.*, 1955.

224. John BELL, *Travels from St. Petersburg to diverse parts of Asia*, 1763, I, p. 216.

225. Marquant les débuts de ces fouilles, voir W. HENSEL et A. GIEYSZTOR, *Les Recherches archéologiques en Pologne*, 1958, pp. 48 et 66.

226. Boris NOLDE, *La Formation de l"Empire russe,* 2 vol., 1952.

227. *Médit...* I, p. 175.

228. *Médit...*I, pp. 100-101 et note.

229. G. F. GEMELLI CARERI, *op. cit.*, III, p. 166.

第二章

1. MONTESQUIEU, *De l'Esprit des lois,* livre XXII, chap. 14, in: *Œuvres complètes,* 1964, p. 690.

2. Cette expression proverbiale serait une invention de L. A. FEUERBACH.

3. *Hackluyt'sVoyages,* éd. 1927, I, pp. 441, 448-449.

4. P. GOUBERT, *op. cit.*, pp. 108 et 111.

5. K. C. CHANGE, *Food in Chinese Cult-ure*, 1977, p. 7.

6. Claude MANCERON, *Les Vingt Ans du Roi,* 1972, p. 614.

7. Wilhem ABEL, « Wandlungen des Fleischverbrauchs und der Fleischversorgung in deutschland seit dem ausgehenden Mittelalter », *in: Berichte über Landwirtschaft,* XXII, 3, 1937, pp. 411-452.

8. Abbée PRÉVOST, *op. cit.*, IX, p. 342 (voyage de Beaulieu).

9. A. MAURIZIO, *op. cit.*, p. 168.

10. Dr Jean CLAUDIAN, Rapport préliminaire de la Conférence international F.I.P.A.L., Paris. 1964, dactylogramme, pp. 7-8, 19.

11. Marcel GRANET, *Danses et et légendes de la Chine ancienne,* 1926, pp. 8 et 19, note.

12. J. CLAUDIAN, art. cit., p. 27.

13. J. J. RUTLIGE, *Essai sur le caractère et les mœurs des françois comparées àcelles des Anglois,* 1776, p. 32.

14. M. SORRE, *op. cit.*, I, pp. 162-163.

15. Pierre GOUROU, « La civilisation du végétal », *in: Indonéesie,* n° 5, pp. 385-396 et c. r. de L. FEBVRE, *in: Annales E.S.C.*, 1949, pp. 73 *sq.*

16. P. de LAS CORTES, *doc. cit.*, f°75.

17. Abbé PRÉVOST, *op. cit.*, V. p. 486.

18. G. F. GEMELLI CARERI, *op. cit.*, IV, p. 79.

19. *Ibid.*, I, p. 59.

20. Mémoire sur le port d'Oczaskof et sur le commerce auquel il pourroit servir d'entrepôt. A.E., M. et D. Russie, 7, f° 229.

21. A.E., M. et D. Russie, 17, fos 78 et 194-196.

22. V. DANDOLO, *Sulle Cause dell'avvilimento delle nostre granaglie e sulle industrie agrarie...*, 182, XL, pp. 1 *sq.*

23. *Histoire du commerce de Marseille,* dir. par G. RAMBERT, 1954, IV, pp. 625 *sq.*

24. Étienne JUILLARD, *La Vie rurale dans la plaine de Basse-Alsace*, 1953, p. 29' J. RUWET, E. HÉLIN, F. LADRIER, L. van Buyten, *Marché des céréales à Ruremonde, Luxembourg, Namur et Diest, XVIIe et XVIIIe sièecles*, 1966, pp. 44, 57 *sq.*, 283-284, 299 *sq.*; Daniel FAUCHER, *Plaines et bassins du*

196 *Médit...*, I, p. 306.

197 G. MACARTENY, *op. cit.*, III, p. 267.

198 Pierre GOUBERT, *Beauvais et le Beauvaisis de 1600 à 1730. Contribution à l'histoire sociale de la France du XVIIe siècle*, 1960, p. 41.

199 Michel MOLLAT, in: Édouard PERROY, Le Moyen Age, 1955, pp. 308-309.

200. ermain BRICE, *Nouvelle Description de la ville de Paris et de tout cequ'elle contient de plus remarquable*, III, 1725, pp. 120-123.

201 JOhn NICKOLLS, *Remarques sur les désavantages et les avantages de la France et de la Grande-Bretagne*, 1754, p. 23.

202 François COREAL, *Relation des voyages aux Index occidentales,* 1736, I, p. 95; Carsten NIEBUHR, *Voyage en Arabie et en d'autres pays de l'Orient*, 1780, II, p. 401; CHARDIN, *Voyage en Perse et aux Indes orientalees,* 1686, IV, p. 46: « les grandes débauches de viande et de breuvage mortelles aux Index » pour les Anglais...

203 John H. GROSE, *A voyage to the East Indies with observations of various parts there*, 1757, I, p. 33.

204 T. OVINGTON, *A Voyage to Surat,* 1689, p. 87, cité par Percival SPEAR, *The Nabobs,* 1963, p. 5.

205. G. MACARTNEY, *op. cit.*, I,, p. 321. Cook et Bougainville, durant leur relâche à Batavia, « la terre qui tue », eurent chacun plus de morts et de malades parmi leurs équipages que pendant tout le reste de leur voyage; Abbé PRÉVOST, *Supplément des voyages*, XX, pp. 314 et 581.

206. Bernard FAŸ, *George Washington gentilhomme*, 1932, p. 40.

207. Abbé PRÉVOST, *op. cit.*, IX, p. 250 (citant la relation de la Loubere).

208. Jean-Claude FLACHAT, *Observa-tions sur le commerce et les arts d'une partie de l'Europe, de l'Asie de l'Afrique...*, 1766, I, p. 451.

209. Osman AGA, journal publié par R. KREUTEL et Otto SPIES, sous le titre: *der Gefangene der Giauren...*, 1962, pp. 210211.

210. E. KEYSER, *Bevölkerungsgeschichte Deutchslands,* 1941, p. 381; d'une façon générale, la montée démographique des villes ne se fait pas de façon endogène: W. SOMBART, *Der moderne Kapitalismus,* II, p. 1124.

211. Joham Peter SÜSSMILCH, *Die Göttliche Ordnung in den Veränderungen des menschlichen Geschlechts...*, 1765, I, p. 521.

212. Pierre de SAINT-JACOB, *Les Pays-ans de la Bourgogne du Nord au dernier siècle de l'Ancien Régime*, 1960, p. 545.

213. D'après les publications de Carmelo VIÑAS et Ramón PAZ, *Relaciones de los pueblos de España*, 1949-1963.

214. *L'Invasion germanique et la fin de l'Empire*, 1891, II, pp. 322 *sq.*

215. *Geschichte der Kriegskunst im Rahmen der politischen Geschichte*, 1900, I, pp. 472 *sq.*

216. Rechid SAFFET ATABINEN, *Contribution à une histoire sincère d'Attila*, 1934.

217. Henri PIRENNE, *Les Villes et les institutions unbaines*, 1939, I, pp. 306-307.

218. *Gazette de France*, 1650, *passim.*

219. *Geschichte des europäischen Staatensystems von 1492-1559*, 1919, p. 1 *sq.*

220. Pour ces détails et ce qui suit, cf. Alexander et Eugen KULISCHER, *Kriegs — und Wanderzüge. Weltgeschichte als Völkerbwegung*, 1932.

221. Otto von KOTZEBUE, *Reise um die Welt in*

de la section d'hygiène, n° 48, Genève, 24 avril 1923, p. 3.

166. A.d.S. Florence, fonds Medici, 2 sept. 1603.

167. A. G. PRICE, *op. cit.*, p. 162.

168. *Ibid.*, p. 172., et M. T. JONESDAVIES, *op. cit.*, p. 335, note 229.

169. M. T. JONES-DAVIES, *op. cit.*, p. 162.

170. Malherbe, cité par John GRANDCARTERET, *L'Histoire, la vie, les moeurs et la curiosité par l'image... 1450-1900*, 1927, II, p. 322.

171. *Antonio Péerez*, 1948, 2e édition, p. 50.

172. M. T. JONES-DAVIES, *op. cit.*, p. 335.

173. Erich WOEHLKENS, *Pest und Ruhr im 16. und 17. Jahr., 1954.*

174. A.E., M. et D., Russie, 7, f° 298.

175. Pierre CHAUNU, *Séville et l'Atlantique, VIII*[1], 1959, p. 290 note 1; J. et. R. NICOLAS, *La Vie quotidienne en Savoie...*, 1979, p. 119.

176. Samuel PEPYS, *The Diary,* éd. Wheatley, 1897, V. pp. 55-56.

177. Michel de MONTAIGNE, *Les Essais, éd. Pléiade*, 1962. pp. 1018-1019.

178. Nicolas VERSORIS, *Livre de raison*, pp. G. FAGNIEZ, 1885, pp. 23-24.

179. Étienne FERRIERES, cité par Gilles CASTER, *Le Commerce du pastel et de l'épicerie à Toulouse, 1450-1561*, 1962, p. 247.

180. Jean-Paul SARTRE, *Les Temps modernes*, octobre 1957, p. 696, note 15; J. et R. NICOLAS, *op. cit.*, p. 123.

181. Henri STEIN, art. cit., p. 133.

182. Comte de FORBIN, « Un gent-ilhomme avignonais au XVIe siècle. FrançoisDragonet de Fogasses, seigneur de la Bastic (1536-1599) », *in: Mémoires de l'Académie de Vaucluse, 2e série*, IX, 1909, p. 173.

183. Daniel DEFOE, *Joural de l'année de la peste, 1722,* éd. Joseph Aynard, 1943, pp. 24, 31, 32, 48,. 66.

184. *Ibid.*, préface, p. 13, citation de Thomas GRUMBLE, *Las vie du géneral Monk*, 1672, P. 264.

185. Voir à ce sujet le bel article de René BAEHREL, « Épidémie et terreur. histoire et sociologie », *in: Annales historiques de la Révolution française*, 1951, n° 122, pp. 113-146.

186. Venise, Marciana, Ms. ital., III, 4.

187. Père Maurice de TOLON, *Préservatifs et remèdes contre la peste, ou le Capucin charitable*, 1668.

188. Préface d'AYNARD dans D. DEFOE, *op. cit.*, p. 13.

189. M. FOSSEYEUX, « Les épidémies de peste à Paris », *in: Bulletin de la Société d'histoire de la médecine*, XII, 1913, p. 119, cité par J. AYNARD, *Préface* de D. DEROE, *op. cit.*, p. 14.

190. C. CARRIÉRE, M. COURDURIÉ, F. REBUFFAT, *Marseille, ville morte. La peste de 1720*, 1968, p. 302.

191. Lettre de Monseigneur de Belsunce, évêque de Marseille, 3 sept. 1720, cité par AYNARD, *in:* D. DEFOE, *op. cit.*, p. 14.

192. Jean-Noël BIRABEN, *Les Hommes et la peste en France et dans les pays européens et méditerranéens*, 1976, II, p. 185.

193 *Le Temps de la peste. Essai sur les épidémies en histoire*, 1978.

194 Ping-Ti Ho, « The Introduc-tion of American Foods plants into China », *in: American Anthropologist*, avril 1955, pp. 194-197.

195 E. J. F. BARBIER, *Journal historique et anecdotique du règne de Louis XV,* 1847, p. 176.

Maine (1650-1815), 1955, p. 173.

137. Yves-Marie BERCÉ, *Histoire des croquants: étude des soulèvements populaires au XVII*[e] *siècle dans le Sud-Ouest de la France*, 1974, I. p. 16.

138. Fritz BLAICH, « Die Wirtschaftspolitische Tämpfung der Hungersnot in Böhmen und Mähren (1771-1772) », *in: Vierteljahrschrift für Sozialund Wirtschaftsgeschichte*, 56, 3, oct. 1969, pp. 299-331.

139. *Almanacco di economia di Toscana del anno 1791, Florence, 1791, cité in: Médit...*, I, p. 301.

140. A Venise: A.d.S. Venise, Brera, 50 f° 312 v°, 1540. A Amiens: Pierre DEYSON, *Amiens, capitale provinciale.* Étude *sur la société urbaine au XVII*[e] *siècle,* 1967, p. 14 et note.

141. *Mémoires de Claude Haton, in: Documents inédits de l'histoire de France*, II, 1857, pp. 727-728.

142. G. ROUPNEL, *op. cit.*, p. 98.

143. A. APPADORAI, *Economic Conditions in Southern India (1000-1500 a.d.)*, 1936, p. 308.

144. W. H. MORELAND, *op. cit.*, pp. 127-128.

145. Description de Van Twist, cité par W. H. MORELAND, *From Akbar to Aurangzeb*, 1923, pp. 211-212.

146. François BERNIER, *Voyages... contenant la description des États du Grand Mogol...*, 1699, I, p. 202.

147. Eino JUTIKKALA, art. cit., p. 48.

148. Pierre CLÉMENT, *Histoire de la vie et de l'administration de Colbert*, 1846, p. 118.

149. G. ROUPNEL, *op. cit.*, p. 35, note 104.

150. Journal de GAUDELET, Ms. 748, Bibl. Dijon, p. 94, cité par G. ROUPNEL, *op. cit.*, p. 35, note 105.

151. *Journal de Clément Macheret... curé d'Horthes (1628-1658)*, p.p. E. BOUGARD, 1880, II, p. 142.

152. P. de SAINT-JACOB, *op. cit.*, p. 196.

153. Encore en 1867, une ou deux fois par mois, dans la campagne milanaise, Paolo MANTEGAZZA, *Igiene della cucina*, 1867, p. 37.

154. Remarque banale, mais vérifiée utilement par Enrique FLORESCANO, *Precios del maiz y crisis agricolas en México, 1708-1810*, 1969, qui compare (tableau p. 161) les dates des famines et de diverses épidémies dans le Mexique du XVIIIe siècle.

155. Samuel TISSOT, *Avis au peuple sur sa santé*, 1775, pp. 221-222.

156. Mirko D. GRMEK, « Préliminaires d'une étude historique des maladies », *in: Annales, E.S.C*, ., 1969, n° 6, pp. 1473-1483.

157. G. ROUPNEL, *op. cit.*, pp. 28-29.

158. L. S. MERCIER, *op. cit.*, III, pp. 186-187.

159. Étienne PASQUIER, *Les Recherches de la France*, 1643, p. 111.

160. Pierre de LESTOILE, *Mémoires et Journal...*, *in: Mémoires pour servir à l'histoire de France*, 2e *série*, t. I, 1837, p. 261.

161. H. HAESER, *Lehrbuch der Geschichte der Medicin* III, 1882, pp. 325 *sq.*

162. A.d.S. Genora, Spaqna, 11, *Gesare* Giustiniano au Doge, Madrid, 21 août 1597.

163. Henri STEIN, « Comment on luttait autrefois contre les épidémies », *in: Annuaire bulletin de la société de l'Histoire de France*, 1918, p. 130.

164. M. T. JONES-DAVIES, *Un Pintre de la vie londonienne, Thomas Dekker*, 1958, pp. 334-335.

165. Société des Nations, *Rapport épidémiologique*

BOLTS, A.N., A.E., BIII, 459, 19 messidor an V.

103. G. MACARTEY, *op. cit*, ., III, p. 12.

104. G. F. GEMELLI CARERI, *Voyage de tour du monde*, 1727, I. p. 548.

105. Père J.-B LABAT, *op. cit.*, V, pp. 276-278.

106. J. A. MANDELSLO, *op. cit.*, II, p. 530, Abbé PRÉVOST, *op. cit.*, V. 1748, p. 190 (Kolben).

107. AbbéPRÉVOST, *op. cit.*, III (1747), pp. 180-181 et 645; V, pp. 79-80.

108. *Journal d'un bourgeois de Paris, sous Charles* VI *et Charles VII*, 1929, pp. 150, 304, 309.

109. Gaston ROUPNEL, *La Ville et la campagne au XVIIe siècle*, 1955, p. 38, note 117.

110. Albert BABEAU, *Le Village sous l'Ancien Régime*, 1915, p. 345, note 4 et 346, note 3; Maurice BALMELLE, « La Bête du Gévaudan et le capitaine de dragons Duhamel », Congrés de Mende, 1955.

111. A.N., Maurepas, A.P., 9.

112. A.N., F 12, 721.

113. Jules BLACHE, *Les Massifs de la Grande Chartreuse et du Vercors*, 1931, II, p. 29.

114. *Viaje por España y Portugal (1494-1495)*, 1951, p. 42.

115. Référence égarée, mais plusieurs indications concordantes in: *Günther* FRANZ, *Der deutsche Bauernkrieg*, 1972,, pp. 79 *sq.*

116. J.-B. TAVERNIER, *Voyages en Perse*, éd. Cercle du bibliophile, s.d., pp. 41-43.

117. H. JOSSON et L. WILLAERT, *Correspondance de Ferdinand Verbiest, de la Compagnie de Jésus (1623-1688)*, 1938, pp. 390-391.

118. J. A. MANDELSLO, *op. cit.*, II, p. 523.

119. François COREAL, *Relation des voyages de François Coreal aux Indes occidentales... depuis 1666 jusqu'en 1697*, 1736, I, p. 40.

120. Reginaldo de LIZARRAGA, « Descripción del Perú, Tucumán, Río de la Plata y Chile », *in: Historiadores de Indias*, 1909, II, p. 644.

121. *Voyage du capitaine Narboroug (1669)*, in: PRÉVOST, *op. cit.*, XI, 1753, pp. 32-34.

122. R. de LIZARRAGA, *op. cit.*, II, p. 642.

123. Walther KIRCHNER, *Eine Reise durch Sibirien* [relation de Fries], 1955, p. 75.

124. Reconnu par les Russes à partie de 1696, Abbé PRÉVOST, *op. cit.*, XVIII, p. 71.

125. A.E., M. et D., Russie, 7, 1774, fos 235-236; Joh. Gottl. GEORGI, *Bemerkungen einer Reise im Pussischen Reich*, I, 1775, pp. 270-275.

126. G. MACARTNEY, *op. cit.*, I, pp. 270-275.

127. Pierre GOUBERT, travaux non publiés de l'École des Hautes Études, VIe Section.

128. William PETTY, *op. cit.*, p. 185.

129. Erich KEYSER, *Bevölkerungsgeschichte Deutschlands*, 1941, p. 302. Wilhelm SCHÖNFELDER, *Die wirtschaftliche Entwicklung Kölns von 1370 bis 1513*, 1970, pp. 128-129, dit: 30000 morts.

130. Günther FRANZ, *Der Dreissigsjährige Krieg und das deutsche Volk*, 1961, p. 7.

131. L. MOSCARDO, *Historia di Verona*, 1668, p. 492.

132. G. FRANZ, *op. cit.*, pp. 52-53.

133. Bernard GUENÉE, *Tribunaux et gens de justice dans le baillage de Senlis à la fin du Moyen Age (vers 1380-vers 1550)*, 1963, p. 57.

134. Wilhelm ABEL, *Die Wüstungen des ausgehenden Mittelalters*, 1955, pp. 74-75.

135. MOHEAU, *Recherches et considérations sur la population de la France*, 1778, p. 264.

136. François DORNIC, *L'Industrie textile dans le*

71. H. LÜTHY, *op. cit.*, I, p. 26.

72. G. NADAL et E. GIRALT, *La Population catalane de 1553 à 1717*, 1960.

73. Barthelémy JOLY, *Voyage en Espagne, 1603-1604*, , p.p. L. BARREAUDIHIGO, 1909, p. 13: tous les artisans de Figueras, en Catalogne, « sont François de la Haulte Auvergne ».

74. Cardinal de RETZ, *Mémoires*, éd. 1949, III, p. 226.

75. Antoine de BRUNEL, *Viaje de España*, 1665, *in: Viajes estranjeros por España y Portugal*, II, 1959, p. 427.

76. Jean HERAULT, sire de Gourville, *Mémoires....*, 174, II, p. 79.

77. Louis-Sébastien MERCIER, *L'An deux mille quatre cent quarante, rêve s'il en fut jamais*, 1771, p. 335.

78. Emmanuel Le ROY LADURIE, « Démographie et funestes secrets: le Languedoc », *in: Annales historiques de la Révolution française*, oct. 1965, pp. 397-399.

79. Antoine de SAINT-EXUPÉRY, *Terre des hommes.*

80. P. VIDAL DE LA BLACHE, *op. cit.*, pp. 10-11.

81. G. W. HEWES, « a conspectus of the World's Cultures in 1500 A.D. », *in: University of Colorado Studies*, n° 4, 1954, pp. 1-22.

82. Suivant que l'on attribue à la population mondiale 400 ou 500 millions d'habitants.

83. K. J. BELOCH, art. cit., p. 36, note 11.

84. A. P. USHER, art. cit., p. 131.

85. H. BECHTEL, *op. cit.*, pp. 25-26.

86. Jean FOURASTIÉ *Machinisme et bien-être*, 1962, pp. 40-41.

87. Daniel DEFOE, *A Review of the State of the British Nation*, 1709, p. 142 cité par Sydney POLLARD et David W. CROS-SLEY, *The Wealth of Britain 1085-1966*, 1968, p. 160.

88. Johann Gottlieb GEORGI, *Versuch einer Beschreibung der... Residcnzstadt St. Petersburg*, 1970, pp. 555, 561.

89. Johan BECKMANN, *Beiträge zur Œkonomie...*, 1781, IV, p. 8. Rapporte, à propos des bonifications de marais dans le duché de Brême: « Les petits villages [de 25 à 30 feux] sont plus faciles à réduire à l'obéissance que les grands, à ce que dit l'expérience. »

90. Denis DIDEROT, *Supplément au voyage de Bougainville*, 1958, p. 322.

91. *Ibid.*

92. Adam MAURIZIO, *Histoire de l'alimentation végétale*, 1932, pp. 15-16.

93. Affonso de ESCRAGNOLLE TAUNAY, *Historia geral das bandeiras paulistas*, 1924, 5 vol.

94. Georges CONDOMINAS, *Nous avons mangé la forêt de la Pierre-Génie Gôo...*, 1957.

95. Ishwari PRASAD, *L'Inde du VIIe au XVIe siècle*, 1930, *in: Histoire du monde*, pp. E. CAVAIGNALC, VIIII[1], pp. 459-460.

96. Maximilien SORRE, *Les Fondements de la géographie humaine*, III, 1952. p. 439.

97. P. VIDAL DE LA BLACHE, *op. cit.*, p. 35.

98. G. CONDOMINAS, *op. cit.*, p. 19.

99. P. de Las CORTES, *Relación del viaje, naufragio y captiverio...*, 1621-1626, British Museum, Sloane, 1005.

100. Rijkmuseum, Amsterdam, Département asiatique.

101. *Beschreibung des japonischen Reiches*, 1749, p. 42.

102. J. A. MANDELSLO, *Voyage aux Index* orientales, 1659, II, p. 388. Rapport W.

45. W. RöPKE, *Explication économique du monde moderne*, 1940, p. 102.
46. Cf. le livre de prochaine publication de Pierre GOUROU, *Terre de Bonne Espérance*.
47. Selon notamment les fouilles de P. NORLUND et les travaux de T. LONGSTAFF, cf. Emmanuel Le Roy LADURIE, *Histoire du climat depuis l'an mil*, 1967, pp. 244-248.
48. « Discussion: post-glacial climatic Change », *in: The Quaterly Journal of the Royal Meteorolgical Society*, avril 1949, p. 175.
49. EINO JUTIKKALA, « The Great Finnish Famine in 1696-1697 », *in: The Scandinavian Econimic History Review*, III, 1995, I, pp. 51-52.
50. B. H. SLICHER VAN BATH, « Le climat et les récoltes au haut Moyen Age », *in: Settimana... de Spoleto*, XIII, 1965, p. 402.
51. *Ibid.*, pp. 403-404.
52. Rhys CARPENTER, *Discontinuity in Greek Civilization*, 1966, pp. 67-68.
53. Oronce FINE, *Les Canons et documents très amples touchant l'usage et pratique des communs Almanachs que l'on nomme Éphémérides*, 1551, p. 35.
54. Si l'on retient le chiffre de 350 millions pour 1300 et un milliard en 1800. Ces chiffres seront retenus dans les calcus qui suivront.
55. Heinrich BECHTEL, *Wirtschaftsgeschichte Deutschlands vom 16. bis 19. Jahrhundert*, II, 1952, pp. 25-26; Hermann KELLENBENZ, « Der Aufstieg Kölns zur mittelalterlichen Handelsmetropole », *in: Jahrbuch des kölnichen Geschichtsvereins*, 1967, pp. 1-30.
56. Ces chiffres discutés par Robert MANTRAN, *Istanbul dans la seconde moitiédu XVII*e *siècle*, 1962, pp. 44 *sq*.
57. Reinhard THOM, *Die Schlacht bei Pavia (24 Februar 1525)*, 1907.
58. Peter LASLETT, *Un Monde que nous avons perdu*, 1969, p. 16.
59. *Médit.*, II, pp. 394-396. Le calcul exact est impossible (vior HARTLAUB et QUARTI), mais la flotte turque comptait 230 galères, la chrétienne 208, plus 6 galéasses vénitiennes. Les Turcs perdirent, entre tués, blessés, prisonniers, 48000 hommes.
60. J.-F. MICHAUD, *Biographie universelle ancienne et modernae*, 1843, t. 44, article « Wallenstein ».
61. Ernest LAVISSE, *Histoire de France*, 1911, VIII (1), p. 131.
62. Louis DUPRE D'AULNAY, *Traité général des subsistances militaires*, 1744, p. 62.
63. Benedit de VASSALLIEU dit Nicolay Lyonnois, Recueil du règlement général de l'*ordre et conduite de l'artillerie...*, 1613. B.N., Ms. fr., 592.
64. Henri LAPEYRE, *Géographie de l'Espagne morisque*, 1960.
65. Selon Robert MANDROU, *La France aux XVII*e *et XVIII*e *siècles*, 1970, pp. 183-184, le chiffre de 300000 est accepté d'ordinaire. H. LUTHY, *La Banque protestante*, p. 26, préfère le chiffre de 200000. W. G. SCOVILLE croit lui aussi que les pertes pour l'économie française ont été surestimées: *The Persecution of Huguenots and French Economic Development*, 1960.
66. Vior *infra*, III, p. 378.
67. Andrea NAVAGERO, *Il Viaggio fatto in Spagna*, 1563.
68. Karl Julius BELOCH, art. cit., pp. 783-784.
69. *Ibid., p. 786.*
70. BRANTÔTHY, *op. cit.*, I, p. 26.

geschichte, 1891, I[1], p. 163; Karl Julius BELOCH, « Die Bevölkerung Europas im Mittelalter », *in: Zeitschrift für Sozialwissenschaft*, 1900, pp. 405-407.

17. P. MOMBERT, « Die Entwickl-ung der Bevolkerung Europas seit der Mitte des 17. Jahr. », *in: Zeitschrift für Nationalökonomie,* 1936; J. C. RUSSEL, *Late ancient and medieval Population*, 1958; M. REINHARDT, A. ARMENGAUD, J. DUPAQUIER, *Histoire générale de la population mondiale*, 1968.
18. « The History of Population and Settlement in Eurasia », *in: The Geographical review*, 1930, pp. 122-127.
19. Louis DERMINGY, *La Chine et l'Occident. Le commerce à Canton au XVIIIe siècle*, II, 1964, pp. 472-475.
20. Ibia.
21. Voir le tableau p. 26.
22. Leo FROBENIUS, *Histoire de la civilisation africaine*, 1936, pp. 14 *sq.*
23. Père Jean-Baptiste LABAT, *Nouvelle Relation de l'Afrique occidentale*, 1728, V, pp. 331 *sq.*
24. Or il s'agit d'une période de très forte émigraion, *ef.* Michel DEVÈZE, *L'Europe et le monde á la fin du XVIIe siècle*, 1970, p. 331 et note 586.
25. Selon les chiffres officels de « *pasajeros a Indias* », 100000 au cours XVIe siècle; G. CESPEDES DE CASTILLO (*in: Historia social y económica de España y América, dirigée par J. VICENS VIVES*, III, pp. 393-394) estime que ce chiffre serait à multiplier par deux ou trois.
26. *op. cit.*, p. 148.
27. *World Population, Past Growth and Present Trendas*, 1937, pp. 38-41.
28. Art. cit., p. 123.
29. L. DERMIGNY, *op. cit.*, II, pp. 477, 478-479, 481-482.
30. *Ibid.*, tableau p. 475 et discussion pp. 472-475.
31. G. MACARTNEY, *Voyage dans l'intérieui de la Chine et en Tartarie fait dans les années 1792 1793 et 1794....* 1798, IV, p. 209.
32. w. H. MORELAND, *India at the Death of Akbar,* 1920, pp. 16-22.
33. En particulier en 1540, 1596 et en 1630: *Ibid., pp.* 11, 22, note 1, 266.
34. Vior *infra*, III, p. 432 et note.
35. A.E., Indes Or., 18, f[O] 257.
36. *The Population of India and Pakistan*, 1951, pp. 24-26.
37. Art. cit., pp. 533-545.
38. Pierre CHAUNU, *La Civilisation de l'Europe des Lumières*, 1971, p. 42.
39. Très nombreux renseignements dans la *Gazette de Francc.* En 1762, par exemple, les décès excèdent fortement les naissances á Londres, Paris, Varsovie, Copenhague, Dans cette dernière ville, 4 512 morts contre 2 289 naissances, alors que pour l'ensemble du pays, il y a équilibre.
40. G. MACARTNEY, *op. cit.*, IV, p. 113.
41. P.R.O. Londres, 30.25.65, fol. 9, 1655. En Moscovie, « il n'y a personne qui connaisse le métier de chirurgien, en dehors de quelques étrangers venus de Hollande ou d'Allemagne ».
42. N. SÁNCHEZ-ALBORNOZ, *op. cit.*, p. 188.
43. Paul VIDAL DE LA BLACHE, *Principes de géographie humaine*, 1922, p. 45.
44. René GROUSSET, *Histoire de la Chine*, 1957, p. 23.

註釋

前言

1. La première édition de ce volume faisait partie d'une collection présentée sans références. Mon éditeur ayant accepté que les deuxiéme et troisième volumes solient assortis de notes, la réédition corrigée et augmentée de ce premier tome devait évidemment se faire selon le même modèle. Il y a dix ans, la chose eût été facile. Mais aujourd'hui, mes notes de lecture ayant quitté trop souvent leurs fichiers primitifs, il m'a fallu courir aprés des centaines, des milliers de références. Non sans quelques échecs. Je m'excuse auprès de meslecteurs historiens des quelques cas où la mention « référence égarée » remplace malheureusement la note restée introuvable.

第一章

1. Selon Ernst WAGEMANN, *Economia mundial*, 1952, notamment I, pp. 59 *sq*.
2. Emmanuel LE Roy LADURIE, *Les Paysans de Languedoc*, 1996, I, pp. 139 *sq*.
3. Fernand BRAUDEL, *La Méditerranée et le monde méditerranéen à l'époque de Philippe I I*, 1996, I, pp. 368 *sq*. Indiqué ensuite en abrégé: *Médit.*
4. E. WAGEMANN, *op. cit.,* I, p. 51.
5. Ángel ROSENBLAT, *La Población indigena y el Mestizaje en América*, I, 1954, pp. 102-103.
6. Les travaux les plus caractéristiq-ues: S. F. COOK et L. B. SIMPSON, « The Population of Central Mexico in the 16th Century », *in: Ibero-Americana,* 1948; W. BORAH, « The Aborigenal Population of Central Mexico on the Eve of the Spanish Coonquest. » *in: Ibero-Americana,* 1963. Les chiffres de l'École de Berkeley sont actuellement contestés, en particulier par Charles Verlinden, Semaine de Prato, 1979.
7. Pierre CHAUNU, *L'Amérique et les Ameériques,* 1964, p. 105; Abbé PRÉVOST, *Historire générale des voyages,* XV, 1759, p. 9.
8. D. A. BRADING, *Mineros y comerciantes en el México borbónico, 1763-1810*, 1975, p. 18; Nicolás SÁNCHEZALBORNOZ, *La Población de América latina desde los tiempos precolombinos*, 1973, p. 81; B.-N. CHAGNY, *Variole et chute de l'Empire aztèque*, thèse dactylographiée, Dijon, 1975.
9. Père A. DÁVILLA, *Historia de la fundación y discurso de la provincia de Santiago de México, 1596-1625*, pp. 100, 118, 516-517.
10. N. SÁNCHEZ-ALBORNOZ, *op. cit*, ., p. 188.
11. *Ibid*., pp. 121-122.
12. A. Gernfeld PRICE, *The Western Invasions of the Pacific and its Continents*, 1963, p. 167.
13. W. S. et E. S. WOYTINSKI, *World Population and Production, Trends and Outlook*, 1953, et E. R. EMBREE, *Indians of the Americas*, 1939, cités par P. A. LADAME, *Le Rôle des migrations dans le monde libre*, 1958, p. 14.
14. P. A. LADAME, *op. cit*., p. 16.
15. *Morphologie sociale*, 1938, p. 70.
16. Karl LAMPRECHT, *Deutsche Wirtschafts*

15至18世紀的物質文明、經濟和資本主義 卷一

日常生活的結構

ivilisation matérielle, Economie et Capitalisme

XVe - XVIIIe Siècle

作　　者 費爾南・布勞岱爾(Fernand Braudel)
譯　　者 施康強、顧良
責任編輯 沈昭明、洪仕翰
出　　版 廣場出版／遠足文化事業股份有限公司
發　　行 遠足文化出版事業有限公司（讀書共和國出版集團）
231新北市新店區民權路108-2號9樓
電　　話 (02) 2218-1417
傳　　真 (02) 8667-1851
客服專線 0800-221-029
E-Mail service@bookrep.com.tw
網　　站 http://www.bookrep.com.tw/newsino/index.asp
法律顧問 華洋國際專利商標事務所 蘇文生律師
印　　刷 中原造像股份有限公司
二版一刷 2019年 3 月
二版三刷 2024年11月
定　　價 800元

15 至18 世紀的物質文明、經濟和資本主義（卷一）-- 日常生活的結構 /
費爾南·布羅代爾(Fernand Braudel)作 ; 施康強、顧良譯. -- 二版. -- 新北市 :
廣場出版 : 遠足文化發行, 2019.03
面； 公分
譯自 : Civilisation matérielle, économie et capitalisme : XVe-XVIIIe siècle

ISBN 978-986-97401-1-1(精裝)
1.經濟史 2.社會史
550.9405 108001364